Dr. Adolf Asch

Das Hypothekengeschäft

Das Hypothekengeschäft

Von

Dr. Adolf Asch

Rechtsanwalt am KG. und Notar in Berlin

1 9 3 2

Verlag von Georg Stilke in Berlin

Druck der Meyerschen Hofbuchdruckerei, Detmold

Vorwort.

Der Titel des Buches „Das Hypothekengeschäft" begrenzt zunächst die Hauptaufgabe der Arbeit auf die Darstellung des Grundkreditgeschäftes. Es zieht andererseits alle Arten des Grundstückspfandes in den Kreis der Behandlung ein, macht dieses aber nicht in erster Linie zum Gegenstand einer systematischen Betrachtung, sondern sucht die Entwicklung und Abwicklung des Kreditgeschäftes in seinen einzelnen Phasen und Erscheinungsformen unter Berücksichtigung der Bedürfnisse der Praxis wiederzugeben. Dementsprechend verhalten sich die Hauptabschnitte des Buches über die Hypotheken-Aufnahme, -Vermittlung, -Verwertung, -Ablösung, die Interessenwahrung durch Eigentümer und Grundpfandgläubiger, die Befriedigung in der Zwangsversteigerung und das Notrecht bis zu seinem neuesten Stande. Die hypothekarische Sicherung des Bankkredits, die Baugeld-, Hauszinssteuer-, Reparatur- und Ablösungshypothek wie die Gebühren und Kosten des Hypothekengeschäfts sind in besonderen Abschnitten behandelt.

Ein praktisches Handbuch, welches sich mit schwierigeren juristischen Materien befaßt, dürfte aber nur dann den Bedürfnissen der Praxis gerecht werden, wenn es sich nicht mit einer sogenannten populär-wissenschaftlichen Darstellung begnügt, sondern die theoretische Beherrschung des Stoffes zur Voraussetzung hat und auf diese in dem gegebenen Rahmen die einzelnen praktischen Hinweise stützt. Theoretische Streitfragen werden danach im allgemeinen als Anmerkungen gebracht; der für die Erörterung der Hypothekenbeschaffung besonders wichtige, aber theoretisch bisher nur stiefmütterlich behandelte Fragenkomplex des Darlehnsgewährungsvertrages ist in einem Anhang des I. Kapitels zum Gegenstand eingehender theoretischer Darlegungen gemacht. Es stellt dies gleichzeitig den Versuch dar, das Verhältnis von Theorie und Praxis in ihren gegenseitigen Rückwirkungen in die Erscheinung treten zu lassen. Nur eine genaue Kenntnis der Anforderungen und Schwierigkeiten der Praxis kann eine Gewähr für eine zweckdienliche Problemstellung, Begriffsbildung und Wertung bei den theoretischen Auseinandersetzungen geben.

Wird damit zwar der Theorie innerhalb der Jurisprudenz nicht die Bedeutung einer zu Eigenzwecken arbeitenden Wissenschaft zugestanden, so darf doch nicht verkannt werden, daß die theoretische Erfassung und Durcharbeitung der Probleme sich als zwingende Forderung aus dem Wesen deutscher Geistesarbeit ergibt. Die theoretische Schürfung, beherrscht von dem Zweckgedanken der Rechtsordnung, zeigt ihre Ergiebigkeit für die Praxis in der Auffindung neuer und der Ebnung bereits bekannter Wege, die zu dem im Rechtsleben erstrebten Ziele führen. Nicht Recht und Wirtschaft, nicht Recht und Leben, sondern das Rechtsleben selbst wird für ein praktisches Handbuch, das dem Rechtskundigen wie auch dem interessierten Laien als Führer dienen will, den Ausgangspunkt und wesentlichen Inhalt seiner Darstellungen bilden müssen. Nur so wird es zu vermeiden sein, die Arbeit in zwei voneinander unabhängige Teile, einen volkswirtschaftlichen und einen juristischen, zu spalten, oder in die Dogmatik der Jurisprudenz Gebietsteile der benachbarten Nationalökonomie einzubeziehen. Eine möglichst innige Vertrautheit mit den einschlägigen wirtschaftlichen Verhältnissen bildet freilich die selbstverständliche Voraussetzung für den heutigen Lehrer und Schriftsteller auf dem Gebiete der Jurisprudenz. Bestehen aber bleibt die Tatsache, daß das geistige Auge des Menschen naturnotwendig die Dinge nicht gleichzeitig von verschiedenen Gesichtspunkten anschauen kann. Uebersieht man dies, so kann man leicht dazu gelangen, Definitionen, Begriffe oder Einteilungen systematischer Natur zu übernehmen, die wohl in der Nachbarwissenschaft anerkannt sind, aber in der Rechtswissenschaft als Fremdkörper nicht fördernd, sondern verwirrend wirken. Dies schließt allerdings nicht aus, daß das praktische Handbuch gegebenenfalls auch Hinweise und Ratschläge rein wirtschaftlicher Natur gibt. Als leitender Gedanke für die Darstellung des Rechtslebens aber ergibt sich die Aufzeigung der rechtlichen Möglichkeiten und Schwierigkeiten, die Warnung vor den Gefahren, und der Hinweis auf die Rechtsbehelfe, die am sichersten zum Ziele führen oder die Schwierigkeiten aus dem Wege räumen.

Berlin, im März 1932.

Der Verfasser.

Inhaltsverzeichnis.

Seite

Anlagen.

Erstes Kapitel.

Die Aufnahme der Hypothek.

§ 1.

Der Grundkredit.

I. Das Wesen des Grundkredits beruht im Gegensatz zum reinen Personalkredit in seiner Sicherstellung durch ein Grundstückspfand.

1. Seiner Natur nach ist jeder hypothekarische Kredit, da die Hypothek begriffsnotwendig die Verknüpfung der dinglichen Grundstückslast mit einer persönlichen Forderung voraussetzt, stets auch im Rechtssinn persönlicher Kredit. Ob die persönliche Sicherung des Schuldners neben der Sicherstellung durch den Wert des Grundstücks eine erhebliche oder nur eine untergeordnete Rolle im Einzelfalle spielt, ist für die juristische Behandlung grundsätzlich ohne Bedeutung. Bei reinen Handelskrediten werden, wirtschaftlich angesehen, der Wert des Handelsunternehmens und die Person der Inhaber regelmäßig die eigentliche Kreditunterlage bilden, und mag daher recht wohl eine neben dem Handelsakzept gewährte hypothekarische Sicherheit als „Zutat" für die Sicherung des Kreditgebers angesprochen werden. Wird aber einmal die Sicherstellung durch Hypothek oder Grundschuld zur Bedingung einer Darlehnsgewährung gemacht, so ist sie jedenfalls im juristischen Sinne regelmäßig als eine dem Kreditnehmer obliegende Hauptleistung*) aufzufassen, gleichgül-

*) Vgl. aber Hagelberg, Entwicklung und Probleme der neuen Hypothekenpraxis, 1926, S. 5. Gegen den oben vertretenen grundsätzlichen Standpunkt spricht auch nicht die in der Vierten NotVO. über die Zinssenkung vorgenommene Scheidung des Kredits nach wirtschaftlichen Gesichtspunkten. Die verschiedenartigen juristischen Konsequenzen, die aus den Überschriften „Kapital und Geldmarkt", wie aus dem Ausdruck „Personalkredit" (in der Ersten DurchfVO.) in der Literatur für das Anwendungsgebiet der Bestimmungen gezogen worden sind, erweisen vielmehr, zu welchen Schwierigkeiten die nicht sorgfältig abgewogene Herübernahme volkswirtschaftlicher Begriffe in die Gesetzgebung führt (vgl. hierüber § 43 III).

tig, ob etwa der Kreditgeber bei Hingabe des Kredits den Hauptwert auf das Akzept seines Schuldners legt; abgesehen davon, daß tatsächlich bei Abwicklung des Geschäftes nicht selten sich die reale Sicherung als die einzig wertvolle herausstellt.

II. Hat der Kreditgeber ein eigenes Interesse an dem Zustandekommen des Kreditgeschäftes, so stellt sich das Geschäft, von seiner Seite aus angesehen, als eine Vermögensanlage dar. Die Frage, ob ein Kredit lediglich oder hauptsächlich im Interesse des Kreditnehmers gewährt worden ist, oder ob es sich um eine Vermögensanlage des Kreditgebers handelt, ist im Aufwertungsrecht insbesondere für die Frage der Verwirkung und die Höhe der Aufwertung von erheblicher Bedeutung geworden. Eine Verschiedenheit in der rechtlichen Behandlung zeigt sich ferner insofern, als bei der Vermögensanlage der Vorvertrag regelmäßig auch eine Bindung des Darlehnsnehmers zur Entgegennahme des Kredites in sich schließt, während in sonstigen Fällen im Zweifel nur eine einseitige Bindung des Darlehnsnehmers vorliegt (s. Anhang zu Kap. I B III). Hervorzuheben aber ist dabei, daß eine Darlehnsgewährung nicht schon deshalb allein eine Vermögensanlage darstellen muß, weil das Darlehn in üblicher Weise zu verzinsen und hypothekarisch sicherzustellen ist.

III. Die Scheidung zwischen langfristigen und kurzfristigen Krediten prägt sich auch in rechtlicher Hinsicht aus. Bei langfristigen Krediten sind naturgemäß die Kontrollvorschriften strenger, die Vorbeugungsmaßnahmen mit größerer Vorsicht gefaßt, und insbesondere in Krisenzeiten regelmäßig auch Klauseln zum Schutz gegen Verlust durch Währungsschwund getroffen. Als kurzfristiger Kredit kommt insbesondere auch der Zwischenkredit in Betracht, dessen alsbaldige Ablösung durch eine langfristige Hypothek von vornherein in Aussicht genommen worden ist. Gerade hier wird regelmäßig der Zinsfuß bei dem kurzfristigen Kredit ein höherer sein, als bei dem langfristigen.

IV. Das deutsche Grundbuchsystem, welches die Grundstücksrechte in der Reihenfolge der Eintragung zur Wirksamkeit und Wirkung gelangen läßt, gestattet die mehrfache Pfandbeleihung eines Grundstückes. Die Sicherheit einer Hypothek richtet sich somit nach ihrem Range. Im Verkehrsleben wird als erststellig eine Hypothek angesehen, die etwa innerhalb von 60% des Grundstückswertes liegt. Im Sinne des Grundbuchrechts ist eine zweite Hypothek jede Hypothek, die im Grundbuch nach der ersten Hypothek zur Eintragung gelangt ist. Für die Bemessung der Sicherheit einer Hypothek aber entscheidet der Verkehr zwischen der ersten, zweiten und weiteren Stelle, für deren Begrenzung der betreffende Prozentsatz (60, 80, 90%) des jeweiligen Wertes des Grundstückes den objektiven Maßstab abgibt. Das Nebeneinander der Rangbezeichnung nach der laufenden Nummer der tatsächlichen Grundbucheintragung einerseits, und im Sinne einer objektiven, in bestimmten Wertprozenten festgelegten Stelle andererseits kann bei den Verhandlungen über die Aufnahme einer Hypothek leicht zu Mißverständnissen führen. Erststellige Hypotheken bilden im allgemeinen die Domäne der Pfandbriefanstalten, Hypotheken-, Sparkassen, Versicherungsgesellschaften und sonstiger öffentlicher oder unter Staatsaufsicht stehender Körperschaften, die nach ihren Statuten meist nur Geld auf Hypotheken an erster Stelle geben dürfen. Private Geldgeber kommen vorzugsweise für zweitstellige Hypotheken in Betracht. Eine Sonderstellung nehmen die Baugeldhypotheken und vor allem die Hauszinssteuer- und Reparaturhypotheken ein (vgl. Kap. VI).

V. Dem Grundkredit dienen drei Formen des Grundstückspfandes: die Verkehrshypothek, die Sicherungshypothek und die Grundschuld. Die den Grundpfandrechten gemeinsame rechtliche Bedeutung besteht in ihrer dinglichen Sicherungsfunktion: sie gewähren dem Kreditgeber neben dem allgemeinen Recht, sich wegen seiner persönlichen Forderung an das gesamte Vermögen seines Schuldners zu halten, die besondere Möglichkeit, die Befriedigung bis zur Höhe der Grundbucheintragung aus dem Grundstück zu suchen, gleichgültig, in wessen Händen sich zum Zeitpunkt der Beitreibung das Grundstück befindet. Das Wesen der dinglichen Haftung beruht also darin, daß sie Wirkung zwar nur gegen den Eigentümer hat, sich aber andererseits nicht nur gegen den Besteller des Grundpfandrechtes, sondern gegen den *jeweiligen* Grundstückseigentümer richtet (vgl. § 13).

Verschiedenartig aber ist bei den einzelnen Grundpfandtypen die rechtliche Verknüpfung der persönlichen Forderung mit der sie sichernden dinglichen Grundstückslast. Verkehrshypothek und Sicherungshypothek sind Unterarten der Hypothek. Die Hypothek setzt für ihre Entstehung und grundsätzlich für ihren Weiterbestand eine rechtswirksame persönliche Forderung voraus. Der Geldbetrag der Forderung muß im Grundbuch zur Eintragung gelangen; der Schuldgrund der Forderung, beim Kreditgeschäft also das Darlehn, muß aus der Eintragungsbewilligung hervorgehen. Verkehrshypothek und Sicherungshypothek unterscheiden sich dadurch, daß bei der Sicherungshypothek die Verflechtung von persönlicher Forderung und dinglichem Grundstücksrecht noch inniger ausgestaltet ist als bei der Verkehrshypothek.

Während bei der Verkehrshypothek kraft gesetzlicher Vorschrift (§§ 1138, 891) die Grundbucheintragung auch die Vermutung des rechtswirksamen Bestandes der persönlichen Forderung in sich schließt, gewährt die Sicherungshypothek dem Gläubiger nicht diese Erleichterung für die Beweisführung (§ 13 III, IV).

Bei der Verkehrshypothek erstreckt sich der öffentliche Glaube des Grundbuches zugunsten eines dritten Erwerbers auch insofern auf die zugrunde liegende persönliche Forderung, als der tatsächliche Nichtbestand der persönlichen Schuld den gutgläubigen Erwerb des dinglichen Grundstücksrechts nicht ausschließt; der Erwerber einer Sicherungshypothek hingegen kann sich nicht auf den öffentlichen Glauben des Grundbuchs berufen, um die dingliche Verhaftung des Grundstücks gegen den Einwand des Nichtbestandes der persönlichen Schuld zu schützen. Dementsprechend ist auch die Ausstellung eines Hypothekenbriefes bei einer Sicherungshypothek unzulässig, die Sicherungshypothek ist also stets Buchhypothek und niemals Briefhypothek. Die Verkehrshypothek kann zwar auch brieflos als reine Buchhypothek begründet werden; gerade in ihrer üblichen Form als Briefhypothek aber gewährt sie, freilich auch neben besonderen Gefahren, dem Verkehr eine Fülle von Möglichkeiten, durch Verfügungen und Bestimmungen bezüglich des Hypothekenbriefes den Besonderheiten der Einzelfälle Rechnung zu tragen. Sowohl die Verkehrshypothek wie die Sicherungshypothek kann auch zur Sicherung für zukünftige Forderungen bestellt werden. Soll aber bei einer Hypothekenbestellung die Höhe des Schuldbetrages offengelassen werden, sei es, daß dieser zur Zeit noch nicht festgestellt werden kann, sei es, daß ihre Entstehung auch der Höhe nach ungewiß ist (insbesondere also bei Einräumnung des laufenden Kontokorrentkredits), so ist nur die Bestellung einer Höchstbetragshypothek, nicht aber auch einer Verkehrshypothek zulässig (§ 13 V).

Im Gegensatz zur Hypothek stellt die Grundschuld ein abstraktes Grundpfand dar. Sie setzt somit überhaupt nicht das Bestehen einer sichernden persönlichen Schuld voraus, und kommt ihr auch außerhalb des eigentlichen Kreditverkehrs eine eigene wirtschaftliche Bedeutung zu. Meist dient auch sie freilich zur Sicherung persönlicher Kreditforderungen. Ihre Eigenart aber beruht darin, daß die Verknüpfung von dinglicher Last und persönlicher Schuld für die Rechtsform der Grundschuld als solche nicht gegeben, vielmehr nur im Rahmen persönlicher Parteivereinbarungen zulässig ist und sich damit nur in der beschränkten rechtlichen Bedeutung obligatorischer Rechtsbeziehungen auswirken kann (vgl. § 13 II).

Jedoch haben die theoretischen Grenzen, die zwischen den einzelnen Grundpfandrechten gezogen sind, in der praktischen Behandlung, insbesondere in der Rechtsprechung des RG. erheblich an Klarheit und Strenge eingebüßt (vergl. hierüber auch § 13 VII).

§ 2.

Die Vorverhandlungen über das Beleihungsgeschäft.

I. Der Kreditsuchende, der unter Verpfändung eines Grundstücks Kapital aufnehmen will, wird sich vor allem klar zu machen haben, ob die allgemeine Wirtschaftslage und seine Verhältnisse einen langfristigen oder einen kurzfristigen Kredit für ihn vorteilhafter erscheinen lassen. In Zeiten von Wirtschaftskrisen wird naturgemäß die Prolongierung eines Kredits nach Fälligkeit meist auf Schwierigkeiten stoßen und, wenn überhaupt, nur gegen Zahlung eines beträchtlichen „Damnums" möglich sein. Die Festlegung hoher Zinszahlungen auf eine

Reihe von Jahren bedeutet andererseits eine Belastung, die im Falle des Sinkens des allgemeinen Zinsfußes sich als voreilig herausstellen kann. Ein vorsichtiger Kreditnehmer wird daher sich möglichst sein Recht zur vorzeitigen Rückzahlung des Kapitals zu sichern suchen und nötigenfalls sich dazu verstehen, für die einseitige Einräumung eines Kündigungsrechts eine besondere, natürlich in mäßigen Grenzen sich haltende Entschädigung dem Darlehnsgeber zuzugestehen.

Der Weg, den der Kreditsuchende einzuschlagen hat, um an die für ihn in Frage kommende Kreditquelle heranzukommen, hängt in erster Linie davon ab, ob die Aufnahme bzw. Ablösung einer erststelligen Hypothek in Frage kommt, oder ob er dem Kreditgeber nur eine zweitstellige Hypothek oder gar eine drittstellige anbieten kann. Die Aufnahme sog. Schornsteinhypotheken kommt in den heutigen Zeiten allgemeiner Kreditnot höchstens als Zusatzsicherung bei Stellung anderer Sicherheiten, insbesondere einwandfreier Bürgen in Frage. Makler, die sich bereit erklären, Hypothekenkredit trotz unzulänglicher Sicherheit zu beschaffen, arbeiten meist nur an Luftprojekten und machen ihren Auftraggebern regelmäßig nur unnütze Spesen. Für die Hergabe erststelliger Hypotheken kommen Hypothekenbanken, Pfandbriefanstalten, Sparkassen, Versicherungsunternehmungen und ähnliche große Kreditinstitute vor allem in Betracht.

Die Zinsen- und Kostenbelastung zeigt bei den großen Kreditunternehmungen nur geringfügige Abweichungen; wohl aber ist es angebracht, die Zahlungsbedingungen, insbesondere Sperrklauseln bei der Hereinnahme von Pfandbriefen, nachzuprüfen und zu vergleichen (s. § 8 V, Anlage zu III). Die Aufnahme der Verbindungen mit derartigen Kreditinstituten erfolgt entweder direkt oder, besonders in Zeiten schwieriger Kreditbeschaffung zweckmäßig durch die mit den Instituten in Verbindung stehenden Makler. Die Kreditaufnahme von privaten Geldgebern wird meist nur durch Vermittlung eines Maklers möglich sein, dessen Zuverlässigkeit für die Gestaltung eines Geschäftes oft von entscheidender Bedeutung ist. Nicht selten treten Makler als Selbstgeber auf in der offenbaren Absicht, das

Geschäft zu verteuern. Gewerbsmäßige Maklerunternehmungen können aber, wenn sie kapitalkräftig sind, unter Bürgschaftsübernahme dem Geldnehmer wertvolle Dienste leisten (s. Kap. V).

II. Im Interesse der beschleunigten Durchführung des Geschäftes wird der Darlehnsnehmer möglichst bald sich die Papiere zu verschaffen haben, die im allgemeinen als Grundlage verlangt werden: nämlich Katasterauszüge mit Katasterzeichnungen, Feuerversicherungsscheine, Verzeichnis der Friedensmiete und der gegenwärtigen Miete möglichst mit den Mietverträgen selbst; die Veranlagung zum Wehrbeitrag, die Festsetzung des Einheitssteuerwertes und den neuesten Grundbuchauszug; auch Vorlagen über die Höhe der Hauszinssteuer werden vorsorglich bereitzustellen sein. Stehen im Grundbuch noch getilgte aber nicht gelöschte Hypotheken, so ist zum mindesten die Löschungsbewilligung des Gläubigers zu besorgen. Ebenso ist rechtzeitig die Verhandlung mit den Gläubigern der Hypotheken aufzunehmen, die etwa durch die neue Hypothek abgelöst werden sollen. Ist die Hypothekenaufnahme infolge Kündigung bereits eingetragener Gläubiger erforderlich geworden, so kommt die Abtretung der Hypothek an den neuen Gläubiger in Frage, zu welcher der bisherige Gläubiger allerdings nicht verpflichtet ist (s. § 30 I).

Der Darlehnsgeber aber wird zunächst die Unterlagen dahin zu prüfen haben, ob etwa juristische Bedenken bestehen, und ob die Hypothek an der in Frage kommenden Stelle hinreichend sicher erscheint. Ergibt der Grundbuchauszug, daß der Darlehnsnehmer nicht als Eigentümer im Grundbuch eingetragen ist, oder daß eine Vormerkung auf Auflassung zugunsten eines Dritten oder ein Widerspruch gegen die Eigentumseintragung im Grundbuch vermerkt ist, so muß das rechtliche Hindernis durch Beibringung der in Betracht kommenden Zustimmungserklärung in grundbuchmäßiger Form unschädlich gemacht sein, bevor der Darlehnsgeber ernsthafte Verhandlungen über die Darlehnshingabe aufnehmen kann. Das gleiche gilt, wenn im Grundbuch gegen die Löschung einer Hypothek ein Widerspruch zur Rechtswahrung eingetragen ist, der dieser grundsätzlich die alte Rangstelle sichert, wie dies bei Aufwertungshypotheken besonders häufig auch jetzt noch der Fall ist.

III. Ist ein Widerspruch im Grundbuch eingetragen, so ist im Rahmen seiner Tragweite der öffentliche Glaube des Grundbuchs ausgeschlossen; das durch den Widerspruch geschützte Recht muß der Dritterwerber, auch wenn er den Widerspruch nicht gekannt hat, so gegen sich gelten lassen, als wenn es zur Zeit der Eintragung seines Eigenrechts im Grundbuch an der alten Rangstelle eingetragen stände. Auch wenn zugunsten einer bereits zur Eintragung gelangten Hypothek die Rangbefugnis durch Eintragung einer Vormerkung gesichert ist, ist gleichfalls die Rangregelung nicht ohne Zustimmung des Vormerkungsberechtigten möglich.

Auch der Abteilung II des Grundbuchs muß Aufmerksamkeit geschenkt werden. Ein Nießbrauchsrecht wird meist die Beleihung des Grundstücks untunlich erscheinen lassen (vgl. § 23 III). Bei bebauten Grundstücken werden zwar die üblichen Grunddienstbarkeiten regelmäßig kein erhebliches Hindernis darstellen. Aber auch hier können Einfahrts- und Wegegerechtigkeit störend wirken. Besonders gilt dies für unbebaute Grundstücke, die Teile eines ursprünglichen Siedlungskomplexes bilden. Aus der Abteilung II ist auch besonders zu ersehen, ob in letzter Zeit ein Zwangsversteigerungsverfahren oder eine Zwangsverwaltung über das Grundstück angeordnet worden ist.

IV. Eine besonders sorgfältige Nachprüfung verlangen auch die Unterlagen für den Wert des zu beleihenden Grundstücks. Die heutige Wirtschaftsentwicklung bringt eine Reihe von Unsicherheitsfaktoren mit sich, die die Richtigkeit jeder Wertschätzung in Frage stellen. Einen gewissen Anhalt dürfte die auf Grund des neuen Bewertungsgesetzes zu erwartende Veranlagung des Einheitswertes abgeben (vgl. § 3).

Mit Vorsicht sind die vom Darlehnsnehmer etwa eingereichten Privattaxen eines vom Darlehnsnehmer hinzugezogenen Sachverständigen zu behandeln.

Der Darlehnsgeber wird sich häufig auch nicht mit der Nachprüfung der ihm vorgelegten Belege begnügen dürfen, sondern vor dem Abschluß, jedenfalls aber vor Auszahlung des Darlehns selbständig Ermittlungen oder Feststellungen treffen müssen.

V. In rechtlicher Hinsicht ist vor allem zu beachten, daß auch bei Vorliegen eines Grundbuchauszuges aus der neuesten Zeit dieser keine Gewähr gegen inzwischen eingetretene Veränderungen bietet. Ferner aber, daß nicht einmal der Hypothekenstand des Grundbuches selbst, wie er sich zur Zeit der Einreichung der neuen Hypothekenbestellung darstellt, völlige Sicherheit dagegen bietet, daß inzwischen anderweitig beim Grundbuch eingegangene, aber noch nicht zur Eintragung gelangte Hypotheken dem Antrage des Darlehnsgebers vorgehen. Der öffentliche Glaube des Grundbuches schützt den Erwerber eines neuen Rechtes nur dagegen, daß Eintragungen, die das Grundbuch zur Zeit des Erwerbes des neuen Rechts ausweist, der wirklichen Rechtslage nicht entsprechen. Die Hypotheken rangieren aber untereinander in der Reihenfolge der tatsächlichen Grundbucheintragungen. Der vorsichtige Geldgeber wird also, bevor er das Darlehn zur Auszahlung bringt, nicht nur das Grundbuch selbst einsehen oder durch einen Notar einsehen lassen, sondern bei den Grundbuchakten und bei der Geschäftsstelle des Grundbuchamtes Feststellungen dahin treffen müssen, ob etwa bis zur Einreichung seines eigenen Antrages sonstige Eintragungsbewilligungen beim Grundbuch eingegangen sind. Will der Darlehnsgeber nach Lage des Falles dem Darlehnsnehmer dahin entgegenkommen, daß er mit der Auszahlung nicht bis zur Eintragung der Hypothek selbst wartet, so bleibt ihm die Möglichkeit, die Auszahlung von der Anordnung der Eintragung des Grundbuchrichters abhängig zu machen. (Ueber die Vereinbarungen im Beleihungsvertrag vgl. § 5.)

Zu beachten ist ferner, daß der öffentliche Glaube des Grundbuches sich nicht etwa auch auf die Verfügungsfähigkeit des an sich eingetragenen Veräußerers erstreckt. Bestehen also Zweifel über die Geschäftsfähigkeit des Veräußerers (Minderjährigkeit, Geisteskrankheit, Entmündigung), so muß der Darlehnsgeber, um die Möglichkeit der Nichtigkeit der Hypothek zu vermeiden, sich Aufklärung zu beschaffen suchen. Auch Mängel der Verfügungsfähigkeit, die auf dem Güterrecht beruhen, muß der Erwerber gegen sich gelten lassen, selbst wenn sie aus dem Grundbuch nicht hervorgehen.

Die Sicherheit der Hypothek kann auch dadurch in Frage gestellt sein, daß der Darlehnsnehmer mit der Zahlung der Zinsen vorhergehender Hypotheken längere Zeit im Rückstande geblieben ist. Zinsrückstände bis zu 2 Jahren kommen bei der Verteilung in der Zwangsversteigerung vor dem Hypothekenkapital zur Hebung. Namentlich dann, wenn die dingliche Sicherung angesichts des Wertes des Grundstückes nicht außer allem Zweifel steht, darf auch die Persönlichkeit des Darlehnsnehmers selbst und seine wirtschaftliche Lage nicht außer acht gelassen werden. Kreditiert ein Gläubiger seinem Schuldner eine bereits fällige Forderung gegen hypothekarische Sicherstellung, so muß er, wenn ihm bekannt ist, daß angesichts der Vermögenslage des Schuldners seine eigene Bevorzugung leicht die Schädigung anderer Gläubiger zur Folge haben kann, stets mit der Möglichkeit einer Anfechtung von Gläubigerseite rechnen. Ist der Schuldner in Vermögensverfall, so kann eine vor Auszahlung der Darlehnsvaluta erfolgte Pfändung des Anspruchs auf die Darlehnsgewährung ein peinliches Hindernis für die ordnungsmäßige Abwicklung des Geschäftes bringen. Gegen derartige Ueberraschungen, wie gegen die zukünftige Gefährdung der Hypothek nach erfolgter Valutierung wird sich der Geber durch entsprechende Klauseln im Vorvertrag, bzw. im Darlehnsvertrag selbst, zweckmäßig zu schützen suchen (vgl. § 5).

Bietet die Persönlichkeit des Darlehnsschuldners nicht hinreichende Gewähr für seinen guten Willen oder sein Zahlungsvermögen, so wird der Geber gut daran tun, die Hingabe des Darlehns von der Stellung eines einwandfreien Bürgen oder eines Ausbietungsgaranten abhängig zu machen.

§ 3.

Die Grundstücksbewertung.

I. In Vorkriegszeiten beruhten die üblichen Taxen auf einem verhältnismäßig einfachen schematischen Verfahren: bei bebauten Grundstücken wurde erstens der Ertragswert ermittelt; von dem Bruttobetrage der Jahresmiete wurde ein nach Ort und Lage des Grundstücks zwischen 15 und 20 Prozent schwankender Pauschalsatz für laufende Kosten, Verwaltung und Instandsetzung des Hauses abgezogen; der Nettobetrag wurde meist mit 5% kapitalisiert; der Ertragswert also durch eine Multiplikation des Nettobetrages mit 20 vom Hundert errechnet. Zweitens wurde der Grund- und Bauwert, letzterer unter Zugrundelegung der Herstellungskosten unter Berücksichtigung des jeweiligen baulichen Zustandes und des Alters des Baues festgestellt. Grundwert und Ertragswert wurden miteinander addiert, die sich ergebende Summe halbiert, und das rechnerische Endergebnis als Taxwert des Grundstückes angesetzt. Auch jetzt noch wird von Taxatoren insbesondere für die Grundstücksschätzung in kleinen Orten ein ähnliches Verfahren eingeschlagen. Als ernsthafte Grundlage für die Wertung eines Grundstückes kommen sie aber nur in Betracht, wenn sie den wirtschaftlichen Veränderungen einigermaßen Rechnung tragen: Die Kapitalisierung des Nettobetrages wird im allgemeinen mit mindestens 7% zu erfolgen haben; die Hauszinssteuerlast, um die der Bruttobetrag vorweg zu kürzen ist, ist zu berücksichtigen. Für die Wertberechnung ist nicht außer acht zu lassen, ob und inwieweit zwangswirtschaftsfreie Mieträume bei der Höhe des Ertrages mitwirken. Bei Industriegrundstücken ist Industriebelastung in Anschlag zu bringen; die laufenden Erhaltungskosten sind anstatt in einem Pauschalbetrag möglichst in der tatsächlichen Höhe des Einzelfalles in Rechnung zu stellen. Bei Großwohnungen kommt als wertmindernder Faktor die Gefahr künftigen Leerstehens der Wohnungen in Betracht.

II. Mit Recht ist in den letzten Jahrzehnten wie im Steuerrecht, so auch für die Schätzung der gemeine oder Verkaufswert in den Vordergrund getreten. Nach dem Hypothekenbankgesetz darf der durch die Schätzung Sachverständiger zu ermittelnde Beleihungswert eines Grundstücks den durch sorgfältige Ermittlung festgestellten Verkaufswert nicht übersteigen. Als Anhalt für die Ermittlung des gemeinen Wertes dienen in erster Linie die in letzter Zeit beim Verkauf gleichartiger Grundstücke erzielten Preise, bei unbebauten Grundstücken ist dabei vor allem nicht außer acht zu lassen, ob die Grundstücke „baureif" sind, oder wenigstens in absehbarer Zeit mit der Straßenanlegung zu rechnen ist.

III. Als Unterlage, wenn auch nur als unsicherer Anhalt, wird in den Kreditinstituten meist auch der auf den 31. Dezember 1913 festgestellte Wehrbeitragswert herangezogen.

In den letzten Jahren hat sich die einfache Methode einer Multiplikation der Friedensmiete mit einer bestimmten Zahl für die Wertbemessung eingebürgert und damit als relativ zuverlässig bewährt. In den Jahren von 1924—1929 ist der nach der Höchstmiete und Marktlage sich richtende Multiplikator für Häuser mittlerer Lage und Beschaffenheit in Berlin von etwa 1½—7½ gestiegen; in bevorzugten Stadtgegenden bei großen Geschäftshäusern oder Häusern mit modernem Komfort, Warmwasser und Heizung war er häufig erheblich höher, während er bei Häusern in Arbeitervierteln oder bei sonstigen wertmindernden Faktoren mehr oder weniger hinter dem Durchschnittsmultiplikator zurückblieb.

In den letzten Jahren aber ist für die Bewertung der Grundstücke ein erheblicher Rückschlag eingetreten. Für die Durchschnittsbewertung werden kaum mehr als das 4- oder 5fache der Friedensmiete in Ansatz gebracht werden können. Die schlechte Wirtschaftslage macht sich besonders bei den gewerblichen Räumen geltend, die zwar nicht mehr der Zwangsbewirtschaftung unterliegen, aber angesichts des schlechten Geschäftsganges unter ständig vermehrtem Preisdruck stehen. Die früher für die Beleihung bei den großen Kreditinstituten als Beleihungsobjekt besonders beliebten Häuser mit großen Wohnungen leiden unter dem Fortzug der Mieter, die sie nicht mehr halten können. Bei den hauptsächlich von kleinen Leuten bewohnten Häusern machen sich die Wirkungen der Arbeitslosigkeit bemerkbar.

IV. Die letzte Feststellung der Einheitswerte geht auf das Jahr 1925 zurück und beruht auf dem RG. vom 10. 8. 1925. Letzteres hat durch Gesetz vom 22. Mai 1931 eine Neufassung erhalten, die für die Festsetzung des Einheitswertes zum Teil einschneidende Änderungen bringt. Als Stichtag für die Neufestsetzung der Einheitswerte ist danach der 1. Januar 1931 festgesetzt. Maßgebend ist: Für Grundstücke, die ortsüblich bebaut sind, oder die gewerblich benutzt sind, der Ertragswert, mindestens aber der gemeine Bodenwert. Für Bauland oder Land zu Verkehrszwecken: der gemeine Wert; für sonstige Grundstücke grundsätzlich auch für im Bau begriffene Grundstücke der gemeine Wert, an dessen Stelle aber soweit Teile des Baues schon vollendet sind, der Ertragswert nebst Zuschlag für die bis zum Stichtag vollendeten Baulichkeiten, mindestens aber der gemeine Bodenwert tritt (Anlage zu VI, 2).

Die Feststellung des Einheitswertes erfolgt nunmehr durch das Finanzamt.

Die inzwischen eingetretene Wirtschaftskrise hat auch für die Festsetzung des Einheitswertes einschneidende Ergänzungen und Änderungen erforderlich gemacht. Im Erlaß des Reichsfinanzministers vom 6. Juli 1931 (S. 3300—3329) ist die ursprünglich vorgesehene Geltung des Bewertungsgesetzes (1. April 1938) auf den 1. April 1935 eingeschränkt, so daß also eine neue Einheitsbewertung später auf den Stichtag des 1. Januar 1934 zu erwarten ist. Nach § 17 der Durchführungsbestimmungen vom 22. 5. 1931 sind bei der Berechnung der Jahresrohmiete Mietherabsetzungen, die seit dem 1. Januar 1931 bis zur Abgabe der Vermögenssteuererklärungen 1931 eintreten, zu berücksichtigen.

Doch ist nach dem Erlaß bei einer Krisenmiete, d. h. bei einer nur auf kurze Zeit vereinbarten Miete, mit deren Erhöhung nach gewisser Zeit gerechnet werden kann, unter Umständen ein höherer Mietbetrag zugrunde zu legen, der bei Ausschaltung der vorübergehenden wirtschaftlichen Störungen als angemessen anzusprechen ist.

Für die Bewertung von Bauland ordnet der Erlaß an, daß bei Beantwortung der Frage, ob eine Bebauung in absehbarer Zeit in Betracht kommt, die gegenwärtigen wirtschaftlichen Verhältnisse berücksichtigt werden müssen. Die Durchführungsbestimmungen scheiden in § 15 die bebauten Grundstücke in zwangsbewirtschaftete und nicht zwangsbewirtschaftete Grundstücke. Als zwangsbewirtschaftete Grundstücke gelten alle Grundstücke, einschließlich der Betriebsgrundstücke, von denen mindestens der fünfte Teil einem der drei Wohnungszwangswirtschaftsgesetze (RMietG., MietSchG., WohnmangG.) ganz oder teilweise in rechtlicher Beziehung unterliegen. Die Frage, ob die 20 Prozent erreicht sind, ist nach dem Verhältnis der Jahresrohmiete zu beurteilen.

Zwangswirtschaftsgrundstücke sind grundsätzlich mit einem vielfachen der Jahresrohmiete zu bewerten, sofern nicht die Präsidenten der Landesfinanzämter die Bewertung mit einem vielfachen der Friedensmiete bestimmen. Für Villen und sonstige Einfamilienhäuser kommt nach Bestimmung des Präsidenten des Landesfinanzamtes die Bewertung nach einem Prozentsatz des Wehrbeitragswertes unter bestimmten Voraussetzungen in Betracht. Der normale Vervielfältigungssatz der Jahresrohmiete unterliegt einer Ermäßigung und Erhöhung bis insgesamt 20 Prozent bei wesentlichen Abweichungen von den gemeinüblichen Verhältnissen, und zwar insbesondere hinsichtlich:

des baulichen Zustandes, des Alters und der Einrichtung des Gebäudes,

der Lage des Grundstücks, der Art der Bebauung, z. B. Fachwerkbau,

der Schadensgefahren (z. B. Wasser oder Erschütterungsschaden) der Belastung und der Hauszinssteuer,

bei gemischten Grundstücken hinsichtlich des Verhältnisses zwischen dem gewerbsmäßigen Zwecken dienenden Teil und dem Wohnzwecken dienenden Teil.

Die Präsidenten der Landesfinanzämter können verschiedene Grundstücksgruppen bilden, nämlich insbesondere:

1. Villen,
2. Geschäftsgrundstücke,
3. Gemischte Grundstücke,
4. Mietwohngrundstücke.

Sind nicht zwangsbewirtschaftete Grundstücke in ortsüblicher Weise bebaut, oder dienen sie gewerblichen Zwecken, so sind sie mit dem Ertragswert zu bewerten. Die Vervielfältigungszahl des Reinertrages beträgt für die Feststellung des Einheitswertes gemäß § 45 der Durchführungsbestimmungen die Zahl 18. Alle übrigen nicht zwangsbewirtschafteten Grundstücke sind mit dem gemeinen Wert zu bewerten.

(S. auch für Berlin Anlage zu VI 1 b.)

§ 4.

Die Einsicht in das Grundbuch.

Zur Grundbucheinsicht ist ein jeder berechtigt, der ein berechtigtes Interesse dartun kann. Als berechtigtes Interesse kommt auch das wirtschaftliche Interesse in Betracht (KGJ. 20 A S. 176); danach ist also auch jeder, der die Hypothek ernsthaft zu erwerben beabsichtigt, zur Grundbucheinsicht berechtigt. Zur Darlegung des berechtigten Interesses ist nicht volle Glaubhaftmachung erforderlich; es genügt vielmehr der greifbare und überzeugende Anhalt für die Richtigkeit der Darstellung (KGJ. 20 A 173). Zur Grundbucheinsicht sind ohne weiteres der Notar, und der Rechtsanwalt im Auftrage eines Notars, befugt (AV. 21. Febr. 1919, JMBl. S. 53). Ein Bevollmächtigter hat sich durch Vollmacht auszuweisen.

Zweckmäßig wird sich die Einsicht nicht auf das Grundbuch selbst beschränken; oft geben nur die Eintragungsbewilligungen, auf die die Eintragung Bezug nimmt, ein hinreichendes Bild von der Bedeutung und dem Umfange der eingetragenen Rechte. Es empfiehlt sich daher, die Grundakten einzusehen, deren Tabellen mit dem Grundbuch selbst übereinstimmen, und die die den Eintragungen zugrunde liegenden Bewilligungen und Urkunden enthalten. Soweit die Grundbucheinsicht zulässig ist, können auch Abschriften, und zwar auch eines Teils der Grundbuchblätter, verlangt werden.

Hingegen haben weder die Parteien, noch der Notar einen Anspruch auf Auskunftserteilung.

Handelt es sich nur darum, die Person des Grundstückseigentümers festzustellen, so kommt die Einsicht in das Grundstückseigentümer-Verzeichnis in Betracht, welches regelmäßig auf den Grundbuchämtern geführt wird.

Angesichts der Kompliziertheit der einschlägigen Verhältnisse, so, wie sie sich namentlich unter dem Aufwertungsrecht entwickelt haben, ist auf eine sorgfältige Grundbucheinsicht besonderer Wert zu legen. Im Zweifel empfiehlt es sich daher, einen Notar heranzuziehen, zumal dieser für die Zuverlässigkeit der von ihm gegebenen Grundbuchauszüge haftet.

Bei der Grundbucheinsicht ist vor allem auch das Augenmerk darauf zu richten, ob etwa sich in den Grundakten noch Eingänge von Anträgen befinden, die noch nicht zur Eintragung im Grundbuch selbst geführt haben, da die Eingänge nach der Zeit ihres Einganges ihre Erledigung zu finden haben. Gegen Verweigerung der Einsichtnahme ist die Beschwerde zulässig (KGJ. 20 A, 173).

§ 5.

Der Abschluß und Inhalt des Grundstücksbeleihungsvertrages.

I. Der eigentliche **Darlehnsvertrag**, der die Verpflichtung des Darlehnsnehmers zur Rückgewähr des Darlehns auslöst, ist ein einseitiger Realvertrag. Abreden zwischen Darlehnsnehmer und Darlehnsgeber über die Verpflichtung des Gebers zur Gewährung des Darlehns können daher nicht den Gegenstand des Darlehnshauptvertrages bilden, sondern können nur durch einen besonderen **Vorvertrag** vertraglich festgelegt werden.

Unter diesen Vorvertrag fällt auch das Versprechen des Darlehnsnehmers zur Sicherstellung durch Hypothek oder Grundschuld, wie auch die etwaige bindende Verpflichtung des Nehmers auf Entgegennahme des Kreditkapitals zu den vereinbarten Bedingungen. Freilich ist es nicht zwingende Notwendigkeit, daß jedem Darlehnsgeschäft ein Vorvertrag vorausgegangen sein muß. Selbst bei einfachen hypothekarischen Beleihungsgeschäften ist es denkbar, daß die Vorverhandlungen unmittelbar zum Hauptdarlehnsvertrag, der Auszahlung des Kapitals und der Eintragung der Hypothek führen, ohne daß auch nur stillschweigend ein Vorvertrag zustande gekommen ist. Insbesondere ist dabei an die Möglichkeit zu denken, daß der Nehmer schon vor erfolgter Verständigung die Hypothek auf den Namen des Gläubigers hat eintragen lassen, um ihm im Zeitpunkt erfolgter Zusage gegen Auszahlung des Kapitals den Hypothekenbrief auszuhändigen. Regelmäßig aber wird eine Hypothekenbeleihung den Abschluß eines Vorvertrages erforderlich machen.

Allerdings ist es nicht notwendig, daß der Vorvertrag schriftlich niedergelegt wird, sowenig dies auch für den Hauptvertrag selbst der Fall sein muß. Die in beglaubigter Form abzugebende Eintragungsbewilligung ist meist mit der schriftlichen Bestätigung des Darlehnsempfangs verbunden und gibt auch die Zins- und Zahlungsbedingungen mehr oder weniger vollständig wieder. Sofern aber zwischen dem Abschluß des Vorvertrages über die Beleihung und der Ausstellung der Eintragungsbewilligung sowie des Darlehnsschuldscheines eine erhebliche Zeitspanne liegt, werden insbesondere bei größeren oder komplizierten Beleihungen die getroffenen Abreden schriftlich zu fixieren sein. Dies gilt insbesondere in Zeiten schwieriger Kreditverhältnisse. Der Geldgeber, der für sein flüssiges Kapital eine sichere Kreditanlage gefunden zu haben glaubt, hat ein Interesse an der Klarstellung der Bindung des Nehmers. Andrerseits wird meist auch der Nehmer sich mit Rücksicht auf die ihm entstehenden Kosten nur dann zur Aufnahme der Hypothek verstehen, wenn ihm das Hypothekenkapital fest zugesichert ist. Erfolgt dann der Abschluß des Darlehnshauptvertrages im Anschluß an den Vorvertrag, so gelten im Zweifel die in dem Vorvertrag getroffenen Abreden auch für den Darlehnsvertrag selbst (RG. 108 S. 146 ff. RG. 89 S. 32).

II. Häufig ist dem Darlehnsabschluß schriftliche Korrespondenz zwischen den Parteien vorausgegangen, ohne daß das Ergebnis der Verhandlungen in besonderer schriftlicher Urkunde festgelegt wird. Ob eine **Willenseinigung** der Parteien im Sinne eines **Vertragsabschlusses** vorliegt, ist Frage der Auslegung im einzelnen Fall. Die Einigung kann aber stillschweigend erfolgen und aus dem Verhalten der Parteien, insbesondere aus der tatsächlichen Auszahlung der Valuta oder der Aushändigung und Entgegennahme der Eintragungsbewilligung entnommen werden (RG. 27. März 1929; SächsArch. 83 S. 238). Handelt es sich um die Ausleihung größerer Kapitalien, so ist aber im Zweifel der Vertrag erst dann geschlossen, wenn auch die Zins- und Zahlungsbedingungen hinreichend bestimmt festgelegt sind (RG. Recht 1915 S. 1091).

Hypothekenbanken und öffentliche Pfandbriefanstalten pflegen häufig zu verlangen, daß vor der endgültigen Entscheidung über die Beleihung der Darlehnsnehmer einen formularmäßig gefaßten Antrag auf Darlehnsgewährung stellt. Enthält der Antrag keine Bindung des Antragstellers auf bestimmte Zeit, so ist dieser an sich befugt, falls der Antrag nicht alsbald angenommen wird, sein Kreditgesuch zurückzuziehen. Durch die Annahme des Antrages kommt der Beleihungsvertrag ohne weiteres zu den im Antrag festgesetzten Bedingungen zustande.

Die Zerlegung des Darlehnsvertrages in Antrag und Annahme erscheint auch für den Privatverkehr um so mehr ein gangbarer Weg, als nach der Rechtsprechung des RG. die Unterwerfung unter die Zwangsvollstreckung wirksam bereits in dem Antrag zu notariellem Protokoll erklärt werden kann, womit sich nach erfolgtem Abschluß ein notarielles Protokoll anläßlich der Erteilung der Eintragungsbewilligung erübrigt (RG. 131, 6).

III. Im Vorvertrag sind insbesondere die Fragen zu regeln, ob nur der Darlehnsgeber zur Darlehnsgewährung oder der Darlehnsnehmer zur Hereinnahme des Kapitals, oder aber beide Parteien einander zur **Hingabe,** bzw. **Entgegennahme** des Kredites **verpflichtet** sein sollten. Es ist dabei zu beachten, daß nach Rechtsprechung des RG. der Vorvertrag grundsätzlich nur ein einseitiges Versprechen des Gebers zur Gewährung des Kapitals enthält, der Kreditabschluß aber ohne ausdrückliche Bindung des Nehmers nur dann als ein beiderseits verpflichtender Vertrag angesehen werden soll, wenn auch der Darlehnsgeber ein eigenes Interesse an der Vermögensanlage hat (s. unten Anhang zu Kap. I B). Ist aber eine Verpflichtung des Nehmers zur Abnahme des Kapitals nicht gegeben, so ist die Verpflichtung des Gebers zur hypothekarischen Beleihung dadurch bedingt, daß der Nehmer abredegemäß die hypothekarische Sicherheit gewährt.

IV. Die **Höhe** des Kredit**kapitals** ist **ziffernmäßig** festzulegen, da die Sicherstellung durch ein Grundpfand die Eintragung eines Geldbetrages voraussetzt. Soll die Darlehnsschuld sich in der Rückerstattung von Pfandbriefen oder sonstigen Wertpapieren **erschöpfen,** so ist ihre grundbuchmäßige Sicherung nicht zulässig. Möglich ist es freilich, daß der Beleihungsvertrag mit dem Auftrag oder Kauf derart verbunden wird, daß der Darlehnsnehmer die erhaltenen Wertpapiere auf Rechnung des Gebers veräußert und den erzielten Erlös, bzw. den Kaufpreis des zwischen den Parteien abgeschlossenen Kaufvertrages durch Umwandlung der Schuld in ein Darlehn, als Darlehnsschuldner zurückzugewähren und zu verzinsen hat (vgl. Anhang zu Kap. I D und S. 45).

V. Je nach Lage des Falles werden Bestimmungen über den Zeitpunkt der **Auszahlung** des Darlehns über die Zahlungsstelle oder den **Empfangsberechtigten,** über die Raten und die Bedingungen, unter denen die Auszahlung zu erfolgen hat, vorgesehen werden müssen. Will der Darlehnsgeber sich auch wegen sonstiger durch die Hypothek nicht gesicherter Forderungen in der Weise Sicherheit verschaffen, daß er auch nach Tilgung der Hypothek die Löschungsbewilligung bis zur Befriedigung seiner sonstigen Forderungen zurückbehalten darf, so ist dies in dem Vorvertrag festzulegen; denn an sich steht dem Hypothekengläubiger ein Zurückbehaltungsrecht bezüglich der Löschungsbewilligung insoweit nicht zu (vgl. § 18 III).

In Zeiten von Währungserschütterungen und allgemeiner Undurchsichtigkeit der wirtschaftlichen Verhältnisse und zukünftigen Entwickelung, wird es häufiger in Frage kommen, daß ein Geldgeber, der die sich ihm bietende Kapitalsanlage für relativ günstig und sicher hält, von vornherein ihre Dauer auf sein eigenes Belieben stellen will. Die Klausel im Vertrag, daß der Darlehnsschuldner erst auf Verlangen des Darlehnsgläubigers das Kapital zurückzahlen darf, ist zulässig, da die Vorschriften der §§ 271 Abs. 2 BGB., 609 BGB. nur im Zweifel gelten und einer ausdrücklichen anderweitigen Regelung nicht entgegenstehen (RG. VII 324/29 Jur. R. 1930 Nr. 699).

VI. Soll die hypothekarische **Sicherstellung** des Darlehns nicht **durch** ein dem Grundschuldner selbst, sondern ein **einem Dritten gehörendes Grundstück** erfolgen, so ist auf die Wahrung der **Formvorschrift** des § 518 BGB. zu achten. Nur dann, wenn für die Sicherstellung einer fremden Schuld durch die Hypothek dem Eigentümer eine Vergütung zugesagt wird, stellt das Versprechen des Eigentümers einen entgeltlichen Vertrag des § 445 BGB. dar (RG. 60, 261; Seuff. Arch. 83 Nr. 149). Das gleiche gilt dann, wenn ein anderer Hypothekengläubiger verpflichtet werden soll, einer neuaufzunehmenden Hypothek den Vorrang einzuräumen (RG. 48, 133).

VII. Bestritten ist*), ob der persönliche Schuldner, wenn er mit der Person des Grundstückseigentümers nicht identisch ist, mit dem Darlehnsgläubiger eine Vereinbarung dahin treffen kann, daß dieser sich **zunächst** wegen seiner Forderung an **das Grundstück zu halten** hat, bevor er gegen den persönlichen Schuldner vorgehen darf.

Auf alle Fälle kann der Eigentümer aus der angeblichen Unzulässigkeit einer derartigen Vereinbarung keine Einrede gegenüber dem die Befriedigung aus dem Grundstück suchenden Gläubiger herleiten (RG. 128, 246).

VIII. Die Vereinbarungen über die **Zins- und Zahlungsbedingungen** verhalten sich über die einseitige Verpflichtung des Darlehensnehmers nach Empfang des Darlehens. Sie finden anläßlich des Abschlusses des Darlehenshauptvertrages meist ihre schriftliche Wiedergabe in mehr oder weniger vollständigem Umfange in dem Empfangsbekenntnis, dem Darlehnsschuldschein oder wenigstens der Eintragungsbewilligung, die häufig mit dem Empfangsbekenntnis verbunden wird (s. Anhang zu Kap. I E).

*) Das RG. 128, 245 läßt die Frage dahingestellt. Planck-Strecker, 4. Aufl., Bd. 3 S. 771, gegen Motive, Bd. 3 S. 611, bejahen die Zulässigkeit einer derartigen Vereinbarung. Der Grundbuch-Senat des KG. (KGJ. 33 A 243) hat der Klausel die Bedeutung beigelegt, daß der Schuldner unbedingt bloß mit dem Grundstück, mit seinem sonstigen Vermögen dagegen nur bedingt haften soll, und die Klausel sogar für eintragungsfähig erklärt, da die Bestellung einer Hypothek für eine bedingte Forderung gemäß § 1113 Abs. 2 BGB. zulässig sei. Bei dieser Auffassung des KG. dürfte aber übersehen sein, daß grundsätzlich die Hypothek der Forderung f o l g t. Ist die Forderung selbst bedingt, so ist zunächst nur eine Eigentümerhypothek entstanden, die sich erst mit Eintritt der Bedingungen in ein Vollrecht des Hypothekengläubigers umwandelt. Mit Annahme einer bedingten Forderung würde also das Befriedigungsrecht des Gläubigers gerade vereitelt werden. Die fragliche Klausel kann also lediglich den Sinn einer obligatorischen Abrede zwischen persönlichem Schuldner und Gläubiger haben, die im Innenverhältnis zwischen Schuldner und Gläubiger als Einrede in Betracht kommt, die die Entstehung der Forderung selbst aber, und zwar als unbedingte, nicht berührt.

IX. Die **Verpflichtung** des Darlehensnehmers zur **hypothekarischen Sicherstellung** aber gehört nicht in den Darlehenshauptvertrag selbst, sondern in den Vorvertrag. Im Normalfall werden Geldgeber und Geldnehmer sich gegen Schädigung durch die anderen Parteien durch die Abrede zu sichern suchen, daß die Auszahlung des Kapitals Zug um Zug gegen Übergabe des Hypothekenbriefes erfolgt. In der Praxis wird meist vereinbart, daß nach Einreichung der Eintragungsbewilligung das Kapital vom Darlehnsgeber zu treuen Händen dem Notar auszuhändigen und von diesem nach erfolgter Eintragung der Hypothek an den Darlehnsnehmer auszuzahlen ist; da in Ermangelung einer besonderen Abrede der Hypothekengläubiger die Hypothek nicht schon mit der Eintragung der Hypothek, sondern erst mit der Übergabe des Hypothekenbriefes erwirbt, darf der zum Treuhänder bestellte Notar grundsätzlich das Kapital erst auszahlen, wenn er den Brief zur Verfügung des Hypothekengläubigers erhalten hat. Haben aber die Parteien die Vereinbarung getroffen, daß der Gläubiger berechtigt sein soll, sich den Brief auf dem Grundbuchamt aushändigen zu lassen, so erfolgt der Erwerb der Hypothek durch den Gläubiger bereits mit der Eintragung und des Eigentums am Brief mit der Herstellung (§ 1117 Abs. 2 BGB.) und bestehen dann keine Bedenken, daß das Kapital bereits nach erfolgter Eintragung zur Ausfolgung gelangt.

Ist der Darlehnsgeber bereit, im Interesse des Nehmers einer beschleunigten Auszahlung des Kapitals Rechnung zu tragen, so kommt in Betracht, daß er die Auszahlung bereits auf den Zeitpunkt der Anordnung der Eintragung durch den Grundbuchrichter stellt, da nur selten nach erfolgter Verfügung Bedenken des Grundbuchrichters noch die tatsächliche Eintragung behindern werden. Hingegen wird der vorsichtige Geldgeber nur dann, wenn er unbedingtes Vertrauen dem Geldnehmer entgegenbringen kann, sich zur tatsächlichen Auszahlung der Valuta auf die bloße Erteilung der Eintragungsbewilligung hin verpflichten; denn solange der Antrag auf Eintragung der Hypothek zugunsten des Geldgebers noch nicht beim Grundbuchamt eingegangen ist, läuft diese Gefahr, mit der Hypothek im Range hinter einem inzwischen beantragten anderen Grundpfandrecht, insbesondere einer von seiten eines Arrestgläubigers erwirkten Arresthypothek, zu stehen zu kommen; auch können Beanstandungen des Grundbuchrichters die Hypothekeneintragung verzögern oder gar auf absehbare Zeit bei Abweisung des Eintragungsantrages vereiteln, etwa weil innerhalb der gesetzten Frist die Beanstandungen nicht beseitigt, z. B. die erforderlichen Legitimationspapiere nicht nachgebracht worden sind.

Zur Vermeidung von Unklarheiten und Differenzen empfiehlt es sich besonders dann, wenn die Auszahlung des Kapitals oder des Hypothekenbriefes von anderweiten Umständen oder Belegen abhängig gemacht wird, die dem Notar als Treuhänder erteilten Anweisungen im Interesse sämtlicher Beteiligten wie auch des Notars selbst möglichst präzise schriftlich zu fixieren.

X. Nicht außer acht gelassen werden darf auch im Vorvertrag die Klarstellung des **Ranges** der zu bestellenden **Hypothek.** Zweckmäßig wird im allgemeinen bei den Vereinbarungen eine genaue Angabe der Hypothekenbeträge sein, hinter denen die zugunsten des Geldgebers einzuräumende Hypothek rangieren soll. Wird für die Rangstellung lediglich die Bezeichnung einer „zweiten Hypothek" gewählt, so können leicht Mißverständnisse daraus entstehen, daß unter der „zweiten Hypothekenrangstelle" sowohl der lediglich grundbuchmäßige Rang hinter der zuerst eingetragenen Hypothek wie auch die verkehrsübliche Bezeichnung, also unter Berücksichtigung eines objektiven Wertmaßes verstanden werden kann (vgl. hierüber §§ 1 und 14).

XI. Ein weiterer Punkt, dessen Regelung bereits im Vorvertrag in Betracht kommt, ist die Bestimmung **der Grundpfandart,** die der Sicherung des Grundkredites dienen soll. Neben der Verkehrshypothek, der üblichsten Form der Grundstücksbeleihung, können die Parteien die Sicherung durch eine Grundschuld oder eine Sicherheitshypothek wählen. Durch die gesetzliche Verknüpfung des dinglichen Rechtes mit der persönlichen Forderung, die sich sowohl für die Entstehung wie grundsätzlich für den Fortbestand der Hypothek auswirkt, wird an sich der Schuldner in stärkerem Maße als bei der Grundschuld, dem abstrakten Grundpfand, gegen mißbräuchliche Ausnutzung der formalen Grundbucheintragung geschützt; ist die persönliche Forderung, deren

Sicherung das Grundpfand dient, in Wirklichkeit nicht (oder nicht mehr) begründet, so ist bei der Hypothek dem Eigentümer das Zurückgehen auf die persönliche Forderung gegenüber dem geltend gemachten dinglichen Recht leichter möglich als bei der Grundschuld; der öffentliche Glaube des Grundbuchs bedeutet ferner für den Grundstückseigentümer bei Eintragung einer Grundschuld eine höhere Gefährdung als bei der Hypothek, da bei dieser ein Dritterwerber, der die Nichtbegründetheit der der Hypothek zugrunde liegenden persönlichen Forderung kennt, sich auf den öffentlichen Glauben des Grundbuchs nicht berufen kann, während eine Einschränkung des öffentlichen Glaubens des Grundbuchs im Hinblick auf die zu sichernde persönliche Forderung grundsätzlich bei der Grundschuld nicht in Betracht kommt (vgl. §§ 13 II, 11 III).

Wenn der Darlehnsgeber trotzdem im allgemeinen die Verkehrshypothek vor der Sicherstellung durch eine Grundschuld bevorzugt, so liegt dies wohl hauptsächlich daran, daß erstere eine leichtere Verwertung (Abtretung oder Verpfändung) an einen seriösen Erwerber zu gewährleisten scheint, als die Grundschuld, da bei der Verkehrshypothek die Verknüpfung von dinglichem Recht und persönlicher Forderung sich ohne weiteres aus dem Grundbuch — und bei der Briefhypothek auch aus der Verbindung von Brief und Schuldurkunde — ergibt.

Wie bei der **Briefhypothek**, so wird an sich auch bei der **Briefgrundschuld** dem Gläubiger die **Möglichkeit** geboten, über das Recht durch Erteilung einer beglaubigten Abtretungsurkunde und Übergabe des Hypothekenbriefes zu verfügen, ohne durch die auch mit Kosten und Zeitverlust verbundene Eintragung im Grundbuch den Gläubigerwechsel in die Erscheinung treten zu lassen; auf der anderen Seite wird insbesondere bei einfachen Verhältnissen die Notwendigkeit der sorgsamen Aufbewahrung des Briefes den Ausschluß der Brieferteilung in die Erwägung ziehen lassen (vgl. § 6).

Noch weitgehender als bei der Verkehrshypothek findet bei der **Sicherungshypothek** die Verknüpfung von dinglichem Recht und Forderung statt.

Der im Grundbuch eingetragene Hypothekengläubiger, der das dingliche Recht am Grundstück geltend machen will, braucht kraft gesetzlicher Bestimmung nicht nachzuweisen, daß auch die zugrunde liegende Forderung tatsächlich besteht. Der Gläubiger einer **Sicherungshypothek** hingegen kann auch in das Grundstück nicht vorgehen, ohne mit Hilfe der ihm etwa sonst zur Verfügung stehenden Beweismittel den Nachweis zu führen, daß die persönliche Forderung ihm tatsächlich zusteht. Auch die **Verwertung** einer **Sicherungs**hypothek ist dadurch erschwert, daß ein Dritterwerber sich auch für den Erwerb des dinglichen Rechtes des Grundbuchs bei einer Sicherungshypothek nicht auf den öffentlichen Glauben des Grundbuchs berufen kann, um Einreden des Eigentümers aus dem persönlichen Schuldverhältnis abzuschneiden.

Ist es ungewiß, ob die zu sichernde Forderung tatsächlich zur Entstehung gelangt, so ist an sich grundsätzlich nur eine Sicherungshypothek der gegebene Weg der Sicherstellung. Ist die zu sichernde Forderung ihrer Höhe nach ungewiß, so kommt an sich für die Grundkreditsicherung nur eine Höchstbetragshypothek in Frage. Das Reichsgericht hat allerdings den Parteien die Möglichkeit offen gelassen, auch dann, wenn die zu sichernde Forderung auch der Höhe nach ungewiß ist, in der Weise eine Verkehrshypothek begründen zu können, daß vereinbarungsgemäß ein bestimmter Betrag und Schuldgrund, insbesondere „Darlehn", in der Eintragungsbewilligung für das Grundbuch vom Gläubiger angegeben wird, daß aber der Gläubiger **obligatorisch** gebunden wird, die Hypothek nur soweit geltend zu machen, als tatsächlich das eigentlich zu sichernde Schuldverhältnis ein Saldo zugunsten des Gläubigers ergibt. Da aber gegen eine derartige Möglichkeit schwerwiegende Bedenken (vgl. § 13 V, VII) bestehen und auch durch Reichsgerichtsentscheidungen die einschlägigen Fragen nicht derart geklärt sind, daß von einer eindeutigen ständigen Rechtsprechung gesprochen werden kann, so dürfte auch in Fällen, in denen die Einräumung eines laufenden Kredites im Kontokorrentverhältnis von der Begründung einer Verkehrshypothek abhängig gemacht wird, es ratsamer erscheinen, nicht einfach eine Darlehnshypothek zu bestellen, sondern im Vorvertrag zunächst die Ausstellung eines abstrakten Schuldversprechens durch den Kreditnehmer vorzusehen und der Verkehrshypothek entweder die abstrakte Schuld oder die aus ihrer Umwandlung gemäß § 607 Abs. 2 BGB. gewonnene Darlehnsschuld zugrunde zu legen (vgl. § 11 II).

XII. Während die abstrakt gehaltene Schuldurkunde (Schuldversprechen oder Schuldanerkenntnis) sich bei der Aufnahme von Personalkredit im Verkehrsleben meist besonderer Beliebtheit erfreut, genießt offenbar im Immobilarkredit die **Darlehnshypothek** das Ansehen besonderer Seriösität. Nur selten wird bei der Aufnahme einer Hypothek als Schuldgrund schlechthin eine **abstrakte Schuldverpflichtung** aus dem Schuldanerkenntnis oder Schuldversprechen angegeben. Dies dürfte wohl nicht in erster Linie darauf zurückzuführen sein, daß bei der Darlehnshypothek die Darlehnsschuld, und damit auch das Hypothekenrecht des Gläubigers, erst mit Auszahlung der Valuta zur Entstehung gelangt, da ja der Eigentümer es in der Hand hat, die Aushändigung des Hypothekenbriefes von der Auszahlung der Valuta bzw. die Eintragung der Hypothek von der vorhergehenden Hinterlegung der Valuta abhängig zu machen. Meist begegnet sich hier wohl auch mit dem Interesse des Darlehnsnehmers der eigene Wunsch des Darlehnsgebers, der wohl mehr oder weniger bewußt von der Vorstellung geleitet wird, daß die Bezeichnung als Darlehn die Schuld auf eine reelle Geschäftsbasis stellt, während die die wirtschaftlichen Geschäftsbeziehungen im Dunkeln haltende abstrakte Schuld, als Grundlage der Hypothek, nicht das gleiche Vertrauen für die Verwertung der Hypothek zu bieten scheint.

Aber auch bei der Darlehnshypothek steht dem Darlehnsgeber die Möglichkeit offen, sich durch die Zwischenschaltung eines abstrakten Schuldversprechens mit anschließender Umwandlung in eine Darlehnsschuld die Hypothek und ihre Geltendmachung gegen unbegründetes Abstreiten der Darlehnsvalutierung stärker zu sichern. Denn da das abstrakte Schuldversprechen einen ausreichenden Schuldgrund für die Valutierung der Hypothek abgibt, so wird die Wirksamkeit der Hypothek auch durch einen Mangel in dem kausalen Schuldverhältnis nicht ohne weiteres in Frage gestellt.

XIII. Auf alle Fälle wird aber der Darlehnsgeber gut daran tun, sich nicht mit der bloßen Eintragungsbewilligung durch den Nehmer zu begnügen, sondern die Ausstellung eines **Darlehnsschuldscheins** bereits **im Beleihungsvertrag** zu bedingen. Der Darlehnsschuldschein erbringt nämlich nach der Rechtsprechung des RG. auch, ohne daß ein abstraktes Schuldversprechen oder Anerkenntnis vorausgegangen ist, vollen Beweis dafür, daß die Darlehnsschuld begründet ist (vgl. Anhang zu Kap. I E). Die Beweiskraft des Darlehnsschuldscheins wird nicht schon dadurch widerlegt, daß der Nachweis der Nichtauszahlung der baren Darlehnsvaluta geführt wird, sondern erst dann, wenn der Hypothekenschuldner nachweisen kann, daß die Darlehnsschuld auf keine andere mögliche Weise, insbesondere auch nicht durch Umwandlung einer sonstigen Schuld in ein Darlehn zur Entstehung gelangt ist.

Die Ausstellung eines Darlehnsschuldscheins ist aber auch im Interesse des Darlehnsnehmers gelegen, weil die Entgegennahme des Schuldscheins durch den Geber geeignet ist, unter Umständen die Durchsetzung und Abtretung des Darlehnsgewährungsanspruches zu erleichtern (s. folgende Ziffer XVII, Anhang zu Kap. I C).

XIV. Das Interesse des Darlehnsnehmers, der einen Vorvertrag auf Darlehnsgewährung mit dem Geber abschließt, besteht fraglos in erster Linie darin, zur vorgesehenen Zeit in den Besitz der Darlehnsvaluta zu gelangen. Kommt der Darlehnsgeber der von ihm übernommenen Verpflichtung nicht nach, so bleibt dem Kreditnehmer nur der Weg der **Klage.** Der Anspruch des Kreditnehmers geht an sich streng genommen nicht **auf Auszahlung der Valuta,** sondern auf Abschluß des Darlehnsvertrages, also auf die von beiden Parteien zu erklärende Willenseinigung über den Darlehnshauptvertrag, zu dessen Verwirklichung die Hingabe und die Hinnahme des Darlehns gehört. Würde nun der Darlehnsnehmer genötigt sein, die Klage auf Abgabe der erforderlichen Willenserklärung durch den Geber zu richten, so würde eine Vollstreckung nur auf Grund eines rechtskräftigen Urteils möglich sein. Ist aber eine Klage schlechthin auf Auszahlung der Darlehnsvaluta anhängig, so kann bereits auf Grund eines vorläufig vollstreckbaren Urteils die Darlehnssumme beigetrieben werden. Mit Recht steht in der Praxis zwar meist dem Darlehnsgeber das Recht zu, die Klage direkt schlechthin auf Auszahlung der Darlehnsvaluta, also eine Geldsumme, zu richten (vgl. auch Anhang zu Kap. I F). Immerhin muß mit etwaigen Schwierigkeiten gegen die Zulassung eines reinen Summenanspruchs im Prozeß gerechnet werden. Zweckmäßig dürfte es daher schon aus diesem Grunde sein, wenn die Parteien im Anschluß an den Beleihungsvorvertrag die Erklärung abgeben, daß sie über den Abschluß des Darlehnsvorvertrages zu den eingegangenen Bedingungen selbst einig seien, daß eine nochmalige Wiederholung dieser Einigung sich erübrige, vielmehr der Darlehnsvertrag ohne weiteres durch Zahlung der Darlehnsvaluta zustande kommen soll (vgl. Anhang zu Kap. I C II).

XV. Der Darlehnsnehmer ist an sich berechtigt, über die **Valuta** nach eigenem Belieben zu verfügen. Er kann sie daher auch grundsätzlich zu grundstücksfremden Zwecken verwenden *). Will nun der Darlehnsgeber das Darlehn nur zu bestimmten Verwendungszwecken hergeben, so muß er im Vorvertrag dies festlegen. (Über Baugelddarlehn, Hauszinssteuer und Reparaturhypothek siehe §§ 35—37.)

XVI. Soll dem Darlehensnehmer das Recht vorbehalten bleiben, später an seiner Stelle eine **andere Person** zu bezeichnen, die nicht nur berechtigt sein soll, den Anspruch auf Auszahlung der Valuta gegen den Geldgeber zu erheben, sondern auch **als Darlehnsempfänger verpflichtet** sein soll, das Darlehn vereinbarungsgemäß zu verzinsen und bei Fälligkeit zurückzugewähren, so setzt die Wirksamkeit eines solchen Vorbehalts eine entsprechende Vereinbarung beider Parteien voraus (RG. 68, 356).

Der Darlehnsnehmer hat es zwar stets in der Hand, dem Darlehnsgeber für die Auszahlung der Darlehnsvaluta eine An-

*) Dies gilt auch für den Eigentümer, der unter Ausnutzung der Eigentümerrangbefugnis auf Grund von § 7 des Aufw.-Ges. eine Hypothek aufnimmt. Der Hypothekengläubiger kann daher, wenn der Eigentümer nur dinglich für die Hypothek haftet, keinen Schadensersatzanspruch oder Anfechtungsrecht aus der Tatsache herleiten, daß der Grundstückseigentümer das aufgenommene Geld nicht für das Grundstück selbst verwendet (RG. JW. 1931, 2689).

weisung dahin zu erteilen, daß der Darlehnsbetrag an eine dritte Person zu zahlen ist. Durch eine derartige Anweisung wird aber selbstredend an der Person des Darlehnsnehmers, als Darlehnsschuldner, nichts geändert.

XVII. Auch ohne daß eine besondere Abrede getroffen ist, kann freilich der Darlehnsnehmer seine **Ansprüche** aus dem **Darlehnsgewährungsvertrag abtreten.** Da aber der Darlehnsnehmer nicht weitergehende Rechte abtreten kann als ihm selbst zustehen, so erhält der Zessionar durch die Abtretung nur das Recht, den Abschluß des Darlehnshauptvertrages vom Darlehnsgeber zu verlangen, nicht aber ohne weiteres eine gewöhnliche Geldforderung in Höhe des Darlehnsbetrages. Durch die Abtretung scheidet das Recht auf Darlehnsgewährung aus dem Vermögen des ursprünglich Berechtigten aus, so daß weder dieser selbst weiterhin die Rechte aus dem Vorvertrage geltend machen kann, noch diese weiterhin der Pfändung seiner Gläubiger unterliegen. In der Abtretung liegt auch die unwiderrufliche Ermächtigung für den Zessionar die Darlehnsvaluta in Empfang zu nehmen. Erfolgt dann in Erfüllung des Vorvertrages die Darlehnshingabe an den Zessionar, so wird ohne weiteres der ursprüngliche Kreditnehmer Darlehnsschuldner zu den vereinbarten Bedingungen. (RG. Warn. 1910 Nr. 307, Gruchot Bd. 41, S. 1015, Recht 1912 Nr. 202).

Will aber darüber hinaus der Kreditnehmer sich die Möglichkeit offen halten, eine dritte Person durch spätere Abtretung zum Gläubiger einer reinen Geldforderung gegen den Kreditgeber zu machen, so verbleibt ihm der Weg, in den Darlehnsvorvertrag bereits die Willenseinigung über den Abschluß des Darlehnshauptvertrages selbst vorauszunehmen, womit dann die Verpflichtung zur Hingabe des Darlehns als einziger Rest der Leistungspflicht des Gebers verbleibt und damit auch den selbständigen Inhalt für die Abtretung der Forderung des ursprünglich Empfangsberechtigten bilden kann (Anhang zu Kap. I C).

Auf der anderen Seite ist die Vorwegnahme der Willenseinigung auch der Weg, auf dem der **Darlehnsgeber** sich die Möglichkeit verschaffen kann, gegenüber seiner damit verselbständigten

Geldsummenverpflichtung mit einer eigenen **Gegenforderung** gegen den Nehmer **aufzurechnen.**

XVIII. Die Darlehnshypothek braucht nicht notwendigerweise auf einem **echten Beleihungsgeschäft** zu beruhen. Da gemäß § 607 Abs. 2 BGB. die Begründung eines **Vereinbarungsdarlehns** zulässig ist, ist es möglich, jede aus einem zweiseitigen oder sonstigen einseitigen Vertrage herrührende Forderung in eine Darlehnsforderung umzuwandeln und als Darlehnsschuld der Hypothek zugrunde zu legen. Es handelt sich dann häufig **nicht** um die Aufnahme eines **neuen Grundkredites, sondern** um eine gegen hypothekarische Sicherstellung nach den Grundsätzen des Darlehns eingeräumte **Stundung.** Wird eine Schuld aus einem gegenseitigen Vertrage, insbesondere also eine Kaufgeldschuld in eine Darlehnsschuld umgewandelt, so wird damit nicht ohne weiteres das Band mit dem ursprünglich zugrunde liegenden gegenseitigen Vertrage völlig zerschnitten; nur im Fall einer echten Novation wird dem Schuldner die Möglichkeit völlig genommen, sich auf die ihm ursprünglich zustehenden Einreden zu berufen.

XIX. Darlehnsgeber und Darlehnsnehmer können die Übernahme ihrer Vertragspflichten von einer aufschiebenden oder auflösenden **Bedingung** abhängig machen, wie auch sich den **Rücktritt** vom Beleihungsvertrage vorbehalten.

Ist ein solcher Rücktritt nicht vertraglich vereinbart, so sind die Parteien bei Nichterfüllung der Vertragspflichten durch den Partner auf die Ausübung der Rechte in Gemäßheit von § 320 bis 326 BGB. angewiesen (s. Anhang zu Kap. I G).

Ein unbeschränktes Rücktrittsrecht pflegen sich häufig Banken bei Einräumung laufender Kredite auszubedingen (s. § 34).

XX. 1. Hat sich der Geldgeber über die Kreditwürdigkeit des Nehmers im Irrtum befunden, so kann er den Darlehnsgewährungsvertrag wegen Irrtums anfechten. Tritt in den Vermögensverhältnissen des Nehmers nachträglich eine wesentliche Verschlechterung ein, so kann der Geber im Zweifel gemäß § 610 das Versprechen auf Gewährung des Darlehns widerrufen *).

*) Das RG. scheint das Widerrufsrecht bloß für das einseitige Darlehnsversprechen gelten lassen zu wollen. Eine derartige Einschränkung des § 610 dürfte aber an sich nicht gerechtfertigt sein. (Vgl. hierüber Anhang zu Kap. I G).

2. Ist aber einmal der **Darlehnshauptvertrag** mit Hingabe der Darlehnsvaluta selbst zustande gekommen, so hat es der Geldgeber **nicht mehr** in der Hand auf den **Vorvertrag** zurückzugehen, um wegen Nichtigkeit oder Hinfälligkeit des Vorvertrages die zur Auszahlung gebrachte Valuta zu **kondizieren.** Hat aber der Nehmer seine im Vorvertrage übernommenen Vertragspflichten erheblich verletzt, etwa die Hypothek im schlechteren Range als vorgesehen, bestellt, so wirkt sich die Vertragsverletzung im Rechte des Geldgebers zur sofortigen Kündigung des Darlehns selbst aus (Anhang zu Kap. I C).

XXI. Der Beleihungsvorvertrag ist als solcher nicht als eine Schuldverschreibung im Sinne von Nr. 14 des **Stempeltarifs** anzusehen. Er unterliegt daher grundsätzlich nur einem Vertragsstempel von 3 Mark. Das Reichsgericht hat aber in einem Fall, wo der Kreditnehmer in dem Vorvertrag sich verpflichtet hat, für sämtliche zu leihenden Beträge der Klägerin bestimmte Zinsen, Provision und Gewinnbeteiligung zu gewähren, sowie zur Sicherheit der Klägerin drei Monatsakzepte zu geben und Hypothek zu bestellen, die Urkunde für eine stempelpflichtige Schuldverschreibung erklärt; für eine stillschweigende Übernahme der Rückzahlungspflicht des Darlehns genüge es, wenn sich der Verpflichtungswille deutlich erkennen lasse, auf die Stempelpflichtigkeit einer Schuldverschreibung sei es ohne Einfluß, daß die Hingabe des Darlehns noch nicht erfolgt sei (RG. 74 S. 14, 15). Wenn auch diese Rechtsauffassung nicht bedenkenfrei erscheint, werden doch die Parteien, die die Stempelpflicht aus Tarifnummer 14 vermeiden wollen, der Entscheidung Rechnung tragen müssen. Dies könnte etwa dadurch geschehen, daß in die Urkunde eine ausdrückliche Erklärung aufgenommen wird, laut der der Kreditnehmer sich zur Zeit nicht zur Rückzahlung des Darlehns verpflichten will. (Über Kosten und Abgaben vgl. im übrigen Kap. IX.)

§ 6.

Die Hypothekenbestellung.

I. Zur rechtswirksamen Bestellung einer Hypothek wie einer Grundschuld ist die Einigung des Grundstückseigentümers und

Gläubigers über die Entstehung der Hypothek und die Eintragung in das Grundbuch erforderlich. Der Erwerb einer Briefhypothek, wie der einer Briefgrundschuld durch den Gläubiger setzt ferner die Übergabe des Hypothekenbriefes oder aber eine Vereinbarung voraus, laut der der Gläubiger berechtigt sein soll, sich den Brief von dem Grundbuchamt aushändigen zu lassen. Zur Erwirkung der Eintragung eines Grundpfandes im Grundbuch reicht an sich ein beim Grundbuchamt zu stellender formloser Antrag auf Grund einer gerichtlich oder notariell beglaubigten Eintragungsbewilligung des Eigentümers aus. Da für das Grundbuchrecht das formelle Konsensprinzip gilt, hat der Grundbuchrichter keinen Nachweis der tatsächlich erfolgten Einigung zu verlangen *). Materiell-rechtlich angesehen aber genügt für die wirksame Begründung einer dinglichen Grundberechtigung nicht die einseitige Einwilligungserklärung des Grundstückseigentümers oder der sonstigen durch die Eintragung betroffenen Personen; die Eintragung muß vielmehr getragen sein von der Einigung beider Parteien, sei es nun, daß sie der Eintragung vorausgegangen ist, oder ihr nachfolgt.

Das Erfordernis der Einigung verlangt aber nicht das Vorliegen einer ausdrücklichen Erklärung der Parteien; es genügt, daß das Einverständnis des Grundpfandgläubigers aus den besonderen Umständen entnommen werden kann. Hat z. B. ein Hypothekengläubiger die von dem Grundstückseigentümer ausgestellte Eintragungsbewilligung von diesem entgegengenommen und den Antrag auf Eintragung eingereicht, so ist damit zweifellos die stillschweigende Einigung der Parteien gegeben. Auch dann, wenn der Eigentümer zunächst ohne Wissen des Hypothekengläubigers, aber in Erwartung des späteren Zustandekommens des Geschäfts eine Hypothek hat eintragen lassen, wird regelmäßig in der späteren, vorbehaltlosen Annahme des Hypothekenbriefes durch den Gläubiger dessen Einverständnis mit dem Erwerb des Rechtes zu erblicken sein.

*) Ergibt aber das Grundbuch oder das Urkundenmaterial, daß die Einigung nicht erfolgt ist, noch auch künftig werde erfolgen können, so darf die Eintragung nicht erfolgen (KGJ. 20, 294; 41, 201).

Wenn die tatsächlich erfolgte Eintragung sich nicht völlig mit dem ursprünglichen Inhalt ihrer Einigung deckt, wenn z. B. eine Kursgarantieklausel vereinbart, aber bei der Hypothekeneintragung nicht mit berücksichtigt worden ist, kann doch das Verhalten der Parteien ergeben, daß die Eintragung, so wie sie erfolgt ist, nach dem schließlichen Willen der Parteien Geltung haben und für ihre rechtlichen Beziehungen maßgebend sein soll; notwendig ist hierzu nicht einmal, daß sie sich über die rechtliche Tragweite der Eintragung völlig klar gewesen sind. (RG. 108, 148, 149.)

II. Fehlt es aber an einer wirksamen Einigung, so hat dies zur Folge, daß das Recht überhaupt nicht zur Entstehung gelangt ist; die Eintragung wird also auch nicht etwa in Gestalt einer Eigentümerhypothek aufrechterhalten. Eine gewisse Milderung erfährt die Strenge des Einigungserfordernisses dadurch, daß das RG. die Konversion aus § 140 BGB. auch für das Hypothekenrecht für zulässig erklärt. (RG. 108, 149): ist danach anzunehmen, daß die Beteiligten bei Kenntnis der Nichtigkeit (mangels Einigung) jedenfalls die Hypothek, so wie sie eingetragen ist, also z. B. als Reichsmark-Hypothek ohne die Kursgarantieklausel, hätten gelten lassen wollen, so bleibt ihr Bestand mit dem Inhalt, wie er der Grundbucheintragung entspricht, im Wege der Umgestaltung gewahrt.

III. Die Einigung ist ein dinglicher Vertrag und unterliegt als solcher grundsätzlich den allgemeinen Bestimmungen des BGB. über Rechtsgeschäfte. Sie kann daher auch wegen Scheins nichtig und wegen Betruges, Irrtums oder Drohung anfechtbar sein. War zur Zeit der Einigung diese wegen eines Mangels der Verfügungsfähigkeit eines der Beteiligten (Minderjährigkeit, Geisteskrankheit, Entmündigung) oder wegen eines Mangels der Verfügungsmacht des Bestellers (Eigentumsmangel, im Grundbuch vermerktes Veräußerungsverbot oder Beschränkung durch Nacherbschaft) unwirksam, so kann mit rückwirkender Kraft auch nach der Eintragung gemäß § 185 BGB. durch nachträgliche Genehmigung der Mangel beseitigt werden. (RG. 106, 139.)

IV. Eine Sonderregelung enthalten insbesondere die Bestimmungen der §§ 873—78 über die Bindung. Auch hier ist das obligatorische Grundgeschäft von dem dinglichen Vertrage zu scheiden. Der obligatorische Vorvertrag enthält regelmäßig die unwiderrufliche Verpflichtung zur Bestellung des Rechts. Als Vorvertrag für den dinglichen Vertrag kommt naturgemäß nur ein obligatorischer Vertrag in Betracht. Das obligatorische Verpflichtungsgeschäft ist formlos gültig*). Als besondere Formvorschrift kommt im Einzelfall nur § 518 BGB. für unentgeltliche Verpflichtungserklärungen in Frage (vgl. Anhang zu Kap. I, B).

Den Schutz gegen übereilte Verfügungen im Grundstücksrecht gewährt das geltende Recht nicht dadurch, daß es die Wirksamkeit der Verfügung von der Wahrung bestimmter Formvorschriften abhängig macht; es gibt vielmehr den Parteien, die die Einigung über die Übertragung des Grundstückseigentums, die Grundstücksbelastung oder die Übertragung unter Belastung eines dinglichen Grundstücksrechts erklärt haben, das Recht zum nachträglichen Widerruf, sofern nicht die Erklärungen gerichtlich oder notariell beurkundet oder vor dem Grundbuchamt abgegeben oder bei diesem eingereicht sind, oder aber eine grundbuchmäßige Eintragungsbewilligung von dem Besteller des Rechts erklärt und dem anderen Teil ausgehändigt ist.

Bei Bestellung einer Hypothek oder einer Grundschuld wird in der Praxis selten von der Möglichkeit der Bindung durch ein gerichtliches oder notarielles Protokoll Gebrauch gemacht; die beiderseitige Einigungserklärung wird vielmehr in einer gerichtlichen oder notariellen Verhandlung meist nur in Verbindung mit anderen Vertragsabreden, insbesondere anläßlich eines gerichtlichen oder notariellen Vergleichs festgelegt. Der Grund hierfür liegt offenbar darin, daß für die Erwirkung der Grundbucheintragung eine notariell beglaubigte Einwilligungserklärung einerseits erforderlich, andererseits aber auch ausreichend ist. Das Recht, trotz materieller Einigung die Hypotheken-

*) Auch einer unbeglaubigten Eintragungsbewilligung kann nach den Umständen des Einzelfalles die obligatorische Verpflichtung zur Bestellung der Hypothek entnommen werden (RG., Seuff. Arch. 1929 Nr. 149).

bestellung bis zur Eintragung zu widerrufen, ist aber erst dann ausgeschlossen, wenn die vorschriftsmäßige Eintragungsbewilligung dem Gläubiger ausgehändigt ist. Erfolgt die Einreichung der Eintragungsbewilligung nicht unmittelbar nach ihrer Abgabe, insbesondere vielmehr deshalb, weil zunächst die Auszahlung oder Hinterlegung der Valuta abgewartet werden soll, so wird zweckmäßig der Notar in der Weise als Treuhänder bestellt, daß er sie alsbald für den Hypothekenberechtigten in Empfang nimmt, sie aber erst nach Erhalt der Valuta oder Anweisung des Eigentümers an das Grundbuchamt weiterzureichen hat. Sind beide Beteiligten anläßlich der Abgabe der Eintragungsbewilligung erschienen, so dürfte namentlich dann, wenn ohnedies die Unterwerfung unter die Zwangsvollstreckung die Aufnahme eines notariellen oder gerichtlichen Protokolls erforderlich macht, auch die Protokollierung der Einigung der gegebene Weg für die Herbeiführung der Bindung sein. Der Weg ist auch deshalb gangbar, weil die zu Protokoll erklärte oder beglaubigte Erklärung der Beteiligten über die Einigung eine besondere Eintragungsbewilligung überflüssig macht (RG. 54, 383; 62, 378; RJA. 3, 143).

Daß aber die Bestimmung des § 873 BGB. nicht etwa eine Formvorschrift für die Einigung selbst enthält, zeigt sich dann, wenn etwa der Grundbuchrichter unter Außerachtlassung der Sollvorschriften der Grundbuchordnung die Eintragung auf eine nichtbeglaubigte Eintragungsbewilligung hin vornimmt. Die Eintragung hat auch in Verbindung mit einer völlig formlosen Einigung die rechtswirksame Begründung des Grundpfandes zur Folge.

V. Die Nichtigkeit des Grundgeschäfts macht aber nicht ohne weiteres auch den dinglichen Vertrag und damit den Hypothekenerwerb unwirksam. Das dingliche Erfüllungsgeschäft wird vielmehr grundsätzlich nicht von der Nichtigkeit des Verpflichtungsgeschäfts ergriffen (RG. 75, 74; 78, 285). Eine Ausnahme greift nur bei Wucher Platz. Regelmäßig kommt jedoch für ein dingliches Rechtsgeschäft angesichts seiner abstrakten Natur eine Nichtigkeit wegen Verstoßes gegen die guten Sitten nicht in Frage (RG. 63, 179). Die Frage aber, ob und inwieweit der Eigentümer eine auf Grund eines nichtigen Rechtsgeschäfts bestellte Hypothek wegen ungerechtfertigter Bereicherung kondizieren kann, richtet sich nach den §§ 812, 814 und 817 BGB. (vgl. hierzu § 18 IV).

VI. Nicht zu verwechseln mit dem Verhältnis zwischen dem Grundpfand und dem Grundgeschäft, zu dessen Erfüllung die Grundpfandbestellung erfolgt ist, ist das rechtliche Band, das zwischen dem Grundpfand und der durch sie gesicherten Forderung besteht. Die gesetzliche Verknüpfung der Hypothek mit der gesicherten Forderung hat zur Folge, daß das dingliche Recht bei Nichtigkeit der zugrunde liegenden Forderung nicht in der Person des eingetragenen Hypothekengläubigers, sondern als Eigentümergrundschuld zur Entstehung gelangt (§ 1163 Abs. 1 BGB.).

VII. Darüber hinaus gibt § 1137 BGB. dem Eigentümer das Recht, die Einreden, die ihm gegen die persönliche Forderung zustehen, auch gegenüber dem dinglichen Anspruch geltend zu machen. Es kann sich also auch der Hypothekenkläger darauf berufen, daß die persönliche Forderung gestundet sei, daß er eine aufrechenbare Gegenforderung habe, daß er die Berichtigung wegen eines Zuückbehaltungsrechts oder wegen Nichterfüllung einer Gegenleistung etwa aus dem zugrunde liegenden Kaufvertrage verweigern könne (vgl. hierzu § 18 III).

Steht dem Eigentümer eine dauernde Einrede zu, so kann er gemäß § 1169 verlangen, daß der Gläubiger auf die Hypothek verzichtet.

VIII. Da der Einigung wie grundsätzlich jedem dinglichen Vertrag, außer der Auflassung, eine aufschiebende oder auflösende Bedingung eingefügt werden kann, so kann auch die Hypothek unter einer aufschiebenden oder auflösenden Bedingung bestellt werden. Bei einer aufschiebend bedingten Hypothek kommt das hypothekarische Recht erst mit Eintritt der Bedingung zur Entstehung. Ist aber nicht die Hypothek selbst, sondern nur die durch sie zu sichernde Forderung aufschiebend bedingt, so entsteht mit der Eintragung alsbald eine Eigentümerhypothek, die mit Eintritt der Bedingung sich ohne weiteres in die Gläubigerhypothek verwandelt.

Eine bedingte Hypothek kann z. B. von der Stellung eines sicheren Bürgen oder der Fertigstellung eines Baues durch den Schuldner abhängig gemacht werden; sie kommt weiter insbesondere als Sicherungshypothek für den Fall in Betracht, daß eine auf einem anderen Grundstück eingetragene Hypothek einen Ausfall erleidet (RG. 70, 248; 122, 327); bei der Aufnahme einer derartigen Ausfallhypothek werden die Härten vermieden, die eine Gesamthypothek für den Eigentümer und nachstehenden Hypothekar zur Folge hat (vgl. § 16).

Gegenstand der Einigung der Parteien ist auch die Bestimmung der Art des zu bestellenden Grundpfandes. Ergibt die Eintragungsbewilligung, daß durch die Hypothek ein Höchstbetrag gesichert werden soll, so hat freilich der Grundbuchrichter, auch ohne daß die Hypothek als Sicherungshypothek bezeichnet wird, eine Sicherungshypothek einzutragen (JW. 1910, 555). Hat aber ein Gläubiger erklärt, daß zur Sicherung seiner dem Betrage nach feststehenden Forderung vom Schuldner ihm eine Verkehrshypothek zu bestellen sei, und lautet dementgegen die Eintragungsbewilligung, die von dem Eigentümer eingereicht wird, auf Bestellung einer Sicherungshypothek, so fehlt es an der erforderlichen Einigung. Ergibt die Eintragungsbewilligung selbst, daß der zu sichernde Schuldbetrag seinem Betrage nach feststeht, so hat der Grundbuchrichter einen Antrag auf Eintragung einer Höchstbetragshypothek zurückzuweisen; denn auch der übereinstimmende Wille beider Parteien kann die gesetzlichen Schranken nicht beseitigen. Wohl aber hat das Reichsgericht die Begründung einer Verkehrshypothek auch dann für zulässig erklärt, wenn die Hypothek letzten Grundes nur den noch nicht feststehenden Saldo eines laufenden Kredits sichern soll, sofern nur dem übereinstimmenden Willen beider Parteien gemäß in der Eintragungsbewilligung ein bestimmter Schuldbetrag angegeben ist (vgl. § 11 II, 13 V) *). Auch können die Parteien nach der

*) Dieser Standpunkt des RG. hat in der Literatur mit Recht Bedenken erregt. Freilich ist Bourier (Festschrift für Oberneck S. 90) nicht zuzustimmen, wenn er meint, daß die Darlehnshypothek als Scheinhypothek nichtig sei. Die Parteien wollen zwar die Begründung einer Verkehrshypothek in der Weise, wie sie tatsächlich zur Eintragung gelangt ist; sie haben einander keine Scheinerklärung abgegeben; sie

Rechtsprechung des Reichsgerichts sogar dann, wenn in Wirklichkeit eine Hypothek nicht valutiert ist, vereinbaren, daß die Hypothek trotzdem als bestehend gelten soll, und zwar mit der Wirkung, daß der Eigentümer (auch einem Dritterwerber gegenüber, der von dem Mangel einer wirksamen Schuldverpflichtung Kenntnis hat, sich auf diesen Mangel nicht berufen kann (JW. 1929, 1128).

IX. Die beglaubigte Eintragungsbewilligung wird mit ihrer Einreichung beim Grundbuchamt unwiderruflich*). Dies schließt an sich allerdings nicht aus, daß der Eigentümer auch nach Einreichung des Antrages die Urkunde vom Grundbuchamt wieder zurückfordern kann, und damit die Möglichkeit hat, noch im letzten Augenblick vor der Einreichung dem Grundbuchrichter in den Arm zu fallen. Die hierin an sich für den Hypothekengläubiger laufende Gefahr wird aber dadurch gemindert, daß das Grundbuchamt bei Rückreichung der Urkunde nach der Rechtsprechung des KG. eine beglaubigte Abschrift von der Eintragungsbewilligung zu fertigen hat, und daher bei Einreichung eines Antrages durch den Gläubiger selbst auf Grund der wegen ihrer Unwiderruflichkeit fortwirkenden Eintragungsbewilligung die Eintragung doch erfolgen kann (KG. 12 W. 12783/30 D.NotV. 1931, 419). Immerhin erweist es sich auch mit Rücksicht auf die Möglichkeit, daß der Eigentümer die eingereichte Urkunde wieder zurückziehen kann, von Vorteil für den Gläubiger, wenn die Einigung und die Eintragsbewilligung notariell protokolliert wird, da es dann der Gläubiger in der Hand hat, jederzeit eine Ausfertigung für seine Person zu erfordern und gegebenenfalls dem Grundbuchamt einzureichen.

Beschränkt sich die Eintragsbewilligung lediglich auf die dem Grundbuchamt abzugebende Erklärung, so ermäßigt sich freilich

---

sind sich vielmehr darüber einig geworden, daß dem Grundbuchrichter gegenüber in der Eintragungsbewilligung die ihrer Höhe nach noch nicht feststehende Forderung als bestimmte Darlehnsschuld angegeben werde; die dem Grundbuchamt, als einer Behörde, abgegebene Erklärung kann aber nicht wegen Scheines nichtig sein (RG. IV. 331/10, RGRK. zu § 117 Anm. 3). Vgl. im übrigen §§ 11 IV, 13 V.

*) Vgl. § 7.

für den Entwurf der Urkunde die Gerichts- oder Notariatsgebühr gemäß § 37 GKG. auf fünf Zehntel der vollen Gebühr.

Abgesehen davon aber, daß meist die Bewilligung mit einem Schuldschein verbunden, häufig auch die Zwangsvollstreckungsklausel in die Urkunde aufgenommen wird, wird im Interesse der Klarstellung der materiellen Einigung auch nicht auf die Erklärung, daß der Eigentümer die Hypothek bestellt, zu verzichten sein. Die Bestellung der Hypothek setzt zwar an sich die Zustimmung des Gläubigers voraus; doch kann diese, wie oben erwähnt, formlos erfolgen und aus den Umständen entnommen werden. Die einseitige Erklärung des Eigentümers in der Eintragungsbewilligung hat aber die materiellrechtliche Bedeutung, daß der Eigentümer seinerseits mit dem Gläubiger über die Gründung der Hypothek einig sei. Nach der Rechtsprechung des KG. wird aber durch den Umstand allein, daß die materielle Einigungserklärung in die Urkunde aufgenommen wird, diese nicht höher als regelmäßig mit $^{5}/_{10}$ gebührenpflichtig (vgl. aber auch unten § 46 II).

X. Der Schuldner, der zur Bestellung einer Hypothek verpflichtet ist, hat alle Hindernisse zu beseitigen, die von seiner Seite aus der Hypothekeneintragung entgegenstehen. Ist er selbst noch nicht im Grundbuch als Eigentümer eingetragen, so hat er angesichts der Vorschrift des § 40 GBO. für die Umschreibung Sorge zu tragen. Es genügt nicht, daß er auf Grund eines Kaufs durch eine Vormerkung im Grundbuch hinsichtlich seines Rechts auf Eigentumserwerb sichergestellt ist. Er muß vielmehr das Eigentum selbst bereits erworben haben oder wenigstens als Grundbucheigentümer im Grundbuch erscheinen, um die Eintragung der Hypothek erwirken zu können. Ist er zwar wahrer Eigentümer, aber noch nicht im Grundbuch eingetragen, so ist er verpflichtet, die Grundbuchberichtigung durchzuführen; ist also z. B. noch der Erblasser des Schuldners als Eigentümer grundbuchmäßig vermerkt, so hat er mit dem Berichtigungsantrag die Erbfolge durch öffentliches Testament oder Erbschein nachzuweisen.

§ 7.

Die Eintragungsbewilligung.

I. Zur Erwirkung der Eintragung im Grundbuch ist eine von dem „Betroffenen“ beim Grundbuch eingereichte Eintragungsbewilligung nebst Eintragungsantrag erforderlich und grundsätzlich ausreichend. Als passiv Beteiligter, dessen Recht von der Eintragung betroffen wird, gilt derjenige, der durch die Eintragung ein Recht verliert oder eine Beeinträchtigung seines Rechtes erleidet. (KGJ. 23, 115; 51, 223, 283.) Zur wirksamen Begründung des Rechtes ist an sich erforderlich, daß der Bewilligende zur Verfügung befugt ist. Zu selbständigen Ermittlungen ist der Grundbuchrichter aber nicht verpflichtet. Doch kann er Bedenken berücksichtigen, die sich aus anderweit vorliegendem Material ergeben, so etwa, wenn ihm aus seiner Tätigkeit als Prozeß- oder Vollstreckungsrichter Veräußerungsverbote bekannt sind. Eine gegen den Eigentümer ergangene einstweilige Verfügung, wonach diesem die Belastung des Grundstücks untersagt ist, hindert auch dann, wenn das Eintragungsverbot an den Grundbuchrichter selbst gerichtet ist, nicht die Eintragung durch die Grundbuchbehörde; sie hat aber zur Folge, daß trotz der Eintragung der Rechtserwerb gemäß § 135 BGB. relativ unwirksam wird (RG. 120, 119; 117, 287).

II. Die Eintragungsbewilligung kann entweder vor dem Grundbuchamt zu Protokoll erklärt werden oder in einer öffentlich beglaubigten Urkunde erfolgen. Eine Verletzung der Formvorschrift (§ 29 GBO.) macht zwar die Eintragung nicht unwirksam, doch wird sie regelmäßig zur Ablehnung des Antrages durch den Richter führen, der ja pflichtgemäß die Sollvorschrift zu beachten hat. Da auch die Urschrift einer öffentlichen Urkunde ein dem § 29 GBO. entsprechendes Beweismittel ist, kann als Grundlage für den Eintragungsantrag auch auf eine bei den Gerichtsakten befindliche Urschrift einer gerichtlichen Urkunde verwiesen werden, auch wenn die Urkunde selbst weder Siegel noch Stempel trägt (KGJ. 40, 207).

III. Die Eintragungsbewilligung muß unbedingt und unbetagt sein. (Nicht zu verwechseln ist damit, daß das bewilligte Recht selbst oder die zu sichernde Forderung bedingt oder betagt sein kann.)

Die Bewilligung muß das Grundstück übereinstimmend mit dem Grundbuch oder durch Hinweis auf das Grundbuchblatt bezeichnen (KGJ. 21, 121). Werden mehrere Eintragungen bewilligt, so kann bestimmt werden, daß die eine Eintragung nicht ohne die anderen erfolgen soll. (KGJ. 44, 200). Die Eintragungsbewilligung muß, wenn auch nicht die Wahl des Wortes „bewilligen" unbedingt erforderlich ist, doch unmittelbar und unzweideutig zum Ausdruck bringen, daß der Wille des Erklärenden auf Erwirkung der Eintragung gerichtet ist (KGJ. 21, 125).

Bei der Bestellung einer Hypothek hat die Bewilligung auch in klaren, ein Mißverständnis ausschließenden Worten sich über die Art des Schuldverhältnisses auszulassen. (KGJ. 21, 139; 22, 307; 25, 173; 26, 278). Soll z. B. den Schuldgrund ein abstraktes Schuldversprechen bilden, so empfiehlt es sich zur Vermeidung von Beanstandungen dem Summenversprechen die Worte „im Sinne von § 780 BGB." hinzuzufügen. (Vgl. Brand-Schnitzler S. 214, der mit Recht darauf hinweist, daß die Praxis nicht selten Bedenken tragen wird, der diesbezüglich milden Rechtsprechung des KG. [KGJ. 27, 128; JurR. 1930 Nr. 977] Folge zu leisten.)

Anzugeben ist in der Eintragungsbewilligung auch die Art der einzutragenden Hypothek.

Hinsichtlich der Zinsen ist zu beachten, daß der Anfangstermin für den Beginn des Zinsenlaufes nicht fehlen darf. (Über Zahlungen und Zinsbedingungen vergleiche im übrigen §§ 8, 9).

IV. Während § 873 BGB. die gesetzlichen Voraussetzungen für die Bindung an die materielle Einigung gibt, bestimmt sich die Unwiderruflichkeit der Eintragungsbewilligung nach der allgemeinen Vorschrift des § 130 BGB., der das Wirksamwerden der empfangsbedürftigen Willenserklärung regelt (RG. Recht 1911 Nr. 2463, Güthe-Triebel § 19 Anm. 78). Ist aber die Eintragungsbewilligung in einer gerichtlichen oder notariellen Verhandlung aufgenommen, an der der Gläubiger mitgewirkt hat, so ist regelmäßig auch die grundbuchmäßige Eintragungsbewilligung unwiderruflich geworden, da dann der Gläubiger das Recht zur Erforderung einer Ausfertigung der Verhandlung hat (KGJ. 49, 149). Ist die Eintragungsbewilligung aber nur beglaubigt, so wird die Möglichkeit, sie zu widerrufen, erst mit der Aushändigung an den Gläubiger oder ihrer Einreichung beim Grundbuchamt ausgeschlossen (RG. 55, 340; 66, 285; 73, 53; KGJ. 43, 147).

V. Bei Verkehrshypotheken, namentlich bei Darlehnshypotheken, wird regelmäßig die Eintragungsbewilligung mit der Schuldurkunde verbunden. Die Aufnahme des Schuldscheines ist für den Beweis des Bestehens der zugrunde liegenden Forderung von Bedeutung (vgl. Anhang zu Kap. I E). Die Frage, ob neben der bloßen formalen Eintragungsbewilligung eine Beweisbestätigung beziehungsweise ein Schuldanerkenntnis vorliegt, ist zuweilen mangels bestimmter Formulierung nicht ohne weiteres zu entscheiden. Nach ihr richtet sich aber auch die Höhe der gerichtlichen bzw. Notariatsgebühr für den Entwurf der Urkunde (vgl. § 46 A II). Das Aufwertungsgesetz hat endlich das RG. wiederholt zur Entscheidung darüber genötigt, ob die in einer Eintragungsbewilligung enthaltenen Erklärungen als Schuldschein im Sinne von § 40 des Anleiheablösungsgesetzes aufzufassen waren. Das RG. hat dabei den Grundsatz aufgestellt, daß als Empfangsbekenntnis im Sinne des § 40 nur Empfangsbekenntnisse anzusehen sind, die alle wesentlichen Bedingungen der Schuldverpflichtung, insbesondere also auch die Angaben über die Tilgungsweise in *einer* Urkunde enthalten (JW. 1931, 2718).

VI. Für die Beglaubigung von Unterschriften und Handzeichen sind die Amtsgerichte und Notare zuständig, in Preußen auch der Urkundsbeamte der Geschäftsstelle (Art. 60 Pr. FGG., vom 18. März 1914).

Zur Ausübung der Konsulargerichtsbarkeit befugte Konsuln sind allgemein für Angelegenheiten der freiwilligen Gerichtsbarkeit zuständig (§ 7 Abs. 2 Ges. 7. April 1900). Eine einseitige Eintragungsbewilligung eines *Ausländers* kann aber nicht von einem Reichskonsul, sondern nur von den ausländischen

Ortsbehörden oder den fremden Konsuln beglaubigt werden (KGJ. 44, 6). Konsuln des Deutschen Reiches, die nicht zur Ausübung der Gerichtsbarkeit befugt sind, müssen aber bei der Beglaubigung eine besondere Urkunde über die Anerkennung der vollzogenen Unterschrift unter Zuziehung von zwei Zeugen aufnehmen (§§ 16, 17 Ges. 6. November 1867).

Zur Beurkundung von Eintragungsbewilligungen sind ferner zuständig: die Kommissare der Auseinandersetzungsbehörden (§ 55 VO. 20. 6. 1817, GS. S. 161); die Auflösungsbehörden, die Landschaftssyndici für Beurkundungen innerhalb des Geschäftsteiles der Landschaft (Art. 21, AG. GBO. und § 14 Ges. 20. August 1906, KGJ. 25, 93).

In einzelnen Landesteilen kommen für die Beglaubigung von Unterschriften an Orten, in denen ein Amtsgericht keinen Sitz hat, die aus dem Ortsgerichtsvorsteher und drei Gerichtsmännern bestehenden Ortsgerichte in Betracht; in Neuvorpommern und Rügen auch die zur Führung eines Amtssiegels vom OLG. Stettin beauftragten öffentlichen Beamten.

Eintragungsbewilligungen öffentlicher Behörden bedürfen nicht besonderer Beglaubigungen; es genügt vielmehr die Unterschrift des zuständigen Beamten nebst Siegel oder Stempel. Öffentliche Behörden sind insbesondere der Bischof, das Bischöfliche Generalvikariatsamt, die Domkapitel, der Evang. Kirchenrat, der Verbandsvorsteher eines gemäß Ges. vom 19. Juli 1911 gebildeten Zweckverbandes (KG. vom 17. Februar 1927, HRR. S. 618); die Industrie- und Handelskammern (KGJ. 40, 217), die Apotheker-, Ärzte-, Zahnärzte- und Tierärztekammern, die Klosterkammer in Hannover, die den mit juristischer Persönlichkeit ausgestatteten „Allgemeinen Hannoverschen Klosterfonds" verwaltet, die Direktion der Preuß. Zentral-Genossenschaftskasse in Berlin (Gutachten des KG. vom 31. Oktober 1904, JMBl. S. 316; Ges. 12. Dez. 1927); das Berliner Pfandamt (KGJ. 29, 112; die Landschaftsdirektion (KGJ. 25, 93; 53, 199); die Sparkassen (KGJ. 42, 1); der Landrat (OLG. 45, 93); die Reichsversicherungsanstalt (§ 94 VersG. 28. Mai 1924); der Verbandsvorsteher eines zu einem kommunalen Bankbetriebe von mehreren Kreisen gegründeten Zweckverbandes (JFG. 4, 262); der Vorstand einer öffentlich-rechtlichen Stiftung; die Reichsbankstellen wie ihre Nebenstellen (KGJ. 39, 149; JW. 1927, 2165).

§ 8.

Die Zahlungsbedingungen.

Die Zahlungsbedingungen umfassen den Teil der Vereinbarungen, welche die Person des Gläubigers, die Zeit, den Ort und die Art der Zahlung (Kündigung und Rückzahlung) betreffen.

I.

Notwendige Angaben in der Bewilligung.

1. Die Person des Gläubigers muß namentlich bezeichnet sein.

Ein Einzelkaufmann kann in Preußen nur unter seinem bürgerlichen Namen, nicht unter seiner Firma als Eigentümer eingetragen werden (RG. 72, 40).

Wohl aber ist eine Vereinbarung zulässig, daß eine Hypothek als Darlehnshypothek auf den Namen einer dritten Person als Treuhänder für die eigentlichen Träger der Forderung eingetragen werden soll (RG. 84, S. 218).

Gläubiger des dinglichen Rechts und der persönlichen Forderung müssen stets identisch sein. Dies schließt aber nicht aus, daß bei Bestellung einer Hypothek für eine zukünftige Forderung die persönliche Forderung zur Zeit der Eintragung noch einer anderen Person zusteht, sofern nur die Parteien davon ausgehen, daß später der eingetragene Gläubiger als Cessionar die Forderung erwerben, und also mit der Cession die künftige Forderung in der Person des eingetragenen Gläubigers zur Entstehung gelangen wird (RG. LZ. 1927, 1540; JurR. 1931 Nr. 735).

2. In der Eintragungsbewilligung ist die Forderung zu bezeichnen, und das Schuldverhältnis, aus dem die Forderung entstanden ist oder entstehen soll, möglichst genau anzugeben.

Ist die Forderung eine künftige, so ist sie als solche, zweckmäßig auch unter Hinweis auf etwaigen Vorvertrag zu bezeichnen. Sie ist aber nur dann bei einer Verkehrshypothek als zu sichernde Forderung im Sinne von § 1113 Abs. 2 verwendbar, wenn sie eine gewisse Gewähr dafür bietet, daß aus ihr in Zukunft eine Forderung entstehen wird (RG. 60, 243, JW. 1906, 550, 1908, 555) *)

Korrekterweise ist auch bei einer Darlehnshypothek, sofern die Auszahlung der Darlehnsvaluta erst nach Eintragung der Hypothek erfolgen soll, die Darlehnsforderung als eine künftige zu bezeichnen (KGJ. 35, 283). Freilich wird im Verkehr gewöhnlich hiervon abgesehen und als Schuldgrund schlechthin „Darlehn" angegeben, zumal die Eintragungsbewilligung meist mit einer im voraus erteilten Empfangserklärung verbunden wird **). Dies ist um so weniger schädlich, als sogar die Angabe eines falschen Schuldgrundes die Entstehung des Rechts zugunsten des Gläubigers nicht hindert (vgl. Staudinger, Sachenrecht III, S. 1013, RG. JW. 1914, 829, 1903, 162, und unten § 11 II). Mit der Zurückweisung eines Eintragungsantrages durch den Grundbuchrichter aus dem Gesichtspunkt der Nichtbegründetheit der persönlichen Schuld braucht nur für den Ausnahmefall gerechnet zu werden, daß der Grundbuchrichter aus sonstigem amtlichen Material davon Kenntnis hat, daß die Forderung nicht besteht und auch nicht entstehen kann (KG. 40, 258; KGJ. 52, 182). Der Grundbuchrichter kann die Eintragung auch nicht etwa deshalb ablehnen, weil zur Zeit des Eintragungsantrages eine Einigung der Parteien im Sinne von § 873 BGB. nicht gegeben sei; sofern nur die Eintragungsbewilligung unbeschränkt und unbedingt ist, hat die Eintragung zu erfolgen, weil auch eine nachträgliche Einigung die Hypothekenbestellung wirksam macht (RG. 89, 32).

*) Eine Ausnahme hiervon macht das Reichsgericht zugunsten der sogenannten verdeckten Höchstbetragshypothek: Das RG. hält es für zulässig, eine Verkehrshypothek in derselben Weise wie die Höchstbetragshypothek zur Sicherung noch unbestimmter und künftiger Forderungen durch die formelle Bestellung einer Darlehnshypothek zu verwenden (RG., LZ. 1915, 1094, RG. 75, 245; Gruchot, Beiträge 56, 1072; 58, 665). Vgl. hierzu unten §§ 11 IV, 13 V.

**) Hingegen dürfte es unzutreffend sein, wenn Güthe zu § 19, 66 die Auffassung von KGJ. 35, 283 durch den Hinweis widerlegen will, daß in derartigen Fällen regelmäßig die Einigung erst mit der Eintragung zustande komme; wäre dies der Fall, so würde regelmäßig bei endgültigem Ausbleiben der Darlehnsvalutierung eine Eigentümerhypothek nicht zur Entstehung gelangen.

3. Das Kapital der Forderung ist grundsätzlich in Reichsmark anzugeben. (Über Valutahypotheken, Goldmünzklausel und wertbeständige Hypotheken vgl. § 15).

Auch wenn der Darlehnsvalutierung die Übernahme von Pfandbriefen zugrunde liegt, muß die Eintragungsbewilligung in erster Linie auf eine Geldforderung lauten. Geht die Verpflichtung des Schuldners nur auf die Rückzahlung in Pfandbriefen, so kann eine zur Sicherheit einer derartigen Verpflichtung bestellte Hypothek nicht zur Eintragung im Grundbuch führen (KGJ. F. G. II, 366; RG. 132, S. 9 ff.). Wird aber die Hypothek allein auf eine Geldforderung gestellt, und nur dem Gläubiger oder dem Schuldner das Recht eingeräumt, an Stelle des Geldbetrages die Lieferung von Pfandbriefen zu verlangen bzw. zu bewirken, so wird durch eine derartige Ersetzungsbefugnis (facultas alternativa) die Wirksamkeit der Hypothek nicht berührt, und zwar auch dann nicht, wenn sie beiden Parteien zugleich zusteht (RG. 132, 14, JW. 1929, S. 750, 1390). Bei der Formulierung derartiger Klauseln muß aber darauf geachtet werden, daß aus ihrer Fassung nicht etwa das Vorliegen einer direkten Wahlschuld hergeleitet werden kann; denn die Frage, ob eine Wahlschuld hypothekarisch gesichert werden kann, ist in der Rechtsprechung bisher nicht geklärt (bejaht durch JFG. Bd. I S. 456; dahingestellt gelassen aber durch RG. 132, 14).

II.

Abdingbare gesetzliche Bestimmungen.

1. Sofern die Parteien nicht gegenteiliges vereinbaren, gelten grundsätzlich die Fälligkeitszahlungen und Kündigungsbedingungen der persönlichen Forderung auch für das dingliche Hypothekenrecht. Das BGB. sieht aber an Sonderbestimmungen für die Geltendmachung des dinglichen Anspruchs vor:

a) Die Kündigung ist für die Hypothek nur wirksam, wenn sie von dem Gläubiger dem Eigentümer oder von dem Eigentümer dem Gläubiger erklärt wird (§ 1141).

b) Im Falle einer Sicherheitsgefährdung der Hypothek durch Verschlechterung des Grundstücks kann der Gläubiger nach fruchtlosem Ablauf einer angemessenen Frist sofort Befriedigung aus dem Grundstück suchen (§ 1133).

c) Bei einer Briefhypothek ist eine Kündigung oder Mahnung dem Eigentümer gegenüber unwirksam, wenn der Gläubiger nicht den Hypothekenbrief und, falls er im Grundbuch nicht eingetragen ist, auch die beglaubigten Abtretungserklärungen vorlegt, sofern der Eigentümer die Kündigung oder die Mahnung aus diesem Grunde unverzüglich zurückweist (§ 1160 Abs. 2).

Die Bestimmung zu b wird öfters durch Parteivereinbarung derart zugunsten des Gläubiger erweitert, daß das Recht zur sofortigen Kündigung bei eingetretener Gefährdung auch ohne Fristsetzung dem Gläubiger zusteht. Die durch § 1160 (Ziffer c) für die Kündigung und Mahnung bestehende gesetzliche Erschwerung wird bisweilen in den vereinbarten Zahlungsbedingungen von dem Gläubiger abbedungen *).

2. Für die gebräuchlichste Hypothek, nämlich die Darlehnshypothek, gilt in Ermangelung besonderer Vereinbarungen § 609 BGB.; danach beträgt die Frist für die Kündigung, falls für die Rückerstattung eines Darlehns eine Zeit nicht bestimmt ist, bei Darlehn von mehr als 300 Mark drei Monate, bei Darlehn von geringerem Betrag einen Monat; sind Zinsen nicht bedungen, so ist der Schuldner auch ohne Kündigung zur Rückerstattung berechtigt.

Die Fälligkeit der Schuld bei anderen als Darlehnshypotheken richtet sich nach § 271 BGB.: Ist eine Zeit weder bestimmt, noch aus den Umständen zu entnehmen, so kann der Gläubiger die Leistung sofort verlangen, der Schuldner sie sofort bewirken. Ist eine Zeit bestimmt, so ist im Zweifel anzunehmen, daß der Gläubiger die Leistung nicht vor dieser Zeit verlangen, der Schuldner aber sie vorher bewirken kann *).

*) Durch die Vierte NotVO. ist nunmehr wieder § 247 RGR. in Kraft gesetzt, wonach der Schuldner das unentziehbare Recht zur Kündigung hat, falls der Zinsfuß 6% übersteigt. (S. unten § 44.)
Über den Ausschluß des Kündigungsrechts des Gläubigers bei langfristigem Kredit verhält sich § 44. „Der Eingriff der 4. NotVO. in die Zahlungsbedingungen."

Bezweckt der Gläubiger mit der Gewährung eines Hypothekarkredites für seine Person eine Kapitalanlage, so bildet naturgemäß eine Grundbedingung der Darlehnsgewährung, daß auch das Kündigungsrecht des Schuldners auf gewisse Zeit ausgeschlossen wird. Gemäß Art. 117 EG., Art. 32 AG. BGB. kann aber bei Bestellung einer Hypothek nicht ausbedungen werden, daß dem Eigentümer auf eine längere Zeit als 20 Jahre das Kündigungsrecht genommen ist. Für Baden beträgt die Ausschließungsfrist nur 10 Jahre (AG. BGB. Art 27). (Über die Beschränkungen der §§ 17—21 des Hypothekenbankgesetzes vgl. unten V, 1.)

Ist andrerseits ausdrücklich oder stillschweigend „die Rückzahlung in den nächsten Tagen oder Wochen" vereinbart, so kann das Kapital ohne Einhaltung der dreimonatigen Kündigungsfrist zurückverlangt werden (RG. Jur.R. 1927, Nr. 1516).

Tilgungshypotheken (Amortisationshypotheken) sind — abgesehen von besonderen Kündigungsgründen der Verfallklauseln — unkündbar. Das Reichsheimstättengesetz vom 10. Mai 1920 läßt nur die Belastung der Heimstättengrundstücke mit Tilgungshypotheken zu. In den Satzungen der landschaftlichen und ritterschaftlichen Kreditanstalten ist in der Regel bestimmt, daß die vorgesehenen Ratenzahlungen nicht zur Tilgung der Schuld, sondern zunächst nur zur Ansammlung eines Guthabens des Schuldners, des sogenannten Amortisationsfonds dienen; erst nach Auffüllung des Fonds erfolgt später die Tilgung der Schuld durch Aufrechnung (KGJ. 20, 206; 26, 145, RG. 64, 211).

3. Der Zahlungsort richtet sich in Ermangelung besonderer Abreden nach den §§ 269, 270 BGB. Leistungsort ist, falls ein Ort für die Leistung weder bestimmt, noch aus den Umständen zu entnehmen ist, der Wohnsitz des Schuldners bzw. der Sitz seiner gewerblichen Niederlassung. Doch sind im Zweifel Geldschulden „Bringschulden", d. h. vom Schuldner auf eigene Gefahr und Kosten dem Gläubiger an dessen Wohnsitz, bzw. Ort der gewerblichen Niederlassung zu übermitteln.

III.

Unzulässige Verstärkungen der Gläubigerrechte.

1. Gemäß § 1149 BGB. ist eine vor Fälligkeit der Hypothek getroffene Vereinbarung unwirksam, durch welche der Hypothekenschuldner verpflichtet werden soll, das Grundstück an den Hypothekengläubiger zum Zweck der Befriedigung zu veräußern oder es an ihn herauszugeben.

Das Verbot trifft nicht nur die Klausel in ihrer einfachsten Gestalt, sondern auch die Vereinbarung, wonach das Grundstück zu einem bestimmten Preise zu übernehmen ist, und der Überschuß an den Hypothekengläubiger herausgezahlt werden soll. Auch ein wirklicher Kauf kann unter das Verbot des § 1149 fallen, sofern die Absicht in erster Linie darauf gerichtet ist, die Befriedigung durch Erlangung des Eigentums bei gleichzeitiger Verrechnung der Schuld mit dem Kaufpreise zu erlangen. Haben aber die Parteien schon vor der Fälligkeit einen festen, von der Zahlung am Fälligkeitstermin unabhängigen Kaufvertrag zu bestimmtem Preise vereinbart, so findet § 1149 keine Anwendung (RG. 92, S. 101).

2. Nichtig ist ferner gemäß § 1136 eine Vereinbarung, durch welche sich der Grundstückseigentümer dem Hypothekengläubiger gegenüber verpflichtet, das Grundstück nicht zu veräußern oder nicht weiter zu belasten. Freilich wird auch durch die in Bedingungen der Kreditinstitute übliche Klausel, daß die Hypothek im Falle einer Veräußerung (oder weiteren Belastung) des Grundstücks vorzeitig kündbar wird, kraft des mit ihr verbundenen wirtschaftlichen Drucks häufig der Eigentümer in der Verwertung des Grundstücks behindert *).

---

*) Zu weit aber geht es, wenn Bohn, „Die Hypothek" S. 110, meint, daß durch eine derartige Klausel das Verbot des § 1136 praktisch umgangen werden kann.

Zunächst wird der Hypothekengläubiger von dem Kündigungsrechte regelmäßig nur dann Gebrauch machen, wenn die Zeitverhältnisse oder die besonderen Verhältnisse des neuen Käufers ihm die Fortdauer der Vermögensanlage nicht vorteilhaft erscheinen lassen. Die unter die Bestimmung des § 1136 BGB. fallende Verpflichtung würde, wenn sie wirksam wäre, aber dem Gläubiger die Möglichkeit geben, die Hypothekenanlage fortbestehen zu lassen und gleichzeitig durch das Verbot der Veräußerung den Eigentümer zu knebeln. (Vgl. unter V Ziffer 2 B e.)

Die Nichtigkeit der Vereinbarung setzt voraus, daß die Klausel zu dem Zwecke erfolgt, die dinglichen Rechte des Hypothekengläubigers in der gesetzlich verbotenen Weise zu stärken. Der Gläubiger muß also bereits zur Zeit der Vereinbarung der Klausel Inhaber der Hypothek sein oder wenigstens die Verpflichtung des Eigentümers mit Rücksicht auf den späteren Erwerb des dinglichen Rechtes erlangt haben (JW. 1912, 145; JW. 29, 1978).

IV.

Die gebräuchlichsten Zahlungsbedingungen.

1. Kurzfristige Hypotheken werden des öfteren auf unbestimmte Zeit abgeschlossen. Die Rückzahlung wird dann von einer vorausgegangenen Kündigung abhängig gemacht und regelmäßig die Frist, die zwischen Kündigung und Rückzahlung zu liegen hat*) nach Monaten oder Wochen bestimmt; unterbleibt die Bestimmung einer Kündigungsfrist, so greifen die gesetzlichen Vorschriften durch (vgl. oben zu II). Des öfteren wird auch der früheste Zeitpunkt festgelegt, von dem ab die Kündigung erfolgen kann, oder wird auch ausbedungen, daß die Kündigung nur zum ersten eines Monats oder Quartals erfolgen kann.

Wird die Hypothek bis zu einem festen Zeitpunkt abgeschlossen, so kann ihre Prolongation durch die Bestimmung vorgesehen werden, daß ihre Dauer sich um eine jeweilig bestimmte Zeitspanne — etwa um ein Jahr — verlängert, sofern nicht von einem der Beteiligten unter Wahrung einer Kündigungsfrist die Kündigung zu dem Termine erfolgt.

Soll das Kapital zu einem bestimmten Zeitpunkt zurückzahlbar sein, so wirkt der Ausschluß der Kündigung im Zweifel gegen beide Parteien (RG. JurR. 1930 Nr. 699). Soll aber dem Schuldner die vorzeitige Rückzahlung freistehen, so ist es zweckmäßig, dies etwa durch den Zusatz „spätestens" zum klaren Ausdruck zu bringen. Zuweilen wird auch das Zugeständnis des Rechtes auf frühere Zurückzahlung davon abhängig gemacht, daß der

*) Selbstredend kann die Kündigung auch bereits zu einem Zeitpunkte wirksam erfolgen, der erheblich weiter zurückliegt, als dies zur Wahrung der Frist an sich erforderlich ist.

Schuldner für jeden Monat oder jedes Quartal, um den sich die Vertragsdauer verkürzt, einen gewissen Prozentsatz zu den entstandenen Zinsen hinzuzuzahlen hat.

Die Klausel („Rückzahlung in kürzester Frist") bedeutet, daß die Einräumung einer Kündigungsfrist ausgeschlossen ist, und die Rückzahlung innerhalb einer kurzen Zeitspanne, zu mindesten aber regelmäßig in den nächsten drei Monaten erfolgen muß (RG. 104, 187).

Zu beachten ist, daß Schuldverschreibungen über Darlehn, welche innerhalb Jahresfrist oder in einem kürzeren Zeitraum zurückzuzahlen sind, nicht mit dem regelmäßigen Steuersatz von einem Sechstel Prozent, sondern nur mit einem Fünfundzwanzigstel Prozent zu verstempeln sind; wird mit dem Antrag die Schuldurkunde vorgelegt, so wird mit der Eintragung ein weiterer Stempel nicht fällig (KGJ. 22 B. 15). Die Stempelersparnis wird aber nur erreicht, wenn in der Urkunde zum Ausdruck kommt, daß die Beträge längstens in Jahresfrist zurückzuzahlen sind. Bei Darlehn auf unbestimmte Zeit, insbesondere auch, wenn das Darlehn auf Verlangen des Gläubigers jederzeit zurückzuzahlen ist, findet die Ermäßigung keine Anwendung (RG. 44, 222; KG. 30 Bd. 67). Vgl. das Nähere unten § 46, I.

2. Auch private Geldgeber pflegen meist für bestimmte Fälle von Vertragsverletzungen oder von Sicherheitsgefährdung, sich das Recht zur sofortigen Kündigung auszubedingen. Der üblichste Fall eines Grundes zur vorzeitigen Kündigung ist der Verzug mit einer oder mehreren Zinsraten, wobei des öfteren dem Schuldner eine Respektfrist von etwa einer Woche nach Fälligkeit offen gelassen wird. Weiter kommen in erster Linie als derartige Kündigungsgründe in Betracht:

a) die Anordnung der Zwangsversteigerung oder der Zwangsverwaltung des Grundstücks;
b) der Konkurs oder die Zahlungseinstellung des Grundstückseigentümers oder des persönlichen Schuldners.

Als gesetzlicher Kündigungsgrund greift ohne weiteres stets der Fall der Devastierung des Grundstücks gemäß § 1133 BGB. durch (vgl. oben II 1 b).

Der Umfang der Kündigungsgründe richtet sich im Einzelfall nach den Umständen und der Vorsicht des Gläubigers oder Notars. Da wo die wirtschaftliche Übermacht dem Geldgeber es gestattet, formulargemäße Bedingungen dem Geldnehmer zu diktieren, wachsen meist die Kündigungsgründe zu einem kaum übersehbaren Kataloge aus.

V.

Zahlungsbedingungen der Kreditanstalten.

1. Die Bedingungen für hypothekarische Darlehn der Hypothekenbanken müssen in „Grundzügen" festgelegt sein (§ 15 des Hypothekenbankgesetzes). Diese enthalten meist die Bestimmungen, die den Vorschriften der §§ 17—21 des Hypothekenbankgesetzes entsprechen, sowie weitere Zusätze besonders über die vorzeitige Fälligkeit. Das Hypothekenbankgesetz gibt Schutz gegen zu harte Bedingungen. § 17 schränkt das Kündigungsrecht der Bank wegen Grundstücksgefährdung ein. Gemäß § 18 darf das Rückzahlungsrecht des Schuldners höchstens auf 10 Jahre ausgeschlossen werden; der Kündigungsausschluß darf auf seiten des Schuldners keine größere Spanne umfassen, als auf seiten der Bank.

2. Gegenwärtig beträgt die übliche Zeit bei den Hypothekenbanken für die Hypothekenrückzahlung 5 Jahre.

Die Darlehnsbedingungen bei Hypothekenbanken werden gewöhnlich bereits dem von dem Darlehnsnehmer zu unterzeichnenden formularmäßigen Beleihungsantrag beigefügt und in dem Antrag selbst von dem Darlehnsnehmer anerkannt.

Einzelne Hypothekenbanken, wie die Bayerische Hypotheken- und Wechselbank und im allgemeinen die landwirtschaftlichen Landschaften und Ritterschaften gewähren nur Tilgungsdarlehn.

Auch die Darlehn der Stadtschaftsbank, insbesondere des Berliner Pfandbriefamts, sind grundsätzlich Tilgungsdarlehn.

Die Rückzahlung, auch die teilweise, des Darlehns kann allgemein nach der Wahl des Darlehnsnehmers entweder in bar, oder, sofern er binnen einer Woche nach der Kündigung durch eingeschriebenen Brief eine entsprechende Erklärung abgegeben hat, in börsengängigen Goldpfandbriefen der Bank erfolgen.

Bei dem Darlehn der Lebens-Versicherungsgesellschaft besteht regelmäßig für den Darlehnsnehmer keine vorzeitige Rückzahlungsmöglichkeit.

3. Die Rückzahlung in den formularmäßigen Darlehnsbedingungen der Gemeinschaftsgruppe Deutscher Hypothekenbanken ist in folgender Weise geregelt: Als Laufzeit der Hypothek wird zunächst eine fünfjährige Dauer vorgesehen. Die Hypothek wandelt sich aber ohne weiteres in eine Tilgungshypothek, wenn der Darlehnsnehmer nicht unter Wahrung einer Frist von 6 Monaten das Darlehn zum Endtermine der fünfjährigen Laufzeit gekündigt hat. Der Darlehnsnehmer hat aber das Recht, vor Ablauf der 5 Jahre das Darlehn ohne Einhaltung einer Kündigungsfrist zurückzuzahlen, sofern die Rückzahlung in börsengängigen Goldpfandbriefen der Bank der betreffenden Emmission erfolgt und er den Unkostenbeitrag auch für die Zeit bis zum Ablauf der 5 Jahre bar zahlt. Regelmäßig bedingen sich die Kreditanstalten aus, daß bei der Kündigung die Vorlegung des Hypothekenbriefes nicht erforderlich ist. Bezüglich des Zahlungsortes wird in den Bedingungen der Hypothekenbanken des öfteren bestimmt, daß alle Zahlungen bis 12 Uhr mittags in den Geschäftsräumen der Gläubigerin zu leisten sind. (Über die Vereinbarung der Rückzahlbarkeit in Pfandbriefen s. oben I, 3.)

4. Besonderen Raum in den Darlehnsbedingungen der Kreditanstalten nehmen gewöhnlich die Kündigungsgründe für die vorzeitige Rückzahlung des Darlehns ein.

Die Kündigungsgründe können in folgende Gruppen geschieden werden:

A. Gefährdung der Sicherheit aus in der Person des Schuldners liegenden Gründen.

B. Gefährdung der Hypothek aus rechtlichen Gesichtspunkten.

C. Gefährdung der Sicherheit aus sachlichen Gesichtspunkten.

D. Verletzung der dem Gläubiger zugestandenen Kontrollrechte.

A.

Zur Gruppe der Kündigungsgründe unter A gehören insbesondere:

a) Wenn der Schuldner nicht innerhalb einer bestimmten Frist nach Fälligkeit eine Zinsrate oder eine Kapitalsrate (etwa binnen 10 Tagen, spätestens am 7. Tage) zahlt.

Rechtlich handelt es sich dabei meistens um die Einräumung einer Respektfrist nach dem eigentlichen Fälligkeitstermine. Als Voraussetzung für das Recht zur sofortigen Kündigung ist aber außer dem Ablauf der Respektfrist ein Verschulden des Zahlungspflichtigen erforderlich. Ein solches Verschulden liegt insbesondere dann nicht vor, wenn der Schuldner ohne Fahrlässigkeit über die Berechnung der Frist sich im Irrtum befunden hat, etwa weil der erste Tag der Frist ein Feiertag war (JW. 1913, 542); oder wenn der Schuldner sich mit Recht darauf berufen kann, daß der Gläubiger ihn durch einen zu Unrecht ausgebrachten Arrest völlig lahmgelegt und ihm die Zahlung unmöglich gemacht hat. (JW. 1919, 571).

Es liegt aber auf der Hand, daß durch eine Verfallklausel dem Schuldner nicht etwa das Recht zugestanden wird, die Fälligkeit einer Hypothek, die er wegen hoher Zinsbelastung zurückzuzahlen wünscht, nach eigenem Belieben durch unpünktliche Zinszahlung selbst herbeizuführen; die Klausel ist vielmehr auch dann, wenn ihre Fassung dahin geht, daß bei unpünktlicher Zinszahlung das Kapital sofort f ä l l i g wird, dahin zu verstehen, daß nur der Gläubiger d a s R e c h t zur sofortigen K ü n d i g u n g hat. (Hagelberg: Entwicklung und Probleme der neueren Hypothekenpraxis, Seite 65.)

b) Wenn der Eigentümer oder der Schuldner in Konkurs gerät oder seine Zahlungen einstellt, oder wenn die Geschäftsaufsicht oder das Vergleichsverfahren zur Abwendung des Konkurses angeordnet wird. Ob im Einzelfall Zahlungseinstellung eines Schuldners vorliegt, ist nicht immer mit Bestimmtheit festzustellen und kann daher auch zum Streit darüber führen, ob der Kündigungsgrund eingetreten ist. In den Bedingungen der Gemeinschaftsgruppe Deutscher Hypothekenbanken ist auch die zeitweise Einstellung der Zahlung als Kündigungsgrund vorgesehen.

c) Wenn die öffentlichen Lasten des Grundstücks nicht pünktlich bei Fälligkeit entrichtet werden. Die Nichtzahlung der öffentlichen Lasten ist im allgemeinen ein Anzeichen für den wirtschaftlichen Ruin des Eigentümers oder wenigstens für eine lässige Grundstücksverwaltung. Auch der erste Hypothekar hat deshalb ein besonderes Interesse an der pünktlichen Berichtigung der öffentlichen Lasten, weil diese gemäß § 10 Ziffer 3 des ZVG. sämtlichen Rechten am Grundstück vorgehen.

B.

a) Wenn die Zwangsversteigerung oder Zwangsverwaltung angeordnet wird; zuweilen auch, wenn dem Eigentümer die Verfügung über das Grundstück oder seine Erträge entzogen wird.

Soweit die Zwangsversteigerung im Wege der Zwangsvollstreckung erfolgt, ist sie regelmäßig auf den wirtschaftlichen Verfall des Eigentümers zurückzuführen. Die Klausel ermöglicht aber auch im Fall der Zwangsversteigerung zum Zwecke der Gemeinschaftsteilung dem Gläubiger, die Hypothek fällig zu machen. Die Klausel erschwert den Nachhypothekaren die Betreibung der Zwangsversteigerung und läßt besonders dann, wenn die vorhergehende Hypothek eine Aufwertungshypothek ist, die Einleitung der Zwangsversteigerung wenig ratsam erscheinen, da sie ja die Fälligkeit der Hypothek auch dann zur Folge hat, wenn sie auf Antrag des Eigentümers noch weiter gestundet ist, so daß also dem Ersteher die Vorteile einer mäßig verzinslichen ersten Hypothek verlorengehen.

Unter der Verfügungsentziehung ist Veräußerungsverbot, unter der zwangsweisen Entziehung der Nutzungen insbesondere die Pfändung der Mietsforderung zu verstehen (vgl. S. 57, C).

Als Entziehung der Verfügung im Sinne der Klausel wird auch die Eintragung eines Widerspruchs gegen das Eigentumsrecht des Schuldners anzusehen sein. Wenn Hagelberg (Hypothekenpraxis S. 31) dagegen anführt, daß durch den Widerspruch die rechtliche Verfügung als solche nicht unmöglich gemacht werde, sie vielmehr nur in ihrem Fortbestande davon abhängt, ob der Widerspruch endgültig als berechtigt festgestellt werde, so muß doch nach dem Zweck der Bestimmung der Gesichtspunkt maßgebend sein, daß praktisch dem Schuldner die

Möglichkeit zur Verfügung über das Grundstück durch den Widerspruch regelmäßig genommen ist; auch der Abschluß neuer Mietverträge wird durch den Widerspruch in Frage gestellt, wie die Mieter zur Hinterlegung der Mieten veranlaßt.

b) Die Eintragung der Aufgabe des Eigentums im Grundbuch.

Es liegt auf der Hand, daß der Verzicht des Eigentümers auf das Grundstück in krasser Weise den Mangel seines weiteren Interesses an dem Grundstück kundbar macht, zu mindestens auf eine Zwischenzeit die Ordnungsmäßigkeit der Verwaltung ausschaltet und ein alsbaldiges Vorgehen des Gläubigers zum Zwecke seiner Befriedigung innerlich rechtfertigt.

c) Wenn das Grundstück mit einem Nießbrauch belastet ist, landwirtschaftliche Grundstücke ohne Zustimmung des Gläubigers verpachtet oder teilweise veräußert werden, der Miet- oder Pachtzins ohne Zustimmung des Gläubigers abgetreten, verpfändet oder gepfändet wird.

Wird ein Nießbrauch bestellt, so hängt es von dem Zweck der Bestellung wie der Persönlichkeit des Nießbrauchers ab, ob die Bestellung im Interesse des Hypothekengläubigers gelegen ist, oder nicht etwa diese schwer gefährdet; wird insbesondere der Nießbrauch zugunsten eines persönlichen Gläubigers bestellt, so liegt die Möglichkeit nahe, daß er die Mieten einzieht, ohne die Hypothekenzinsen zu zahlen.

Durch die freiwillige Abtretung oder Verpfändung der Mieten werden diese, wenigstens für die nächste Zeit der Haftung für die Hypotheken entzogen.

Mietpfändungen sind im allgemeinen das Anzeichen dafür, daß der Eigentümer in persönliche Schwierigkeiten geraten ist. Ausnahmsweise, insbesondere bei unvorhergesehenen Mietpfändungen, wird der Eigentümer sich aber gegenüber der Geltendmachung der Verfallklausel auf § 242 BGB. berufen können, sofern er unverzüglich nach erfolgter Pfändung ihre Aufhebung erwirkt.

d) Wenn die Enteignung eines Grundstückes eingeleitet wird. Freilich bestimmt an sich § 37 Enteign.Gesetz, daß die Entschädigung zu hinterlegen ist, und Art. 35 A. G. Z. V. G., daß die Hypothekengläubiger an der Entschädigung die gleichen Rechte wie im Falle der Zwangsversteigerung an dem Erlös haben. Immerhin kann ein besonderes Interesse an der sofortigen Fälligkeit, insbesondere bei Übernahme der Hypothek durch den Unternehmer in Frage kommen.

e) Wenn der ausbedungene Rang der Hypothek nicht binnen längstens drei Monaten nachgewiesen, oder wenn die Rechtsgültigkeit oder die Rangstelle der Hypothek nachträglich beeinträchtigt oder bestritten wird.

Es handelt sich hier um eine Verletzung der im Beleihungsvertrage übernommenen Pflicht zur Einräumung einer bestimmten Rangstelle. Ist einmal der Darlehnsvertrag mit Auszahlung der Valuta zustande gekommen, so kann der Gläubiger nicht mehr durch Nachfristsetzung gemäß § 326 BGB. das Recht zum Rücktritt vom Vertrage begründen. Wohl aber ist nach der Rechtsprechung des Reichsgerichts der Gläubiger zur sofortigen Kündigung befugt, wenn der Schuldner seine Verpflichtungen gröblich verletzt. Während die Klausel insoweit also nur der ohne dies gegebenen Rechtslage entspricht, bedeutet es eine Härte für den Eigentümer, wenn das einfache Bestreiten eines Dritten einen sofortigen Kündigungsgrund abgibt.

f) Wenn das Grundstück veräußert (oder belastet) wird.

Die Klausel bedeutet eine weitgehende Beschränkung des Eigentümers. Sie verstößt aber nicht gegen § 1136 BGB. Denn es ist nicht zu verkennen, daß der Hypothekengläubiger auch ein berechtigtes Interesse an der Persönlichkeit des Grundstückseigentümers haben kann; die Praxis hat ja gezeigt, daß Grundstückskäufer, insbesondere Ausländer, die erworbenen Grundstücke lediglich wirtschaftlich ausgeschlachtet haben, um sie dann zur Zwangsversteigerung gehen zu lassen.

Die Klausel enthält zuweilen die Einschränkung, daß die Verfügung nur dann das Kündigungsrecht auslösen soll, „wenn die Verfügung zum Nachteil des Gläubigers erfolgt". Dann dürfte das Kündigungsrecht dem Gläubiger nicht zustehen, wenn der Erwerber in seiner Person mindestens die gleiche Gewähr für rechtliches Verhalten und ordnungsmäßige Verwaltung des Grundstücks bietet, wie der bisherige Eigentümer.

g) Wenn der Schuldner ohne Genehmigung des Gläubigers die Zins- oder Zahlungsbedingungen einer Vorhypothek zuungunsten des Gläubigers verändert. Da für die Zinsen § 1119 BGB. eine Erhöhung über 5 Prozent hinaus ohne Zustimmung des Nachhypothekars ausschließt, dürfte die Klausel praktische Bedeutung bloß bezüglich der Zahlungszeit haben.

h) Wenn ein Dritter, von dessen Bewilligung die Durchführung der Zwangsvollstreckung abhängig sein würde, diese Bewilligung auf Verlangen nicht unverzüglich in einer kostenfrei auszufertigenden gerichtlichen oder notariellen Verhandlung erklärt. Es handelt sich hierbei vor allem um die Zustimmung des Ehemannes oder eines Vormundes.

i) Wenn ein Rechtsnachfolger im Eigentum sich nicht unverzüglich im Grundbuch eintragen läßt und den Anspruch des Gläubigers nebst Unterwerfung unter die Zwangsvollstreckung anerkennt, und wenn Erben die persönliche Schuld nicht solidarisch übernehmen.

Die Klausel will den Hypothekar gegen die Rechtsnachteile bei einem Eigentümerwechsel schützen.

C.

a) Wenn Sachen oder Rechte, welche Zubehör oder dazu bestimmt sind, mit dem Grundstück dauernd verbunden zu werden, vom Schuldner oder Eigentümer entfernt werden oder im Wege der Zwangsvollstreckung gepfändet werden.

Soweit die Klausel die Entziehung von Zubehör aus der Verhaftung gegen die Hypothek trifft, wahrt sie die berechtigten Interessen des Hypothekars. Sie geht aber in ihrer Fassung insofern etwas weit, als sie sich auf Gegenstände, die zur Zeit der Hypothekenbestellung nicht Zubehör sind, bezieht. Sie will aber offenbar Einwendungen des Eigentümers abschneiden, daß Gegenstände, die zur Zeit der Hypothekenbestellung sich auf dem Grundstück befunden haben, zwar vom Eigentümer wohl für die Zukunft als Zubehör bestimmt, aber in Wirklichkeit noch nicht Zubehörstücke waren (vgl. aber auch Hagelberg S. 34).

b) Wenn das Grundstück nicht ununterbrochen und in voller Höhe des Wertes gegen Feuer bei einer der Gläubigerin genehmen Gesellschaft versichert ist, die Versicherung auf Verlangen nicht nachgewiesen oder der Hypothekensicherungsschein der Versicherungsgesellschaft auf Verlangen nicht beigebracht, die Feuerversicherungsprämie nicht rechtzeitig bezahlt und die Zahlung auf Verlangen dem Gläubiger nicht nachgewiesen wird.

c) Wenn Gebäude auf dem Pfandgrundstück ohne Genehmigung des Gläubigers abgebrochen oder nicht stets in gutem Zustand erhalten oder wesentlich verändert werden.

Nach OLG. 41, 176 liegt keine Verschlechterung von § 1134 BGB. vor, wenn ein baufälliges Gebäude abgebrochen wird. Hagelberg (Hypothekenpraxis S. 36, Anm. 56) nimmt an, daß demgemäß in solchen Fällen auch keine Kündbarkeit auf Grund obiger Klausel eintrete. Die Aufnahme einer besonderen Klausel dürfte aber eher dafür sprechen, daß sie dem Gläubiger über die Vorschrift des § 1134 hinausgehende Rechte einräumen will, wenn sie den Abbruch ohne Genehmigung des Gläubigers schlechthin als ausreichenden Kündigungsgrund erklärt. Durch die Fassung soll offenbar ein Streit darüber, ob das Gebäude baufällig oder der Abbruch sonst wirtschaftlich gerechtfertigt war, von vornherein ausgeschlossen werden.

d) Wenn eine nachhaltige Wertminderung der Pfandgrundstücke oder eine nachhaltige Senkung ihres gemeinen Wertes eintritt.

Zuweilen wird die Klausel dahin eingeschränkt, daß das Sinken des ursprünglichen Beleihungswertes um einen Mindestprozentsatz auf wesentliche Veränderung des Grundstückes zurückzuführen ist. Gemäß § 17 Abs. 1 Hyp.BG. ist nach den Bedingungen der Hypothekenbanken die Gläubigerin nur berechtigt in Fällen der Wertminderung den Teilbetrag zur Rückzahlung zu kündigen, für den in dem verminderten Werte des Grundstücks nicht mehr die erforderliche Deckung vorhanden ist. Weiter aber ist in den Bedingungen der Hypothekenbank vorgesehen, daß, wenn die staatliche Aufsichtsbehörde die Absetzung eines Teilbetrages der Hypothek von der Pfandbriefdeckung verfügt, die Bank zur Kündigung dieses Teilbetrages berechtigt ist.

e) (bei Neubauten). Wenn die Fertigstellung des auf dem Grundstück begonnenen Neubaues verzögert wird.

D.

a) Wenn dem Gläubiger auf Verlangen die Miet- und Kaufverträge (bei Grundstücken, auf denen Forstwirtschaft betrieben wird, auch der Forstwirtschaftsplan) nicht binnen der bestimmten Frist vorgelegt werden.

b) Wenn dem Beauftragten des Gläubigers der Zutritt zum Grundstück oder die erforderte Auskunft verweigert wird.

Durch die Kündigungsgründe zu a und b will sich der Gläubiger die Kontrolle darüber sichern, ob der Eigentümer das Grundstück ordnungsmäßig verwaltet, und ob die Erträgnisse des Grundstücks noch weiterhin den für die Deckung der Hypothek erforderlichen Wert zu gewährleisten scheinen. Die unter B e und C b als Kündigungsgründe angeführten Nachweisungsunterlassungen (des ausbedungenen Ranges, des Versicherungsscheines, der Prämienquittung) sollen die Feststellung erleichtern, ob etwa die entsprechenden materiellen Gründe für eine vorzeitige Kündigung (vertragswidriger Rang der Hypothek, Nicht- oder nicht vorschriftsmäßige Versicherung, Nichtzahlung der Prämie) vorliegen.

Im Zweifel wird anzunehmen sein, daß die Vereinbarung von Kündigungsgründen auch mittelbar die positive Verpflichtung des Schuldners in sich schließt, die Leistungen zu bewirken, deren Unterlassung den Kündigungsgrund abgibt. Sofern nicht die Umstände oder die Natur des einzelnen Kündigungsgrundes eine andere Annahme rechtfertigen, wird grundsätzlich dem Gläubiger das Recht zuzugestehen sein, an Stelle der Hypothekenkündigung die Bewirkung der fraglichen Leistung, Handlung oder Unterlassung zu verlangen, und erforderlichenfalls darauf zu klagen (vgl. aber auch Hagelberg S. 63, der die Beantwortung der Frage lediglich auf den einzelnen Tatbestand stellen will).

Bezüglich einzelner Kündigungsgründe wird in Bedingungen mancher Kreditanstalten nicht das Recht zur sofortigen Kündigung, sondern nur zur Rückforderung des Kapitals unter Wahrung einer kürzeren Kündigungsfrist (zweimonatlich, 14tägig) vorgesehen. Nach den Bedingungen der Gemeinschaftsgruppe

Deutscher Hypothekenbanken beträgt zum Beispiel die Kündigungsfrist in Fällen der Wertminderung drei Monate.

Gegen einen Mißbrauch der Kündigungsklausel wird der Eigentümer dadurch geschützt, daß nach der Rechtsprechung des RG. Voraussetzung für die vorzeitige Kündigung grundsätzlich schuldhaftes Verhalten des Eigentümers ist (JW. 1913, 542; 1919, 570); wie auch, daß für ihre Auslegung Treu und Glauben gem. § 242 BGB. maßgebend ist. Die fristlose Kündigung muß der Gläubiger zur Vermeidung des Verlustes des Kündigungsrechtes innerhalb angemessener Zeit nach Bekanntwerden des Kündigungsgrundes erklären (JW. 1908, 234, 550; 1912, 385). Hat der Gläubiger eine Leistung des Schuldners, z. B. eine Zinsrate nach Ablauf der in einer Verfallklausel vorgesehenen Frist vorbehaltlos angenommen, so liegt darin ein Verzicht auf die fristlose Kündigung (OLG. 15, 376). Hat er aber einmal die fristlose Kündigung erklärt, so ist er zur einseitigen Rücknahme der Kündigung nicht mehr befugt (JW. 1911, 39).

VI.

Sonstige zulässige Klauseln in den Zahlungsbedingungen.

1. Erfolgt die Auszahlung der Darlehnsvaluta, ganz oder teilweise, nicht im unmittelbaren Anschluß an die Feststellung der Darlehnsbedingungen, so werden neben den Bestimmungen über die Rückzahlung des Darlehns auch häufig Vereinbarungen über die Auszahlung der Darlehnsvaluta getroffen. Diese bilden dann den Gegenstand eines Darlehns*vor*vertrages. Werden andererseits die Bedingungen für die Rückzahlung des Darlehns in dem Beleihungsvorvertrag geregelt, so gelten sie in vollem Umfange, sofern nicht eine gegenteilige Erklärung von seiten einer Partei abgegeben wird, regelmäßig auch für den Darlehnsvertrag selbst, und zwar auch dann, wenn sie nicht erschöpfend in die Eintragungsbewilligung aufgenommen sind (s. § 5 I, Anhang zu Kap. I C I).

Bei Beleihungen durch Hypothekenbanken und öffentliche Kreditanstalten pflegen dem Darlehnsgewährungsantrage, der regelmäßig von dem Kreditnehmer unterzeichnet werden muß, gesondert die Darlehnsbedingungen in der Anlage beigefügt und so bei der Annahme des Antrags durch die Kreditanstalt zum Inhalt des Vertrages gemacht zu werden. In den Bedingungen der Anstalten stehen daher außer Klauseln über die Rückzahlungspflichten des Kreditnehmers, wie sie zu V. angeführt und erörtert sind, auch Bestimmungen über die Darlehnsgewährungspflicht der Anstalt. Der Antrag selbst enthält meist ausdrücklich als Bedingung für die Auszahlung, daß der Hypothekenbrief über die erststellige Hypothek im Besitz der Bank und in Ordnung befunden ist.

In den Bedingungen ist regelmäßig weiter ein Rücktrittsrecht zugunsten der Gläubigerin unter gewissen Voraussetzungen vorgesehen. Nach den Bedingungen der Gemeinschaftsgruppe Deutscher Hypothekenbanken ist die Bank vor vollständiger Auszahlung des Darlehns berechtigt, falls einer der Tatbestände eintritt, die bestimmungsgemäß das Recht zur sofortigen Kündigung auslösen, von der Darlehnszusage unter Rückforderung etwa bereits gezahlter Darlehnsbeträge zurückzutreten und Entschädigung für jedes noch laufende Darlehnsjahr, insgesamt aber für höchstens 5 Jahre, in Höhe von ¾% zu verlangen. Das Rücktrittsrecht unter den gleichen Modalitäten steht der Bank nach den Bedingungen ferner zu, wenn Auszahlungsansprüche aus dem Beleihungsvertrage gepfändet, ganz oder teilweise abgetreten oder verpfändet werden. In den Bedingungen anderer Hypothekenbanken befindet sich die Bestimmung, daß die Bank von dem Darlehnsgeschäft zurücktreten und die sofortige Rückerstattung der etwa schon ausgezahlten Darlehnsbeträge sowie die Berichtigung der Abschlußprovision und die Auszahlung der Spesen und Auslagen verlangen kann, falls die Auszahlung des Darlehns oder eines Teils derselben mehr als 14 Tage über den festgesetzten Termin hinaus verzögert wird, ohne daß die Verzögerung der Abwicklung auf ein Verschulden der Bank zurückzuführen ist.

2. Unterwirft sich der Kreditnehmer nicht bereits in dem Beleihungsantrage bzw. bei Abschluß des Vorvertrages der sofortigen Zwangsvollstreckung, so wird in den Bedingungen die Verpflichtung des Schuldners regelmäßig aufgenommen, daß er

sich der sofortigen Zwangsvollstreckung mit Wirkung gegen den jeweiligen Eigentümer des Grundstücks in der üblichen Weise zu unterwerfen hat.

3. Bei der Aufnahme zweiter und dritter Hypotheken wird häufig ausbedungen, daß der Eigentümer bei der Vereinigung von Eigentum und einer vorgehenden Hypothekenpost in seiner Hand verpflichtet ist, die vorgehende Post zur Löschung zu bringen. Zur Sicherung dieses Anspruches kommt auch die alsbaldige Bewilligung einer Vormerkung in Betracht (vgl. hierüber § 30 III).

4. Nicht ausgeschlossen ist, daß der Gläubiger sich sonstige Zugeständnisse seitens des Schuldners ausbedingt, die an sich zwar nicht mittels Grundbucheintragung dinglich gesichert werden können, die aber doch zwischen den Parteien obligatorische Rechtswirkung haben. So kann ein Gläubiger sich über die gesetzlichen Vorschriften hinaus ein Zurückbehaltungsrecht dahin einräumen lassen, daß er auch nach Tilgung der Hypothek die Löschungsurkunden wegen sonstiger ihm zustehenden Forderungen einbehalten darf.

5. Bei Währungsklauseln kommt ferner insbesondere in Betracht, daß der Gläubiger sich mit den grundbuchmäßig zulässigen Möglichkeiten nicht begnügen will und die obligatorische Forderung durch Hinzufügung eines weiteren Umrechnungsfaktors gegen Wertschwund zu sichern sucht; um Schwierigkeiten bei der Eintragung zu vermeiden, wird in derartigen Fällen in der Eintragungsbewilligung in klarer Weise zum Ausdruck zu bringen sein, wie weit die dingliche Sicherstellung gehen soll (vgl. das Nähere § 15).

§ 9.

Zinsbedingungen.

I.

Notwendige Bestimmungen.

Bei der Verkehrshypothek muß der Zinsfuß zur Vermeidung der Nichtigkeit im Grundbuch eingetragen sein, auch die Bezugnahme auf die Eintragungsbewilligung genügt nicht.

Soll etwa die Hypothek unverzinslich sein, so ist dies in der Eintragungsbewilligung zum Ausdruck zu bringen. Bei der Sicherheitshypothek hingegen darf die Eintragung von Zinsen im Grundbuch nicht erfolgen; die dingliche Haftung umfaßt bis zum Höchstbetrage auch die Zinsen der Forderung.

In der Bewilligung ist ferner bei der Verkehrshypothek der Zeitpunkt, von dem ab die Zinsen laufen sollen, anzugeben. Sonst muß mit der Zurückweisung des Antrages gerechnet werden.*)

Auch Strafzinsen bedürfen für die Gültigkeit der Eintragung ins Grundbuch; doch genügt die Eintragung eines Minimal- und Maximalprozentsatzes unter Verweisung auf die Eintragungsbewilligung. Ebenso müssen etwaige Nebenleistungen (Provisionen, Zuschläge bei vorzeitiger Rückzahlung eines Darlehns, Beiträge zu Verwaltungskosten) mit bestimmtem Geldbetrage in das Grundbuch eingetragen werden, um die dingliche Sicherung zu erlangen; ausreichend ist auch hier, daß der Höchstbetrag der Haftung aus dem Eintragungsvermerk erkennbar ist (KGJ. 42, 259; 49, 211). Zu den Nebenleistungen gehören aber nicht rein persönliche Verpflichtungen des Schuldners, die mit der Hypothek nicht unmittelbar zusammenhängen, z. B. die Verpflichtung zur Feuerversicherung.

Zinsen als solche können, wenn sie nicht Nebenleistungen zu einem Kapital darstellen, nicht Gegenstand der Sicherung einer Verkehrshypothek sein (KGJ. 26, 290). Amortisationsraten sind keine Nebenleistungen, sondern Tilgungsteile des Kapitals.

II.

Gesetzliche Vorschriften.

1. Die Ausbedingung von Zinseszinsen ist grundsätzlich verboten. Sie ist gemäß § 245 BGB. nur Kreditanstalten, die zur Ausgabe von Schuldverschreibungen auf den Inhaber berechtigt sind, gestattet.

---

*) RG. 62, 375 erklärt zwar die Angabe des Anfangspunktes der Verzinsung für keine wesentliche Voraussetzung der Hypothekeneintragung; ebenso Staudinger zu § 1115 S. 1015. Anders aber RGRK. zu § 1115 Anm. 5.

2. Die Auslegungsregel des § 246 BGB. hat im Hypothekenrecht keine erhebliche Bedeutung. Für die dingliche Sicherung bedarf es der Eintragung eines bestimmten Zinssatzes. Aber auch hinsichtlich der persönlichen Forderung wird eine rechtsgeschäftliche Vereinbarung, daß die Forderung verzinslich sei, kaum ohne Einigung über einen bestimmten Zinsfuß in Frage kommen. Beleihungsvorverträge bei größeren Hypothekendarlehn können, wie das RG. zutreffend entschieden hat, erst dann als perfekt angesehen werden, wenn eine Einigung über einen bestimmten Zinssatz vorliegt (s. § 5 II).

3. Schwankende Zinssätze, wie der jeweilige Bankdiskont oder der jeweilige Lombardzinssatz der Reichsbank dürfen als Zinssatz bei der Eintragung nicht angegeben werden (KGJ. 34, 279; JFG. 4, 404).

4. Gemäß § 197 BGB. verjähren die Ansprüche auf Rückstände von Zinsen mit Einschluß der als Zuschlag zu den Zinsen zum Zwecke allmählicher Tilgung des Kapitals zu entrichtenden Beträge in 4 Jahren. Während die Verjährung des Hypothekenkapitals selbst aber die Befriedigung aus dem Grundstücke nicht hindert, kann die Einrede der Verjährung bezüglich Zinsen und anderer wiederkehrender Leistungen auch der Hypothekenklage gegenüber erhoben werden (§ 223 BGB.)

Angängig aber ist es, im voraus gemäß § 607 Abs. 2 BGB. die Zinsen für den Zeitpunkt ihrer Entstehung in ein Darlehn umzuwandeln, das durch die Umwandlung gewonnene Darlehn durch eine Hypothek zu sichern, und so trotz der Vorschrift des § 225 BGB. die Verjährungseinrede auszuschließen (OLG. Kiel L. Z. 1917 S. 1101). Freilich darf die Darlehnshypothek nicht etwa ihrerseits verzinslich sein, da sonst in der Tat eine Umgehung des Verbotsgesetzes des § 248 vorliegen würde (OLG. Kiel, L. Z. 1917 S. 1101).

5. Über die Fälligkeit der Zinsen eines Darlehns bestimmt § 608 BGB., daß in Ermangelung einer anderweitigen Regelung der Parteien die Zinsen nach dem Ablauf je eines Jahres, und wenn das Darlehn vor dem Ablauf eines Jahres zurückzuerstatten ist, bei der Rückerstattung zu entrichten sind. Regelmäßig pflegt aber bei Hypothekenbestellungen die Zinszahlung

in vierteljährlichen oder monatlichen Raten auf den ersten Tag oder die ersten Tage des Monats oder des Quartals ausbedungen zu werden. Auch Privatgeldgebern gegenüber muß sich häufig der Hypothekenschuldner weiter verpflichten, einen Zuschlag zum Zins als Strafzins für den Fall unpünktlicher Zinszahlungen zu entrichten. Meist sucht der Gläubiger auch dadurch sich die pünktliche Zinszahlung stärker zu sichern, daß er für den Fall der Verzögerung einer oder mehrerer Zinsraten sich das Recht zur sofortigen Kündigung zugestehen läßt (vgl. im übrigen Zinsbedingungen der Kreditanstalten, unten III).

6. Wird nachträglich der Zinsfuß unter Eintragung in die Nebenspalte der Hypothek erhöht, so geht die Erhöhung, auch soweit sie über 5 Prozent hinausgeht, den dem Hauptrecht nachfolgenden Rechten im Range vor, ohne daß dieser Vorrang besonders kenntlich gemacht werden muß (RG. 132, 112).

7. Enthält die Grundbucheintragung den Zinssatz der Hypothek nicht, so ist sie hinsichtlich der Zinsen nichtig, wenn auch in der in bezug genommenen Eintragungsbewilligung der Zinsfuß angegeben ist. Doch erstreckt sich die Nichtigkeit, die zur Folge hat, daß das Grundstück für die Zinsen nicht mehr haftet, nicht auch auf den übrigen Inhalt der Eintragung (RG. 113, 229).

III.

Zinsbedingungen der Kreditanstalten.

1. Der natürliche Beginn des Zinslaufes ist an sich der Zeitpunkt der Auszahlung des Kapitals. Kreditunternehmungen pflegen aber allgemein den Zeitpunkt des Zinsenlaufes auf den 1. oder 15. des Monats, des Kalenderjahres oder gar des Jahres zu verlegen bzw. zurückzuverlegen. Gewisse Schwierigkeiten für die genaue Festlegung des Zinsbeginns liegen darin, daß das Kapital regelmäßig erst nach der Eintragung zur Auszahlung kommt, diese sich längere Zeit hinziehen kann, während der Geldgeber das Kapital flüssig zu halten, häufig sogar beim Notar zu hinterlegen hat.

Die Bedingungen der Gemeinschaftsgruppe Deutscher Hypothekenbanken enthalten die als billig anzusprechende Regelung, daß die Verzinsung am Tage der Auszahlung des Darlehns oder des ersten Darlehnsteils, spätestens aber mit dem 14. Tage nach dem Datum der Darlehnszusage beginnt, daß aber, falls die Auszahlung des Darlehns erst nach diesem Zeitpunkt erfolgt, dem Darlehnsnehmer bis zur Auszahlung Depositalzinsen bis zu dem während dieser Zeit sich ergebenden Durchschnittssatz für tägliches Geld an der Berliner Börse vergütet werden. Als Fälligkeitstermin ist in den Bedingungen der Gemeinschaftsgruppe der 1. März, der 1. Juni, der 1. September und 1. Dezember für Zinsen, Unkostenbeiträge und Tilgungszuschläge vorgesehen.

Die Zinssätze der Sparkassenhypotheken bleiben regelmäßig hinter den Sätzen der Hypothekenbanken zurück; sie werden meist auf 1% über dem zur Zeit geltenden Reichsbankdiskontsatz festgelegt. Der Zinssatz zweiter Hypotheken ist natürlich gewöhnlich erheblich höher, als der von ersten Hypotheken.

2. Auch bei Begründung der Hypotheken, also nicht bloß bei der Verwertung, verlangt der Geldgeber nicht selten ein sogen. **Damnum.** Im wirtschaftlichen Sinne handelt es sich dabei um Zuschläge zu der Zinsvergütung, die in der Gestalt von Abzügen bei der Kapitalauszahlung im voraus zu leisten sind (vgl. Hagelberg, Hypothekenpraxis 122). Nach der Spruchpraxis des RG. aber darf die Differenz zwischen Darlehnsvaluta und Darlehnsschuld nicht im Rechtssinne als Zins behandelt werden (S. unten § 44).

Ein weiterer Abzug vom Darlehnsnennbetrag erfolgt bei Hypothekenbanken und öffentlichen Kreditanstalten zur Deckung von Kosten, Aufwendungen, Provisionen (Über Disagio-Darlehn s. unten § 43 II 5).

3. Eine Zinserhöhung über den nominalen Zinsfuß wird in Beleihungsverträgen zuweilen in der Weise vereinbart, daß der Schuldner die Zinsen frei von gegenwärtigen oder zukünftigen Abgaben und Abzügen zu entrichten hat, was also vor allem bedeutet, daß der Schuldner die Kapitalertragsteuer zu übernehmen hat.

4. Regelmäßig wird in den Bedingungen der Kreditunternehmungen ein Strafzins in der Weise festgesetzt, daß der Zins-

satz sich um einen gewissen Prozentsatz, häufig um ein Prozent jährlich erhöht, wenn eine Zinsrate oder, bei Fälligkeit das Kapital, nicht pünktlich (bedingungsgemäß meist nach Ablauf einer Respektfrist) gezahlt wird. Ferner ist in den Bedingungen von Kreditunternehmungen wohl fast ausnahmslos als Folge unpünktlicher Zinszahlung das Recht des Kreditgebers zur sofortigen Kündigung des Kapitals vorgesehen.

5. Die Bedingungen einiger Hypothekenbanken enthalten weiter die Bestimmung, daß der Schuldner der Gläubigerin gegenüber verpflichtet ist, über die für die vorzeitige Fälligkeit vereinbarte Entschädigung, „wenn und soweit sie sich mit dem Eigentümer in einer Person vereinigt", nur durch Löschung zu verfügen. Gedacht ist hierbei offenbar daran, daß der Eigentümer die Entschädigung zahlt und nunmehr in Höhe dieser Entschädigung für sich eine Eigentümergrundschuld in Anspruch nimmt. Der vorsichtige Kreditgeber wird aber weiter unerwünschten Konsequenzen Rechnung zu tragen haben, die neuerdings aus der Ausbedingung eines Strafzinses für unpünktliche Zinszahlung in die Erscheinung getreten sind. Es haben nämlich eine Reihe von Eigentümern, die zunächst eine Anzahl Jahre hindurch die Zinsen pünktlich gezahlt hatten, nachdem sie in Schwierigkeiten geraten waren, die Eigentümergrundschuld, die zu ihren Gunsten in Höhe der in der Vergangenheit nicht verfallenen Strafzinsen angeblich entstanden sei, an dritte Personen abgetreten und so vor das Hypothekenkapital einen unerwarteten Rechnungsposten vorzuschieben gesucht. Zwar wird in der Literatur und Rechtsprechung überwiegend der Standpunkt eingenommen, daß die Strafzinsen nicht anders wie die Zinsen selbst bei der Vereinigung mit dem Eigentum behandelt werden dürfen, daß der Nichtverfall der Strafzinsen keineswegs ein eigenes Recht des Eigentümers auslösen könnte (vgl. KG. 12, W. D. Not-VO. 1931, 413, JW. 1931, 1761). Da aber immerhin die Frage nicht unbestritten ist, ist die Aufnahme der Klausel dahin zu empfehlen, daß der Schuldner der Gläubigerin gegenüber auch für den Fall des Entstehens einer Eigentümergrundschuld aus dem Nichtverfall von Strafzinsen zur Löschung dieses

etwaigen Rechtes verpflichtet ist und eine Vormerkung zur Sicherung des dahingehenden Anspruchs des Gläubigers zu bewilligen hat.

§ 10.

Die Unterwerfung unter die sofortige Zwangsvollstreckung

I. Jeder Gläubiger einer bestimmten Geldforderung, insbesondere auch laut ausdrücklicher gesetzlicher Vorschrift des § 97 Ziff. 5 der Hypothekengläubiger, hat die Möglichkeit, die etwa später erforderliche Zwangsvollstreckung dadurch zu erleichtern, daß er alsbald bei Entstehung der Schuld den Schuldner zur Unterwerfung unter die sofortige Zwangsvollstreckung in einer gerichtlichen oder notariellen Urkunde veranlaßt. Ein Hypothekengläubiger, der sich mit der vollstreckbaren Urkunde nicht nur einen vollstreckbaren Titel wegen des persönlichen Anspruchs, sondern auch wegen des dinglichen Anspruchs verschaffen will, hat Vorsorge zu treffen, daß dies in der Urkunde genügend zum Ausdruck kommt. Es genügt hierfür nicht, daß der Schuldner sich schlechthin der Zwangsvollstreckung in das Grundstück unterwirft. (Stillschweig JW. 1915, 80; Sternberg, Die vollstreckbare notarielle Urkunde, in Festschrift für Oberneck S. 53.) Nur dann, wenn die Urkunde ergibt, daß die Unterwerfung auch wegen des dinglichen Anspruchs aus der Hypothek erfolgt, sichert sie dem Hypothekengläubiger die Möglichkeit, im Wege der Zwangsversteigerung die Befriedigung aus dem Grundstück im Range seiner Hypothek zu betreiben. Auch bei Pfändung der Miet- und Pachtzinsforderungen liegt eine Beschlagnahme zugunsten des Hypothekengläubigers mit den Wirkungen der §§ 1123, 1124 BGB. nur vor, wenn sie auf Grund eines dinglichen Titels erfolgt (RG. 76, 118; 81, 146).

Um aber auch für den Fall des Eigentumswechsels nötigenfalls die Zwangsvollstreckung gegen den neuen Eigentümer des Grundstücks durchführen zu können, ohne zuvor ein Urteil gegen diesen zu erwirken, muß bei der Formulierung der Vollstreckungsklausel auch auf die Vorschrift des § 800 ZPO. geachtet werden. Danach ist die Zwangsvollstreckung gegen einen späteren Eigentümer nur dann zulässig, wenn dem Hypotheken- oder Grundschuldgläubiger vom Schuldner ausdrücklich zugestanden wird, daß die Zwangsvollstreckung aus der Urkunde gegen den jeweiligen Eigentümer des Grundstücks zulässig sein soll, und wenn die Unterwerfung mit dieser Maßgabe in das Grundbuch eingetragen ist.

Erfolgt die Unterwerfung unter die Zwangsvollstreckung in der Weise, daß diese gegen den jeweiligen Grundstückseigentümer zulässig sein soll, so erfüllt die Urkunde auch die Voraussetzungen eines dinglichen Schuldtitels (KG. KGBl. 17, S. 57, Sternberg, S. 54).

II. 1. An sich kann auch der Besteller einer Eigentümergrundschuld alsbald die Unterwerfung unter die sofortige Zwangsvollstreckung aussprechen (KG., DNotV. 1929 S. 34). Doch darf, solange die Vereinigung von Eigentum und Grundschuld fortdauert, der Notar eine Vollstreckungsklausel nicht erteilen (RG. 41, 375, Sternberg S. 52).

2. Auch wegen bedingter und betagter Ansprüche wird allgemein die Vollstreckungsklausel zugelassen. Bestritten aber ist die Zulässigkeit einer vollstreckbaren Urkunde über eine zukünftige Forderung. Der 1. und 8. Zivsen. des KG. (OLG. 10, 86; KGBl. 1925, 54) haben die Zulässigkeit verneint. Zuzustimmen sein dürfte aber der Ansicht von Stillschweig, JW. 1922, 1346, Stein-Jonas, Anm. VII Ziff. 2 zu § 794 ZPO. S. 636, Sternberg S. 47, LG. II Berlin, Beschluß vom 15. Mai 1922, JW. 1922, 1346, daß auch ein zukünftiger Anspruch den Gegenstand einer Vollstreckungsklausel bilden kann. Die Frage hat besondere praktische Bedeutung für die Schuldurkunde bei einer Darlehnshypothek. Nach der ständigen Rechtsprechung des RG. verliert eine solche Urkunde Beweiskraft auch dann nicht, wenn feststeht, daß das Darlehn selbst noch nicht ausgezahlt ist (s. unten Anhang zu Kap. I E).

3. Für die Darlehnshypothek wird man die Zulässigkeit der Vollstreckungsklausel aber auch dann anerkennen müssen, wenn man sie im allgemeinen für eine zukünftige Forderung verneint. Dies wird selbst dann zu gelten haben, wenn die Eintragungsbewilligung nicht mit einem Schuldschein oder einem

Schuldanerkenntnis verbunden wird; in der Ausstellung und der Entgegennahme der Eintragungsbewilligung in Verbindung mit der Vollstreckungsklausel liegt jedenfalls die Einigung der Parteien über den Darlehnsvertrag selbst; wenn auch dieser erst durch die Auszahlung der Valuta zur wirksamen Entstehung gelangt, so hängt doch die Entstehung der Schuld nur noch von der Verwirklichung des realen Moments der Darlehnsvalutierung ab, so daß die Vorwegnahme der Vollstreckungsklausel unbedenklich erscheinen muß. In gleicher Richtung liegt es, wenn das RG. es für statthaft erklärt hat, die Unterwerfungsklausel bereits in die Offerte auf Abschluß eines Darlehnsvertrages aufzunehmen (RG. 132, 6).

4. Auch bei einer Höchsthypothek ist die Zwangsvollstreckungsklausel zulässig, wenn die Unterwerfung unter die Zwangsvollstreckung sich auf einen bestimmten Betrag beschränkt, der im Rahmen des Höchstbetrages der zu sichernden Forderung liegt (KG. Jur.R. 1926, Nr. 623).

III. 1. Für die Wirksamkeit der Urkunde genügt es, daß der Anspruch durch Bezugnahme auf eine andere nicht beigefügte gerichtliche oder notarielle Urkunde gekennzeichnet wird (RG. 77, 418, Dorst DNotV. 12, 381, Sternberg S. 37, dagegen Buhe DNotV. 1912, 312). Auch dann, wenn in der ersten Urkunde die Eintragung einer Hypothek bewilligt und die Unterwerfung erklärt wird, in der zweiten Urkunde aber die Bedingungen geändert werden, bilden die beiden Urkunden an sich eine Einheit. Doch ist für die Wirksamkeit der Vollstreckungsklausel erforderlich, daß bei jeder Aenderung der Bedingungen oder einer Erweiterung der Haftung eine erneute Unterwerfung unter die Zwangsvollstreckung ausgesprochen wird (KGJ. 45, 260; 52, 190).

2. Eine vollstreckbare Ausfertigung kann sowohl von der Haupturkunde, wie von der Abänderungsurkunde erteilt werden. Der Notar, der die erste Urkunde aufgenommen hat, ist auch dann, wenn ihm bekannt ist, daß die Bedingungen dieser Urkunde durch eine spätere Vereinbarung abgeändert sind, verpflichtet und berechtigt, die vollstreckbare Ausfertigung der Haupturkunde zu erteilen (KGJ. 49, 16; 59, 190); denn der Notar hat Umstände, die in der von ihm aufgenommenen Ur-

kunde nicht berührt sind, bei der Erteilung der Vollstreckungsklausel nicht zu berücksichtigen (RG. 72, 22).

3. Häufig wird der Notar in der Urkunde ermächtigt, auf einseitigen Antrag des Gläubigers und ohne Prüfung der Voraussetzungen der Vollstreckbarkeit dem Gläubiger vollstreckbare Ausfertigung zu erteilen. Gegen die Zulässigkeit einer derartigen Klausel bestehen trotz der Vorschriften des § 726 Abs. 1 ZPO. keine durchschlagenden Bedenken (OLG. 3, 150; 23, 321).

Auch ohne Zustimmung des Schuldners ist der Notar verpflichtet, auf einseitiges Verlangen des Gläubigers diesem die vollstreckbare Ausfertigung zu erteilen, sofern keine besonderen rechtlichen Bedenken nach pflichtgemäßem Ermessen entgegenstehen (RG., JW. 1930, 2783, KG. DNotV. 30, 27, Sternberg 69).

4. Auf Grund einer auf Papiermark lautenden vollstreckbaren Urkunde kann eine vollstreckbare Ausfertigung über dem Goldmarkaufwertungsbetrag erteilt werden, wenn seit der Eintragung der Aufwertung in das Grundbuch ein Monat verstrichen ist; die Erteilung ist aber unzulässig, solange wegen der Höhe der Aufwertung bei der Aufwertungsstelle oder einem Beschwerdegericht ein Verfahren anhängig ist (Art. 24 der 6. DurchfVo. zum AufwGes.).

Nach Vo. vom 17. Juni 1924 können auch in vollstreckbaren Urkunden die geschuldeten Beträge auf Feingoldmark oder sonstige nach dem Gesetz vom 23. Juni 1923 oder den Durchführungsverordnungen zugelassene Wertmaßstäbe gestellt werden.

§ 11.

Die Valutierung der Hypothek.

I. Sowohl die Wissenschaft wie die Praxis lassen eine klare Abgrenzung des **Begriffes „Valutierung"** vermissen. Jedes Grundpfand ist als ein dingliches Grundstücksrecht grundsätzlich abstrakter Natur. Begründet wird es durch einen dinglichen Vertrag (die Einigung und die Eintragung) im Grundbuch, wozu als weiteres Erfordernis gegebenenfalls die Übergabe des Briefes hinzutritt. Erwerb und — regelmäßig auch — der Verbleib des Rechtes in der Hand des Hypothekengläubigers setzt kraft gesetzlicher Bestimmung bei der Hypothek allerdings weiter voraus, daß die der Hypothek zugrunde liegende Forderung zur Entstehung gelangt ist bzw. weiter bestehen bleibt (§ 1163 Abs. 1). Ist die Forderung, für welche die Hypothek bestellt ist, nicht zur Entstehung gelangt, so steht die Hypothek dem Eigentümer zu (§ 1163 Abs. 1). Mit Recht weist das RG. (RG. 78, 65) darauf hin, daß die Frage nach der Valutierung eines Grundpfandes in Wirklichkeit nichts anderes ist, als die Frage, ob die zugrunde liegende Forderung zur Entstehung gelangt ist oder nicht. Während bei der Hypothek die Verknüpfung von dinglichem Recht und persönlicher Forderung auf der gesetzlichen Natur der Hypothek (§ 1113 Abs. 1) beruht, kann die persönliche Forderung, zu deren Sicherung laut Parteivereinbarung die Grundschuld dienen soll, nur im Rahmen der schuldrechtlichen Beziehungen sich mittelbar auf die Grundschuld rechtlich auswirken. Zutreffend lehnt das Reichsgericht es daher in ständiger Rechtsprechung ab, § 1163 auch auf die sog. Sicherungs-Grundschuld zur Anwendung zu bringen. Da die Grundschuld eine Forderung an sich nicht voraussetzt, kann der Umstand, daß eine durch eine Grundschuld gesicherte Forderung nicht zur Entstehung gelangt ist, auch nicht dem Grundschuldgläubiger unmittelbar seine Stellung als Inhaber des Grundpfandes nehmen (RG. 60, 255; 78, 60; JW. 29, 248; JW. 31, 2733). Eine andere Frage ist, ob und inwieweit der Grundstückseigentümer aus dem zugrunde liegenden persönlichen Rechtsverhältnis Einreden herleiten oder aus dem Gesichtspunkte der ungerechtfertigten Bereicherung den Verzicht auf die Grundschuld oder ihre Übertragung auf die eigene Person verlangen kann.

Zur Begründung einer Hypothek aber ist es erforderlich, daß Eigentümer und Gläubiger das Grundstück zur Sicherung einer wirksamen, sei es einer bereits entstandenen oder zukünftigen, Forderung belasten wollen. Ergibt die Eintragungsbewilligung, daß der beantragten Hypothek in Wirklichkeit eine persönliche Forderung nicht zugrunde liegen soll, oder hat der Grundbuchrichter aus sonstigen Urkunden davon Kenntnis, daß die Forderung, etwa aus Rechtsgründen, unwirksam ist und auch in Zukunft unmöglich zur Entstehung gelangen kann, so hat er die Eintragung abzulehnen (KGJ. 41, 201). Der bloße Zweifel des Eigentümers darüber, ob es zur Valutierung der Hypothek durch den Hypothekengläubiger kommen wird, ist freilich bedeutungslos. Will der Eigentümer eine Rangstelle im Grundbuch durch Eintragung eines eigenen Grundpfandrechtes ausnutzen oder sich sichern, so hat er hierfür den Weg der Bestellung einer Eigentümergrundschuld, nicht aber einer Eigentümerhypothek[1]). Der Grundschuld fehlt es aber an dem gesetzlichen Bande mit einer zugrunde liegenden persönlichen Forderung. Sie ist in ihrem Bestande von einer Forderung unabhängig und in diesem Sinne ein selbständiges abstraktes Grundpfandrecht. Es führt daher auch nur zu Unklarheiten, wenn in der Praxis zuweilen von einer Valutierung einer Grundschuld gesprochen wird. (Ebenso RG. Warn. 1913, Nr. 57, RG. 78, 64.)

II. Als **Schuldgrund** der Hypothek kommen bei Kreditgeschäften vornehmlich Darlehn **oder Schuldanerkenntnis** bzw. Schuldversprechen in Frage. **Darlehn** und die **abstrakten Verpflichtungen** im Sinne von § 781 BGB. zeigen insofern eine rechtliche Verwandtschaft, als sie beide nur einseitige Verpflichtungen des Schuldners auslösen. Das Darlehn weist weiter insofern einen Charakterzug abstrakter Natur auf, als der Darlehnsvertrag mit seiner Entstehung grundsätzlich einen ihm zugrunde liegenden Vorvertrag zur rechtlichen Ausschaltung bringt; ist der Hauptdarlehnsvertrag selbst wirksam begründet, so ist bei Nichtigkeit des Vorvertrages sogar seine Kondiktion ausgeschlossen, während bei dem abstrakten Schuldversprechen der Schuldner auf das zugrunde liegende obligatorische Verhältnis sowohl im Wege der Kondiktion wie der Einrede zurückgehen kann (RG. 61, 318; 68, 302). Andrerseits muß aber doch das Darlehn seinem Grundwesen nach als ein kausales Rechtsgeschäft angesprochen werden. Die Hingabe des Darlehns ist zweckbestimmt; das Darlehn ist ein Realvertrag, der auch in der Form des Vereinbarungsdarlehns

---

[1]) In der Praxis führt freilich nicht selten die geflissentliche Bestellung einer nicht valutierten Hypothek zu dem gleichen Ziel (s. hierüber unten IV u. V).

gemäß § 607 Abs. 2 die Valutierung (nämlich durch eine wirksame, bereits entstandene oder zukünftige Forderung) für seine Entstehung voraussetzt; entstammt bei einem Vereinbarungsdarlehn die umgewandelte Forderung einem zweiseitigen Vertrag, so bleiben im Zweifel dem Schuldner trotz der Umwandlung die Einreden aus dem ursprünglichen Vertrage gewahrt (vgl. Anhang zu Kap. I D). Im praktischen Fall ist es nicht immer leicht, zu entscheiden, ob ein Darlehn oder ein abstraktes Schuldversprechen vorliegt, bei dem der Wille der Parteien darauf gehen muß, „die erklärte Verpflichtung auf sich selbst zu stellen und die Schuld selbständig zu begründen" (RG. Gruchot Bd. 54, S. 974). Es besteht aber weiter die Möglichkeit, daß die Darlehnsschuld auf die Umwandlung eines abstrakten Schuldversprechens zurückzuführen ist, wie auch, daß anläßlich der Begründung eines Vereinbarungsdarlehns zwischen die ursprünglich kausale Schuld und das Darlehn die abstrakte Schuld in Gemäßheit der §§ 780, 781 BGB. eingeschaltet worden ist. Nicht aber ist es möglich, als Schuldgrund derselben Hypothek Darlehn und abstrakte Schuld gleichzeitig hinzustellen. (So zutreffend JW. 1906, 550 [2].) Freilich wird auch ein Schuldanerkenntnis, das eine selbständige Verpflichtung begründen soll, des öfteren dahin gefaßt, daß die betreffende Summe **als „Darlehn"** zu verschulden, bekannt wird. Geht hingegen die Fassung dahin, daß der Schuldner bekennt, die Summe als **„Darlehn"** empfangen zu haben, so spricht dies dafür, daß lediglich ein Darlehnsschuldschein ausgestellt werden sollte (RG. Warn. 1911, Nr. 429, 232). Ist entgegen dem Inhalt des Empfangsbekenntnisses die Valutierung nicht erfolgt und soll diese in Wirklichkeit nach dem Willen der Partei auch in Zukunft nicht erfolgen, so wird meist ein selbständiges Schuldanerkenntnis als vorliegend anzunehmen sein (RG. IV 452/04; RGRK. zu § 781 Anm. 3). Der Umstand, daß bei einem Vereinbarungsdarlehn im Sinne von § 607 Abs. 2 BGB. ein Empfangsbekenntnis ausgestellt wird, bedeutet noch nicht die Schaffung eines selbständigen

[2]) Nicht klar aber RG. Jur.R. 1929 Nr. 2000, wo einerseits vom Darlehnsvertrag, seiner Valutierung und der schriftlichen Schuldurkunde über ein Darlehn die Rede ist, andererseits aber offenbar das Schuldanerkenntnis als ein abstraktes im Sinne von § 781 BGB. behandelt wird.

Schuldanerkenntnisses; es ist dies vielmehr Frage der Auslegung im einzelnen Fall (RG. Gruchot 49, 883; Warn. 09 Nr. 89; 1910 Nr. 152; Oertmann, Recht der Schuldverh., Vorbem. zu § 780 Ziff. 4).

III. Wollen die Parteien bei Bestellung eines Grundpfandes das dingliche Recht des Gläubigers in stärkerem Maße, als dies bei der Darlehnshypothek der Fall ist, dem eigentlichen Grundgeschäft gegenüber verselbständigen, so stehen ihnen zwei Wege zur Verfügung. Sie können erstens statt einer hypothekarischen Sicherung, die Sicherung durch eine Grundschuld, eine sogenannte Sicherungsgrundschuld wählen. Sie können zweitens im Fall der Bestellung einer Hypothek ein Schuldanerkenntnis oder Schuldversprechen im Sinne von §§ 780, 781 BGB. der Hypothek zugrunde legen. In beiden Fällen ist die Entstehung des dinglichen Rechtes in der Person des Gläubigers davon unabhängig, ob und inwieweit eine Forderung aus dem Rechtsverhältnis, dessen Sicherung im Endeffekt das Grundpfand dienen soll, begründet ist oder begründet wird. Bei der Sicherungsgrundschuld kann von einer Valutierung durch eine persönliche Forderung richtig angesehen, überhaupt nicht die Rede sein. Eine Hypothek, deren Schuldgrund ein abstraktes Schuldversprechen oder Schuldanerkenntnis bildet, ist durch die abstrakte Schuldforderung valutiert. Steht endgültig fest, daß eine Grundschuld ohne rechtlichen Grund bestellt worden ist, so kann der Eigentümer mit Geltendmachung des Anspruchs aus ungerechtfertigter Bereicherung dem Gläubiger die Grundschuld entwinden. Ergibt sich, sei es von vornherein, sei es bei Beendigung des Rechtsverhältnisses, welches die Basis für die abstrakte Schuldverpflichtung abgab, daß diese ganz oder zum Teil des wirksamen Rechtsgrundes entbehrt, so kann der Schuldner das Anerkenntnis ganz bzw. teilweise kondizieren (§ 812 Abs. 2).

Macht der Grundschuldgläubiger Rechte aus der Grundschuld geltend, ohne die sich aus dem Sicherungszweck im allgemeinen und den obligatorischen Rechtsbeziehungen im besonderen ergebenden Beschränkungen zu beachten, so kann der Eigentümer die sich hieraus ergebenden Einreden erheben (über die Anwendbarkeit der §§ 1157, 1192 BGB. vgl. § 13 VII).

Soweit der Eigentümer gegenüber dem Hypothekengläubiger zur Kondiktion des Schuldanerkenntnisses berechtigt ist, kann er auch im Wege der Einrede den vorgehenden Hypothekengläubiger abwehren (RG. 67, 240; 68, 302; 86, 304).

Die mangelnde Valutierung allein berechtigt aber den Eigentümer nicht, von dem Gläubiger einer Grundschuld die Bewilligung der Berichtigung des Grundbuchs zu verlangen; ebensowenig aber auch von einem Hypothekengläubiger, sofern der Schuldgrund in einem abstrakten Schuldversprechen oder Schuldanerkenntnis besteht.

IV. Wie § 1113 Abs. 2 ausdrücklich vorsieht, kann eine Hypothek auch für eine zukünftige oder bedingte Forderung bestellt werden. Andererseits setzt der Erwerb des Hypothekenrechts durch den Gläubiger gemäß § 1163 voraus, daß die Forderung zur Entstehung gelangt ist. Der Umstand, daß die zu sichernde Forderung bedingt oder eine zukünftige ist, hindert also die alsbaldige Begründung des Grundpfandes nicht. Solange die Forderung aber nicht voll wirksam geworden und die Hypothek damit nicht im obigen Sinne valutiert ist, bleibt das Grundpfand eine vorläufige Eigentümergrundschuld, wenn diese auch als solche im Grundbuch nicht in die Erscheinung tritt (vgl. hierüber § 13 VI).

1. Den häufigsten Fall der Bestellung einer Hypothek für eine zukünftige Forderung gibt die Darlehnshypothek ab, wenn nämlich die Valutierung des Darlehns erst nach Bestellung der Hypothek erfolgen soll [3]); gleichgültig ist es dabei, ob es sich um ein bares Darlehn oder um die Valutierung in Gemäßheit des § 607 Abs. 2 BGB., etwa durch zukünftige Bauforderungen, handelt.

Soll das Grundstück für eine Hypothek nur bis zu einem bestimmten Höchstbetrage haften, im übrigen aber die Feststellung der Forderung vorbehalten bleiben, so ist die gegebene Art der

---

[3]) Zur wirksamen Begründung des Darlehns wie des Hypothekenrechts des Gläubigers gehört aber die Auszahlung der Valuta, oder die wirkliche Entstehung der zukünftigen Forderung. Es geht auch nicht an, mit Mügel (Aufw. zu § 5 S. 441) den Zeitpunkt der Entstehung der Darlehnsforderung und der Hypothek dadurch zurückzuverlegen, daß man die Schuld in bedingter Weise schon mit Vertragsabschluß vor erfolgter Valutierung für begründet erklärt.

Sicherstellung die Höchstbetragshypothek im Sinne von § 1190 BGB. Da die Höchstbetragshypothek stets als Sicherungshypothek gilt, auch wenn sie im Grundbuche nicht als solche bezeichnet ist (§ 1190 Abs. 3 BGB.), bestimmt sich bei ihr das dingliche Recht nur nach der Forderung und kann sich der Gläubiger zum Beweise der Forderung nicht auf die Eintragung berufen (§ 1184). Besonders in der Zwangsversteigerung bringt also die Höchstbetragshypothek gegenüber der Verkehrshypothek für den Gläubiger die Beschwernis, die Forderung dem Grund und der Höhe nach nachweisen zu müssen; auch kann der Gläubiger über den eingetragenen Höchstbetrag hinaus Zinsen nicht liquidieren. Diese Nachteile [4]) der Höchstbetrags-Hypothek haben offenbar das Verkehrsbedürfnis nach Schaffung einer gewöhnlichen Verkehrshypothek, die für das innere Verhältnis der Parteien zueinander lediglich die Funktion einer Höchstbetragshypothek versehen soll, hervorgerufen (Nußbaum, Hypothekenwesen S. 153; RG. 60, 247, LZ. 1915 S. 1094).

2. Das Reichsgericht hat zwar in weitgehendstem Maße für zulässig erklärt, daß eine nichtvalutierte Darlehnshypothek durch Vereinbarung zur Sicherung noch unbestimmter und künftiger Forderungen (namentlich auch eines Wechselkredits) in derselben Weise verwendet werden kann, wie die Höchstbetragshypothek (JW. 06 S. 550 Nr. 19, 08, 555; RG. 60, 247, Gruchot Bd. 51, S. 379; LZ. 1915, S. 1094, Warn. 1917 Nr. 19). Doch zeigen die einzelnen Reichsgerichtsentscheidungen in ihren Voraussetzungen und Gründen erhebliche Abweichungen [5]). Die Anerkennung der

---

[4]) Wenn Nußbaum, Hypothekenwesen, S. 163, als weiteren Vorteil der Verkehrshypothek die Zulässigkeit der Aufnahme in vollstreckbare Form hervorhebt, so scheidet dieses Moment schon deshalb aus, weil auch bei der Höchstbetragshypothek die Vollstreckungsklausel nach der Rechtsprechung wegen einer bestimmten innerhalb des Höchstbetrags liegenden Summe statthaft ist (vgl. oben § 10).

[5]) Die Entscheidungen des RG. lassen sich in vier verschiedene Gruppen teilen:

1. Die Fälle Warn. 1911, 429, 232, in denen ursprünglich ein Schuldversprechen oder Schuldanerkenntnis vorlag, oder ein solches bei der Umwandlung gemäß § 607 Abs. 2 BGB. zwischen das ursprüngliche Rechtsverhältnis und die Darlehnsschuld ein abstraktes Schuldanerkenntnis und Schuldversprechen eingeschaltet wird. Hier ist die Hypothek fraglos durch die abstrakte Forderung

verdeckten Höchstbetragshypothek erscheint zum mindesten in den Fällen bedenklich, in denen das etwaige zukünftige Saldo eines Kontokorrentverhältnisses zur Valutierung der Darlehnshypothek in Gemäßheit von § 607 Abs. 2 BGB. dienen soll. Denn hier scheint jedenfalls der Grundsatz durchbrochen, daß bei der hypothekarisch zu sichernden künftigen Forderung schon zur Zeit der Eintragung der Hypothek die Sach- und Rechtslage eine gewisse

---

valutiert. Nicht klar ist nach der Begründung aber, ob hierzu JurR. 1929 Nr. 2000 gehört.

2. Die Fälle JW. 1906, 550 Nr. 18, JW. 1906, 550 Nr. 19; 08, 555 Gruchot Bd. 51 S. 379, in denen zukünftige Forderungen für den Zeitpunkt ihres Entstehens gemäß § 607 Abs. 2 BGB. dem Vereinbarungsdarlehn zur Valutierung dienen sollen. Jede zukünftige Forderung schließt zur Valutierung natürlich eine gewisse Unsicherheit dahin in sich, ob sie tatsächlich zur Entstehung gelangt. In den Fällen handelt es sich somit um Wechselforderungen, die wohl aus der Lombardierung von Wechseln entstanden waren bzw. entstehen sollten. Auch hier können ernstliche Bedenken gegen die dingliche Sicherung einer dem Betrage nach bestimmten Forderung nicht bestehen.

3. Der Fall L. Z. 1915, S. 1094, wo zwar eine Vereinbarung gemäß § 607 Abs. 2 BGB. angenommen ist, aber zur Valutierung des Darlehns das noch unbestimmte Guthaben, der Saldo eines Abrechnungsverkehrs, zugrunde gelegt und anerkannt wird, daß eine noch nicht valutierte Darlehnshypothek durch Vereinbarung zur Sicherung noch unbestimmter und zukünftiger Forderungen in derselben Weise verwendet werden könne, wie die Höchstbetragshypothek. Hier handelt es sich in Wirklichkeit um die hypothekarische Sicherstellung einer der Höhe nach ungewissen Darlehnsforderung unter Angabe eines Höchstbetrages, bis zu dem das Grundstück haften soll.

Der Fall ist also wohl nicht anders zu behandeln, als JW. 1908 S. 555, wo das RG. es für unerheblich erklärt, ob die Hypothek als Höchstbetragshypothek b e z e i c h n e t wird, und aus der Sachlage schließt, daß die angegebene bestimmte Summe, offenbar nicht den Betrag der Forderung, sondern nur den Betrag der Hypothek, und zwar im Sinne des Höchstbetrages bezeichnet, bis zu dem das Grundstück für die später festzustellende Forderung haften soll. Auch eine zukünftige Darlehnsforderung kann naturgemäß, wenn die Feststellung ihrer Höhe der Zukunft vorbehalten bleibt, den Schuldgrund einer Höchstbetragshypothek bilden.

4. Die Fälle RG. 60, 243, Warn. 1917, S. 28 und wohl auch JurR. 1929, Nr. 2000. In der Entsch. RG. 60, 245, wird ausdrücklich als

Gewähr dafür bieten muß, daß aus ihr in Zukunft eine Forderung entstehen wird (RGRK. zu § 1113 Anm. 7; KGJ. 37, 280; 40, 145; Staudinger zu § 1113 S. 985).

3. Der Rechtsverkehr ist aber auch gar nicht genötigt, diesen immerhin nicht zweifellosen Weg der Schaffung einer verdeckten Höchstbetragshypothek zu gehen, um die erwähnten Zwecke zu erreichen.

Tatbestand angegeben, daß nicht zugleich auch das „Kontokorrentverhältnis durch Anerkenntnis in ein festes Schuldverhältnis in bestimmter Höhe verwandelt" wird, sondern, „daß es bei der bisherigen Ungewißheit der Höhe der Forderung belassen worden ist, daß eine Schuldumwandlung nach dem oben bemerkten eben nicht stattgefunden hat". In JW. 1917, Nr. 19, wird ausdrücklich festgestellt, die Hypothek sollte zur Sicherheit für einen auf Abruf einzuräumenden Kredit bis zur Höhe von 40 000.— M. bestellt werden und Zinsen seien für eine feste Summe von 40 000.— M. als solche nicht bezahlt oder berechnet worden. Trotzdem ist in den genannten Fällen die Vereinbarung, die als Darlehnshypothek einzutragende Hypothek solle nach Art einer Höchstbetragshypothek bis zum Höchstbetrage des Kapitals haften, für rechtswirksam erklärt worden. Denn es könne eine als Darlehnshypothek eingetragene Verkehrshypothek nach Maßgabe der Vereinbarung dazu verwendet werden, nach Art einer Höchstbetragshypothek bis zur Höhe des eingetragenen Kapitals und der eingetragenen Zinsen zur Sicherung einer ihrer Höhe nach unbestimmten Forderung insbesondere aus einem Kontokorrentkonto zu dienen. Hier dürfte dem Parteiwillen die Kraft zugesprochen worden sein, den wirklichen Schuldgrund von der Hypothek auszuschalten, und eine Verkehrshypothek zur Geltung zu bringen, die ihrer wahren Natur nach nichts anders, als eine Höchstbetragshypothek ist. Auch als Schuldgrund für eine Hypothek kann eine Darlehnsforderung nicht dadurch Rechtswirkung erlangen, daß der Schuldner sich verpflichtet, sich auch „Dritten gegenüber so behandeln zu lassen, als habe er das vereinbarte Darlehn erhalten" (JurR. 1929, 2000), also ohne daß die Voraussetzungen des § 607 Abs. 1 oder 2 für die Entstehung des Darlehns erfüllt sind.

Mit Recht lehnt daher auch in dem umgekehrt liegenden Falle, in dem zur Sicherung einer nach Grund und Betrag feststehenden Forderung die Eintragung einer Höchstbetragshypothek in der Absicht beantragt wird, die Forderung für den Grundbuchverkehr als nicht feststehend hinzustellen, das KG. die Eintragung ab, weil ein Widerspruch in sich vorliege (KG., JurR. 1929 Nr. 1995 unter Aufgabe der Ansicht in KGJ. 34, 320).

Sollten die zugrunde liegenden Rechtsbeziehungen der Parteien möglichst geheim gehalten werden, insbesondere etwa das Kreditbedürfnis des Schuldners nicht zutage treten, so bietet sich ihnen als geeignete Grundpfandart die sogenannte Sicherungsgrundschuld. Ziehen aber die Parteien die Begründung einer Verkehrshypothek wegen leichterer Verwertbarkeit vor, so gibt sich ihnen das abstrakte Schuldanerkenntnis als völlig farbloser, aber ausreichender Schuldgrund für die Hypothekenbestellung [6]).

V. 1. Liegt eine Hypothekeneintragung einer wirksamen Schuldforderung nicht zugrunde, so hängt die Frage, ob der Grundstückseigentümer im Wege der Berichtigung Eintragung seiner Eigentumsgrundschuld erzwingen kann, davon ab, ob die Umwandlung in die Eigentümergrundschuld sich bereits als endgültig oder nur als vorläufig darstellt. Handelt es sich um die Sicherstellung einer zukünftigen Forderung, mit deren Entstehung noch gerechnet werden kann, so ist für eine Grundbuchberichtigung kein Raum.

Ist insbesondere vereinbarungsgemäß ein Darlehn vor Auszahlung der Darlehnsvaluta eingetragen worden, so ist der Eigentümer, solange er an den Vorvertrag gebunden ist, angesichts der obligatorischen Verpflichtung außerstande, an der Grundbucheintragung zu rühren. (Über die Möglichkeit eines Widerspruchs vgl. § 18 V.)

2. Auch in Fällen, in denen an sich die Hypothek endgültig zur Eigentümergrundschuld geworden ist, sei es, daß ein Erwerb der Hypothek durch den Gläubiger mangels Valutierung nicht

---

[6]) Zu Unrecht meint Hoffmann (D.NotV. 1931, 158) gegen Bourier, Festschrift für Oberneck, S. 87 ff., u. D.NotV. 1931, 461, daß stets die Wahl des Wortes Darlehn in Fällen, wo bewußt ein solches nicht gegeben werden soll, die Schaffung einer abstrakten Verbindlichkeit bedeutet und demnach in den Fällen RG. 60, 245, Gruchot 51, 378 und Warn., Rechtspr. 17 Nr. 19, die als Darlehnsforderung bezeichnete Forderung ihrem Inhalte nach ohne weiteres als abstraktes Schuldversprechen anzusehen sei. JW. 1906, 550 Nr. 18 negiert diese Notwendigkeit. RG. 60, 245 geht zudem ausdrücklich davon aus, daß ein neuer Schuldgrund nicht für die Hypothek geschaffen worden sei und auch nicht der Fall des § 607 Abs. 2 BGB. vorliege, vgl Anm. 5 und Anm. 7.

mehr in Betracht kommt, sei es, daß die Forderung von dem Eigentümer getilgt oder erworben ist, kann unter Umständen die Grundbuchberichtigung durch ein Gegenrecht des Gläubigers gehemmt sein. Ein Zurückbehaltungsrecht des Gläubigers gegenüber den Berechtigungsansprüchen wird insbesondere durch die Abrede im Vorvertrag ausgelöst, daß die Hypothek auch zur Sicherung sonstiger Forderungen des Gläubigers außerhalb des Schuldgrundes dienen soll. (RG. 116, 241; Warn. 1911 Nr. 392; RG. 132, 15.)

3. Der Eigentümer kann auch auf das ihm zustehende Recht auf Berichtigung mit der Wirkung verzichten, daß ungeachtet des materiellen Rechtsstandes der Eingetragene seine grundbuchmäßige Stellung als Hypothekengläubiger behält; ein derartiger Verzicht kann sogar formlos durch Vertrag zwischen den Beteiligten wirksam erfolgen (JW. 28, 516). Ein Abkommen dieses Inhalts kommt auch bereits vor der Hypothekenbestellung in Frage, wenn die Hypothek nicht valutiert werden, sondern lediglich dem Eingetragenen die Möglichkeit ihrer Verwertung durch Abtretung an einen Dritten geben soll, gleichviel ob der etwaige Erlös abredegemäß an den Eigentümer abzuführen ist oder nicht. Ist eine entsprechende Vereinbarung bei einem hypothekarisch gesicherten abstrakten Schuldanerkenntnis getroffen worden, so folgt die Ausschließung des Konditionsanspruches ohne weiteres aus § 812 Abs. 2, § 814, auch wenn das Anerkenntnis nicht schenkungshalber gegeben ist.

Der Verzicht auf die Grundberichtigung macht aber den Eingetragenen nicht zum materiell Berechtigten. In der Zwangsversteigerung würde also der Eingetragene sich nicht auf den Verzicht berufen können, um sein Recht auf die Post zu belegen.

Darüber hinaus scheinen aber die RG.-Entscheidungen Jur. R. 1929 Nr. 2000 und RG. 60, 244 eine Parteiabrede des Inhalts, daß der Eigentümer trotz Nichtvalutierung der Darlehnshypothek sich so behandeln lassen müsse, als habe er das Darlehn erhalten, mit materieller Rechtswirkung ausstatten zu wollen. Sicherlich ist es zulässig, daß die Parteien zwischen das interne Rechtsverhältnis, das bei seiner Abwickelung das eigentlich zu sichernde Guthaben auslösen soll, ein abstraktes Schuldverhältnis einschalten und dieses in ein Darlehn gemäß § 607 Abs. 2 umwandeln. Dann liegt freilich eine ausreichende Valutierung der Hypothek vor (vgl. oben zu IV., III., II.). Wollte man aber den Parteien das Recht zugestehen, durch Willenseinigung dem nichtvalutierten Darlehn die Geltung eines wirksamen Darlehns zu geben *), so würde dies auf völlige Negierung des Charakters des Darlehns als eines Realvertrags hinauslaufen.

VI. Die in Deutschland herrschende Gepflogenheit, als die eigentlich seriöse Verkehrshypothek die Darlehnshypothek anzusehen, bringt es mit sich, daß in der Eintragungsbewilligung als Schuldgrund meist „Darlehn" angegeben wird. Hierzu kommt, daß die Grenzen zwischen Darlehn und Schuldanerkenntnis, die beiden hauptsächlichsten Schuldgründe der Verkehrshypothek, flüssig sind (vgl. oben zu II., III.).

Nicht selten ist es daher der Fall, daß ein unrichtiger Schuldgrund im Grundbuch zur Eintragung gelangt. Selbst aber, wenn in der Eintragungsbewilligung und im Grundbuch der Schuldgrund unrichtig angegeben ist, hat dies nicht die Nichtigkeit der Hypothek zur Folge. Nach ständiger Rechtsprechung des Reichs-

*) Nicht zuzustimmen freilich ist Bourier, wenn er (Festschrift für Oberneck S. 90) die Vereinbarung der verdeckten Höchstbetragshypothek für ein Scheingeschäft und demnach die Verkehrshypothek als simuliert und die Höchstbetragshypothek wegen Verletzung des § 1190 für nichtig erklärt. Ein Scheingeschäft kommt schon deshalb nicht in Frage, weil es sich um Angaben gegenüber einer Behörde handelt. In Wahrheit liegt der Fehler nicht im Willensmangel, sondern darin, daß die Parteien etwas wollen, was sie nicht können, nämlich zur Sicherung einer Forderung, die ihrem Grund und Betrag nach erst in der Zukunft festgestellt werden soll, statt einer Höchstbetragshypothek eine Verkehrshypothek wirksam begründen. In den hier fraglichen Fällen (vgl. oben Anm. 5 und 6) ist also entweder die Hypothek als Höchstbetragshypothek, sei es im Wege der Auslegung, sei es im Wege der Konversion, aufrechtzuerhalten (vgl. JW. 1908 S. 555, RG. 123, 169 und Wolff, Sachenrecht, S. 551) oder aber, falls dies mit dem Willen der Parteien nicht vereinbar erscheint (LZ. 1915 S. 1094), rechtlich unwirksam. Aber auch im Falle der etwa damit gegebenen Unrichtigkeit des Grundbuchs wird regelmäßig einem Verlangen des Eigentümers auf Grundbuchberichtigung der Gläubiger sich unter Berufung auf die zugrunde liegenden Rechtsbeziehungen widersetzen können (JW. 1914, 829 und oben V, 2).

gerichts bedeutet die Angabe des Schuldgrundes nur die nähere Bezeichnung und Bestimmung zur Identifizierung der Schuld. Es genügt aber für die Entstehung der Hypothek der Nachweis, daß zur Sicherung irgendeiner bestimmten Forderung die Hypothek bestellt werden sollte (JW. 03, 162, JW. 1914, 829).

Erforderlich ist allerdings, daß Gläubiger des dinglichen Rechts und der persönlichen Forderung miteinander identisch sind. Wird aber eine Hypothek durch eine zukünftige Forderung valutiert, so genügt es, wenn die Valutierung erst in der Person des Zessionars des Hypothekengläubigers folgt (RG. 106, 139). Ebenso ist die Bestellung einer Hypothek zur Sicherung einer zukünftigen Forderung zulässig und wirksam, wenn die Forderung zwar zur Zeit der Hypothekenbestellung noch nicht dem Hypothekengläubiger zusteht, vielmehr erst später durch Zession von dem ursprünglichen Gläubiger der Forderung erworben wird (LZ. 27, 1540; Jur.R. 1931, Nr. 735).

§ 12.

Antrag und Grundbucheintragung.

I. Eintragungen im Grundbuch erfolgen grundsätzlich nur auf Antrag. Der Antrag in diesem Sinne ist ein reiner Formalakt und bedarf nicht der Form des § 29 GBO. Sofern aber ein Antrag etwa die Bewilligung des von der Eintragung Betroffenen mitumfaßt und ersetzt (§ 30 GBO.), muß er in öffentlich beglaubigter Urkunde erfolgen oder vor dem Grundbuchamt zu Protokoll gegeben werden.

An sich braucht der Antrag die einzutragenden Rechtsänderungen nicht dem Wortlaut nach angeben. Es genügt vielmehr, wenn der Antrag auf die Eintragungsbewilligung oder die sonstigen Unterlagen Bezug nimmt, sofern diese nur bestimmt und unzweifelhaft die zu bewirkenden Eintragungen ergeben.

Der Antrag darf aber von der Bewilligung nicht abweichen (KGJ. 37, 299). Doch kann bei einem Antrag auf Eintragung einer Zwangshypothek, die Eintragung eines geringeren Betrages, als im Schuldtitel angegeben, beantragt werden (RG. 71, 315; KGJ. 41, 248).

Einen Eintragungsantrag kann außer der Person, deren Recht von der Eintragung getroffen wird, ein jeder stellen, zu dessen Gunsten die Eintragung erfolgen soll (§ 13 GBO.).

Ferner kann der **Notar**, der die grundbuchmäßigen Erklärungen beurkundet oder beglaubigt hat, bei Einreichung der Erklärungen und Urkunden **ohne** besondere **Vollmacht** die Eintragung beantragen (§ 15 GBO.). Sofern die besonderen Umstände nicht anderes ergeben, gilt der Antrag des Notars als für sämtliche Antragsberechtigten gestellt (KGJ. 24, 91; 25, 278). Selbstverständlich kann der Notar durch seinen Antrag Eintragungsbewilligungen weder ersetzen, ergänzen oder abändern; er kann insbesondere nicht gegen die Bestimmung in der Eintragungsbewilligung beantragen, daß der Hypothekenbrief an ihn selbst ausgehändigt werde (KGJ. 23, 163; 30, 272); ebensowenig kann er bei gleichzeitiger Einreichung mehrerer Anträge auf Hypothekeneintragungen, von sich aus das Rangverhältnis regeln, ohne daß die Eintragungsbewilligungen des Eigentümers den Rang ergeben (KGJ. 26, 83). Aber auch, wenn die vom Notar überreichten Urkunden die erforderlichen Eintragungsanträge selbst enthalten, empfiehlt sich im Interesse der Erleichterung der Eintragungsverfügung die sachgemäße Zusammenfassung der in den Unterlagen gestellten Anträge im besonderen Schriftsatz. Doch ist folgendes dabei vom Notar zu beachten: Hat er in einem Begleitschreiben einzelne Anträge ausdrücklich angeführt, so braucht der Grundbuchrichter von sich aus nicht nachzuprüfen, ob auch sämtliche, nach den Urkunden in Betracht kommenden Anträge in dem Begleitschreiben enthalten sind. Nach der Rechtsprechung des RG. ist der Notar haftbar, wenn der Grundbuchrichter ohne Rückfrage beim Notar sich darauf verläßt, daß weitere Anträge als in dem Begleitschreiben angegeben, nicht als gestellt gelten sollen (RG. JW. 1929. 740).

Der Notar, der in einem Begleitschreiben einen Antrag stellt, handelt regelmäßig nicht als bloßer Bote, sondern auf Grund gesetzlicher Ermächtigung, und zwar auch dann, wenn in den Urkunden selbst bereits alle Anträge enthalten sind (JW. 29 S. 741). Der Grundbuchrichter kann auch in Fällen, in denen der Notar außerhalb des Bereichs seiner gesetzlichen Vertretungsmacht tätig wird, sich nicht nur mit einer privat-schriftlichen Vollmacht begnügen, sondern sogar von jedem besonderen Beweise für die Vollmacht absehen (KGJ. 33, 65). Der Notar, der den Antrag selbst gestellt hat, bedarf auch zur Beschwerdeerhebung keiner Vollmacht. Haben die Beteiligten dem Notar die Durchführung der Grundbuchangelegenheit und insbesondere die Einreichung der Urkunde überlassen, so darf der Notar die Urkunde im Zweifel wieder vom Grundbuchamt zurückfordern, sobald es ihm nach pflichtgemäßen Ermessen angezeigt erscheint (KGJ. 44, 173).

II. Der Antrag darf grundsätzlich mit keinerlei Vorbehalten, Bedingungen, Voraussetzungen oder Befristungen verbunden sein (§ 16 Abs. 1 GBO.). Insbesondere unterliegt ein Antrag, wenn er den Vorbehalt enthält, daß die Eintragung erst erfolgen solle, wenn das Darlehn gezahlt werde, als unzulässig, der Zurückweisung. Doch kann, wenn mehrere Eintragungen beantragt werden, der Antragsteller bestimmen, daß die Eintragung nicht ohne die andere erfolgen soll (§ 16 Abs. 2). Werden mehrere Eintragungen beantragt, durch die dasselbe Recht betroffen wird, so darf die später beantragte Eintragung nicht vor der Erledigung des früher gestellten Antrags erfolgen (§ 17 GBO.). Liegt bei mehreren gleichzeitig gestellten Anträgen ein innerer Zusammenhang vor, so ist im Zweifel anzunehmen, daß die eine Eintragung nicht ohne die andere erfolgen soll (KGJ. 35, 195). Ist aber der Antrag auf Eintragung der Hypothek nicht von dem bisherigen Eigentümer, sondern anläßlich eines Kaufs von dem neuen Erwerber bestellt und vor der Auflassungsverhandlung beim Grundbuchamt eingegangen, so ist doch zunächst der Eigentümer einzutragen und erst hierauf die Hypothek, die gemäß § 185 Abs. 2 BGB. Wirksamkeit erlangt. Das gleiche gilt für die Behandlung eines Antrags auf Eintragung einer Zwangshypothek gegen den noch nicht eingetragenen Erwerber eines Grundstücks (JFG. 2, 448).

III. Da die sofortige Zurückweisung eines Antrages leicht eine schwere Gefährdung durch Rangverlust für den Antragsteller mit sich bringt, wird in der Rechtsprechung grundsätzlich dem Antragsteller das Recht zugestanden, bei Beanstandungen an Stelle der sofortigen Zurückweisung eine Fristsetzung zur Beseitigung der Anstände zu verlangen. Der Grundbuchrichter darf von der Fristsetzung nur dann absehen, wenn das vorliegende Hindernis aller Voraussicht nach nicht oder nur nach langer Zeit zu beseitigen ist, oder wenn eine Änderung (nicht aber nur eine Beschränkung) des Antrages erforderlich ist (KGJ. 47, 212; 50, 188; 51, 169). Gegen ungerechte sofortige Zurückweisung des Antrages steht dem Antragsteller das Beschwerderecht zu.

Wird vor Erledigung eines Antrages eine zweite Eintragung beantragt, durch die dasselbe Recht betroffen wird, so kann der Grundbuchrichter trotz der Vorschrift des § 17 GBO. den zweiten Antrag zuerst erledigen, sofern er zugunsten und zur Wahrung des Vorrechtes des früher gestellten Antrags von Amts wegen eine Vormerkung oder einen Widerspruch gemäß § 18 Abs. 2 GBO., von Amts wegen einträgt. Nach rechtzeitiger Behebung der dem ersten Antrage entgegenstehenden Hindernisse hat das Grundbuchamt die an sich noch ausstehende endgültige Entscheidung über beide Anträge von Amts wegen zu treffen. Soweit danach die spätere Eintragung dem ersten Antrag entgegensteht, hat die Löschung der späteren Eintragung zu erfolgen, ohne daß eine Bewilligung des inzwischen Eingetragenen im Sinne des § 19 vorzuliegen braucht. Die Vormerkung des § 18 Abs. 2 GBO. dient nicht zur Sicherung eines schuldrechtlichen Anspruchs, gewährt vielmehr dem Antragsteller einen vorläufigen Schutz für den öffentlich-rechtlichen Anspruch auf endgültige Erledigung seines Eintragungsantrages (RG. 110, 204). Handelt es sich um ein Recht, das ohne Eintragung dingliche Wirksamkeit erlangt, so kommt als Sicherungsmaßregel nicht eine Vormerkung, sondern ein Widerspruch in Betracht; die falsche Bezeichnung der Sicherungsmaßregel im Grundbuch ist aber unschädlich (RG. 55, 340; JFG. 6, 270).

IV. Jeder Antrag kann ohne weitere Begründung jederzeit zurückgenommen werden (KGJ. 24, 91). Bei mehreren Antragstellern kann grundsätzlich auch die Rücknahme der Anträge nur durch sämtliche Antragsteller erfolgen (KGJ. 24, 91; 34, 312). Hat aber ein Notar nur die Eintragungsbewilligung einer der in Betracht kommenden Personen beurkundet, so gilt der von ihm gestellte Eintragungsantrag für sämtliche Antragsberechtigte gestellt; er ist daher auch gemäß § 15 GBO. im Zweifel ermächtigt, den Antrag für sämtliche Antragsberechtigte zurückzunehmen (JW. 29, 742). Ist aber mit dem Antrag eine ordnungsmäßige Eintragungsbewilligung eingereicht und diese hierdurch unwiderruflich geworden, so ist damit das Eintragungsverfahren soweit auf eine feste Grundlage gestellt, daß der Grundbuchrichter bei der Rücknahme eine beglaubigte Abschrift der Bewilligung zu den Grundakten zu nehmen und diese beim Eingang eines Eintragungsantrags seitens eines anderen Beteiligten als ausreichende Unterlage für die Eintragung zu verwenden hat; die öffentliche Beglaubigung steht in diesem Falle der grundbuchamtlichen Beurkundung der Bewilligung gleich (KG. 1 X 216/31 DNotV. 1931, 550).

V. Die Eintragung einer Hypothek setzt grundsätzlich voraus, daß der Eigentümer im Grundbuch eingetragen ist (§ 40 Abs. 1 GBO.). Bei Aufnahme einer Hypothek durch in Gütergemeinschaft lebende Ehegatten müssen also beide Ehegatten als gütergemeinschaftliche Miteigentümer im Grundbuch vermerkt sein (KGJ. 20, 188). Auch wenn eine Hypothek von den Erben des eingetragenen Eigentümers bestellt wird, muß zunächst die Umschreibung auf die Erben bewirkt werden. (Bei der Übertragung und Aufhebung des hypothekarischen Rechts gilt aber die Ausnahmevorschrift des § 41 GBO.; s. § 25 II). Liegt jedoch bereits eine Bewilligung des Erblassers vor, wird die Eintragung der Hypothek von einem Nachlaßpfleger bestellt oder die Eintragung auf Grund eines gegen den Erblasser oder Nachlaßpfleger ergangenen vollstreckbaren Titels beantragt, so erübrigt sich gemäß § 41 Abs. 1 GBO. die vorherige Eintragung der Erben. Das gleiche gilt für eine Eintragung auf Grund der Bewilligung eines Testamentsvollstreckers oder auf Grund eines gegen diesen ergangenen vollstreckbaren Titels, sofern die Bewilligung oder der Titel gegen die Erben wirksam ist.

Nimmt die Eintragungsbewilligung auf eine andere öffentliche Urkunde Bezug, so muß die Urkunde zu den Grundakten überreicht werden. Anlagen sind mit der die Eintragungsbewilligung enthaltenden Urkunde zu verbinden KGJ. 48, 175).

VI. Unzulässige Eintragungen genießen weder den Schutz des öffentlichen Glaubens (RG. 88, 27), noch können sie nachträglich ergänzt und geheilt werden (KGJ. 44, 189; 46, 200). Unzulässige Eintragungen sind nur solche, aus deren Inhalte sich ohne weiteres ergibt, daß das Eingetragene etwas nach dem Gesetz Unzulässiges und daher rechtlich Bedeutungsloses ist (RG. 88, 81; 113, 223; RG. JFG. 4, 1).

Von den unzulässigen Eintragungen *) sind überflüssige Eintragungen zu scheiden; unnötige Vermerke sollen in das Grundbuch nicht aufgenommen werden, sind aber nicht wie die unzulässigen Eintragungen (§ 24 Abs. 1 Satz 2 GBO.) von Amts wegen zu löschen.

VII. Legitimationsschwierigkeiten.

1. Der Nachweis der Erbfolge erfolgt regelmäßig durch einen Erbschein oder eine in einer öffentlichen Urkunde enthaltene Verfügung von Todes wegen (Testament, Erbschaft). Im letzteren Falle muß dem Grundbuchrichter die letztwillige Verfügung und das vom Nachlaßgericht über die Eröffnung aufgenommene Protokoll vorgelegt werden; befinden sich aber Abschriften dieser Urkunden bei den Akten desselben Gerichts, wenn auch in einer anderen Abteilung, so genügt eine Bezugnahme auf diese Akten (KGJ. 20, 289). Bestehen jedoch begründete Bedenken über die Rechtsgültigkeit des Testaments oder Auslegungszweifel, so kann der Grundbuchrichter zum Nachweis der Legitimation die Vorlegung eines Erbscheins verlangen (KGJ. 38, 225; 23, 127; 25, 151); dies gilt insbesondere, wenn die Erbfolge nach ausländischem Recht zu beurteilen ist (KGJ. 36, 162).

2. Wird ein Vorerbe als Hypothekengläubiger in das Grundbuch eingetragen, so ist von Amts wegen die Eintragung des Nacherbrechts vom Grundbuchrichter zu verfügen. Auf die

*) Eintragungen, die inhaltlich von der Bewilligung abweichen, bewirken nicht in allen Fällen eine völlige Unwirksamkeit des Rechtes. Z. B. ist, wenn die Eintragung eine Verkehrshypothek bewilligt, eine Sicherungshypothek aber eingetragen wird, eine Sicherungshypothek als das mindere Recht wirksam entstanden (RG. 123, 169).

Eintragung des Nacherben, wie die des Testamentsvollstreckers, kann nur der Nacherbe, bzw. der Testamentsvollstrecker selbst verzichten; es kann also weder der Erblasser, noch der Vorerbe die Eintragung ausschließen (KGJ. 52, 166).

Ist das Recht des Nacherben bezüglich des Eigentums am Grundstücke durch Vermerk im Grundbuch gesichert, so kann an sich der Vorerbe wirksam auch ohne Zustimmung des Nacherben eine Hypothek am Grundstück bestellen. Stimmen die Nacherben zu, daß die Hypothek frei vom Nacherbenrecht erworben werden soll, so ist Ausschluß der Nacherbenbeschränkung bei der Hypothek zu vermerken (vgl. RG. 102, 332). Im Zweifel wird anzunehmen sein, daß der Eigentümer dem Kreditgeber gegenüber verpflichtet ist, die Zustimmung der Nacherben zur Befreiung von der Beschränkung zu beschaffen (Ricks, Die Grundbuchpraxis S. 383).

3. Ist ein Testamentsvollstrecker bestellt, so können die Erben nicht eine Hypothek im Grundbuch zur Eintragung bringen (§ 2211 BGB.). Der Testamentsvollstrecker weist sich dem Grundbuchrichter gegenüber durch Vorlegung eines Testaments nebst Eröffnungsprotokoll oder ein Testamentsvollstreckerzeugnis des Nachlaßgerichts aus. Legt der Testamentsvollstrecker ein Zeugnis nicht vor, so kann der Grundbuchrichter den Nachweis verlangen, daß der Testamentsvollstrecker sein Amt durch Erklärung dem Nachlaßrichter gegenüber angenommen hat.

4. Leben Ehegatten im gesetzlichen Güterstand der Verwaltung und Nutznießung des Ehemannes, so kann grundsätzlich weder auf einseitige Bewilligung der Ehefrau noch des Ehemannes die Eintragung einer Hypothek auf einem der Ehefrau gehörigen Grundstück erfolgen. Die erforderliche Zustimmung des anderen Ehegatten muß in der Form des § 29 GBO. erfolgen (KGJ. 37, 286). Auch dann, wenn eine unverheiratete Grundbesitzeigentümerin die Eintragung einer Hypothek auf ihrem Grundstück in bindender Weise bewilligt hat, bedarf es der Einwilligung des Ehemannes, wenn der Eintragungsantrag erst gestellt wird, nachdem sie die Ehe unter gesetzlichem Güterstande geschlossen hat (KGJ. 37, 289). Doch bedarf es der Zustimmung des Ehemannes nicht, wenn die Ehefrau beim Erwerb eines

Grundstücks eine Kaufgeldhypothek auf dem Kaufgrundstück bestellt (RG. 69, 177; KGJ. 26, 283).

Gehört ein Grundstück zum Vorbehaltsgut der Ehefrau, so kann sie ohne Zustimmung des Ehemannes die Hypothek bestellen *). Das gleiche gilt dann, wenn die Eheleute in Gütertrennung leben. Der Nachweis der Gütertrennung ist durch ein Zeugnis des zuständigen Registergerichts zu erbringen (§ 34 GBO.). Leben die Ehegatten in allgemeiner Gütergemeinschaft, so bedarf der Ehemann zur Belastung eines Grundstücks trotz seiner allgemeinen Verwaltungsbefugnis der Genehmigung der Frau (§ 1445 BGB.) Zu beachten ist, daß auch eine Bestimmung in dem Ehevertrag, nach der der Ehemann ohne Einwilligung seiner Ehefrau zur Verfügung über die zum Gesamtgut gehörigen Grundstücke berechtigt sein soll, nichtig ist (KGJ. 52, 105).

5. Soll eine Hypothek für eine offene Handels- oder Aktiengesellschaft eingetragen werden, so ist regelmäßig nicht die Vorlegung eines Auszuges aus dem Handelsregister zum Nachweis der Existenz der Gesellschaft erforderlich (KGJ. 24, 8; 25, 114). Auch für die Zweigniederlassung einer Aktiengesellschaft kann unter ihrer Firma eine Hypothek eingetragen werden (RG. 62, 7).

Ein Einzelkaufmann kann jedoch nur unter seinem bürgerlichen Namen, und nicht unter seiner Firma als Gläubiger, eingetragen werden (KGJ. 26, 135; RG. 72, 38; § 4 Allg.Vfg.). Eine einmal erfolgte Eintragung auf die Firma eines Einzelkaufmanns steht aber der Wirksamkeit der Hypothek nicht entgegen, wenn durch die Eintragung der Berechtigte so bestimmt bezeichnet ist, daß über seine Person kein Zweifel besteht (KGJ. 38, 229). Zum Nachweis der Vertretungsmacht des Vorstandes einer AG. genügt regelmäßig ein Zeugnis des Handelsregistergerichts; jedoch darf der Zeitpunkt der Ausstellung des Zeugnisses nicht soweit zurückliegen, daß er zu Bedenken Anlaß gibt (JFG. Bd. 6 S. 56).

*) Jedoch ist die Eintragung der Vorbehaltseigenschaft einer Hypothek unzulässig (KGJ. 38, 211).

VIII. Die Eintragung zugunsten mehrerer Gläubiger.

Soll eine Hypothek als gemeinschaftliches Recht mehrerer Gläubiger zur Eintragung gelangen, so müssen entweder die Anteile der Berechtigten in Bruchteilen angegeben oder das für die Gemeinschaft maßgebende Rechtsverhältnis bezeichnet werden (§ 48 GBO.) Fehlt bei einer Eintragung einer Gemeinschaft die Angabe der Größe der Bruchteile, so greift nicht etwa die Vermutung des § 247 BGB. für die Gleichheit der Anteile durch (KGJ. 20, 304; 27, 143).

Eine Gemeinschaft zur gesamten Hand kommt bei folgenden Rechtsverhältnissen in Betracht: Dem Gesamtgut der ehelichen Gütergemeinschaft, der Gesellschaft des Bürgerlichen Rechts, dem nichteingetragenen Verein und dem Gesamtgut der ehelichen Gütergemeinschaft, sowie bei der Miterbengemeinschaft. Ein zu einem Gesamtgut gehöriges Grundstück kann zugunsten eines Einzelgemeinschafters, z. B. eines Miterben mit einer Hypothek belastet werden (KGJ. 26, 130).

Unzulässig aber ist eine Eintragung einer Hypothek auf den Anteil eines Miterben an dem zu ungeteiltem Nachlaß gehörigen Grundstück (RG. 88, 27).

IX. Soll eine Hypothek auf einen Teil des Grundbesitzes des Schuldners eingetragen werden, so muß die betreffende Teilfläche im Grundbuch abgeschrieben und als selbständiges Grundstück eingetragen werden (§ 6 GBO.).

Ohne weiteres kann aber ein Miteigentümer, der zu einem bestimmten Bruchteil am Grundstückseigentum berechtigt ist, seinen Anteil mit einer besonderen Hypothek belasten. Hingegen kann der Alleineigentümer des Grundstücks eine Hypothek nicht auf einem Bruchteil des Grundstückseigentums eintragen lassen; dies gilt auch dann, wenn sämtliche Bruchteile in einer Person durch Zuerwerb vereinigt sind. Soll sich ein Gläubiger mit der Hypothek auf dem Bruchteil eines Grundstücks begnügen, so wird er aber bei Prüfung der Sicherheit zu berücksichtigen haben, daß die Befriedigung aus einem individuellen Grundstücksanteil in der Zwangsversteigerung regelmäßig auf Schwierigkeiten stößt.

§ 13.

Die Eigenarten der verschiedenen Grundpfandformen.

I. Abgesehen von der Rentenschuld, die im Grundkreditgeschäft nur unwesentliche Bedeutung hat, kennt das BGB. als Hauptformen des Grundpfandes die Hypothek und die Grundschuld. Als Untergruppen der Hypotheken sind zu scheiden, die eigentlichen Verkehrshypotheken und die Sicherungshypothek. Die Verkehrshypotheken wie die Grundschulden können entweder als Briefhypotheken bzw. Briefschulden oder aber unter Ausschluß der Erteilung des Briefes als Buchhypotheken bzw. Buchgrundschulden begründet werden. Die Vorzüge des verbrieften Grundpfandes bestehen in seiner leichteren Verwertbarkeit, der Möglichkeit der Abtretung und Verpfändung ohne Grundbuchumschreibung, der Verwendung des Briefes zur Sicherstellung *), der Möglichkeit der Einbehaltung des Briefes bei der Bestellung der Hypothek bis zu ihrer Regulierung kurzum der Bereicherung der Geschäftsmöglichkeiten im Kreditverkehr. Trotz ihrer größeren Schwerfälligkeit birgt aber gleichviel die Grundbuchhypothek für den Eigentümer, der die Hypothek vor der Valutierung bestellt, die bei der Briefhypothek vermiedene Gefahr in sich, daß der eingetragene Hypothekar alsbald die Hypothek an einen gutgläubigen Dritten rechtswirksam weiterveräußern kann. § 1139 BGB. sieht daher bei einer Darlehnsbuchhypothek zugunsten des Eigentümers eine besondere Erleichterung in der Erwirkung des Widerspruchs im Grundbuche vor: der Eigentümer kann nämlich auf seinen einseitigen Antrag hin, ohne daß eine einstweilige Verfügung vorzuliegen braucht, die Eintragung eines Widerspruchs dahin erreichen, daß wegen Nichtzahlung des Darlehns die Hypothek nicht dem Hypothekar, sondern dem Antragsteller zustehe; vorausgesetzt ist allerdings, daß er diesen Antrag vor dem Ablauf eines Monats stellt. Auf der anderen Seite muß der Gläubiger einer Briefhypothek den Brief sorgfältig aufbewahren, zumal er

*) Gemäß § 31 Hyp.-Bank-G. hat der Treuhänder die Briefe unter Mitverschluß der Bank zu bewahren. Nußbaum (S. 246) beanstandet deshalb die insbesondere bei bayrischen Banken bestehende Praxis, Buchhypotheken zur Pfandbriefdeckung zu verwenden.

ihn bei der Kündigung und Auszahlung des Kapitals parat haben muß (§§ 1141, 1145).

II. Die **Grundschuld** ist, als abstraktes Grundpfand, in ihrer Entstehung und ihrem Fortbestand, nicht von einer zugrunde liegenden Forderung abhängig (RG. Warn. 1913 Nr. 57, 1914, 292 und die herrschende Ansicht, dagegen u. a. Heck, Grundriß des Sachenrechts S. 412) *). Es besteht zwischen Grundschuld und der Schuldforderung kein gesetzliches Band. Zu weit aber geht es, wenn einzelne Schriftsteller (vgl. insbesondere Heck, S. 96) die Grundschuld als eine „Hypothek" (gemeint ist wohl Grundpfand) ohne „Forderung" bezeichnen wollen. Die hauptsächlichste Erscheinungsform der Grundschuld ist die sog. Sicherungsgrundschuld, welche durch Parteiabrede mit einer persönlichen Forderung zu deren Sicherung verknüpft wird.

Die Grundschuld kommt im wesentlichen für folgende Verkehrszwecke in Betracht:

1. Zur Sicherung einer Forderung, die grundbuchmäßig nicht in die Erscheinung treten, die gesetzesmäßig nicht an die Existenz und den Verbleib der Forderung gebunden sein soll.
2. Zur Leistung an Erfüllungsstatt oder erfüllungshalber; wenn also z. B. an Stelle einer Restkaufforderung durch Parteivereinbarung eine auf dem Kaufgrundstück einzutragende Grundschuld gesetzt wird.
3. Als Erfüllungsgeschäft: die schenkungsweise oder gegen Entgelt vom Eigentümer einem anderen bestellte Grundschuld. Falls ein Entgelt vom Erwerber der Grundschuld zu leisten ist, finden die Vorschriften der §§ 433 bis 444 BGB. Anwendung.

---

*) Zu Unrecht wendet sich Weisbecker, Die Grundschuld in ihrer Beziehung zu der persönlichen Forderung, München 1922, gegen die Bezeichnung der Grundschuld als ein abstraktes Grundpfand mit dem Hinweis, daß alle Grundstücksbelastungen auf einem abstrakten dinglichen Vertrag beruhen, und daher auch die Hypothek eine abstrakte Grundstücksbelastung sei. Er verwechselt dabei den Entstehungsgrund mit dem Wesen des Rechts.

4. In Gestalt der Eigentümergrundschuld zur Vorbereitung der Kreditbeschaffung und Erleichterung der zukünftigen Abwicklung des Geschäfts. Die Bestellung eines Eigentümergrundpfandes kann nicht in der Form einer Eigentümerhypothek, sondern nur einer Eigentümergrundschuld erfolgen*). Der Eigentümer, der die Person des Kreditgebers noch nicht bestimmen kann, aber für den Fall der Zusage des Kredits möglichst schnell die grundbuchmäßige Sicherstellung erledigt wissen will, bringt häufig vorsorglich eine Eigentümergrundschuld alsbald zur Eintragung; kommt es dann zur Gewährung des Kredits durch einen bestimmten Gläubiger, so bedarf es nur noch der Abtretung der Grundschuld unter Übergabe des Hypothekenbriefes bzw., falls eine Hypothek bestellt werden soll, deren Umwandlung unter Zugrundelegung der persönlichen Schuld.

Als typisches Kreditgeschäft ist nur die Sicherungsgrundschuld anzusprechen. Die zu 2 erwähnte Begründung einer Grundschuld gegen Zahlung eines Preises stellt meist entweder ein Spekulationsgeschäft dar oder dient der Verschleierung sonstiger Geschäfte, insbesondere aus Gründen der Steuerersparnis **).

---

*) Wolff, Sachenrecht, S. 533, weist auf die Möglichkeit hin, daß (ohne dahingehende Absicht des Eigentümers) von vornherein, eine (endgültige) Eigentümerhypothek entstehen kann, wenn nämlich ein Bucheigentümer seinem Gläubiger eine gemäß § 892 gültige Hypothek bestellt und sich nachher herausstellt, daß der Gläubiger der wahre Eigentümer des Grundstücks ist.

**) Die hohe Grunderwerb- und Wertzuwachssteuer hat in den letzten Jahren im Grundstücksverkehr die recht bedenkliche Folge ausgelöst, daß nicht selten an Stelle eines formgerechten Kaufvertrages das Grundstück dem Käufer übergeben, der Gegenwert dem Verkäufer ausgezahlt und zur dinglichen Sicherung des Käufers eine hohe Grundschuld eingetragen wurde, die meist über den derzeitigen Grundstückswert hinaus auch einer künftigen Wertsteigerung des Grundstücks in ihrem Nominalbetrage Rechnung tragen sollte.

Regelmäßig wird davon auszugehen sein, daß in Fällen der erwähnten Art in Wirklichkeit formlos ein Kaufvertrag abgeschlossen und zur Sicherung der Verpflichtung des Verkäufers zur Übertragung

Die Sicherungsgrundschuld ist wenig in Norddeutschland*), mehr in Süddeutschland, und zwar besonders in Baden und in der Pfalz neben der Hypothek im Kreditverkehr gebräuchlich.

Im Einzelfalle kann auch, wenn die Parteien selbst ursprünglich an eine hypothekarische Sicherstellung gedacht haben, angesichts der rechtlichen Entwicklung des Falles, ohne von den Parteien gewollt, die Sicherung durch eine Grundschuld in Frage kommen. Zahlt z. B. anläßlich eines Grundstückskaufs der Verkäufer eine Hypothek an den Gläubiger aus, und vereinbaren die Vertragsparteien, daß die Hypothek dem Käufer unter den bisherigen Bedingungen belassen werde, so entsteht nach Umschreibung eine Grundschuld, die dem Verkäufer zur Sicherung seiner Kaufpreisforderung in Höhe der Hypothek dient (RG. 131, 154)**).

---

des Eigentums die hohe Grundschuld eingetragen wurde; dies muß insbesondere dann angenommen werden, wenn sich der Verkäufer der sofortigen Zwangsvollstreckung aus der Grundschuld unterworfen hat (vgl. Asch, Wirtschaft u. Recht 1929 S. 586).

Zweifellos liegt aber dabei eine strafbare Steuerumgehung vor.

*) In Mecklenburg hat es bis 1900 nur Hypotheken gegeben, die wie die jetzigen Grundschulden von dem Bestande eines Forderungsrechts nicht abhängig gewesen sind, bei denen aber trotzdem die Schuldurkunden den Hypothekenscheinen regelmäßig angeheftet wurden. Auch jetzt kann daher nach der Feststellung des RG. JW. 27, 2503 der einfache Mann die Grundschuld von der Hypothek nicht unterscheiden. Diese Verkehrsanschauung ist nötigenfalls zu berücksichtigen, insbesondere bei der Frage, ob durch die Bestellung einer Hypothek an Stelle einer Grundschuld die Parteien dies deshalb tun, um eine bestehende persönliche Forderung zum Erlöschen zu bringen, oder ob nicht vielmehr insbesondere, wenn in einem Grundstückskaufvertrag die Bestellung einer Grundschuld durch den Käufer durch Belegung eines Teils des Kaufpreises vorgesehen ist, nicht die Kaufgeldforderung bestehen bleibt und die Grundschuld zu ihrer Sicherung bestimmt sei (vgl. auch JW. 28, 1812, 2831; RG. 121 S. 41).

**) Für die Frage der Höhe der Aufwertung ergibt sich nach der Entsch. des RG., daß die Kaufpreisforderung nach allgemeinen Vorschriften aufzuwerten ist. § 4 des AufwG. hatte ursprünglich die Unbilligkeit mit sich gebracht, daß stets die mißliche Wirtschaftslage des persönlichen Schuldners auch die entsprechende Abwertung des dinglichen Rechts zur Folge hatte. Durch die Novelle ist daher dem Gläubiger die Möglichkeit gegeben worden, durch seinen Antrag die Umwandlung der Post in eine Grundschuld und damit ihre Loslösung von der persönlichen Schuld zu erwirken.

Angesichts der grundsätzlichen Anonymität der zugrunde liegenden Forderung ist die Grundschuld in ähnlicher Weise, wie die Höchstbetragshypothek zur Sicherung eines seiner Höhe nach feststehenden Guthabens des Gläubigers, insbesondere eines Saldos auf Grund eines noch schwebenden Kontokorrentverhältnisses geeignet und findet besonders im Bankverkehr vielfach zu derartigen Funktionen Verwendung.

III. Im Hinblick auf die Verknüpfung des dinglichen Rechts mit der Forderung nimmt die Verkehrshypothek eine Mittelstellung zwischen Grundschuld und Sicherungshypothek ein. Der eingetragene Hypothekar wird nur dann zum Träger des dinglichen Rechts, wenn die zugrunde liegende Forderung zur Entstehung gelangt, anderenfalls erwirbt der Eigentümer das Recht der Eigentümergrundschuld (s. die Valutierung der Hypothek, vgl. § 11). Ebenso hat das Erlöschen der Forderung grundsätzlich zur Folge, daß der Hypothekengläubiger seines dinglichen Rechts verlustig geht. Es kann weder die Hypothek ohne die Forderung, noch die Forderung ohne die Hypothek übertragen werden (§ 1153 II). Eine „forderungslose Hypothek *)“ kann freilich gemäß § 1138 dann in die Erscheinung treten, wenn ein Dritter auf Grund des öffentlichen Glaubens des Grundbuchs zwar das dingliche Recht, sowie es eingetragen ist, nicht aber die persönliche Forderung erwirbt, weil nämlich diese in Wirklichkeit nicht wirksam begründet ist.

Die Einreden, die der persönliche Schuldner gegen den Gläubiger erheben kann, stehen (abgesehen von der Einrede der Verjährung und der beschränkten Erbenhaftung) kraft gesetzlicher Vorschrift ohne weiteres dem Eigentümer **) nicht nur gegen den Hypothekengläubiger, sondern auch gegen den Dritterwerber zu,

*) Zuzustimmen ist Wolff, Sachenrecht, S. 498, 499, daß die forderungslose Hypothek in Wahrheit eine Grundschuld ist. Sie dürfte aber, ähnlich wie die Hypothek für eine künftige Forderung eine vorläufige Eigentümergrundschuld ist, eine „vorläufige Grundschuld“ darstellen, die ohne weiteres durch die Verbindung mit einer Forderung wieder zur Hypothek werden kann und einen Berichtigungsanspruch des Eigentümers ausschließt (vgl. auch Gierke, II, 884).

**) Ist der Eigentümer nicht der persönliche Schuldner, so verliert er freilich die Einrede nicht dadurch, daß dieser auf sie verzichtet (§ 1137 II).

sofern sich dieser nicht auf den öffentlichen Glauben des Grundbuchs berufen kann (§§ 1137, 1138). Eine Sonderregelung gibt das Gesetz der dinglichen Berechtigung des Hypothekengläubigers im wesentlichen nur im Rahmen einer grundbuchmäßigen Eigenbehandlung. Die Abtretung der Hypothek erfolgt nach Liegenschaftsrecht. Die Vermutung des § 891 BGB. gilt nicht nur zugunsten des dinglichen Rechts, sondern auch insoweit zugunsten der persönlichen Forderung, als ihr Bestehen Voraussetzung des Erwerbs des dinglichen Rechts durch den Hypothekar bildet (§ 1138). Der Hypothekengläubiger, der den dinglichen Anspruch geltend machen will, braucht sich also zum Nachweis für die Begründetheit des Anspruchs nur auf die Grundbucheintragung zu berufen. Diese Beweiserleichterung gilt aber nicht auch für die Geltendmachung der obligatorischen Forderung gegen den persönlichen Schuldner. Es ist also möglich, daß ein Hypothekengläubiger zwar ein rechtskräftiges Urteil gegen den Eigentümer erwirkt, mit seiner Klage gegen den persönlichen Schuldner aber wegen mangelnden Nachweises des Bestehens der Schuld rechtskräftig abgewiesen wird. In ähnlicher Weise schützt § 1138 BGB. auch den Dritterwerber hinsichtlich des Erwerbs des dinglichen Rechts; dieser kann auf den öffentlichen Glauben des Grundbuchs sich insoweit berufen, als seine dingliche Berechtigung in Frage steht; innerhalb dieses Rahmens sind dem Eigentümer gegen den nicht schlechtgläubigen Erwerber nicht nur die Einwendungen und Einreden abgeschnitten, die unmittelbar das dingliche Recht betreffen, sondern auch die die persönliche Schuld betreffenden Einwendungen und Einreden (§ 1163), die an sich gemäß § 1137 auch dem dinglichen Anspruch entgegengesetzt werden können. Der persönliche Schuldner als solcher wird aber durch den gutgläubigen Erwerb der dinglichen Hypothek nicht in den Rechten beeinträchtigt, die ihm für die Abwehr des Vorgehens aus dem persönlichen Schuldgrunde zustehen.

IV. Auf die S i c h e r u n g s h y p o t h e k aber, bei der das Recht des Gläubigers aus der Hypothek sich begriffsmäßig nur nach der Forderung bestimmt (§ 1184), finden die Vorschriften über die Rechtsvermutung und den öffentlichen Glauben des Grundbuchs insoweit keine Anwendung, als die persönliche Forderung mit einbezogen wird (§§ 1138, 1139); ebensowenig die Bestimmung des § 1141, die für die Wirksamkeit der Kündigung der Hypothek ihre Erklärung an oder durch den Eigentümer verlangt. Im Gegensatz zu der Regelung bei der Verkehrshypothek (§ 1156) haben bei der Sicherungshypothek die Bestimmungen der §§ 406 bis 408 über die Aufrechnung gegen den Zessionar Geltung (§ 1185). Für Forderungen aus einer Schuldverschreibung auf den Inhaber, aus einem Wechsel oder aus einem anderen indossablen Papier (§ 1187) ist die Sicherungshypothek die allein zulässige Hypothekenart.

Auch die Zwangshypothek, wie die Hypothek für Bauforderungen im Sinne von § 648 BGB., kommt nur als Sicherungshypothek in Frage. Ebenso ist die Höchstbetragshypothek kraft bindender Vorschrift Sicherungshypothek. Der Grundsatz des § 1184 Absatz 2, daß eine Sicherungshypothek im Grundbuch als solche bezeichnet sein muß, greift denn auch bei Höchstbetragshypotheken, bei den oben erwähnten Sicherungshypotheken des § 1187, nicht durch.

V. Im Gegensatz zur Grundschuld und Verkehrshypothek wie auch der normalen Sicherungshypothek wird bei der Höchstbetragshypothek nicht ein bestimmter Betrag festgelegt und eingetragen, für welchen das Grundstück haften soll, sondern nur ein Höchstbetrag, im übrigen aber die Feststellung der Forderung vorbehalten. Bis zur endgültigen Feststellung der Schuld entsteht eine vorläufige Eigentümergrundschuld (RG. 75, 245; 97, 226; Gruchot 58, 665). Die Feststellung erfolgt regelmäßig durch Vertrag oder im Streitfalle durch Urteil *).

Bei der Höchstbetragshypothek ist die Eintragung von Zinsen unzulässig. Falls die zugrunde liegende Forderung verzinslich ist, sind die Zinsen in den Höchstbetrag einzurechnen. Das Grundstück haftet also an sich bis zur Höhe des eingetragenen Höchstbetrages auch für die Zinsen der Forderung.

Die Eigenart der Höchstbetragshypothek bringt es mit sich, daß die Forderung ohne die Hypothek nach allgemeinen Vor-

*) U. a. Staudinger (zu § 1190, 6) u. KGJ. 35, 317 meinen, daß die Feststellung nur durch Vertrag oder Urteil erfolgen könne, dagegen Sternberg, Iherings Jahrb. 62, 384, u. Wolff, Sachenrecht.

schriften übertragen werden kann. Zulässig ist es auch, die Höchstbetragshypothek, wenn sie nicht voll valutiert ist, zum vollen Nennbetrage abzutreten, während das zugrunde liegende Kreditverhältnis fortbesteht; die Abtretung hat aber dann zur Folge, daß der nicht valutierte Teil nach wie vor zur Sicherung für die künftige Forderung aus dem Kreditverhältnis dient, nicht aber etwa, daß auch künftige Ansprüche aus den geschäftlichen Beziehungen zu dem neuen Gläubiger ohne weiteres in die Haftung einbezogen werden (vgl. Jur.R. 1929 Nr. 1999 und auch § 34).

Eine einheitliche Höchstbetragshypothek für Forderungen gegen verschiedene Schuldner kann nur begründet werden, wenn die Schuldner in einer Verpflichtungsgemeinschaft stehen (RG. 75, 245; RG. 125, 140).

Ihrer Natur nach dient die Höchstbetragshypothek dem langfristigen Kredit. Bei Sicherung eines Abrechnungsverhältnisses, insbesondere im Kontokorrentverkehr und dem Bankkredit, bildet das Saldoguthaben die zu sichernde Forderung (vgl. § 34).

Soweit die Höchstbetragshypothek nicht valutiert wird, wird sie endgültig Eigentümergrundschuld, und zwar zugunsten desjenigen Eigentümers, dem das Grundstück zur Zeit der Bestellung der Hypothek gehört (RG. 49, 162; 55, 220; 62, 168; Gruchot 58, 665) *). Eine Höchstbetragshypothek kann stets in eine gewöhnliche Hypothek umgewandelt werden. Bei der Umwandlung kann überdies gemäß § 119 BGB. die Haftung des Grundstücks um 5% Zinsen erweitert werden (RG. 60, 243).

(Vgl. im übrigen über die Tilgung der Forderung und Hypothek unten Kap. IV.)

VI. Auch das **Eigentümergrundpfand** ist ein dingliches Recht am G r u n d s t ü c k. Die Vereinigung von Recht und Eigentum in einer Hand schließt zwar naturgemäß für die Dauer der Vereinigung die Befriedigung aus dem Grundstücke aus. Zinsen

*) Sternberg in Goldmann-Lilienthal, Sachenrecht, S. 576, und Iherings Jahrb. 62, 403 ff., vertritt dagegen den Standpunkt, daß bei einer Hypothek für künftige und bedingte Forderungen, wie bei der Sicherungshypothek alsbald eine vorläufige H y p o t h e k entstehe, die sich evtl. in Höhe der Nichtvalutierung in eine Eigentümergrundschuld umwandele.

gebühren dem Eigentümer nur, wenn das Grundstück auf Antrag eines anderen zum Zwecke der Zwangsverwaltung in Beschlag genommen ist, und nur für die Dauer der Zwangsverwaltung (§§ 1197, 1177). Hinsichtlich des Kapitalbetrages hat aber der Eigentümer in gleicher Weise wie ein Vollhypothekar den Anspruch auf den auf die Rangstelle entfallenden Teil des Versteigerungserlöses (RG. 60, 255; 88, 305).

Das Eigentümergrundpfand führt nach dem BGB. die Bezeichnung „Eigentümerhypothek", wenn dem Eigentümer auch die persönliche Forderung gegen den Schuldner zusteht, aber die Bezeichnung „Eigentümergrundschuld", wenn von vornherein das Grundstück mit einer Eigentümergrundschuld belastet wird, oder bei der Vereinigung von Berechtigung und Eigentum in einer Hand dem Eigentümer die Forderung nicht zusteht (§§ 1177, 1196).

Ein vorläufiges Eigentümergrundpfand liegt vor:

1. wenn der zur Begründung der Hypothek oder Grundschuld erforderliche Tatbestand noch nicht vollendet, zwar die Einigung und die Eintragung, aber nicht die erforderliche Übergabe des Briefes erfolgt ist (Eigentümerhypothek oder Eigentümergrundschuld);
2. wenn die Valutierung der Hypothek noch in der Schwebe ist (Eigentümerhypothek). (Vgl. hierüber § 11.)

Ein endgültiges Eigentümergrundpfand liegt vor (abgesehen von dem Fall des § 1196):

1. wenn die Valutierung der Hypothek ganz oder teilweise endgültig gescheitert ist (bei der Höchstbetragshypothek insbesondere, also festgestellt ist, daß die Hypothek ganz oder teilweise nicht valutiert). (§ 1163 I, Eigentümergrundschuld);
2. wenn die zugrunde liegende Forderung erlischt (§ 1163 II, Eigentümergrundschuld);
3. wenn der Gläubiger auf die dingliche Sicherung verzichtet (§ 1168, Eigentümergrundschuld);
4. wenn der unbekannte Gläubiger gemäß § 1170 oder 1171 mit seinem Recht im Wege des Aufgebotsverfahrens ausgeschlossen ist (Eigentümergrundschuld);

5. wenn der Eigentümer Hypothek und Forderung (bei Nichtidentität zwischen Eigentümer und persönlichem Schuldner) erwirbt (Hypothek des Eigentümers).

„Vorläufig" im obigen Sinne ist das Eigentümergrundpfand, wenn es in sich die Entwicklungsmöglichkeit birgt, ohne Hinzutreten eines rechtsändernden Geschäftes, d. h. durch bloße Übergabe des Briefes oder durch die Valutierung zum Vollrecht zu werden. Jedes Eigentümergrundpfand wird aber mit Aufhebung der Vereinigung, sei es durch Abtretung des Rechts, sei es durch Übertragung des Eigentums am Grundstück, zu einer Grundschuld bzw. Hypothek.

Von der Eigentümergrundschuld unterscheidet sich die Eigentümerhypothek dadurch, daß bei ihr die Trennung der Forderung vom dinglichen Recht nicht Platz greift *).

Jede Eigentümergrundschuld kann aber anläßlich einer Abtretung durch Verbindung mit einer persönlichen Forderung in eine Hypothek umgewandelt und von dem Zessionar als Vollhypothek erworben werden **).

Eine gemäß §§ 1163, 1177 entstandene Eigentümergrundschuld zeigt gegenüber der gewöhnlichen Grundschuld die Besonderheit, daß die Bestimmungen der §§ 1193, 1194, die ja an sich Dispositiv-Vorschriften sind, nicht zur Anwendung gelangen, sondern ohne weiteres die Zins- und Zahlungsbedingungen der Hypothek für die Eigentümergrundschuld gelten.

VII. Die Grundformen des Kreditverkehrs, Verkehrshypothek, Sicherungsgrundschuld, Sicherungs- und Höchsthypothek, haben aber in der Rechtsprechung des Reichsgerichts ihren praktischen Wirkungen nach eine starke innere Annäherung erfahren.

---

*) Ist eine Hypothek durch Verzicht des Gläubigers auf die dingliche Sicherung zur Eigentümergrundschuld geworden, so wird die Verbindung zwischen ihr und der Forderung nicht schon dadurch hergestellt, daß der Eigentümer sie erwirbt (RJA. 3. 212).

**) Ein übertriebener Formalismus dürfte es sein, wenn JF. 46, 330 zwar in analoger Anwendung des § 1180 die Umwandlung der Fremdgrundschuld in eine Hypothek zulassen will, bei der Eigentümergrundschuld aber verlangt, daß der Eigentümer zunächst die Grundschuld abtritt und dann erst umwandelt.

1. Für das Hypothekenrecht regelt § 1137 BGB. die Wirkungen der Einreden aus der persönlichen Forderung auf das dingliche Recht, § 1157 aber die Wirkungen der sich unmittelbar aus dem Rechtsverhältnis zwischen Eigentümer und Hypothekar ergebenden Einreden (z. B. Stundung, Pactum de non cedendo) auf den Dritterwerber der Hypothek. § 1137 BGB. findet danach gemäß § 1192 auf die Grundschuld keine Anwendung. Wohl aber bringt gerade § 1157 die Möglichkeit, bei der Sicherungsgrundschuld Einwendungen und Einreden gegen die zu sichernde Forderung insoweit zu berücksichtigen, als sie geeignet sind, die Kondiktion der Grundschuld zu begründen.

Bei der Sicherungsgrundschuld bildet nämlich das schuldrechtliche Grundgeschäft nicht den Schuldgrund im Sinne von § 1113 Abs. 2, sondern verhält sich zu dieser wie die Kausa zum abstrakten Geschäft. Ist also die zu sichernde Forderung von vornherein nichtig, erlischt sie später, oder steht ihr eine dauernde Einrede entgegen, so kommt die Kondiktion des Eigentümers wegen ungerechtfertigter Bereicherung gegen den Grundschuldgläubiger in Frage. Zur Sicherung des Rückforderungsrechts könnte der Eigentümer die Eintragung einer Vormerkung erwirken. Es steht ihm aber auch gegen die Geltendmachung der Grundschuld durch den Gläubiger, wenn an sich der Kondiktionsanspruch begründet ist, eine Einrede zu, die im Sinne von § 1157 unmittelbar das Rechtsverhältnis zwischen ihm und dem Gläubiger berührt. § 1157 gibt aber auch dem Eigentümer das Recht, bei Weiterveräußerung der Grundschuld dem neuen Gläubiger die Einrede entgegenzusetzen, soweit dieser sich nicht auf den öffentlichen Glauben des Grundbuchs berufen kann.

2. Bei der Sicherungsgrundschuld kann aber der Eigentümer darüber hinaus auf Grund der persönlichen Vereinbarung, daß die Grundschuld zur Sicherung einer bestimmten Schuld dienen soll, grundsätzlich dem Eigentümer gegenüber auch die Einreden erheben, die der Geltendmachung der persönlichen Forderung entgegenstehen. Freilich handelt es sich dabei nur um eine obligatorische Verpflichtung des Eigentümers; die Wirkung gegen den Dritterwerber, wie sie § 1157 vorsieht, wird ihr also nicht zuzusprechen sein. Erwirbt jedoch der Zessionar nicht nur die Grund-

schuld, sondern auch die Forderung, so muß der Zessionar, auch dann, wenn er nur die Grundschuld und nicht auch die Forderung geltend macht, eine Einrede, die der persönlichen Forderung gegenüber durchgreift, gegen sich gelten lassen (RG. 83 S. 97, 102, dagegen Wolff S. 588). Aber auch dann, wenn der Zessionar, der davon Kenntnis hat, daß eine Grundschuld als Sicherungsgrundschuld bestellt ist, sich lediglich die Grundschuld und nicht die Forderung abtreten läßt, kann im Einzelfall die Geltendmachung der Grundschuld ohne Rücksicht auf die dem persönlichen Schuldner zustehenden Einreden einen Verstoß gegen § 826 BGB. darstellen (RG. 62, 137; 69, 280).

3. Im RG. 60, 249 findet sich in bewußter Abweichung von den aus der abstrakten Natur der Grundschuld sich ergebenden Beweislastregeln folgender Satz: „Im Einzelfall kann aber trotzdem der Gläubiger genötigt sein, sich einem ähnlichen Nachweis zu unterziehen wie der Gläubiger der Sicherungshypothek, nämlich dann, wenn die Grundschuld mit einer Forderung, deren Höhe bei der Begründung der Grundschuld noch nicht feststand, in Verbindung gebracht werden kann." Freilich trifft danach die Beweislast den Grundschuldgläubiger nur dann, wenn

1. feststeht, daß es sich um eine Sicherungsgrundschuld handelt,

2. feststeht, daß bei Begründung der Grundschuld die Höhe der zu sichernden Forderung noch offen war. Danach dürfte die in der Entscheidung erfolgte Angleichung zwischen Grundschuld und Sicherungshypothek in dem Bedürfnis des Verkehrs nach möglichster Elastizität der Rechtsformen ihre innere Rechtfertigung finden.

4. Durchaus bedenklich aber scheint es, wenn das RG. es für zulässig erklärt, daß eine nicht valutierte Darlehnshypothek zur Vereinbarung noch unbestimmter und künftiger Forderungen in derselben Weise verwendet werden kann, wie die Höchstbetragshypothek (vgl. oben § 11, IV, 3), und zwar ohne daß ein besonderes abstraktes Schuldanerkenntnis oder Schuldversprechen zwischen das zugrunde liegende Kreditverhältnis und das als Schuldgrund angegebene Darlehen eingeschaltet wird. Wird in der mit der Eintragungsbewilligung verbundenen Schuldurkunde offen an-

gegeben, daß trotz der Bezeichnung der Hypothek als eine Darlehnshypothek ein seiner Höhe nach noch nicht feststehendes Saldo zu sichern ist, so wird, wie dies das KG. in der Entsch. Jur.R. 1929 Nr. 1995 wegen inneren Widerspruchs der Angaben mit Recht getan, die Eintragung zurückzuweisen sein. Ebenso muß aber bei materieller Aufklärung des wirklichen Willens der Parteien die eingetragene Hypothek in ihrem Bestande gefährdet erscheinen (vgl. § 11, V, insbesondere Anm. 4).

§ 14.

Rang und Rangvereinbarungen.

I. 1. Der Grundbuchrichter muß mehrere Anträge auf Eintragung von Hypotheken auf dem gleichen Grundstück in der Zeitfolge der Eingänge der Anträge erledigen (§ 46 GBO). Das Rangverhältnis unter mehreren Hypotheken richtet sich aber nach der Reihenfolge der Eintragungen, da die Hypotheken in derselben Abteilung des Grundstücks zur Eintragung gelangen. Handelt es sich aber um Eintragungen, die in verschiedenen Abteilungen des Grundstücks zu bewirken sind, also z. B. außer der Eintragung einer Hypothek um die Eintragung eines Altenteils oder Nießbrauchs, so ist für den Rang der Zeitpunkt der tatsächlichen Eintragung maßgebend. Hat der Grundbuchrichter bei der Eintragung gegen die Vorschrift des § 46 GBO. verstoßen, also nicht die Eintragungen nach der Zeitfolge der Anträge erledigt, so liegt eine Unrichtigkeit des Grundbuchs nur dann vor, wenn die Reihenfolge mit einer dinglichen Einigung der Beteiligten über das Rangverhältnis im Widerspruch steht (RG. 57, 280; KGJ. 34, 289; 39, 248).

2. Die Vereinbarungen über den Rang neuaufzunehmender Hypotheken sind obligatorischer Natur, wenn sie sich lediglich auf die Verpflichtung des Eigentümers zur Bestellung der Hypothek an einer bestimmten Stelle beschränken, aber dinglicher Natur, wenn sie die Einigung zwischen Eigentümer und Gläubiger über die Rangstelle selbst darstellen. Auf Grund einer obligatorischen Verpflichtung hat der zukünftige Hypothekar die Möglichkeit, den

Rang seiner Stelle durch Erwirkung einer Vormerkung mittels einer einstweiligen Verfügung zu sichern*).

3. Grundsätzlich teilen alle Vermerke, die in einer Nebenspalte, also z. B. in der Spalte „Veränderungen“, eingeschrieben sind, den Rang des Hauptrechtes (JW. 1912, 619). Also auch für den Rang derartiger Eintragungen ist, wie für das Rangverhältnis mehrerer Hypotheken selbst, nicht das Datum der Eintragung, sondern die räumliche Reihenfolge im Grundbuch maßgebend.

4. Das Prioritätsprinzip hat für die Eingänge der Grundbuchrichter nur dann zu beachten, wenn in den Eintragungsbewilligungen oder Anträgen nicht entgegenstehende Bestimmungen getroffen sind.

Solange die Eintragung im Grundbuch selbst nicht erfolgt ist, ist ein Widerspruch gegen den Rang nicht möglich. Dieser kann auch nur darauf gestützt werden, daß die Reihenfolge im Grundbuch der dinglichen Einigung nicht entspreche (RG. 57, 277; KGJ. 34, 289).

Ist ein Widerspruch nicht rechtzeitig bei unrichtiger Rangeintragung im Grundbuch vermerkt, so läuft der Hypothekengläubiger Gefahr, endgültig seines Ranges zugunsten eines gutgläubigen Dritterwerbers verlustig zu gehen. Allerdings kommt bei fehlerhaften Eintragungen die Haftung des Staates in Frage, der dem Geschädigten unmittelbar und allein haftet.

5. Von dem Prioritätsprinzip gelten ferner eine Reihe von Ausnahmen; so insbesondere:

1. Rechte, die zu ihrer Existenz der Eintragung nicht bedürfen, richten sich grundsätzlich nach der Entstehungszeit;
2. die ohne Eintragung im Grundbuch wirksame Rente aus Überbau und Notweg hat den Vorrang auch vor älteren Rechten am Grundstück (§§ 914, 917); die Last auf Grund des Industriebelastungsgesetzes hat den Vorrang vor allen

---

*) Die Verpflichtung zur Einräumung eines bestimmten Ranges unterliegt einem Stempel gemäß Tarifstelle 18 von 3.— RM.; in gleicher Höhe ist auch die Vormerkung gemäß Tarifstelle 15 Abs. 3 zu versteuern (JW. 31, 3280); s. unten § 46.

anderen Lasten am Grundstück, jedoch nicht vor den Schweizer Goldhypotheken;

3. gemäß § 10 Abs. 1 Ziff. 1—3 Zw.V.Ges. gehen in der Grundstücksversteigerung öffentliche Lasten des Grundstücks, gewisse Instandhaltungskosten und Lohnansprüche den Hypotheken und sonstigen Rechten vor;
4. gemäß § 774, 1143, 1176 BGB. geht bei nur teilweiser Befriedigung des Hypothekengläubigers seitens des Bürgen oder eines Ablösungsberechtigten die dem Gläubiger verbleibende Resthypothek der Teilhypothek des Bürgen oder sonstigen Berechtigten im Range vor, und steht die auf den Eigentümer bzw. persönlichen Schuldner teilweise übergegangene Hypothek der Resthypothek des Gläubigers im Range nach.

II. 1. Der Grundstückseigentümer hat die Möglichkeit, bei Bestellung einer Hypothek sich das Recht vorzubehalten, ein anderes Recht von bestimmtem Umfange mit dem Range vor jener Hypothek später eintragen zu lassen (§ 881 BGB.). Ein Bedürfnis hierfür besteht besonders im Baugewerbe. Bei Ankauf einer Parzelle zum Zwecke der Bebauung kommt häufig der Käufer in die Lage, erstens dem Verkäufer einen Teil des Kaufpreises hypothekarisch sicherstellen, zweitens aber sich die erste Rangstelle für die Beschaffung von Baugeldern offenhalten zu müssen. Begnügt sich der Verkäufer von vornherein mit der Bestellung einer zweiten Hypothek, indem er dem Käufer genügendes Vertrauen entgegenbringt, so hat der Käufer die Möglichkeit, zunächst eine Eigentümergrundschuld einzutragen, um an deren Stelle später die Baugeldhypothek setzen zu können. Will sich aber der Verkäufer hierauf nicht einlassen, so bietet sich die Möglichkeit, die Kaufgeldhypothek zwar an erster Stelle zur Eintragung zu bringen, aber mit dem Rangvorbehalt zugunsten der Baugeldhypothek.

2. Ist das Recht, zu dessen Gunsten der Vorrang beabsichtigt ist, bereits eingetragen, so kann es später nur durch Einigung und Eintragung in ein Recht mit Rangvorbehalt umgewandelt werden (KGJ. 34, 240; 39, 193).

Zulässig ist aber auch nach Löschung der zunächst eingetragenen Vorrangshypothek die Ausnützung des Rangvorbehalts zugunsten einer neuen Vorrangshypothek (KGJ. 40, 234).

3. Wird von dem Rangvorbehalt Gebrauch gemacht, so genügt für die Wirksamkeit die Eintragung im Grundbuch auf Grund einer beglaubigten Eintragungsbewilligung des Eigentümers; der Antrag kann auch von dem neuen Hypothekar gestellt werden. Die Zustimmung des zurücktretenden Hypothekars ist nicht erforderlich.

4. Zwischeneintragungen, die vor Ausübung des Vorbehalts erfolgt sind, werden durch die Ausübung des Vorbehaltsrechts nicht berührt. Sind aber Zwischenrechte eingetragen, so wird es in der Praxis dem Eigentümer schwerfallen, auf eine Hypothek, die unter Ausnützung des Rangvorbehaltsrechts zur Eintragung gelangen soll, Kredit zu erlangen, und zwar wegen der Unsicherheit für die Berechnung der Beträge, welche sich bei der Verteilung auf die verschiedenen Posten bei der Zwangsversteigerung ergeben können. Es kann sich nämlich herausstellen, daß das auf Grund des Vorbehalts im Range vorgetragene Recht um so schlechter fährt, je höher der Erlös ist.

III. 1. Dem gegenseitigen Rangaustausch zwischen zwei Hypotheken dient die nachträgliche Rangänderung, gemäß § 880 BGB. Die Vorrangseinräumung ist auch zwischen Rechten, die gleichen Rang haben, möglich. Auch bezüglich nur vorgemerkter Rechte (§ 883 BGB.) kann eine Rangänderung erfolgen.

2. Bei dem Rechte, dessen Inhaber zurücktreten will, kann die Eintragung wegen Rangänderung schon erfolgen, bevor die vorrückende Hypothek bestellt und eingetragen ist (KGJ. 21, 281). Die nachträgliche Änderung des Ranges der Post tritt aber erst in Wirksamkeit, wenn die Post, für die der Vorrang eingeräumt worden ist, durch Eintragung entsteht. Auch bei gleichzeitiger Eintragung der Post und der Rangänderung ist rechtlich der Vorgang dahin aufzufassen, daß das Rangverhältnis durch die Eintragung „nachträglich" geändert ist (RG. 69, 329).

3. Für die Eintragung der Rangänderung bedarf es nur der Bewilligung des zurücktretenden Gläubigers und der be-

glaubigten Zustimmung des Eigentümers. Keiner Zustimmung des Eigentümers bedarf es aber gemäß § 1151 BGB., wenn Teilhypotheken untereinander ihren Rang ändern.

4. Der Eigentümer kann über eine ihm künftig möglicherweise aus einer Hypothek zufallende Eigentümerhypothek nicht dadurch wirksam verfügen, daß er einer nachstehenden Hypothek den Vorrang vor der künftigen Eigentümerhypothek bewilligt (KGJ. 33, 286).

5. Auch hier ist zwischen dem obligatorischen Vertrag auf Vorrangeinräumung und der dinglichen Einigung über die Vorrangseinräumung selbst zu scheiden. Letztere ist erst bindend, wenn sie in der Form des § 873 Abs. 2 erfolgt. Hat ein Hypothekengläubiger einem anderen ohne Gegenleistung die Einräumung des Vorranges versprochen, so liegt regelmäßig entweder Schenkung oder ein Schuldversprechen im Sinne des § 780 BGB. vor. Im ersteren Fall bedarf das Versprechen zur Gültigkeit der gerichtlichen oder notariellen Beurkundung, im letzteren Falle der schriftlichen Form (RG. 48, 136). Zu beachten aber ist, daß nicht jede unentgeltliche Verfügung eine Schenkung ist. Geht der unentgeltliche Zweck der Zuwendungen vielmehr auf die Erreichung eigener wirtschaftlicher Vorteile, will z. B. der Hypothekengläubiger durch den Rangrücktritt dem Eigentümer eigenen bedeutenden Kredit zuführen, um so den Wert des Grundstücks und die Sicherheit seiner eigenen Hypothek zu erhöhen, so ist das Vorliegen einer Schenkungsabsicht zu verneinen (Jur. R. 1927, Nr. 134).

§ 15.

Wertbeständige Hypotheken und Grundschulden.

I. Die Erfahrungen der Inflation haben die Zulässigkeit wertbeständiger Hypotheken zum Bedürfnis des Kreditverkehrs werden lassen.

1. Die Goldklauseln, die vor dem Kriege in Deutschland namentlich von ausländischen Hypothekengläubigern öfters ausbedungen und zur Eintragung im Grundbuch gelangt waren, sind für eingetragene Hypotheken durch die Verordnung vom 28. 9. 1914 außer Kraft gesetzt worden (vgl. zu III). Doch hat durch

besonderes Abkommen mit der Schweiz vom 6. 12. 20 die Klausel zugunsten schweizerischer Gläubiger mit rückwirkender Kraft, aber mit abgeändertem Inhalt, wieder Geltung erlangt.

2. Die Eintragung von Hypotheken in ausländischer Währung, die durch die Verordnung vom 13. 2. 20 mit Einverständnis der Landeszentralbehörde zugelassen worden war, ist seit dem 1. 1. 30 nicht mehr statthaft (Ges. vom 17. 12. 28).

II. Durch das Gesetz vom 23. Juni 1923 wurde eine neue Art hypothekarischer Grundstücksbelastung ermöglicht*). Die Eigenart der wertbeständigen Hypothek besteht darin, daß die Höhe der aus dem Grundstück zu zahlenden Geldsumme nicht auf eine feste Geldwährung gestellt wird, sondern sich nach dem Preise richtet, den eine bestimmte Menge Feingold, Roggen, Weizen, Kohle, Kali oder ein sonstiger als Maßstab zugelassener Wert oder Leistung kostet. Eingebürgert hat sich im wesentlichen nur die Feingoldhypothek, bei der das Hypothekenkapital auf eine bestimmte Gewichtsmenge Feingold abgestellt wird. Nach der 5. Durchführungsverordnung vom 17. 4. 24 (s. Anlage IV d) entspricht eine Goldmark dem Preise von $^1/_{2700}$ kg Feingold und können Feingoldhypotheken als Goldmarkhypotheken eingetragen werden. Den Beteiligten steht seitdem die Wahl offen, ob sie die Hypothek als Feingold- oder als Goldmarkhypothek eintragen lassen wollen (JFG. 4, 401). Der

*) Allerdings hat es schon früher sogenannte Kursgarantieklauseln (Goldwertklauseln) gegeben. Der begriffliche Unterschied zwischen Goldmünzklausel und Goldwertklausel besteht darin, daß bei ersterer das Kapital in Reichsgoldmünzen, bei letzterer der Geldbetrag nach dem jeweiligen Kurse des vom Schuldner anzuschaffenden Goldes zu zahlen ist. Die Goldmünzklausel ist aber nach der Rechtsprechung des RG. nicht etwa nur eine verschärfte Goldmünzklausel. Das RG. lehnt auch die Meinung ab, daß die Umdeutung der in den Bedingungen der Banken und sonstigen Kreditanstalten typischen Goldmünzklausel in die Goldwertklausel als regelmäßig dem Willen der Parteien entsprechend zu erfolgen habe. (RG. 121, 110; JW. 1931, 615. Vgl. auch RG. 50, 145 u. 108, 141, welche die Zulässigkeit der Goldwertklausel verneinen, während RG. 107, 400 u. 108, 146 diese dahingestellt lassen.) Die Frage, ob eine Goldmünzklausel oder Goldwertklausel vorliegt, hat für das Aufwertungsrecht insofern besondere Bedeutung erlangt, als die Goldmünzklausel infolge ihrer Außerkraftsetzung durch die Verordnung vom 28. 9. 1914 keine Erhöhung des normalen Aufwertungsbetrages auslösen kann.

schließlich in Reichsmark zu zahlende Kapitalsbetrag wird in folgender Weise errechnet. Im Deutschen Reichsanzeiger wird laufend der Goldpreis bekannt gemacht, und zwar der Londoner Goldpreis in englischer Währung auf das Gramm Feingold berechnet. Dieser Preis ist dann in die deutsche Währung umzurechnen, und zwar nach dem Mittelkurs der Berliner Börse auf Grund der letzten amtlichen Notierungen vor dem Tage, der für die Berechnung der Kapitals-, Tilgungs- und Zinsbeträge maßgebend ist. Ist ein Durchschnittspreis maßgebend, so erfolgt die Umrechnung nach dem zeitigen Durchschnittskurs (§ 2 der VO. vom 29. 6. 23).

Während der Krisentage im Sommer 1931 hat die zeitweise Aussetzung der Kursnotierung in Verbindung mit dem plötzlichen Kurssturz des Pfundes, sofern man sich bei der Umrechnung des Pfundes in Mark an den Wortlaut des Gesetzestextes hielt, eine unerwartete Schädigung des Gläubigers zur Folge gehabt.

Bis dahin hatte man angesichts der geringen Schwankungen des Goldpunktes im allgemeinen die Goldmark gleich der Reichsmark gesetzt und setzen können. Die durch die Krise hervorgerufenen Unstimmigkeiten sind durch die Notverordnung vom 10. Oktober 1931 beseitigt worden. Laut § 1 der VO., die rückwirkend vom 1. September 1931 an in Kraft trat, ist bei Berechnung der zu zahlenden Geldsumme ein und derselbe Tag für den Londoner Goldpreis und den Kurs der englischen Währung zugrunde zu legen. Kommen hierfür zwei verschiedene Tage in Betracht, so ist der jeweils dem Fälligkeitstermin näher liegende Tag maßgebend. Gemäß § 2 der VO. gelten die im Reichsanzeiger veröffentlichten Kurse, sofern eine amtliche Notierung der Berliner Börse für die englische Währung nicht stattfindet, als amtliche Notierung (s. Anlage IV f).

2. Aber auch, wenn beide Umrechnungen auf den Tag der Fälligkeit gelegt werden, kann in der Zukunft sich eine Schädigung des Gläubigers daraus ergeben, daß etwa zwischen der Fälligkeit und dem infolge Verzuges verspäteten Zahlungstage Veränderungen des Goldmarkpreises eintreten. Bei der Aufnahme neuer Goldmarkhypotheken bedingen sich daher des öfteren

die Gläubiger aus, daß im Fall einer unpünktlichen Zahlung für die Ermittelung des Feingoldpreises und für die Umrechnung in die deutsche Währung nach Wahl entweder der Zeitpunkt der Fälligkeit oder der Zeitpunkt der Zahlung zugrunde zu legen ist. Die Zulässigkeit einer derartigen Vereinbarung ist in der Rechtsprechung anerkannt (JFG. 1, 461; 2, 350).

Gegen die Aufnahme einer derartigen Klausel anläßlich der Verlängerung von Aufwertungshypotheken sind aber Bedenken in der Richtung erhoben worden, daß die Eintragung eines anderen Stichtages als des Fälligkeitstages nicht zulässig sei (Ricks, DNotV. 1931, 626).

Nach Lage der einschlägigen Verhältnisse kann jedoch in der Änderung des Berechnungsmaßstabes eine Änderung des Umfangs nicht erblickt werden (KG. vom 1. Oktober 31, DNotV. 1931, 628; JFG. 1, 468; Arnheim DNotV. 711 ff.).

3. Der Gefahr, daß durch Minderung des Goldwertes der Gläubiger einen geringeren Betrag in Reichsmark zurückerhält, als er hingegeben, kann dieser dadurch vorbeugen, daß der Feingoldmarkklausel der Zusatz „FGMark steht wenigstens 1 RM. gleich" oder „mindestens x RM." oder auch „mindestens x Zentner Roggen" beigefügt wird (KG. DNotV. 1926, 492).

4. Wertbeständige Hypotheken sind nur für wertbeständige Forderungen und umgekehrt statthaft. Grundpfand und Forderung muß grundsätzlich wesensgleich sein und auf die gleiche Geldart und den gleichen Maßstab lauten (RG. Ring 28, 450) *). Dies schließt jedoch nicht aus, daß laut Parteivereinbarung eine wertbeständige Forderung, die etwa auf „Feingoldmark, mindestens aber den gleichen Betrag Reichsmark" lautet, und mit diesem Umrechnungsmaßstab hypothekarisch gesichert werden soll, **obligatorisch** noch durch Hinzufügung eines weiteren Maßstabes ihrer Mindesthöhe nach festgelegt wird, während die dingliche Sicherung sich hierauf nicht erstreckt. Denn es steht den Parteien

*) Bei einer Goldmarkhypothek darf auch nicht nachträglich eine Bestimmung eingetragen werden, daß der Mindestbetrag dem heutigen Preise für Feingold entspreche (KG. JurR. 1927, 1435). Eine Höchstbetragshypothek kann aber für Geldforderungen jeglicher, auch unter sich verschiedener Art bestellt werden (vgl. Art. 2 VO. 27. 6. 24).

frei, statt der ganzen Forderung nur einen Teil derselben als zu sichernde Forderung der Hypothek zugrunde zu legen; die Spitze, die aus der obligatorischen Klausel etwa über das bei der Umrechnung sich ergebende Hypothekenkapital hinausgeht, ist ein eventueller Mehrbetrag, durch den die Hypothek als solche nicht berührt wird. Es steht also nichts dagegen, daß die Parteien durch besondere Abrede die Feingoldklausel mit obligatorischer Wirkung dahin ergänzen, daß mindestens der Betrag in Reichsmark zu zahlen, der x Dollar entspricht, ohne damit die Wirksamkeit der von ihnen zur Eintragung bewilligten Feingoldklausel zu gefährden (s. Ziff. 3 über dingliche Mindestwertklauseln).

Die Umwandlung von Reichsmarkhypotheken in wertbeständige Hypotheken und umgekehrt ist auch bei Zustimmung der nachstehenden Hypothekare nach Ansicht des KG. unstatthaft (JW. 27, 1021); ebenso die Umwandlung einer wertbeständigen Hypothek in eine solche mit anderem Maßstab (KG., JFG. 7, 345) *).

5. Eine nach dem 31. Juli 1914 vereinbarte Goldklausel ist an sich verbindlich (RG. 108, 146, 179). Auch die nachträgliche Eintragung der Goldklausel ist mit Zustimmung der im Range gleich oder nachstehend Berechtigten nicht unzulässig (RG., JFG. 2, 11; KGJ. 48, 218).

III. Für die praktische Auswirkung sind jedoch die einschneidenden Bestimmungen der **Devisenbewirtschaftung** zu beachten. (Insbesondere VO. über den Verkehr mit ausländischen Zahlungsmitteln vom 15. Juli 1931 und die Devisen-Wi-VO. vom 1. August 1931 nebst Durchführungsverordnungen und Richtlinien).

1. Gemäß § 6 der Devisen-Wi-VO. dürfen Kredite, die auf Reichsmark oder Goldmark lauten, Personen, die im Ausland oder im Saargebiet ansässig sind, nur mit schriftlicher Genehmigung der Stelle für Devisenbewirtschaftung eingeräumt werden, und bedarf auch die Verfügung über derartige Forderungen, sofern sie vor dem 16. Juli 31 entstanden sind, der schriftlichen Genehmigung. (Der Stichtag vom 16. Juli 1931 ist

*) Die Praxis hat aber häufig dem Bedürfnis nach Eintragung der Umwandlung Rechnung getragen (vgl. Ricks, Die Grundbuchpraxis S. 124).

durch § 1 der ersten Durchführungsverordnung eingefügt worden.)

2. **Zahlungsmittel** und **Wertpapiere** sowie Edelmetalle dürfen nur mit schriftlicher Genehmigung der Stelle für Devisenbewirtschaftung ins Ausland oder das Saargebiet versandt oder überbracht werden (§ 7 VO., § 3 der ersten DurchfVO.), und zwar soweit sie den Betrag von 200 M. übersteigen (§ 9 der 6. DurchfVO.). Der schriftlichen Genehmigung bedarf auch eine im Inland ansässige Person, wenn sie Reichsmarkbeträge auf ein im Inland geführtes Konto einer im Ausland oder im Saargebiet ansässigen Person durch Bareinzahlungen, Überweisungen oder in sonstiger Weise gutschreiben lassen oder inländische Zahlungsmittel oder Gold einer im Ausland ansässigen Person im Inland aushändigen will (§ 1 der 6. DurchfVO., § 2 Abs. 1 der ersten DurchfVO.).

In einem Prozeß, in dem auf eine genehmigungspflichtige Leistung geklagt wird, ist das Verfahren auf Antrag *) einer Partei auszusetzen, bis die Entscheidung der Stelle für Devisenbewirtschaftung ergangen ist (§ 8 der 7. DurchfVO.). Auch ist die Zwangsvollstreckung erst nach erteilter Genehmigung zulässig, wenn zur Leistung des Schuldners eine Genehmigung erforderlich ist (§ 10 der 7. DurchfVO.).

3. Die Genehmigung ist aber gemäß der ersten Ergänzung der Richtlinien vom 2. Oktober 1931 und III 23 der neuen Richtlinien stets zu erteilen zur Zahlung von Zinsen und regelmäßigen Tilgungsbeiträgen für langfristige Anleihen, Darlehen, Hypotheken und andere langfristige Anlagen **), wenn es sich um Zahlungen nach dem Ausland handelt.

Die Genehmigung der Rückzahlung **langfristiger Kredite** und anderer langfristiger Anlagen in in- und ausländischer

---

*) Hartenstein (JW. 1931, 318) vertritt die Ansicht, daß die Aussetzung auch von Amts wegen zu erfolgen habe. Jedenfalls steht aber, zumindestens, wenn und solange das Genehmigungsverfahren schwebt, dem Weitergange des Prozesses über einen hilfsweise gestellten Feststellungsantrag nichts entgegen.

**) Worunter gemäß neuen Richtlinien I, 9 Anleihen mit einer längeren Laufzeit als ein Jahr zu verstehen sind.

Währung, die vor dem 16. Juli 1931 von einem Ausländer oder Saarländer gegeben worden sind, darf, abgesehen von den Fällen regelmäßiger Tilgung, nach den neuen Richtlinien (Dt. Reichsanzeiger vom 30. 12. 1931) nur erfolgen:

a) wenn der Gläubiger bereit ist, die Zahlung in Reichsmark auf ein bei einer Devisenbank geführtes Konto, über das nur mit schriftlicher Genehmigung der Stelle für Devisenbewirtschaftung verfügt werden kann (Sperrkonto) auf Erfüllungsstatt anzunehmen;

b) wenn das Guthaben zu langfristiger Kapitalsanlage im Inlande (z. B. Gewährung an Inländer, Ausleihung von Hypotheken auf inländische Grundstücke, Ankauf inländischen Grundbesitzes oder inländischer Wertpapiere) verwendet werden soll und der Betreffende sich verpflichtet, etwaige Rückflüsse aus der Anlage auf ein Sperrkonto zu bringen (unter dieser Bedingung ist die Genehmigung zu erteilen);

c) für Hypotheken, bei denen bereits vor Inkrafttreten der Devisenverordnung die Kündigung vertragsmäßig erfolgt oder die Fälligkeit eingetreten ist (jedoch nicht bei nach dem Aufwertungsschlußgesetz gekündigten Aufwertungshypotheken). In diesem Falle *kann* Genehmigung zur Rückzahlung zu freier Verfügung des Gläubigers erteilt werden;

d) wenn die Verweigerung mit Rücksicht auf die persönlichen Verhältnisse des Gläubigers oder des Schuldners eine unbillige Härte bedeuten würde (bei Beträgen von mehr als 20 000 RM. ist die Entscheidung des Reichswirtschaftsministers einzuholen). Auch hier *kann* die Genehmigung zur Rückzahlung zu freier Verfügung des Gläubigers erteilt werden.

Für *kurzfristige Kredite* gilt die vorstehende Bestimmung zu a (I, 9). Sonst darf bei diesen Genehmigung nur erteilt werden (I, 7):

b) wenn gleichzeitig eine Erneuerung des Kredites für einen Zeitraum von mindestens sechs Monaten vom Inkrafttreten der Devisenverordnung erfolgt oder durch verbindliche Zusage gesichert wird;

c) für Warenkredite (Kannvorschrift), soweit sie nicht durch Vermittlung einer ausländischen Bank eingeräumt worden sind;

d) in Fällen, in denen die Versagung der Genehmigung eine unbillige Härte bedeuten würde.

In letzterem Falle ist jedoch die Entscheidung des Reichswirtschaftsministers einzuholen.

Die Genehmigung ist bei der Stelle nachzusuchen, die für die Person des Antragstellers zuständig ist. Der Genehmigungsantrag kann auch von dem Gläubiger gestellt werden (Art. 2 § 7 der 7. DurchfVO.). Für im Ausland ansässige Personen ist das Landesfinanzamt Berlin zuständig (§ 17, 2 der Devisen-Wi-VO.).

4. Nach § 7 der 2. Durchführungsverordnung zum Stillhalteabkommen vom 18. September 1931 dürfen Hypotheken, Grundschulden oder sonstige Sicherheiten einer ausländischen Bank, die dem Stillhalteabkommen nicht beitritt, von einem Schuldner, der seinen Wohnsitz, Sitz oder Ort der Leitung im Deutschen Reich, mit Ausnahme des Saargebiets, hat, nur mit Zustimmung der Reichsbank bestellt werden, sofern die Schuld ihrer Art nach zu den Schulden gehört, für die das Stillhalteabkommen gilt. Reichs- oder Goldmarkforderungen unterliegen nur ausnahmsweise dem Stillhalteabkommen. Hypothekenbestellungen, die obiger Vorschrift zuwiderlaufen, sind nichtig.

5. Gemäß § 3 der Wi-VO. bedarf auch die Verfügung über Hypotheken in ausländischer Valuta und Höchstbetragshypotheken in Reichsmark oder Goldmark zur Sicherung von Forderungen auf ausländische Valuta der Genehmigung.

Dies gilt jedoch nicht auch für Forderungen von Inländern, die auf ausländische Währung lauten, bei denen aber nach dem übereinstimmenden Willen der Beteiligten die Zahlung nicht in ausländischen Zahlungsmitteln zu leisten ist, sondern die ausländische Währung nur als Rechnungseinheit für die Feststellung der Höhe der in inländischen Zahlungsmitteln zu leistenden Zahlung verwendet wird.

Ebensowenig unterliegt die Bestellung einer Hypothek oder Grundschuld zugunsten eines Ausländers der Genehmigung, da ja die Krediterlangung im Interesse der deutschen Wirtschaft liegt. Wohl aber soll gemäß II 17 der neuen Richtlinien als Krediteinräumung die Bestellung einer Hypothek, Grundschuld oder Rentenschuld an einem inländischen Grundstück für die Schulden eines Ausländers oder Saarländers gelten.

6. Notare werden danach des öfteren in die Lage kommen, die Genehmigung für einen Beteiligten herbeizuführen. Ein Notar, der einen genehmigungspflichtigen Notariatsakt gefertigt hat, wird ohne weiteres als ermächtigt gelten, den erforderlichen Antrag zu stellen. Der Antrag ist gebührenpflichtig, sofern er eine eingehende Begründung erforderlich macht (KGJ. 53, 323; vgl. im übrigen Caro D. Not=VO. 1931, 569 und 703 ff.).

§ 16.

Die dingliche Sicherung einer Forderung durch mehrere Grundstücke.

I. 1. Vielfach ist besonders in ländlichen Bezirken der Grundbesitz derartig zersplittert, daß in Händen einzelner Bauernbesitzer eine Reihe von grundbuchmäßig selbständigen Grundstücken sich befinden. Dies hat zur Folge, daß bei der Aufnahme einer Hypothek nicht nur ein einzelnes Grundstück, sondern eine Reihe von Grundstücken für die Belastung herangezogen werden müssen. Häufig wird in derartigen Fällen von dem Kreditgeber namentlich, wenn als solcher eine Kreditanstalt in Frage kommt, die vorhergehende Vereinigung der Grundstücke zu einer grundbuchmäßigen Verbindung verlangt, die meist mit einer Regulierung der auf den einzelnen Grundstücken bereits etwa lastenden Hypotheken verbunden ist. Die Verbindung kann in der Weise erfolgen, daß die Grundstücke zu einem einheitlichen Grundstück vereinigt werden, oder aber, daß die kleineren Grundstücke dem größeren Grundstück als Bestandteil im Grundbuch zugeschrieben werden (§ 890 BGB.) *).

Bei der Vereinigung bleibt die hypothekarische Belastung der einzelnen Grundstücke unberührt. Bei der Zuschreibung gilt grundsätzlich das gleiche; doch mit folgender Ausnahme: Lasten auf dem Hauptgrundstücke hypothekarische Rechte, so erstrecken sie sich bei der Zuschreibung auf das zugeschriebene Grundstück; sie bleiben aber trotz der Mithaftung des zugeschriebenen Grundstücksteils Einzelhypotheken (RGRK. zu § 1131 Ziffer 2, Staudinger zu § 1131 Ziffer 2a; dagegen RJA. Bd. 6, 73); auch gehen alle auf dem zugeschriebenen selbst lastenden Rechte jeder Art der hypothekarischen Rechte des bisherigen Hauptgrundstücks im Range vor (§ 1131).

2. Seltener wird bei städtischen Grundstücken die Vereinigung praktisch werden. Bietet hier bei mehrfachem Grundstücksbesitz des Kreditnehmers ein einzelnes den Gläubigern nicht genügend Sicherheit, so wird regelmäßig die Belastung mehrerer Grundstücke für die gleiche Forderung erforderlich werden.

II. 1. Der vom Gesetz vorgenommene Normalfall ist die Bestellung einer Gesamthypothek. Diese bringt aber für sämtliche Beteiligten die Möglichkeit von Komplikationen bei der Abwicklung des Geschäfts mit sich. Sie bedeutet für den Grundstückseigentümer eine erhebliche Erschwerung für die Aufnahme weiterer Hypotheken. Sie macht den nachstehenden Hypothekar von

---

*) Von der Verbindung ist der Fall zu scheiden, daß mehrere Grundstücke unter Aufrechterhaltung ihrer Selbständigkeit im nämlichen Grundbuchblatt gebucht werden.

Die Verbindung der Grundstücke kann nur auf Antrag des Eigentümers bewirkt werden.

Der Grundbuchrichter kann gemäß § 5 BGO. die Eintragung der Verbindung im Grundbuche ablehnen, wenn hiervon Verwirrung zu besorgen ist. Es kommen ferner Hinderungsgründe für die Verbindung aus den landesrechtlichen Bestimmungen in Betracht. (S. Art. 119 Ziffer 3 E. G. BGB.; vgl. z. B. Bayrische Dienstanweisung zu § 333 Abs. 3, wonach eine Zuschreibung nur eingetragen werden kann, wenn das Hauptgrundstück und die zugeschriebenen Grundstücke nicht mit Hypotheken, Grundschulden und Rentenschulden belastet sind.)

der Willkür des Gläubigers der Gesamthypothek abhängig. Der Gläubiger der Gesamthypothek hat es in der Hand dadurch, daß er ein einzelnes der belasteten Grundstücke zur Zwangsversteigerung bringt, die Gesamthypothek auf dem nicht versteigerten Grundstücke in Höhe des Erlöses zum Fortfall zu bringen, und zwar mit der Wirkung, daß die Rangstelle nicht in Gestalt einer Eigentümergrundschuld dem Eigentümer, sondern dem nachrückenden Hypothekar zugute kommt; es ist daher sogar mit der unerfreulichen Erscheinung einer Verständigung zwischen nachstehendem Hypothekar und Gesamthypothekar zu rechnen, nach der der Gläubiger zunächst das Grundstück zur Versteigerung bringen soll, auf dem die Nachhypothek nicht lastet.

2. Erweist sich die Belastung mehrerer Grundstücke als erforderlich, so besteht natürlich die den Eigentümer schonendste Regelung darin, daß auf jedem der Grundstücke nur ein Teil der Forderung durch Einzelhypothek sichergestellt wird. Lehnt dies der Gläubiger ab, so bietet sich zur Vermeidung der Gesamthypothek noch die Möglichkeit, daß ein Grundstück (regelmäßig das wertvollste) mit einer Einzelverkehrshypothek, das andere Grundstück aber mit einer bedingten Höchstbetragshypothek zur Sicherung des etwaigen Ausfalls bei dem ersten Grundstück belastet wird (RG. 70, 248; 122, 328). Zulässig ist es auch, wegen der gleichen Schuld eine Sicherungsgrundschuld auf einem anderen Grundstück neben einer Einzelhypothek oder auch mehrere Grundschulden zu bestellen (JW. 31, 2244) *).

3. Hingegen kann eine Gesamthypothek auf Grund freiwilliger Bestellung nicht auf dem einen Grundstücke Verkehrs-, auf dem anderen Sicherungshypothek sein (RG. 70, 247; 98, 110). Dies gilt jedoch nicht für eine gemäß § 867 ZPO. zwangsweise zur Eintragung gebrachte Sicherungshypothek, bei der ja gemäß § 49 GBO. die Mitbelastung bei beiden Grundstücken erkennbar zu machen ist (RG. 98, 111; dagegen KGJ. 44, 285).

---

*) Zulässig ist sogar, auf dem gleichen Grundstück zur Sicherung der gleichen Forderung eine Hypothek und eine Grundschuld zu bestellen (JurR. 1930 Nr. 707).

Möglich ist es auch, die hypothekarische Haftung durch nachträgliche Mitbelastung eines weiteren Grundstücks in der Weise zu verstärken, daß aus der bisherigen Einzelhypothek eine Gesamthypothek wird. Die Gesamthypothek kann auch auf dem einen Grundstück einen anderen Umfang als auf dem anderen Grundstücke haben; sie muß dagegen ihrem Inhalte nach einheitlich gestaltet sein, insbesondere müssen die Kündigungsbedingungen für alle Grundstücke die gleichen sein (KGJ. 40, 299).

5. Grundsätzlich aber können zwei selbständige Einzelhypotheken für dieselbe Forderung nicht bestellt werden (RG. 70, 245; KGJ. 35, 310).

Veräußert der Alleineigentümer des Grundstücks Bruchteile des letzteren, so verwandelt sich die Einzelhypothek in eine Gesamthypothek (JFG. 6, 348). Hingegen wird eine Einzelhypothek nicht allein schon deshalb zur Gesamthypothek, weil sie auf einem Grundstück, das zu Bruchteilen verschiedenen Miteigentümern gehört, auf den verschiedenen Bruchteilen (also nicht auf verschiedenen selbständigen Grundstücken) haftet (KG. Ring 28, 548 unter Aufgabe von KGJ. 30, 258).

6. Der Gläubiger der Gesamthypothek ist gemäß § 1132 Abs. 2 BGB. berechtigt, den Betrag der Forderung auf die einzelnen Grundstücke in der Weise zu verteilen, daß jedes Grundstück nur für den zugeteilten Betrag haftet (RG. 113, 233). Es bedarf für die Durchführung der grundbuchmäßigen Verteilung auch nicht der Zustimmung des Eigentümers (RG. 70, 91; KGJ. 37, 307).

Der Gläubiger kann ferner die Gesamthypothek auf einem der belasteten Grundstücke ganz aufheben oder die Entlassung eines mitverhafteten Grundstücks nur in Höhe eines bestimmten Betrages aussprechen und damit die ursprüngliche Gesamthypothek teilweise in eine Einzelhypothek umwandeln (JFG. 4, 409). Auch kann er den Zinssatz bezüglich der Haftung eines Grundstücks ermäßigen, für die übrigen Grundstücke aber aufrechterhalten (KGJ. 21, 168).

Anhang zu Kapitel I.

A. Die Rechtsnatur des Darlehnsvertrages.

I. Das Darlehn — ein Realvertrag.

In Uebereinstimmung mit dem Wortlaut des § 607 BGB. sieht die herrschende Meinung in der Literatur*) und Rechtsprechung des RG. das Darlehn als einen Darlehnsvertrag an. Zur Begründung des Darlehnsvertrages gehört danach die Ueberführung des Darlehnswertes in das Vermögen des Darlehnsnehmers; ausgelöst wird durch den Abschluß des Darlehnsvertrages lediglich die einseitige Verpflichtung des Darlehnsnehmers insbesondere zur Rückerstattung des Darlehns und seiner Verzinsung. Nicht in den Rahmen des Darlehnsvertrages aber fallen etwaige Verpflichtungen des Darlehnsgebers zur Hingabe des Darlehns und des Darlehnsnehmers zur Empfangnahme des Darlehns; diese bilden vielmehr den Gegenstand eines gegenüber dem eigentlichen Darlehn selbständigen Vorvertrages. In der neueren**) Literatur zum BGB. haben sich aber die Stimmen gemehrt, welche in mehr oder weniger weitgehendem Umfang für den modernen Rechtsverkehr die Ausgestaltung des Darlehns zu einem Konsensualvertrag für zulässig erachten wollen. Bei dem verzinslichen Darlehn soll die Darlehnshingabe nicht notwendigerweise ein Tatbestandsmoment für die Begründung des Darlehns abgeben; gegebenenfalls soll vielmehr die Auszahlung der versprochenen Darlehnsvaluta die Erfüllung des Versprechens des Darlehnsgebers, die Verzinsung und Rückzahlung des Darlehns aber die Erfüllung des Versprechens des Darlehnsnehmers darstellen; die gesamten getroffenen Abreden werden dann als ein gegenseitiger Konsensualvertrag

---

*) Vgl. RGRK., Vorbem. zu § 607, 2; Planck, Vorbem. zu § 607; Oertmann, Vorbem. zu § 607; Degenkolb, Arch. f. d. ziv. Pr. 71, 1 ff.

**) Kohler, Arch. für bürgerl. Recht 33, S. 9 ff., Höniger, ebenda 33, S. 278 ff., Mügel, Gruchot 54, S. 24, Kinne, Gruchot 56, S. 467, Schlosser, Jherings Jahrb. 70, S. 246 ff., Lübbert, Jherings Jahrb. 52, S. 303 ff., Böhmer, Realvertrag im heutigen Recht, Arch. f. bürgerl. Recht 38, S. 315.

behandelt, der Vorvertrag aber als überflüssig und verkehrshinderlich ausgeschieden *).

Die gegen die herrschende Meinung ins Feld geführten praktischen Bedenken bieten freilich, wie des näheren noch darzulegen, auch der Realvertragstheorie für eine befriedigende Lösung keine unüberwindlichen Schwierigkeiten.

Eine eingehendere theoretische Fundierung des Darlehnsvertrags erscheint aber aus folgenden Gründen geboten: Erstens hängt die Darlehnshypothek in ihrem rechtlichen Bestande von der Entstehung der Darlehnsforderung ab; die Klarstellung der Voraussetzungen ihrer Begründung ist also für das Hypothekengeschäft von wesentlicher Bedeutung. Ferner zeigt aber auch die herrschende Auffassung Unklarheiten und Meinungsdifferenzen grundlegender Natur insbesondere über die Bedeutung des Willensmomentes innerhalb des Realvertrages; hat doch gerade für das einschlägige Hauptverkehrsgeschäft, das hypothekarisch gesicherte Kreditgeschäft, das für den Geldgeber eine Vermögensanlage, für den Geldnehmer aber einen Kreditgenuß bedeutet, das Reichsgericht **) in der Annahme eines Hypothekenkaufes der abweichenden Meinung weitgehende Zugeständnisse gemacht.

Die grundlegende gesetzliche Bestimmung für die Rechtsnatur des Darlehns gibt § 607: „Wer Geld oder andere vertretbare Sachen als Darlehn empfangen hat, ist verpflichtet, dem Darlehnsgeber das Empfangene in Sachen von gleicher Art, Güte und Menge zurückzuerstatten."

Die Motive, II 306, glauben zwar durch diese Fassung der Frage, ob das Darlehn als gewöhnlicher Konsensualvertrag begründet werden müsse, nicht vorzugreifen. Es ist aber dem RG. und der herrschenden Meinung dahin zuzustimmen, daß der Wortlaut des § 607 als zwingende Voraussetzung für die Entstehung des Darlehnsvertrages selbst „den Empfang" durch den Darlehnsnehmer und damit auch die „Hingabe" durch den

*) Siber, Jherings Jahrb. 70, S. 246 ff., will vermittelnd den Vertragswillen im Einzelfall entscheiden lassen.

**) JW. 1929, S. 309, Warn. 1912, S. 207, JW. 14, S. 76, vgl. unten B. III, G I.

Darlehnsgeber festlegt; daß das BGB. nach dem Wortsinn des § 607 als Rechtsfolge des eigentlichen Darlehnsvertrages nur die einseitige Verpflichtung des Darlehnsnehmers gelten läßt.

Das Darlehn ist somit seiner Rechtsgestaltung nach auch unter der Herrschaft des BGB. ein Realvertrag, und zwar der für das Rechtsleben bei weitem bedeutsamste derartige Vertrag. Die rechtliche Eigenart des Darlehns aber beruht darin, daß die Hingabe der Valuta zwar zum Eigentumserwerb, also zur vollen Verfügungsmacht des Darlehnsnehmers zu führen hat, daß aber gleichzeitig der Darlehnsnehmer zur Rückerstattung verpflichtet wird, also den Kapitalbetrag bzw. die Sachenmenge zum Gebrauch und Verbrauch erhält, aber beschwert mit einem Guthaben des Darlehnsgebers in voller Höhe des empfangenen Kapitals. Wirtschaftlich stellt damit das Geschäft für den Darlehnsnehmer eine Kapitalsleihe, die Ueberlassung des Kapitalbetrages zur Kapitalsnutzung dar; rechtlich aber findet der hierin liegende Zweck des Geschäfts seinen Ausdruck in der zeitlichen Hinausschiebung der Rückzahlungspflicht; jedoch gewährt auch die vertragliche Festlegung eines langfristigen Rückzahlungstermins dem Darlehnsnehmer nicht etwa ein selbständiges Dauerrecht auf die Ueberlassung des Darlehns für die vertragsmäßig vereinbarte Zeit.

II. Die Pflichten des Darlehnsnehmers.

Die darlehnsweise Hingabe und die Rückerstattung des Darlehns stehen, innerhalb des Darlehnsvertrages selbst, einander nicht wie Leistung und Gegenleistung gegenüber. Doch ist das unverzinsliche Darlehn trotzdem nicht etwa als Schenkung im Sinne von § 516 BGB. anzusprechen; denn nach § 608 BGB. tritt die Zinspflicht nur auf Grund (ausdrücklicher und stillschweigender) Parteivereinbarung ein; auch das unverzinsliche Darlehn ist also ein reguläres Darlehn, wie sogar das einseitige Versprechen der Hingabe eines unverzinslichen Darlehns gemäß § 610 formlos gültig ist.

Im Geschäftsverkehr ist freilich die Verzinslichkeit des Darlehns die Regel, und zwar in einem derartigen Umfang, daß die Tatsache der Verzinslichkeit an sich dem Darlehn nicht einmal den Charakter eines Gefälligkeitsgeschäftes zu nehmen braucht.

Bei den eigentlichen Kapitalsanlagegeschäften, bei denen auch der Darlehnsgeber mit der Hingabe des Darlehns seine eigenen wirtschaftlichen Interessen in erster Linie verfolgt, bilden naturgemäß die Vereinbarungen über die Höhe des Zinsfußes einen hervorragenden Teil des Geschäfts; hier stehen häufig die Abmachungen über die Dauer der Kapitalfestlegung einerseits und die Höhe der Verzinsung andererseits miteinander in gegenseitiger Wechselwirkung.

Wie auch von Böhmer, Archiv für bürgerliches Recht 38, 315, hervorgehoben wird, geht es demnach nicht an, die Rückerstattungspflicht als die den Darlehnsvertrag bildende einzige Verpflichtung oder für die hauptsächliche Pflicht aufzufassen, der gegenüber die anderen Wirkungen des Vertrages nur Begleiterscheinungen wären. Ebensowenig wird es der Sachlage gerecht, wenn die Zinsabrede oder gar die vertraglichen Vereinbarungen über die Rückzahlung in einen besonderen Nebenvertrag verwiesen werden. Auch wenn an sich ein Vorvertrag über das zu gewährende Darlehn geschlossen ist, bilden doch die Zins- und Zahlungsbedingungen einen Teil des Darlehnsvertrages selbst, sobald dieser als solcher zustandegekommen ist, und die Bedingungen für ihn Geltung haben sollen. Es finden daher auch bezüglich der Zins- und Zahlungsbedingungen die Vorschriften des § 154 BGB. Anwendung. Mit Recht hat das RG. in der Entsch. VI. 3508 (Recht 1915 S. 1091) sich dahin ausgelassen, daß insbesondere ein größeres Hypothekendarlehnsgeschäft im Zweifel erst dann als perfekt anzusehen ist, wenn nicht nur die Höhe des Zinsfußes vereinbart, sondern die Parteien sich auch über die Rückzahlungsbedingungen einig geworden sind, so daß hier die Vereinbarungen nicht etwa durch die gesetzlichen Regeln entsprechend ergänzt werden dürfen.*)

*) Die Entsch. hat diesen Grundsatz zwar ausdrücklich nur für den behandelten Fall des Vorvertrages auf Darlehnsgewährung ausgesprochen, er muß aber in gleicher Weise auch für die Einigung beim Darlehnsvertrage selbst Geltung haben, gleichgültig, ob ein Vorvertrag abgeschlossen ist oder nicht.

Es ist aber auch nicht erforderlich, die Rückzahlungspflicht auf ein Rückzahlungsversprechen zu gründen und zu diesem Zweck aus der Darlehnshingabe das Vorliegen eines Versprechens zur Rückerstattung herzuleiten..

Für die Einigung beim Darlehnsvertrage gelten vielmehr die allgemeinen Regeln für den Abschluß von Verträgen (Planck, Vorbemerkung zu § 607 III.). Nun bedürfen aber auch bei den Konsensualverträgen die einzelnen vertraglichen Pflichten nicht der Zurückführung auf entsprechende einzelne Leistungsverpflichtungen der Parteien. Vielmehr beruht umgekehrt die Feststellung, ob und welchen Vertrag die Parteien geschlossen haben, auf ihren einzelnen Erklärungen, Handlungen und ihrem Verhalten. Daß insbesondere auch die Verpflichtung des Verkäufers zur Uebertragung des Eigentums nicht auf ein besonderes Versprechen dieser Leistungspflicht unmittelbar oder mittelbar zurückgeführt werden muß, ergibt die ausdrückliche Bestimmung des § 433 BGB.: „Durch den Kauf wird der Verkäufer verpflichtet, dem Käufer die Sache zu übergeben und das Eigentum an der Sache zu verschaffen." Gerade die bisweilen in der Literatur bemerkbare Neigung, als besonderen Mittler zwischen Darlehnsvertrag und Rechtsfolge ein eigen zu wertendes Darlehnsversprechen einzuschieben, schafft für die theoretische und praktische Behandlung unnötige Schwierigkeiten.

III. Einigung und Darlehnshingabe.

Neben den Konsensus, das Willensmoment im Darlehnsvertrag, tritt als das reale Moment die Hingabe und der Empfang der Darlehnsvaluta. Das Verhältnis zwischen diesen beiden Tatbestandsmomenten des Darlehnsvertrags umschreibt Degenkolb (Arch. für Ziv.-Pr. 71, 55) dahin, daß „Res und obligatorischer Consensus nicht nebeneinander, sondern ineinander stehen", „daß die Hingabe ganz getragen und durchdrungen sei von der Conventio über die rechtlichen Folgen derselben." Freilich hat die Bezeichnung „Hingabe" schon dem Sprachwert des Ausdrucks nach eine Bedeutung, die über die bloße Uebergabe zu Eigentum hinausgeht; es liegt in ihr nämlich auch der Hinweis, daß es sich nicht um Eigentumsübertragung und Erwerb als Erfüllungsgeschäft, sondern um das Geben und Nehmen zu dem Zwecke hin handelt, eine Rechtsfolge zu begründen. Der rechtliche Gesamttatbestand der darlehnsweisen Hingabe aber ist an sich gegeben, wenn Konsensus und Empfang der Valuta als Teilakte des Vertrages vorliegen.

Notwendig ist hierbei nicht, daß Konsensus und die Hingabe zeitlich unmittelbar zusammenfallen. Die Uebereignung der Valuta kann vielmehr vorausgegangen sein, ohne daß hierbei die Parteien sich darüber einig waren, ob sie schenkungs- oder darlehnshalber erfolgte. Es genügt für das Zustandekommen des Vertrages, daß die Parteien sich erst später über den Darlehnscharakter im allgemeinen oder die einzelnen Darlehnsbedingungen einigen. Ebenso ist es möglich, daß der Konsensus vorausgegangen ist und die Hingabe mit oder ohne Willen der Parteien sich einige Zeit hinausschiebt.

Nicht hinreichend aber wird beachtet, daß auch das reale Moment der Hingabe sich nicht in einem tatsächlichen Vorgang erschöpft. Die Hingabe hat grundsätzlich zu Eigentum des Nehmers zu erfolgen (RG. 103, 288), sie schließt daher einen dinglichen Vertrag auf Uebereignung in sich. Nach der nunmehr feststehenden Auffassung des RG. bildet ja die Einigung im Sinne von § 929 BGB. einen dinglichen Vertrag, der allerdings nur in Verbindung mit der Uebergabe der Sache die Rechtswirkung des Eigentumsüberganges auslöst. Erfordert somit das normale Darlehn einen dinglichen Vertrag, so enthalten auch die Hingabe und der Empfang vertragliche Erklärungen der Parteien, die den allgemeinen Vorschriften für Rechtsgeschäfte unterliegen. Es ist daher auch durchaus angängig, den dinglichen Vertrag mit einer aufschiebenden Bedingung zu verknüpfen und damit die Entstehung des Darlehnsvertrages selbst von einer Bedingung abhängig zu machen. Erklärt z. B. der Darlehnsgeber bei Uebergabe der Darlehnsvaluta, etwa einer Anzahl Aktien, daß er den Eigentumsübergang von der Bestellung der versprochenen Hypothek abhängig mache, so ist nur ein bedingter Darlehnsvertrag zustande gekommen; und dies auch dann, wenn unmittelbar vorher die vertragliche Regelung der Parteien die unbedingte Hingabe der Valuta vorsah.

Der Darlehnsvertrag verlangt für seine Wirksamkeit somit außer dem obligatorischen Konsensus (über Darlehnszweck und Darlehnsbedingungen) einen dinglichen Konsensus*) (über den Eigentumsübergang bezüglich der Valuta); während aber der dingliche Konsens nach allgemeinen Bestimmungen einen dinglichen Vertrag darstellt, kommt dem obligatorischen nicht der Charakter eines selbständigen Vertrages zu. Selbstredend kann der dingliche Vertrag auch durch einen Bevollmächtigten für den Darlehnsnehmer getätigt werden, wie auch die obligatorische Einigung der Parteien dahin gehen, daß die Uebereignung der Valuta an einen Dritten, etwa einen Gläubiger des Darlehnsnehmers erfolgen soll. Ebenso unterliegt es keinem Bedenken, daß die Uebergabe in Gemäßheit des § 868 BGB. durch Vereinbarung eines Rechtsverhältnisses, etwa also des weiteren Verwahrungsbesitzes des Darlehnsgebers ersetzt wird. Soweit nach den Anschauungen des Rechtsverkehrs oder der besonderen Sachlage des Falles die Begründung eines Guthabens gegen einen Dritten (etwa eine Bank) der direkten Uebereignung der Valuta gleichzustellen ist, ist damit eine endgültige Zuführung des Valutawertes in das Vermögen des Darlehnsnehmers erfolgt, und also auch die Hingabe der Valuta im Sinne von § 607 Abs. 1 belegt **). § 607 Abs. 2 regelt das sogenannte Vereinbarungsdarlehn: Es ist danach also allgemein zulässig, die Valutierung des Darlehns dadurch zu bewerkstelligen, daß eine bestehende oder eine zukünftige Forderung in ein Darlehn umgewandelt wird. Die Umwandlung muß eine bereits begründete oder eine später tatsächlich zur Entstehung gelangende Forderung zum Gegenstand haben; auf welchen Rechtsgründen die umzuwandelnde Forderung (unerlaubte Handlung, gegenseitiger Vertrag, abstraktes Schuldversprechen) beruht, ist gleichgültig (vgl. unten D).

---

*) Nicht zutreffend ist daher, wenn RGRK. zu § 607 Anm. 2 im Anschluß an RG. 74, 14, 15 der Hingabe die Bedeutung einer Willenserklärung schlechthin absprechen will.

**) Über den Fall einer Darlehnsvalutierung durch Gutschrift seitens der Bank, wenn die Zahlung seitens des Gebers nicht in bar, sondern auf Grund einer Verrechnung und Gutschrift zugunsten der Bank in den Büchern des Gebers erfolgt ist, vgl. JW. 1913, S. 264.

B. Die Rechtsnatur des Vorvertrages.

I. Es ist zunächst nachzuprüfen, ob und inwieweit für den Abschluß eines Vorvertrages vor dem Hauptdarlehnsvertrag die gleichen Gründe vorliegen können wie für die Vorverträge bei den Konsensualverträgen. Die Parteien wollen bei diesen zunächst einander sich nicht auf die ins Auge gefaßte vertragliche Regelung endgiltig festlegen, begnügen sich vielmehr mit einer gewissen Bindung durch einen Vorvertrag. Der höhere Bindungsgrad beim Hauptvertrage kann entweder nach der persönlichen oder der sachlichen Richtung liegen.

1. Besteht das Unsicherheitsmoment nicht in den Vertragsbedingungen selbst, so kommt ein Vorvertrag dann in Frage, wenn nicht bereits beide Parteien, sondern nur die eine, etwa der Kaufreflektant, zum Abschluß eines späteren Kaufvertrages*) verpflichtet werden soll. Ein derartiger Vorvertrag unterscheidet sich insofern von einer langfristigen Offerte, als der Hauptvertrag nicht ohne weiteres durch die Annahmeerklärung der vorerst nicht gebundenen Partei zustande kommt, vielmehr eine erneute Willenserklärung auch seitens der durch den Vorvertrag gebundenen Partei die begriffliche Voraussetzung für den Abschluß des Hauptvertrages bildet.

2. Ist aber die Vereinbarung eines Vorvertrages darauf zurückzuführen, daß die Parteien nicht bereits den Vertragsinhalt des Hauptvertrages in allen Einzelheiten festlegen wollen, so liegt dies häufig daran, daß sie die künftige wirtschaftliche oder rechtliche Entwicklung abwarten wollen oder aber den Abschluß einer Reihe von Einzelverträgen vorsehen, die jeweilig die nähere Auswahl der Vertragsgegen-

*) Nicht ganz korrekt dürfte die Formulierung der Entsch. RG. 81, 138 sein, die in dem pactum de emendo den Vorvertrag auf Ankauf und Erwerb eines Grundstücks im Gegensatz zum Vorvertrag auf den Abschluß eines Kaufvertrages sehen will. Es handelt sich hierbei in Wirklichkeit um den einseitig bindenden Vorvertrag zu einem regulären Kaufvertrag. Ankauf und Verkauf, Erwerb und Veräußerung sind korrelate Begriffe; der Kaufvertrag selbst bringt automatisch die beiderseitigen Verpflichtungen zur Auslösung. Bei dem einseitigen Vorvertrag ist zwar die Bindung einseitig, der Gegenstand der Bindung aber der Abschluß eines zweiseitigen Vertrages.

stände notwendig machen. Gelangen dann später die Parteien bei den Verhandlungen über den Hauptvertrag nicht direkt zur Einigung über die offengelassenen Punkte, so kommt ihre Regelung nach den gesetzlichen Vorschriften unter dem Gesichtspunkte der Angemessenheit evtl. durch einen Sachverständigen oder durch das Gericht in Frage. Freilich gilt auch für den Vorvertrag die Vorschrift des § 155 BGB. (RG. Recht 1915, S. 1093). Im Zweifel hängt also auch die Wirksamkeit des Vorvertrages davon ab, daß sie sich über alle Punkte geeinigt haben, die den Inhalt des Vorvertrages nach den Willen der Parteien ausmachen sollen.

II. 1. Da der Darlehnshauptvertrag ein einseitiger Vertrag ist, kommt für den Abschluß des Darlehns-Vorvertrages regelmäßig nicht als Beweggrund in Frage, daß die Parteien die *beiderseitige* Bindung vermeiden wollen.

2. Wohl aber sieht § 610 BGB. einen Vorvertrag in der Gestalt des Versprechens der Darlehnsgewährung vor, durch welches einseitig der Darlehnsgeber verpflichtet wird, der Kreditreflektant aber noch freie Hand behält, ob er das Darlehn nehmen und damit seine einseitige Darlehnsschuld begründen will. Die Eigenart des Darlehns, welches nur Geldsummen oder fungible Sachen zum Gegenstande hat, bringt es mit sich, daß auch der zweite, für Vorverträge bei Konsensualverträgen maßgebliche Gesichtspunkt nur seltener Platz greifen wird, so etwa wenn die Höhe des Zinsfußes einer zukünftigen Parteivereinbarung vorbehalten werden soll; oder aber, wenn es sich um ein laufendes Kredit- oder Baudarlehnsabkommen handelt, bei welchem durch einen Vorvertrag die Bindung einer oder beider Parteien zum Abschluß einer Reihe von Darlehnsverträgen geschaffen wird.

3. Der Hauptgesichtspunkt für den Abschluß eines Vorvertrages ergibt sich aber beim Darlehn regelmäßig aus der Rechtsnatur des Darlehnsvertrages; da nämlich das reguläre Darlehn im Sinne von § 607 Abs. 1 BGB. die Hingabe und den Empfang der Valuta voraussetzt, so kann im Regelfall ein Darlehnsvertrag nur dann wirksam geschlossen werden, wenn die Valuta alsbald zur Auszahlung gelangen soll. Sobald aber die zukünftige Auszahlung bzw. die darlehnsweise zukünftige

Hingabe der fungiblen Sachen vereinbart werden soll, ist der Abschluß eines Vorvertrages der gegebene Weg.

III. Verpflichtet sich der Kreditgeber einseitig, dem Nehmer ein Darlehn zu geben, so liegt ein Darlehnsversprechen im Sinne von § 610 BGB. vor. Verpflichtet sich hingegen nur der Kreditnehmer, ein Darlehn hinzunehmen, so ist ein einseitiges pactum de mutuo accipiendo gegeben. Trotz der Einseitigkeit des Darlehnsvertrages selbst steht aber nichts entgegen, daß der Vorvertrag auch die beiderseitige Bindung beider Parteien herbeiführen kann. Enthält der Vorvertrag eine ausdrückliche Bestimmung dahin, daß die eine Partei zur Darlehnsgewährung, die andere zur Entgegennahme des Darlehns unter vereinbarten Zins- und Zahlungsbedingungen verpflichtet sein soll, so ist an der Doppelseitigkeit der Bindung nicht zu zweifeln. Liegt aber nur auf einer Seite, sei es des Darlehnsgebers, sei es des Darlehnsnehmers, eine ausdrückliche Verpflichtungserklärung vor, so kann nicht ohne weiteres eine stillschweigende Verpflichtung auch des anderen Teiles angenommen werden; es bedarf hierzu vielmehr besonderer Umstände, die einen derartigen Schluß rechtfertigen. Dies gilt insbesondere von der Verpflichtung zur Entgegennahme eines Darlehns, das der Kreditgeber zu geben sich verpflichtet hat. Mit Recht hat das RG. ausgesprochen, daß auch die Zusicherung des Darlehnsreflektanten, das ihm versprochene Darlehn durch eine Hypothek oder bewegliche Sachen sicherzustellen, noch nicht regelmäßig dessen eigene Verpflichtung zur Entgegennahme des Darlehns in sich schließt. (RG. JW. 09, 309; Warn. 1912, 207; JW. 1914, 76). Wohl aber wird meist die Ausstellung eines Schuldscheins vor der tatsächlichen Hingabe eines Darlehns gleichzeitig als das Versprechen, das Darlehn unter den angegebenen Bedingungen hinzunehmen, aufgefaßt werden können. Grundsätzlich aber spricht selbst beim verzinslichen Darlehn die Vermutung dagegen, daß der Empfänger eines Darlehnsversprechens sich auf die Entgegennahme des Darlehns festlegen will. Nur dann, wenn ein eigenes Interesse des Kreditgebers am Zustandekommen des Darlehnsvertrages festgestellt werden kann, insbesondere also, wenn es sich um Kapitalsanlagen größerer Kreditinstitute handelt, wird der Vorvertrag, ohne daß weitere Anhaltspunkte vorzuliegen brauchen, im Sinne einer gegenseitigen Billigung ausgelegt werden können (JW. 1909, 309; Warn. 1912, 207; JW. 1914, 76).

Hat umgekehrt der Kreditgeber ein ausdrückliches Darlehnsversprechen nicht abgegeben, so muß in der Entgegennahme einer Schuldscheinerklärung, mit der sich der Darlehnsnehmer zur Entgegennahme des Darlehns verpflichtet, noch nicht notwendig die Verpflichtung zur Hergabe des Darlehns liegen. Es kann sich vielmehr hierbei um die unverbindliche Inaussichtstellung der Darlehnsgewährung handeln. (RGRK. zu § 610, 1). Gleichgültig, ob ein einseitiger oder zweiseitiger Vorvertrag zwischen den Parteien geschlossen ist, verlangt grundsätzlich der Abschluß des Darlehnshauptvertrages einen erneuten Willensentschluß der Parteien. Die Einigung über den Abschluß des Vorvertrages ersetzt an sich nicht den für das Wirksamwerden des Darlehnsrealvertrages erforderlichen Konsens. Dieser Konsens braucht jedoch selbstredend nicht ausdrücklich von den Parteien erklärt zu werden. Folgt dem Vorvertrage die Hingabe und der Empfang der Valuta, so ist vielmehr, falls nicht gegenteilige Willenserklärungen abgegeben werden, der Hauptvertrag mit dem Inhalt des Vorvertrages als abgeschlossen anzusehen. (RG. Warn. 1910 Nr. 191.)

C. Vorvertrag und Darlehnsvertrag.

I. Die Erfüllung der Vertragspflichten des Vorvertrages.

Sowohl die Verpflichtung des Darlehnsgebers zur Darlehnsgewährung wie die Verpflichtung des Darlehnsnehmers zum Darlehnsempfang verlangen für die Verwirklichung des beabsichtigten Rechtserfolges den Abschluß des Darlehnsvertrags. Zu weit aber geht Roth (37. Heft der Abh. zum schweizerischen Recht, S. 308), wenn er meint, daß stets der Darlehnsgeber, der die Gewährung eines Darlehns versprochen habe, bei mangelnder oder unzureichender Mitwirkung des Darlehnsnehmers seinen Versuch, den Darlehnsvertrag zustande zu bringen, solange zu wiederholen habe, bis der Versuch gelungen sei. Der Rahmen der von einem Schuldner zur Erfüllung seiner Vertragspflicht zu bewirkenden Leistungen braucht aber durchaus nicht immer bis zur Erreichung des bezweckten Rechtserfolges gespannt zu werden; gehört doch sogar nach der Rechtsprechung des RG. für die vertragsmäßige Erfüllung des Grundstückverkäufers außer der Uebergabe und der Auflassung nicht auch die Grundbucheintragung, kommt doch vielmehr trotz des Wortlautes des § 433 BGB., der den Verkäufer verpflichtet, dem Käufer „das Eigentum zu verschaffen", der Verkäufer bereits damit seiner Vertragspflicht nach, daß er alles tut, was ihm im Einzelfalle obliegt, um die Umschreibung zu bewirken. (JW. 1928, 174; 497). Dementsprechend sind beim Darlehn in erster Linie die besonderen vertraglichen Vereinbarungen und die Umstände des konkreten Falles für den Umfang der Leistungen aus dem Vorvertrage maßgebend. Ergänzend müssen Gesetz und Treu und Glauben herangezogen werden, um das Maß der Mitwirkungspflicht der durch den Vorvertrag gebundenen Partei oder Parteien (also des Darlehnsgebers oder des Darlehnsnehmers oder beider Parteien) zu bestimmen.

Zuzustimmen ist daher andererseits auch nicht Staudinger (I Vorbemerkungen zu § 145 S. 610), wenn er meint, daß der wesentliche Inhalt der Vertragspflicht des Darlehnsversprechers in der Leistungsbereitschaft sich erschöpfe, und daß eine Leistungsverpflichtung erst entstehe, wenn der Darlehnsnehmer die Auszahlung der Valuta verlange und sich damit der Vorvertrag in einen Hauptvertrag verwandelt (vgl. auch Staudinger Vorbemerkung zu § 607, 2a). Es hängt vielmehr von der Lage des einzelnen Falles ab, 1. ob der Darlehnsgeber verpflichtet ist, seinerseits an den Darlehnsnehmer heranzutreten, 2. oder ob der Darlehnsgeber abwarten kann, bis der Darlehnsnehmer seine Bereitwilligkeit zum Darlehnsempfange ihm gegenüber ausspricht (zweifellos ist im Sinne von 2 zu entscheiden, wenn nach dem Vorvertrag das Darlehn nur „auf Verlangen" des Darlehnsnehmers zu gewähren ist), 3. oder ob beide Parteien in gleichem Maße einander verpflichtet sind, für das Zustandekommen des Vertrages Sorge zu tragen, 4. endlich ob etwa der Darlehnsnehmer verpflichtet ist, die Initiative zu ergreifen, sich etwa

z. B. selbst zum Darlehnsgeber zu begeben hat, um das Darlehn in Empfang zu nehmen *).

Da der normale Darlehnsvertrag im Sinne des § 607 Abs 1 einerseits die Uebergabe und den dinglichen Vertrag (Hingabe und Empfang) und andererseits den Konsens der Parteien voraussetzt (vgl. oben A II), so muß auch die Mitwirkung der Parteien sich in der Richtung auf die Verwirklichung dieser drei Begründungsmomente bewegen. Und je nach der Lage des Falles können der einen oder anderen Partei bezüglich des einen oder anderen Momentes verschieden weit gehende Bemühungen oder Rechtshandlungen in obligatione liegen. So ist es möglich, daß nach dem Vorvertrag der Darlehnsgeber alsbald die Darlehnsvaluta (z. B. die Pfandbriefe) dem Darlehnsnehmer oder einem Treuhänder übergeben, den Uebereignungsvertrag aber erst nach der vereinbarten Sicherstellung durch den Darlehnsnehmer tätigen muß, oder daß der Darlehnsnehmer noch vor Auszahlung der Valuta schriftlich, z. B. in einem Schuldschein, seine Konsenserklärung über die Darlehnsbedingungen niederzulegen hat. Nach dem Vorvertrage kann auch der Darlehnsgeber verpflichtet sein, die Darlehnsvaluta an eine dritte Person zur Auszahlung zu bringen, während der Konsens Sache des Darlehnsgebers und des Darlehnsnehmers bleibt.

Lehnt bei einseitiger Bindung einer Partei die andere Partei den Empfang bzw. die Hingabe endgültig ab, so wird damit auch die gebundene Partei endgültig frei. Aber auch sonst kann unter Umständen aus dem Gesichtspunkt des § 242 BGB. eine endgültige Befreiung der durch den Vorvertrag gebundenen

---

*) Es ist daher auch nicht zutreffend, wenn Degenkolb („Der Begriff des Vorvertrages", Arch. für ziv. Pr. 71, S. 13) schlechthin den Satz aufstellt, daß begriffsnotwendig der Darlehnsgeber stets der Offerent, der Darlehnsnehmer stets der Akzeptant des obligatorischen Realvertrages sein muß; und dies, obwohl Degenkolb ausdrücklich die grundsätzliche Austauschbarkeit der Offerenten- und Akzeptantenrollen sowohl für den Konsensualvertrag wie den dinglichen Vertrag anerkennt.

Ebensowenig wird die Vielseitigkeit der Möglichkeiten durch die Rechtsanschauung erschöpft, daß bei beiderseitiger Bindung der Darlehnsgeber zur Offerte, der Darlehnsnehmer zur Annahme des Darlehnsvertrages verpflichtet sei (vgl. Breit, Gruchot 55, 24 ff.).

Partei in Frage kommen; wenn z. B. bei einem kurzfristigen Darlehn, das zu einem bestimmten Zeitpunkt der Darlehnsgeber zu gewähren verpflichtet ist, der Darlehnsnehmer unerreichbar ist und während einer unverhältnismäßig langen Zeitspanne den Darlehnsgeber ohne Nachricht läßt, ohne irgendwelche Anstalten getroffen oder Anweisungen gegeben zu haben, um die Hingabe des Darlehns zu ermöglichen.

Liegt eine beiderseitige Bindung der Parteien vor, so ist der Vertrag als ein gegenseitiger anzusprechen. Die von den beiden Vertragsstellen versprochenen Leistungen, die Gewährung und der Empfang des Darlehns, haben diese einander zugesagt, weil auch der andere Teil sich zur Mitwirkung bei dem künftigen Darlehnsabschluß gebunden hat; für den Vorvertrag stehen die beiderseitigen Leistungen in dem Abhängigkeitsverhältnis von Leistung und Gegenleistung. Der Hauptdarlehnsvertrag kommt zustande durch die Erfüllungshandlungen der beiden durch den Vorvertrag gebundenen Parteien. Ist der Darlehnsvertrag wirksam begründet, so ist der Vorvertrag mindestens insoweit erfüllt, als er auf das Darlehn als solches gerichtet ist; damit ist auch der Vorvertrag in seiner Existenz beseitigt; die nunmehr nur noch in Frage kommende einseitige Verpflichtung des Darlehnsnehmers zur Rückerstattung und Verzinsung leitet sich nicht mehr aus dem Vorvertrag, sondern aus dem Darlehnsvertrage selbst her (RG. 86, 324).

Es ist daher auch nicht möglich, daß der Darlehnsvertrag selbst einen Teil des gegenseitigen Vorvertrages bildet. Wohl aber kann im Einzelfall zwischen einem Darlehnsvertrag und einem gegenseitigen Vertrag, zu dessen Inhalt der Vorvertrag über die Darlehnsgewährung gehörte, ein rechtlicher Zusammenhang im Sinne von § 139 BGB. bestehen.

II. Die zeitliche Vorausnahme des Darlehnskonsenses.

Die grundsätzliche Trennung zwischen Vorvertrag und Darlehnsvertrag schließt es aber auch nicht aus, daß mit dem Vorvertrag alsbald Teile des Begründungsaktes des Hauptvertrages verbunden werden. Der Darlehnsvertrag selbst kann wie oben ausgeführt, auch in der Weise zustande kommen, daß Konsens und Empfang der Darlehnsvaluta zeitlich auseinanderfallen. Geht der Wille der Parteien beim Abschluß des Vorvertrages dahin, lediglich die Auszahlung der Darlehnsvaluta hinauszuschieben, so muß es ihnen auch freistehen, das spätere Wirksamwerden des Darlehnsvertrages von vornherein nur noch auf die Verwirklichung des realen Momentes der Darlehnshingabe zu stellen. Notwendig ist hierzu allerdings, daß zu der Einigung über den Darlehnsvertrag der Konsens der Parteien bezüglich des Darlehnsvertrages selbst tritt, daß also nach dem feststellbaren Parteiwillen die Entstehung des Darlehnsvertrages von einem erneuten Konsens für den Zeitpunkt der Darlehnshingabe unabhängig sein soll. Ein derartiger Parteiwille wird, auch ohne daß eine ausdrückliche Erklärung vorzuliegen braucht, aus den besonderen Umständen entnommen werden können.

Hat insbesondere anläßlich eines gegenseitigen Vorvertrags der Darlehnsnehmer, ohne daß bereits die Valuta zur Auszahlung kam, einen Schuldschein über den Empfang der Darlehnssumme dem Geber ausgehändigt, so haben hiermit die Parteien auch den Konsens über den Darlehnsvertrag selbst erklärt, der dann in der tatsächlichen Auszahlung der Valuta ohne weiteres wirksam wird.

Hat sich bei beiderseitiger Bindung der Parteien der Darlehnsgeber verpflichtet, die Darlehnssumme zu einem bestimmten Zeitpunkt dem Nehmer zu übersenden, so wollen die Parteien gleichfalls mit dem Eingang des Darlehnsbetrages den Darlehnsvertrag zur Entstehung bringen und das für den Abschluß des Hauptvertrages erforderliche Willensmoment vorwegnehmen. Ebenso wird meist die Sachlage zu beurteilen sein, wenn von vornherein die Auszahlung des Darlehns an eine vom Nehmer angegebene Zahlstelle oder an einen Gläubiger desselben, insbesondere beim Baudarlehn, vorgesehen ist.

Zu weit aber geht Siber (Jherings Jahrb. für Dogm. Bd. 70 S. 256 ff.), wenn er seine zwischen der Realvertrags- und Konsensualtheorie vermittelnde Meinung darauf zu gründen sucht, daß der Grundsatz der Vertragsfreiheit es den Parteien überlasse, ob sie zunächst nur einen Vorvertrag zu dem späteren

Realvertrage abschließen oder alsbald den Darlehnsvertrag selbst als einen Konsensualvertrag tätigen wollen. Denn die Vertragsfreiheit findet an der gesetzlichen Vorschrift des § 607 Abs. 1 ihre Grenze. Richtig ist zwar, daß auch, wenn einstweilen die Einigung der Parteien über das Darlehn und seine Bedingungen erfolgt, die Auszahlung der Valuta aber vereinbarungsgemäß auf einen späteren Zeitpunkt verlegt ist, nicht notwendig ein Vorvertrag als vorliegend angesehen werden muß. (Buhl, Kritische Vierteljahrsschrift f. Ges. u. Recht, Bd. 18 S. 336). Niemals aber kann der Konsens allein den Darlehnsvertrag zur Rechtswirksamkeit bringen. Ist ein Vorvertrag vorausgegangen, so stellt die Konsenserklärung bezüglich des Hauptvertrages den ersten Akt der Vertragserfüllung und einen Teil des Begründungsaktes des Hauptvertrages dar, die spätere Hingabe des Darlehns aber bedeutet nicht etwa die Erfüllung eines Konsensualdarlehnsvertrages, sondern läßt diesen vielmehr erst zur rechtlichen Entstehung gelangen.

Die hier vertretene Auffassung weist auch den Weg, den von den Gegnern der Realvertragstheorie ins Feld geführten praktischen Schwierigkeiten und Bedenken zu begegnen. Wenn Schloßmann, Kohler und Höniger die Unzulänglichkeit der herrschenden Auffassung damit belegen wollen, daß bei oder nach der Hingabe des Darlehns stets noch ein erneuter Willensbeschluß der Parteien, insbesondere auch von seiten des Darlehnsnehmers hinzutreten müsse, so entfällt dieses Bedenken, wenn im Sinne obiger Ausführungen die Konsenserklärung bereits beim Abschluß des Vorvertrages wirksam als Teil des Darlehnstatbestandes selbst erklärt werden kann *). Freilich ist an sich der Hinweis Kohlers (Arch. f. bürg. Recht 33, S. 9) zutreffend daß die Auszahlung der Darlehnsvaluta auf ein Bankkonto oder eine sonstige Zahlungsstelle des Nehmers den Darlehnskonsens der Parteien nicht mit umfaßt, wenn der Bevollmächtigte nicht zu Rechtserklärungen über die Empfangnahme des Geldes

*) Die Entscheidung, RG. 74, 14, die die Rechtslage im Hinblick auf die Stempelpflichtigkeit nachprüft, hält die Möglichkeit für gegeben, daß bereits eine stillschweigende Verpflichtung des Nehmers zur Rückerstattung des Darlehns für den Fall seiner Auszahlung vorliege.

hinaus ermächtigt ist; doch bedeutet dies für die Begründung des Darlehnsvertrages keine Verzögerung, wenn der Konsens bereits beim Vorvertrage wirksam erklärt ist.

Wenn das RG. insbesondere in der Entsch. RG. 66, 362 eine Vereinbarung der Parteien dahin für zulässig erklärt, daß die Darlehnsvaluta direkt an einen Dritten ausgezahlt werden und dieser das unmittelbare Recht erhalten soll, die Auszahlung zu verlangen, so wird auch damit die vor der Hingabe getroffene Willenseinigung als ein Bestandteil des Hauptvertrages anerkannt.

III. Die Abtretung des Anspruches auf Darlehnsgewährung.

Freilich ist daran festzuhalten, daß an sich der durch den Vorvertrag dem Nehmer erwachsende Anspruch nicht auf Zahlung einer Geldsumme, sondern auf den Abschluß des Darlehnsvertrages geht. (RG. 52, 306; 68, 356; OLG. Kiel Seuff. Arch. 63, Nr. 8). Mit Recht lehnen daher Oertmann (zu § 399, 1a) und Dernburg (Bürgerl. Recht 2, 2 S. 267) die in der Literatur häufig vertretene Auffassung ab, daß aus dem Anspruch auf Abschluß des Darlehnsvertrages der Anspruch auf Auszahlung der Darlehnsvaluta ohne weiteres ausgesondert und für sich allein abgetreten werden könne. Ein nackter Anspruch auf Auszahlung der Valuta steht dem Darlehnsnehmer nicht zu. Der Anspruch auf Uebergabe und Uebereignung der Darlehnssumme ist nicht ein „Teil" des Vertragsanspruches sondern ein „Mehr"; der Anspruch des Nehmers aus dem Vorvertrag geht nur dahin, daß die Auszahlung mit der Bestimmung als Darlehnsvaluta erfolgt. Diese Bestimmung bedeutet aber eine Beschränkung, die der Nehmer als Gläubiger nicht eigenmächtig in Fortfall bringen kann. Nur dann, wenn diese Beschränkung durch den bereits vorausgehenden Konsens für den zukünftigen Darlehnsvertrag sichergestellt ist, kommt dem Anspruch auf Auszahlung der Valuta die Bedeutung einer selbständigen Forderung zu, die dem besonderen Verfügungsrecht des Gläubigers unterliegt.

Mügel weist in seinen Untersuchungen über den Inhalt des Baugeldvertrages (Gruchot, Bd. 54, S. 24) mit Recht darauf hin, daß bei dem Abschluß des Vertrages die Darlehns- und

Auszahlungsbedingungen bereits vollständig festgelegt werden, und daß die Auszahlung der einzelnen Baugeldraten nach den Vorstellungen der Parteien nicht mehr einen völlig neuen Vertragsabschluß auslöst; nicht notwendig aber ist es, wie Mügel will, deshalb dem Vorvertrag die Bedeutung eines Hauptdarlehnsvertrages in dem Sinne zu geben, daß durch ihn bereits der Nehmer zur Rückzahlung verpflichtet werde. Wohl aber ist überall, wo die Parteien im Anschluß an den Vorvertrag sich auch über den Hauptvertrag derart geeinigt haben, daß dessen Konsens als erfolgt anzusehen ist, damit auch der Tatbestand des Darlehnsvertrages in seinem Willensmoment, also abgesehen von der Hingabe der Valuta, verwirklicht. Der dem Darlehnsnehmer dann noch aus dem Vorvertrage verbleibende Anspruch beschränkt sich nunmehr auf die Auszahlung der Darlehnsvaluta schlechthin. Dann also ist es auch möglich, diesen Anspruch als reinen Geldanspruch zu behandeln. Und zutreffend hat das RG. (Gruchot Bd. 41, S. 1015) für einen Baugeldvertrag die Abtretung von einzelnen Bauraten an die Baugläubiger mit der Begründung bejaht, daß in der Abtretung (wohl besser in der Mitteilung der Abtretung) die Erklärung des Darlehnsnehmers zu finden sei, sich die an den Zessionar zur Auszahlung gelangenden Beträge als Darlehnsvaluta anrechnen zu lassen.

Erhält der Darlehnsnehmer bestimmte Waren oder Wertpapiere auf Grund der Vereinbarung, daß er diese veräußern oder verpfänden und den Erlös als Darlehn behalten solle, so liegt ein Auftrag zur Verwertung in Verbindung mit der Vereinbarung eines Darlehnsvertrages vor. Die Darlehnshingabe ist aber erst mit der Auszahlung der flüssig gemachten Summe als erfolgt anzusehen (JW. 1914, 76). Andererseits entsteht mit der Auszahlung seitens des Dritten ohne weiteres der Darlehnsvertrag, ohne daß hierbei der Konsens noch einmal wiederholt werden muß.

Liegt aber eine besondere Einigung über den Abschluß des Darlehnsvertrages selbst noch nicht vor, so kann auch der Nehmer durch die Abtretung dem Zessionar nicht mehr Rechte verschaffen als er selber hat. Muß somit das dem Zessionar zu übertragende Recht den gleichen Inhalt haben, wie der aus dem Vorvertrag dem Zedenten zustehende Anspruch; so kann auch der Nehmer dem Zessionar nur das Recht auf Abschluß eines Darlehnsvertrages zwischen Geber und Nehmer übertragen. Nichts anderes will offenbar das RG. zum Ausdruck bringen, wenn es insbesondere in den Entscheidungen (Warn. 09, Nr. 15 und 402) meint: „Wohl aber kann der Anspruch auf Bezahlung der Darlehnssumme in der Art auf einen Dritten übertragen werden, daß nicht der Zessionar, sondern der Zedent der Darlehnsschuldner wird." Daß das Reichsgericht nicht etwa damit den bloßen Anspruch auf Auszahlung der Darlehnssumme zum Gegenstand der Abtretung machen wollte, ergibt der weitere Zusatz in Warn. 09, Nr. 15: „worin dann zugleich die Ermächtigung des Zessionars liegt, die Auszahlung des Geldes für den Zedenten als den zukünftigen Darlehnsschuldner entgegenzunehmen"; denn wäre der Anspruch auf die Zahlung der Darlehnssumme wirklich als besonderer Anspruch abgetreten, so würde der damit gegebene Erwerb zu eigenem Recht eine weitere Ermächtigung zur Entgegennahme der Auszahlung für den Zedenten nicht nur überflüssig machen, sondern mit ihr im direkten Widerspruch stehen (vgl. auch § 5, XVI und XVII).

D. Das Vereinbarungsdarlehn.

Neben dem reinen Darlehnsrealvertrag des § 607 Abs. 1 BGB., bei dem die Darlehnsvaluta in das Vermögen des Darlehnsunternehmers tatsächlich hingegeben wird, haben die Bedürfnisse der Praxis auf der Grundlage des § 607 Abs. 2 BGB. insbesondere dank der Rechtsprechung des RG. das „Vereinbarungsdarlehn" zur Entfaltung kommen lassen, bei dem die tatsächliche Hingabe der Valuta unter gewissen Voraussetzungen als notwendiges Begriffsmerkmal entfällt. Von besonderer Bedeutung ist es hierbei, daß nach der Rechtsprechung des RG. nicht nur bereits entstandene, sondern auch künftige Forderungen für den Zeitpunkt ihres Entstehens durch den Parteiwillen in Darlehnsforderungen umgewandelt werden können. Neben der echten „Novation", die auch für eine Forderung aus einem gegenseitigen

Vertrage die endgültige Loslösung aus dem ursprünglichen Vertrag und die Umgestaltung zu einer einseitigen Darlehnsforderung zur Folge hat, ist auch die Umwandlung in dem beschränkten Sinne möglich, daß die Forderung zwar im allgemeinen den gesetzlichen Vorschriften über das Darlehn unterworfen wird, ihr aber ihr früherer Charakter einer Forderung aus einem gegenseitigen Vertrage nicht völlig verloren geht. Mit der Umwandlung in ein Darlehn gehen zwar die bloß aufschiebenden Einreden aus dem Grundgeschäft dem Schuldner stets verloren (RG. 62, 51 JW. 1909, 460). Regelmäßig aber ist davon auszugehen, daß trotz der Umwandlung die sonstigen Einreden aus dem ursprünglichen Rechtsverhältnis erhalten bleiben. Die Beweislast dafür, daß eine echte Novation vorliegt, trägt für den Regelfall derjenige, der sich darauf beruft (Jur. Rundsch. 1929 Nr. 170). Eine echte Novation wird aber meist dann anzunehmen sein, wenn die ursprüngliche Schuld nicht direkt in eine Darlehnsschuld umgewandelt wird, sondern als Zwischenglied ein abstraktes Schuldanerkenntnis hinzutritt, welches den direkten Gegenstand der Umwandlung bildet. Auch für den Darlehnsgeber kann es unter Umständen von Vorteil sein, wenn er trotz der Umwandlung sich auf die ursprüngliche Rechtsnatur seiner Forderung berufen darf. Diese Möglichkeit hat im Aufwertungsrecht besondere Bedeutung gewonnen. Das RG. hat in ständiger Rechtsprechung die Auffassung vertreten, daß trotz der Umwandlung einer Kaufpreisforderung in eine Darlehnsforderung regelmäßig die Forderung nicht nach den Grundsätzen einer Vermögensanlage aufzuwerten, vielmehr auch für die Frage der Höhe der Aufwertung die Forderung als ein Anspruch aus einem gegenseitigen Vertrage zu behandeln sei (Recht 1928 S. 15, Nr. 53).

Bei der einfachen Umwandlung einer bestehenden Forderung in eine Darlehnsforderung wird lediglich der Umweg, der zur Begründung eines reinen Realvertrages erforderlich wäre, nämlich die Tilgung der alten Schuld und der Empfang der Darlehnsvaluta, durch die Vereinbarung ersetzt, daß der Schuldner den geschuldeten Betrag als Darlehnssumme behalten soll.

Stärker tritt das konsensuale Moment im Gegensatz zu dem Realvertrag dann in den Vordergrund, wenn die Umwandlungsvereinbarung sich nicht auf eine bereits bestehende, sondern auf eine künftige Forderung bezieht. Eine derartige, im voraus getroffene Vereinbarung hat zur Folge, daß die betreffende Forderung im Augenblick ihres Entstehens sich in eine Darlehnsforderung umwandelt (RG. Recht 22 Nr. 423, L. Z. 1919, 529). Besondere praktische Bedeutung hat die Zulässigkeit der Umwandlung künftiger Forderungen für die Bauverträge. Häufig wird die Finanzierung eines Bauvorhabens in der Weise sichergestellt, daß der Bauherr den Bauausführenden alsbald eine Darlehnshypothek bestellt unter der Vereinbarung, daß die bereits entstandenen wie die zukünftigen Bauforderungen bei ihrer Entstehung sich in Darlehnsforderungen umwandeln, und die Hypothek die Sicherheit für die zukünftigen Darlehnsforderungen bilden soll (RG. L. Z. 1919, 529; vgl. § 11, IV).

Eine besondere Abart einer derartigen Umwandlungsvereinbarung bildet der contractus mohatrae. Erhält auf Grund eines Darlehnsgewährungsvertrages der Darlehnsnehmer nicht die eigentliche Valuta selbst, sondern übernimmt er es, bestimmte ihm übergebene Sachen zu veräußern, mit der Abrede, den Erlös für die Darlehnsvaluta zu behalten, so liegt eine Kombination zwischen einem Auftrag und einem Darlehnsvertrage im Sinne des § 607 Abs. 2 BGB. vor. Es soll sich dann die Forderung des Auftraggebers auf Auszahlung des Erlöses in eine Darlehnsforderung zu den vereinbarten Bedingungen umwandeln. Die Darlehnsforderung kommt aber auch hier erst dann zur Entstehung, wenn der Beauftragte tatsächlich selbst in den Besitz des Erlöses gelangt ist (vgl. § 5 XVIII). Insbesondere bei Darlehen, die von öffentlichen Kreditanstalten gewährt werden, wird, wenn der Darlehnsnehmer Pfandbriefe in natura ausgehändigt erhält, oft die Feststellung auf Schwierigkeiten stoßen, ob die Darlehnsvaluta die Pfandbriefe selbst oder die aus ihrer Verwertung erzielten Beträge bilden. Es liegt aber auf der Hand, daß die fragliche Feststellung schon für den Zeitpunkt der Entstehung der Forderung von erheblich rechtlicher Tragweite werden kann.

E. Der Darlehnsschuldschein.

Der Schuldschein ist eine Beweisurkunde, in welcher das Bestehen einer Schuld begründet oder bestätigt wird. Da ein Darlehnsvertrag auch im Falle des Vereinbarungsdarlehns gemäß § 607 Abs. 2 BGB. zu seiner Begründung regelmäßig außer Willenserklärungen der Parteien sonstige Tatbestandsmomente (die reale Hingabe bzw. das Entstehen der umzuwandelnden Forderung) voraussetzt, so ist für den Regelfall der Darlehnsschuldschein nur als eine bestätigende Beweisurkunde anzusprechen. Nur dann, wenn der Schuldschein sich gleichzeitig über ein Schuldversprechen oder Schuldanerkenntnis verhält, kann er in Verbindung mit der schriftlichen Niederlegung der Umwandlung auch den Begründungsakt des Darlehns selbst mit umfassen. Zu weit aber geht es, wenn neuerdings des öfteren*) die Ansicht vertreten wird, daß das in einem Darlehnsschuldschein enthaltene Schuldbekenntnis des Darlehnsnehmers ohne weiteres als ein abstraktes Schuldanerkenntnis auszulegen ist. Es ist zwar nach der ständigen Rechtsprechung des RG. davon auszugehen, daß der Darlehnsschuldschein mehr als eine bloße Beweisurkunde für die Darlehnshingabe darstellt, daß er vielmehr den vollen Beweis für die Entstehung der Darlehnsschuld abgibt. Die Frage aber, ob in dem Schuldschein darüber hinaus auch ein abstraktes Schuldanerkenntnis zu erblicken ist, hängt von der Lage des einzelnen Falles ab. Im bejahenden Sinne wird insbesondere die Frage zu beantworten sein, wenn die Ausstellung des Schuldscheines den Abschluß langwieriger Verhandlungen über das Bestehen und die Höhe einer umstrittenen kausalen Forderung bildet; oder wenn die Umwandlung einer Forderung in ein Darlehn mit der Abtretung an eine dritte Person verbunden wird, da ja diese regelmäßig der Schuldschein dahin sichern soll, daß sie eine von den ursprünglichen Rechtsbeziehungen der Parteien losgelöste Forderung erwirkt.

Häufig werden Darlehnsschuldscheine von dem Darlehnsnehmer vor dem Empfang der Darlehnsvaluta ausgestellt. Der

*) Vgl. Staudinger zu § 607 Abs. 2 BGB. und Planck zu § 607 Abs. 2 BGB. und auch RG. 57, 320.

Umstand, daß zur Zeit der Ausstellung des Darlehnsschuldscheins die Darlehnssumme noch nicht zur Auszahlung gelangt war, nimmt aber dem Schuldschein die Beweiskraft nicht. Den Aussteller trifft vielmehr die Beweislast dafür, daß auch nach der Ausstellung des Schuldscheines die Darlehnsschuld nicht zur Entstehung gelangt ist (RG. IV 462/20, Jur. Rundsch. 1930 Nr. 699).

Der Aussteller des Schuldscheines entkräftet danach den Beweis für seine Darlehnsschuld nicht dadurch allein, daß er den Nichtempfang der von ihm angeblich geschuldeten Darlehnssumme nachweist. Einem Darlehnsschuldschein gegenüber liegt ihm vielmehr grundsätzlich der Nachweis ob, daß die Darlehnsschuld auch nicht im Sinne des § 607 Abs. 2 BGB. begründet worden ist. Dies gilt auch dann, wenn in dem Schuldschein ausdrücklich von einem Bardarlehn gesprochen wird (RG. 57, 320).

Zur Widerlegung des Bestehens der Schuld muß also der Darlehnsnehmer grundsätzlich nachweisen, daß aus allen nur rechtlich möglichen Entstehungsgründen einer Darlehnsschuld tatsächlich trotz des Schuldscheines eine Verpflichtung nicht begründet worden ist (RG. L. Z. 1916 S. 1426; Warn. 08, Nr. 506; 09, 358). Hat der Gläubiger aber selbst eine bestimmte Entstehungsart der Darlehnsschuld, sei es die bare Hingabe der Schuldsumme, sei es die Umwandlung einer bestimmten Forderung in eine Darlehnsschuld, behauptet, so beschränkt sich die Beweislast des Darlehnsnehmers auf die Widerlegung der Angaben seines Gegners (RG. L. Z. 1916, S. 1227).

Es liegt aber auf der Hand, daß mit dieser an sich zutreffenden Regelung der Beweislast durch das Reichsgericht die Frage der Substantiierungspflicht, die für die Praxis eine wesentliche Rolle spielt, nicht ohne weiteres erledigt ist. Bestreitet der beklagte Aussteller des Schuldscheines, ein bares Darlehn erhalten zu haben, so dürfte regelmäßig sich der Richter nicht mit der bloßen Angabe des Klägers begnügen, daß der Schuldschein den vollen Beweis für die Entstehung der Darlehnsschuld erbringt, sofern der Kläger sich geflissentlich darüber ausschweigt, ob nach seiner Behauptung das Darlehn bar gegeben, oder wie sonst die Darlehnsschuld entstanden sei. Der Richter wird vielmehr regelmäßig angesichts des Bestreitens des Beklagten vom Kläger eine substantiierte Erklärung verlangen. Lehnt es der Kläger ab, unter Berufung auf den Schuldschein eine nähere Substantiierung zu geben, so dürfte der Richter regelmäßig des weiteren eine Erklärung darüber aufzugeben haben, ob und weshalb er nicht in der Lage ist, über die Entstehung des Darlehns nähere Angaben zu machen. Der näheren Substantiierungspflicht dürfte der Kläger nur dann entwogen sein, wenn er selbst zu bestimmten Angaben außerstande ist, etwa weil er selbst die Forderung von einem Rechtsvorgänger erworben hat, oder weil angesichts der langen Zeitdauer seit Entstehung des Darlehns und der komplizierten Rechtsbeziehungen zwischen den Parteien ihm die einschlägigen Rechtsvorgänge glaubhaft nicht mehr in Erinnerung sind.

Die Ausstellung eines Darlehnsschuldscheines an sich kann aber natürlich nicht die rechtlichen Voraussetzungen für die Begründung einer Darlehnsschuld ersetzen. Ist also z. B. dem A. ein bares Darlehn gegeben worden, so macht die Tatsache, daß später ein Schuldschein auf den Namen des B. als Schuldner ausgestellt wird, diesen nicht zum Darlehnsschuldner an Stelle des A. Soll B. an Stelle oder neben dem A. Schuldner werden, so kann er dies nur im Wege der Schuldübernahme oder eines abstrakten Schuldversprechens oder Schuldanerkenntnisses werden (RG. Recht 1909, Nr. 2380; vgl. § 11 II).

In der Ausstellung und Entgegennahme einer Schuldurkunde vor erfolgter Darlehnsauszahlung ist regelmäßig die Willenseinigung der Parteien über den Abschluß des Darlehnshauptvertrages zu erblicken, so daß dieser mit der späteren tatsächlichen Auszahlung der Darlehnssumme ohne weiteres zustande kommt (vgl. oben C II).

Die Stempelpflichtigkeit eines Darlehnsschuldscheines setzt nicht voraus, daß zur Zeit der Ausstellung die darzuleihenden Beträge bereits ausgezahlt waren (JW. 1910, S. 767). (Näheres über die Voraussetzungen und Höhe der Verstempelung der Urkunde siehe § 46 II.)

F. Die prozessuale Durchsetzung der Auszahlung des Darlehnsbetrages.

Die Auszahlung der Darlehnssumme beziehungsweise die darlehnsweise Hingabe der darzuleihenden vertretbaren Sachen bildet als reales Moment zwar einen Teil des Gesamttatbestandes des Darlehnsvertrages. Die auf nackte Summenzahlung gestellte Forderung ist aber (wie oben zu C dargelegt), nicht ein Teilanspruch des Rechtes auf Darlehnsgewährung, sondern an sich ein Aliud. Der Kläger hat nur das Recht auf darlehnsweise Hingabe der Valuta, die die Willenseinigung der Parteien über die Zweckbestimmung der Zahlung in sich schließt. Durch die rechtskräftige Verurteilung zur Auszahlung eines Geldbetrages allein kommt der Darlehnsvertrag nicht zustande. Auch die Wegnahme des Geldes durch den Gerichtsvollzieher kann das Willensmoment der Darlehnseinigung nicht ersetzen. Selbst wenn der Kläger zur Begründung seines Anspruchs auf Zahlung der verlangten Summe die Bedingungen des Darlehnsgewährungsvertrages erschöpfend vorgetragen und diese im Tatbestand des Urteils wiedergegeben sind, nimmt der Klagegrund an der Rechtskraft nicht teil. Trotz rechtskräftigen Urteils und trotz Abführung des beigetriebenen Geldbetrages durch den Gerichtsvollzieher an den Kläger kann sich z. B. der Beklagte noch darauf berufen, daß entgegen der Darstellung des Klägers der im Darlehnsgewährungsvertrag gewährte Zinsfuß nicht 8 sondern 10 Prozent betragen habe und daß mangels Einigung über die Bedingungen der Darlehnshingabe ein Darlehnsvertrag überhaupt nicht zustande gekommen sei.

Will der Kläger auf Grund des Darlehnsvorvertrages durch Urteil die Darlehnsgewährung recht- und vertragsgemäß erzwingen, so hat er also die Klage auf Abschluß des Darlehnsvertrages selbst zu richten. Der Antrag wird etwa dahin lauten können, daß der Beklagte verurteilt werden solle, erstens mit ihm über die darlehnsweise Hingabe des bestimmten Betrages zu den im folgenden angegebenen Bedingungen einzugehen und zweitens an ihn die Geldsumme zu zahlen. Der Klageantrag zu 1 hat die Abgabe einer Willenserklärung zum Gegenstande; der dementsprechende Teil des Urteilstenors ist somit nicht vorläufig vollstreckbar; während die Verurteilung gemäß Antrag zu 2 als auf die reine Zahlung einer Geldsumme gerichtet unter den gewöhnlichen prozessualen Voraussetzungen die vorläufige Vollstreckbarkeit aussprechen kann. In dem Antrag des Klägers liegt das Angebot zum Abschluß des Darlehnsvertrages; die Annahme dieses Angebotes seitens des Beklagten wird durch das rechtskräftige Urteil*) in Verbindung mit der realen Abführung und Empfangnahme des Darlehnsbetrages ersetzt.

Ist aber im einzelnen die Willenseinigung der Parteien über Hingabe und Empfang der tatsächlichen Auszahlung der Darlehnsvaluta vorausgegangen, sei es, daß die Willenseinigung alsbald mit dem Abschluß des Darlehnsgewährungsvertrages verknüpft wurde, sei es, daß sie in der Zwischenzeit in Willenserklärungen der Parteien, etwa in Ausstellung und Empfang des Schuldscheins, zum Ausdruck gekommen ist, so erübrigt sich die nochmalige Willenseinigung der Parteien, als Tatbestandsmoment des Darlehnshauptvertrages; es genügt vielmehr für die Begründung des Darlehnsschuldverhältnisses, daß die tatsächliche Auszahlung der Darlehnsvaluta verwirklicht wird (vgl. oben C II). Der Kläger braucht in Fällen dieser Art sein Klagebegehren also nur auf Auszahlung der Darlehnsvaluta zu richten, um mit der Beitreibung der Geldsumme auch den Darlehnsvertrag zur Entstehung zu bringen. Freilich erstreckt sich auch dann die Rechtskraft des Urteils nicht auf das Willensmoment des Darlehnsvertrages. Ist die Auszahlung aber tatsächlich erfolgt, so bildet sie materiell einen Bestandteil des Darlehnsvertrages. Sollte etwa der praktisch sicherlich seltene Fall eintreten, daß später doch nach erfolgter Auszahlung der Darlehnsvaluta der Beklagte die vorausgegangene Einigung bestreitet, so müßte erforderlichenfalls die Feststellung der Einigung im besonderen Prozesse erfolgen.

Aber auch in dem rechtlich normal liegenden Fall einer Nichterfüllung der Darlehnsgewährung, wenn also sowohl die

---

*) Das rechtskräftige Urteil wirkt kraft der Fiktion aus § 894 Abs. 3 ZPO. zugunsten des Gläubigers wie des Schuldners (RG. 76, 412).

Auszahlung der Darlehnsvaluta wie die Einigung der Parteien über den Abschluß des Hauptvertrages noch aussteht, ist es dem Kläger unbenommen, seinen Antrag lediglich auf Zahlung der Darlehnssumme zu richten, vorausgesetzt, daß das Klagevorbringen den vollständigen Inhalt des auf Grund des Vorvertrages abschließenden Darlehnsvertrages enthält. Es ist zunächst Sache des Beklagten, zu bestreiten, daß der Darlehnsgewährungsvertrag überhaupt nicht oder nicht unter den behaupteten Bedingungen zustande gekommen ist. Nur aber, wenn auch die einzelnen Bestimmungen feststehen, die in dem Vorvertrag als Bedingungen des Darlehnsvertrages festgelegt wurden, wird das Klagebegehren (auf Erfüllung des Vorvertrages) als begründet gelten dürfen. Ist dies der Fall, wird jedoch schwerlich der Beklagte geltend machen können, daß der Antrag auf Verurteilung zur Auszahlung der Darlehnsvaluta deshalb unbegründet sei, weil der Kläger nur auf Abschluß des Darlehnsvertrages selbst zu klagen berechtigt sei.*) Denn mit der Wiedergabe des Inhalts des vom Beklagten vertragsgemäß abzuschließenden Darlehnsvertrages wird mit der Klage gleichzeitig vom Kläger die Bereitwilligkeit zum Abschluß des Darlehnsvertrages ausgesprochen; kommt aber der Beklagte seiner Pflicht zur Mitwirkung am Abschluß nicht nach, so kann er sich nicht beschwert fühlen, wenn der Kläger sich auf sein eigenes Angebot

*) Nipperdey, Kontrahierungszwang, erklärt (S. 118) es nicht nur für zulässig, daß der aus einem Vorvertrag auf Abschluß eines Konsensualvertrages Berechtigte mit der Klage auf Vertragsabschluß die Leistungsklage verbinden, sondern auch, daß er die Klage lediglich unmittelbar auf Erfüllung des Leistungsanspruchs aus dem künftigen Vertrage richten darf. Nipperdey führt zur Begründung seiner Meinung an, daß nach ständiger Rechtsprechung der Wandlungsberechtigte nicht genötigt sei, zunächst auf Erklärung der Einigung über die Wandlung zu klagen, vielmehr direkt als vorausgenommene Rechtsfolge der Wandlung die Rückgewähr verlangen kann (RG. 58, 425). Diese Analogie mit der Rechtslage bei der Wandlung greift aber hier schon deshalb nicht durch, weil es sich bei dem Anspruch auf Auszahlung der Darlehnsvaluta nicht um eine Rechtsfolge des Darlehnsvertrages, sondern um einen Teil des Vertragstatbestandes handelt, dessen Verwirklichung verlangt wird; die Rechtsfolge des Hauptdarlehnsvertrages ist ja vielmehr die einseitige Verpflichtung des Klägers selbst zur Rückgewähr und Verzinsung der Darlehnssumme, deren Auszahlung er mit der Klage verlangt.

der für die Entstehung des Darlehnsvertrages erforderlichen Willenserklärungen beschränkt, seinen Antrag aber nur auf Erzwingung der Erfüllung des realen Teils des Vertragsbestandes, also auf die Auszahlung der Valuta richtet. Freilich kommt, wie erwähnt, trotz Vorliegens eines rechtkräftigen Urteils dann mit der Beitreibung des Geldbetrages der Darlehnsvertrag als solcher nicht zustande. Diese Erkenntnis kann aber der antragsmäßigen Verurteilung zur bloßen Auszahlung der Summe nicht entgegenstehen; denn wenn auf der einen Seite der Kläger sich mit der nicht voll klargestellten Rechtslage abfinden will, so steht es auf der anderen Seite im freien Belieben des Beklagten, durch Annahme des Angebots in Verbindung mit der Auszahlung der Darlehnssumme den Darlehnsvertrag selbst zum Abschluß zu bringen und damit auch die Darlehnsschuld des Klägers selbst rechtlich zu verankern (vgl. RG. 76, 411; RG. 48, 398 ff., JW. 99, 75). In jeder einzelnen Prozeßhandlung des Klägers, die der Durchsetzung seines Anspruchs auf Grund des Darlehnsgewährungsvertrages dienen soll, insbesondere also auch in der Urteilszustellung und der Zwangsvollstreckung liegt eine Wiederholung und Erneuerung des Antrages, die dem Beklagten ermöglicht, jeder Zeit ohne weiteres durch dessen Annahme den Tatbestand der Einigung zur Verwirklichung zu bringen.

G. Der Vorvertrag über die Grundstücksbeleihung.

I. Während die Darlehnsgeschäfte des täglichen Lebens meist getätigt werden, ohne daß ihnen Vorverträge vorausgegangen sind, erheischt die Hingabe eines Hypothekendarlehns schon deshalb, weil die Hypothekeneintragung die Mitwirkung des Grundbuchrichters verlangt, und daher die einzelnen Akte des Geschäftes zeitlich auseinanderfallen, meist eine vorhergehende Regelung der Modalitäten des Geschäftes, insbesondere des Zeitpunktes der Auszahlung des Kapitals, des Ranges der Hypothek und der Aushändigung des Hypothekenbriefes (Ueber die Rechtsnatur des Darlehnsvorvertrages im allgemeinen vgl. oben B.) Der Vorvertrag kann, wie dort dargelegt, nach Lage des Falles eine einseitige Bindung des Darlehnsnehmers oder des Darlehnsgebers oder aber eine beiderseitige Bindung beider Parteien bedeuten. Die besondere wirtschaftliche Bedeutung des Hypothekenkreditverkehrs wie die rechtliche Eigenart der Hypothek insbesondere in ihrer Verknüpfung der persönlichen Schuld mit der dinglichen Belastung des Grundstücks macht es erklärlich, daß der Vorvertrag im Hypothekengeschäft Besonderheiten in der rechtlichen Ausgestaltung zeigt.

In der Rechtsprechung des RG. werden aber nicht immer hinreichend der Vorvertrag und der Darlehnsrealvertrag bei Würdigung der rechtlichen Beziehungen zwischen den Parteien auseinandergehalten. Dies muß besonders von der Begründung der Entscheidung JW. 1914, 76 gelten. Die Entscheidung verneint die Anwendbarkeit des § 320 BGB., weil „das grundsätzliche einseitige Darlehnsgeschäft und die Bestellung einer Sicherheit für die Darlehnshingabe nicht im Verhältnis von Leistung und Gegenleistung stehen." Das daselbst aber in bezug genommene Urteil des RG. (Warn. Rechtspr. 1912 Nr. 207) hebt lediglich zutreffend hervor, daß das Darlehns*versprechen* im Sinne von § 610 BGB. grundsätzlich nur einen *einseitigen Vorvertrag* darstelle und auch, wenn der Darlehnsnehmer sich verpflichtet habe, für das Darlehn eine Sicherheit zu bestellen, noch nicht ohne weiteres als ein zweiseitiger Vertrag aufgefaßt werden könne.

Als wechselseitig von den Parteien zu bewirkende Leistungen kommen freilich Darlehnsgewährung und Sicherstellung regelmäßig überhaupt nur als Gegenstand des Vorvertrages in Frage. In bezug auf den Darlehnshauptvertrag aber bilden sowohl die Darlehnsrückgewähr wie die Sicherheitsstellung einseitige Verpflichtungen des Darlehnsnehmers. Enthält nun der Vorvertrag lediglich die Zusage einer hypothekarischen Kreditgewährung seitens des Darlehnsgebers, so ist sie für den Regelfall als ein einseitiges Versprechen im Sinne von § 610 BGB. aufzufassen, und zwar ist die Verpflichtung zur Darlehnshingabe bedingt durch die vertragsgemäße Bestellung der Hypothek (JW. 1909, 309). Nur dann, wenn auch der Darlehnsgeber ein eigenes Interesse an dem Zustandekommen des Kreditgeschäftes hat, insbesondere also bei Kapitalsanlagen größerer Kreditunternehmungen, wird im Zweifelsfall dem Vorvertrag die Rechtsnatur eines zweiseitigen Vertrages beizulegen sein. Zuweit aber geht das RG. in der Entsch. JW. 1909, 309, wenn es den Standpunkt einnimmt, daß es sich bei Fällen dieser Art wirtschaftlich zwar um eine Kapitalsanlage, rechtlich aber um den Kauf einer Hypothek handelt. Der Kaufpreis müßte im Sinne der RG.-Entsch. in dem Betrag der Darlehnssumme liegen. Es ist aber begrifflich schwerlich faßbar, daß der Darlehnsnehmer zum Preis der Darlehnsvaluta dem Darlehnsgeber eine Forderung gegen sich selbst verkaufen soll. Hieran kann auch nichts der Umstand ändern, daß hier meist der wirtschaftliche Schwerpunkt des Geschäfts in dem Erwerb des dinglichen Pfandrechts am Grundstück liegt; denn es ist anerkannten Rechtes, daß bei der Hypothek nicht die Forderung dem dinglichen Recht, sondern dieses der Forderung folgt. (RG. Jur. Rundsch. 1927 Nr. 469, Wolff, Sachenrecht 407).

Die Vereinbarungen über die Bestellung der Hypothek bilden vielmehr mit dem Abkommen über die Darlehnsgewährung einen einheitlichen Vorvertrag (RG., Seuff. Arch. 78 Nr. 68).

Handelt es sich dabei nicht nur um eine durch die Bestellung der Hypothek bedingte Verpflichtung des Darlehnsgebers, sondern um einen gegenseitigen Vertrag, verspricht also der Darlehnsnehmer seinerseits bindend die Empfangnahme des Darlehns und die hypothekarische Sicherstellung, so bildet die Gegenleistung zur Bestellung der Hypothek nicht etwa die Darlehnssumme, sondern die versprochene Darlehnsgewährung. Im Synallagma stehen also auf Seiten des Darlehnsgebers das Versprechen zur Gewährung des hypothekarisch zu sichernden Darlehns und auf Seiten des Darlehnsnehmers die Verpflichtung zur Bestellung der Hypothek und zur Entgegennahme des Darlehns.

Fehlt es sonach an einem Kaufpreis im Sinne von § 433 BGB., so kann jedenfalls von einem echten Kaufvertrag, der etwa den Erwerb der Hypothek zum Gegenstand hätte, nicht die Rede sein (s. aber II). Die Verpflichtung des Darlehnsgebers besteht nicht in der Zahlung einer Geldsumme, sondern in der

Hingabe eines Betrages als Darlehn; er hat also seinerseits im Rahmen der Vereinbarungen alles Erforderliche zu tun, um den Darlehnsvertrag zustande zu bringen. Die gleiche Mitwirkungspflicht am Zustandekommen des Darlehnsgeschäfts liegt beim wechselseitigen Kreditvorvertrag dem Darlehnsnehmer ob. Der Vorvertrag löst aber, soweit er sich auf die Bestellung der Hypothek bezieht, nur auf Seiten des Nehmers eine Hauptleistungspflicht aus. Denn wenn auch die wirksame Begründung der Hypothek an sich die Einigung beider Parteien voraussetzt, so wird doch regelmäßig die Durchführung der Hypothekenbestellung sich in der Weise vollziehen, daß der Nehmer die Hypothek grundbuchmäßig zur Eintragung bringt und die Zustimmung des Gebers als stillschweigende Erklärung aus seinem Verhalten entnommen werden kann; ist Hingabe und Empfang des Darlehns der Hypothekenbestellung vorausgegangen, so liegt darin in Ermangelung eines ausdrücklichen entgegenstehenden Vorbehats ohne weiteres die Erklärung des Gebers, mit ihm dahin einig zu gehen, daß die einzutragende Hypothek zur Sicherheit für das Darlehn dienen soll; ist aber vom Nehmer die Hypothek bereits gestellt, so wird er das Darlehn regelmäßig nur geben, wenn er in der Bestellung die vertragsmäßige Erfüllung der Verpflichtung des Nehmers erblickt und sie als solche annehmen will. Vom Standpunkt des Nehmers aus wird aber in beiden Fällen, sobald das Darlehn selbst zur Auszahlung gebracht ist, die etwaige Ablehnung des Gebers, die Hypothek entgegenzunehmen, nicht unter dem Gesichtspunkte des Schuldner-, sondern des Gläubigerverzuges zu würdigen sein.

II. Mit Recht bejahten die RG.-Entsch. Seuff. Arch. 78 Nr. 68 u. L. Z. 1924, 548 die Anwendbarkeit der §§ 445, 433—34 BGB. auf den gegenseitigen Vorvertrag über die hypothekarische Darlehnsgewährung.

Als Entgelt der Hypothekenbestellung ist zwar nicht der Darlehnsbetrag selbst, wohl aber der Vermögenswert des zugesicherten Kredits anzusehen. Für die Frage der Entgeltlichkeit im Sinne von § 445 ist es selbstredend ohne Bedeutung, ob das hypothekarische Darlehn verzinslich oder unverzinslich ist; denn die Zinsen hat der Darlehnsnehmer zu zahlen; diese kommen also für das vom Geber zu leistende Entgelt nicht in Frage. Regelmäßig aber wird die Sicherung auf hypothekarische Sicherstellung einer Fremdschuld als unentgeltliche Verfügung anzusehen sein. (RG. 60, 261). Doch ist es im Einzelfall durchaus möglich, daß der Eigentümer, sei es von dem persönlichen Schuldner, sei es von dem Gläubiger, für die Bestellung des Grundstückpfandes eine Gegenleistung zugesichert erhält, in beiden Fällen dürfte im Regelfall ein gegenseitiger entgeltlicher Vertrag zugunsten eines Dritten vorliegen (vgl. RG. 60, 263, Seuff. Arch. 83 Nr. 149). Von der Frage, ob der Vertrag als einseitig oder gegenseitig anzusprechen ist, hängt die Anwendbarkeit der §§ 320—326 BGB. auf den Vorvertrag ab, die häufig die Lösung der bei der Durchführung der Darlehnsschuld sich ergebenden Schwierigkeiten entschieden beeinflussen kann. (Siehe unten IV.)

III. Die Frage, ob die Hypothekenbestellung im Einzelfall als unentgeltliche Verfügung aufzufassen ist, spielt aber weiter für den Rechtsbehelf der Anfechtung auf Grund des Reichsanfechtungsgesetzes (RG. 60, 265), wie auch für das Erfordernis der Form des § 518 BGB. eine entscheidende Rolle. Vorverträge zu dinglichen grundbuchmäßigen Verfügungen sind zwar grundsätzlich formfrei. Doch unterliegen auch sie den allgemeinen Formvorschriften für Verträge. Hierbei ist beachtlich, daß die Parteien sogar eine ursprünglich unentgeltlich gewährte Leistung nachträglich durch Ausbedingung einer Gegenleistung zur Vorleistung aus dem nunmehr gegenseitigen Vertrage machen können (RG. L. Z. 1917, S. 1064).

IV. 1. Die Anwendbarkeit der §§ 445, 433—44 hat zunächst zur Folge, daß der Darlehnsgeber Gewährleistungsansprüche wegen Rechtsmangels geltend machen kann, wenn der Darlehnsnehmer die Hypothek an einer schlechteren Stelle, als vereinbart, zur Eintragung gebracht hat. Die bisweilen vertretene Auffassung, daß der Darlehnsgeber ohne weiteres in Ermangelung anderer Vereinbarungen die Eintragung an erster Stelle verlangen kann, wird mit Recht vom RG. für den Regelfall verneint (RG. 55, 128). Bei Fehlen besonderer Abreden wird regelmäßig davon auszugehen sein, daß der Nehmer die Hypothek an der bereitesten Stelle im Grundbuch zur Eintragung zu bringen hat, wobei als Stichtag der Zeitpunkt des Abschlusses des Vorvertrages zu gelten hat. Wohl aber können im Einzelfall die Umstände, auch wenn eine ausdrückliche Zusicherung des Nehmers nicht vorliegt, ergeben, daß nach Treu und Glauben gemäß § 242 nur die Eintragung an einigermaßen sicherer Stelle als die von den Parteien vereinbarte hypothekarische Sicherstellung angesprochen werden kann; hat z. B. ein geschäftsungewandter Darlehnsgeber bei der Darlehnszusage, ohne weitere Feststellungen im Grundbuch zu treffen, sich mit der einfachen Erklärung des Nehmers begnügt, daß er das Darlehn auf seinem an sich wertvollen Grundstück sicherstellen werde, so wird die Bestellung einer sogenannten Schornsteinhypothek schwerlich als Erfüllung der vertraglichen Voraussetzungen zu gelten haben. Einen Anhalt für die Auslegung kann dabei die Höhe des vereinbarten Zinsfußes in der Richtung bieten, ob der tatsächlich eingeräumte Rang im Rahmen des Vertragswillens der Parteien noch als hypothekarische Sicherstellung gelten kann. Auch kann im Einzelfall die Auslegung dahin in Frage kommen, daß der Nehmer die Hypothek an bereitester Stelle hinter den im Grundbuch eingetragenen Fremdhypotheken zu bestellen und also im Sinne der vertraglichen Vereinbarungen der zu bestellenden Hypothek den Vorrang vor eigenen Eigentümergrundschulden einzuräumen hat. Als Stichtag für die Frage der Vertragsmäßigkeit der Erfüllung kommt aber der Zeitpunkt der Bestellung der Hypothek in Betracht; ein Gewährsleistungsanspruch für Mängel am Recht kann also erst geltend gemacht werden, wenn in diesem Zeitpunkt die Hypothek nicht in den vertragsmäßigen Rang zu stehen kommt (RG. 83, 214).

2. Kommt der Darlehnsgeber seiner Verpflichtung zur Gewährung des Darlehns nicht nach, so kann der Nehmer auf Gewährung des Darlehns oder auch nur auf Auszahlung der Darlehnssumme klagen (s. oben F). Bestellt aber der Darlehnsnehmer nicht pflichtgemäß die Hypothek, so ist der Geber in der Lage, ein rechtskräftiges Urteil auf Bestellung der Hypothek und auf Grund desselben die Eintragung im Grundbuch zu erwirken. Nimmt trotz Inverzugsetzung der zum Empfang des

Darlehns Verpflichtete das Darlehn nicht entgegen, so hängt es von den Umständen des Falles ab, ob dem Darlehnsgeber das Recht zur Klage auf Empfangnahme des Darlehns zuzugestehen, oder ob er lediglich auf den Schadensersatzanspruch zu verweisen ist. Zu weit führen dürfte RGRK. Vorbem. § 607, wenn dort der Standpunkt vertreten wird, daß grundsätzlich der Geber nur Schadensersatz, nicht aber die Entgegennahme des Darlehns verlangen darf. Es wird vielmehr jedes glaubhafte Interesse, das der Kläger an der tatsächlichen Durchsetzung der Kapitalsanlage geltend macht, die Klage rechtsschutzbedürftig erscheinen lassen. Besonders in Zeiten schwerer Krisen kann der Berechtigte durchaus ein eigenes Interesse an der Kapitals*anlage* selbst haben, das sich nicht in dem Zinsgenuß erschöpft, sondern auch darin bestehen kann, in stärkerem Maße als dies der Besitz der Zahlungsmittel selbst, oder Bank- und Sparkassenguthaben gewährleisten, gegen die befürchtete Geldentwertung geschützt zu werden.

3. Die Einrede des nicht erfüllten Vertrages setzt in Gemäßheit des § 320 BGB. das Bestehen eines gegenseitigen Vertrages voraus. Ist lediglich der Geber an den Vorvertrag gebunden, so ist, wie oben dargelegt, seine Verpflichtung als durch die Hypothekenbestellung bedingt anzusehen; der Anspruch auf die Gewährung des Darlehns wird danach erst durch den Eintritt der Bedingung der Hypothekenbestellung ausgelöst. Ein Zurückbehaltungsrecht kommt hier also nur für den Darlehnsnehmer bezüglich seiner Verpflichtung zur Rückgewähr aus dem Darlehnsvertrage selbst in Frage. Hier schützt ihn aber die ausdrückliche Vorschrift der §§ 1444, 1160 dagegen, das Kapital zurückzahlen zu müssen, ohne seinerseits die nötigen Unterlagen in die Hand zu bekommen, um die Hypothek zur Löschung bringen zu können. Hat der Nehmer aber dem Gläubiger sonstige Sicherheiten eingeräumt, etwa Wertpapiere verpfändet, so steht ihm allerdings nicht ohne weiteres § 273 BGB. bis zur Rückgabe auch dieser Sicherheiten zur Seite, da ein solches Recht der Rechtsnatur des Pfandrechts grundsätzlich nicht entspricht (RG. 132, 15).

Wohl kann er im Vorvertrag auch die Rückgabe der Sicherheiten einer besonderen Regelung unterwerfen, z. B. ihre Hinterlegung bei einem Notar, für den Zeitpunkt der Fälligkeit des Darlehns vorgesehen sein (RG. 116, S. 241).

Ist aber ein gegenseitiger Vorvertrag abgeschlossen, so können sich jeder der beiden Vertragsparteien im Rahmen der Abmachungen auf § 320 BGB. gegen die unberechtigte Forderung der anderen Partei zur Vorleistung berufen. Ist keine besondere Abrede getroffen, so ist also auch der Geber nicht genötigt, die Valuta zur Auszahlung zu bringen, bis die Hypothek für ihn wirksam bestellt ist; andererseits kann auch der Nehmer die Herausgabe des Hypothekenbriefes davon abhängig machen, daß Zug um Zug die Auszahlung der Valuta an ihn erfolgt.

4. Die Verpflichtung zur Rückgewähr der Darlehnssumme bildet an sich nicht einen Gegenstand des Vorvertrages, sondern ist unmittelbare Rechtsfolge des Abschlusses des Darlehnshauptvertrages. § 321 BGB. kommt also an sich als Rechtsbehelf des Gebers gegen die Auszahlung der Valuta bei inzwischen eingetretenem Vermögensverfall des Nehmers nicht in Frage. Aber auch für den zweiseitigen Vorvertrag wird das Darlehnsversprechen des Gebers unter die Schutzvorschrift des § 610 BGB. zu stellen sein *).

5. Die §§ 323—325 BGB. kommen an sich nur zur Anwendung, wenn die Unmöglichkeit oder das Unvermögen zur Leistung nach Vertragsschluß eintritt. Aber auch bei bereits zur Zeit der Einziehung des Vorvertrages vorliegenden Unvermögens des Nehmers ist der Geber nicht genötigt, auf Erfüllung zu klagen; er kann vielmehr alsbald nach seiner Wahl vom Vertrage zurücktreten oder Schadensersatz wegen Nichterfüllung fordern (Seuff. Arch. 78 Nr. 68; RG. 69, 356 ff.; 80, 250; 81, 631). Ein Unvermögen zur Hypothekenbestellung ist aber auch bereits dann als vorliegend anzusehen, wenn seiner Behebbarkeit in absehbarer Zeit nicht in Frage kommt, so daß die Lei-

*) Für die Frage, ob die Verschlechterung in den Vermögensverhältnissen des Geldnehmers derart ist, daß eine Gefährdung des Anspruchs auf Rückerstattung des Geldes anzunehmen ist, ist aber der Wert der zur Sicherung bestellten Hypothek zu berücksichtigen (RGRK. Anm. 4 zu § 610; Sternberg, Iherings Jahrb. 62, 394).

stung, falls später wirklich der Schuldner zu ihr imstande sein sollte, in diesem Zeitpunkt jedenfalls nicht mehr als Vertragserfüllung gelten kann (Seuff. Arch. 78 Nr. 68). Ist z. B. der Eigentümer erst nach Durchführung des Aufgebotes einer eingetragenen Hypothek in der Lage, wie versprochen, die Hypothek an zweiter Stelle im Grundbuch zur Eintragung zu bringen, so braucht der Geber das Aufgebotsverfahren nicht abzuwarten, sondern kann die Darlehnsgewährung wegen Unvermögen des Nehmers endgültig ablehnen.

Der Rücktritt von dem, Darlehnsgewährung und Hypothekenbestellung einheitlich umfassenden, Vorvertrag zerstört zwar an sich diesen völlig. Ist aber der Darlehnshauptvertrag selbst in Gemäßheit von § 67 wirksam zustande gekommen, so wird seine Wirksamkeit durch das Hinfälligwerden des ihm ursprünglich zugrunde liegenden obligatorischen Vorvertrages nicht berührt. Der Anspruch auf Rückgewähr des Darlehnsbetrages kann daher auch nicht auf ungerechtfertigte Bereichung gestützt, sondern nur auf die Fälligkeit des Darlehns gegründet werden (RG. 108, 130). Das wegen Verletzung der Vertragspflichten durch den Nehmer aus den §§ 322—326 BGB. hergeleitete Recht des Gebers schließt ebensowenig wie das Leistungsverweigerungsrecht bei Vorliegen der Voraussetzungen des § 610 BGB. ein gesetzliches Rücktrittsrecht vom Hauptvertrage selbst ein. Ein Rücktritt vom Leistungshauptvertrage kommt nur dann in Frage, wenn der Geber sich den Rücktritt vertraglich vorbehalten hat (RG. 52 S. 5). Wohl aber löst die Hinfälligkeit des Vorvertrages regelmäßig das Recht zur sofortigen Kündigung des Darlehnshauptvertrages aus (Seuff. Arch. 78 Nr. 68).

6. Ebenso greift unter den allgemeinen Voraussetzungen § 326 bei Verzug eines der beiden Kontrahenten des zweiseitigen Vorvertrages durch. Hat der Nehmer vor der Darlehnsgewährung die Hypothek zu bestellen, so genügt die Nachfristsetzung nach Mahnung oder Verstreichen des für die Bestellung festgesetzten Termins. Sind aber an sich die beiderseitigen Leistungen Zug um Zug zu erfüllen, so muß der Darlehnsgeber den Nehmer bei der Nachfristsetzung wissen lassen, daß er selbst zur Gewährung des Darlehns bereit ist, da ja der Darlehnsver-

trag nur unter beiderseitigem Mitwirken zustande kommt (vgl. RG. 76, 411). Bei positiver Vertragsverletzung einer der Parteien erübrigt sich eine Nachfristsetzung, so etwa, wenn der Eigentümer nach Abschluß des Vorvertrages an der vorgesehenen Rangstelle eine andere langfristige Hypothek aufgenommen hat. Eine positive Vertragsverletzung ist aber nicht schon darin zu erblicken, daß der Nehmer bei Abschluß des Vorvertrages den Willen hatte, bei Fälligkeit des Darlehns die Darlehnsschuld gegen eine eigene Forderung aufzurechnen (Jur. Rundsch. 1929, 1819; RG. IV 752/28).

Zweites Kapitel.

Interessenwahrung durch Eigentümer und Grundpfandgläubiger.

§ 17.

Der Schutz des Grundpfandgläubigers durch den öffentlichen Glauben des Grundbuchs.

Für den Kreditverkehr ist von wesentlicher Bedeutung, daß den Eintragungen der öffentliche Glaube des Grundbuchs zukommt. Dieser erstreckt sich zwar nicht auf die im Grundbuch vermerkten tatsächlichen Verhältnisse. Ist aber ein Recht oder eine Rechtsbeziehung unrichtig oder unvollständig verbucht, so erwirbt kraft des öffentlichen Glaubens des Grundbuchs der redliche Dritte das Recht, so wie es der Grundbucheintragung entspricht.

Für den Kreditgeber, zu dessen Gunsten eine Hypothek oder Grundschuld im Grundbuch eingetragen wird, bedeutet dies, daß er die dingliche Sicherung auch erlangt, wenn der Besteller der Hypothek in Wirklichkeit nicht Eigentümer des Grundstücks ist, wie auch dann, wenn die Verfügungsbeschränkung zugunsten bestimmter Personen dem Eigentümer gegenüber besteht. Als derartige Verfügungsbeschränkungen kommen insbesondere die Beschränkungen durch die Konkursverwaltung, die Nacherbenschaft und Testamentsvollstreckung in Betracht. Nicht hierunter fallen aber die Beschränkungen der allgemeinen Geschäftsfähigkeit oder sonstige Beschränkungen, die absolut wirken, wie die Vermögensbeschlagnahme wegen strafbarer Handlung. Soweit die Wirksamkeit des Hypothekenerwerbes durch Mängel in der Geschäftsfähigkeit des Bestellers oder Einigung oder aus sonstigen Gründen in Frage gestellt wird, die das dingliche Bestellungsgeschäft als solches unmittelbar berühren, kann der öffentliche Glaube des Grundbuchs nichts helfen. Mängel aber, die den vorangegangenen Erwerbsakt des Eigentümers selbst betroffen haben, stehen, wenn der Eigentümer im Grundbuch eingetragen ist, der Berufung auf den öffentlichen Glauben des Grundbuchs nicht entgegen.

Maßgebend ist der Inhalt, den das Grundbuch zur Zeit der Vollendung des Erwerbes des dinglichen Rechts durch den Hypothekengläubiger ausweist. Sind also zwischen Einreichung des Antrages und der Eintragung eines Grundpfandes andere hypothekarische oder sonstige Grundbuchrechte zur Eintragung gelangt, so haben diese den Vorrang vor der Neueintragung, und der Gläubiger kann sich ihnen gegenüber nicht darauf berufen, daß er zur Zeit des Einganges seines Antrages von den Zwischeneintragungen keine Kenntnis haben konnte*).

Da durch den öffentlichen Glauben des Grundbuchs auch dessen Vollständigkeit gedeckt wird, ist damit dem Gläubiger auch Gewähr gegeben, daß nicht etwa später ihm seine Rangstelle wegen unberechtigter Löschung früherer Hypothekengläubiger streitig gemacht werden kann. Ebensowenig braucht er zu befürchten, daß nach erfolgter Hypothekeneintragung seine Sicherung durch das unerwartete Auftreten eines Dritten als des wahren Eigentümers in Frage gestellt werden könne. Ist freilich bei einer Briefhypothek oder Briefgrundschuld nicht vereinbart, daß das Grundbuchamt den Brief direkt an den Gläubiger aushändigen soll, wird der Erwerb der Hypothek erst nach der Eintragung mit der Erlangung des Besitzes an den Brief vollendet, so muß der Hypothekengläubiger auch noch Grundbuchberichtigungen wie die Eintragung von Widersprüchen gegen sich gelten lassen, wenn diese zwischen seiner Eintragung und der Erlangung des Briefbesitzes erfolgen. Durch die Eintragung eines Widerspruchs aber wird der öffentliche Glaube des Grundbuchs schlechthin ausgeschlossen. Der Hypothekengläubiger muß daher, gleichgültig ob und wann er selbst von der Eintragung des Widerspruchs Kenntnis erlangt hat, das Recht, welches der Widerspruch sichern soll, so gegen sich gelten lassen, als wenn

*) Freilich soll der Grundbuchrichter die Eintragungen nach der Reihenfolge der Eingänge bewirken. Verletzt er diese Pflicht, so kann ein Regreßanspruch ausgelöst werden.

dieses Recht bereits zur Zeit des Widerspruchs im Grundbuch eingetragen wäre.

Der öffentliche Glaube des Grundbuchs greift ferner dann nicht durch, wenn der Hypothekengläubiger von der Unrichtigkeit des Grundbuchs Kenntnis hat. Würde aber der Hypothekengläubiger stets auch dann als unredlicher Erwerber behandelt werden müssen, wenn er zwischen der Einreichung seines Antrages und der Eintragung seines Rechts von den Rechten Dritter Kenntnis erlangt hat, so würde dies, weil ja die Eintragung, namentlich bei Vorliegen von Beanstandungen, sich oft erheblich hinauszögert, der Abwicklung des Kreditverkehrs hinderlich sein. Das Gesetz sieht daher in § 892 Abs. 2 für den normalen Fall, wo außer der Einigung und Eintragung nicht etwa noch die Aushändigung des Hypothekenbriefes für den Hypothekenerwerb erforderlich ist, vor, daß als Stichtag für die Kenntnis des Erwerbers, falls die Einigung vorausgegangen ist, die Stellung des Antrages auf Eintragung, oder wenn die Einigung nachfolgt, der Zeitpunkt der Einigung maßgebend ist. Die Grundstückssperrgesetzgebung, die als weiteres Erfordernis für den Grundstückserwerb die behördliche Genehmigung aufstellte *), gab zu Zweifeln darüber Anlaß, wann im Falle einer nachträglichen Genehmigung der Grundstückserwerb als vollendet anzusehen ist. Durch die nunmehr ständige RG.-Rechtsprechung ist der behördlichen Genehmigung rückwirkende Kraft zugesprochen und damit auch die Heilung des Formmangels eines formungültigen Vertrages bei nachträglicher Genehmigung auf den Zeitpunkt der Grundbucheintragung zurückverlegt. Hingegen hat neuerdings als Stichtag für die Gutgläubigkeit des Erwerbes der 5. Z.S. RG. 134, 283 den Zeitpunkt der Genehmigung anerkannt (gegen RG. 125, 56; JW. 1929, 770 6. Z.S.).

Zu beachten ist, daß anders als beim Eigentumserwerb beweglicher Sachen die Kenntnis des Erwerbers nicht seiner groben Fahrlässigkeit gleichsteht. Dem Hypothekar wird also nur dann, als unredlichem Erwerber, der Schutz des öffentlichen Glaubens

*) BundesratsVO. vom 15. 3. 18 für landwirtschaftliche Grundstücke, Pr. Grundstücksverkehrsges. 10. 2. 1923 (vgl. Asch, Grundstückskauf, 3. Aufl., §§ 19, 21, 33).

des Grundbuchs versagt, wenn er nicht nur die Tatsachen kennt, auf denen die Unrichtigkeit des Grundbuchs beruht, sondern die Folgerung der Unrichtigkeit des Grundbuchs aus ihnen selbst gezogen hat. Auch eine schuldhafte Rechtsunkenntnis fällt ihm somit nicht zur Last (RG. 91, 223; 98, 220; 116, 103; 117, 187; JW. 28, 102, 1360). Handelt es sich aber um einfachere Rechtsfolgerungen, die dem Laien geläufig sind, wird im allgemeinen davon auszugehen sein, daß der Hypothekar bei Kenntnis der Tatsachen auch die rechtliche Folgerung gezogen hat.

Nicht jede dem Hypothekengläubiger zugetragene Mitteilung zwingt zu der Annahme, daß dieser von der Unrichtigkeit des Grundbuchs im Sinne von § 892 Kenntnis hatte. Wer aber von glaubwürdigen Menschen inhaltlich glaubwürdige Mitteilungen erhält, muß als in „Kenntnis" zu gelten haben (RG. Gruchot 50, 992; 88, 6). An sich ist demnach der Gläubiger, der möglichst wenig Erkundigungen einzieht, im Hinblick auf den öffentlichen Glauben des Grundbuchs günstiger gestellt als der vorsichtige Kreditgeber. Es bedarf aber keines Hinweises, daß für den seriösen Kreditgeber trotzdem die „Vogel-Strauß-Politik" nicht die gegebene ist. Im Fall des Erwerbes der Hypothek durch Abtretung schon deshalb nicht, weil ja der öffentliche Glaube des Grundbuchs sich nicht auch auf die persönliche Forderung des Zedenten erstreckt. Ferner hat aber das RG. mit Recht unter Umständen einen Verstoß gegen die guten Sitten angenommen, wenn der Erwerber Glaubwürdiges nicht erfahren will, um seinen guten Glauben nicht zu zerstören (RG. 117, 189; JW. 28, 102; Seuff. Arch. 82, 301; RG. 62, 137; 69, 280).

Über den Schutz des öffentlichen Glaubens bei Weiterveräußerung der Hypothek siehe zu § 26.

§ 18.

Maßnahmen des Grundstückseigentümers zur Wahrung seiner Rechte.

I. Grundbuchberichtigung. Arrest und Vormerkung.

I. Das Grundbuch ist unrichtig, wenn eine Eintragung mit der wirklichen dinglichen Rechtslage nicht im Einklang steht. Ist durch eine Eintragung lediglich ein obligatorisches Recht des Eigentümers verletzt, so kommt grundsätzlich eine Grundbuchberichtigung nicht in Frage. Der grundbuchlichen Sicherung eines obligatorischen Rechts auf Begründung, Übertragung oder Löschung, auf die Änderung des Inhaltes oder des Ranges eines Grundpfandes dient die Vormerkung, der Sicherung eines bloßen Geldanspruchs aber der Arrest, der seinerseits die Grundlage für die Eintragung einer Sicherungshypothek bilden kann. Gemäß § 883 BGB. ist die Eintragung einer Vormerkung auch zur Sicherung eines künftigen oder eines bedingten Anspruchs der oben erwähnten Art zulässig.

II. Die Vormerkung.

Als Rechtsbehelf des Eigentümers kommt die Vormerkung insbesondere dann in Betracht, wenn sich der Hypothekengläubiger verpflichtet hat, einen Teil des Grundstücks aus der Mithaft zu entlassen (RG. 55, 270; KGJ. 23, 153; 33, 258) oder wenn der Eigentümer gegenüber einer Kaufgeldhypothek zur Kaufpreisminderung gemäß § 459 BGB. berechtigt ist. (Über Sicherung des Kondiktionsanspruchs bei Hypothek und Grundschuld siehe unten IV).

Kann der Eigentümer nicht ohne weiteres die Bewilligung einer Vormerkung zur Sicherung seines Anspruchs erlangen, so ist ihm gemäß § 885 BGB. der Weg der einstweiligen Verfügung gegeben, zu deren Erwirkung es zwar grundsätzlich einer Glaubhaftmachung des zu sichernden Anspruchs selbst, nicht aber der Glaubhaftmachung ihrer Gefährdung bedarf.

III. Der Berichtigungsanspruch.

1. Ist der dingliche Vertrag auf Bestellung der Hypothek selbst unwirksam, so kann der Eigentümer die Bewilligung der Grundbuchberichtigung vom Hypothekengläubiger verlangen und ihre Erklärung evtl. im Klagewege durchsetzen. Der Eigentümer kann aber auf Grund der Bewilligungserklärung nicht etwa die Eintragung einer Eigentümergrundschuld erwirken, sondern kann nur durch die eigene grundbuchmäßige Zustimmungserklärung

die Löschung der Hypothek im Grundbuch herbeiführen, mit der dann ohne weiteres die Nachhypothekare aufrücken.

Das gleiche gilt dann, wenn und soweit die Eintragung sich mit dem Inhalte der Hypothekenbestellung nicht deckt und auch im Wege der Konversion nicht aufrechtzuerhalten ist (vgl. § 6).

Unrichtig kann das Grundbuch aber nur deshalb sein, weil das Grundpfand nicht dem Inhalte der Eintragung gemäß als Hypothek dem Gläubiger, sondern dem Eigentümer als Eigentümergrundschuld oder als Eigentümerhypothek zusteht.

2. Handelt es sich der materiellen Rechtslage nach dabei um eine vorläufige Eigentümerhypothek oder Eigentümergrundschuld (vgl. oben § 13 VI), so ist nach der Natur des Rechts, dessen Bestimmung es ja ist, zur Vollhypothek zu werden, die Geltendmachung des Berichtigungsanspruchs ausgeschlossen.

3. Einwendungen gegen den Berichtigungsanspruch kommen ferner aus den obligatorischen Rechtsbeziehungen der Parteien in Frage. Hat insbesondere der an sich zu Unrecht Eingetragene einen schuldrechtlichen Anspruch auf Begründung der grundbuchmäßigen Rechtsstellung, die dem vorhandenen Buchstand entspricht, so würde regelmäßig dem Eigentümer die Einrede der Arglist entgegenstehen, wenn er auf Berichtigung des Grundbuchs klagt (RG. 50, 83; 77, 109; 78, 377; Warn. 1914 Nr. 252) *).

Eine Einrede des Zurückbehaltungsrechts kann grundsätzlich aber nur erhoben werden, wenn ein einheitliches Rechtsverhältnis im Sinne von § 273 BGB. vorliegt. Der Hypothekengläubiger kann daher nicht nach Tilgung der Hypothek die Löschung verweigern, weil er sonstige durch die Hypothek nicht gesicherte Forderungen gegen den Eigentümer hätte (RG. 132, 83; 15). Wohl aber ist es möglich, daß der Gläubiger von vornherein sich ein vertragliches Zurückbehaltungsrecht von dem Eigentümer hat einräumen lassen, kraft dessen er die Erteilung der Löschungs-

*) Vgl. aber RG. 81, 291, wo eine Vormerkung auf Grund einer hinfällig gewordenen einstweiligen Verfügung eingetragen war, und das RG. nur ein Zurückbehaltungsrecht in Frage stellen wollte, weil die nichtige Vormerkungseintragung nicht in dem Sinne aufrechterhalten werden könne, daß sie fortan als in Vollziehung einer neuen einstweiligen Verfügung erfolgt anzusehen wäre.

bewilligung bzw. löschungsfähigen Quittung nur Zug um Zug gegen Erfüllung seiner anderweiten Ansprüche zu erteilen braucht (§ 274 BGB.; RG. 81, 291; 132, 15; JW. 27, 1929).

4. Einreden, im Sinne von § 1157 BGB., die nicht auf dem bloß schuldrechtlichen Verhältnis zwischen Schuldner und Gläubiger beruhen, sind im Grundbuch eintragungsfähig und können daher auch den Gegenstand eines Berichtigungsanspruchs bilden (OLG. Bd. 18, 161; Gruchot Bd. 60, 508). In Betracht kommen hier insbesondere die Einreden der Stundung der bereits gekündigten Hypothek, des Ausschlusses der Abtretbarkeit der Hypothek und das pactum de non petendo.

5. Steht dem Eigentümer eine Einrede zu, durch welche die Geltendmachung der Hypothek dauernd ausgeschlossen wird, so kann er verlangen, daß der Gläubiger auf die Hypothek verzichtet (§ 1169 BGB.). Bei der Hypothek sind die persönlichen Einwendungen und Einreden aus den der Hypothek zugrunde liegenden Schuldforderungen von den Einreden aus den persönlichen Rechtsbeziehungen zu scheiden, die als Kausa für die Begründung der Hypothek selbst anzusehen sind (vgl. § 11 V und unten zu IV). Ist eine persönliche Forderung nicht zur Entstehung gelangt, so steht gemäß § 1163 die Hypothek dem Eigentümer zu, ebenso erwirbt der Eigentümer die Hypothek, wenn die Forderung erlischt. Macht der Eigentümer also geltend, daß eine persönliche Forderung nicht wirksam entstanden sei, so bedeutet dies ein Bestreiten der Berechtigung des Hypothekengläubigers.

6. Ist nicht oder nicht nur die persönliche Forderung nichtig, sondern trifft die Nichtigkeit den dinglichen Bestellungsakt selbst, so erschöpft sich der Berichtigungsantrag des Eigentümers in der Löschung der Hypothekeneintragung, da überhaupt kein Grundpfandrecht, also auch keine Grundschuld zugunsten des Eigentümers angesichts der Unwirksamkeit der Einigung begründet worden ist.

Die Nichtigkeit des dinglichen Vertrages greift insbesondere dann durch, wenn der Besteller geschäftsunfähig oder in seiner Geschäftsfähigkeit beschränkt war, wenn die Bestellung zum Schein erfolgte, oder selbst (das heißt als abstraktes Geschäft) gegen ein gesetzliches Verbot verstieß. Ist die Hypothekenbestellung wegen Betruges oder Drohung anfechtbar, so hat der Eigentümer auf Wahrung der Fristen der §§ 123, 124 zu achten. Die Anfechtung wegen Irrtums ist zwar grundsätzlich nicht ausgeschlossen, wird aber meist an dem Fehlen der tatsächlichen Voraussetzungen des § 119 BGB. scheitern *).

Der Eigentümer kann aber die Nichtigkeit der Hypothekenbestellung nicht auf die Tatsache allein stützen, daß diese in Erfüllung eines nichtigen Grundgeschäftes erfolgt sei. Denn grundsätzlich wird das Erfüllungsgeschäft nicht durch die Nichtigkeit des Kausalgeschäftes mit ergriffen (RG. 68, 103; JW. 07 S. 548).

7. Wird aber eine Hypothek zur Sicherung eines wucherischen Darlehns bestellt, so ist auch die Hypothek nichtig (KG. Jur. R. 1925 Nr. 369). Zu beachten aber ist, daß zur Begründung des Tatbestandmomentes der Notlage im Sinne vom § 138, Abs. 2 BGB. eine dringende Not erforderlich ist, welche die wirtschaftliche Existenz der Partei bedroht. Hat sich der Darlehnsgeber eine besonders hohe Vertragsstrafe unter Umständen ausbedungen, die eine wirtschaftliche Knebelung des Schuldners und damit einen Verstoß gegen § 138 Abs. 1 BGB. als gegeben erscheinen lassen, so kann zwar das Versprechen auf Zahlung der Vertragsstrafe hinfällig sein, der Anspruch auf Rückzahlung des Darlehns nebst Zinsen aber von der Teilnichtigkeit des Abkommens unberührt gemäß § 139 BGB. erhalten bleiben (RG. 78, 258; LZ. 1915, S. 1158).

IV. Der Konditionsanspruch.

1. Beruft der Eigentümer sich aber darauf, daß er ohne Rechtsgrund in Annahme etwa einer vermeintlichen Verpflichtung die Hypothek bestellt habe, so steht ihm grundsätzlich die Konditionsklage aus § 812 BGB. zur Verfügung. Seinen Konditionsanspruch kann er auch einredeweise geltend machen, vgl. §§ 11, 13.

*) Vgl. über den Fall einer irrtümlichen Bestellung einer Hypothek an erster, statt an zweiter Stelle die nicht unbedenkliche Entscheidung RG. 89, 29.

2. Ist die Hypothek zur Sicherung einer abstrakten Schuld (Schuldversprechen oder Schuldanerkenntnis) bestellt, so kommt sowohl eine Kondiktion der persönlichen Verpflichtungserklärung wie der dinglichen Grundstücksbelastung in Frage.

3. Bei der Darlehnshypothek ist grundsätzlich eine Kondiktion der Darlehnsschuld ausgeschlossen. Denn ist einmal ein nichtiger Darlehnsvertrag durch Hingabe erfüllt und der Darlehnshauptvertrag zustandegekommen, so ist damit dieser selbst, und nicht der Vorvertrag, die Grundlage der Verpflichtung zur Rückzahlung des Darlehns (vgl. Anhang zu Kap. I A und C). Die Verpflichtung zur Bestellung der Hypothek aber beruht nicht auf dem Vorvertrag; ist dieser nichtig, oder geht die Hypothekenbestellung ihrer Höhe oder Rangstellung nach über die übernommene Verpflichtung hinaus, so ist, falls nicht die Umstände des Falles entgegenstehen, der Eigentümer zur Kondiktion des Grundpfandes berechtigt.

4. Bei einer Kaufgeldhypothek bildet der Kaufvertrag sowohl für die Kaufgeldforderung, wie die Bestellung der Hypothek die vertragliche Grundlage.

Die Nichtigkeit des Kaufvertrages hat also hier die doppelte Folge, daß 1. die Hypothek einer wirksamen Valutierung entbehrt, und 2., daß die Belastung des Grundstücks zugunsten des Gläubigers ohne einen wirksamen Rechtsgrund erfolgt ist. Die Kollision des Berichtigungsanspruchs mit dem Konditionsanspruch hat in der Praxis insbesondere dann zu Schwierigkeiten geführt, wenn die Nichtigkeit auf einem Verstoß gegen die guten Sitten beruht und für den Konditionsanspruch die Anwendbarkeit des § 817 Abs. 2 BGB. in Frage kommt. Mit RG. 68, 103 ist aber davon auszugehen, daß gemäß § 1163 bei Nichtigkeit der persönlichen Forderung ohne weiteres an Stelle der eingetragenen Hypothek eine Eigentümergrundschuld zur Entstehung gelangt, also für die Zurückforderung eines materiellen hypothekarischen Rechts kein Raum ist*). Der Eigentümer hat also unmittelbar

*) RG. 63, 189 hatte dagegen bei Vorliegen der Voraussetzungen des § 817 BGB. dem Eigentümer das Recht versagt, sich auf die Vorschrift des § 1163 zu berufen, weil sonst § 817 Satz 2 wirkungslos gemacht werde. Diese Auffassung hat aber RG. 68, 103 (vgl. auch

den dinglichen Berichtigungsanspruch auf Umschreibung der Hypothek in eine Eigentümergrundschuld *). Freilich bedeutet die ungerechtfertigte Erlangung der grundbuchmäßigen Stellung eines Hypothekars an sich auch einen Vermögensvorteil, der der Kondiktion durch den Eigentümer unterliegt (LZ. 1924, 292). Ist danach die Hypothek an einen gutgläubigen Dritten weiter veräußert worden, so kann der Kondiktionsanspruch insbesondere, wenn der Verkäufer selbst nicht vollberechtigter Eigentümer ist, also ihm § 816 BGB. nicht zur Seite steht, eine eigene Bedeutung erlangen (JW. 28, 2443; s. Anm. 1).

V. Der Widerspruch.

1. Kann der Eigentümer nicht alsbald die Bewilligung einer Grundbuchberichtigung von dem Eingetragenen erreichen, so läuft er Gefahr, angesichts des öffentlichen Glaubens des Grundbuchs endgültig einen Rechtsverlust zugunsten eines gutgläubigen Dritterwerbers zu erleiden. Seine Sache ist es daher, baldmöglichst für die Eintragung eines Widerspruchs Sorge zu tragen.

2. Gelingt es ihm, den Eingetragenen selbst zur **Bewilligung** des Widerspruchs bis zur Klarstellung der materiellen Rechtslage zu bewegen, so genügt für die Eintragung dessen einseitige beglaubigte Erklärung.

Planck II b zu § 1137) mit Recht abgelehnt, weil der Eigentümer, der die Nichtigkeit geltend macht, nicht die Rückgewähr der Hypothek beanspruche, sondern lediglich bestreite, daß die Hypothek wirksam für den Gläubiger entstanden sei, und zwar infolge Nichtigkeit der persönlichen Forderung, die sogar von Amts wegen berücksichtigt werden müsse.

Wenn aber das RG. als weiteren Grund für die Entscheidung anführt, daß, in Ermangelung eines materiellen Hypothekenrechts des Eingetragenen, überhaupt keine Leistung im Sinne von § 817, 812 BGB. vorliege, so ist diese Auffassung mit der späteren Rechtsprechung des RG. nicht vereinbar (LZ. 1924, 292; Asch, Grundstückskauf, 3. Aufl., 179, 66, 70; JW. 28, 2443).

*) Dem Anspruch auf Erteilung der Löschungsbewilligung kann aber unter Umständen die Einrede der Arglist entgegenstehen, weil der Kläger das Grundstück, das er ohne entsprechende Gegenleistung erlangt, noch darüber hinaus hypothekenfrei machen wolle. (RG. 71, 432, JW. 1912, 632; dagegen aber auch 75, 78; 86, 191.)

3. Regelmäßig aber wird der Eigentümer genötigt sein, eine einstweilige Verfügung zu erwirken, die sich gegen sämtliche Passivbeteiligte zu richten hat. Die Verfügung ist aber auf die bloße Glaubhaftmachung des Berichtigungsanspruchs vom Richter zu erlassen, ohne daß die Gefährdung des Rechtes glaubhaft gemacht werden muß (§ 899 Abs. 2 BGB.).

4. Die Eintragung eines Widerspruchs ist bei einer Buchhypothek besonders erleichtert. Bei ihr genügt der einseitige Antrag des Eigentümers, verbunden mit der einfachen Behauptung, daß die Darlehnssumme nicht hingegeben worden sei, vorausgesetzt allerdings, daß der Antrag innerhalb eines Monats seit der Eintragung der Hypothek gestellt ist. Wird der Widerspruch innerhalb eines Monats seit der Hypothekeneintragung gebucht, so kommt ihm sogar rückwirkende Kraft insoweit zu, als der öffentliche Glaube des Grundbuchs bereits seit dem Zeitpunkt der Hypothekeneintragung selbst als ausgeschaltet gilt (§ 1139 BGB.). Der Grund für diese Sonderregelung liegt in der besonderen Gefahr einer brieflosen Darlehnshypothek: Während der Darlehnsgeber häufig die Darlehnsvaluta erst nach Eintragung der Hypothek auszahlen will, hat der eingetragene Gläubiger es in der Hand, auch ohne Valutierung, die Buchhypothek alsbald an einen gutgläubigen Dritten abzutreten. Der vorsichtige Eigentümer wird freilich auch in derartigen Fällen die Eintragung von der vorausgegangenen Hinterlegung (bei dem Notar) abhängig machen. Ist dies versäumt, so ist bei der geringsten Verzögerung der Auszahlung die Beantragung des Widerspruchs geboten.

§ 19.

Nachträgliche Änderungen der Hypothek.

I. Änderungen in der allgemeinen Wirtschaftslage oder die besonderen Verhältnisse der Parteien bringen es des öfteren mit sich, daß auf den Wunsch der einen oder anderen Partei, des Eigentümers oder des Hypothekengläubigers, der Frage einer Abänderung des Inhalts der Forderung oder des dinglichen

Rechts nähergetreten wird. Abgesehen von den Interessen der Parteien selbst können aber Rechte und rechtlich geschützte Interessen nachstehender Hypothekengläubiger der Durchführung der beabsichtigten Änderung entgegenstehen.

II. Einschneidende gesetzliche Eingriffe in die Rechte des Hypothekengläubigers hat die 4. Verordnung des Reichspräsidenten zur Sicherung von Wirtschaft und Finanzen und zum Schutze des inneren Friedens vom 8. Dezember 1931 mit sich gebracht. Durch § 2 des 3. Kapitels ist allgemein der Zinssatz der Hypotheken, die eine längere Laufdauer als ein Jahr haben, sofern er 6% übersteigt, herabgesetzt, und zwar in folgender Weise:

1. ist der Zinssatz nicht höher als 8%, beträgt er nunmehr 6%;
2. war er bisher höher als 8%, aber nicht höher als 12%, ist er im Verhältnis von 8 zu 6 herabgesetzt;
3. ist er höher als 12%, beträgt er 9% plus der Hälfte des Betrages, um den der Zinssatz 12% überstieg.

Der Zinssatz der Aufwertungshypotheken ist auf 6% ermäßigt (§ 3). § 4 bringt einschneidende Beschränkungen des Kündigungsrechts für den Hypothekengläubiger.

Durch § 8 der Verordnung ist § 247 des Bürgerlichen Gesetzbuchs wieder in Kraft gesetzt. Damit hat der Schuldner wieder das Recht erhalten, bei Hypotheken, die höher als 6% verzinslich sind, nach Ablauf von 6 Monaten das Kapital unter Einhaltung einer Kündigungsfrist von 6 Monaten zu kündigen. (Vgl. im übrigen unten §§ 43, 44.)

Die Verordnung hat aber zunächst zukünftigen Vereinbarungen der Parteien keine neuen gesetzlichen Schranken gesetzt.

III. Häufig macht der Gläubiger die Prolongation seiner Hypothek von weiteren Zugeständnissen des Eigentümers abhängig, sei es von der Erhöhung des Zinssatzes, sei es von einer teilweisen Rückzahlung des Kapitals, sei es von einer Rangverbesserung der Hypothek. Eine letztere wird vornehmlich dann in Betracht kommen, wenn der Eigentümer über eine vorausgehende Rangstelle, insbesondere in Gestalt einer Eigentümergrundschuld, verfügen kann (vgl. § 14).

Eine Zinserhöhung des dinglichen Rechts kann natürlich nicht ohne entsprechende Erhöhung der Zinsen der Forderung erfolgen. Wohl aber ist an sich eine Erhöhung des Zinssatzes der Forderung möglich, während der Zinssatz der Hypothek als solcher unverändert bleibt.

Ebenso kann sich die Ermäßigung des Zinssatzes auf die Hypothek als solche beschränken.

Die Eintragung der Zinserhöhung bedarf der Einigung zwischen Gläubiger und Eigentümer und der Eintragung im Grundbuch (§ 877 BGB.). Sie bedarf auch grundsätzlich der Zustimmung der gleich- oder nachstehenden Grundbuchberechtigten. Doch erübrigt sich die Zustimmung, wenn die Zinserhöhung nicht über 5% hinausgeht, wie auch bei Erhöhung der Amortisationsbeiträge, da diese keine Zinsen, sondern Kapitalsraten darstellen (§ 1119 BGB.).

IV. Wie die Zinserhöhung, ist auch jede andere nachträgliche Änderung des Inhalts der Hypothek von der Zustimmung der Gleich- oder Nachberechtigten, deren Recht durch die Änderung berührt wird, abhängig *). Dies gilt insbesondere bei der Zusicherung neuer oder erhöhter Nebenleistungen, z. B. einer Vertragsstrafe, oder bei Änderung der Zahlungsart (über Änderung des Umrechnungsmaßstabes einer wertbeständigen Hypothek vgl. oben § 15). Hingegen ist die nachträgliche Eintragung der Vollstreckungsklausel wie der Mitbelastung eines anderen Grundstücks und auch der Vereinbarung eines anderen Zahlungsortes oder anderer Zahlungszeit nicht erforderlich, und ohne Zustimmung der Gleich- oder Nachberechtigten eintragungsfähig.

Eine Ermäßigung des Zinssatzes kann, da sie ja die nachfolgenden Berechtigten nicht beeinträchtigt, auf die übereinstimmende Bewilligung des Eigentümers und Gläubigers hin im Grundbuch vermerkt werden.

---

*) Eine nachträgliche Erhöhung des Hypothekenkapitals ist aber auch mit Zustimmung der Nachberechtigten nicht zulässig; es muß vielmehr eine neue selbständige Hypothek in Höhe des Zusatzkapitals zur Eintragung gelangen (KGJ. 40, 282).

§ 20.

Die Vormerkung als Sicherungsmaßnahme des Hypothekengläubigers.

I. Während der Widerspruch dingliche Rechte gegen Gefährdung wegen unrichtiger oder unvollständiger Eintragung zu schützen bestimmt ist, soll die Vormerkung obligatorische Rechte auf Rechtsänderungen sichern, die im Grundbuch zur Eintragung gelangen sollen, aber der Vereitelung durch anderweite Verfügungen ausgesetzt sind.

Die Vormerkung führt zwar keine Sperre des Grundbuchs herbei. Eine nach der Eintragung der Vormerkung getroffene Verfügung des Schuldners ist aber zugunsten des Vormerkungsberechtigten insoweit unwirksam, als durch die Verfügung der Anspruch vereitelt oder beeinträchtigt ist. Die Beseitigung der unwirksamen Grundbucheintragung, die etwa ungeachtet der Vormerkung erfolgt ist, kann der Vormerkungsberechtigte sowohl von dem Eigentümer wie von dem Dritten verlangen.

II. Eine bedeutsame Verstärkung der Rechte schließt die Ausdehnung des Schutzes des öffentlichen Glaubens des Grundbuchs auf den redlichen Erwerb der Vormerkung in sich.

Die Vormerkung ist in der Rechtspr. des RG. nicht nur als eine Verfügung im Sinne von § 893 BGB. anerkannt, sondern wird auch, bevor das dingliche Recht selbst zur Entstehung gelangt, bei ihrer Bewilligung durch einen Nichteigentümer so behandelt, als ob ihre Eintragung von dem wahren Eigentümer bewilligt worden wäre (RG. 118, 230). Ein Widerspruch, der nach ihrer Eintragung zugunsten des wahren Eigentümers im Grundbuch vermerkt wird, kann danach die Wirkungen der Vormerkungseintragung nicht mehr zerstören (JW. 1927, 2846; 1929, 770; 1928, 481; 1928, 1396 — RG. 121, 44); auch dann, wenn zwischen der Vormerkungseintragung und der schließlichen dinglichen Verwirklichung des durch die Vormerkung gesicherten Rechtes der Gläubiger Kenntnis davon erlangt, daß der Schuldner nicht verfügungsberechtigt ist, schadet dies dem Gläubiger nichts; er kann vielmehr nicht nur von dem Schuldner die Beschaffung der erforderlichen Einwilligungserklärungen für die

Eintragung der ihm zugesagten Berechtigung oder Rechtsänderung, sondern auch von dem wahren Eigentümer die Zustimmungserklärung gemäß § 888 BGB. verlangen (JW. 1927, 1413) *).

III. Da das durch die Vormerkung gesicherte Recht auch durch ihre Eintragung nicht zum dinglichen Rechte wird, ergibt die Vormerkung weder eine Vermutung zugunsten des Bestandes der Forderung (§ 891 BGB.), noch zugunsten eines redlichen Zessionars den Schutz des öffentlichen Glaubens; ist die vorgemerkte Forderung nichtig oder fehlt es an einer sonstigen Voraussetzung für die Eintragung der Vormerkung, so wird auch bei dem Erwerb der vorgemerkten Forderung durch einen redlichen Zessionar der Mangel nicht geheilt (RG. 116, 239; 118, 234; 120, 14; JW. 1928, 1359, 1366, 1793).

IV. Für den Hypothekenverkehr hat neben der allgemeinen Sicherungswirkung die Rangsicherung besondere Bedeutung (RG. 118, 232). Handelt es sich um den Anspruch auf Neueintragung einer Hypothek, so beseitigt die Eintragung der Vormerkung die Gefahr einer vertragswidrigen Zwischeneintragung. Hat der Hypothekengläubiger einen obligatorischen Anspruch auf Rangbesserung gegenüber einem eingetragenen Hypothekar, so gewährt ihm die Vormerkung eine vorläufige Sicherung bis zur endgültigen Durchsetzung der Rangänderung. Das gleiche gilt dann, wenn der Gläubiger gegen den Eigentümer einen Anspruch auf Erhöhung des Zinsfußes der Hypothek oder auf Umwandlung einer Sicherungshypothek in eine Verkehrshypothek hat; wird nach der Eintragung der Vormerkung eine weitere Hypothek eingetragen, so muß der nachstehende Hypothekar seine Einwilligung in die Änderung geben **). Ist eine Verständigung zwischen Eigentümer und Hypothekengläubiger bei Aufnahme einer Hypothek nicht dahin zustande gekommen, daß der Hypothekenbrief

---

*) Ebenso Wolff, § 48, IV; Planck zu § 888; im Ergebnis auch Raape, JW. 1927, 1928, vgl. aber auch Caro, JurR. 1928, 117, 132; Asch, JurR. 1927, S. 113.

**) Besonders häufig ist auch eine Vormerkung zur Sicherung der bei Aufnahme einer Hypothek vom Eigentümer übernommenen Verpflichtung für den Fall, daß eine vorhergehende Hypothek ihm später selbst zufallen sollte, diese löschen zu lassen (s. hierüber unten § 30 III).

direkt vom Grundbuchamt dem Gläubiger ausgehändigt werden soll, so kann der Gläubiger im Falle der Valutierung der Hypothek seinen Anspruch auf Aushändigung des Hypothekenbriefes, evtl. im Wege der einstweiligen Verfügung, im Grundbuch vormerken lassen (§ 117 BGB.).

V. Die Bewilligung zur Eintragung einer Vormerkung muß außer dem Inhalt des zu sichernden Anspruchs auch seinen Grund näher bezeichnen, insbesondere die Angabe enthalten, mit wem und wann der den Anspruch begründende Vertrag geschlossen ist oder geschlossen werden soll (KGJ. 32, 213).

VI. Grundsätzlich bedarf der Vorvertrag, auf dem der Anspruch auf Bestellung einer Hypothek beruht, keiner Form. Liegt nur eine mündliche Abrede vor, so bleibt für die Glaubhaftmachung zur Erwirkung einer einstweiligen Verfügung regelmäßig nur die eidesstattliche Versicherung. Ist aber das Versprechen auf Bestellung der Hypothek oder Änderung des Rechtes nichtig (ist z. B. in einem wegen Scheins nichtigen Kaufvertrage die Einräumung einer Kaufgeldhypothek zugesichert), so fällt auch die Vormerkung, die zur Sicherung des nicht wirksam begründeten Anspruchs eingetragen ist, ins Leere (s. oben zu III).

§ 21.

Die Maßnahmen des Hypothekengläubigers gegen Schmälerung der Grundstückshaftung.

I. Maßnahmen gegen die Verschlechterung des Grundstückes selbst.

Der Haftung der Hypothek unterliegt in erster Linie der Grund und Boden, einschließlich der wesentlichen Bestandteile, wie der Bäume, der Früchte am Baum und auf dem Halm, sowie die auf dem Grundstück befindlichen Gebäude, sofern sie nicht nur zu einem vorübergehenden Zweck, etwa als Bauhütte, mit dem Grundstück verbunden sind oder von einem Dritten, insbesondere Nießbraucher oder Pächter in Ausübung des Rechtes auf dem Grundstück errichtet sind (§ 95 BGB.).

1. Hat der Eigentümer das Grundstück in einem Maße verschlechtert, daß dadurch die Sicherheit der Hypothek gefährdet

wird, so ist er wie jeder Dritte bei Vorliegen von Vorsatz oder Fahrlässigkeit gemäß § 823 Abs. 1 und regelmäßig auch gemäß § 823 Abs. 2 BGB. zum Schadenersatz verpflichtet *).

2. Gemäß § 1133 BGB. ist der Hypothekengläubiger berechtigt, im Falle einer bereits eingetretenen Sicherheitsgefährdung durch eine Verschlechterung des Grundstücks dem Eigentümer eine angemessene Frist zur Beseitigung der Gefährdung zu bestimmen; wird bis zum Ablaufe der Frist die Gefährdung nicht durch eine Verbesserung des Grundstücks beseitigt, oder der Gläubiger durch anderweitige Hypothekenbestellung sichergestellt, so kann dieser sofort seine Befriedigung aus dem Grundstücke suchen.

Das Recht steht dem Hypothekengläubiger auch dann zu, wenn den Eigentümer selbst kein Verschulden trifft, so z. B., wenn Brandstiftung von dritter Seite vorliegt oder der Schaden durch Blitz oder Hagel herbeigeführt ist.

3. Ist aber eine Gefährdung der Sicherheit durch rechtswidrige Einwirkungen des Eigentümers oder eines Dritten auf das Grundstück zu besorgen, so kann der Gläubiger gemäß § 1134 auf Unterlassung klagen.

Die Voraussetzungen der Klage aus § 1134 sind insbesondere gegeben, wenn der Eigentümer eine laufende Versicherung für Gebäude und Zubehör nicht erneuert hat (RG. 52, 296) oder ein Gebäude abgebrochen hat, sei es auch nur zum Zwecke eines Neubaus, ohne die Zustimmung des Hypothekengläubigers vorher eingeholt zu haben (OLG. 12, 133; KGBl. 1912, 129; Nußbaum S. 152).

Geht die Verschlechterung auf das Verhalten des Eigentümers selbst zurück, so kann der Gläubiger die gerichtliche Anordnung der zur Gefährdung erforderlichen Maßregeln beantragen, z. B. die Sequestration des Grundstücks (KGJ. 35, 265) oder auch sich selbst durch eine einstweilige Verfügung zur Vornahme der erforderlichen Handlungen auf Kosten des Eigentümers ermächtigen lassen.

(Über die in den Bedingungen der Kreditanstalten diesbezüglichen üblichen Klauseln vgl. oben §§ 8 V, 9 III.)

---

*) Vgl. RG. 69, 91; 73, 333; Gruchot 55, 664; Wolff, § 138 II.

II. Maßnahmen gegen Eingriffe in die der Haftung unterliegenden Sachen und Rechte.

A. Außer dem Grundstück selbst und seinen Bestandteilen haften für die Hypothek das Zubehör, die Miet- und Pachtzinsforderungen, die mit dem Eigentum am Grundstück verbundenen Rechte, die in § 96 als Bestandteile des Grundstücks bezeichnet werden (wie Grunddienstbarkeiten, wasserrechtliche Befugnisse der Anlieger und staatlich verliehene Wassernutzungsrechte), Forderungen aus einer Versicherung oder Enteignung.

1. a) Früchte, Abbruchsmaterialien sowie sonstige frühere Bestandteile des Grundstücks bleiben dem Gläubiger auch noch nach der Trennung verhaftet, sofern sie mit der Trennung in das Eigentum des Grundeigentümers oder des Eigenbesitzers gefallen sind (§ 1120). Sie werden aber von der Haftung frei, wenn sie veräußert und von dem Grundstück entfernt werden, bevor sie zugunsten des Gläubigers in Beschlag genommen worden sind (§ 1121 Abs. 1).

b) Ebenso, wenn sie in den Grenzen ordentlicher Wirtschaft getrennt und vor der Beschlagnahme (auch ohne veräußert zu sein) dauernd vom Grundstück entfernt werden (§ 1122 Abs. 1).

c) Aber auch dann, wenn sie vor der Veräußerung vom Grundstücke entfernt und für den Hypothekengläubiger in Beschlag genommen sind, scheiden sie durch die Veräußerung an einen gutgläubigen Erwerber aus der Pfandhaft aus; bösgläubig ist der Erwerber nur, wenn er weiß, daß die veräußerten Sachen von dem Grundstück stammen; unter dieser Voraussetzung gilt er aber auch dann als bösgläubig, wenn er nur von dem Antrag auf Zwangsversteigerung oder Zwangsverwaltung Kenntnis erhalten hat (§ 23 Abs. 2 ZVG.). Erfolgt aber die Veräußerung vor der Entfernung, so kann sich der Erwerber, sofern die Beschlagnahme vor der Entfernung erfolgt ist, nicht auf seinen guten Glauben berufen. Die Haftung erlischt allerdings auch hier, wenn die Sachen später vom Erwerber gutgläubig vom Grundstück entfernt werden (§ 1121 Abs. 2).

d) Solange die Früchte ungetrennt sind, kann der im Range vorgehende Hypothekengläubiger mittels ihrer Beschlagnahme durch die Zwangsvollstreckung seine Rechte auch einem Nießbraucher gegenüber, sofern dieser im Range nachsteht, wahren. Hingegen bleibt auch durch die Zwangsverwaltung und Zwangsversteigerung das Recht des Pächters völlig unberührt, und zwar auch dann, wenn die Hypothek vor dem Pachtrecht begründet ist (§ 21 Abs. 3); der Grund hierfür ist, daß als Äquivalent der Hypothekengläubiger das Zugriffsrecht auf den Pachtzins hat.

Sind bei der Trennung die Früchte nicht beschlagnahmt, so werden sie pfandfrei, sowohl wenn sie in das Eigentum eines Pächters wie in das eines im Range vor- oder nachstehenden Nießbrauchers übergehen (RG. 100, 158).

e) Aber auch nach der Beschlagnahme besteht die Möglichkeit, daß die Haftung infolge von Verarbeitung, Verbindung oder Vermischung erlischt, also z. B. durch Verarbeitung von Lehm zu Ziegeln (OLG. 14, 105), durch Einbau von Gebäudebestandteilen in ein anderes Haus (RG. Seuff. 59, 123), durch Zusammenschütten von Getreide (RG. 67, 421).

2. Zubehör unterliegt der Haftung der Hypothek insoweit, als der Eigentümer (nicht Eigenbesitzer) bereits bei der Hypothekenbestellung Eigentümer des Zubehörs war oder es nachher geworden ist (RG. 125, 364, Recht 1918 Nr. 863, Wolff § 135, III. Anm. 18). Zubehörstücke, die schon vor Begründung der Hypothek mit dinglicher Wirkung veräußert, aber auf dem Grundstück verblieben sind, fallen nicht unter die Haftung des § 1120 (RG. Recht 1918 Nr. 863, 1911 Nr. 513). Gegenstände, die einem Dritten gehören, können auch nicht mit Zustimmung des Dritten der Haftung unterworfen werden (RG. 63, 373). Ebensowenig aber ist es auch möglich, mit dinglicher Wirkung die Haftung aus den §§ 1120—1122 BGB. durch Abkommen zwischen Eigentümer und derzeitigem Grundpfandgläubiger dahin einzuschränken, daß bestimmte Zubehörstücke von der Haftung frei bleiben sollen (RG. 125, 365).

Zum Zubehör gehören insbesondere beim gewerblichen Gebäude die zum Betriebe bestimmten Maschinen und Gerätschaften, soweit sie nicht wesentliche Bestandteile sind, bei einem Landgut das zum Wirtschaftsbetriebe bestimmte Geräte und Vieh, sowie Dünger und auch landwirtschaftliche Erzeugnisse, soweit sie für die Fortführung der Wirtschaft erforderlich sind, bei einem Baugrundstück die Baumaterialien (RG. 84, 284), bei einem Molkereigrundstück nach einer Entscheidung des RG. auch die Schweine, die zur Erhöhung des Grundstücksertrages von den Molkereiabfällen gemästet werden (RG. 77, 241).

Zubehörstücke werden, ähnlich wie Bestandteile, von der Haftung frei: wenn sie vor der Beschlagnahme des Grundstücks veräußert und vom Grundstück dauernd entfernt werden oder die Zubehöreigenschaft innerhalb der Grenzen einer ordnungsmäßigen Wirtschaft (auch ohne Veräußerung) vor der Beschlagnahme aufgehoben wird. Auch finden die Vorschriften des § 1121 Abs. 2 auf das Zubehör Anwendung (vgl. oben 1c). Die Pfändbarkeit des Zubehörs nach Mobiliarvollstreckungsrecht ist auch für einen Hypothekar ausgeschlossen (§ 865 Abs. 2 ZPO.).

3. Miet- und Pachtzinsforderungen werden als bürgerliche Früchte des Grundstücks von der Hypothekenhaftung erfaßt (§ 1123), gleichgültig, ob der Miet- bzw. Pachtvertrag mit dem Eigentümer oder Eigenbesitzer oder auch mit einem Nießbraucher abgeschlossen ist.

Die Haftung hindert aber nicht, daß bis zur Beschlagnahme durch den Hypothekengläubiger der fällige Miet- oder Pachtzins von dem Eigentümer oder dem sonstigen Berechtigten mit befreiender Wirkung für den Zinsschuldner eingezogen werden kann (§ 1124).

Die Abtretung von zukünftig fälligen Miet- und Pachtzinsen, die ursprünglich gemäß § 1124 Abs. 2 mit Wirksamkeit gegenüber dem Hypothekengläubiger nicht nur für das laufende, sondern auch das der Beschlagnahme folgende Kalendervierteljahr wirksam erfolgen konnte, ist angesichts der Unwirtschaftlichkeit dieser Regelung in ihrer Wirksamkeit gegen Hypothekengläubiger durch das Reichsgesetz vom 8. Juni 1915, nunmehr aber noch erheblicher durch § 12 des 3. Teils der 4. Notverordnung zur Sicherung von Wirtschaft und Finanzen vom 8. Dezember 1931 eingeschränkt worden. Danach sind Vorausverfügungen nur für den laufenden Kalendermonat, und wenn die Verfügung oder das Rechtsgeschäft nach dem 15. Tage des Monats vorgenommen wird, für den vollen Kalendermonat wirksam. Nur wenn die Zinsen eines vollen Jahres nach ihrer Fälligkeit noch nicht entrichtet sind, ohne daß eine Beschlagnahme zugunsten des Hypothekengläubigers erfolgt ist, erlischt grundsätzlich ihre Haftung für den Hypothekengläubiger; ist aber der Miet- oder Pachtzins im voraus zu entrichten (also etwa eine dreijährige Vorauszahlung des Mietzinses ausbedungen), aber ein Jahr nach dem Zeitpunkt der Fälligkeit noch nicht gezahlt, so darf der Hypothekenschuldner, wenn später (also nach Ablauf eines Jahres der Fälligkeit) die Beschlagnahme erfolgt, die Rückstände nur für die Vergangenheit und für den laufenden Monat und für den Fall, wenn die Beschlagnahme nach dem 15. Tage des Monats erfolgt, auch für den vollen Kalendermonat für sich erheben.

B. 1. Hat der Eigentümer rechtswidrig Sachen oder Rechte, die gemäß A der Haftung des Gläubigers unterliegen, diesem mit Erfolg der Haftung entzogen, so ist er gemäß § 823 Abs. 1 § 823 Abs. 2 zum Schadenersatz verpflichtet. Sind z. B. Bestandteile des Grundstücks unter Verletzung des Haftrechts des Hypothekengläubigers vom Eigentümer veräußert und von einem Dritten, in der Absicht der Beschlagnahme zuvorzukommen, alsbald entfernt worden, so haftet sowohl der Eigentümer wie der Dritte, wenn dieser sich sagen mußte, daß er das Recht des Hypothekengläubigers gefährde (vgl. RG. 73, 133; Warn. 1914, 410).

2. Das zu oben zu I, 2 erwähnte Recht des Gläubigers, eine Nachfrist wegen eingetretener Gefährdung des Grundstücks zu setzen, steht dem Hypothekengläubiger gemäß § 1135 auch dann zu, wenn Zubehörstücke verschlechtert oder den Regeln einer ordnungsmäßigen Wirtschaft zuwider von dem Grundstücke entfernt sind.

3. Ebenso kann der Hypothekengläubiger gemäß § 1135, wenn die gleichen Voraussetzungen bezüglich des Zubehörs vorliegen, die unter I, 3 erwähnte Unterlassungsklage erheben oder die Anordnung einer einstweiligen Verfügung des Gerichts erwirken (§ 1134).

4. Soweit die Haftung gemäß obigen Ausführungen zu A auch nach der Entfernung von Zubehörstücken fortbesteht, kann der Hypothekengläubiger die Zurückschaffung verlangen (JW. 27, 402; Seuff. A. 74 Nr. 120).

5. Vor allem aber wird der Hypothekengläubiger in allen Fällen, wo der Zeitpunkt der Beschlagnahme als Stichtag in Frage kommt, auf möglichst rechtzeitige Beantragung der Zwangsverwaltung oder Ausbringung einer dinglichen Pfändung der Mietforderungen bedacht sein müssen. (Über Pfändung auf Grund eines dinglichen Schuldtitels vgl. §§ 23 III, 39 II.)

Bei der Aufnahme einer Hypothek wird der Hypothekengläubiger auch sein Augenmerk darauf zu richten haben, ob Gegenstände, die als Zubehör für die Grundstücksbewertung in Betracht kommen, auch wirksam in das Eigentum des Hypothekenschuldners übergegangen sind, und evtl. die Klarstellung des Eigentums herbeizuführen suchen.

§ 22.

Der versicherungsrechtliche Schutz des Hypothekengläubigers.

I. Eigenartig ist die hypothekarische Haftung von Versicherungsforderungen gesetzlich ausgestaltet.

1. Die Haftung soll dem Hypothekengläubiger für den Fall der völligen oder teilweisen Vernichtung der eigentlichen Kreditunterlage ein Surrogat in der Versicherungsforderung geben. Folgerichtig bestimmt § 1127 Abs. 2, daß die Haftung erlischt, wenn der versicherte Gegenstand wiederhergestellt oder Ersatz für ihn beschafft ist. Andrerseits unterliegt gemäß § 1127 Abs. 1 die Versicherungsforderung der Haftung, gleichgültig ob die Versicherung vom Eigentümer oder Eigenbesitzer genommen worden ist, oder auch ob sie auf Rechnung des Eigentümers oder Eigenbesitzers von einem Mieter, Pächter oder Nießbraucher abgeschlossen ist (P. VI, 244).

2. Eine Verpflichtung des Hypothekenschuldners zur Versicherung ist an sich gesetzlich nicht allgemein festgelegt. Doch kann die Unterlassung der Versicherung gegen Feuersgefahr oder ihre Nichterneuerung die Klage aus § 1134 BGB. auslösen (vgl. oben § 21 I, 3). Auch ist es üblich, daß die Kreditanstalten bei Kreditgewährung die Versicherung ausbedingen oder wenigstens für

den Fall der Nichtversicherung eine Verfallsklausel vereinbaren (vgl. oben § 8 V).

Gemäß § 192 des VG. bleiben die landesgesetzlichen Vorschriften, die bei einer nach Landesrecht errichteten öffentlichen Anstalt unmittelbar kraft Gesetzes entstehen, sowie die Vorschriften unberührt, die landesgesetzlich über Versicherungen bestehen, die bei einer solchen Anstalt infolge eines gesetzlichen Zwanges genommen sind. In Preußen, wie in den meisten anderen Ländern, ist der Versicherungszwang aufgehoben und nur ein Annahmezwang für die Gesellschaft aufrechterhalten (§ 10 PrG. vom 25. Juli 1910). Bei der Hamburger Feuerkasse entsteht infolge des Versicherungszwanges ein öffentlich-rechtliches Verhältnis.

3. § 1130 BGB. sieht allgemein vor, daß eine Zahlung an den Versicherten dem Hypothekengläubiger gegenüber wirksam ist, wenn sie zur Wiederherstellung erfolgt, und nach den Versicherungsbestimmungen der Versicherer nur verpflichtet ist, die Versicherungssumme zur Wiederherstellung zu zahlen. Erfolgt die Auszahlung, wie dies regelmäßig geschieht, nur entsprechend dem Fortschreiten der Wiederherstellung, so ist damit das Interesse des Hypothekars gewahrt. § 1130 fordert nicht, daß durch die Vorauszahlung die Wiederherstellung gesichert ist; wie dies für die Gebäudeversicherung durch § 97 VVG. ausdrücklich bestimmt ist (vgl. zu II). Befürchtet aber ein Hypothekengläubiger, daß der Eigentümer bei Auszahlung des Geldes die Wiederherstellung nicht bewirkt, so kommt für die Sicherstellung die Beschlagnahme durch Erwirkung der Zwangsverwaltung in Frage. Der Verwalter hat die Forderung einzuziehen und bestimmungsgemäß zu verwenden (Jäckel-Güthe Anm. 10 zu § 21 ZVG.). Schwebt ein Zwangsversteigerungsverfahren, ohne daß die Zwangsverwaltung angeordnet ist, so kann der Hypothekengläubiger auch beim Vollstreckungsgericht gemäß § 25 ZVG. die Anordnung von Sicherungsmaßnahmen erwirken.

II. Der Schutz des Hypothekengläubigers ist bei der Gebäudeversicherung besonders stark ausgebaut. Zur Gebäudeversicherung gehört natürlich in erster Linie die Feuerversicherung.

1. Bei der Gebäudeversicherung hat vor allem der Hypothekengläubiger ein selbständiges Forderungspfandrecht gegen den Versicherungsnehmer; dieses entsteht, sobald die Versicherung abgeschlossen ist, ohne weiteres, ohne daß, wie bei sonstigen Versicherungen, die Beschlagnahme erfolgt sein muß (Bruck, Das Privatversicherungsrecht S. 21, JW. 1922, 221, RG. 102, 350).

Grundsätzlich darf die Versicherungsgesellschaft an den Eigentümer nur die Versicherungssumme auszahlen, wenn der Hypothekengläubiger nicht widerspricht; sonst muß sie für den Regelfall an Eigentümer und Gläubiger gemeinschaftlich zahlen oder hinterlegen (§ 1128). Die Zahlungserleichterung, die § 1130 BGB. für den Fall gewährt, daß die Zahlung bestimmungsgemäß zur Wiederherstellung des Gebäudes zu entrichten ist (s. oben zu I, 3), wird zugunsten des Hypothekengläubigers bei der Gebäudeversicherung durch § 97 VVG. dahin eingeschränkt, daß die Zustimmung des Gläubigers nur dann entbehrlich ist, wenn die bestimmungsgemäße Verwendung des Geldes sichergestellt ist. Eine weitere Sicherung der Hypothekengläubiger bringt bei Gebäudeversicherungen § 98 VVG., wonach die Abtretung oder Pfändung der Forderungen nur dann dem Hypothekengläubiger gegenüber wirksam ist, wenn sie zugunsten von bzw. seitens solcher Bauhandwerker, Lieferanten oder Geldgeber erfolgt, die durch eigene Leistungen die Wiederherstellung gefördert haben oder fördern sollen. Die in den §§ 1130 BGB., 97 ff. vorausgesetzte Wiederherstellungsklausel ist in den Bedingungen der Versicherungsgesellschaften allgemein üblich.

Auch in Fällen, in denen eine Zahlung zur Wiederherstellung in Frage kommt, kann der Hypothekengläubiger die Hinterlegung verlangen, wenn die Forderung von sonstigen Gläubigern gepfändet ist (JW. 1928, 3182; vgl. aber auch hierzu Gerhard JW. 1929, 934).

Gemäß § 1128 Abs. 1 kann aber die Zahlung mit Wirkung gegen den Hypothekengläubiger stets erfolgen, wenn der Versicherer oder der Eigentümer den Eintritt des Schadens dem Hypothekengläubiger angezeigt hat, und seit dem Empfang der Anzeige ein Monat verstrichen ist.

Nach Ablauf der Frist kann der Gläubiger der Auszahlung nicht mehr widersprechen; wohl aber hat er auch dann, solange die Zahlung nicht tatsächlich erfolgt ist, die Möglichkeit durch rechtzeitige Beschlagnahme die Auszahlung zu verhindern (RGRK. zu § 1128 Anm. 4, OLG. 14, 112).

2. Das selbständige Recht des Hypothekengläubigers bleibt auch grundsätzlich bei gänzlicher Auflösung des Versicherungsverhältnisses gewahrt.

Die Beendigung der Versicherung vor Eintritt des Versicherungsfalles, z. B. infolge Kündigung oder Rücktritt, wirkt dem Hypothekengläubiger gegenüber erst nach einem Monat seit Mitteilung oder Kenntnis; es sei denn, daß nicht rechtzeitige Prämienzahlung oder Konkurs den Grund für die vorzeitige Beendigung abgibt (§ 100 VVG.). Die letzte Ausnahmevorschrift beruht darauf, daß ja gemäß § 105 VVG. der Hypothekengläubiger, selbst gegen den Widerspruch des Eigentümers, wirksam die Prämienzahlung an den Versicherer zahlen darf und gemäß § 103 von diesem unverzüglich zu benachrichtigen ist, wenn eine Prämienzahlung nicht rechtzeitig bewirkt und dem Eigentümer die Frist für die Zahlung der Prämie bestimmt oder nach dem Ablauf der Frist wegen unterbliebener Prämienzahlung gekündigt ist *).

3. Wird der Versicherer wegen des Verhaltens des Versicherungsnehmers von der Ersatzpflicht frei oder tritt er nach dem Eintritt des Versicherungsfalles zurück, so bleibt er doch dem Gläubiger gegenüber zur Leistung verpflichtet, so z. B. im Falle der Brandstiftung durch den Eigentümer (§ 101 Abs. 1 VVG.). Freilich greift auch hier die Vorschrift des § 1127 BGB. durch. Wird das Gebäude wiederhergestellt, so kann der Hypothekengläubiger nicht mehr eine Forderung gegen den Versicherer geltend machen. Nur dann, wenn der Hypothekengläubiger mit seiner Hypothek ausgefallen ist, bevor das Gebäude wiederhergestellt wurde, bleibt trotz der nachträglichen Wiederherstel-

*) In den Hypothekensicherungsscheinen von Feuerversicherungsgesellschaften findet sich häufig die dem Gläubiger noch weiter entgegenkommende Bestimmung, daß die Verpflichtung zur Leistung noch einen Monat von dem Zeitpunkt an bestehen bleibt, in welchem der Gläubiger die Mitteilung von der Bestimmung der Frist erhalten hat.

lung sein Anspruch gegen den Versicherer erhalten (RG. 102, 350).

Ist der Versicherungsvertrag wegen Über- oder Doppelversicherung nichtig, so behält er doch Gläubigern gegenüber, die ihre Hypothek dem Versicherer angemeldet haben, bis zum Ablauf eines Monats seit Mitteilung oder Kenntnis von der Nichtigkeit, die Wirksamkeit (§ 100 VVG.).

Regelmäßig treten aber die Versicherungsgesellschaften durch Erteilung sogenannter Hypothekensicherungsscheine auch mit den Hypothekengläubigern in unmittelbare Rechtsbeziehungen.

III. Bei der Hagel-, Vieh-, Glas- und Maschinenversicherung, wie bei der Versicherung sämtlicher anderer Gegenstände, außer der Gebäudeversicherung, kann die Versicherungsgesellschaft allgemein an den Eigentümer zahlen, solange nicht die Beschlagnahme des Grundstücks erfolgt ist.

Nach Ablauf eines Jahres seit Fälligkeit scheidet hier die Versicherungsforderung entsprechend den Vorschriften des § 1123 Abs. 2 Satz 1 und § 1124 Abs. 1, 3 aus der hypothekarischen Haftung aus (§ 1129 BGB.).

Freilich werden auch hier die gesetzlichen Bestimmungen häufig durch Hypothekensicherungsscheine abgeändert (Oelert, Realkredit- und Feuerversicherung, S. 144; Nußbaum, S. 98).

§ 23.

Stärkung der hypothekarischen Sicherung durch Bürgschaft, Garantie und Nießbrauch.

I. Die Bürgschaftssicherung.

1. Eine Bürgschaftsübernahme kommt nur für die persönliche Hypothekenforderung in Frage. Das dingliche Hypothekenrecht ist einer Sicherung durch Bürgschaft nicht fähig. Wird daher die „Bürgschaft" für den Eigentümer des Grundstücks übernommen, der nicht gleichzeitig persönlicher Schuldner ist, so entsteht keine wirksame Bürgenhaftung, und zwar selbst dann nicht, wenn die Parteien den Eigentümer auch als den persönlichen Schuldner ansehen (RG. 93, 236, Recht 1913 Nr. 1464, Warn. 1916 Nr. 130). Wohl aber ist es im Einzelfall möglich, die Haftungsüber-

nahme als Garantie für die Güte der Hypothek im Wege der Auslegung aufrechtzuerhalten (Warn. 1916 Nr. 130; vgl. hierzu II). Ist dies nicht möglich, so läuft der scheinbare Bürge bei Zahlung des Hypothekenbetrages Gefahr, einen Erstattungsanspruch nicht verwirklichen zu können, weil er die Zahlung als „Dritter" geleistet hat, und sich nicht darauf berufen kann, daß die Hypothek auf ihn übergegangen ist (RG. 93, 236; Recht 1913 Nr. 1464).

2. Hat aber ein Bürge sich verpflichtet, für die Hypothekenforderung einzustehen, so setzt die Wirksamkeit der Verpflichtung grundsätzlich die Wahrung der Schriftform gemäß § 766 voraus. Das Formerfordernis entfällt aber dann, wenn die Bürgschaft auf Seiten des Bürgen ein Handelsgeschäft ist (§ 350 HGB.).

3. Grundsätzlich liegt dem Gläubiger keine Sorgfaltspflicht im Hinblick auf die Interessenwahrung zugunsten des Bürgen ob (RG. 65, 38, Gruchot 54, 965). Der Gläubiger hat insbesondere keine Verpflichtung zur Mitteilung einer bevorstehenden Zwangsversteigerung des Schuldnergrundstücks.

Gibt aber der Gläubiger das dingliche Hypothekenrecht auf, verzichtet er auf ein etwa bestehendes Pfandrecht oder das Recht gegen einen Mitbürgen, so wird der Bürge gemäß § 776 BGB. insoweit frei, als er aus dem aufgegebenen Rechte nach § 774 hätte Ersatz erlangen können.

Der Gläubiger darf aber auch zur Vermeidung von Rechtsverlusten nicht sich mit dem Hauptschuldner außergerichtlich auf eine Herabsetzung der persönlichen Forderung einigen, ohne sich das Einverständnis des Bürgen zu sichern. Auch dann, wenn der Nachlaß darauf zurückzuführen ist, daß sonst zweifelsfrei vom Schuldner noch weniger zu erlangen war, und somit, rein objektiv angesehen, der Vergleich auch im Interesse des Bürgen lag, so wird doch der Bürge von seiner Bürgschaftsverpflichtung gänzlich frei, wenn ohne Zustimmung des Bürgen dem Hauptschuldner ein Nachlaß gewährt und die Akkordquote berichtigt wird; § 193 KO. findet auf Privatvergleiche keine Anwendung (LZ. 1916, 1555).

Hat sich ein Bürge nur auf bestimmte Zeit verbürgt, so muß der Gläubiger unverzüglich die Einziehung der Forderung betreiben, das Verfahren ohne wesentliche Verzögerung fortsetzen und dem Bürgen nach Beendigung des Verfahrens anzeigen, daß er ihn in Anspruch nehme. Sonst wird der Bürge in Gemäßheit des § 777 BGB. von der Haftung frei.

4. Handelt es sich um einen laufenden Kredit, für den der Bürge die Bürgschaft auf unbestimmte Zeit übernommen hat, so kann dieser nach Ablauf angemessener Zeit und unter Wahrung angemessener Frist die Bürgschaft dem Gläubiger gegenüber kündigen, sofern dieser nicht zur weiteren Kreditgewährung an den Schuldner verpflichtet ist (RG. Seuff. Bl. 78, 375; Oertmann zu § 777, 2).

5. Mit der Abtretung der Hypothek gehen auch die Rechte aus der Bürgschaft auf den neuen Gläubiger über (§ 401 BGB.; über dessen grundsätzliche Nichtanwendbarkeit auf die Gewährleistung und die Garantiepflicht vgl. unten II, 3).

Zahlt der Eigentümer den Hypothekenbetrag, so geht, wenn er nicht auch persönlicher Schuldner ist, mit der Hypothek grundsätzlich auch das Recht gegen den Bürgen auf ihn über (§ 412, 401; vgl. hierüber unten § 29 II, IV).

II. Garantie- und Gewährleistungspflicht.

1. Während die Bürgschaft den Willen des Bürgen zum Einstehen für eine fremde persönliche Schuld zur Voraussetzung hat, stellt die Gewährleistungspflicht aus § 438 BGB., wie die Garantieübernahme für die Güte der Hypothek nicht ein Nebenrecht der Forderung dar, sondern bildet eine besonders übernommene Verstärkung der sachlichen Sicherung in der Richtung, daß tatsächlich die zu sichernden Beträge durch den Wert des Grundstücks ihre Deckung finden. Die Gewährleistung im Sinne von § 438 BGB. „für die Zahlungsfähigkeit des Schuldners" kommt als solche nur bei der Veräußerung der Hypothek in Frage. Die Garantieübernahme ermöglicht die Verstärkung der Sicherung sowohl bei Übernahme einer Hypothek, wie bei ihrer Veräußerung in der Gestalt der Übernahme der sachlichen Haftung durch eine andere Person, als die des Verkäufers. Im Einzelfall ist es nicht immer leicht zu entscheiden, ob die Vertragsabreden auf Bürgschaft oder Gewährleistung bzw. Garantiehaftung gehen.

Ausschlaggebend für die Auslegung ist nicht die Wortbezeichnung, sondern der erkennbare Zweck (JW. 1912, 415; 16, 903; 23, 368; Oertmann Vorbem. zu § 765).

Negativ ist dabei zu beachten, daß eine Bürgschaft für eine dingliche Schuld in der Rechtsprechung nicht anerkannt wird (siehe oben zu I, 1).

2. Im Gegensatz zur Bürgschaft bedarf die Gewährleistungsverpflichtung wie die Garantieübernahme für ihre Wirksamkeit nicht der schriftlichen Form *).

3. Andererseits prägt sich die Eigenart der Gewährleistungspflicht und Garantiehaftung in folgenden Erleichterungen gegenüber der Bürgenhaftung aus.

a) Während gemäß § 401 BGB. mit der Abtretung der Hypothek ohne weiteres die Rechte gegen den Bürgen auf den Erwerber übergehen, verleiht grundsätzlich das RG. die Anwendbarkeit des § 401 auf die Gewährleistungspflicht und Garantiehaftung. Diese wird als obligatorische Verpflichtung dem Gläubiger gegenüber übernommen. Soll sie auch dem Rechtsnachfolger gegenüber Geltung haben, so bedarf es einer dahin gehenden Vereinbarung, die den Umständen des Einzelfalles nach allgemeinen Auslegungsregeln entnommen werden kann, für die aber die Beweislast den Gläubiger trifft (RG. 60, 371; Warn. 1916 Nr. 130, JW. 16, 905).

b) Grundsätzlich ist der Gläubiger dem zur Garantiehaftung verpflichteten Dritten, wie bei einem Auftragsverhältnis verpflichtet, auch dessen Interessen mit der erforderlichen Sorgfalt zu wahren (RG. 87, 327).

Er hat also insbesondere, anders als bei der Bürgschaft, zur Vermeidung von Rechtsverlusten den Garanten über die Einleitung und den Verlauf der Zwangsversteigerung in Kenntnis zu setzen. Freilich ist auch hier die Verpflichtung des Gläubigers nicht zu weit zu spannen; wenn er z. B. die an sich gegebene Kündigung

---

*) Freilich wird angesichts der einschneidenden Wirkungen der Garantiehaftung auch hier die Schriftform die Regel bilden. Kommen nur mündliche Erklärungen in Frage, so wird es sich meist nur um rechtlich unverbindliche Redewendungen der verhandelnden Parteien handeln (vgl. JW. 23, 368).

der Forderung unterläßt, kann hierin nicht unter allen Umständen eine Pflichtverletzung erblickt werden (RG. 88, 410; JW. 16, 1476; Seuff. Bl. 70, 40; vgl. § 24 III, 1).

4. § 776 BGB. findet zwar grundsätzlich auch auf den Garantievertrag Anwendung (Seuff. Bl. 73, 406). Doch kann sich bei einem Gewährleistungsvertrag der Verpflichtete auf die Aufgabe einer Hypothek durch den Gläubiger nicht auch dann berufen, wenn die Hypothek erst nach der Übernahme der Verpflichtung bestellt worden ist (RG. 72, 141; dagegen für die Bürgschaft § 776 Satz 2).

5. § 438 bestimmt, daß im Zweifel als Stichtag für die Haftung der Zeitpunkt der Abtretung zu gelten hat. Es steht aber nichts entgegen, daß bei einem Garantievertrag für die Güte des verpfändeten Grundstücks auch über die Zeit der Abfindung hinaus die Gewähr übernommen wird (LZ. 1923, 176).

6. Der häufigste Fall der Garantieübernahme ist die sogenannte Ausbietungsgarantie*). Sie verpflichtet den Garanten, entweder selbst die Hypothek auszubieten oder für die Ausbietung durch eine dritte einwandfreie Person zu sorgen. Sonst macht sich der Garant im vollen Umfange schadenersatzpflichtig. Ist der Gläubiger insbesondere durch das vertragswidrige Verhalten des Garanten genötigt worden, zur Rettung seiner Hypothek das Grundstück in der Versteigerung selbst zu übernehmen, so kann er vom Garanten verlangen, daß dieser ihm gegen Übertragung des Grundstückseigentums die aufgewendeten Beträge und den Hypothekenausfall ersetzt. Zu weit aber geht es, wenn Nußbaum S. 159 schlechthin dem Garanten die Verpflichtung auferlegt, außer der Abnahme des Grundstücks die Hypothek wieder zur Eintragung zu bringen.

Die Ausbietungsgarantie wird des öfteren von größeren Maklerfirmen bei Vermittlung von Hypothekarkredit dem Kreditgeber gegenüber wie auch bei Vermittlung eines Hypothekenverkaufs dem Käufer gegenüber übernommen.

Nicht selten auch wird vor dem Versteigerungstermin zwischen einem Hypothekengläubiger und einem Grundstückreflektanten ein Abkommen dahin getroffen, daß der Reflektant die Ausbietungs-

*) Über weitere Klauseln s. unten § 24 III 2 u. 3.

garantie übernimmt, der Gläubiger sich aber verpflichtet, die Hypothek stehen zu lassen. Zuweilen nutzt auch ein Makler, der einen Grundstücksreflektanten für ein in der Zwangsversteigerung befindliches Grundstück an der Hand hat, die Gelegenheit aus, um von einem nachstehenden Hypothekengläubiger, der nicht willens oder in der Lage ist, das Grundstück zur Rettung seiner Hypothek zu übernehmen, eine Sondervergütung für die Zusicherung der Ausbietungsgarantie zu erlangen.

III. Der Sicherungsnießbrauch.

1. Dem geltenden Recht ist das Nutzpfand (Antichrese) als dingliches Recht am Grundstück unbekannt. Als Ersatz hierfür dient der Sicherungsnießbrauch zur Verstärkung des Hypothekenrechts.

Bei der Sicherungshypothek wird die Funktion zu Sicherungszwecken eines hypothekarischen Rechts durch die obligatorischen Abmachungen zwischen Eigentümer und Hypothekar festgelegt*). Diese gehen in erster Linie dahin, daß der Nießbraucher die Überschüsse des Grundstücks auf das Hypothekenkapital zu verrechnen habe. Regelmäßig wird auch durch Vertrag die an sich dem Nießbraucher gemäß § 1047 zustehende obligatorische Verpflichtung, die Hypothekenzinsen auch über die wirklichen Einnahmen des Grundstücks hinaus zu entrichten, dahin eingeschränkt, daß er zu Zuschüssen aus eigener Tasche nicht verpflichtet ist (Seuff. Art. 62 Nr. 182).

2. Durch den Sicherungsnießbrauch wird dem Eigentümer das Verfügungsrecht über die Mieten genommen. Nach der jetzigen Fassung des § 1124 BGB. ist der Eigentümer zwar nur noch in der Lage, über den laufenden Monat und äußerstenfalls (wenn nämlich die Beschlagnahme in der letzten Monatshälfte erfolgt) auch über den der Beschlagnahme folgenden Monat im voraus zu verfügen. Der Nießbrauch gibt aber dem Hypo-

---

*) Wie jeder Nießbrauch kann auch der Sicherungsnießbrauch nicht über die Lebenszeit des Nießbrauchers hinaus erstreckt werden. In der Praxis sucht man sich bisweilen dadurch zu helfen, daß der Nießbrauch auf den Namen einer juristischen Person, als Treuhänderin der Gläubigerrechte, eingetragen wird.

thekengläubiger die Möglichkeit, dafür in eigener Verwaltung Sorge zu tragen, daß die Einnahmen zur Tilgung der fälligen Mieten, insbesondere der dem Gläubiger vorausgehenden Hypotheken wie der Abgaben verwandt werden. Durch den Sicherungsnießbrauch wird auch die evtl. Notwendigkeit der Anordnung einer kostspieligen Zwangsverwaltung vermieden.

3. Wie jeder Nießbraucher, so erhält auch der Hypothekengläubiger durch den Sicherungsnießbrauch ein eigenes Recht auf Einziehung der Mietzinsen *). Eine Abtretung der Mietzinsen durch den Eigentümer an den Nießbraucher ist somit weder erforderlich noch möglich (RG. 86, 138).

Andererseits schließt die Bestellung des Nießbrauchs nicht eine Verfügung des Eigentümers über die einzelnen Mietraten in sich. Will also der Sicherungsnießbraucher, dem wegen eigener rückständiger Hypothekenzinsen ein vollstreckbarer dinglicher Schuldtitel zusteht, sonstigen Hypothekengläubigern zuvorkommen, so bleibt ihm hierfür der Weg der Beschlagnahme, der Pfändung und Überweisung der Mietforderung; auch, soweit der Nießbraucher die den Mietforderungen zugrunde liegenden Mietverträge selbst abgeschlossen hat, gilt das gleiche (RG. 81, 149).

Solange ein anderer Hypothekengläubiger die Beschlagnahme der Mieten, sei es durch Pfändung eines dinglichen Schuldtitels, sei es im Wege der Zwangsverwaltung, nicht erworben hat, kann der Nießbraucher die Mieten einziehen, ohne daß die übrigen Hypothekengläubiger einen direkten Anspruch auf ihre Verwendung zu Nutzen des Grundstücks haben. Durch den Nießbrauch wird nämlich ein Rechtsverhältnis zwischen Hypothekengläubiger und Nießbraucher nicht begründet. Selbst also, wenn der Nießbraucher, statt mit den eingezogenen Mieten die Zinsen der ersten Hypothek zu begleichen, aus den zugeflossenen Mietbeträgen das Entgelt für die Übertragung der Zinsen der ersten Hypothek entrichtet, können sich die nachstehenden Hypothekengläubiger nicht

*) Im Einzelfall kann auch bei bloßer Übertragung der Ausübung des Nießbrauchsrechts aus den besonderen Umständen den Abmachungen die über den Regelfall hinausgehende Auslegung gegeben werden, daß auch das Recht zur Geltendmachung kraft eigenen Rechts eingeräumt wurde, insbesondere die Mietansprüche ihrer Substanz nach übergegangen sind (RG. 101, 7).

darauf berufen, daß die Geltendmachung der rückständigen Hypothekenzinsen der Zwangsversteigerung wegen Verletzung ihrer Rechte oder deshalb unzulässig sei, weil der Erwerb auf einer unerlaubten Handlung beruhe (RG. 100, 155).

4. Bei Kollision von Rechten zwischen dem Nießbraucher und dem Hypothekengläubiger entscheidet grundsätzlich die Rangstelle. Für den Streit über die einzelnen Mietforderungen aber wird zur maßgebenden Bedeutung, daß der Haftung der Hypothek zwar im allgemeinen die Mietforderungen unterliegen, ihre Haftverstrickung aber erst durch die Beschlagnahme verwirklicht wird. Pfändet ein Hypothekengläubiger auf Grund eines dinglichen Schuldtitels die Mietforderungen, so muß der Nießbraucher, wenn die Hypothek im Range dem Nießbrauch vorgeht, im Hinblick auf die nach der Beschlagnahme fällig werdenden Mieten dem Hypothekengläubiger weichen (RG. 81, 146; 86, 138). Hierin ändert sich auch dann nichts, wenn es sich um einen Sicherungsnießbrauch zugunsten eines vorhergehenden Hypothekengläubigers handelt, wenn aber der nachstehende Hypothekar vorher die Beschlagnahme ausgebracht hat (RG. 93, 122; LZ. 1916, 1115; JW. 16, 314; 17, 152; 1921, 203; RG. 88, 101).

Nach der fast einhelligen Rechtsprechung des RG. ist es als Beschlagnahme zugunsten des Hypothekengläubigers in obigem Sinne anzusehen, wenn dieser auf Grund eines dinglichen Schuldtitels einen Pfändungsbeschluß erwirkt. Ein besonderer Duldungstitel gegen den Nießbraucher ist nicht erforderlich; es genügt vielmehr, daß der dingliche Schuldtitel dem Grundstückseigentümer und der Pfändungsbeschluß den Mietern zugestellt wird, um die Beschlagnahme auch gegen den Nießbraucher, vorausgesetzt, daß dieser im Range nachgeht, mit Erfolg zur Geltung zu bringen (RG. 81, 146; LZ. 1916, 1115; vgl. aber auch RG. 93, 124) *).

---

*) Ist eine ältere Sicherungshypothek im Verwaltungszwangsverfahren eingetragen worden, so greift die später erfolgte Mietpfändung gegen den inzwischen eingetragenen Nießbraucher auch dann durch, wenn sie nicht auf Grund eines dinglichen Schuldtitels erfolgt ist, da ja die Vollstreckungstitel im Verwaltungszwangsverfahren auch für die Zwangsverwaltung und Zwangsversteigerung ausreichen (RG. 88, 101).

Drittes Kapitel.

Die Verwertung der Hypothek.

§ 24.

Der Verkauf der Hypothekenforderung.

I. Der Verwertung der Hypothek dient in erster Linie der Verkauf der Hypothekenforderung.

Häufig findet der Verkauf unter Bewilligung eines Damnums, d. h. gegen ein Entgelt statt, welches hinter dem Nominalbetrag der Hypothek zurückbleibt. Je länger die Laufzeit der Hypothek, je schwieriger die allgemeinen Kreditverhältnisse, je geringer die Gewißheit über die pünktliche und vollständige Auszahlung des Hypothekenkapitals für den Zeitpunkt seiner vertragsmäßigen Fälligkeit, um so größer die Möglichkeiten der Spanne zwischen Nominalbetrag und Kaufpreis. In den letzten Jahren ist besonders der Fall nicht selten gewesen, daß eine Kette von Maklern, deren letzter einen Kaufreflektanten für den Erwerb ohne oder nur bei geringem Damnum an der Hand hatte, als Eigenkäufer aufgetreten sind, um miteinander den hohen Zwischengewinn zu teilen.

Ist die Hypothek bereits fällig oder steht der Fälligkeitstermin kurz bevor, so ist es oft der Eigentümer selbst, der mit dem Hypothekengläubiger und dem neuen Geldgeber in Verhandlungen tritt, um schließlich zur Ersparung der doppelten Kosten der Löschung der alten und der Aufnahme der neuen Hypothek die Abtretung der Hypothek zum Gegenstand des Kreditgeschäftes zu machen. Aber auch dann, wenn erst im letzten Augenblick der Hypothekengläubiger davon erfährt, daß das ihm zur Auszahlung angekündigte Kapital aus Mitteln des Zessionars gegen Erteilung der Abtretungserklärung gegeben wird, wickelt sich rechtlich das Geschäft als ein Kauf der Hypothek ab. Wird nämlich die

Hypothek selbst, sei es auch mit den Mitteln des neuen Geldgebers, durch Zahlung an den Eigentümer getilgt, so wandelt sie sich in eine Eigentümergrundschuld, so daß der Erwerb einer Hypothek die Abtretung durch den Eigentümer unter gleichzeitiger Umwandlung in eine neue Hypothek bedingt*). Befindet sich ein Grundstück in schwachen Händen, so handelt es sich bei dem Ankauf der Hypothek meist nicht sowohl um eine Vermögensanlage, sondern um die Absicht, das Grundstück selbst in der Zwangsversteigerung billig zu erwerben. Ähnlichen Zwecken dient auch der Erwerb einer vorgehenden Hypothek durch einen nachstehenden Hypothekengläubiger, sei es, daß er damit größeren Einfluß auf die Zwangsversteigerung erwerben, sei es, daß er diese zur Einstellung bringen will (vgl. hierüber unten § 40 II, III und insbesondere über das Ablösungsrecht aus § 268 BGB. § 40, IV).

II. Gemäß § 437 BGB. haftet der Verkäufer eines Rechtes für dessen Bestand. Da die Abtretung einer nicht bestehenden Forderung an sich auf etwas Unmögliches gerichtet ist, geht der Anspruch aus § 437 auf Geldersatz (JurR. 1925 Nr. 1622). Der Gewährleistungsanspruch ist aber gemäß § 439 ausgeschlossen, wenn der Käufer von dem Nichtbestehen Kenntnis hat. Ist dem Käufer bekannt, daß die persönliche Forderung nicht besteht, so kommt auch bezüglich des dinglichen Hypothekenrechtes eine Haftung nicht in Frage; denn Hypothek und Forderung bilden ein einheitliches Ganze, und zwar derart, daß die Forderung das Hauptrecht, die Hypothek aber das ihre Befriedigung sichernde Nebenrecht ist (JW. 1913, 429).

Die Haftung für den rechtlichen Bestand der Hypothek erstreckt sich auch auf ihren Inhalt, den sie nach den Vertragsabmachungen haben soll, insbesondere den Zinsfuß und den Fälligkeitstermin wie auch auf Nebenrechte, und gibt dafür Gewähr, daß Einreden oder Anfechtungsrechte die Hypothek nicht bedrohen (RG. 90, 240, 244).

Aus § 437 kann der Käufer aber nicht ohne weiteres Ansprüche herleiten, wenn die Hypothek einen schlechteren Rang hat,

---

*) (Vgl. § 29 II.) Die mangelnde Verfügungsbefugnis des Hypothekengläubigers zur Abtretung der Grundschuld könnte freilich durch formlose Zustimmung des Eigentümers ersetzt werden (s. unten III, 3).

als die Parteien bei der Abtretung angenommen haben (RG. 85, 229). Regelmäßig wird aber aus ausdrücklichen oder stillschweigenden Abreden der Parteien die Zusicherung eines bestimmten Ranges bei dem Verkauf entnommen werden können (RG. 85, 229).

Steht dem Verkäufer gegen einen Dritten ein Recht auf Vorrangseinräumung zu, so gehört dieses Recht zwar nicht zu den Nebenrechten, die gemäß § 401 BGB. ohne weiteres mit der Abtretung übergehen, wohl aber ist der Verkäufer verpflichtet, das Recht auf Einräumung des Vorranges mit der Hypothek selbst und auch, falls etwa die Vorrangseinräumung durch Ausfall in der Zwangsversteigerung später unmöglich geworden ist, den Ersatzanspruch an den Käufer abzutreten (RG. 85, 229).

III. 1. § 438 BGB. gibt für den Fall, daß der Verkäufer eine Forderung für die Haftung der Zahlungsfähigkeit eines Schuldners übernimmt, eine Auslegungsregel dahin, daß als Stichtag für die Haftung der Zahlungsfähigkeit die Zeit der Abtretung zu gelten habe. Selbstredend können die Parteien den Stichtag für die Haftung auch anderweit bestimmen, ihn etwa, wenn Vertrag und Abtretung auseinanderfallen, auf den Zeitpunkt des Kaufabschlusses datieren oder auf den Zeitpunkt der Fälligkeit der Hypothek hinausverlegen.

Auch kann die Haftung nur für eine bestimmte Zeit eingeschränkt werden. In diesem Falle erlischt sie, wenn die Schuld nicht innerhalb der Frist fällig gemacht und eingefordert ist (RG. V 382/07; RGRK. zu § 438, 1).

Der Gläubiger hat die Interessen des Garanten nach Treu und Glauben wahrzunehmen, ist insbesondere also zur Wahrung seines Rechtes genötigt, die Forderung rechtzeitig zu kündigen, sowie die Zwangsverwaltung zu betreiben (Warn. 1910 Nr. 107).

2. Häufig werden Gewährleistungsklauseln nicht *auf die Zahlungsfähigkeit* des Schuldners, sondern auf den Eingang der Forderung gestellt und gehen damit über den Rahmen des § 438 BGB. hinaus.

a) Ist eine derartige Klausel nur dahin zu verstehen, daß der Verkäufer für den *vollständigen* Eingang der Forderung Haftung übernimmt, so kann der Käufer erst Ansprüche geltend machen, wenn er die Hypothek rechtzeitig gekündigt und die Beitreibung unverzüglich durchgeführt hat (Warn. 1910 Nr. 107).

b) Hat aber der Verkäufer nicht nur für den vollständigen, sondern auch für den pünktlichen Eingang der Forderung Gewähr übernommen, ist der Käufer, falls die Zahlung bei Fälligkeit ausbleibt, ohne weiteres berechtigt, sich an den Verkäufer zu halten (JW. 1910, 231 = Warn. 1910 Nr. 107).

3. Nicht auf die persönliche Forderung, sondern auf die Sicherheit des dinglichen Rechtes beziehen sich die Gewährleistungsklauseln über die Güte der Hypothek.

Nicht in allen Fällen bedeutet die Gewährleistung für die Sicherheit einer Hypothek die Verpflichtung, schlechthin für den Ausfall in der Zwangsversteigerung einzustehen. Regelmäßig wird vielmehr davon auszugehen sein, daß dem Käufer Ersatzansprüche gegen den Verkäufer nicht zustehen, wenn er selbst das Grundstück in der Zwangsversteigerung erstanden hat, und die Gesamtaufwendungen in bar und Lastenübernahme erheblich hinter dem wirklichen Werte des Grundstücks zurückbleiben (JW. 1912, 237). (Über Bürgschaftsübernahme, Ausfalls- und Ausbietungsgarantie vgl. im übrigen § 23 I u. II.)

IV. Selbstredend haftet der Verkäufer für arglistiges Verhalten, insbesondere wissentlich unwahre Zusicherungen über den Wert des Grundstücks.

Gemäß § 278 BGB. hat er auch für unredliches Verhalten seiner Vertreter einzustehen (vgl. Kiehl JW. 14, 504, der eine Haftung auch bei arglistigem Verhalten eines Vermittlers annehmen will).

Eine Haftung des Verkäufers kommt aber auch dann in Frage, wenn dieser zwar nicht beim Verkaufe selbst eine Gewähr übernommen, wohl aber dem Käufer auf Grund besonderer Vertrauensstellung fahrlässig den Rat zum Ankauf der Hypothek erteilt hat. Auch wenn eine dauernde Geschäftsverbindung zwischen den Vertragabschließenden nicht vorliegt, kann die Empfehlung des Ankaufs und der Kaufabschluß ein einheitliches Geschäft darstellen und damit die Verletzung der Sorgfaltspflicht bei der Ratserteilung einen Schadensersatzanspruch gemäß § 276 auslösen (RG. 42, 131; JW. 05, 502; 1910, 183).

V. Grundsätzlich ist nach der Rechtsprechung des RG. davon auszugehen, daß die §§ 459, 463 BGB. auf den Kauf von Rechten keine Anwendung finden, daß somit der Käufer einer Hypothek, wenn das Grundstück die zugesicherten Eigenschaften nicht hat, nicht ohne weiteres berechtigt ist, den Kaufvertrag zu wandeln oder zu mindern oder Schadenersatz zu verlangen (RG. 83, 245; Warn. 1909 Nr. 528).

Ein Ersatzanspruch steht dem Käufer vielmehr regelmäßig nur dann zu, wenn die Zusicherungen sich zu einem Gewährleistungs- oder Garantievertrag verdichtet haben (oben zu II und III; s. auch zu IV)

VI. Eine Irrtumsanfechtung im Sinne von § 119 BGB. ist wegen mangelnder Sicherheit der verkauften Hypothek nach der Rechtsprechung des RG. nur in beschränktem Umfange zulässig. Zwar ist nicht, wie beim Sachkauf, hier die Anfechtung wegen Konkurrenz mit den Vorschriften über die Sachmängelhaftung grundsätzlich ausgeschlossen (Warn. 1909 Nr. 528). Doch scheitert die Anfechtung regelmäßig daran, daß die mangelnde Sicherheit nicht auf einer Eigenschaft der verkauften Sachen selbst, sondern auf der mangelnden Kreditwürdigkeit des Schuldners der Forderung oder auf einem den Wert des Grundstücks beeinträchtigenden Umstande beruht (Warn. 1909 Nr. 528; RG. 73, 136; LZ. 1916, 305). Soll aber der Erwerb einer Hypothek lediglich zu dem Zwecke erfolgen, das Grundstück an sich zu bringen, so wird man jedenfalls bei Fehlen zugesicherter Eigenschaften des Grundstücks § 119 BGB. zur Anwendung bringen können, weil hier das Grundstück mittelbar als Gegenstand des Vertrages anzusehen ist (Warn. 1909 Nr. 529). In gleicher Weise hat das RG. (Warn. 1911 Nr. 115) einen Kauf der Rechte aus dem Meistgebot wegen Irrtums über die sachliche Beschaffenheit des Grundstücks für anfechtbar erklärt *).

---

*) Es fragt sich aber, ob nicht darüber hinaus mit Kiehl, JW. 1914, 497 und RGRK. zu § 437, 3 grundsätzlich auch beim Rechtskauf die Anfechtung wegen Irrtums über Eigenschaften des Rechts für zulässig erachtet werden muß. Freilich wird die Anfechtung nur dann in Betracht kommen dürfen, wenn nicht nur eine allgemeine Anpreisung der Sicherheit des Grundstücks vorliegt, sondern bestimmte Eigenschaften, wie etwa die Betriebsfähigkeit der Fabrik, oder die Baureife des Grundstücks zugesichert werden. Die unterschiedliche Be-

VII. Der Anspruch auf Abtretung der Hypothek kann auf Grund der freiwilligen Bewilligung des bisherigen Gläubigers oder auf Grund einer einstweiligen Verfügung, zu deren Erwirkung die Gefährdung nicht glaubhaft zu machen ist durch eine Vormerkung im Grundbuch sichergestellt werden (§§ 883, 885).

§ 25.

Die Abtretung der Hypothek.

I. Gegenstand der Abtretung.

1. Gemäß § 1153 Abs. 3 BGB. kann die Forderung nicht ohne die Hypothek, die Hypothek nicht ohne die Forderung abgetreten werden. Will der Gläubiger die Forderung ohne die Hypothek übertragen, so muß ein Verzicht auf die Hypothek oder eine Umwandlung der Hypothek in eine Eigentümergrundschuld vorausgehen (RG. 45, 186; §§ 1168, 1198).

Möglich ist es auch, die mit der Hypothek verknüpfte Forderung dadurch von dem Übergang auszuscheiden, daß an ihrer Stelle der Hypothek gemäß § 1180 eine andere Forderung untergelegt wird (RG. 35, 242; 45, 187).

Nur bei der Höchstbetragshypothek ist gemäß § 1190 Abs. 4 Übertragung der Forderung ohne die Hypothek zulässig. (Über Zinsvorbehalt und Abtretung der Zinsansprüche vgl. unten IV.)

Angesichts der Vorschrift des § 1153 Satz 2 ist regelmäßig die Erklärung, daß die „Hypothek" abgetreten werde, als Abtretung der Hypothek und der Forderung aufzufassen. In gleicher Weise ist eine Abtretungserklärung, die ausdrücklich nur auf Abtretung der Forderung lautet, im Zweifel als eine Abtretung des einheitlichen hypothekarisch gesicherten Rechtes anzusehen (LZ. 1917, 791). Die allgemeine Vorschrift des § 401 BGB., wo-

---

handlung zwischen dem Hypothekenkäufer und dem Gläubiger bei einem Kreditgewährungsvertrag dürfte aber leicht zu Unbilligkeiten führen, insbesondere, wenn der Käufer ursprünglich als Kreditgeber mit dem Eigentümer über die Neuaufnahme einer Hypothek in Verhandlungen stand und schließlich gegen Erwerb der bestehenden Hypothek statt der in Aussicht gestellten neuen Hypothek das Kapital zur Auszahlung gebracht hat (vgl. S. 190, 214); die Zulässigkeit der Anfechtung eines Kreditvertrages wegen Kreditunwürdigkeit des Schuldners ist aber in der Rechtsprechung anerkannt (JW. 1912, 26).

nach Nebenrechte auf den neuen Gläubiger übergehen, sofern die Parteien nichts anderes bestimmen (RJA. 12, 252), wird für die Hypothek durch die zwingende Vorschrift ersetzt, daß mit der Übertragung der Forderung die Hypothek auf den neuen Gläubiger übergeht.

Die Vorschrift des § 1153 Satz 1 bezieht sich sowohl auf den Fall vertraglicher Abtretung wie der gerichtlichen Anordnung (Überweisung an Zahlungs Statt, Zuschlag in der Zwangsversteigerung gemäß § 844 ZPO.) wie auch auf den Übergang kraft Gesetzes (JW. 08, 33; §§ 1143, 1438, 1922).

2. Zulässig ist auch die Abtretung einer hypothekarisch gesicherten Forderung an den Grundstückseigentümer. Ist dieser selbst der Schuldner, so wandelt sich die Hypothek in eine Grundschuld (§ 1163 Abs. 1 Satz 2, 1177 Abs. 1, vgl. oben § 13 VI).

II. Für die Abtretung einer Buch- oder Sicherungshypothek ist die Einigung des Berechtigten mit dem Neuerwerber und die Eintragung des Überganges in das Grundbuch erforderlich. Die Eintragung im Grundbuch aber erfolgt auf Grund einer einseitigen beglaubigten Umschreibungsbewilligung des eingetragenen Hypothekengläubigers (§ 40 Abs. 1 GBO.). In den Ausnahmefällen des § 41 GBO., insbesondere also, wenn der eingetragene Gläubiger verstorben ist, kann ohne vorherige Eintragung des nunmehr Berechtigten, vorausgesetzt, daß seine Legitimation grundbuchmäßig nachgewiesen ist, die Umschreibung direkt auf den neuen Gläubiger erfolgen*).

III. Die Abtretung der Briefhypothek.

1. Für die Abtretung der Briefhypothek stehen zwei Wege offen:

1. Die Eintragung der Abtretung im Grundbuche bei zugrunde liegender Einigung über den Forderungsübergang nebst Übergabe des Hypothekenbriefes (§ 1154 Abs. 2);

*) § 41 GBO. findet auch dann bei der Teilabtretung durch Erben des eingetragenen Gläubigers Anwendung, wenn bei der Abtretung über den Rang des abgetretenen Teils zum Restbetrag Bestimmung getroffen wird (JFG. 7, 372).

2. schriftliche Abtretungserklärung und Übergabe des Hypothekenbriefes (§ 1154 Abs. 1).

Für die praktische Durchführung ist aber folgendes zu beachten:

a) Die Umschreibung im Grundbuch ist regelmäßig, wenn nämlich der Grundbuchrichter die Vorschrift der Grundbuchordnung beachtet, nur möglich, wenn die Abtretungserklärung öffentlich beglaubigt ist. Nimmt der Grundbuchrichter ordnungswidrig, ohne daß eine beglaubigte Erklärung vorliegt, die Eintragung vor, so ist die Abtretung allerdings wirksam.

b) Auch die Abtretung gemäß § 1154 Abs. 1 setzt für ihre materielle Wirksamkeit die Annahme durch den Zessionar, wenn auch nur durch formlose oder stillschweigende Erklärung (z. B. Annahme des Hypothekenbriefes), voraus (JW. 1913, 205). Der Abtretung muß also stets ein dinglicher Vertrag auf Übertragung des Gläubigerrechts zugrunde liegen (RG. 54, 147; RJA. 6, 67). Der Abtretungsvertrag kann auch unter einer Bedingung, etwa der Zahlung des Abzahlungsentgeltes, abgeschlossen werden (JW. 1912, 681). Die Eintragungsbewilligung aber darf nicht bedingt sein.

Der Zessionar kann ferner gemäß § 1154 Satz 2 stets die Erteilung einer beglaubigten Abtretungserklärung von dem Abtretenden auf dessen Kosten verlangen. Auch wenn die Hypothek im Grundbuch nicht umgeschrieben werden soll, liegt die Beglaubigung der Erklärung im Interesse des Zessionars, da sie ihm insbesondere die Berufung auf den öffentlichen Glauben des Grundbuchs in Gemäßheit der §§ 1155, 891—99 ermöglicht und seine Legitimation in Gemäßheit von § 40 Abs. 2 GBO. und der §§ 1160 und 1161 erleichtert. Die öffentliche Beglaubigung wird daher bei der Abtretung regelmäßig verlangt und ausgestellt.

Aber auch bei einer Abtretung in Gemäßheit des § 1154 Abs. 1 pflegt gleichfalls die Umschreibung im Grundbuch später nachgeholt zu werden, und zwar vor allem deshalb, weil der neue Gläubiger bei erfolgter Eintragung vom Grundbuchamt die Mitteilungen über Eigentumswechsel, Einleitung der Zwangsversteigerung oder Zwangsverwaltung oder allen sonstigen Eintragungen erhält, durch die sein Recht betroffen wird (§ 55 GBO.). Die Ersparnis der Kosten der Eintragung spielt gegenüber ihren Vorteilen keine erhebliche Rolle. (Über die Kosten der Umschreibung vgl. unten § 46 V.)

Zur Eintragung im Grundbuch ist stets der Hypothekenbrief vorzulegen.

2. Die Übergabe *) des Hypothekenbriefes kann auch in der Weise ersetzt werden, daß zwischen Veräußerer und Erwerber ein Rechtsverhältnis vereinbart wird, laut dessen der Erwerber den mittelbaren Besitz im Sinne von § 868 BGB. erlangt (§ 1117 Abs. 1, 930) oder daß dem Zessionar der Anspruch auf Herausgabe des Hypothekenbriefes abgetreten wird (§ 931; RG. SeuffA. 75, 47; Warn. 1928, 296). Befindet sich das Grundbuchamt bereits im Besitze des Briefes, so kommt als Ersatz der Übergabe die Abrede in Frage, daß der Gläubiger ermächtigt wird, sich den Brief vom Grundbuchamt aushändigen zu lassen (§ 1154 RG. 84, 318; JW. 1928, 2782).

Ist dem Notar von beiden Parteien die Abtretungsurkunde und der Hypothekenbrief mit der Anweisung ausgehändigt worden, diese Dokumente nach Erfüllung gewisser Bedingungen dem neuen Gläubiger zu übersenden, so liegt im Zweifel hierin eine bedingte Abtretungserklärung des Herausgabeanspruches gegen den Notar und geht dann das Hypothekenrecht ohne tatsächliche Übergabe des Briefes bei Eintritt der Bedingung auf den Erwerber über (JurR. 1929 Nr. 108).

3. Ist die Hypothek nicht von dem wirklich Berechtigten, sondern von einem Dritten abgetreten worden, so genügt die formlose Einwilligung des wahren Berechtigten, um die Abtretung

*) Die Aushändigung kann natürlich wirksam auch an einen empfangsberechtigten Vertreter des Gläubigers erfolgen. Wird der Brief durch den Postboten oder den Gerichtsboten dem Ehemann der Gläubigerin ausgehändigt, so erlangt damit die Gläubigerin, sofern sie mit ihrem Ehemann in häuslicher Gemeinschaft und nicht in Gütertrennung lebt, mittelbaren Besitz an dem Brief (RG. 108, 122; 105, 20). RG. V. 266/1931 will sogar in derartigen Fällen die Erlangung unmittelbaren Besitzes für die Ehefrau annehmen: denn, wenn auch eine allgemeine ausdrückliche oder vermutete Vollmacht des Ehemannes nicht bestehe, so entspräche doch die unmittelbare Wirkung für die Adressatin der Verkehrsauffassung, sofern nicht der Ehegatte einen ausdrücklichen Vorbehalt bei der Aushändigung erkläre.

wirksam werden zu lassen (§ 185 BGB. RG. 54, 362; 81, 260). Ist z. B. eine Hypothek nach gänzlicher oder teilweiser Rückzahlung des Kapitals von dem bisherigen Hypothekengläubiger mit Einwilligung des Eigentümers abgetreten worden, so erwirbt der Zessionar das dingliche Recht auch insoweit, als es zur Eigentümergrundschuld geworden ist, als eine Fremdgrundschuld (LZ. 1917 S. 402 Nr. 5).

4. Zulässig ist es, daß mit Zustimmung des Zessionars der Zedent den abgetretenen Anspruch im eigenen Namen zur Leistung an den neuen Gläubiger einklagt (Warn. 1929 Nr. 61).

5. Auch bei Abtretung eines Teiles einer Hypothek kann, wenn der Stammhypothekenbrief dem Grundbuch eingereicht ist, die Übergabe des neuen Teilhypothekenbriefes formlos durch eine Vereinbarung ersetzt werden, nach der der Brief direkt dem Zessionar auszuhändigen ist (KG. JurR. 26 Nr. 1501). Soll ein Teilhypothekenbrief nicht ausgestellt werden, so ist die Einräumung des Mitbesitzes etwa durch Aushändigung an einen Treuhänder zum Übergang des Teilrechtes erforderlich.

Von einer Hypothek kann aber ein Teil nur abgetreten werden, wenn dieser mit der Abtrennung in sich selbständig wird und seinen eigenen Weg unabhängig von dem Stammrecht gehen kann. Unzulässig ist daher die Abtretung eines festen Reichsmarkbetrages von einer Roggenpreishypothek; dies ergibt sich daraus, daß sich die Höhe der Eigentümergrundschuld bei Rückzahlung verschieben würde, je nachdem eine Zahlung auf das Stammrecht oder auf den abgetretenen Reichsmarkteil erfolgte (JW. 1931, 1194).

6. Bei mehrfachen Zessionen müssen dem letzten Zessionar nicht alle Abtretungserklärungen als Voraussetzung der Wirksamkeit übergeben werden (RG. Gruchot 62, 622).

7. Blankozessionen sind unzulässig (RG. 63, 230; KGJ. 35, 227; RG. 78, 30; JW. 28, 174; Gruchot 70, 98).

IV. Die Abtretung der Höchstbetragshypothek.

1. Solange noch nicht sicher feststeht, daß ein Teil der gesicherten Höchstbetragshypothek endgültig infolge von Nichtvalutierung zur Eigentümergrundschuld geworden ist, kann die Höchst-

betragshypothek in voller Höhe abgetreten werden, auch wenn nach eigener Erklärung des Gläubigers der Höchstbetrag nicht erreicht ist (OLG. 18, 184; KGJ. 43, 237). Der nichtvalutierte Teil der Hypothek dient dann aber weiter lediglich zur Sicherung der künftig aus dem Geschäftsverhältnis mit dem Schuldner entstehenden Forderungen. Sollen aber künftige Forderungen des neuen Gläubigers in die Sicherung einbezogen oder fortan ausschließlich sie allein durch die Hypothek gesichert werden, so bedarf es hierzu der Forderungsauswechslung gemäß § 1180 oder der Umwandlung gemäß § 1198 (JurR. 1929 Nr. 1999, LZ. 1916, 1113).

Auch die Abtretung eines Teils der Höchstbetragshypothek kann als solche abgetreten werden; dann verbleibt der Restbetrag dem bisherigen Gläubiger als Höchstbetragshypothek für seine Forderungen (RJA. 7, 227; 9, 64).

2. Ferner kann aber bei der Höchstbetragshypothek anders als bei den übrigen Grundpfandformen gemäß § 1190 Abs. 4 die Forderung auch nach den für die Übertragung von Forderungen geltenden allgemeinen Vorschriften in der Weise abgetreten werden, daß der Übergang der Hypothek ausgeschlossen ist. Sind alle gesicherten Forderungen abgetreten, so fällt die Hypothek gemäß §§ 1163 Abs. 1 Satz 2, 1177 Abs. 1 dem Eigentümer als unbedingte Grundschuld zu. Ist nur ein Teil abgetreten, so verbleibt die Hypothek als Höchstbetragshypothek dem bisherigen Gläubiger für seine übrigen Forderungen aus dem gesicherten Rechtsverhältnis (RGRK. zu § 1190, 5).

V. Die Abtretung des Zinsanspruchs.

1. Bei Abtretung einer Hypothek muß in der Urkunde angegeben werden, ob, wieweit, und bei der Briefhypothek auch, seit wann die Zinsen mit übergehen (KG. 53, 186, DNotv. 28 Nr. 153).

Bei Buchhypotheken ist die Angabe des Zeitpunktes des Zinsüberganges nicht erforderlich. Die unterschiedliche Behandlung von Buch- und Briefhypotheken hat ihren Grund darin, daß bei ersteren der Zeitpunkt der Wirksamkeit der Veräußerung mit der Eintragung im Grundbuch zusammenfällt (KGJ. 53, 188; 46, 240).

Die Abtretung „ohne Zinsen“ bedeutet, daß dem Abtretenden der Zinsgenuß verbleiben soll; dieser behält also die Zinshypothek als Teilhypothek (§ 1152 BGB.; RG. 86, 220).

Soll aber bei der Abtretung der Zinsgenuß in der Gestalt eines Nießbrauchs vorbehalten werden, so muß an den neuen Gläubiger zunächst die Hypothek mit dem Zinsrecht abgetreten und von diesem der Nießbrauch bestellt werden (KGJ. 51, 291).

2. Rückständige Zinsen kann der Gläubiger ohne die Hypothek abtreten, da die Vorschrift des § 401 BGB. zwingendes Recht nicht enthält (§ 1159). Die Abtretung fälliger Zinsen kann formlos erfolgen.

3. Der Gläubiger hat auch die Möglichkeit, das Zinsrecht für sich allein, also die zukünftig fällig werdenden Zinsen an einen Dritten abzutreten. Für die Abtretung des Zinsrechtes gelten dieselben Vorschriften wie für die Abtretung des Kapitals.

Die Dauer des Zinsnutzrechtes ist aber auch in den Händen eines Dritten an den Fortbestand der Hypothek selbst gebunden.

Soll der Zinsgenuß unabhängig von dem Hauptrecht fortbestehen, so ist die Bestellung des Nießbrauches erforderlich. Aber hierbei ist zu beachten, daß dieser nicht über die Lebenszeit des Gläubigers hinaus bestellt werden kann.

4. Werden fällige Zinsen von dem Eigentümer nicht gezahlt, so kann ein nachstehender Hypothekar gemäß § 1150, 268 durch Befriedigung des Gläubigers den Übergang des Zinsanspruchs herbeiführen. Die Ausübung dieses Lösungsrechts kann im Interesse sämtlicher Beteiligten gelegen sein, insbesondere also den Eigentümer und die nachstehenden Hypothekare vor überstürzter Zwangsversteigerung bewahren.

Auch an sich nicht zur Ablösung berechtigte Dritte, etwa Verwalter von Häusern, erwerben zuweilen rückständige Zinsforderungen gegen Auszahlung der Zinsbeträge vom ersten Hypothekengläubiger, sei es um ernsthaft dem Eigentümer zu helfen, sei es um Einfluß auf das Zwangsversteigerungsverfahren zu gewinnen. Nicht selten dient die Zinsablösung wie der Erwerb im Wege freiwilliger Abtretung auch mißbräuchlichen Zwecken. So scheint insbesondere in den letzten Jahren der Fall nicht selten gewesen zu sein, daß Zinsen erster Hypotheken absichtlich von dem Eigentümer nicht gezahlt worden sind, daß der Eigentümer und ein Hypothekengläubiger zusammengewirkt haben, um das Grundstück von den im Range zuletzt stehenden Hypotheken zu befreien, und daß dann im Zwangsversteigerungsverfahren Zinsrückstände der ersten Hypothek für längere Zeit (bis zu zwei Jahren) zum Nachteile der nachstehenden Hypothekengläubiger von dem dritten Erwerber geltend gemacht worden sind.

§ 26.

Der Schutz des Erwerbers durch den öffentlichen Glauben des Grundbuchs.

I. Durch § 1138 BGB. wird der öffentliche Glaube des Grundbuchs für die Verkehrshypothek dahin erweitert, daß, dem redlichen Erwerber auch nicht Einwendungen gegen den Bestand der Hypothek wegen Nichtvalutierung durch die persönliche Forderung entgegengesetzt werden können.

Der Schutz geht aber nicht etwa soweit, daß durch die Zession auch eine in Wirklichkeit nicht bestehende persönliche Forderung zur Begründung gelangt. Für das obligatorische Schuldverhältnis hat es vielmehr mit den allgemeinen Vorschriften der §§ 404 ff. sein Bewenden.

II. 1. Da bei einer Briefhypothek eine wirksame Abtretung auch ohne Umschreibung im Grundbuch möglich ist, gibt das Grundbuch keine Gewähr dafür, daß der eingetragene Hypothekengläubiger auch der wahre Gläubiger ist (RG. 116, 177) *).

2. § 1155 gewährt nun aber dem Besitzer des Hypothekenbriefes, sofern sich dessen Gläubigerrecht aus der zusammenhängenden, auf einen eingetragenen Gläubiger zurückführenden Reihe von öffentlich beglaubigten Abtretungserklärungen **) er-

*) Den Erwerber des belasteten Grundstücks schützt § 892 allgemein nicht auch dahin, daß die Person eines eingetragenen Gläubigers der wirkliche Träger des Rechtes ist (RG. 116, 177; 126, 92; JurR. 1927 Nr. 400, 1838).

**) Als Abtretungserklärungen im Sinne von § 1155 gelten auch gefälschte notarielle Urkunden, sofern sie nur den Schein echter Urkunden erwecken (RG. 85, 60; 86, 263; 93, 44).

gibt, die Vorzugsstellung und den Schutz der §§ 891, 899 in gleicher Weise, wie wenn der Besitzer des Briefes als Gläubiger im Grundbuch eingetragen wäre. Der Abtretungserklärung im Sinne von § 1155 Satz 1 steht ein gerichtlicher Überweisungsbeschluß und das öffentlich beglaubigte Anerkenntnis einer kraft Gesetzes erfolgten Übertragung gleich (§ 1155 Satz 2). Sind die Voraussetzungen des § 1155 gegeben, so kann sich also der Besitzer des Hypothekenbriefes auf die Vermutung des § 891 dafür berufen, daß er den Brief durch die Übergabe von dem früheren Berechtigten erhalten hat, und hat er entsprechend § 892 die Macht, an einen redlichen Erwerber über die Hypothek weiter zu verfügen, wie mit befreiender Wirkung von dem Grundstückseigentümer fällige Zahlungen entgegenzunehmen.

3. Durch § 1155 Satz 2 werden insbesondere die Fälle gedeckt, in denen die Hypothekenforderung auf den Eigentümer oder einen Dritten gemäß §§ 1143, 1150 übergeht.

4. § 1156 schließt die Anwendbarkeit der Vorschriften der §§ 406—408 auf das Rechtsverhältnis zwischen dem Eigentümer in Ansehung der Hypothek aus, und zwar gleichgültig, ob es sich dabei um eine Buchhypothek oder eine Briefhypothek handelt. Ist also z. B. der bisherige Gläubiger einer Briefhypothek noch im Grundbuch eingetragen, so kann sich der Eigentümer dem Gläubiger gegenüber, der die Hypothek gemäß § 1154 Satz 1 erworben hat, nicht darauf berufen, daß ihm die Übertragung bei seiner Zahlungsleistung nicht bekannt gewesen sei.

5. Gemäß § 1140 BGB. steht dem Erwerber einer Briefhypothek der öffentliche Glaube des Grundbuchs dann nicht zur Seite, wenn sich die Unrichtigkeit einer Grundbucheintragung aus dem Hypothekenbriefe ergibt. Während also der Gläubiger auf der einen Seite alle Einwendungen gegen sich gelten lassen muß, die aus dem Grundbuch ersichtlich sind, auch wenn der Hypothekenbrief nichts davon enthält, nützt es dem Gläubiger nichts, wenn zwar das Grundbuch einen dem Gläubiger günstigen Inhalt hat, der Hypothekenbrief aber den richtigen Rechtsstand erkennen läßt (wenn z. B. aus diesem die Leistung einer Abschlagszahlung hervorgeht) (RG. 76, 378; 81, 86).

III. Die §§ 1158, 1159 bringen Einschränkungen des öffentlichen Glaubens für den Erwerb der Zinsen der Hypothek.

1. Rückständige, zur Zeit der Übertragung bereits fällige Zinsen genießen gemäß § 1159 den Schutz des öffentlichen Glaubens des Grundbuchs nicht.

2. Hinsichtlich der noch nicht fälligen Zinsen ergreift der öffentliche Glaube erst die Zinsbeträge, deren Fälligkeitszeit nach dem zur Zeit der Kenntniserlangung laufenden und diesem folgenden Vierteljahre liegt.

Der Gläubiger wird daher gut daran tun, alsbald nach dem Erwerb der Hypothek den Eigentümer hiervon in Kenntnis zu setzen. Denn gemäß §§ 406, 407 Abs. 1 BGB. hat als Stichtag für die Zulässigkeit der Aufrechnung wie der Wirksamkeit einer Zinsleistung an den früheren Gläubiger der Zeitpunkt der Kenntniserlangung von der Abtretung entscheidende Bedeutung.

IV. § 1157 BGB. läßt eine Einrede, die sich auf eine zwischen dem Eigentümer und dem bisherigen Gläubiger getroffene Abrede gründet, auch dem neuen Gläubiger gegenüber durchgreifen. § 1157 Satz 2 dehnt folgerichtig den Schutz des öffentlichen Glaubens auch auf derartige Einreden aus (vgl. im übrigen über den Schutz des Grundpfandgläubigers durch den Schutz des öffentlichen Glaubens des Grundbuchs § 17, über den Berichtigungsanspruch § 18 zu III, insbesondere Ziffer 4, die Vormerkung § 18, II, den Widerspruch § 18 zu V).

V. Bei der Sicherungshypothek erstreckt sich ihrer Natur nach der öffentliche Glaube des Grundbuchs nicht auch auf die Forderung. Dieser beschränkt sich vielmehr bei der Sicherungshypothek auf die Gültigkeit der dinglichen Belastung und auf die Einreden, die gemäß § 1157 gegen die Hypothek selbst gerichtet sind. Besteht die der Sicherungshypothek zugrunde liegende Forderung nicht, so kann sich danach der Zessionar auch für den Erwerb des dinglichen Rechts nicht auf den öffentlichen Glauben des Grundbuchs berufen.

§ 27.

Verpfändung der Hypothek und Sicherungsabtretung.

I. Die Verpfändung einer Hypothek erfolgt in den gleichen Formen wie die Abtretung; an Stelle der Einigung über die Abtretung ist die Einigung über die Pfändung zu setzen; die Eintragungsbewilligung hat, wenn auch nicht mit strikten Worten, auf die Verpfändung der Hypothek zu lauten.

Die Wirksamkeit der Verpfändung verlangt nicht eine Anzeige an den Eigentümer im Sinne von § 1280 BGB., da ja zu ihrer Übertragung außer dem Abtretungsvertrag die Übergabe des Hypothekenbriefes oder die Eintragung in das Grundbuch stets erforderlich ist. Ist bei einer Gesamthypothek die Erteilung des Hypothekenbriefes ausgeschlossen, so entsteht ein Pfandrecht an dieser erst, wenn die Eintragung auf allen beteiligten Grundbuchblättern erfolgt ist (RG. 63, 74).

II. Soll die Sicherstellung nach außen nicht in die Erscheinung treten oder der Kreditgeber in der Verfügungsmacht über die Hypothek freier gestellt werden als bei der Verpfändung, so kommt die Sicherungsabtretung in Frage. Bei der Sicherungsabtretung erhält der Gläubiger die Hypothek als solche zu vollem Recht; ihre Natur als eine Sicherungshypothek findet nur in den internen obligatorischen Rechtsbeziehungen der Parteien ihren Ausdruck. Hat beim Erwerbe einer Grundschuld der Zessionar davon Kenntnis, daß laut Abrede zwischen dem Grundstückseigentümer und dem Zedenten diesem die Grundschuld nur sicherheitshalber abgetreten ist, so kann der Eigentümer gemäß §§ 1157, 1192 auch dem Dritterwerber gegenüber die auf dem fiduziarischen Rechtsverhältnis mit dem bisherigen Gläubiger beruhende Einrede der Tilgung der persönlichen Schuld entgegensetzen (RG. 91, 218, 225; 83, 282).

Andrerseits kann der Schuldner auch schon vor völliger Tilgung seiner Schuld, wenn der Rückstand nur ein verhältnismäßig geringfügiger ist, in Höhe des Betrags, der zur Sicherung nicht mehr erforderlich ist, die Rückabtretung verlangen (JurR. 1929, 495). Auf Wunsch des Schuldners ist der Sicherungshypothekar auch verpflichtet, statt der Rückabtretung in die Löschung der Hypothek zu willigen (JurR. 1929, Nr. 495).

Auf das der Sicherungsabtretung zugrunde liegende Verhältnis kommen die Vorschriften über den Auftrag zur grundsätzlichen Anwendung. Der Sicherungsgläubiger hat somit im allgemeinen bei der Einziehung und Verwertung der Hypothekenforderung die Interessen seines Vertragspartners zu wahren (RG. 76, 349; JurR. 1929 Nr. 495). Er darf daher nicht das ihm eingeräumte Recht dazu mißbrauchen, um das Grundstück selbst billig an sich zu bringen (RG. 59, 190), doch kann ihm nicht die allgemeine Verpflichtung aufgebürdet werden, für die Erzielung eines angemessenen Preises bei der Zwangsversteigerung Sorge zu tragen, insbesondere aus eigenen Mitteln Vorschüsse zu leisten und ungesichert selbständige Gebote abzugeben (RG. 76, 349).

III. Häufig wird im Geschäftsverkehr statt der formellen Abtretung der Hypothek die einfache Übergabe des Hypothekenbriefes zur Sicherung eines Gläubigers gewählt. Ein Pfandrecht an dem Hypothekenbrief selbst kann aber ohne Verpfändung der Hypothek nicht begründet werden. Das BGB. kennt auch kein dingliches Zurückbehaltungsrecht auf Grund vertraglicher Abreden (JW. 02, 223; RG. 66, 25).

Wohl aber ist es zulässig, ein obligatorisches Zurückbehaltungsrecht durch Vertrag zu begründen (RG. 51, 87; 66, 25). Das Zurückbehaltungsrecht kann also zwar dem Vertragsgegner, nicht aber auch Dritten entgegengesetzt werden.

Die Einräumung eines Zurückbehaltungsrechts kommt im Hypothekenrecht auch bei sonstigen Urkunden, vor allem grundbuchmäßigen Erklärungen in Frage und dient insbesondere dazu, einem Hypothekengläubiger aus der Tatsache der fortbestehenden Eintragung, auch nach Tilgung des eigentlichen Hypothekenkapitals, eine Sicherung für sonstige Forderungen gegen den Schuldner zu gewähren, vgl. oben S. 81, 153, 162.

§ 28.

Die Pfändung der Hypothek und Grundschuld.

I. 1. Die Pfändung einer Hypothek oder Grundschuld setzt stets einen gerichtlichen Pfändungsbeschluß voraus.

Liegt der Pfändung als Schuldtitel ein Arrest zugrunde, so beschränkt sich der Beschluß auf den Ausspruch der Pfändung. Auf Grund eines Urteils oder einer vollstreckbaren Urkunde kann außer der Pfändung entweder die Überweisung an Zahlungsstatt oder zahlungshalber beantragt werden. Während die Überweisung an Zahlungsstatt den Übergang der Hypothek auf den Gläubiger zur Folge hat, gelangt bei der Überweisung zahlungshalber, die im Verkehr die Regel bildet, nur ein Pfändungspfandrecht zur Entstehung.

2. In dem Pfändungsantrag ist die Hypothek, möglichst genau, grundbuchmäßig zu bezeichnen.

Bei Briefhypotheken ist anzugeben, ob bzw. seit welchem Zeitpunkt die Hypothekenzinsen gepfändet werden sollen (DNotV. 28, 153; KGJ. 53, 188; 46, 240).

Bei Pfändungen von Teilen einer Hypothek muß im Antrag der zu pfändende Teil bestimmt angegeben werden, und zwar zur Vermeidung von Schwierigkeiten und Nachteilen auch der Rang (erststellig, letztstellig) des Teils, der durch die Pfändung ergriffen werden soll. Dies ist besonders bei Buchhypotheken zu beachten, da sonst leicht die für ihre Wirksamkeit erforderliche Grundbucheintragung zum Scheitern kommen kann.

Häufig lautet die Anordnung des Pfändungsbeschlusses dahin, daß die Hypothek „in Höhe der angegebenen Vollstreckungsbeträge gepfändet wird". Bei einem Pfändungsbeschluß „wegen und in Höhe" gewisser Beträge handelt es sich aber grundsätzlich um eine Teilpfändung. Dann entsteht aber in den Fällen, in denen der Betrag, wegen dessen die Pfändung angeordnet wird, sich aus Kapital und den seit einem bestimmten Zeitpunkt fälligen Zinsen zusammensetzt, die Schwierigkeit, daß der gepfändete Teil der Hypothekenforderung angesichts des ständigen Auflaufens der Zinsen nicht genau genug bestimmt ist. Die sich hieraus ergebende Gefährdung für die Wirksamkeit des ganzen Pfändungsbeschlusses hat der erste ZS. des KG. dadurch abgebogen, daß er die Pfändung, unter Ausscheidung der wegen Unbestimmtheit unwirksamen Beschränkung, auf die ganze Hypothek erstreckt und in diesem Sinne den Pfändungsbeschluß aufrechterhält (JW.

1931, 2576). Freilich wird damit zwar dem Pfändungsgläubiger geholfen, der Vollstreckungsschuldner aber übermäßig belastet. Mit Recht hebt Rühl (Anm. zu JW. 31, 2576) hervor, daß es nähergelegen hätte, den Pfändungsbeschluß wegen des Kapitals für wirksam, wegen der Zinsen aber für unwirksam zu erklären.

II. 1. Bei einer Buchhypothek ist die Eintragung der Pfändung in das Grundbuch auf Grund des Pfändungsbeschlusses erforderlich (§ 830 Abs. 1 Satz 3). Eine Ausfertigung des Pfändungsbeschlusses ist dem Vollstreckungsschuldner und dem Drittschuldner zuzustellen. Dem Drittschuldner (Eigentümer) gegenüber treten, wenn vor der Eintragung der Pfändungsbeschluß ihm zugestellt ist, bereits mit der Zustellung die Wirkungen der Pfändung ein, d. h. also, er darf von der Zustellung an dem Hypothekengläubiger nicht mehr Zahlung leisten (§ 830 Abs. 2 ZPO.). Verhindert wird durch diese Bestimmung allerdings nicht, daß zwischen Zustellung und Eintragung ein Dritter gutgläubig durch Abtretung die Hypothek erwerben kann.

Der Eintragungsantrag muß eindeutig gehalten sein; regelmäßig wird die Verweisung auf den Pfändungsbeschluß genügen. Der Prozeßbevollmächtigte des Gläubigers gilt auf Grund seiner Prozeßvollmacht zur Stellung des Antrags beim Grundbuchamt ohne Beibringung einer besonderen Vollmacht für legitimiert. Die Eintragung kann nur erfolgen, wenn der Gläubiger der gepfändeten Hypothek im Grundbuch eingetragen und der Pfändungsbeschluß dem Eigentümer des Grundbuchs ordnungsmäßig zugestellt ist (§ 40 Abs. 1 GBO.; KGJ. 22, 171). Der Grundbuchrichter hat ferner nachzuprüfen, ob der Inhalt des Pfändungsbeschlusses die Eintragung ermöglicht (KG. JW. 1931, 2577).

Die Überweisung einer Buchhypothek muß, wenn sie an Zahlungs Statt erfolgt, gleichfalls im Grundbuch eingetragen werden. Sonst genügt die Aushändigung des Überweisungsbeschlusses an den Gläubiger für die Wirksamkeit der Überweisung (§ 837 Abs. 1 ZPO.).

2. Die Pfändung einer Briefhypothek ist nur wirksam, wenn außer der Zustellung des Pfändungsbeschlusses der Brief

dem Gläubiger übergeben ist*). Die Übergabe wird regelmäßig nur durch Wegnahme des Briefes durch den Gerichtsvollzieher sich verwirklichen lassen (§ 830 ZPO.). Hierin liegt eine besondere Schwierigkeit für die Pfändung einer Briefhypothek, die häufig zu dem freilich meist erfolglosen Versuche nötigt, durch das Offenbarungseidsverfahren den Aufbewahrungsort des Briefes zu ermitteln.

Befindet sich der Brief in Händen eines Dritten, so muß der Herausgabeanspruch gepfändet und überwiesen werden. Befindet er sich in einem Banksafe, so muß sich der Gläubiger zunächst den im Besitze des Schuldners befindlichen Safeschlüssel verschaffen und den Anspruch auf Mitwirkung der Bank zur Öffnung des Safes einräumen lassen.

Befindet sich ein Hypothekenbrief auf dem Grundbuchamt, so muß der Pfändungsbeschluß seit dem 21. März 1930 (JMBl. 84) nicht mehr dem Gerichtsvorstande, sondern dem Grundbuchamt oder (bzw. und) der Gerichtskasse zugestellt**) werden.

Bei einer Briefhypothek bedarf die Pfändung nicht der Eintragung in das Grundbuch. Erfolgt die Eintragung später, so stellt sie eine Berichtigung des Grundbuchs dar, vorausgesetzt, daß die Pfändung vorher wirksam geworden, also auch der Brief übergeben ist.

III. Auch bei einer Hypothek ist eine Vorpfändung gemäß § 845 ZPO. zulässig. Die Vorpfändung verliert drei Wochen nach ihrer Zustellung an den Eigentümer die Wirksamkeit, sofern nicht binnen dieser Zeit eine wirksame Pfändung erfolgt, bei einer Buchhypothek also auch die Eintragung im Grundbuch vorgenommen ist (JFG. 3, 439). Durch die Vorpfändung erhält der Gläubiger den Vorrang vor anderen Pfandgläubigern, auch wenn deren endgültige Pfändung vor der endgültigen Pfändung

*) Bei einer Pfändung einer Hypothek durch die Gerichtskasse ist zu beachten, daß es für die Besitzerlangung nicht genügt, wenn der Brief auf dem Grundbuchamt oder in der gerichtlichen Verwahrungsstelle, nicht aber bei der Gerichtskasse selbst sich befindet (KG. 44, 275).

**) Ist auf Grund eines nicht rechtswirksam zugestellten Pfändungsbeschlusses die Herausgabe des Briefes an einen Nichtberechtigten erfolgt, so hat das Grundbuchamt die Pflicht, den Brief wieder herbeizuschaffen, und zwar evtl. unter Anwendung der Mittel der Art. 15 ff. Pr. Fr. GG. (JurR. 1925, Nr. 945; 1925 Nr. 504; KG. 38, 285).

des Gläubigers, aber nach der Vorpfändung wirksam wird (RG. 75, 314; 97, 222).

IV. **Die Pfändung der Eigentümergrundschuld.** Die Pfändung eines im Grundbuch als Hypothek eingetragenen, aber materiellrechtlich zur Eigentümergrundschuld gewordenen Grundpfandes stößt deshalb auf besondere Schwierigkeiten, weil einerseits die Eintragung im Grundbuch erforderlich ist, andrerseits aber dem Grundbuchamt der Nachweis der Unrichtigkeit des Grundbuchs zu führen, und der Hypothekenbrief zur Umschreibung in einen Grundschuldbrief vorzulegen ist.

1. a) Im Pfändungsbeschluß ist die zu pfändende Post und, falls ein Teil gepfändet werden soll, dieser genau zu bezeichnen.

b) Dem Vollstreckungsgericht braucht nicht der Nachweis geführt zu werden, daß die Hypothek zur Eigentümergrundschuld geworden ist. Zu vermeiden aber ist die Bezeichnung der zu pfändenden Post als eine „angebliche" Eigentümergrundschuld, da nur bei Nachweis des Entstehens der Eigentümergrundschuld die Pfändung wirksam werden kann.

c) Die Pfändung muß sich auch auf den Eigentümeranspruch auf Berichtigung des Grundbuchs erstrecken.

2. Der Hypothekenbrief muß dem Grundbuchamt zum Zwecke seiner Umschreibung in einen Grundschuldbrief (evtl. nur in Höhe des gepfändeten Teilbetrages) eingereicht werden; erforderlich ist evtl. hierzu die Pfändung und Wegnahme des Briefes oder die Pfändung des Eigentümeranspruchs auf Aushändigung des Briefes an den Pfändungsgläubiger.

3. Der Nachweis, daß und in welchem Umfang die Hypothek zur Eigentümergrundschuld geworden ist, ist durch grundbuchmäßige Urkunden zu erbringen. (Beglaubigte Erklärung des Hypothekengläubigers, daß die Hypothekenforderung endgültig nicht zur Entstehung gelangt ist, oder daß er auf die Hypothek verzichte oder sie an den Eigentümerschuldner nebst Briefübergabe abtrete; durch Vorlegung einer löschungsfähigen Quittung des Hypothekengläubigers darüber, daß Hypothekenkapital nebst Zinsen von dem Eigentümer gezahlt worden ist; im Falle der Vereinigung durch Erbfolge durch Vorlegung des Erbscheins oder der

Ausfertigung eines gerichtlichen oder notariellen Testaments nebst Eröffnungsprotokoll.)

Die Eintragung der Pfändung einer vorläufigen Eigentümergrundschuld im Grundbuch ist zwar vorschriftsgemäß vom Richter abzulehnen, weil nicht feststeht, in welcher Höhe die Eigentümergrundschuld endgültig entstehen wird. Die trotzdem erfolgte Eintragung ist aber nicht unwirksam (JW. 1928, 1494).

V. Die Pfändung der Hypothek durch mehrere Pfändungs-Gläubiger.

1. Bei der Pfändung einer Buchhypothek durch mehrere Gläubiger richtet sich der Rang nach der Reihenfolge der Eintragung. Der Grundbuchrichter hat die Eintragungen nach dem Zeitpunkte des Eingangs der Anträge zu bewirken (KGJ. 39, 248).

2. Der Rang der Pfandrechte an Briefhypotheken bestimmt sich zwar regelmäßig nach dem Zeitpunkt des Besitzerwerbes an dem Hypothekenbrief. Wird aber nachträglich die Eintragung einer Briefhypothek im Grundbuch beantragt, so hat das Grundbuchamt, wenn ihm nicht urkundlich nachgewiesen wird, in welchem Zeitpunkte die Pfändungspfandrechte außerhalb des Grundbuchs entstanden sind, die Eintragung in der Reihenfolge zu bewirken, die der Zeitfolge des Einganges der Anträge entspricht (KGJ. 35, 297).

Soll eine Briefhypothek, die bereits einmal gepfändet ist, von einem weiteren Gläubiger gepfändet werden, so wird regelmäßig das Erfordernis der Besitzübergabe sich nur in der Weise bewerkstelligen lassen, daß der Brief entweder in den Mitbesitz der beiden Gläubiger gelangt, oder ein dritter Treuhänder den Brief gemeinsam für beide Gläubiger aufbewahrt. Befindet sich der Brief bereits im Besitz eines Treuhänders zugunsten des Hypothekengläubigers und eines Pfandgläubigers, so ist, damit ein Pfändungspfandrecht an der Hypothek zugunsten eines weiteren Pfandgläubigers zur Entstehung gelangt, die gemeinsame Erklärung des Hypothekengläubigers und des Treuhänders erforderlich, daß der Mitbesitz an dem Brief sich in Zukunft auch auf den neuen Pfandgläubiger erstrecken soll (JurR. 1929 Nr. 1968; KGJ. 35, 297; RG. 75, 222; 85, 439).

VI. Die Pfändung einer Hypothek in der Zwangsversteigerung.

1. Vor dem Zuschlag erfolgt die Pfändung von Buch- und Briefhypotheken nach den allgemeinen Grundsätzen (s. oben I und II).

2. Auch zwischen Zuschlag und Verteilungstermin können Ansprüche gepfändet werden, die bei der Verteilung des Erlöses an den Schuldner zur Erhebung kommen. Hinsichtlich Fremdhypotheken und Fremdgrundschulden erfolgt hier die Zustellung im Sinne der §§ 829, 830 an den Grundstückseigentümer zur Zeit des Zuschlags, als den Drittschuldner (RG. 75, 316; Recht 08, 1435; OLG. 20, 355 sieht aber den Ersteher als den Drittschuldner an). Bei Eigentümerhypotheken und Eigentümergrundschulden hingegen hat die Zustellung lediglich an den Schuldner zu erfolgen, da ein Drittschuldner nicht vorhanden ist (RG. 75, 316; 70, 278).

3. Nach dem Zuschlage kommt an sich nur eine Pfändung des Anspruchs auf Zahlung aus dem Erlöse in Frage. Es genügt daher ein Pfändungsbeschluß gemäß § 829 ZPO., der dem bisherigen Hypothekengläubiger als Schuldner und dem bisherigen Eigentümer als Drittschuldner zuzustellen ist (RG. 63, 216; 70, 279; 75, 316).

4. Ist vor dem Zuschlag der Anspruch auf Auszahlung des Erlöses gepfändet, so ist für die Wirksamkeit der Pfändung die Wahrung der Vorschriften für die Hypothekenpfändung erforderlich (RG. 70, 278). Andererseits erstreckt sich die Hypothekenpfändung ohne weiteres auch auf den Anspruch aus dem Erlös (RG. 71, 179).

Viertes Kapitel.

Die Ablösung der Hypothek.

§ 29.

Die Auswirkungen der Gläubigerbefriedigung.

I. Freiwillige und zwangsweise Befriedigung.

Die Ablösung einer Hypothek erfolgt im Regelfall durch Zahlung des Hypothekenkapitals bei seiner Fälligkeit. Bei der Auszahlung des Hypothekenkapitals sind die Wirkungen auf den Bestand der persönlichen Forderung von denen auf den Fortbestand des dinglichen Rechts zu scheiden.

Wird der Gläubiger aus dem Grundstück im Wege der Vollstreckung befriedigt, so erlischt mit der Forderung auch das dingliche Recht (§ 1181 Abs. 1). Dies gilt nicht nur für den Fall der Zwangsversteigerung und Zwangsverwaltung, sondern auch dann, wenn der Hypothekengläubiger auf Grund eines dinglichen Schuldtitels im Wege der Zwangsvollstreckung in das bewegliche Vermögen, also insbesondere durch Pfändung der Mieten oder Versicherungsgelder Befriedigung erhält (§ 1181 Abs. 3 RG. 56, 322). Handelt es sich um eine Gesamthypothek, so werden durch die Befriedigung aus einem Grundstücke sämtliche Grundstücke frei (§ 1181 Abs. 2).

Erfolgt die Befriedigung im Wege freiwilliger Zahlung, so verliert zwar der Hypothekengläubiger selbst auch das dingliche Recht; das Grundpfand bleibt aber kraft gesetzlichen Überganges entweder als Eigentümergrundschuld oder Eigentümerhypothek, oder aber (in gewissen Fällen einer Zahlung durch den Dritten) als Fremdhypothek erhalten.

II. Zahlung durch den **Grundstückseigentümer.**

1. Ist der Eigentümer gleichzeitig der persönliche Schuldner der Forderung, so erlischt die Forderung infolge der Zahlung, und es entsteht eine Eigentümergrundschuld (§ 1163 Abs. 1 Satz 2, § 1177 Abs. 1).

Gegen Befriedigung des Gläubigers kann der Eigentümer die Aushändigung des Hypothekenbriefes und der sonstigen Urkunden verlangen, die zur Berichtigung oder zur Löschung des Grundbuchs erforderlich sind (siehe im einzelnen § 31). Befriedigt der Eigentümer den Gläubiger nur teilweise, so ist der Gläubiger verpflichtet, die teilweise Befriedigung auf dem Briefe zu vermerken und den Brief zum Zwecke der Berichtigung des Grundbuchs oder der Löschung dem Grundbuchamt oder zum Zwecke der Herstellung eines Teilhypothekenbriefes für den Eigentümer der zuständigen Behörde oder dem zuständigen Notar vorzulegen (§ 1145 Abs. 1).

Gemäß § 1142 ist der Eigentümer berechtigt, den Gläubiger zu befriedigen (evtl. auch durch Hinterlegung oder durch Aufrechnung), wenn die Forderung ihm gegenüber fällig geworden oder wenn der persönliche Schuldner zur Leistung berechtigt ist.

Ist der Eigentümer genötigt, die Zahlung aus fremden Mitteln zu bewirken, so wird häufig an Stelle einer Löschung der alten und der Aufnahme einer neuen Hypothek oder der Umwandlung und Abtretung der auf den Eigentümer übergegangenen Grundschuld zur Vermeidung von Kosten und Umständen der Weg der direkten Abtretung der Hypothek an den neuen Gläubiger gewählt. Einen rechtlichen Anspruch auf die Abtretung an einen von ihm bezeichneten Dritten hat aber mangels besonderer Abrede der Eigentümer nicht RGRK. zu § 1144 Anm. 5; KGJ. 39, 233) *).

Freilich darf auch in dem Fall der sog. unechten Zession **) die Zahlung nicht durch den Grundstückseigentümer im eigenen

*) Zu Unrecht nimmt Nußbaum Seite 144 an, daß das RG. den Gläubiger zur Abtretung für verpflichtet erklärt; JW. 1915, 1261, auf die sich Nußbaum beruft, gibt dem Eigentümer vielmehr die Wahl zwischen Quittung, Löschungsbewilligung oder Umschreibung im Wege der Grundbuchberichtigung auf seinen eigenen Namen (s. 1260 am Ende), nicht aber auch das Recht auf Umschreibung an einen Dritten.

**) Die Regierungsvorlage zum Aufwertungsgesetz wollte ursprünglich die Aufwertung zugunsten von Cedenten nur in den Fällen zulassen, wenn die Abtretung an Stelle der Löschung auf Veranlassung des Eigentümers erfolgt war, wenn also der Schuldner den Gläubiger mit dem Betrag befriedigt hat, „den er sich von einem Dritten beschaffte, auf den alsdann die Hypothek übertragen wurde" (Komm.-Ber. S. 19, vgl. Neukirch S. 273, 274). S. auch oben S. 190, 214.

Namen oder durch den Zessionar im Namen des Eigentümers erfolgen, da sonst die persönliche Forderung zur Tilgung kommt und durch die direkte Abtretung des Gläubigers (mangels Umwandlung der eigentlich entstandenen Eigentümergrundschuld in eine Hypothek und ihre Verknüpfung mit einer neuen Forderung) der neue Gläubiger eine valutierte Hypothek nicht erwirbt.

2. Befriedigt der Eigentümer, der nicht gleichzeitig persönlicher Schuldner ist, den Gläubiger, so geht die Forderung einschließlich der für sie bestehenden Sicherheiten, also außer dem Hypothekenrecht insbesondere der Bürgschaften und sonstigen Pfandrechte, auf den zahlenden Eigentümer über (§§ 1143 Abs. 1 Satz 1, 1153 BGB.).

Leistet aber der Eigentümer für den persönlichen Schuldner, so erlischt die Forderung. Dies kommt insbesondere in Frage, wenn der Eigentümer beim Kaufe des Grundstücks dem Verkäufer gegenüber die Hypothekenschuld übernommen, der Gläubiger aber die Übernahme nicht genehmigt hat. Zahlt hier der Eigentümer das Hypothekenkapital, so ist im Zweifel, wenn nicht besondere Umstände entgegenstehen, anzunehmen, daß er nicht in seiner Eigenschaft als Eigentümer, sondern zur Tilgung der persönlichen Schuld die Leistung bewirkt hat (RG. 80, 320) *).

Bei teilweiser Befriedigung geht nur ein entsprechender Teilbetrag der Hypothek über; eine Teilleistung liegt auch bei Tilgungsbeiträgen auf Amortisationshypotheken vor (RG. 54, 92). Über Tilgung von Zinsen siehe unten VI.) Der dem Gläubiger verbleibende Rest der Hypothek hat den Vorrang vor dem auf den Eigentümer übergehenden Teil (§ 1143 Abs. 1 Satz 2, 774 Abs. 1 Satz 2, 1176).

Befriedigt ein Miteigentümer einer Hypothek, die auf dem ganzen Grundstück lastet, den Gläubiger, so erwirbt der Miteigentümer die Forderung nebst Hypothek im ganzen Umfang am ganzen Grundstück (RG. Gruchot 55, 670).

---

*) Zahlt aber der Eigentümer trotz seiner Verpflichtung gegenüber dem persönlichen Schuldner nur für sich selbst, so geht zwar die Forderung auf ihn über (KGJ. 27, 280; RJA. 5, 213); doch kann der Schuldner auf Grund des Vertrages mit dem Eigentümer Einwendungen gegen die Schuldklage erheben.

Bei einer Gesamthypothek geht bei völliger oder teilweiser Befriedigung die Forderung nach den Vorschriften des § 1143 Abs. 1 auf den Eigentümer über; zahlen mehrere Eigentümer Teile der Forderung, so erfolgt der Übergang in Höhe der Teilbeträge auf die einzelnen Eigentümer. Die Hypothek aber erlangt der Eigentümer nur an seinem Grundstück, sofern er nicht von dem Eigentümer eines der anderen Grundstücke oder dessen Rechtsvorgänger Ersatz verlangen kann (§ 1143 Abs. 3 RGRK. zu § 1143, 8).

III. Befriedigung des Gläubigers durch den **persönlichen Schuldner.**

Befriedigt der persönliche Schuldner, der nicht gleichzeitig Eigentümer des Grundstücks ist, den Gläubiger, so geht die Hypothek insoweit auf ihn über, als er vom Eigentümer oder einem Rechtsvorgänger des Eigentümers Ersatz verlangen kann (§ 1164 Abs. 1 Satz 1).

Durch Tilgung der Forderung erlischt zwar diese selbst; an Stelle der erloschenen Forderung tritt aber die Ersatzforderung des persönlichen Schuldners als Schuldgrund der Hypothek. Voraussetzung des Überganges ist das Bestehen einer Ersatzforderung im Falle der Zahlung durch den Verkäufer, wenn der Käufer seine Verpflichtungen zur Zahlung des von ihm übernommenen Hypothekenkapitals (bei Nichtgenehmigung der Übernahme durch den Gläubiger) nicht erfüllt.

Steht bei einer Gesamthypothek dem persönlichen Schuldner ein Ersatzanspruch nur gegen einen der Eigentümer zu, so geht die Hypothek an diesem Grundstück auf ihn über, während sie an den übrigen Grundstücken erlischt (§ 1174 Abs. 1).

Haftet neben dem Eigentümer ein anderer als Gesamtschuldner für die persönliche Forderung, so geht, wenn er an den Gläubiger mehr zahlt, als ihm im inneren Verhältnis zu seinem Mitschuldner obliegt, die Forderung des Gläubigers *) gegen den ausgleichungspflichtigen Eigentümer in Höhe des Ausgleichsbetrages mit einem entsprechenden Teil der Hypothek über

*) Es kommt hier also nicht § 1164, sondern § 426 Abs. 2 in Verbindung mit §§ 401, 412, 1153 zur Anwendung, wonach die ursprüngliche Forderung, und nicht die Ersatzforderung, übergeht.

(§ 426 Abs. 2; RG. 65, 414; 67, 130). Ebenso gestaltet sich gemäß §§ 774, 401, 412, 1153 die Rechtslage, wenn der Bürge eine Forderung, für die der Eigentümer auch persönlich haftet, an den Gläubiger zahlt (RG. 65, 139).

IV. Zahlung durch einen Dritten.

1. Im allgemeinen bewirkt die Zahlung durch einen Dritten zwar die Tilgung der Forderung, verschafft diesem aber nicht zur Sicherung von Ersatzansprüchen gegen den Eigentümer das dingliche Recht.

2. Über die Zahlung durch Gesamtschuldner neben Eigentümer und durch Bürgen siehe oben III.

3. Einen Übergang der persönlichen Forderung und der Hypothek sehen aber weiter die §§ 268, 1150 BGB. durch Einräumung des Ablösungsrechtes zugunsten von Berechtigten vor, die durch eine Zwangsversteigerung einen Rechtsverlust zu befürchten haben; und zwar § 268 bei drohender Zwangsversteigerung durch den persönlichen Gläubiger, § 1150 bei drohender Zwangsversteigerung durch den dinglichen Gläubiger. Ablösungsberechtigt sind außer den Hypothekengläubigern auch sämtliche sonstigen dinglich Berechtigten, wie auch der Besitzer des Grundstücks, sofern die Zahlung zur Abwendung des Verlustes eines wirklich bestehenden Rechtes erfolgt (vgl. RG. 80, 321). Zur Duldung der Ablösung ist ein Hypothekengläubiger auch dann verpflichtet, wenn ihm selbst noch eine andere nachstehende Hypothek an demselben Grundstück zusteht (RG. 76, 198; JW. 1913, 643). Das Ablösungsrecht ist bereits gegeben, wenn der Gläubiger den Eigentümer zur Zahlung aufgefordert oder durch Kündigung die Hypothek fällig gemacht hat (RG. Gruch. 55, 673).

Bei teilweiser Befriedigung eines Hypothekengläubigers geht ein entsprechender Teil der Forderung und Hypothek auf den Zahlenden über; und dies auch dann, wenn durch die Zahlung die Abwendung der Zwangsvollstreckung nicht erreicht wird (LZ. 1917, 689).

V. Aufgebot der Hypothek.

Ist der Hypothekengläubiger unbekannt, so kann er mit seinem Recht im Aufgebotsverfahren ausgeschlossen werden,

1. wenn seit der letzten auf die Hypothek bezüglichen Grundbucheintragung 10 Jahre verstrichen sind, und der Eigentümer in dieser Zeit das Recht nicht anerkannt hat (§ 1170);
2. wenn der zur Befriedigung oder Kündigung berechtigte Eigentümer den Forderungsbetrag unter Rücknahmeverzicht hinterlegt hat (§ 1171).

Im ersteren Falle erwirbt mit Erlassung des Ausschlußurteils der Eigentümer die Hypothek, im zweiten Falle gilt der Gläubiger als befriedigt, sofern die Befriedigung nicht bereits mit der Hinterlegung als erfolgt anzusehen ist; in beiden Fällen wird der dem Gläubiger erteilte Hypothekenbrief kraftlos.

VI. Die **Zinstilgung.**

Werden rückständige Zinsen oder sonstige rückständige Nebenleistungen, wie auch Kosten, die dem Gläubiger zu erstatten sind, gezahlt, so erlischt die Hypothek, fällt also nicht dem Eigentümer als Eigentümergrundschuld zu (§ 1178 Satz 1); vorausgesetzt allerdings, daß nicht ein Recht eines Dritten an dem Zinsanspruch oder der sonstigen Nebenleistung besteht (§ 1178 Satz 2). Die Hypothek erlischt hinsichtlich rückständiger Zinsen und Nebenleistungen gemäß § 1178 auch in sonstigen Fällen, bei denen sich die Forderung mit dem Eigentum in einer Person vereinigt.

Folgerichtig bestimmt § 1178 Abs. 2, daß für den Verzicht auf rückständige Zinsen und Nebenleistungen die formlose Erklärung des Gläubigers gegen den Eigentümer grundsätzlich genügt.

Hingegen kann hinsichtlich zukünftig fällig werdender Zinsen und Nebenleistungen im Falle der Vereinigung der Ansprüche mit dem Eigentum eine Eigentümergrundschuld oder eine Hypothek des Eigentümers zur Entstehung gelangen. (Über Strafzins § 9 III, 4.)

§ 30.

Die grundbuchmäßige Abwickelung der Hypothekenablösung.

I. Löschungsfähige Quittung, Berichtigungserklärung, Abtretung und Löschungsbewilligung.

Mit der Zahlung der Hypothekenbeträge verliert der Hypothekengläubiger das dingliche Recht am Grundstück. Es geht entweder auf den Grundstückseigentümer, den persönlichen Schuldner, als Eigentümergrundschuld oder Eigentümerhypothek oder aber an den Dritten unter bestimmten Voraussetzungen über (s. § 30 I—IV). Mit der Zahlung ist also an sich der Hypothekengläubiger nicht mehr zur Verfügung über das Recht legitimiert.

1. Will der Eigentümer, wenn durch ihn selbst oder in seinem Namen die Zahlung erfolgt, die Post im Grundbuch zur Löschung bringen, so kommt als grundbuchmäßige Urkunde, deren Aushändigung er gemäß § 1144 verlangen kann, in erster Linie die löschungsfähige Quittung in Betracht. Sie muß in beglaubigter Form ausgestellt sein und die Angabe enthalten, daß der Eigentümer als solcher die Zahlung geleistet habe (KGJ. 40, 295). Ist aber die Zahlung seitens des Schuldners erfolgt, so muß einerseits die löschungsfähige Quittung eine dahin gehende Angabe enthalten, und andererseits vom Schuldner die beglaubigte Erklärung beigebracht werden, daß er nicht ersatzberechtigt ist, z. B. daß er die Zahlung geleistet habe, weil er zur Beibringung der Löschung laut Kaufvertrag verpflichtet sei (Jäckel-Güthe S. 608). Neben der löschungsfähigen Quittung ist der in den Urkunden übliche Zusatz, daß der Gläubiger die Löschung bewillige, überflüssig (KGJ. 32, 260; 40, 296). Ist der Gläubiger nicht im Grundbuch eingetragen, so ist er verpflichtet, dem Eigentümer die zum Nachweise seines Gläubigerrechts erforderlichen Urkunden, z. B. beglaubigte Abtretungserklärung oder Erbschein, auszuhändigen. Ein Feststellungsurteil, daß die Zahlung erfolgt ist, kann als Löschungsunterlage nur dienen, wenn das Urteil zwischen den Beteiligten ergangen ist (Warn. 1912 Nr. 259).

Ist dem Grundbuchrichter bekannt, daß der eingetragene Hypothekar nicht der wirkliche Gläubiger ist, so genügt zum Nachweis, daß die Zahlung gutgläubig an den eingetragenen Gläubiger erfolgt ist, die bloße Quittung nicht (RJA. 11, 62).

2. Der Eigentümer kann aber statt der löschungsfähigen Quittung eine grundbuchmäßige Berichtigungserklärung vom Gläubiger dahin verlangen, daß die Post auf den Eigentümer als nunmehrigen Berechtigten umzuschreiben sei.

Die Umschreibung auf seinen Namen kann der Eigentümer auch auf Grund einer löschungsfähigen Quittung, nicht aber auf Grund einer bloßen Löschungsbewilligung verlangen (KGJ. 33, 331).

An sich ist auch eine Abtretung der Post auf den Eigentümer zulässig (OLG. 16, 177; Jäckel-Güthe S. 663). Die Hypothek ist zunächst als solche auf den Eigentümer umzuschreiben; zu ihrer grundbuchmäßigen Umschreibung in eine Grundschuld ist nur der Eigentümer berechtigt (KGJ. 29, 179; Jäckel-Güthe 663; dagegen RJA. 5, 210).

3. Ein Recht, die Abtretung an sich selbst oder an einem von ihm bezeichneten Dritten zu verlangen, hat jedoch der Eigentümer nicht (KGJ. 39, 233; siehe oben § 29 II, 1).

4. Das Reichsgericht hat aber in JW. 1915, 1260; RG, 101, 231 dem Gläubiger das Recht zugestanden, statt der Löschungsquittung oder der Umschreibungserklärung eine Löschungsbewilligung zu wählen. Gemeint ist damit die Löschungsbewilligung als Zustimmung zur Grundbuchberichtigung im Sinne von §§ 894, 185 BGB., nicht aber als materielle Rechtsverfügung. Hat allerdings der Gläubiger bereits eine löschungsfähige Quittung erteilt, so kann außerdem von ihm eine Löschungsbewilligung nicht verlangt werden (RG. 56, 327; JW. 1915, 1261).

Enthält aber die Erklärung des Gläubigers außer der Löschungsbewilligung eine Quittung über die Zahlung, ohne die Angabe, daß die Zahlung durch den Eigentümer erfolgt sei, so wird ihr damit die Fähigkeit genommen, als grundbuchmäßige Unterlage für die Löschung zu dienen. Denn einerseits wird dann durch die Urkunde selbst dem Grundbuchrichter klargelegt, daß der bisherige Hypothekengläubiger angesichts der erfolgten Zahlung nicht mehr als Berechtigter der Post in Frage komme, also auch zur Löschungsbewilligung nicht mehr legitimiert ist, andererseits aber nicht grundbuchmäßig nachgewiesen, daß der Eigentümer die Post erworben hat (KGJ. 40, 294).

Auf Grund der Löschungsbewilligung des Gläubigers kann der Eigentümer nicht die Umschreibung der Post auf seinen Namen, sondern nur die Löschung verlangen (RG. 101, 234; Jäckel-Güthe S. 663; Ricks S. 308 Ziff. 3).

II. Verzicht und Aufhebung.

Aufhebung und Verzicht auf die Hypothek setzen das Bestehen des Rechts zur Zeit der Klärung voraus. Es steht aber nicht entgegen, daß der Gläubiger mit Rücksicht auf die bevorstehende Zahlung, etwa nach Hinterlegung der Hypothekenbeträge bei einem Notar oder sonstigen Treuhänder auf sein Hypothekenrecht verzichtet oder es zur Aufhebung bringt; dies um so weniger, als der Grundbuchrichter von sich aus nicht nachzuprüfen hat, ob etwa die Zahlung bereits erfolgt und damit der Hypothekengläubiger nicht mehr zur Verfügung über die Post legitimiert ist.

Der Unterschied zwischen Verzicht und Aufhebung besteht in ihren Wirkungen darin, daß beim Verzicht der Gläubiger nur seines eigenen Rechtes verlustig geht, während die Post dem Eigentümer als Eigentümergrundschuld zufällt; daß aber bei der Aufhebung das dingliche Recht sowohl vom Gläubiger wie Eigentümer aufgegeben wird.

In den Entpfändungserklärungen bezüglich eines Grundstücksanteils liegt regelmäßig eine Aufhebungserklärung (RJA. 11, 155; KGJ. 25, 275, 316). Ob mit einer grundbuchmäßigen Löschungsbewilligung eine materiell rechtliche Aufhebungserklärung verbunden ist, ist Frage des einzelnen Falles.

Ein wirksamer Verzicht liegt gemäß § 1183 nur vor, wenn der Verzicht dem Grundbuchamt oder dem Eigentümer gegenüber erklärt und in das Grundbuch eingetragen ist (wozu es evtl. der Zustimmung Drittberechtigter bedarf). Eine Löschungsbewilligung ist aber keine ausreichende Verzichtserklärung (RGRK. 1, zu § 1168). Zur Aufhebung der Hypothek ist außer der Aufgabeerklärung des Hypothekengläubigers die Zustimmung des Eigentümers sowie etwaiger Dritter, denen an der Hypothek ein dingliches Recht zusteht, erforderlich*).

III. Die Löschungsvormerkung.

Eine Vormerkung besonderer Art sieht § 1197 zur Sicherung des Anspruchs auf Löschung einer Hypothek für den Fall vor,

*) Die Zustimmung ist aber auch nur eine einseitige Erklärung. Auch für die Aufhebung ist also an sich ein dinglicher Vertrag nicht erforderlich (Prot. 3, 615).

daß sich der Eigentümer einem anderen gegenüber verpflichtet hat, die Hypothek bei ihrer Vereinigung mit dem Eigentum zur Löschung zu bringen.

Die Vormerkung kommt nach dem Wortlaut des Gesetzes nicht nur zugunsten eines Hypothekengläubigers, sondern zugunsten jedes Dritten, der am Grundstück noch nicht dinglich berechtigt ist, in Frage (RG. 63, 154; 52, 8).

Ist eine Löschungsvormerkung für einen Hypothekengläubiger bei einer im Rang vorgehenden Höchstbetragshypothek eingetragen, und wird die nicht voll valutierte Höchstbetragshypothek mit dem Ziel abgetreten, auch Ansprüche des neuen Gläubigers zu sichern, so braucht der Vormerkungsberechtigte die Abtretung insoweit nicht gegen sich gelten lassen, als sie zur Zeit der Abtretung nicht voll valutiert war (LZ. 1929 S. 1128).

Ist eine Löschungsvormerkung ungerechtfertigt auf Grund einstweiliger Verfügung eingetragen, so kommt, da durch sie die Verfügung über die Hypothek erschwert wird, der Berichtigungsanspruch aus § 894, 1004 auf Beseitigung in Frage, und zwar kann dieser auch von dem Rechtsnachfolger des Hypothekengläubigers, gegen den sie erwirkt ist, betrieben werden (Gruchot 60, S. 504).

Über die Vormerkung vgl. im übrigen § 18 II.

Fünftes Kapitel.

Die Hypothekenvermittlung.

§ 31.

Nachweis- und Abschlußvermittlung.

I. Die Grundstücks- und Hypothekenmakler sind Makler des Bürgerlichen Rechts und fallen daher, auch wenn sie gewerbsmäßig tätig sind, nicht unter die Handelsmakler der §§ 93 ff. HGB.

Die gesetzliche Freiheit, deren sich im allgemeinen der Grundstücks- und Hypothekenmakler, anders wie etwa der Stellenvermittler, erfreut, hat zu mancherlei Mißständen und Auswüchsen geführt. Den anerkennenswerten Bemühungen der Maklerorganisationen, insbesondere des Reichsverbandes deutscher Makler, die Vermittler zu „ehrlichen Maklern" zu machen, können schon deshalb nur Teilerfolge beschieden sein, weil die zahlreichen Gelegenheitsvermittler und im Nebenberuf tätigen Makler sich jeder Kontrolle entziehen.

Eine gewisse Handhabe unlauteren Elementen gegenüber bietet § 3 des unlauteren Wettbewerbgesetzes, besonders in Fällen von Anlockungen Geschäftsunkundiger durch unwahrhaftige Anzeigen in den Tageszeitungen. So hat das OLG. Köln (JW. 29, 3096) eine Klage auf Unterlassung gegen einen Versicherungsagenten für zulässig erklärt, der Festangestellten und Beamten in groß aufgemachten Inseraten Barkredite anbot, den sich meldenden Reflektanten aber für ein Darlehn bis zum doppelten Monatsgehalt außer reichlicher Verzinsung und Sicherung durch Gehalt und Mobiliar den Abschluß einer Lebensversicherung in Höhe des 10fachen Betrages des zu gewährenden Darlehns formularmäßig zur Bedingung setzte und somit die Darlehnsnehmer dazu nötigen wollte, sich dauernde Lasten aufzubürden (vgl. Gutachten der Berliner Industrie- und Handelskammer, Wirtschaftlicher Ratgeber 1928, 712).

Hat ein Makler auf Grund einer Vollmacht die Darlehnssumme in Empfang genommen oder sonstige Forderungen des Geschäftsherrn eingezogen, so kommt, falls er das Geld nicht abführt, Untreue gemäß § 266 StGB. in Frage. Befand sich der Vermittler aber überhaupt nicht im Besitz einer Vollmacht zum Geldempfang, so liegt nicht Untreue, wohl aber unter gegebenen Umständen Betrug oder Unterschlagung in der Eigenschaft als Bote des Geschäftsherrn vor (JW. 1923, 402; über zivilrechtliche Verantwortlichkeit und Haftung siehe § 32).

II. Die Aufgabe eines Hypothekenvermittlers, der für einen Kreditsuchenden tätig ist, besteht regelmäßig darin, seinem Auftraggeber den Kredit zu möglichst annehmbaren Bedingungen zu verschaffen und häufig auch, einen möglichst hohen Hypothekarkredit zu erzielen. Der Makler aber, der als Vertrauensmann des Kreditgebers tätig wird, hat regelmäßig die Aufgabe, für eine möglichst hohe Verzinsung des Anlagekapitals und für seine Sicherheit innerhalb der gegebenen Beleihungsgrenzen (als erste, zweite, dritte Hypothek) Sorge zu tragen.

Der Maklervertrag zeigt gegenüber dem Normaltyp eines gegenseitigen Vertrages die Besonderheit, daß der Auftraggeber für den Regelfall bis zum Zustandekommen des zu vermittelnden Vertrags zum Widerruf berechtigt, der Makler aber zu einer bestimmten Tätigkeit wohl berechtigt, aber nicht notwendigerweise zu einer solchen verpflichtet ist.

Ein Maklervertrag kann ausdrücklich oder stillschweigend geschlossen werden. Ein stillschweigender Abschluß ist insbesondere dann anzunehmen, wenn sich der Geschäftsherr die Dienste eines gewerbsmäßigen Maklers gefallen läßt.

III. 1. Vertragsgegenstand des Maklervertrages kann der **Nachweis** der Gelegenheit zum Abschluß oder die **Vermittlung** eines Vertrages bilden. Häufig sind Differenzen zwischen Geschäftsherrn und Makler darauf zurückzuführen, daß bei Erteilung des Auftrags an den Makler der Unterschied zwischen dem Nachweis der Gelegenheit und der Abschlußvermittlung nicht hinreichend beachtet wird.

An sich muß sowohl bei der nachweisenden wie bei der vermittelnden Tätigkeit des Maklers zwischen dieser und dem Geschäftsabschluß der Kausalzusammenhang gegeben sein.

2. Für den Beweis des Kausalzusammenhanges genügt es aber regelmäßig bei der Nachweisvermittlung, daß tatsächlich der Nachweis erfolgt und hierauf der Vertrag mit dem nachgewiesenen Vertragsgegner abgeschlossen worden ist (RG. Gruchot 47, 1927). Der Gegenbeweis liegt also dann dem Geschäftsherrn ob.

3. Bei dem Vermittlungsabschluß ist der Kausalzusammenhang aber erst gewahrt, wenn der Vermittler mit dem anderen Teile verhandelt und diesen zum Vertragsabschluß veranlaßt hat; erforderlich ist jedoch nicht, daß er mit dem Vertragsgegner in Beziehung getreten und auf diesen selbst oder durch einen anderen persönlich eingewirkt hat (LZ. 1917, 792, 190; JW. 1916, 738; 17, 539). Der Auftraggeber muß zur Auslösung des Provisionsanspruches zwar Kenntnis davon haben, daß der Makler für den Abschluß tätig war, da ja die Provision vom Auftraggeber einkalkuliert werden muß; mit dem Einwand, daß er der Tätigkeit keine ursächliche Bedeutung beigemessen habe ist der Auftraggeber aber nicht zu hören (RG. 83, 32; JW. 1922, 164).

Auch wird der Anspruch des Maklers nicht dadurch berührt, daß er zu den weiteren Verhandlungen nicht hinzugezogen und beim Geschäftsabschluß nicht er, sondern ein anderer Makler mitgewirkt hat, sofern nur der Abschluß auf der von ihm selbst geschaffenen Grundlage zustande gekommen ist. Ebenso ist die Provision auch dann verdient, wenn der Auftraggeber arglistig, um dem Makler die ihm zukommende Provision zu entziehen, unter Umgehung des Maklers selbst abgeschlossen hat (Warn. 1909 Nr. 142).

4. Zulässig ist es, daß im Maklervertrag der Makler nicht nur von dem Nachweis des Kausalzusammenhanges entbunden, sondern der Kausalzusammenhang selbst zum Entstehen des Provisionsanspruches für nicht erforderlich erklärt wird.

Lehnt aber der Auftraggeber, wenn auch ohne jeden vernünftigen Grund, den Abschluß ab, so entfällt der Provisionsanspruch (RG. 95, 137; 101, 211).

IV. Der Widerruf kann vertraglich ausgeschlossen oder zeitlich beschränkt werden. Es ist Auslegungsfrage, ob bei Erteilung eines festen Auftrags auf bestimmte Zeit nur der Verzicht auf Widerruf für diese Zeit, oder auch die Verpflichtung des Auftragsgebers ausgesprochen wird, weder selbst, noch durch einen anderen Vermittler den Vertrag abzuschließen (RG. 76, 361; Warn. 1912 Nr. 302). Wird in Berlin ein Maklerauftrag „fest an Hand" erteilt, so bedeutet dies nach den Berliner Gebräuchen, daß der Auftraggeber provisionspflichtig ist, wenn er unter Ausschluß des Maklers innerhalb der Bindefrist durch einen anderen Makler verkauft (C 120—38/28, XII A 3).

Regelmäßig ist aber auch bei vertragswidrigem Widerruf des Auftrags der Nachweis erforderlich und ausreichend, daß er innerhalb der Frist einen abschlußbereiten und einwandfreien Reflektanten zu den gegebenen Bedingungen gestellt haben würde (JW. 1911, 757).

Erfolgt ein Widerruf, um den Makler um seinen Lohn zu bringen, so kommt ein Schadenersatzanspruch gemäß § 826 in Frage (Warn. 1911 Nr. 397; RG. 76, 363).

§ 32.

Die Pflichten des Maklers.

I. 1. Der Makler hat gemäß § 276 BGB. die allgemeine Pflicht zur Sorgfalt und Treue gegenüber seinem Auftraggeber.

Er hat insbesondere die Pflicht zur gewissenhaften Informationserteilung über die für den Vertragsabschluß maßgebenden Tatsachen (JW. 1910, 284; KG. Seuff. 56 Nr. 148); er hat Aufschluß über die günstigsten Bedingungen zu geben und macht sich haftbar, falls er dem Abschluß entgegenwirkt oder mit dem Vertragsgegner kolludiert (RG. Seuff. A. 56 Nr. 73).

Er handelt vertragswidrig, wenn er die ihm bekannte schlechte wirtschaftliche Lage der Gegenpartei seinem Auftraggeber nicht mitteilt (LZ. 1930, 383).

2. Darüber hinaus kann der Makler nach Lage des Falles verpflichtet sein, an vertrauenswürdiger Stelle über das Vor-

liegen wesentlicher Voraussetzungen des Vertragsabschlusses Erkundigungen einzuziehen und seinem Auftraggeber Rat und Auskunft auf Grund eigener Ermittlungen sorgfältig zu erteilen. Das RG. hat in einem Fall, in dem der Makler einen bedeutenden Realkredit in Gestalt der Hingabe von Pfandbriefen vermittelt, aber es unterlassen hatte genaue Erkundigungen über die schnelle Verwertbarkeit der Pfandbriefe einzuziehen, eine Verletzung der Vertragspflicht des Maklers angenommen (JurR. 31 Nr. 106).

3. Hingegen ist bei Vermittlung des Hypothekenkaufs der Makler nicht ohne weiteres aus § 438 BGB. haftbar, wenn sich seine Angaben über die Güte der Hypothek später als unrichtig herausstellen (§ 24 III, IV).

4. Übernimmt der Makler eine persönliche Garantie für den Erfolg seiner Tätigkeit oder für die Güte der Hypothek, so geht der Vertrag über einen gewöhnlichen Maklervertrag hinaus. Dies ist insbesondere der Fall, wenn er einerseits seinem Geschäftsherrn die Erzielung eines bestimmten Erlöses zusichert, andererseits aber als Entgelt hierfür den Mehrerlös über eine bestimmte Summe hinaus sich versprechen läßt; in derartigen Fällen ist eine Verletzung der Treupflicht schon dann gegeben, wenn der Makler bei der Vereinbarung bereits ein festes Angebot mit einem Dritten in der Tasche hatte (JW. 30, 1302).

5. Der Makler hat aber ferner die Pflicht zur Wahrung der Diskretion gegenüber dem Auftraggeber (Oertmann, Vorbem. zu § 652 S. 1015; Reichel, Maklerprovision, 133, 263).

II. § 654 BGB. ergibt das grundsätzliche Verbot der Maklertätigkeit für beide Vertragsteile, und zwar gilt er auch für den Untermakler (KG. 24 Z.S.; JW. 30, 1420). Da aber nach § 654 der Inhalt des Vertrages hierbei entscheidend sein soll, kommt regelmäßig ein Fortfall der Provision nur dann in Betracht, wenn der Makler nur der Vertrauensmann des einen Teils und ausschließlich im Interesse derselben tätig sein soll (JW. 13, 200). Die Tätigkeit für beide Parteien läuft jedoch dem Inhalte des Vertrages nicht zuwider, wenn der Makler als unparteiischer Vermittler für das Zustandekommen eines Vertrages arbeiten soll (JW. 1913, 200; Gutachten der Berliner Industrie- und Handelskammer C 27 921/25, XII A 3, mitgeteilt Dove-Meyerstein Bd. 1930 Nr. 290).

Für die Tätigkeit eines Hypothekenmaklers ist regelmäßig das letztere anzunehmen (OLG. 20, 275, Industrie- und Handelskammer Berlin, Mitteilungen 28, 1146; 1919, 798). Läßt sich der Makler aber von beiden Seiten Provision zahlen, ohne dem Auftraggeber über das Sachverhältnis Klarheit zu geben, so kommt ein Verstoß gegen Treu und Glauben in Frage (Gutachten Dove 1930 Nr. 304).

§ 33.

Der Provisionsanspruch des Maklers.

I. 1. Ist der vermittelte Vertrag unter einer Bedingung geschlossen, so entsteht auch die Maklergebühr erst, wenn die Bedingung eingetreten ist. Der Geschäftsherr kann sich aber nicht dem Makler gegenüber auf das Ausstehen der Bedingungen berufen, wenn er die Erfüllung der Bedingung in Gemäßheit des § 162 BGB. wider Treu und Glauben vereitelt hat (Warn. 1929 Nr. 60).

2. Die Provision für die Vermittlung eines Hypothekenkapitals ist grundsätzlich erst fällig, wenn das Darlehn zur Auszahlung gelangt. Denn die Auszahlung der Valuta bedeutet nicht die Erfüllung des Darlehnsvertrages, sondern gehört zum Abschluß des Realvertrages selbst (Recht 1908 Nr. 2920, 1912 Nr. 571). Doch kann der Inhalt des Maklervertrages ergeben, daß nach dem Zweck des Geschäfts und dem Willen der Parteien die Provision bereits beim Zustandekommen des Darlehnsvorvertrages zur Auszahlung zu gelangen hat; dies gilt insbesondere für das Baugelddarlehn (JW. 1912, 240; 462). Bei der Vermittlung Berliner Hypotheken insbesondere gilt regelmäßig nach den Gutachten der Ältesten der Kaufmannschaft (Apt, Gebräuche, Bd. 1 S. 872 ff. § 3) die Provision dann als verdient, wenn ein rechtsverbindlicher schriftlicher Darlehnsvertrag die Verpflichtung des Kreditgebers zur Hingabe und des Kreditnehmers zur Hinnahme des Kapitals festgelegt hat und für fällig an dem ver-

einbarten Zahlungstage; falls nicht etwa die fragliche Verzögerung auf Geldgeber oder Makler zurückzuführen ist (dagegen Nr. 323, Dove 1930).

3. Wird der Anfall der Maklerprovision auf den Eingang der ersten Rate gestellt, so ist der Auftraggeber zwar verpflichtet, dem Makler gegenüber alles zu tun, um die erste Rate zur Auszahlung zu bringen; hatte er aber die Zwangsvollstreckung ergebnislos versucht, so ist ihm nicht mehr zuzumuten, weitere unnütze Kosten im Interesse des Maklers zu machen (KG. 24 U. 1003, 30; JurR. 1931 Nr. 734).

II. 1. Die Gebührensätze, die für gewerbsmäßige Makler in Ermangelung einer Vereinbarung und Taxe als üblich zu gelten haben (§ 653 BGB.), haben in den vergangenen Jahren geschwankt.

Nach § 5 der Gebräuche über die Vermittlungsgeschäfte im Berliner Grundstücks- und Hypothekenverkehr (mitgeteilt Apt. 1907 1. Bd. S. 872 folg.) sind von den Ältesten der Kaufmannschaft als angemessen festgestellt worden.

Für die Beschaffung von Hypotheken

I. Bebaute Grundstücke

1. Erststellige Hypotheken ½% der Darlehnsumme, in besonderen Fällen auch 1%
2. Zweitstellige Hypotheken 2% der Darlehnsumme

II. Unbebaute Grundstücke

1. Erststellige Hypotheken 1% der Darlehnsumme *)
2. Bei späteren Hypotheken 2% der Darlehnsumme

Für außergewöhnliche Leistungen sind bei Beschaffung zweitstelliger Hypotheken auch 2½ und 3% für angemessen erklärt worden (Apt., Gutachten der Ältesten der Kaufmannschaft Bd. 3, S. 206, 6, S. 211, 16—18; Mitteilungen der Industrie- und Handelskammer zu Berlin 1926, S. 276, Gutachten C 6304/26 XII

---

*) 1 bis 2% sind in den Gutachten der Industrie und Handelskammer des Jahres 1926 für angemessen erachtet worden (Gutachten über Handelsgebräuche der Industrie- und Handelskammer Berlin, herausgegeben von Dove und Meyerstein, Bd. 1930 Nr. 328 und 330).

A 3). Ein erhöhter Satz wird insbesondere bei Delkredere-Übernahme zugesprochen.

2. Läßt der Makler eine Taxe ohne besonderen Auftrag anfertigen, so hat er im Zweifel selbst die Kosten zu tragen (Gutachten Dove 1930 Nr. 268).

In den Grundsätzen der Berliner Industrie- und Handelskammer wird das Ausbedingen von Vorschüssen für grundsätzlich unzulässig erklärt; desgleichen die Verwendung von Auftragsformularen, die den Geldsuchenden zur Provision verpflichten, auch wenn der Auftrag nicht zur Auszahlung gelangt.

3. Auch für die Vermittlung einer Hypothekenprolongation wurde in einem Gutachten (Mitteilungen der Industrie- und Handelskammer 1926, 947) eine Provision von 1 bis 2% für angemessen erklärt.

4. Während Dove 1930 Nr. 346 einen üblichen Maßstab für die Teilung unter gewerbsmäßigen Maklern nicht zuerkennen will, geht das Gutachten C 428 21/29 XII A 3 von dem Grundsatz der Halbierung der Provision unter gewerbsmäßigen Maklern und einer Beteiligung in Höhe von 25% für den Nichtmakler aus (vgl. auch Apt. Bd. 1 S. 340, 2).

Die Provision des Untermaklers ist regelmäßig erst fällig, wenn sie dem Hauptmakler ausgezahlt ist (Gutachten der Berliner Industrie- und Handelskammer, Dove 1926 Nr. 332).

Sechstes Kapitel.

Besondere Arten des Hypothekenkredits.

§ 34.

Die Sicherung des Bankkredits und des sonstigen Kredits in laufender Rechnung.

I. Der Kreditvertrag.

1. Der Kreditvertrag ist ein Vorvertrag, der die zukünftige Darlehnsgewährung zum Gegenstande hat. Wie jeder Kreditvertrag kann auch der die Kreditbeziehungen zwischen Bank und Kunden regelnde Vertrag (auch Krediteröffnungsvertrag bezeichnet) eine beiderseitige Verpflichtung zur Kreditgewährung bzw. zur Inanspruchnahme enthalten. Für den Regelfall wird bei Abschluß eines schriftlichen Kreditvertrages auch eine Bindung des Kreditnehmers als gegeben anzusehen sein (Staub, HGB. § 349, 65). Eine andere Frage aber ist, ob der Kreditnehmer im Wege der Klage zur tatsächlichen Hinnahme von Darlehnsbeträgen gezwungen werden kann; liegen nicht besondere Umstände vor (etwa unter der Voraussetzung der gesetzlichen Zulässigkeit die Schaffung eines Valutenkontos), so wird sich das Interesse des Kreditgebers in der Entschädigung für entgangene Zinsen und Provision erschöpfen; und dieser ist daher berechtigt, im Falle der Annahmeverweigerung oder des Verzuges nach Fristsetzung von dem Kreditvertrage zurückzutreten und den Kreditnehmer schadensersatzpflichtig zu machen, eine Klage auf Empfangnahme des Darlehns aber kann er regelmäßig mangels Rechtsschutzbedürfnisses nicht erheben (RGRK. zu § 610 Anm. 1; Mühlenweg, Der Bankkredit und seine Sicherstellung, Göttingen 1930, S. 5, 9; Koch, Kredit im Recht 18—22).

Ein Kontokorrentkredit liegt nur vor, wenn eine dauernde Geschäftsverbindung zwischen Kreditgeber und Kreditnehmer besteht und der Geschäftsverkehr sich nicht etwa nur in der ratenweisen Tilgung alter Schulden erschöpft, sondern die Möglichkeit von Kredit- und Debet-Buchungen offen läßt (JurR. 1928 Nr. 1235).

2. Der Kreditvertrag kommt häufig durch die Annahme von Bestätigungsschreiben der Bank zustande. Ein im Bankverkehr übliches Formular für derartige Bestätigungsschreiben hat folgenden Inhalt:

„1. Sie bestellen uns als Sicherheit eine Hypothek bis zum Höchstbetrage von RM. . . . . . auf Ihrem Gesamtgrundbesitz, Fabrik und Wohnhaus in . . . unmittelbar hinter der an erster Stelle eingetragenen Hypothek von RM. . . . . .

2. Herr . . . . . in . . . . . übernimmt selbstschuldnerische Bürgschaft uns gegenüber bis zur Höhe von RM. . . . . . wegen aller Ansprüche, die uns aus dieser Geschäftsverbindung gegen Sie erwachsen.

Der Kredit kann von Ihnen in Anspruch genommen werden

1. durch Barentnahmen,
2. durch Ausstellung von Schecks auf unsere Firma,
3. durch Trassierung von Wechseln mit höchstens dreimonatiger Laufzeit auf uns, oder durch Einreichung solcher Wechsel zum Diskont.

An Zinsen berechnen wir im Debet . . .%. An Provision bringen wir . . .% vom vierteljährlichen Umsatz (d. h. von der größeren Seite des Kontos) in Anrechnung, mindestens ½% des eingeräumten Kreditbetrages.

Sie sowohl wie wir sind berechtigt, jederzeit vor Gewährung des Kredites von diesem Vertrage zurückzutreten sowie das Kreditverhältnis jederzeit ohne Einhaltung einer Kündigungsfrist mit der Wirkung zu kündigen, daß der sich jeweils ergebende Saldo für jeden Teil sofort fällig ist. Im übrigen gelten unsere anliegenden allgemeinen Geschäftsbedingungen."

3. Hat der Kreditgeber sich das Recht zum Rücktritt vom Kreditvertrage vorbehalten, so hat der Kreditnehmer nur die Gewähr bis zur etwaigen Ausübung des Rücktrittsrechts über

den Kredit, insbesondere durch Schecks verfügen zu können. Ist das Rücktrittsrecht nicht vorbehalten, so kann der Kreditgeber im Fall einer nachträglichen Verschlechterung der Vermögensverhältnisse des Schuldners, für deren Eintritt er aber im Streitfalle beweispflichtig ist, den Kreditvertrag gemäß § 610 widerrufen. Auch steht ihm, sofern er sich beim Abschluß über die Zahlungsfähigkeit im Irrtum befunden hat, das Anfechtungsrecht gemäß § 119 und evtl. § 123 BGB. zu (RG. 75, 274; 105, 208).

II. Die dingliche Sicherung.

Die Eigenart des Kontokorrentverkehrs bringt es mit sich, daß es von vornherein nicht feststeht, ob bei Beendigung des Abrechnungsverhältnisses sich für den Kreditnehmer ein Kredit- oder ein Debetsaldo ergeben wird, und welche Höhe das Saldo haben wird.

1. Die gegebene Form für die hypothekarische Sicherstellung eines derartigen Kredites ist somit die Höchstbetragshypothek im Sinne von § 1190 BGB. Die Eintragungsbewilligung der Hypothek hat dann etwa wie folgt zu lauten: „Zur Sicherheit für alle aus dem Kreditverhältnis gegenüber der X-Bank bereits erwachsenen oder künftig erwachsenden Verbindlichkeiten bewilligen wir auf dem Grundstück: ... die Eintragung einer Höchstbetragshypothek mit der Bestimmung eines Höchstbetrages von ..... RM., bis zu dem das Grundstück haften soll."

Häufig pflegen Banken von vornherein den Kreditnehmer zu verpflichten, nach Beendigung der Geschäftsverbindung und Feststellung des Betrags der Schuld die Umwandlung der Sicherungshypothek in eine Verkehrshypothek zu bewilligen, wie auch zur Sicherung dieser Verpflichtung eine Vormerkung zur Eintragung zu bringen.

2. Als geeignete Sicherungsform kommt ferner angesichts der Anonymität ihrer Natur die Eintragung einer Grundschuld in Frage. Die Verknüpfung der sog. Sicherungsgrundschuld mit dem zugrunde liegenden Abrechnungsverhältnis hat an sich nur obligatorische Bedeutung für das Innenverhältnis zwischen den Parteien (vgl. § 11 III). Besteht bei Geltendmachung der Grundschuld Streit über die Höhe des Saldos, zu dem seit Beginn der Ge-

schäftsverbindung das Guthaben des Gläubigers angewachsen ist, so trifft aber nach der Rechtsprechung des RG. den Gläubiger die Beweislast (vgl. § 13 VII).

3. Das Reichsgericht gestattet es endlich, auch die Verkehrshypothek zur Sicherung des späteren Guthabens aus einem Kontokorrentverhältnis in gleicher Weise wie eine Höchstbetragshypothek zu verwenden. Zur Erreichung dieses Zwecks dient hier ebenso wie bei der Sicherungsgrundschuld die Vereinbarung, daß die zukünftigen Zahlungen nicht zur Tilgung der eingetragenen Schuld, sondern zur Gutschrift auf die laufende Rechnung erfolgen sollen.

Zumal aber die Rechtsprechung des Reichsgerichts weder einhellig noch zweifelsfrei ist, scheint es geboten, nicht einfach eine Darlehnshypothek zur Eintragung zu bringen (die als verdeckte Höchstbetragshypothek nach dem Parteiwillen die Funktion einer solchen ausüben soll), sondern als Schuldgrund der Hypothek direkt ein abstraktes Schuldanerkenntnis *) anzugeben, welches von dem Kreditnehmer zur Sicherung eines etwaigen Debetsaldos zu erklären ist, oder aber ein derartiges Schuldanerkenntnis einzuschalten, um damit für den Schuldgrund des Darlehns gem. § 607 Abs. 2 eine feste Basis zu gewinnen (vgl. oben § 11, IV, V, Anm. 5, 6, 7).

III. Will der Kreditgeber eine bestimmte an sich unter das Abrechnungsverhältnis fallende Forderung durch Eintragung eines Verzichts im Grundbuch aus dem der Haftung unterliegenden Forderungskreis ausscheiden, so bedarf er hierzu nicht der Zustimmung des Eigentümers (JurR. 1929 Nr. 599; KG. 1. X. 911/28; RG. 75, 250).

IV. Nach endgültiger Feststellung des Saldoguthabens wird der nicht valutierte Teil der Hypothek zur endgültigen Eigentümergrundschuld, und zwar fällt sie grundsätzlich dem Eigen-

*) Möglich ist es auch, das Anerkenntnis einer Saldoschuld über die gewöhnliche Bedeutung eines selbständigen Schuldanerkenntnisses hinaus in dem Sinne zu erklären, daß die Schuld von dem Abrechnungsboden losgelöst, Einreden aus dem Schuldverhältnis abgeschnitten und nunmehr nur noch ein Konditionsanspruch unter Aufrollung des gesamten Geschäftsverkehrs in Frage bleiben kann (RG. 56, 23; 62, 51; LZ. 1916, 1556).

tümer zu, dem das Grundstück zur Zeit der Bestellung der Hypothek gehörte (Gruchot 58, 665).

V. Schwierigkeiten können sich für den Fall der Ablösung hypothekarisch gesicherten Bankkredites durch eine andere Bank ergeben.

1. Besteht die Sicherung in einer Grundschuld, so ist der gegebene Weg ihre Abtretung an den neuen Kreditgeber; denn solange die Grundschuld nicht getilgt ist, kann ihr Bestand nur im Wege der Kondiktion erschüttert werden, die aber nicht in Betracht kommt, wenn laut den Parteiabmachungen die zu sichernden Forderungen die Höhe der dinglichen Schuld erreichen.

2. Hingegen ist es nicht möglich, eine Höchstbetragshypothek, die für die Ansprüche aus einem Bankkredit eingetragen ist, auch für die Deckung von Forderungen in Anspruch zu nehmen, die erst in der Person eines Rechtsnachfolgers entstanden sind. Es bieten sich hier zwei Möglichkeiten:

a) nämlich entweder die Abrechnung mit dem ursprünglichen Kreditgeber zum Abschluß zu bringen, die Sicherungshypothek, soweit sie laut Feststellung zur Valutierung gelangt ist, an den neuen Kreditgeber abzutreten und, sofern die Hypothek für den Kreditverkehr mit dem neuen Gläubiger haften soll, die entstandene Eigentümergrundschuld unter Umwandlung in eine neue Hypothek *) an die zweite Bank abzutreten (RG. 125, 140; LZ. 1929, 1128; RGRK. Anm. 1 zu § 1180);

b) oder aber die Sicherungshypothek in eine Grundschuld umzuwandeln und als solche an die zweite Bank abzutreten.

§ 35.

Die Baugeldhypothek.

I. Der Baugeldkredit.

1. Ein Bauvorhaben setzt einen Finanzierungsplan voraus. Regelmäßig erfolgt die Finanzierung durch die Aufnahme einer erststelligen und einer zweitstelligen Hypothek und aus dem

---

*) Diesen Weg erörtert Korn in seinen sonst zutreffenden Ausführungen (Bankarchiv 1929/30, S. 406) nicht.

Eigenkapital des Bauherrn. Ist das Grundstück bereits hypothekarisch belastet, so ist es bereits vor dem Beginn der Verhandlungen über die Finanzierung des Neubaus zweckmäßig, die Ablösung der vorhandenen Belastungen sich zuzusichern.

2. Bei dem Baugeld handelt es sich um ein kurzfristiges Darlehn, für meistens 6 Monate, für dessen Ablösung durch eine langfristige Hypothek regelmäßig Vorsorge getroffen werden muß.

Wenn möglich, wird der Bauausführer eine gering verzinsliche Hauszinssteuerhypothek von den zuständigen Stellen zu erlangen suchen (vgl. hierüber § 36).

3. Als Geldgeberin für Baudarlehn kommt in erster Linie die Deutsche Bau- und Bodenbank Aktiengesellschaft in Berlin mit zehn Zweigniederlassungen im Reich in Frage.

In den Anträgen an die Deutsche Bau- und Bodenbank, die formularmäßig gestellt werden, ist zunächst die Höhe des beantragten Baukredits und die Zeitdauer anzugeben. Die Formulare enthalten dann ferner eine Reihe von Fragen, und zwar

A. die Person des Antragstellers,

B. I. die grundbuch- und katastermäßige Bezeichnung des zu beleihenden Objektes,

II. die Angabe über das Bauvorhaben, wie die Zahl der Häuser, der Wohnungen, die Bauweise, die Größe des Bauvorhabens, den Baubeginn und den gegenwärtigen Bautenstand.

C. die Sicherung des Kredits, etwa durch Hypothek auf einem anderen Grundstück oder durch selbstschuldnerische Bürgschaft.

D. Finanzierung, und zwar

I. die gesamten Kosten unter Substantiierung der

a) Grundstückskosten,
b) Straßenbaukosten,
c) reinen Baukosten,
d) Nebenkosten,
e) Disagio aus Hypotheken,
f) Baugeldzinsen.

II. Dauerfinanzierung.

a) b) c) Angabe der Höhe und Person des Kreditgebers der ersten und zweiten Hypothek und des Darlehns aus der Gebäudesondersteuer (Hauszinssteuerhypothek, staatliches Baudarlehn oder aus sonstigen öffentlichen Mitteln).

d)—f) Angaben über Höhe des Restkaufgeldes und des Eigenkapitals.

III. Zwischenfinanzierung.

a) Angabe der Hypothek, welche durch den Zwischenkredit bevorschußt werden soll. (Regelmäßig die erste, bei größeren Bauvorhaben auch die zweite.)

b) Angabe des Auszahlungsbeginns (ob ganz oder in Raten).

c) d) Angabe darüber, ob noch anderer Zwischenkredit aufgenommen werden soll, und welche Personen als Wechselzeichner in Frage kommen. (Der Bauzwischenkredit wird in der Regel auf Wechselbasis gegeben.)

E. die Rentabilitätsberechnung, und zwar

I. die gesamten Unkosten (Zinsen der Hypotheken und Darlehn, wie des Eigenkapitals nebst Zuschlag für Verwaltungs- und Bewirtschaftungskosten).

II. der erwartete Mietertrag.

4. Einige große Kreditinstitute vergeben außer dem Baugeld auch die langfristige Hypothek selbst, so daß eine Ablösung des Baugeldes durch eine von anderen Stellen aufzunehmende Hypothek überflüssig wird.

Hier kommt u. a. insbesondere die Preußische Landesbriefanstalt in Berlin in Betracht, bei der also gleichzeitig mit der Gewährung der ersten Hypothek ein Zwischenkredit während der Bauzeit zu beantragen ist. Wird hier die Laufzeit des Baugeldkredits von 6 Monaten überschritten, so erhöht sich der Zins um ½% bis zum 9. und um weiteres 1% für den 10. bis 12. Monat.

Die Preußische Landesbriefanstalt wie die Preußischen Stadtschaften stehen in Verbindung mit den Wohnungsfürsorge-Gesellschaften und den Stellen, welche die Hauszinssteuerhypotheken vergeben. Die Darlehnsnehmer werden Mitglieder der Stadtschaften und haben alljährlich $^1/_8$% in einer besonderen Ausfallform, angesichts der von ihnen übernommenen Haftung (bis zu 5% der ersten Hypothek) für Ausfälle aus Darlehn zu zahlen.

Auch Hypothekenbanken kommen zuweilen als Kreditgeber für Baugelder in Gestalt von Vorschüssen auf die von ihnen gewährten Hypothekendarlehn in Betracht.

II. Der Baugeldvertrag.

Die Eigenart des Baugeldvertrages besteht in der Zweckbestimmung der Verwendung der Darlehnsbeträge. Unter Baugeld sind nach § 1 Abs. 3 des BaufSichG. Geldbeträge zu verstehen, die zum Zwecke der Bestreitung der Kosten eines Baues in der Weise von dem Baugeldgeber gewährt werden, daß zur Sicherung der Ansprüche des Geldgebers eine Hypothek oder Grundschuld an dem zu bebauenden Grundstücke dient, oder aber daß der Darlehnsempfänger das Eigentum an dem Grundstück erst nach gänzlicher oder teilweiser Herstellung des Baues erwerben soll. Als Baudarlehn kommen insbesondere Geldbeträge in Betracht, deren Auszahlung nach Maßgabe des Fortschreitens des Baues erfolgen soll. Die Zweckbestimmung des Baugeldes, die darin besteht, daß die empfangenen Darlehnsbeträge zur Befriedigung der Baubeteiligten (Baustofflieferanten, Bauhandwerker und Bauarbeiter) verwendet werden sollen, kann gemäß § 1 ohne weiteres dann als gegeben angesehen werden, wenn laut Vereinbarung eine ratenweise Auszahlung des Darlehns nach bestimmten Stadien des Baues erfolgt. § 1 des BaufSichG. enthält aber nicht etwa eine Beschränkung der Vertragsfreiheit (LZ. 1914, 1369). Wird vielmehr in einem Baugeldvertrag dem Darlehnsempfänger von dem Geber das freie Verfügungsrecht über bestimmte Beträge eingeräumt, dann wird insoweit auch keine Verwendungspflicht ausgelöst. So hat das RG. 91, 77, 78 und LZ. 1914, 1369 das Vorliegen einer rechtswidrigen Handlungsweise in einem Falle verneint, in dem die Hypothekenbank zur Bedingung der Darlehnsgewährung gemacht hatte, daß eine vorhergehende Hypothek aus der ersten Baugeldrate abgelöst werden sollte. Das RG. sieht hier, wie in ausbedungenen Abzügen von Zinsen und Provisionen für die Darlehnsbeschaffung, in Höhe der fraglichen Beträge eine Einschränkung des Baugelddarlehns selbst (RG. 91, 78).

Soweit aber durch den Baugeldvertrag eine Verpflichtung zur bestimmungsgemäßen Verwendung zugunsten der Baugläubiger begründet wird, wirkt der Vertrag nicht nur zwischen den Parteien, sondern erzeugt auch Pflichten gegen die Allgemeinheit, deren Verletzung nicht nur den Baugeldempfänger, sondern auch dritte Personen, die als Anstifter oder Gehilfen in Frage kommen, gemäß § 823 Abs. 2 BGB. schadensersatzpflichtig macht (RG. 84, 188; 91, 72, 76). Als ersatzpflichtig kommen insbesondere auch die gesetzlichen Vertreter juristischer Personen in Frage, wenn die gesetzwidrige Verwendung der Baugelder auf eigenes Verschulden oder eine fahrlässige Verletzung der Überwachungspflicht zurückzuführen ist (RG. 91, 77). Eine Abtretung fälliger Baugeldraten ist zwar zulässig, wenn der Zweck des Baugeldes gewahrt bleibt. Die Abtretung noch nicht fälliger Baugelder ist aber grundsätzlich unzulässig (JW. 09, 309; Warn. 1911 Nr. 320).

Der Baugeldvertrag ist ein Vorvertrag, durch den die Verpflichtung zur Darlehnsgewährung begründet wird (vgl. hierüber Anl. zu Kapitel I B u. C).

Er setzt begriffsmäßig voraus, daß der Bau zur Zeit des Abschlusses noch nicht vollendet ist (Vorbem. RGRK. zu § 607, 3).

Bei der Baugeldhypothek dienen die durch die Auszahlung der einzelnen Baugeldraten zur Entstehung gelangten Darlehnsforderungen des Kreditgebers zur Valutierung der Hypothek (§ 1113 Abs. 2, § 607 Abs. 2 BGB.; LZ. 1919, 529; Gruchot 56, 1069). Die Baugeldhypothek kann sowohl als Verkehrshypothek wie als Höchstbetragshypothek bestellt werden (RG. 75, 222).

§ 36.

Die Hauszinssteuerhypothek.

I. Für die Finanzierung von Neubauten ist von wesentlicher Bedeutung, ob es gelingt, aus öffentlichen Mitteln billige zweite und dritte Hypothekengelder zur Verfügung zu erhalten. Der

Zinsfuß der Hauszinssteuerhypotheken, die aus dem Aufkommen der Hauszinssteuer von Kommunen und Kreisen stammen, beträgt zwar grundsätzlich 3%, wird aber häufig bis auf 1% herabgesetzt, um die Mieten denen der Vorkriegshäuser möglichst anzugleichen. Der Tilgungszuschlag beträgt 1%, der Zinssatz der Zusatzhypothek 4%. Die Höhe der einzelnen Hauszinssteuerhypothek beträgt jetzt im allgemeinen nicht mehr als 2000 bis 3000 Reichsmark. Von dem Bauherrn sind regelmäßig die gleichen Unterlagen beizubringen wie bei Nachsuchung einer ersten Hypothek für Baugelder, insbesondere ein Finanzierungsplan vorzulegen. Die Vermittlung der Hauszinssteuerhypotheken erfolgt gewöhnlich durch die zu diesem Zwecke geschaffenen Wohnungsfürsorgegesellschaften, welche Bau- und Siedlungspläne zu bearbeiten, bestimmte Wohnungstypen herauszuarbeiten, Baustoffe zu beschaffen, dem Bauherrn und Bauunternehmer mit Rat und Tat beizustehen haben, denen aber auch eine Überwachung des Baues obliegt.

II. Die Hauszinssteuerhypothek, die grundsätzlich als Tilgungshypothek gegeben wird, unterscheidet sich insofern von der gewöhnlichen Bauhypothek, als an sich die Valuta erst nach gebrauchsfertiger Herstellung des Neubaus und des Vorliegens des amtlichen Gebrauchsabnahmescheins zu berichtigen ist. Während des Baues werden aber Zwischenkredite bis zu 90% ihrer vollen Höhe als Baugeldhypotheken ausbezahlt.

III. Die Bedingungen der Hauszinssteuerhypothek werden in jedem Jahre durch allgemeine Richtlinien der zuständigen Zentralbehörden festgelegt. In den Richtlinien des Pr. Volks-Wohlfahrts-Ministers vom 23. Februar 1931 ist zum erstenmal ausdrücklich vorgeschrieben, daß die Richtlinien für die Gemeinden und Gemeindeverbände bindend sind und Richtlinien der Gemeindebehörden der Genehmigung der Aufsichtsbehörde bedürfen. Im Ministerialerlaß vom 20. April 1926 ist die Aufnahme einer Bedingung dahin, daß Baustoffe von in der Gemeinde ansässigen Lieferanten bezogen werden müßten, für unzulässig erklärt; in den Reichsgrundsätzen für den Kleinwohnungsbau vom 10. Januar 1931 ist die Beteiligung der Konkurrenz vorgeschrieben.

Die Gemeinderichtlinien beziehen sich regelmäßig auf Bauausführung, Mietgestaltung und Wohnungsbewerb. Als Wohnungsbewerber sollen regelmäßig nur ortsansässige Personen berücksichtigt werden.

Nach den Richtlinien vom 23. Februar 1931 sollen mit öffentlicher Hilfe Wohnungsbauten nur gefördert werden, bei denen die Mieten 150% der Friedensmiete nicht übersteigen, und die Kleinwohnungen zwischen 20 bis 40 RM. im Monat liegen; auch soll das Ausmaß der Wohnflächen 32 bis 45 qm, für Familien mit Kindern 60 qm, nicht übersteigen.

Bevorzugt zu berücksichtigen sind Ein- und Zweifamilienhäuser mit Gartenland insbesondere dann, wenn sie in zusammenhängenden Siedlungen errichtet oder als Reichsheimstätte ausgegeben werden. Die Ausstattung soll wirtschaftliche und einfache Führung des Haushaltes erleichtern, muß aber jeden überflüssigen Aufwand vermeiden.

Die Kosten für den Bauplatz, die Aufschließung und die Anliegerleistungen sollen 10—12% der Gesamtherstellungskosten nicht überschreiten.

Auch die Gewährung von Zinszuschüssen kommt an sich in Frage. Zinszuschüsse dürfen jedoch nur in einer Höhe gewährt werden, daß die laufende Geldverpflichtung für das vom freien Kapitalmarkt bewilligte Darlehen die Belastung nicht übersteigt, die bei Gewährung einer entsprechend hohen Hauszinssteuerhypothek eintreten würde. Der Zinszuschuß soll im allgemeinen zunächst für die Dauer von 5 Jahren bewilligt werden.

Im Falle der Gewährung einer Hauszinssteuerhypothek sind für die Dauer der Belastung geeignete Maßnahmen gegen eine spekulative Verwertung der Wohnbauten zu treffen, z. B. Eintragung eines durch Vormerkung gesicherten Ankaufs- und Wiederkaufsrechts, grundbuchliche Sicherstellung der gegebenenfalls eintretenden Verpflichtung zur Verzinsung der Hauszinssteuerhypothek mit 10%.

IV. Die Eintragung der Hauszinssteuerhypothek in das Grundbuch hat in Reichsmark zu erfolgen. Die Hypothek ist grundsätzlich von Seiten des Hypothekengebers unkündbar. Sie wird aber sofort auf Verlangen des Hypothekengebers fällig, und zwar einschließlich einer Verzinsung von 10% vom Tage der Auszahlung ab, wenn

a) das Gebäude nicht den Antragsunterlagen entsprechend ausgeführt und genutzt wird,

b) der Schuldner seinen sonstigen Verpflichtungen nicht nachkommt,

c) das Grundstück veräußert wird.

Die Auszahlungsanträge sind zu richten an die Gemeinde (Gemeindeverband), welche die Hypothek bewilligt hat, gegebenenfalls auch an die provinzielle Wohnungsfürsorge-Gesellschaft, welche das Bauvorhaben betreut.

Die Eintragung der Hypotheken erfolgt zugunsten der Gemeinde oder des Gemeindeverbandes.

V. In Berlin ist die Wohnungsfürsorge-Gesellschaft m. b. H. die magistratliche Verteilungsstelle. Diese gibt in jedem Jahr eigene Richtlinien auf Grundlage der ministeriellen Richtlinien heraus.

Nach den Richtlinien des Jahres 1931 betrugen die Hauszinssteuerhypothekensätze entsprechend den Wohnungsgrößen:

bei 5 Geschossen	durchschnittlich	3500.—	RM.,
„ 4 „	„	3700.—	„
„ 3 „	„	4000.—	„
„ 2 „	„	4300.—	„

Für Einfamilienhäuser in geschlossener Siedlung und für Eigenheime ist für das Jahr 1931 bei Wohnungen von 47—55 qm Wohnfläche die Hauszinssteuerhypothek auf 5000.— RM., und bei mehr als 55 qm Wohnfläche auf 5500.— RM. festgesetzt worden. Hauszinssteuerhypotheken oder Zinszuschüsse sollen grundsätzlich nur gegeben werden, wenn die Miete 150% der Friedensmiete der entsprechenden Altwohnungen nicht übersteigt.

Nach dem Geschäftsbericht 1930 der Wohnungsfürsorge-Gesellschaft Berlin waren als Bauherrn der Hauszinssteuer Neubauten:

	Projekte	Wohnungen
a) Städt. Gesellschaften mit städt. Zusatzhypotheken	6	1175
b) Städt. Gesellschaften ohne städt. Zusatzhypotheken	1	79
c) Gemeinn. Gesellschaft. mit städt. Zusatzhypothek.	49	7508
d) Gemeinn. Gesellschaft. ohne städt. Zusatzhypothek.	29	3152
e) Private Erwerbsgesellschaften	56	5033
f) Private Bauherrn	58	2832
g) Einzelsiedler	311	464
insgesamt	510	20243

Für das laufende Jahre 1932 stehen der Stadt Berlin aber nur geringe Mittel für die Hergabe von Hauszinssteuergeldern zur Verfügung.

§ 37.

Die Hausinstandsetzungshypothek.

Die schwere Wirtschaftslage des Reichs, der Länder und Kommunen dürfte es mit sich bringen, daß für die nächste Zeit öffentliche Mittel aus der Hauszinssteuer dem Hausbesitz im wesentlichen nur zur Instandsetzung von Häusern und zur Aufteilung großer Wohnungen zugute kommen werden. Die Gewährung öffentlicher Mittel löst aber unter gegebenen Voraussetzungen die weiteren Annehmlichkeiten für den Hauseigentümer aus, daß sie eine teilweise Befreiung von der Hauszinssteuer zur Folge hat. Durch Runderlaß des Finanzministers vom 10. März 1931 ist, wie für den Fall der Mietsenkung, auch für den Fall der Unterteilung größerer Wohnungen in selbständige Wohnungen durch wesentliche Umbauarbeiten die Niederschlagung eines entsprechenden Teils der Hauszinssteuer ermöglicht worden. Darüber hinaus ist durch Runderlaß des Min. f. V. vom 2. Juli 1931 II. 7100/1561 gestattet worden, Hauszinssteuermittel für die Unterteilung größerer Altwohnungen zu verwenden *), wenn

*) Freilich gebietet die Geringfügigkeit der zur Verfügung stehenden Mittel auch hier eine scharfe Auswahl. (Vgl Verf. des Oberbürgermeisters Berlin, vom 24. Okt. 1931.)

In Berlin ist der Antrag auf Gewährung eines Hausinstandsetzungsdarlehns an das zuständige Bezirksamt zu richten. In den üb-

hierdurch Veranlassung gegeben wird, unter Anwendung erheblich geringerer Mittel brauchbare Wohnungen an Stelle von Neuwohnungen zu schaffen. Ferner gestattet der Erlaß auch bis auf weiteres die Verwendung von Hauszinssteuermitteln zur Gewährung von Zuschüssen (Beihilfen), und zwar nach folgenen Grundsätzen:

---

lichen Formularen sind außer den Personalien des Eigentümers, das Jahr der Erbauung des Hauses, der allgemeine bauliche Zustand und die Art und Kosten der beantragten Instandsetzungsarbeiten anzugeben. In Berlin gelten zur Zeit folgende Richtlinien:

I. 1. Nach den ministeriellen Richtlinien kann ein Darlehn nur für dringliche größere Instandsetzungsarbeiten, die zur Erhaltung des Hauses und der Wohnungen — nicht aber für gewerbliche Räume — unbedingt notwendig sind, gewährt werden. Außerdem kommen grundsätzlich nur Gebäude mit Klein- oder Mittelwohnungen bescheidenen Ausmaßes in Frage, Neubauten sind ausgeschlossen.

2. Bei Darlehn bis zu 1000 RM. einschließlich genügt eine notarielle Schuldurkunde, in der sich der Darlehnsnehmer der sofortigen Zwangsvollstreckung in das gesamte Vermögen unterwirft.

3. Bei Darlehn von mehr als 1000 RM. bis zu 5000 RM. hat der Darlehnsnehmer nachzuweisen, daß die Eintragung einer Darlehnshypothek mit Vollstreckungsklausel für die Stadt Berlin (zuständiges Bezirksamt) an bereitester Stelle vom Grundbuchamt verfügt ist. Die Höhe des Darlehns ist so festzusetzen, daß die Vorbelastung und das Hausinstandsetzungsdarlehn in der Regel nicht mehr als 35 % des gemeinen Wertes beträgt.

4. Bei Darlehn über 5000 RM. sind Sicherungen, wie unter 3 angegeben, mit der Maßgabe beizubringen, daß die Vorbelastung und das Hausinstandsetzungsdarlehn nicht mehr als 30 % des gemeinen Wertes beträgt.

5. Die Darlehn sind mit 4 % jährlich zu verzinsen.

II. Die Rückzahlungsfrist ist in allen Fällen so kurz wie möglich anzusetzen, im allgemeinen auf nicht länger als auf 5 Jahre. Als Rückzahlungsraten sind Beträge anzusetzen, die mindestens 6 % der Friedensmiete des ganzen Hauses entsprechen.

III. Das Bezirksamt überwacht die Durchführung der Instandsetzungsarbeiten und weist die Bezirkskasse nach Beendigung der Arbeiten zur Zahlung an den Empfangsberechtigten an. Soweit es notwendig ist, können von dem Bezirksamt Abschlagszahlungen angewiesen werden. Das Bezirksamt macht dem Magistrat (Zentralwohnungsamt) in Meldungen, über deren Form besondere Verfügung ergeht, Mitteilungen über die Summe der ausgezahlten und der zurückgezahlten Darlehn.

IV. Sämtliche sich aus der Gewährung des Darlehns ergebenden Arbeiten (wie Einziehung der Zinsen und Tilgungsraten, Löschungsbewilligungen) erledigt das Bezirksamt.

1. Die Beihilfe darf 50% der Umbaukosten nicht übersteigen.
2. In Ansatz zu bringen sind nur die reinen Umbaukosten.
3. Die Wohnungen müssen in sich und auch nach dem Treppenhaus hin abgeschlossen und baupolizeilich genehmigt sein.
4. Die Beihilfe ist erst nach baupolizeilicher Abnahme der Wohnung zu zahlen.
5. Der Bauherr muß sich verpflichten, nicht vor 5 Jahren die Wohnungen zur Großwohnung umzubauen.
6. Die Beihilfe kann auch für die Teilung von Einfamilienhäusern gewährt werden.

§ 38.

Die Hypothek zur Ablösung der Gebäudeentschuldungssteuer.

I. Durch die 4. Not=VO. vom 8. 12. 31 ist in Teil 2 Kapitel 1 dem Grundstückseigentümer die Befugnis eingeräumt, bis zum 30. 9. 32 durch Zahlung des dreifachen, nach diesem Zeitpunkt durch die Zahlung des dreieinhalbfachen Jahresbetrages der Gebäudeentschuldungssteuer die Steuer, die nach § 1 der Not=VO. nur noch bis zum 31. 3. 40 erhoben werden soll, ganz oder zum Teil abzulösen (§ 2 Not=VO.; Art. 6 Durchf.=VO.). Art. 6 Abs. 2 Durchf.=VO. läßt auch die Ablösung in mehreren Teilbeträgen zu. Die Ablösung muß bis zum 31. 3. 34 gemäß Art. 2 Durchf.=VO. durchgeführt sein. (Der Text des Teil II Kapitel 1 der 4. Not=VO., der VO. zur Änderung der Vorschriften über die Ablösung der Gebäudeentschuldungssteuer vom 6. 2. 32 und Durchf.VO. vom 11. 2. 32 ist unter Anlage Nr. II 1 c wiedergegeben.)

II. Zur Erleichterung der Kreditbeschaffung für die Aufnahme des zur Ablösung erforderlichen Kapitals sieht der 2. Teil der Not=VO. eine einschneidende Rangvergünstigung für die Ablösungshypothek vor. Während die 4. Not=VO. in ihrem ursprünglichen Text die Bestellung der Ablösungshypothek mit der Vorrangsbegünstigung nur zugunsten gewisser öffentlicher Kreditanstalten zugestand, ist seit der Abänderungs=VO. vom 6. 2. 32 grundsätzlich der Eigentümer in der Wahl des Gläubigers unbeschränkt.

Der Vorrang der Ablösungshypothek trifft alle sonstigen auf dem Grundstück lastenden dinglichen Rechte, insbesondere also die Hypotheken und Grundschulden (§ 3 Abs. 1 Not-VO. vom 6. 2. 32). Der Vorrang steht der Hypothek nur bis zur Höhe des wirklich gezahlten Ablösungsbetrages zuzüglich eines Zuschlages von 5 v. H. zu *). Der Vorrangseintrag darf aber auch den dreieinhalbfachen Jahresbetrag zuzüglich 6¾ % Zinsen einschließlich der Verwaltungskosten nicht übersteigen (§ 3 Abs. 2).

Wird die Ablösung in mehreren Teilbeträgen durchgeführt, und dementsprechend zeitlich hintereinander mehrere Hypotheken aufgenommen, so haben die einzelnen Hypotheken untereinander den Rang nach der Reihenfolge ihrer Eintragung gemäß § 879 BGB. (vgl. hierzu Harmening D.NotV. 1932 S. 158).

III. Durch § 3 Abs. 4 der VO. vom 6. 2. 32 ist dem an erster Stelle eingetragenen Gläubiger einer Hypothek oder Grundschuld ein eigenartiges Vorbeleihungsrecht eingeräumt. Die Eintragung der Ablösungshypothek zugunsten eines anderen als des an erster Stelle eingetragenen Gläubigers soll nämlich nur erfolgen, wenn die zuständige Steuerbehörde bescheinigt, daß der an erster Stelle eingetragene Gläubiger zur Darlehnsgewährung nicht bereit ist **). Art. 12 der Durchf.-VO. vom 11. 2. 32 regelt das für die Erteilung der Bescheinigung von der Steuerbehörde einzuschla-

*) Der Zuschlag von 5 % bedeutet, daß auch ein dem Darlehnsgeber zugestandenes Damnum mit dem Vorrang hypothekarisch gesichert werden kann. Er kommt natürlich nur dann in Betracht, wenn tatsächlich ein Damnum oder sonstige Aufwendungen für die Beschaffung der Hypothek aufgewandt werden müssen, und soweit die gesamte Darlehnsschuld den Ablösungsbetrag übersteigt. Gehen die Zinsen oder das Damnum über die angeführten Sätze hinaus, so entbehren sie der Sicherung an erster Rangstelle.

**) Das Vorbeleihungsrecht steht also nur dem Gläubiger der ersten Stelle zu, gleichgültig, ob im Sinne der Verkehrsanschauung die Grundbuchpost die Stelle einer „ersten Hypothek" (also etwa 60 % des Grundstückswertes) voll erschöpft. Bei der Feststellung des Ranges der Hypothek wird aber, wie Harmening S. 159 zutreffend hervorhebt, auch die Möglichkeit relativer Rangverhältnisse nicht außer Betracht bleiben dürfen. Durch das Vorbeleihungsrecht soll es dem ersten Hypothekengläubiger in die Hand gegeben werden, sich die Vorzugsstellung für den Fall einer Zwangsversteigerung zu erhalten.

gende Verfahren näher. Art. 12 geht offenbar davon aus, daß der Eigentümer sich zunächst mit einem anderen Kreditgeber in Verbindung gesetzt und von diesem die Zusage zur Gewährung des Darlehns zu bestimmten Bedingungen erhalten hat. Art. 12 Abs. 1 bestimmt nämlich, daß die Steuerbehörde die Bescheinigung zu erteilen hat, wenn ihr der Eigentümer nachweist, daß der an erster Stelle eingetragene Gläubiger nicht bereit ist, das Ablösungsdarlehn unter denselben Bedingungen wie der „andere Gläubiger" zu gewähren. Sinngemäß wird die Bescheinigung aber auch dann zu erteilen sein, wenn der Eigentümer eine einwandfreie Erklärung des an erster Stelle eingetragenen Gläubigers dahin beibringt, daß dieser überhaupt nicht bereit ist, Kapital zur Ablösung zur Verfügung zu stellen. Kann aber der Eigentümer selbst den Nachweis mangelnder Bereitwilligkeit des ersten Hypothekengläubigers nicht führen, so verbleibt ihm gemäß Abs. 2 und 3 des Art. 12 der folgende Weg zur Erlangung der Bescheinigung: Auf seinen Antrag hat die zuständige Steuerbehörde den an erster Stelle eingetragenen Gläubiger aufzufordern, sich ihr gegenüber binnen 2 Wochen zu erklären, ob er bereit ist, dem Eigentümer das Ablösungsdarlehn unter denselben Bedingungen, wie der „andere Gläubiger" zu gewähren. Bei fruchtlosem Ablauf der Frist ist ebenso, wie im Falle einer ausdrücklichen Ablehnung, von der Steuerbehörde die Bescheinigung zu erteilen. Die Bescheinigung hat sich lediglich darüber zu verhalten, daß der vom Eigentümer zu bezeichnende Gläubiger zur Gewährung des Ablösungsdarlehns nicht bereit ist. Ob die, nur ihrem Namen oder Firma nach bezeichnete Person, tatsächlich als Gläubiger erster Rangstelle anzusehen ist, unterliegt lediglich der Nachprüfung des Grundbuchamtes.

IV. Die Eintragung der Ablösungshypothek setzt außer der grundbuchmäßigen Erklärung des Eigentümers, die sich auch auf die Eintragung erster Rangstelle zu beziehen hat, die Vorlegung der folgenden Bescheinigungen voraus:

1. eine Bescheinigung über die Höhe des Ablösungsbetrages, nebst Nachweis über die Höhe des Steuerjahresbetrages (§ 3 Abs. 2 Not-VO.);

2. eine Bescheinigung dahin, daß Rückstände aus der Gebäudeentschuldungssteuer nicht vorhanden sind (Art. 11 Durchf.-VO.);
3. eine Bescheinigung über die Entrichtung des Ablösungsbetrages an die zuständige Steuerbehörde;
4. eine Bescheinigung der Steuerbehörde, daß der erste Hypothekengläubiger zur Darlehnsgewährung nicht bereit ist.

V. Die Ablösungshypothek kann als Brief- oder Buchhypothek bestellt werden. Sie ist als Ablösungshypothek gemäß Teil II Kapitel I § 3 der VO. des Reichspräsidenten vom 8. 12. 31 zu bezeichnen.

Gemäß Abs. 3a der VO. vom 6. 2. 32 findet § 1163 Abs. 1 Satz 1 BGB. für den Fall, daß die Forderung, für welche die Hypothek bestellt ist, nicht zur Entstehung gelangt, keine Anwendung. Ebenso wie in diesem Falle die Hypothek dem Eigentümer nicht als Eigentümergrundschuld zusteht, erlischt gemäß § 3a Abs. 4 die Hypothek im Falle der Tilgung in Höhe des zurückgezahlten Betrages.

Die Hypothek erlischt ferner mit Ablauf von 10 Jahren seit der Eintragung.

Gemäß § 3 VO. vom 6. 2. 32 kann der Eigentümer auf die Befugnis, die Ablösungshypothek zur Eintragung zu bringen, nicht verzichten.

Mit der Eintragung der Ablösungshypothek treten die Rangveränderungen kraft Gesetzes ein, ohne daß es eines Vermerkes im Grundbuch bei den zurücktretenden Hypothekenrechten oder in den Hypothekenbriefen bedarf.

Durch die Eintragung der Ablösungshypothek werden aber Rechte, die auf Grund von Vereinbarungen mit anderen Staaten bestehen, insbesondere also die Schweizer Goldhypotheken nicht beeinträchtigt (§ 3b).

Siebentes Kapitel.

Befriedigung in der Zwangsversteigerung.

§ 39.

Die prozessuale Geltendmachung der Hypothek.

I. § 24 ZPO. bestimmt für die Geltendmachung einer dinglichen Berichtigung oder der Freiheit von einer dinglichen Belastung als ausschließlichen Gerichtsstand das Gericht, in dessen Bezirk das Grundstück gelegen ist.

Durch § 24 ist der Gläubiger einer an einem ausländischen Grundstück bestellten Hypothek aber nicht behindert, eine Klage vor dem allgemeinen oder einem besonderen Gerichtsstand innerhalb des Deutschen Reiches zu erheben (RG. 32, 414).

Die Klage gegen den persönlichen Schuldner kann an sich vor dem allgemeinen Gerichtsstand des Schuldners oder vor sonstigen besonderen Gerichtsständen geltend gemacht werden. Doch gestattet § 25 ZPO., die persönliche Klage mit der dinglichen Klage zu verbinden und sie in dem dinglichen Gerichtsstand anhängig zu machen, vorausgesetzt, daß dinglicher und persönlicher Schuldner die gleiche Person sind.

Unter den ausschließlichen Gerichtsstand des § 24 fällt unter anderem die Berichtigungsklage, die Klage gegen den Hypothekengläubiger auf Löschung; nicht aber die Klage auf Einräumung einer Hypothek, selbst wenn zugunsten des obligatorischen Rechts eine Vormerkung einzutragen ist (RG. 52, 43).

Gemäß § 26 ZPO. können im dinglichen Gerichtsstand persönliche Klagen gegen den Eigentümer als solchen gerichtet werden, z. B. auf Bewilligung der Eintragung eines vorgemerkten Rechts, wie auf Gestattung der Grundstücksbesichtigung (§ 809 BGB.).

II. Der Hypothekengläubiger, der die Befriedigung aus dem Grundstück im Wege der Zwangsvollstreckung suchen will, bedarf hierzu eines dinglichen Titels, sei es, daß er die Zwangsverwaltung beantragen oder das Grundstück zur Zwangsversteigerung bringen will, sei es, daß er durch Erwirkung eines gerichtlichen Pfändungsbeschlusses die Beschlagnahme der Mieten herbeiführen und damit ihre Haftung im Sinne des § 1123 BGB. zur Verwirklichung bringen will (vgl. oben § 21 II).

Hat bereits der Eigentümer in einer Vollstreckungsurkunde das Grundstück der sofortigen Zwangsvollstreckung unterworfen, so dient die Urkunde nach ihrer Stellung ohne weiteres als dinglicher Schuldtitel.

Der Klageantrag der dinglichen Hypothekenklage wird auf etwa folgenden Urteilsausspruch gehen:

Der Beklagte wird verurteilt „zur Vermeidung der Zwangsversteigerung in das Grundstück aus der im Grundbuch von . . . in Abt. III Bl. Nr. . . . eingetragenen Hypothek . . . RM. zu zahlen", oder aber „wegen eines Kapitalbetrages oder der Zinsen der im Grundbuch von . . . in Abt. III Bl. Nr. . . . eingetragenen Hypothek die Zwangsvollstreckung in das Grundstück zu dulden".

III. 1. Bei einer Klage aus einem Darlehnsvorvertrag braucht der Antrag nicht auf Abschluß des Darlehnsvertrages selbst gerichtet zu werden; er kann vielmehr direkt auf Verurteilung des Beklagten zur Zahlung der Darlehnssumme lauten (vgl. Anhang Kapitel I F).

2. Ist zwischen den Parteien streitig, in welcher Höhe eine Darlehnshypothek valutiert ist, so gehört die Feststellung, welche Darlehnsschuld begründet ist, angesichts des Realcharakters des Darlehnsvertrages zum Grund des erhobenen Anspruches, und ermöglicht daher die alleinige Feststellung, daß im Kontokorrentverkehr eine Reihe von Mitteln dem Darlehnskonto zugeflossen sind, nicht eine Vorabentscheidung gemäß § 304 ZPO. (RG. 86, 305).

3. Ist der Schuldgrund einer Verkehrshypothek ein abstraktes Schuldanerkenntnis oder ein Schuldversprechen gemäß § 780, 781 BGB., so kann der Hypothekenschuldner, wenn er zur Kondiktion berechtigt ist, sowohl selbst die Feststellungsklage, daß er zur Zah-

lung des Hypothekenkapitals nicht verpflichtet sei, erheben (RG. 116, 336), wie auch der Klage des Hypothekengläubigers die Kondiktionsberechtigung einredeweise entgegensetzen. Ist eine Hypothekeneintragung unwirksam und an sich die Grundbuchberichtigungsklage gegeben, der Kläger aber obligatorisch zur Einräumung einer Hypothek verpflichtet, so greift der Klage gegenüber die Einrede des Beklagten durch, daß er bis zur Bestellung einer vollgültigen Hypothek die Löschung verweigern kann (JW. 14, 829).

4. Auch für die Auslegung eines Grundbucheintrages gilt an sich § 133 BGB., doch darf die Eintragung nur aus sich selbst heraus ausgelegt werden, und dürfen außerhalb der Eintragung liegende Umstände für die Auslegung nicht herangezogen werden (LZ. 1927, 1540).

§ 40.

Die Interessenwahrung durch den Hypothekengläubiger im Zwangsversteigerungsverfahren.

I. Auch ein an sicherer Stelle stehender Hypothekengläubiger wird, wenn die Zinsen für lange Zeit rückständig sind, von einem Vorgehen gegen den Eigentümer nicht absehen dürfen, da mit einem Ausfall der mehr als 2 Jahre rückständigen Zinsen regelmäßig zu rechnen ist. Will der Gläubiger das Grundstück nicht alsbald zur Zwangsversteigerung bringen (oder ist er hieran gesetzlich gehindert), so kommt die Zwangsverwaltung oder auch die Mietpfändung auf Grund des dinglichen Schuldtitels in Frage.

II. Besonders in heutigen Zeiten der Kapitalknappheit hängt das Ergebnis des Zwangsversteigerungsverfahrens in hervorragendem Maße davon ab, wieviel Barmittel zum Erstehen des Grundstücks erforderlich sind. Hierfür aber ist meist die Gestaltung des geringsten Gebots entscheidend. Je schlechter nämlich der Rang des beitreibenden Gläubigers ist, umsomehr Rechte bleiben als Teil des geringsten Gebotes bestehen.

Der Hypothekengläubiger, der sich darüber schlüssig werden will, ob er selbst die Zwangsversteigerung als beitreibender

Gläubiger einleiten, oder dem Zwangsversteigerungsverfahren, das auf Antrag eines anderen Gläubigers eingeleitet worden ist, beitreten soll, wird sein Augenmerk auf folgende Gesichtspunkte zu lenken haben:

Fällt eine Hypothek unter das geringste Gebot, so bedeutet dies, daß bei dem Übergang des Grundstücks auf den Ersteher dem Gläubiger das Hypothekenrecht erhalten bleibt. Das Interesse daran wird er in erster Linie dann haben, wenn es sich um eine hochverzinsliche gute Anlage handelt, oder aber wenn er bei Barauszahlungen seiner Hypothek mit Ausfällen rechnen muß und nicht die Absicht hat, das Grundstück selbst zu erstehen. Die Verfallklausel, die häufig die Fälligkeit des Hypothekenkapitals bei Anordnung der Zwangsversteigerung des Grundstücks vorsieht, hat an sich keinen Einfluß auf die Bildung des geringsten Gebots. Auch fällige Hypotheken sind als bestehenbleibende Rechte in das geringste Gebot aufzunehmen. Durch die Anmeldung der Fälligkeit des Kapitals wahrt sich zwar der Gläubiger die Möglichkeit, alsbald nach Erwerb des Grundstücks durch den Ersteher von diesem Befriedigung zu verlangen. Zahlt dieser aber das Hypothekenkapital nicht aus, so wird eventuell ein erneutes Zwangsversteigerungsverfahren erforderlich. Hat ein Hypothekengläubiger die Absicht, das Grundstück selbst zu erstehen, so ist sein Beitritt schon deshalb zweckmäßig, weil er durch diesen die Fortführung des Verfahrens in der Hand behält. Als beitreibender Gläubiger hat er ferner das Vorrecht, Sicherheitsleistung auch von demjenigen Bieter zu verlangen, der in seine Hypothek oder Grundschuld hineinbietet, und damit auch eventuell die Möglichkeit, einen unsicheren oder ihm nicht genehmen Bieter an der Erstehung des Grundstücks zu verhindern. Durch den Beitritt zur Zwangsversteigerung übt er jedenfalls einen stärkern Druck auf den Schuldner aus, als wenn er als „bloßer Beteiligter" das Verfahren seinen Gang gehen läßt.

III. Da durch die Anordnung einer Zwangsversteigerung allein die Verwaltung und Nutzziehung dem Eigentümer nicht genommen wird, wird ein Hypothekengläubiger, der eine Gefährdung einer Forderung durch das weitere Anwachsen der vorberechtigten Abgaben und Zinsen befürchtet, baldmöglichst die Zwangsverwaltung beantragen.

Häufig wird eine alsbaldige Fühlungnahme mit den übrigen Beteiligten zweckmäßig sein. Oft liegt ein gemeinsames Interesse der Hypothekengläubiger zur Verständigung vor. Bietet an sich das Grundstück dem ersten Hypothekengläubiger in Händen eines seriösen Eigentümers hinreichende Deckung, so wird er häufig gern bereit sein, die Hypothek stehenzulassen und damit den Reflektanten veranlassen, das Grundstück zu erwerben. Ähnliche Vereinbarungen werden auch mit dritten Reflektanten gegebenenfalls zu treffen sein, wobei die Übernahme der Ausbietungsgarantie in Frage kommt. Verhandlungen mit dem betreibenden Gläubiger werden auch in der Richtung von Zugeständnissen über die Bietungskaution gehen, den Beteiligten Klarheit darüber geben, ob der Gläubiger selbst unter allen Umständen die Zwangsversteigerung durchführen will oder evtl. ein Beitritt zweckmäßig erscheint. Insbesondere wenn keiner der Hypothekengläubiger das Grundstück übernehmen will, und das Interesse der Beteiligten dahin geht, möglichst günstige Gebote zu erzielen, wird sich gegebenenfalls der erste Hypothekengläubiger, sofern er selbst die Zwangsversteigerung betreibt, bereit finden, für seine Person die einstweilige Einstellung zu bewilligen.

IV. Den Erfolg der Einbeziehung der ersten Hypothek in das geringste Gebot kann aber auch ein nachstehender Hypothekar gegen den Willen des betreibenden ersten Hypothekengläubigers dadurch erreichen, daß er von dem Recht aus § 268, 1150 BGB. *) Gebrauch macht und den Gläubiger befriedigt, damit in die Rechte der ersten Hypothek eintritt, in seiner Eigenschaft als nunmehriger erster Hypothekengläubiger den Antrag zurücknimmt und damit das Ausscheiden des ersten Hypothekars als betreibenden Gläubigers bewirkt. Ergeben sich dabei auf Seiten des ersten Hypothekengläubigers Schwierigkeiten, hinsichtlich der Annahme der Hypothekenbeträge, so kann er gemäß § 75 ZVG. den zur Befriedigung und zur Deckung der Kosten der ersten Hypothek erforderlichen Betrag an das Gericht zahlen, worauf das Verfahren einstweilen einzu-

*) Das Ablösungsrecht kann aber im Verteilungstermin nicht mehr ausgeübt werden (Jur. W. 1929 Nr. 1100).

stellen ist, und ihm selbst die Möglichkeit verbleibt, das Verfahren weiter zu betreiben; auf diese Weise kann er selbst noch nach Beginn des Versteigerungstermins die gewünschte Neubildung des geringsten Gebotes erreichen (RG. 125, 29, 30, 31; 89, 426).

Ein besonderes Interesse an einem derartigen Verfahren kann für den nachstehenden Hypothekengläubiger auch dann vorliegen, wenn etwa in der zweiten Abteilung des Grundbuchs eingetragene Berechtigte im Rang zwar der ersten Hypothek nachstehen, seiner eigenen Hypothek aber vorgehen und übermäßig hohe Geldentschädigungen angemeldet haben, die die Aussichten für seine Befriedigung zu beeinträchtigen oder zu vereiteln drohen.

V. Der Zwangsversteigerungsrichter hat es aber selbst in der Hand, wovon freilich in der Praxis selten Gebrauch gemacht wird (vgl. Der Hauskauf in der Zwangsversteigerung, Ruhl S. 57), gemäß § 62 ZVG. zu einem Vortermin die Beteiligten zu laden, um Unklarheiten aufzuklären und den Hypothekengläubigern Gelegenheit zu geben, sich über die Versteigerungsbedingungen, die Sicherheitsleistung, das Bestehenbleiben von Rechten und sonstige Fragen zu einigen.

§ 41.

Verfahrensfragen.

I. Der Antrag auf Anordnung des Zwangsversteigerungsverfahrens ist bei dem Amtsgericht einzureichen, in dessen Bezirk das Grundstück liegt. Dem Antrag ist der zugestellte dingliche, mit Vollstreckungsklausel versehene Schuldtitel beizufügen.

Für alle Anträge, Anmeldungen und Eintragungen genügt die einfache Schriftform.

Auch die Vollmachten bedürfen grundsätzlich keiner Form. Zu beachten aber ist, daß die Bietungsvollmacht in gerichtlich oder notariell beglaubigter Form ausgestellt werden muß. Eine Bietungsvollmacht wird aber zweckmäßig wegen der erheblichen Stempelkosten erst dann eingereicht, wenn es feststeht, daß der Vollmachtsgeber nicht persönlich zum Versteigerungstermin erscheinen wird; die Stempelkosten betragen nämlich 1% des Grundstückswertes oder Meistgebots.

II. Das im Grundbuch eingetragene Kapital und die laufenden wiederkehrenden Leistungen, insbesondere also die Zinsen werden im Versteigerungsverfahren ohne Anmeldung von Amts wegen berücksichtigt. Hingegen müssen Zinsen, soweit sie über den letzten Fälligkeitstermin vor der Beschlagnahme zurückliegen, angemeldet werden.

Ebenso bedürfen der Anmeldung die nicht aus dem Grundbuch ersichtlichen Rechte. Dies gilt insbesondere, wenn einem Grundpfand ein besseres Recht in Wirklichkeit zusteht, als dies das Grundbuch erkennen läßt. Hier hat die Unterlassung der Anmeldung die endgültige Zurücksetzung im Range zur Folge, ohne daß der durch den Rangverlust entstandene Schaden durch eine Bereicherungsklage gegen denjenigen wieder ausgeglichen werden kann, dem der Vorteil aus der Rangverschiebung zugute gekommen ist (RG. 122, 63).

III. Ist eine Hypothek, bezüglich deren eine Löschungsvormerkung zugunsten einer nachstehenden Hypothek eingetragen war, bis zum Zuschlag trotz ihrer Tilgung nicht gelöscht worden, so kommt außer dem Hypothekengläubiger, zu dessen Gunsten die Vormerkung bewilligt war, den Zwischenberechtigten die Löschungsvormerkung in gleicher Weise zugute, wie wenn der vormerkungsberechtigte Gläubiger vor dem Zuschlag die Löschung der Eigentümergrundschuld bewirkt hätte, und sie infolgedessen mit ihrem Rechte vorgerückt wären (RG. 125, 136, 137). Diese Begünstigung wird aber nicht auch dem Rechte zuteil, das mit der vormerkungsberechtigten Hypothek gleichen Rang hat (RG. 127, 282).

IV. Haftet bei einer Hypothek der Schuldner, gegen den sich das Verfahren richtet, zugleich persönlich, so übernimmt der Ersteher, wenn die Post als in das geringste Gebot fallend bestehen geblieben ist, die Schuld in Höhe der Hypothek. Die Übernahme wirkt sich aber zunächst nur als Erfüllungsübernahme aus. Dem Hypothekengläubiger selbst gegenüber tritt der Schuldnerwechsel erst ein, wenn der Gläubiger die Übernahme (gemäß § 414 BGB., Vertrag mit dem Ersteher oder § 415 BGB. Erklärung gegenüber Schuldner oder Ersteher nach Mitteilung der Schuldübernahme) genehmigt hat, oder wenn seit der schriftlichen Mitteilung des Schuldners von der Übernahme, nebst Hinweis auf die Folgen im Sinne von § 416 BGB. 6 Monate verstrichen sind, ohne daß der Gläubiger die Genehmigung verweigert hat (§ 53 Abs. 1 ZVG.). Eine entsprechende Vorschrift enthält § 53 Abs. 2 für die Sicherungsgrundschuld, sofern der Schuldner die gegen ihn bestehende persönliche Forderung spätestens im Versteigerungstermin angemeldet und auf Verlangen glaubhaft gemacht hat.

V. Aber auch, wenn eine Hypothek nach den Versteigerungsbedingungen nicht stehen geblieben ist, kann durch eine Vereinbarung zwischen Ersteher und Hypothekengläubiger das Bestehenbleiben der Hypothek vereinbart werden. Diese Vereinbarung ist sogar auch dann zulässig, wenn der Gläubiger nach dem Ergebnis des Zuschlages mit der Hypothek ganz oder teilweise ausgefallen ist (Jäckel-Güthe S. 419; Reinhard-Müller S. 187; SeuffA. 62, 302; 66, 284). Diese Möglichkeit bedeutet insofern eine Erleichterung für die Beteiligten, die vor der Versteigerung formlos eine entsprechende Vereinbarung getroffen haben, als der Ersteher nicht genötigt ist, eine Hypothek völlig auszubieten, ohne die Wirkung einer später formgerecht eingereichten Vereinbarung über das Bestehenbleiben der Hypothek zu gefährden.

Nach dem Zuschlag kann eine Vereinbarung gemäß § 91 Abs. 2 ZVG. nur Berücksichtigung finden, wenn sie bis zum Abgang des Ersuchens an das Grundbuchamt um Grundbuchberichtigung durch eine öffentlich beglaubigte Urkunde dem Versteigerungsgericht nachgewiesen wird, sofern die Erklärungen nicht im Verteilungstermine selbst abgegeben sind.

Aber auch dann, wenn der Vollstreckungsrichter durch rechtskräftigen Beschluß die Voraussetzungen für das Bestehenbleiben der Hypothek wegen Mangels eines formgerechten Nachweises in Gemäßheit von § 91 Abs. 2 ZVG. zurückgewiesen hat, wird damit die schuldrechtliche Wirkung unter den Vertragschließenden nicht berührt; denn weder der Zuschlagsbeschluß noch die Forderungsübertragung schaffen hinsichtlich des Bestehens der Forderung gegen den Ersteher materielle Rechtskraft (JW. 1915, 1032/33).

Die Vereinbarung über das Bestehenbleiben der Hypothek bezieht sich stets auf das dingliche Recht, enthält aber nicht unter allen Umständen auch eine Übernahme der persönlichen Forderung durch den Ersteher. Das Kammergericht nimmt zwar in ständiger Rechtsprechung an, daß die Vereinbarung stets auch die Übernahme der persönlichen Schuld in sich schließt (RJA. 6, 152). Nach der Rechtsprechung des RG. aber ist der Wille der Vertragschließenden entscheidend (RG. 70, 414; Reinhard-Müller S. 187). Im Zweifel wird allerdings der Wille der Parteien im Sinne der Übernahme ausgelegt werden müssen (Jäckel-Güthe S. 423).

Wird die Schuld vom Ersteher übernommen, so wirkt die Vereinbarung wie die Befriedigung aus dem Grundstück; es werden damit der bisherige persönliche Schuldner, der Bürge und Faustpfänder frei.

Will ein Hypothekengläubiger das Grundstück nur dann übernehmen, wenn er mit seiner eigenen Forderung nicht voll oder wenigstens bis zu einem gewissen Betrage ausgeboten wird, so berechnet er den Betrag, der zur vollen Rettung seiner Forderung bar geboten werden muß, in der Weise, daß er die veranschlagten Gerichtskosten und sämtliche vorausgehenden Forderungen (einschließlich der Realsteuern) zusammenzählt und von dem Ergebnis den Betrag der bestehenbleibenden Stammrechte abzieht.

VI. Hat ein Hypothekengläubiger das Grundstück selbst erstanden, so kann er den auf seine Hypothek entfallenden Betrag ohne weiteres einbehalten; seine Post erlischt dann durch einfache Verrechnung.

VII. Zahlt der Ersteher im Verteilungstermin das Bargebot ganz oder teilweise nicht, so wird die Forderung gegen den Ersteher gemäß § 118 ZVG. auf die Berechtigten übertragen, und werden gemäß § 128 ZVG. für alle Gläubiger, auf welche die Forderung der Ersteher übertragen ist, Sicherungshypotheken im Range der Ansprüche eingetragen (RG. 57, 277).

Zu beachten ist, daß die Übertragung der Forderung gegen den Ersteher grundsätzlich gemäß § 118 Abs. 2 wie die Befriedigung aus dem Grundstücke wirkt, sofern der Gläubiger nicht innerhalb von drei Monaten dem Gericht gegenüber auf die Rechte aus der Übertragung verzichtet oder die Zwangsversteigerung beantragt *). Der Gläubiger, der also die Forderung gegen den ursprünglichen Schuldner, Bürgen oder sonstige Pfandrechte nicht verlieren will, muß fristgemäß den Verzicht erklären oder die Zwangsversteigerung beantragen.

§ 42.

Die Immobiliarvollstreckung unter dem Notrecht.

I. Die Wirtschaftskrise hat, insbesondere auf dem Grundstücksmarkt, katastrophale Wirkungen gehabt. Das Versagen der Preisregulierung durch Angebot und Nachfrage drohte bei den zahlreichen Immobiliarzwangsvollstreckungen zu schweren Wertverlusten für Eigentümer und Hypothekengläubiger zu führen. Das Notrecht des Jahres 1931 bringt kein materielles Hypothekenmoratorium oder auch nur ein allgemeines Vollstreckungsmoratorium.

1. Am weitestgehenden ist natürlich der Schutz des im Osten des Reichs gelegenen ländlichen Besitzes. Die OsthVO. vom 17. November 1931 will, nachdem die vorangegangene Entschuldungsaktion auf Grund der RPräsVO. vom 26. Juli 1930 und

*) Schwierigkeiten bringen §§ 6 Ziff. 2, 11 DevisVO. vom 1. Aug. 1931 und § 2 erste DurchfVO. vom 12. Aug. 1931 für die Durchführung des Verteilungsplanes, wenn der Hypothekengläubiger, dem die Forderung gegen den Ersteher im Betrage von mehr als 200 RM. an sich abzutreten ist, im Ausland oder Saargebiet ansässig ist. Um die Eintragung der nachstehenden Sicherungshypotheken nicht ungerechtfertigt hinauszuschieben, wird bis zur Entscheidung über die Genehmigung des LFinA., alsbald eine Vormerkung für den ausländischen Gläubiger eingetragen werden können. (So Hofmann, JW. 1931, 3599). Die Übertragung selbst wird mit Schuchmann und Hartenstein, JW. 32, 325 für nicht genehmigungspflichtig zu erachten sein. Bei der Zweifelhaftigkeit der Rechtslage im Hinblick auf die Sicherungshypothek aber erscheint die Vormerkung als ein zulässiger und ausreichender Rechtsbehelf. (Vgl. auch Guckenheimer, JW. 32, 986.)

des Osth.-Gesetzes vom 31. März 1931 keine durchgreifende Hilfe geleistet hat, durch Einführung des Sicherungsverfahrens und des Entschuldungsverfahrens die ordnungsmäßige Weiterführung des Betriebs sicherstellen, den Betrieb vor unmittelbaren und mittelbaren Zugriffen schützen und die Durchführung des Entschuldungsplanes regeln (s. § 45).

2. Die Vierte NotVO. vom 8. Dezember 1931 schützt den Eigentümer und die nachstehenden Hypothekare durch den Rechtsbehelf der einstweiligen Einstellung bei überwiegendem Interesse des Schuldners, wie der regelmäßigen Versagung des Zuschlags bei Zurückbleiben des Meistgebots hinter sieben Zehnteln des Grundstückswertes, und zwar auf Antrag des geschädigten Hypothekars.

Die NotVO. vom 8. Dezember 1931 erweitert den allgemeinen Schutz für ländlichen Besitz vor allem dahin, daß die Einstellung des Versteigerungsverfahrens aus Gründen der Erntesicherung auch bei überwiegendem Gläubigerinteresse erfolgen kann und gibt die Möglichkeit, den Eigentümer bei Anordnung einer Zwangsvollstreckung selbst als Verwalter zu bestellen und ihm die Weiterführung des Betriebes unter Beiordnung einer Aufsichtsperson zu überlassen.

3. Die Finanzierung der Frühjahrsdüngung und Saatgutversorgung für das Erntejahr 1932 sucht weiter die VO. des Reichspräsidenten vom 23. 1. 32 durch Einführung eines gesetzlichen Pfandrechts an den Früchten landwirtschaftlicher Grundstücke zugunsten der Lieferanten und Kreditgeber zu fördern (Text Anlage II 3).

Das Pfandrecht erstreckt sich auch auf die Früchte, die noch nicht von dem Grundstück getrennt sind, nicht aber auch auf die der Pfändung nicht unterworfenen Früchte. Es geht allen an den Früchten bestehenden Rechten im Range vor.

Sowohl der Pfandgläubiger wie der Schuldner kann jederzeit nach Beginn der Ernte verlangen, daß aus den Früchten eine zur Sicherung ausreichende Menge als dem Pfandrecht unterliegend kenntlich gemacht und gesondert aufbewahrt wird. Mit der Aussonderung beschränkt sich das Pfandrecht auf diese Menge.

(Über die subjektiven Voraussetzungen des Pfandrechtes vgl. zu § 42, II, 1 c, S. 262.)

II. Der Eingriff der 4. Not=VO. in das Zwangsversteigerungsrecht (Text Anlage II 1 d u. e).

1. Änderungen materiellrechtlicher Natur bringen die §§ 3, 12 für das Bürgerliche Recht und § 7 (in den Sondervorschriften bezüglich landwirtschaftlicher, forstwirtschaftlicher und gärtnerischer Grundstücke), für die Rangordnung des § 10 ZVG.

a) Nach der Rechtsprechung des RG. konnte bisher ein Hypothekengläubiger, der selbst das Grundstück erstanden hatte, wegen seines nominell errechneten Ausfalls sich auch dann an den persönlichen Schuldner halten, wenn sein Einstandpreis weit hinter dem wirklichen Werte des von ihm beliehenen Grundstücks zurückblieb. Dieser allgemein als unbillig empfundenen Möglichkeit einer Doppeldeckung des Hypothekars sucht § 3 in folgendem Rahmen einen Riegel vorzuschieben:

Ist einem Hypothekengläubiger das Grundstück zu einem Gebot zugeschlagen worden, das einschließlich des Kapitalwertes der bestehenbleibenden Rechte hinter $^7/_{10}$ Teilen des Grundstücks zurückbleibt, so gilt der Ersteher auch insoweit als befriedigt, als sein Anspruch durch das abgegebene Meistgebot nicht gedeckt ist.

Der Schluß von § 3 setzt an sich als weitere Voraussetzung der Anrechnung voraus, daß der Anspruch bei einem Gebot „in der vorbezeichneten Höhe“ gedeckt sein würde. Eine wortmäßige Auslegung der Bestimmung würde also bedeuten, daß ein nachstehender Hypothekar, der den Zuschlag erhalten hat, sich die Differenz zwischen den durch das Gebot gedeckten Ansprüchen und $^7/_{10}$ des Grundstückswertes auf seine Forderung nicht anzurechnen lassen braucht, wenn er auch bei einem Meistgebot in Höhe von $^7/_{10}$ des Grundstückswertes (seitens des vorhergehenden Hypothekars oder eines dritten Bieters) leer ausgegangen wäre. Mit Recht nehmen aber Jonas (Das Zwangsvollstreckungsnotrecht, 2. Aufl., S. 18) und Elster 4. NotVO. Kap. III 3. Teil Anm. zu § 3 an, daß auch in diesem Falle, der in erster Linie dann praktisch wird, wenn der vorhergehende Hypothekar seine Forderung nicht ausgeboten und auch nicht den Antrag auf Versagung des Zuschlages gestellt hat, trotz des entgegenstehenden Wortlautes der

Bestimmung, der Ersteher des Grundstücks ebenso behandelt werden muß wie ein sonstiger Hypothekengläubiger, der in besserer Rangstelle das Grundstück erstanden hat.

Durch die Abtretung der Rechte aus dem Meistgebot kann der Ersteher sich eine Forderung gegen den persönlichen Schuldner nicht erhalten, wenn die Voraussetzungen des § 3 als solche gegeben sind. Denn das Recht aus dem Meistgebot gibt ihm nur den Anspruch auf den Zuschlag mit der durch § 3 vorgesehenen Rechtsfolge. Durch die Abtretung kann der Zessionar aber nur das Recht mit dem gleichen Inhalt erwerben, wie es dem Meistbietenden selbst zustand*). Veranlaßt der Hypothekengläubiger, um der Rechtsfolge des § 3 zu entgehen, einen andern, für seine Rechnung das Grundstück zu erstehen, so wird der persönliche Schuldner, wenn er für den Ausfall in Anspruch genommen wird, die Einrede der Arglist entgegensetzen können. (Ebenso für den Fall der Kollusion Jonas zu § 3 Anm. 4.)

b) Auch nach dem Gesetz vom 8. Juni 1915 war der Eigentümer noch in der Lage, über Miet- und Pachtzinsforderungen mit Wirkung gegenüber dem Erwerber des Grundstücks, dem Hypothekengläubiger und der Konkursmasse stets für das laufende Vierteljahr und das folgende Kalendervierteljahr dann zu verfügen, wenn der maßgebende Rechtsvorgang (Eigentumserwerb, Beschlagnahme, Konkurseröffnung) in der zweiten Monatshälfte vor dem Quartalsersten erfolgte. Es hat sich aber immer mehr herausgestellt, daß auch in dieser Einschränkung das Verfügungsrecht des Vermieters über künftig fällig werdende Mieten zu einer unbilligen Benachteiligung der Berechtigten, insbesondere der Hypothekengläubiger, geführt hat, wie insbesondere fast jede Zwangsverwaltung einen Mietsentzug für mehrere Monate verzeichnen mußte.

§ 12 schränkt nunmehr die §§ 573, 574, 1123 und 1124 BGB., § 21 KO. hinsichtlich der Wirkung der Vorausverfügung gegenüber Grundstückserwerbern, Hypothekengläubigern und der

---

*) Es bedarf also nicht zur Begründung dieses Ergebnisses des Umwegs über § 81 Abs. 4 ZVG., den Jonas zu § 2 Anm. 3 und § 3 Anm. 3 einschlägt. Gegen die Anwendbarkeit des § 81 Abs. 4 spricht aber auch, daß § 3 nicht eine Verpflichtung des Erstehers, sondern die gesetzliche Wirkung der Befriedigung der Forderung auslöst.

Konkursmasse dahin ein, daß sie nur noch für den laufenden Monat und, falls der entscheidende Rechtsvorgang*) noch in die zweite Hälfte des Monats fällt, für den folgenden Monat in Betracht kommt.

c) Bei landwirtschaftlichen Grundstücken räumt § 17 den Lieferanten und Kreditgebern für die Versorgung mit Düngemitteln, Saatgut und Futtermitteln das Vorrecht des § 10 Nr. 1 ZVG. ein. Gemäß § 17 Abs. 2 kann die Vorschrift auch auf andere landwirtschaftliche Betriebsmittel durch die Reichsregierung ausgedehnt werden. Hat der Schuldner oder Zwangsverwalter die Anschaffung gemacht, so gilt die Rangbevorzugung nur, wenn die Aufsichtsperson der Anschaffung zugestimmt hat.

Ferner sind nur Ansprüche aus solchen Krediten bevorzugt, die „in der für derartige Geschäfte üblichen Weise aufgenommen sind", d. h. also nur zugunsten von Kreditgebern, die sich mit der Kreditgewährung für derartige Betriebsmittelbeschaffung befassen, und unter der sachlichen Voraussetzung, daß sie in der für die Geschäfte üblichen Art getätigt sind. In erster Linie kommt hier der genossenschaftliche Wechselkredit, sofern er für die Zahlung an die Lieferanten in Anspruch genommen ist, in Betracht, während Privatleute als Kreditgeber im Sinne der Vorschrift grundsätzlich ausscheiden (s. über den Vorrang nach Aufhebung des Sicherungsverfahrens § 45, II, 12).

2. Gegen die heute mehr denn je in der Zwangsversteigerung drohende Grundstücksverschleuderung richten sich die §§ 1 und 2 durch Einführung und Regelung eines Antragsrechtes auf Versagung des Zuschlags**). Die bisher durch § 85 ZVG. gebotene Möglichkeit der Zuschlagsversagung wegen ungenügenden Ergebnisses hat wegen ihrer strengen Voraussetzungen (Über-

*) § 12 spricht hier, wie Jonas zu § 12 Anm. 2 zutreffend hervorhebt, inkorrekt von dem Stichtag „der Verfügung oder des Rechtsgeschäfts". Gemeint ist aber offenbar der maßgebliche Rechtsvorgang; d. h. also im Falle des § 573 der Eigentumsübergang, im Falle des § 1124 die Beschlagnahme durch dingliche Mietpfändung oder Anordnung der Zwangsverwaltung.

**) Vorgänger der neuen Bestimmungen ist die KriegsVO. vom 10. 12. 14 und der später an ihre Stelle getretene § 12 der VO. vom 8. Juni 1916 (RGBl. 454).

nahme der Verpflichtung zum Schadenersatz und Sicherheitsleistung) keine praktische Bedeutung gewonnen.

a) In objektiver Hinsicht setzt die Versagung voraus, daß das abgegebene Meistgebot einschließlich des Kapitalwerts der bestehenbleibenden Rechte hinter sieben Zehntteilen des Grundstückswertes zurückbleibt. In subjektiver Hinsicht aber ist nur derjenige zum Antrag berechtigt, dessen Anspruch einerseits durch das Meistgebot ganz oder teilweise gedeckt wird, andrerseits aber bei einem Gebot in Höhe von sieben Zehntteilen des Grundstückswertes voraussichtlich gedeckt sein würde.

Den Grundstückswert im Sinne der §§ 1 bis 3 hat das Gericht gemäß § 4 auf Grundlage des Einheitswertes des Jahres 1931 und, soweit dieser noch nicht festgesetzt ist, der sonstigen für die Steuern maßgebenden Werte zu ermitteln und festzustellen.

Als Antragsteller kommen nur Gläubiger oder dinglich Berechtigte in Betracht, der Eigentümer nur dann, wenn ihm eine Eigentümerhypothek oder Grundschuld zusteht. Der Antrag kann aber auch nicht von dem Meistbietenden selbst gestellt werden, da die Abgabe des Meistgebotes mit dem Antrage auf Versagung des Zuschlags im inneren Widerspruch stehen würde. (Ebenso Jonas zu § 1 Anm. 4 c.)

Voraussetzung des Antrages ist nicht, daß der Antragsteller von vornherein mit seinem Recht innerhalb von sieben Zehnteln des Grundstückswertes steht; wohl aber, daß er nach den Versteigerungsbedingungen bei einem Meistgebot von sieben Zehnteln des Grundstückswertes wenigstens teilweise zur Deckung kommen wird. Mit dieser Voraussetzung erweist sich auch die an sich unklar gefaßte Ausnahmevorschrift des § 2 als gegenstandslos *), die den Hypothekengläubiger, der selbst das Grundstück erstanden, offenbar gegen innerlich ungerechtfertigte Versagung des Zuschlags schützen will. Denn wenn der in § 2 vorgesehene Fall eintritt, daß das Gebot (einschließlich des Wertes der bestehen-

*) Mit dem Ergebnis übereinstimmend Elster, Vierte NotVO., Guttentag, zu § 2 des Dritten Teils. Die von Jonas zu § 2 Anm. 2 und JW. 1931, 3634 angeführten Beispiele ergeben nicht, daß der Rahmen des § 1 einen Anwendungsraum für den Ausnahmetatbestand des § 2 offen läßt. Die Fälle, die § 2 von der Versagung ausnehmen will, werden vielmehr bereits durch § 1 selbst ausgeschlossen.

bleibenden Rechte) unter Hinzurechnung des Betrages, mit dem der Meistbietende ausfallen würde, sieben Zehntteile des Grundstückswerts erreicht, so ist damit auch die Möglichkeit ausgeschlossen, daß der nachstehende Hypothekar bei einem Meistgebot von sieben Zehnteln des Grundstückswertes auch nur mit einem Teilbetrage zum Ansatz gekommen wäre. Der Meistbietende selbst jedoch kommt auf keinen Fall, wie erwähnt, für den Versagungsantrag in Betracht. Hat aber der dritte Hypothekar das Meistgebot abgegeben, so wird gemäß dem Schlußsatz von § 2 (wonach zur Ausschließung des Antragsrechtes der Ausfallsbetrag des Meistbietenden „unmittelbar hinter dem letzten Betrage stehen muß, der durch das Gebot noch gedeckt wird") dem zweiten Hypothekar die Möglichkeit der Versagung nicht genommen.

b) Gegen die Versagung des Zuschlags kann der betreibende Gläubiger mit Erfolg Widerspruch erheben, wenn er glaubhaft machen kann, daß ihm durch Versagung des Zuschlags ein unverhältnismäßiger Nachteil erwachsen würde. Die Entscheidung über den Widerspruch beruht demnach auf einer Abwägung der Interessen des betreibenden Gläubigers und denen des nachstehenden Gläubigers, der den Versagungsantrag gestellt hat. Die Zuschlagsversagung ist insbesondere abzulehnen, wenn mit einer weiteren erheblichen Entwertung des Grundstücks oder einem durch die Erträgnisse des Grundstücks nicht gedeckten übermäßigen Auflaufen von Zinsrückständen und öffentlichen Lasten zu rechnen ist.

Die Antragsstellung muß wie die Widerspruchserhebung bis zum Schluß der Verhandlung über den Zuschlag (§ 74 ZVG.) erfolgen. Wird der Zuschlag versagt, so ist von Amts wegen ein neuer Versteigerungstermin anzuberaumen, in dem ein neuer Versagungsantrag aber nicht mehr zulässig ist (§ 1 Abs. 3, 4).

3. Der Schuldner kann binnen einer Notfrist von zwei Wochen nach Zustellung des Beschlusses auf Anordnung der Versteigerung bzw. Zulassung des Beitrittes die einstweilige Einstellung der Zwangsversteigerung beantragen, wenn die Nichterfüllung der fälligen Verbindlichkeit auf Umständen beruht, die in der wirtschaftlichen Gesamtlage begründet sind und die abzuwenden der Schuldner nicht in der Lage war (§§ 5 Abs. 1,

6 Abs. 1; für die Übergangszeit vgl. VO. vom 30. 1. 32, Anl. II 1 e).

a) Gemäß ausdrücklicher Bestimmung des § 5 Abs. 2 ist letztere Bedingung stets als gegeben anzusehen, wenn der Schuldner für eine nach dem 31. März 1931 fällig gewordene Grundpfandpost, obwohl sie innerhalb der ersten sieben Zehntel des Grundstückswerts steht, keinen Ersatz gefunden hat oder wenn Mietausfälle oder ein wesentlicher Rückgang der Erträgnisse oder eines auf dem Grundstück befindlichen Betriebs die Zahlungsunfähigkeit verursacht haben. Dies hat der Schuldner glaubhaft zu machen *).

Dem Antrag ist aber gemäß § 5 Abs. 1 nicht stattzugeben, wenn

1. die Zahlungsschwierigkeiten auf die Verhältnisse des Falles (z. B. auf fehlgeschlagene Spekulationen oder übermäßigen Aufwand), nicht aber auf die allgemeine Krise zurückzuführen sind;
2. wenn die einstweilige Einstellung der Zwangsversteigerung dem betreffenden Gläubiger einen unverhältnismäßigen Nachteil bringen würde (§ 5 Abs. 3);
3. wenn nach Lage des Falles anzunehmen ist, daß die Versteigerung zu einem späteren Zeitpunkt einen geringeren Erlös bringen würde (§ 5 Abs. 4).

Der Fall zu 2 ist aber gemäß Abs. 3 S. 2 im Zweifel dann als vorliegend anzusehen, wenn das Recht des betreffenden Gläubigers innerhalb 7/10 des Grundstückswertes steht, eine Leistung des Schuldners bei Eröffnung des Verfahrens bereits über drei Monate rückständig war und danach die Gefahr einer wesentlichen Verschlechterung der Lage durch Anwachsen von Rückständen öffentlicher Abgaben und Zinsen besteht.

b) Eine mehrmalige Einstellung auf Grund von § 5 ist unzulässig (§ 7). In Abänderung des § 30 ZVG. gilt nunmehr erst die dritte Bewilligung der Einstellung als Rücknahme des Versteigerungsantrages (§ 9).

---

*) Dagegen hält Jonas zu § 5 Anm. 4, freilich ohne Begründung, hier die Glaubhaftmachung nicht für erforderlich.

4. Für landwirtschaftliche, forstwirtschaftliche und gärtnerische Grundstücke verstärkt § 18 den in den §§ 5—8 allgemein gewährten Vollstreckungsschutz in folgender Weise:

1. Kann die Zeitdauer der Einstellung, sofern sie vor dem 1. April 1932 angeordnet wird, auch auf mehr als 6 Monate, jedoch nicht über den 30. September 1932 hinaus erstreckt werden.
2. Kann trotz überwiegenden Gegeninteresses des Gläubigers, nachdem der unteren Verwaltungsbehörde vor der Entscheidung Gelegenheit zur Äußerung gegeben wurde, die Einstellung angeordnet werden, wenn durch ihre Ablehnung die sonst gewährleistet erscheinende Erntebeschaffung und ordnungsmäßige Betriebsfortführung gefährdet würde.

5. Im Interesse der Herabminderung der Verwaltungskosten der Zwangsverwaltung räumt § 10 öffentlichen Körperschaften, den unter staatlicher Aufsicht stehenden Instituten, den Hypothekenbanken und Siedlungsunternehmen im Sinne des Reichssiedlungsgesetzes, in ihrer Eigenschaft als Beteiligten bei einer Zwangsverwaltung die Befugnis ein, innerhalb einer gerichtlich bestimmten Frist eine in ihren Diensten stehende Person als Verwalter vorzuschlagen (vgl. Kriegs-VO. vom 22. April 1915). Der Vorgeschlagene ist zum Verwalter zu bestellen, wenn das Institut die dem Verwalter nach § 154 Abs. 1 ZVG. obliegende Haftung mit übernimmt und gegen den Vorgeschlagenen Bedenken nicht bestehen. Die Bedeutung der Vorschrift besteht vor allem darin, daß der vorgeschlagene Verwalter für seine Tätigkeit keine Vergütung erhält.

6. a) Für landwirtschaftliche, forstwirtschaftliche und gärtnerische Grundstücke gewährt darüber hinaus § 13 die Möglichkeit, den Schuldner selbst zum Zwangsverwalter zu bestellen. Voraussetzung ist, daß er dazu bereit ist und seine Persönlichkeit eine Gewähr für die ordnungsmäßige Führung der Verwaltung bietet. In diesem Falle ist gemäß § 14 dem Schuldner eine Aufsichtsperson zur Überwachung der Verwaltung beizuordnen. Der Schuldner ist verpflichtet, der Aufsichtsperson Auskunft zu erteilen und bei Geschäften, die über den Rahmen

der laufenden Wirtschaftsführung hinausgehen, die Entschließung der Aufsichtsperson einzuholen. § 15 trifft Bestimmungen darüber, inwieweit der Schuldner über die Nutzungen des Grundstücks und den Erlös ohne Zustimmung der Aufsichtsperson verfügen darf. § 16 überläßt dem Gericht die Festsetzung, inwieweit die Erträgnisse oder deren Erlös vom Schuldner zum notwendigen Unterhalt verwendet werden dürfen.

b) Im Interesse der Erntesicherung 1932 gibt § 19 über den Pfändungsschutz des § 811 Nr. 4 ZPO. hinaus bei Vollstreckung in das bewegliche Vermögen dem Schuldner das Recht auf Aufhebung der Pfändung, wenn nach Bescheinigung der unteren Verwaltungsbehörde der Erlös für die ordnungsmäßige Wirtschaftsfortführung benötigt wird und die bestimmungsgemäße Verwendung des Erlöses gewährleistet erscheint. Das Gericht kann aber die Aufhebung davon abhängig machen, daß der Schuldner sich einer Aufsicht bis nach Beendigung der Ernte unterstellt.

7. Eine Erleichterung für Zustellungen an Schuldner mit unbekanntem Wohnsitz bringt § 11.

Wenn nach dem bisher geltenden Recht die öffentliche Zustellung eines Schuldtitels erforderlich wird, kann nunmehr die Zustellung an einen bei dem Grundbuchamt für das Grundstück bestellten Zustellungsbevollmächtigten, oder aber, falls ein solcher nicht bestellt, an einen vom Vollstreckungsgericht auf Antrag des Gläubigers für die beabsichtigte Zwangsvollstreckung bestellten Zustellungsvertreter erfolgen. Dem Zustellungsbevollmächtigten bzw. Zustellungsvertreter kann auch der Beschluß auf Anordnung der Zwangsvollstreckung oder Zwangsverwaltung wie über die Zulassung des Beitritts eines Gläubigers zugestellt werden.

(Darüber, daß seit Inkrafttreten der 7. Durchf.VO. der Devis.VO. die Zwangsversteigerung auf Antrag ausländischer Gläubiger nur zulässig ist, wenn die Genehmigung der Devisen-Bew.St. vorliegt, s. oben S. 113 u. Guckenheimer JW. 32, 986.)

Achtes Kapitel.

Der Eingriff des Notrechts in die vertraglichen Zins- und Zahlungsbedingungen der Hypothek.

§ 43.

Die Zinssenkung.

Die maßgeblichen Bestimmungen der Zinssenkungen finden sich in §§ 1—3 und 5 des 1. Abschnitts des Kapitels III der 4. Notverordnung vom 8. Dezember 1931, § 1 des 2. Abschnitts desselben Kapitels der VO., den Art. 2—11 der Ersten Durchführungs- und Ergänzungsverordnung über Zinssenkung auf dem Kapitalmarkt vom 23. Dezember 1931, und in der ersten Durchführungsverordnung über Zinssenkung auf dem Geldmarkt vom 9. Januar 1932 (s. Anlagen II 1 a, b).

§ 1 (Kapitel III, 1. Abschnitt: Kapitalmarkt) der VO. vom 8. Dezember 1931 bestimmt das Maß der Zinssenkung. § 1 benennt ferner den Kreis, der von der Zinssenkung schlechthin betroffenen Wertpapiere.

I. Danach unterliegen der Zinssenkung folgende Wertpapiere:

Anleihen, die in öffentlichen Schuldbüchern eingetragen sind, wie Schuldverschreibungen des Reichs, der Länder, Gemeinden und Gemeindeverbände, Pfandbriefe, Kommunal- und Kleinobligationen, Schuldverschreibungen von Kreditanstalten, oder Ablösungsanstalten des privaten oder öffentlichen Rechts, Obligationen von Gesellschaften und Einzelpersonen sowie sonstige Anleihen, über die Teilschuldverschreibungen ausgegeben sind. Ausgeschlossen von der Zinssenkung sind Anleihen auf eine ausländische Währung, falls sie nicht zum amtlichen Handel an einer deutschen Börse zugelassen sind (Art. 17 Abs. 1 DurchfVO.). Die Zinssenkung gilt auch für ausländische Inhaber von Schuldverschreibungen, dagegen trifft sie nicht gemäß § 7 Abs. 1, Art. 17 DurchfVO. im Ausland begebene Schuldverschreibungen.

II. Für die Zinsherabsetzung kommen nur Zinssätze über 6% in Frage.

1. Zinssätze bis zu 8% werden auf 6%, bis zu 12% aber im Verhältnis von 8 : 6 und über 12% auf 9% plus der Hälfte des 12% übersteigenden Teils des Zinssatzes herabgesetzt. Ergibt sich danach eine Zinszahl, die nicht in volle Viertel teilbar ist, so wird der Zinssatz nach oben auf ein volles Viertel abgerundet. Die Herabsetzung gilt nur für Zinsen, die für einen Zeitraum nach Inkrafttreten des Abschnitts geschuldet werden.

2. Für den Regelfall *) ergibt sich für die Zinsveränderung unter Gegenüberstellung des alten und des neuen Zinssatzes folgende Tabelle:

alter Zins:	neuer Zins:	alter Zins:	neuer Zins:
6—8	6	13	9½
8	6	13¼	9¾
8¼	6¼	13½	9¾
8½	6½	13¾	10
8¾	6¾	14	10
9	6¾	14¼	10¼
9¼	7	14½	10¼
9½	7¼	14¾	10½
9¾	7½	15	10½
10	7½	15¼	10¾
10¼	7¾	15½	10¾
10½	8	15¾	11
10¾	8¼	16	11
11	8¼	16¼	11¼
11¼	8½	16½	11¼
11½	8¾	16¾	11½
11¾	9	17	11½
12	9	17¼	11¾
12¼	9¼	17½	11¾
12½	9¼	17¾	12
12¾	9½	18	12

*) Über die Sonderbehandlung des Verwaltungskostenbeitrages sowie der Disagio- und Auslandszuschläge siehe unten zu 4 u. 5. Der Zinssatz der Aufwertungshypotheken ist in § 3 von 7½ (§ 1 Abs. 1 des Ges. vom 18. 7. 30) auf 6% herabgesetzt. Dementsprechend beträgt der Zinssatz der Liquidationsgoldpfandbriefe und Mobilisierungsgoldpfandbriefe jetzt 5½%.

3. Gesenkt wird aber nur der Zins, nicht auch eine andere Nebenleistung. Ausscheiden also insbesondere Zuschläge wegen Leistungsverzuges, und wegen Nichtbewirkung von Nebenleistungen, selbst wenn die betreffenden Zuschläge als „Zinsen“ bezeichnet sind, aber auch Zuschläge zu festen Zinsen, die für den Fall eines bestimmten Geschäftsergebnisses des Schuldners zu leisten sind (Art. 3 der DurchfVO. vom 23. 12. 31).

Andererseits wird an der Natur der Zinsvergütung nichts dadurch geändert, daß der Zinssatz nicht durch eine feste Zahl bestimmt, sondern als gleitender Zinssatz nach einem Maaßstab (z. B. dem Reichsbankdiskont) zu errechnen ist. Der gleitende Zins wird laut Bestimmung des Art. 2 der DurchfVO. vom 23. 12. 31, soweit er für einen nach dem 31. Dezember 1931 liegenden Zeitraum über einen Zinssatz von mehr als 6% *) hinausgeht, herabgesetzt.

4. Von der allgemeinen Behandlung als Zins ausgenommen werden die Verwaltungskostenbeiträge bestimmter Institute, und zwar der Hypothekenbanken, der Schiffspfandbriefbanken, der öffentlich-rechtlichen Kreditanstalten (§ 2 Abs. 2) sowie sonstiger Kreditinstitute, soweit sie Geld hereinnehmen und langfristig weiterverleihen **) (Art. 9 DurchfVO. vom 23. 12. 31).

Ist, was nur selten der Fall ist, der Verwaltungskostenbeitrag durch die Kreditinstitute besonders vereinbart, so wird er in voller Höhe der Kürzung entzogen. Für den Regelfall aber, in dem der interne Zuschlag der Kreditinstitute auf den Pfand-

---

*) Beträgt nach der ursprünglichen Vereinbarung der Zinssatz „1% unter Reichsbankdiskont“, so kann die Zinssenkung erst Platz greifen, wenn und solange der Reichsbankdiskont über 7% hinaus erhöht wird. Offenbar versehentlich macht Schlegelberger hier den Eintritt der Senkung davon abhängig, daß der Reichsbankdiskont auf 8% erhöht wird. Das hierbei von Schlegelberger herangezogene, zur Erläuterung von Bernard Dt. NotVO. 1932, 10 gegebene Beispiel spricht nicht davon, daß für die Herabsetzung der Reichsbankdiskont 8% erreicht haben muß, läßt vielmehr auch die Senkung bei einem Diskont in der Spanne von 7—8% (also z. B. 7½%) offen.

**) Versicherungsunternehmungen sind nicht einbezogen. Der Reichswirtschaftsminister kann aber gemäß Art. 9 Abs. 2 bestimmen, daß § 2 Abs. 1 der NotVO. auch für andere Unternehmungen gilt.

briefzins in dem vereinbarten Hypothekenzinsfuß nicht zum Ausdruck kommt, stellt Art. 10 der DurchfVO. Höchstsätze auf, die der Berechnung der aus dem Zins als Verwaltungskosten ausscheidenden Beträge zugrunde zu legen sind. Da es sich um Höchstsätze handelt, werden etwaige geringere Beitragssätze nicht berührt, die sich aus der Spanne zwischen dem Hypotheken- und Pfandbriefzinsfuß als eigener interner Ansatz des Institutes ergeben. Die Bestimmung der Höhe des Verwaltungskostenbetrages bedarf gemäß Art. 10 Abs. 4 der Genehmigung der Aufsichtsbehörde bzw. der obersten Landesbehörde. Auch wird der Behörde nachgelassen, im Einvernehmen mit dem Reichswirtschaftsminister den Verwaltungskostenbeitrag in Abweichung der durch Art. 10 bestimmten Höchstsätze festzusetzen.

Die Höchstsätze betragen:

grundsätzlich ½ %;

bei Forderungen oder Grundschulden von nicht mehr als 15 000.— RM. ¾ % der Forderung;

für die Kreditinstitute, die nicht in § 2 Abs. 2 benannt sind, sondern unter Art. 9 der DurchfVO. fallen, ³/₈ vom Hundert der Forderung (Art. 10 Abs. 3).

Sind an einer Kreditgewährung hintereinander mehrere Kreditinstitute beteiligt, so darf höchstens je ¼ bzw. ½ vom Hundert auf das einzelne Institut als Verwaltungskostenbeitrag entfallen (Art. 10 Abs. 2).

5. Auch die nicht in den Zinssatz eingerechneten Zuschläge bei Disagiodarlehen der Kreditinstitute werden nach ausdrücklicher Bestimmung des Art. 11 DurchfVO. von der Zinssenkung nicht ergriffen. Der Fall eines sogen. Disagiodarlehns liegt vor, wenn der Schuldner dem Kreditinstitut die Geldbeschaffungskosten bedingungsgemäß zu erstatten hat, das Darlehn aber dem ungeachtet zu pari ausgezahlt und die Beschaffungskosten in der Gestalt eines Zusatzdarlehns verzinst und getilgt werden. Derartige Tilgungszuschläge werden auch, wenn sie im Zinssatz enthalten sind, nicht gekürzt. Die Höhe des von der Senkung frei-

bleibenden Teils bestimmt die Aufsichtsbehörde bzw. die oberste Landesbehörde *).

III. **Der Kreis, der von der Zinssenkung ergriffenen Forderungen und Grundpfandrechte.**

1. Während § 1 sich über die Herabsetzung des Zinssatzes von Wertpapieren verhält, unterwirft § 2 der in § 1 vorgesehenen Zinssenkung allgemein die Zinsen von „Forderungen, einschließlich der Hypotheken, sowie von Grundschulden, wenn die regelmäßige Fälligkeit nicht früher als ein Jahr nach ihrem Entstehen eintritt".

Solange der Grundsatz des § 2 keine gesetzliche Einschränkung erhielt, war die Frage, ob und inwieweit von der Zinssenkung auch die die Forderungen sichernden Grundpfandrechte ergriffen werden, durch die Fassung des § 1 eindeutig dahin beantwortet, daß für die persönliche Forderung und das dingliche Grundpfand eine unterschiedliche Behandlung nicht in Betracht kommt. Dementsprechend konnte auch § 5 schlechthin den Satz aufstellen, daß die Hypothek oder die Grundschuld für die nach § 2 Abs. 1 herabgesetzten Zinsen erlischt.

Eine Unklarheit ist diesbezüglich in die gesetzliche Regelung aber hineingetragen worden, nachdem Art. 8 der DurchfVO. mehrere Kategorien von „Forderungen" von der allgemeinen Zinssenkung im Sinne des § 2 ausgenommen hat. In der Literatur **) wird, freilich ohne nähere Begründung, die Auffas-

---

*) § 7 Abs. 2 nimmt auch inländische Forderungen, die der Deckung der im Ausland begebenen Schuldverschreibungen dienen, von der Zinssenkung aus. Art. 17 der DurchfVO. bestimmt den Begriff der im Ausland begebenen Schuldverschreibungen näher.

Diesbezügliche Zweifelsfragen entscheidet gemäß Art. 19 das Reichswirtschaftsgericht. Sind von einem Kreditinstitut nebeneinander im In- und im Ausland Schuldverschreibungen begeben worden, ohne daß die inländischen Deckungsforderungen für beide Arten von Schuldverschreibungen sich sondern lassen, so unterbleibt gemäß Art. 18 die Zinsherabsetzung in dem Maße wie es zur Erhaltung der Deckung notwendig ist, bezüglich sämtlicher inländischen Deckungsforderungen; auch hier bedarf die Festsetzung des fraglichen Teils des Zinssatzes der Genehmigung der Aufsichtsbehörde.

**) Schlegelberger „Die Zinssenkung" 2. Aufl. S. 17. Munzer JW. 32, 299. Letzterer meint, „das Auseinanderfallen von Forderungen und Pfandrechten ist nicht erwünscht, könnte aber nur durch ausdrückliche Vorschrift beseitigt werden".

sung vertreten, daß die Ausnahmestellung auf Grund des Artikels 8 nur für die persönlichen Forderungen gelte, daß aber die ihrer Sicherheit dienenden Grundschulden und Hypotheken, mit Ausnahme der Sicherungshypothek, ungeachtet der Vorschrift des Art. 8 der Zinssenkung unterworfen blieben.

§ 2 bezeichnet nun aber, als in den Kreis der Zinssenkung fallend, „Forderungen, einschließlich der Hypotheken, sowie Grundschulden". Unter Hypotheken kann im Sprachgebrauch *) sowohl die hypothekarisch gesicherte Forderung, wie das dingliche Grundpfandrecht an sich verstanden werden. Die Wortfassung des § 2 kann aber kaum einen Zweifel darüber lassen, daß die „Hypothek" im Sinne hypothekarisch gesicherter Forderungen gemeint ist, da sie neben dem Sammelbegriff der „Forderungen" nicht wie die Grundschuld als selbständige Kategorie, sondern als von diesen eingeschlossen, lediglich besonders hervorgehoben wird **).

Art. 8 DurchfVO. nimmt schlechthin gewisse ihrer inneren Natur nach bestimmte Arten von „Forderungen" von der Zinssenkung aus. Da aber in § 2 die Hypothek unter den Oberbegriff der Forderung fällt, rechtfertigt sich die Annahme, daß in dieser durch Art. 8 angeordneten Ausscheidung die hypothekarisch gesicherten Forderungen mit inbegriffen sind.

---

*) Für den Sprachgebrauch vgl. z. B. den 2. Abschnitt des Aufwert.Ges., welcher die Überschrift „Aufwertung von Hypotheken" mit der Unterteilung I „Aufwertung des dinglichen Rechts" und II „Aufwertung der persönlichen Forderung trägt, während im Text des ersten Teils die Bezeichnung „Hypothek" für das dingliche Recht gewählt ist.

**) Im gleichen Sinne behandeln auch Art. 5 und 6 die „Hypothek" im Gegensatz zur Grundschuld als einen Unterbegriff der Forderung, indem jedesmal zur Klarstellung das Wort „Hypothek" in Klammern hinter Forderung gesetzt wird. Daß die Unterlassung einer besonderen Hervorhebung der „Hypothek" in Art. 8 nicht etwa absichtlich in dem Sinne erfolgt ist, daß für sie die Zinssenkung aufrecht erhalten werden sollte, daß es sich vielmehr hierbei um eine nicht besonders sorgfältige Redigierung des Gesetzestextes handelt, ergibt Art. 7 der DurchfVO. Während nämlich Art. 7 Abs. 1 im ersten Halbsatz im Gegensatz zu der sonstigen Fassung von „Forderungen, einschließlich der Hypothek und Grundschuld", spricht, heißt es im letzten Halbsatz von Art. 7 Abs. 1 „Forderungen (Hypothek) und Grundschuld", ohne daß der jeweiligen Bezeichnung ein verschiedener Sinn untergelegt werden kann.

Wollte man aber aus der Fortlassung von Hypothek und Grundschuld in Art. 8 materielle Folgerungen ziehen, so könnte die reine Wortauslegung eher die Auffassung rechtfertigen, daß die hypothekarisch gesicherte Forderung wie die Grundschuld überhaupt nicht unter Art. 8 fallen sollen, da ja für eine Sonderbehandlung des dinglichen Rechts keine Stelle des Gesetzestextes spricht.

Auch der Sinn und der Zweck der Ausnahmebestimmungen des Art. 8 der DurchfVO. wie der NotVO. selbst läßt eine verschiedenartige Behandlung von persönlicher Forderung und dinglichem Recht als unangängig erscheinen. Welchen rechtlichen Gesichtspunkt man auch immer für die Abgrenzung des Kreises der der Zinssenkung unterworfenen Forderungen als maßgeblich erachten mag — den Begriff der langfristigen Vermögensanlage, die Zuweisung zum Kapitalmarkt oder Geldmarkt, die Scheidung zwischen Real- und Personalkredit oder die durch Auslegung der Einzelkategorien des Art. 8 gewonnenen Merkmale — in jedem Falle erweist es sich als in sich widerspruchsvoll, wenn man bei einer hypothekarisch gesicherten Forderung die Zinssenkung zwar bezüglich der persönlichen Forderung ausschalten, bezüglich des dinglichen Rechts sie aber zulassen will. Die unterschiedliche Behandlung hätte aber auch geringe praktische Bedeutung. Es handelt sich für die Zinssenkung nicht, wie im Aufwertungsrecht, um das Kapital, sondern um die Zinsen. Im Normalfall der Identität zwischen Eigentümer und persönlichem Schuldner würde sich durch die Sonderbehandlung des dinglichen Hypothekenrechts an der wirtschaftlichen Belastung des Eigentümers nichts ändern. Auch zugunsten der nachstehenden Hypothekengläubiger würde in der Praxis kaum ein Vorteil in Frage kommen, da ja regelmäßig der Gläubiger bei etwaiger Berichtigung des geringeren Hypothekenzinses eine Quittung nur à Konto der Zinsen der persönlichen Forderungen ausstellen wird, und die Hypothek also weiter bezüglich der Zinsdifferenz bestehen bliebe.

Jedenfalls macht die Unklarheit der Fassung des Art. 8 eine weitere Durchführungsverordnung erforderlich, die ja ohnedies zur schärferen Abgrenzung des Inhalts des § 2 der 4. NotVO.

allgemein erwartet wird. (Über die während des Druckes veröffentlichte 2. DurchfVO. s. Nachtrag S. 516 ff.)

Es wird aber auch in Erwägung zu ziehen sein, ob nicht auch die Grundschulden, soweit sie der Sicherung der unter den Art. 8 DurchfVO. fallenden Forderungen dienen, von der Zinssenkung auszuschließen sind. Für die Sicherungshypotheken wird dies auch nach geltendem Recht sowohl von Schlegelberger S. 17, wie Munzer JW. 32, 299 zugestanden. Nun haben aber gerade bedeutende Großbanken als Grundpfandform für Fälle der Immobiliarsicherung formularmäßig die Grundschuld gewählt; und es muß als willkürliche Regelung erscheinen, wenn ein Wechselkredit einer Bank bei Bestellung einer Sicherungshypothek *) dinglich voll gesichert bleiben, im Fall der Bestellung einer Sicherungsgrundschuld aber einen Teil seiner Sicherung einbüßen soll. (Vergl. Nachtrag S. 516 I 2.)

2. a) Die Frage, ob und inwieweit aus der Einteilung des Kapitels III in die beiden Abschnitte „Kapitalmarkt" und „Geldmarkt" Schlußfolgerungen für die inhaltliche Abgrenzung der durch § 2 des ersten Abschnitts der Zinssenkung unterworfenen Forderungen zulässig sind, wird in der Literatur verschieden beantwortet. Die Möglichkeit zu Meinungsdifferenzen wird noch dadurch verstärkt, daß Ziffer 4 des Art. 8 die unbestimmt gehaltene Ausnahmeklausel für Darlehn bringt, die „unter Umständen gegeben worden sind, aus denen zu entnehmen ist, daß eine langfristige Kreditgewährung nicht beabsichtigt war".

Am weitgehendsten will Munzer JW. 1932, 300 den Grundgedanken der NotVO., nämlich „die Zinsen des Kapitalmarktes zu senken", für die Auslegung der fraglichen Bestimmung verwerten. Er umschreibt den Kreis der von § 2 getroffenen Forderungen dahin, „daß sie im Zweifel alle verzinslichen Forderungen umfaßt, die vom Standpunkt des Gläubigers aus Vermögensanlagen sind und die im Rahmen des Vermögens des Schuldners in der Form des Anlagekapitals, nicht des Umlaufs-

*) Zudem kommt im Bankkreditverkehr nur selten die Sicherungshypothek in der Form des § 1184 in Frage; meist wird vielmehr eine Höchstbetragshypothek, bei der eine Zinsangabe überhaupt nicht möglich ist, oder eine Verkehrshypothek oder eine Grundschuld zur Sicherung des Guthabens bestellt (vgl. oben § 34 II).

kapitals, genutzt werden". Dementsprechend will Munzer grundsätzlich die aus Kauf- oder Erwerbsverträgen herrührenden Ansprüche, auch wenn sie langfristiger Natur sind, von der Zinssenkung ausschließen, und sie nur dann der Zinssenkung unterwerfen, wenn die Kreditierung des Preises als eine Vermögensanlage des Kapitalmarktes (insbesondere im Falle der Novation) aufzufassen ist.

Während demnach Munzer als entscheidendes Merkmal für die Anwendbarkeit des § 2 Abs. 1 den Charakter der Forderung als eine dem Kapitalmarkte angehörende Vermögensanlage ansieht, begnügt sich Schlegelberger zu § 2 Anm. 1 das Anwendungsgebiet für langfristige Forderungen dahin zu umgrenzen, daß er aus ihm die wirtschaftlich dem Geldmarkt zuzurechnenden Forderungen ausscheidet. Auch Schlegelberger spannt demnach den Rahmen der von der Zinssenkung nicht betroffenen Forderungen über die Einzelkategorien des Art. 8 DurchfVO. hinaus; so will er insbesondere nicht nur die im Rahmen eines bankmäßigen Personalkreditgeschäftes entstandenen Forderungen, wie dies Art. 8a vorsieht, sondern alle Bankkredite, als dem Geldmarkt zuzurechnende Forderungen von der Zinssenkung ausnehmen. Bernard DNotV. 1932 S. 5, 6 meint nun einerseits, daß die Gegenüberstellung der „Begriffe Kapitalmarkt und Geldmarkt" in den Überschriften wertvolle Anhaltspunkte für die Auslegung gebe; weist andererseits aber darauf hin, daß die gesetzliche Bestimmung keine allgemein gehaltene Vorschrift enthalte, nach der der Zinsherabsetzung Forderungen nicht unterliegen, die nach den Anschauungen der Wirtschaft dem Geldmarkt angehören, daß vielmehr Art. 8 DurchfVO. der in den Unterschriften erfolgten Scheidung nur im Wege der Kasuistik Ausdruck verliehen habe. Die Generalklausel in Art. 8 soll seiner Meinung nach vorbeugen, daß etwaige Rechtsgeschäfte als auf dem Kapitalmarkt abgeschlossen behandelt werden, bei denen der Wille der Parteien eine gegenteilige Annahme ohne weiteres rechtfertigt.

Holländer in der von Elster herausgegebenen erläuterten Textausgabe der 4. NotVO. räumt der Einteilung des Kapitels 3 in die Abschnitte „Kapitalmarkt" und „Geldmarkt" keinerlei Einfluß auf die fragliche Abgrenzung ein, erklärt zu § 2

Abs. 1, daß der Zinssenkung sämtliche Forderungen, gleich viel welcher Art, z. B. auch aus Werkverträgen, unterliegen und beschränkt die Ausnahmen auf die vier in Art. 8 angeführten Kategorien.

b) Insbesondere die rechtlichen Darlegungen von Munzer erweisen, wie bedenklich für die juristische Betrachtungsweise die Vermengung von Rechtsbegriffen mit volkswirtschaftlichen Einteilungsprinzipien ist. Während Aufgabe der Volkswirtschaft die Erkenntnis und die Beherrschung der Gesamterscheinungen des wirtschaftlichen Lebens ist, verlangt die juristische Denkweise die Schaffung klarer Begriffe und Grundsätze, die es ermöglichen, den Einzelfällen des Lebens gerecht zu werden. Dies schließt natürlich nicht aus, daß die Gesetzgebung gegebenenfalls, insbesondere wenn es sich um Eingriffe in erworbene Rechte handelt, bei der Abgrenzung ihres Anwendungsgebietes von den zu regelnden Wirtschaftskomplexen ausgeht, oder gar (wie z. B. im Aufwertungsrecht mit der Aufnahme der Begriffe, „Ablösung" und „Vermögensanlage") volkswirtschaftliche Begriffe zu Rechtsbegriffen erhebt. Dies ist aber in der Notverordnung nur in beschränktem Maße der Fall.

Für die allgemeine volkswirtschaftliche Betrachtungsweise mag die Einteilung der Guthaben in solche des Kapitalmarktes einerseits und des Geldmarktes andererseits eine ausreichende Grundlage bieten. Sie ist auch als Überschrift für einen Unterabschnitt einer in weite Gebiete des Wirtschaftslebens eingreifenden NotVO. zur Erleichterung der Orientierung durchaus geeignet. Der Jurist aber kann nicht übersehen, daß ein erheblicher Teil der Forderungen des täglichen Lebens (wie etwa die in mehrjährigen Raten zu entrichtenden Abfindungen und Entschädigungen oder Ansprüche aus Kauf- oder Werkverträgen, die aus dem Laufe mehrerer Jahre fällig werden) weder in den Kapitalmarkt noch in den Geldmarkt gepreßt werden kann. Der Begriff der Vermögensanlage ferner hat in der Rechtsprechung des RG. seine besondere Ausprägung erhalten *). Nach den bis-

*) Für die Frage, ob der Darlehnsnehmer aus einem Vorvertrag zur Entgegennahme des Darlehns verpflichtet ist, ist entscheidend, ob eine Vermögensanlage, d. h. ein eigenes wirtschaftliches Interesse an dem Zustandekommen des Darlehns auf Seiten des Dar-

her erlassenen Bestimmungen der NotVO. und der ersten DurchfVO. kann die Bezeichnung Kapital m a r k t einerseits und Geld m a r k t andererseits nur in dem Sinne einer Bezeichnung der wirtschaftlichen Stelle, auf der eine Forderung zur Entstehung gelangt ist, verstanden werden. Es geht nicht an, die Entscheidung darauf zu stellen, ob nach dem W i l l e n der P a r t e i e n eine Forderung zum „Kapitalmarkt" oder zum „Geldmarkt" g e h ö r t, zumal häufig der Wille der Parteien in verschiedenen Richtungen läuft, etwa der Darlehnsgeber eine langfristige gute Verzinsungsanlage mit der Begründung der Forderung im Auge hat, der Darlehnsnehmer aber nur aus Gefälligkeit den ihm an sich wegen seiner Geringfügigkeit nicht lohnenden Kapitalsbetrag hereinnimmt. Ebenso heißt es nicht die Schwierigkeiten zu beseitigen, sondern sie erhöhen, wenn Munzer die Zinssenkung im Sinne von § 2 nicht nur davon abhängig macht, daß das Kapital für den Gläubiger eine Vermögensanlage bildet, sondern auch verlangt, daß es vom Schuldner in der Form des Anlagekapitals, nicht aber des U m l a u f s k a p i t a l s, g e n u t z t w i r d. Für eine derartige Einschränkung bieten aber die gesetzlichen Bestimmungen keine Grundlage.

c) Der 2. Abschnitt „Geldmarkt" behandelt lediglich die Geschäfte des Bankgewerbes, ebenso wie die DurchfVO. vom 9. Januar 1932 über Zinssenkung auf dem Geldmarkt, die nur darüber hinaus in Art. 4 auch sonstige Unternehmungen, die geschäftsmäßig Depositengeschäfte betreiben, den Vereinbarungen und Bestimmungen unterwirft. Der erste Abschnitt „Kapitalmarkt" regelt aber die Zinssenkung von Wertpapieren und von Forderungen mit einer Mindestlaufzeit von einem Jahr. Die erste DurchfVO. zu diesem Abschnitt nimmt lediglich eine Anzahl von Kategorien von Forderungen von der Zinssenkung aus. In Frage steht danach nur, welche Forderungen, die an sich die Voraussetzungen der Langfristigkeit im Sinne von § 2 Abs. 1 erfüllen, der Zinssenkung entzogen sind, weil sie entweder im Geschäftsverkehr einer Bank oder bankähnlicher Betriebe entstanden

lehnsgebers vorhanden ist; im Aufwertungsrecht wird die Vermögensanlage im Gegensatz zum Gefälligkeitsdarlehn und den Ansprüchen aus gegenseitigen Verträgen nach den besonderen Grundsätzen des Aufwertungsgesetzes behandelt.

sind, oder nach ausdrücklicher Anordnung oder sinngemäßer Auslegung unter die Vorschrift des § 8 DurchfVO. fallen.

3. Die Ausnahmebestimmung des Art. 8 verhält sich über folgende 4 Kategorien:

a) im Rahmen eines „bankmäßigen Personalkreditgeschäftes“ entstandene Forderungen.

Unter bankmäßigen Kreditgeschäften sind vor allem Akzeptkredite, Diskontkredite, Trassierungskredite und Barkredite zu verstehen. Nicht eindeutig ist das Erfordernis eines „Personalkredites“. Im Bankgewerbe gibt es zur Zeit überhaupt kaum noch wirklichen Personalkredit. Kredit wird hier fast ausschließlich gegen Mobiliar- (Wertpapiere, Waren) oder Immobiliarsicherung gegeben. Mit der Bezeichnung Personalkredit sollen offenbar die Geschäfte der Hypothekenbanken und verwandter Institute von der Ausnahmebestimmung ausgeschlossen werden *). „Bankmäßiger Personalkredit“ bedeutet offenbar Kundenkredit im Gegensatz zu einer Daueranlage, die etwa unter Herausziehung des Kapitals aus dem eigentlichen Bankiergeschäftsbetriebe erfolgt. (Über 2. DurchfVO. s. Nachtrag S. 516 I.)

b) Zwischenkredite der Kreditinstitute, d. h. Vorschüsse auf Darlehn, die langfristig aufgenommen werden sollen.

Voraussetzung ist also, daß der Zwischenkredit von einem Kreditinstitut gegeben wird; die Zwischenkredite von Privatpersonen, die von solchen z. B. als Baugeld gegeben werden, fallen nicht unter die Ausnahmebestimmungen (vgl. aber zu d).

c) Forderungen aus Darlehn und Vorauszahlungen, die auf Versicherungsscheine gewährt worden sind.

Gedacht ist hierbei in erster Linie an die Vorauszahlungen und Darlehen der Versicherungsgesellschaften, bei denen der Zinssatz für die gesamte Kreditdauer im voraus diskontartig abgezogen wird. Die Ausnahmevorschrift kommt aber nicht nur Versicherungsgesellschaften, sondern auch anderen Kreditgebern zugute.

---

*) Vgl. Bernard S. 6. Zu Unrecht aber nimmt Holländer zu § 2 Anm. 4 an, daß die hypothekarisch gesicherten Bankkredite das Erfordernis des „Personalkredites“ nicht erfüllen und daher nicht unter Art. 8 fallen.

d) Gefälligkeitsdarlehn oder sonstige Darlehn, deren Hingabe unter Umständen erfolgt ist, aus denen zu entnehmen ist, daß eine langfristige Kreditgewährung nicht beabsichtigt war.

Der Umstand allein, daß ein Darlehn angemessen verzinst wird und auch, daß es hypothekarisch sichergestellt ist, schließt nicht die Möglichkeit aus, daß ein Gefälligkeitsdarlehn vorliegt. Es ist hierfür vielmehr ausreichend, daß das Darlehn nicht als Vermögensanlage, sondern wesentlich im alleinigen Interesse des Darlehnsnehmers gegeben wird. Schwierigkeiten bietet die Abgrenzung der zu d gegebenen Generalklausel. Es handelt sich danach um Darlehen, die zwar eine längere Laufzeit als ein Jahr haben, aber als langfristige Kreditgewährung nicht gelten sollen. In Frage kommen wohl in erster Linie Kreditgewährungen auf unbestimmte Zeit, bei denen der Kreditgeber von vornherein willens war, im Lauf des ersten Jahres zu kündigen, und bei denen die tatsächliche Laufzeit infolge unterbliebener Kündigung im Sinne von Art. 7 DurchfVO. mehr als ein Jahr beträgt. Aber auch Darlehen von bestimmter Laufzeit können in Betracht kommen, insbesondere, wenn ein einseitiges Kündigungsrecht ausbedungen ist, beide Parteien aber von vornherein damit rechnen, daß aller Voraussicht nach von diesem Kündigungsrecht Gebrauch gemacht werden wird.

Im Sinne der Klausel dürfte es erforderlich sein, daß die Umstände, aus denen die Absicht zu entnehmen ist, auch der anderen Partei erkennbar waren.

4. § 2 verlangt für die Anwendung der Zinssenkung die Mindestlaufzeit von einem Jahr. Maßgebend ist nach der Fassung des § 2 die „regelmäßige Fälligkeit“. Hiermit sollte, wie § 4 Ziffer 5 ergibt, zum Ausdruck gebracht werden, daß außerordentliche Kündigungsgründe hierbei nicht berücksichtigt werden sollen.

Eine Anzahl Zweifelsfragen sind durch die erste DurchfVO. gelöst.

a) Gemäß Art. 7 unterliegen der Zinssenkung solche Forderungen und Grundschulden, die für unbestimmte Zeit begründet sind und deren Fälligkeit von einer Kündigung abhängt, wenn aber die Kündigung nicht für einen Zeitpunkt ausgesprochen ist, der innerhalb eines Jahres seit dem Entstehen der Forderung oder Grundschuld liegt. Ist danach eine Kündigung am 9. 12. 31 noch nicht ausgesprochen, so unterliegt die Forderung der Kündigung auch dann, wenn an sich der Gläubiger durch Kündigung das Kapital noch zu einem Zeitpunkt hätte fällig machen können, der innerhalb der Jahresgrenze nach der Entstehung der Forderung liegt. Durch die Unterwerfung unter die Zinssenkung wird zugleich auch dem Gläubiger das Recht zur Kündigung gemäß § 4 genommen.

b) Gemäß Art. 7 Abs. 2 ist im gewissen Rahmen der Gläubiger, der in die Prolongation einer Forderung oder Grundschuld eingewilligt hat, dem Gläubiger gleichgestellt, der ohne zu prolongieren die Kündigung ausgesprochen hat. Danach werden von der Zinssenkung Hypotheken und Grundschulden nicht betroffen, wenn die am 1. 1. 32 laufende Stundungsfrist weniger als ein Jahr beträgt. (2. DurchfVO. s. Nachtrag S. 516 II.)

c) Art. 5 bestimmt, daß Zinssätze, die in der Zeit vom 9. bis 31. 12. 31 vereinbart worden sind, grundsätzlich gleichfalls der Zinssenkung unterliegen, während für Zinsvereinbarungen nach dem 1. 1. 32 keine gesetzlichen Beschränkungen zur Zeit vorliegen.

Die Zinssenkung tritt aber dann nicht ein, wenn die Beteiligten in der Zeit vom 9. 12.—31. 12. 31 gerade durch die Vereinbarung die in der NotVO. vorgesehene Zinsherabsetzung ausschließen wollen.

Auch wird laut ausdrücklicher Anordnung in Art. 5 Abs. 2 durch die Zinsherabsetzung die Wirksamkeit der üblichen Teile der Entstehung nicht berührt.

5) Hingegen sind gemäß Art. 4 vor dem 9. 12. 31 getroffene Vereinbarungen oder Satzesbeschränkungen nichtig, in denen

a) für den Fall einer gesetzlichen Zinsherabsetzung auf diese verzichtet wurde,

b) für den Fall einer gesetzlichen Zinsherabsetzung die Hauptforderung fällig oder vorzeitig kündbar oder mit einem Aufgeld zurückzahlbar gemacht wurde,

c) nach denen die Hauptforderung fällig oder vorzeitig kündbar oder mit einem Aufgeld zurückzuzahlen ist, wenn die Vereinbarung über den Senkungsverzicht gesetzlich für nichtig erklärt werden sollte.

6. Art. 6 regelt die Rechtslage für den Fall, daß vor dem 1. 1. 32 ein Vorvertrag zur Begründung einer Forderung, Hypothek oder Grundschuld vorlag, während das Recht selbst erst nach dem 31. 12. 31 zur Entstehung gelangt. Hier soll einerseits die Verpflichtung zur Begründung der Forderung wirksam bestehen bleiben, andererseits das Recht nach seiner Begründung der Zinsherabsetzung unterliegen.

Da Art. 5 zur entsprechenden Anwendung zu gelangen hat, sind aber von der Herabsetzung Forderungen und Grundpfandrechte ausgeschlossen, wenn der Vorvertrag bzw. Beleihungsvertrag in der Zeit vom 9.—31. 12. 31 mit der Vereinbarung des Ausschlusses der Zinsherabsetzung getätigt worden ist.

§ 44.

Der Eingriff der 4. NotVO. in die Zahlungsbedingungen.

I. Die einschlägige Bestimmung des § 4 der 4. NotVO. bringt nicht ein Moratorium zugunsten des Schuldners. Sie läßt vielmehr die Fälligkeit von Forderungen und Hypotheken, die durch Zeitablauf ohne Kündigung fällig werden, unberührt, und beschränkt sich darauf, ein dem Gläubiger an sich zustehendes Kündigungsrecht unter gewissen Voraussetzungen und auf gewisse Zeitdauer auszuschließen.

Gemäß Ziffer 6 wird das Kündigungsrecht des Schuldners und Eigentümers nicht beschränkt. Auch bleiben die bereits bis zum 9. 12. 31 seitens eines Gläubigers ausgesprochenen Kündigungen wirksam. Ebenso wird gemäß Ziffer 5 ein ausbedungenes oder satzungsmäßiges außerordentliches Kündigungsrecht (Verfallklausel) durch die Neuregelung nicht berührt.

Der Ausschluß des Kündigungsrechtes wird auf die Forderungen und Grundschulden abgestellt, die der Zinssenkung nach den §§ 1, 2 der NotVO. unterliegen. (Vgl. § 41, III.)

II. Gewisse Schwierigkeiten bestehen für die auf unbestimmte Zeit gegebenen Darlehen und sonstigen erst auf Kündigung fälligen Forderungen aus dem Ineinandergreifen von § 4 und § 2.

Art. 7 bestimmt nämlich, daß der Zinssenkung derartige Ansprüche auch unterliegen, wenn die Kündigung nicht für einen Zeitpunkt ausgesprochen worden ist, der innerhalb eines Jahres seit dem Entstehen des Anspruches liegt. Ist am 9. Dezember 1931 bereits ein Jahr seit der Begründung des Rechtes verstrichen, ohne daß eine Kündigung erfolgt ist, so greift zweifelsfrei die Zinssenkung im Sinne von § 2 Abs. 1 durch, und ist dementsprechend nunmehr das Kündigungsrecht nach Maßgabe des § 4 eingeschränkt. Der Wortlaut des § 4 löst aber die Frage nicht eindeutig, wie es mit dem Kündigungsrecht steht, wenn die Kündigung zwar am 9. 12. 31 noch nicht ausgesprochen ist, aber nach den vertraglichen Abmachungen — ohne Berücksichtigung der Vorschriften der NotVO. — nach dem 9. 12. 31, angesichts der Kürze der bisher abgelaufenen Kreditdauer oder der Kurzfristigkeit der zu wahrenden Kündigungsfrist, noch mit dem Erfolge ausgesprochen werden könnte, daß die Laufzeit des Kredites weniger als ein Jahr betrüge. Munzer bejaht für derartige Fälle sowohl die Zinssenkung wie den Ausschluß der Kündigung (JW. 32, 299). Bernard hingegen meint, daß der Zinssenkung Forderungen, bei denen die angegebenen Voraussetzungen vorliegen, noch durch Kündigung entzogen werden könnten (DNotV. 1932, 5). Munzer wie Bernard heben beide zutreffend hervor, daß die fragliche Regelung sich insbesondere bei Sparkassen, Kreditgenossenschaften und deren Hypotheken auswirkt. Freilich spricht der Wortlaut von Art. 7 dafür, daß die Kündigung nur dann beachtlich ist, wenn sie bereits bis zum 9. 12. 31 erfolgt ist. Andrerseits ist nicht zu übersehen, daß Art. 7 eine Durchführungsbestimmung zu § 2 Abs. 1 ist, und daß die Frage des Kündigungsausschlusses im Sinne von § 4 an die Voraussetzungen der in § 2 wiedergegebenen Voraussetzungen für die Zinssenkung geknüpft ist; die Auffassung von Munzer aber würde bedeuten, daß durch Art. 7 vom 9. 12. 31 ab jedes Kündigungsrecht überhaupt ausgeschlossen werden soll, und daß jeder auf unbestimmte Zeit gewährte Kredit, auch wenn er erst kurze Zeit lief und noch Ende 1931 oder während des Jahres

1932 durch Kündigung eine Laufzeit von weniger als 1 Jahr erhalten könnte, in einen langfristigen Kredit umgewandelt worden ist. Eine derartige Auffassung würde sich aber schwerlich mit der Vorschrift des Art. 8 d vertragen, da ja regelmäßig bei den Darlehen der Sparkassen und Kreditgenossenschaften, bei denen Gläubigern und Schuldnern das Kündigungsrecht zugestanden ist, das Vorliegen der Absicht einer langfristigen Kreditgewährung nicht angenommen werden kann *).

III. Artikel 7 Abs. 2 DurchfVO. behandelt die Prolongation, sofern die Stundung bis zum 31. Dezember 1931 vereinbart war, und die Stundungsfrist demnach am 1. Januar 1932 ablief, ebenso wie einen am Tage der ursprünglichen Fälligkeit der Forderung neugewährten Kredit. Gleichgültig also, ob ursprünglich durch Nichtausnutzung des Kündigungsrechtes die Laufzeit sich bereits im Sinne von § 2 über ein Jahr erstreckt hatte, unterliegt eine Forderung, wenn die oben näher bestimmte Stundungsfrist weniger als ein Jahr beträgt, nicht der Zinssenkung. Die Frage, ob eine Forderung im Falle einer Prolongation als kurzfristig oder langfristig im Sinne des § 1 Abs. 2 anzusprechen ist, richtet sich also mit obiger Maßgabe nach der Zeitdauer der Prolongationsfrist. (Über Stundung auf unbestimmte Zeit Nachtrag, S. 516 II.)

IV. Art. 14 DurchfVO. sucht einen Gläubiger, dessen Kündigungsrecht durch § 4 Abs. 1 ausgeschlossen wird, gegen Ausfälle infolge von Kreditunwürdigkeit des Schuldners insoweit zu schützen, als er ihm ein außerordentliches Kündigungsrecht auch für den Fall zugesteht, daß ein solches nicht vereinbart ist: Der Gläubiger ist nämlich nach Art. 14 berechtigt, ohne Einhaltung einer Kündigungsfrist vorzeitig zu kündigen, wenn der Schuldner länger als einen Monat mit der Zinszahlung im Verzuge ist. Soweit der Ausschluß des Kündigungsrechtes gemäß § 4 begründet ist, richtet sich die Zeitdauer des Ausschlusses nach folgenden Grundsätzen:

*) Gerade aber Munzer müßte eigentlich bei den strengen Anforderungen die er für die Anwendbarkeit des Abschnittes „Kapitalmarkt" stellt, die fragliche Forderung als zu dem Geldmarkt gehörend in den zweiten Abschnitt verweisen. Vgl. auch Art. 4 DurchfVO. vom 9. Januar 1932 für Spargenossenschaften und sonstige Unternehmungen, die geschäftsmäßig Depositengeschäfte betreiben.

V. Der Gläubiger kann nicht vor dem 31. Dezember 1933 kündigen.

Ist die Kündigung vertraglich für eine bestimmte Frist ausgeschlossen, so verlängert sich diese Frist um 2 Jahre. Durch die Verlängerung wird die Frist aber nicht über den 31. Dezember 1935 erstreckt.

Ist ferner die Kündigung nach den Vertragsbedingungen erst zu einem nach dem 31. 12. 33 liegenden Termin zulässig, so behält es dabei sein Bewenden. Kann also nach der Vereinbarung eine Kündigung erst an einem Zeitpunkte erfolgen, der zwischen dem 30. Dezember 1933 und dem 1. Januar 1936 liegt, so kann der Gläubiger am 31. Dezember 1935 kündigen; ist die Kündigung erst nach dem 31. Dezember 1935 zulässig, so wird an der Vertragsvereinbarung nichts verändert.

VI. 1. Die Fälligkeitsvorschriften des § 4 finden auf die in Abs. 1 bezeichneten Anleihen keine Anwendung (§ 4 Abs. 3).

Doch können die Kreditinstitute der im § 2 Abs. 2 bezeichneten Art den Tilgungsplan ihrer Pfandbriefe und Schuldverschreibungen ändern, wenn durch den in § 4 Abs. 1 vorgesehenen Kündigungsausschluß die Rückzahlung der zur Deckung dienenden Forderungen oder Grundschulden hinausgeschoben wird (§ 4 Abs. 4), oder wenn durch die Zinsherabsetzung deren Tilgungsdauer verlängert wird (Art. 13 DurchfVO. Satz 1). Das gleiche Recht steht ihnen insoweit zu, als es notwendig ist, um die Einlösungsfristen der Laufzeit der Deckungsforderungen anzupassen (Art. 13 Satz 2), oder als die Änderung infolge Ausfalls von Barzahlungen durch Hingabe von Schuldverschreibungen gemäß § 10 erforderlich wird (Art. 24).

Auch ihren eigenen Schuldnern gegenüber können sie die Tilgungspläne ändern; ihr Tilgungssatz darf jedoch nur soweit erhöht werden, wie es zu einer Abrundung erforderlich ist (Art. 13 Abs. 2).

Zur Änderung eines Tilgungsplanes bedarf es der Genehmigung der Aufsichtsbehörde bzw. der obersten Landesbehörde, die Näheres über die Änderung des Tilgungsplans bestimmen kann. (Über 2. DurchfVO. Art. 7, 8 s. Nachtrag S. 516 ff. V.)

2. Durch § 10 NotVO. wird dem Schuldner von Hypotheken und Grundschulden, die zugunsten der in § 2 Abs. 2 bezeichneten

Kreditinstitute bestellt worden sind, das Recht eingeräumt, ihre Schuld nach näherer Bestimmung der Durchführungsvorschriften durch Hingabe von Schuldverschreibungen tilgen zu dürfen, wenn die Institute auf Grund der Hypotheken oder Grundschulden Schuldverschreibungen ausgegeben haben. Die Tilgung darf aber nur durch gleichartige Schuldverschreibungen erfolgen. Als gleichartig gelten gemäß Art. 23 DurchfVO. nur Schuldverschreibungen, die nach Wertbenennung, Zinssatz und Kündbarkeit der zu tilgenden Hypothek oder Grundschuld entsprechen. Sind in den Bedingungen Vereinbarungen darüber erfolgt, daß Schuldverschreibungen bestimmter Art zur Tilgung geeignet sind, so bleiben diese unberührt. (2. DurchfVO. Art. 6. Nachtrag S. 516 IV.)

Art. 21 und 22 bringen folgende Beschränkungen des Tilgungsrechtes:

a) Es besteht nicht bei Schuldverschreibungen, die im Ausland gegeben sind.
b) Es besteht nur bei Hypotheken und Grundschulden, die vor dem 1. Januar 1932 bestellt worden sind.
c) Es bezieht sich nicht auf die vertragsmäßigen regelmäßigen Tilgungs- und Abzahlungsbeträge.
d) Von dem Tilgungsrecht kann der Schuldner nur bis zum 31. Dezember 1933 Gebrauch machen.
e) Der Schuldner hat spätestens 2 Monate vor Fälligkeit dem Kreditinstitut mitzuteilen, daß er von dem Rechte Gebrauch macht.

VII. Art. 25 DurchfVO. schützt den Schuldner bis zum 1. Juli 1932 gegen die besonderen Gefahren, die ihm aus vertraglichen Verfallklauseln bei rechtlichen Unklarheiten über die Höhe der nunmehrigen Zins- oder Tilgungspflicht drohen. Ist nämlich eine unvollständige Zahlung bis zum 1. Juli 1932 fälliger Beträge darauf zurückzuführen, daß der Schuldner ohne grobe Fahrlässigkeit sich im Irrtum über die Höhe der nach der Neuregelung geschuldeten Beträge befindet, so sollen die Rechtsnachteile, die an eine unpünktliche Zahlung geknüpft sind, nicht eintreten.

VIII. § 5 bestimmt ausdrücklich, daß die Hypothek oder die Grundschuld für die nach § 2 Abs. 1 herabgesetzten Zinsen erlischt. Art. 15 DurchfVO. hebt besonders hervor, daß die Vorschrift des

§ 5 auch für die gemäß § 1187 BGB. bestellten Sicherungshypotheken Anwendung findet. Damit wird jede Unklarheit dahin beseitigt, daß sich zwischen die Hypothek und die nachstehenden Posten eine Eigentümerhypothek nicht einschieben kann.

IX. Gemäß § 8 der 4. NotVO. tritt § 247 BGB. wieder in Kraft.

Ist also ein höherer Zinssatz als 6% für das Jahr vereinbart, so kann der Schuldner nach dem Ablauf von 6 Monaten (und zwar gemäß Art. 20 Abs. 2 DurchfVO. frühestens am 1. Juli 1932) das Kapital unter Einhaltung einer Kündigungsfrist von 6 Monaten kündigen *).

Auch für § 247 ist bei der Berechnung des Zinsfußes von 6% der Verwaltungskostenbeitrag sowie der Zuschlag beim Disagiodarlehn in Abzug zu bringen.

Das Kündigungsrecht darf durch Vertrag nicht ausgeschlossen oder beschränkt werden (§ 247 Satz 2). Diese Bestimmung hat aber durch die Rechtsprechung des RG., wonach bei Damno-Darlehen die Differenz zwischen dem zur Auszahlung gelangten und dem rückzuzahlenden Kapital nicht als Zinsvergütung, sondern als Teil des geschuldeten Kapitals behandelt wird, an praktischer Bedeutung verloren, und es kommt daher in Frage, ob nicht der Zweckgedanke des § 247, der ja für den Fall einer Besserung der Kreditverhältnisse dem Schuldner einen Rechtsbehelf gegen übermäßige Belastung geben will, auch eine Einbeziehung der Damnodarlehn durch gesetzgeberische Anordnung angebracht erscheinen läßt.

X. Die Änderung der Zins- und Zahlungsbedingungen setzt für ihre Wirksamkeit nicht die Eintragung in das Grundbuch voraus. Auch der redliche Dritterwerber kann sich nicht darauf berufen, daß das Grundbuch die Änderungen nicht wiedergibt (§ 9 Abs. 1). Selbstredend können die Beteiligten die Berichtigung gemäß § 894 BGB. erwirken. Die Grundbuchberichtigung wird, wie Schlegelberger zu § 9 Anm. 1 mit Recht besonders hervorhebt, bei zweifelhafter Rechtslage zur Klarstellung der Zinshöhe im Interesse der Beteiligten liegen. (2. DurchfVO. Nachtrag S. 516 III.)

*) Gemäß § 247 Abs. 2 greift das Kündigungsrecht aber nicht für Schuldverschreibungen auf den Inhaber durch.

XI. § 9 Abs. 2 beseitigt die Unstimmigkeiten, die sich aus § 796 BGB. ergeben könnten: Ungeachtet der Bestimmung des § 796 muß die gesetzlichen Änderungen auch der Inhaber einer Schuldverschreibung ohne weiteres gegen sich gelten lassen.

§ 45.

Die Hypothek unter dem Notrecht im Osthilfegebiet.

Die VO. des Reichspräsidenten zur Sicherung der Ernte und der landwirtschaftlichen Entschuldung im Osthilfegebiet vom 17. November 1931 (vgl. Anlage II 2 a—c) hat der Entschuldungsaktion, die auf Grund der VO. vom 6. Juli 1930 und dem Osthilfegesetz vom 31. März 1931 eingeleitet war, insbesondere durch Ermöglichung zwangsweiser Schuldenstreichung eine Durchschlagskraft von außerordentlicher Tragweite gegeben. Hat doch das durch die VO. eingeführte Sicherungsentschuldungsverfahren für die Hypothekengläubiger schon deshalb eine weit erheblichere Bedeutung als das allgemein geltende Vergleichsverfahren, da anders als im Vergleichsverfahren durch die VO., auch sämtliche dinglich Berechtigten einbezogen werden. Während ferner im Vergleichsverfahren ein Zwangsnachlaß einen Majoritätsbeschluß der Gläubiger voraussetzt, kann grundsätzlich die landwirtschaftliche Umschuldung im Osthilfegebiet durch einen Staatshoheitsakt erfolgen. Der Geltungsbereich der VO. umfaßt sämtliche östlich der Elbe gelegenen Teile Preußens, ausschließlich Schleswig-Holstein, jedoch zuzüglich des westelbischen Teiles der Provinz Brandenburg, die östlich der Elbe liegenden Teile von Sachsen und Anhalt sowie die beiden Mecklenburg.

I. Das Sicherungsverfahren.

1. Die Eröffnung des Sicherungsverfahrens setzt gemäß § 2 Abs. 1, § 3 Abs. 2 voraus, daß der Eigentümer, Pächter oder Nießbraucher außerstande ist, ohne wesentliche Beeinträchtigung der Vorbereitung und Einbringung der nächsten Ernte, seinen Zahlungspflichten nachzukommen, wie daß angesichts der Persönlichkeit des Inhabers und der Höhe der Schuldenlast der Be-

trieb noch als entschuldungsfähig und entschuldungswürdig gelten kann. Die Eröffnung ist aber insbesondere dann abzulehnen, wenn die Entschuldung allgemeine wirtschaftliche Interessen verletzen, z. B. durch die starke Reduzierung genossenschaftlicher Forderungen den Zusammenbruch einer Genossenschaft und den Ruin der Genossen herbeiführen würde.

2. Das Sicherungsverfahren wird auf Antrag des Betriebsinhabers oder eines Gläubigers, der ein berechtigtes Interesse an der gesicherten Fortführung des Betriebes nachweist (§ 2 Abs. 1), eröffnet. Von Amts wegen ist das Verfahren zu eröffnen, wenn ein Entschuldungsantrag bereits vorliegt oder ein gerichtliches Vergleichsverfahren schwebt (§ 4). Der Antrag mußte bis zum 31. Dezember 1931 gestellt werden.

3. Das Sicherungsverfahren hat zwar als solches eine materielle Stundung, die Aufhebung von Verfallklauseln oder Ausschluß von der prozessualen Geltendmachung nicht zur Folge. Doch ist bei langfristigem Hypothekarkredit das Kündigungsrecht nunmehr allgemein durch die 4. NotVO. ausgeschlossen. Vor allem aber ist während der Dauer des Sicherungsverfahrens eine Zwangsvollstreckung sowohl in das bewegliche wie in das unbewegliche Vermögen unzulässig (§ 8 a).

Der Betriebsinhaber hat die Verpflichtung, die Betriebserträgnisse nach den im § 15 aufgestellten Richtlinien zu verwenden *); widrigenfalls er mit der Einleitung der Zwangsverwaltung, bzw. Sequestion rechnen muß.

---

*) Es sind hierbei vier Ranggruppen zu unterscheiden:

1. Auslagen und Vergütung des Treuhänders, wie die im Rahmen der laufenden Betriebsführung zu leistenden Ausgaben.

2. Löhne, Gehälter, die notwendigsten Bedürfnisse des Betriebsinhabers und gesetzliche Unterhaltskosten, Sachversicherungen öffentlicher Abgaben.

3. Zinsen einschließlich der Tilgungsbeträge und Verwaltungskostenbeiträge, und zwar in erster Linie der ersten Hypotheken, sodann der nachstehenden Hypotheken und dinglich nicht gesicherten Darlehnsforderungen. Weiter Kapitalforderungen und rückständige Zinsen (§ 22 Abs. 4 DurchfVO. vom 5. Dezember 1931, Anlage II 2 b), Aufwendungen zur Einbringung der Ernte sowie für notwendige Reparaturen und Betriebseinrichtungen.

4. Sonstige Ansprüche und weitere Ausgaben für den Betrieb.

II. Das Entschuldungsverfahren.

1. Sofern das Entschuldungsverfahren nicht bereits von dem Betriebsinhaber beantragt ist, ist es alsbald nach Eröffnung des Sicherungsverfahrens von der Sicherungsstelle von Amts wegen zu beantragen (§ 18). Die Durchführung des Verfahrens liegt den Landstellen gemeinsam mit den Industrieobligationen ob.

2. Im Entschuldungsverfahren ist zunächst eine gütliche Einigung zwischen dem Betriebsinhaber und seinen Gläubigern anzustreben. Ist eine gütliche Einigung nicht zu erreichen, so ist ein Entschuldungsplan nach § 18 der SicherungsVO. aufzustellen (§ 25 der DurchfVO.; s. Anl. II 2 b).

3. Zur Durchführung der Entschuldung kommt in erster Linie ein von der Industriebank etwa zu gewährendes Entschuldungsdarlehn in Frage, das ⅔ des Beleihungswertes nicht überschreiten soll (§ 14 Osthilfegesetz; § 4 der Richtlinien vom 24. Juli 1931).

4. Der grundsätzlich im Entschuldungsplan zulässige Eingriff in die Gläubigerrechte ist bei hypothekarisch*) gesicherten Forderungen, sowie sonstigen dinglichen Rechten nur unter besonderen Voraussetzungen und in beschränktem Rahmen statthaft (§ 18 Abs. 3).

a) Hypotheken, Grundschulden oder sonstige dingliche Rechte, die an erster Rangstelle stehen **) oder von Landschaften, Hypothekenbanken und sonstigen sich mit der Gewährung langfristiger Kredite befassenden Instituten gegeben sind, können nur mit Zustimmung des betroffenen Gläubigers gestundet oder einer Herabsetzung des Zinsfußes oder einer Zins- oder Kapitalreduktion unterworfen werden.

---

*) Wenn § 18 Abs. 3 die Hypotheken einerseits und die persönlichen Forderungen andererseits gegenüberstellt, handelt es sich dabei, wie Dörge-Hennig im Kommentar zur SicherungsVO. vom 17. November 1931 S. 167 zutreffend hervorheben, nicht etwa um eine Sonderbehandlung des dinglichen Hypothekenrechts, sondern der hypothekarisch gesicherten Forderung im Gegensatz zu der nicht dinglich gesicherten Forderung (vgl. S. 273, 274 oben).

**) Als Rechte an erster Rangstelle werden auch solche Rechte gemäß § 28 DurchfVO. angesehen, denen zwar andere Belastungen im Range vorgehen, die aber innerhalb von ⅓ des im Entschuldungsverfahren festgesetzten Beleihungswertes stehen.

b) Bei nachstehenden Hypotheken und dinglichen Rechten, die sonst den nicht dinglich gesicherten Forderungen gleichgestellt sind (vgl. zu 5), darf eine Kapitalherabsetzung nur erfolgen, soweit sie unbedingt zur Erhaltung der Lebensfähigkeit des Betriebes erforderlich ist, und auch dann nur, wenn die Kapitalforderung voraussichtlich ganz oder zum überwiegenden Teil bei einer Zwangsversteigerung ausfallen würde.

5. Regelmäßig aber kann der Entschuldungsplan die Stundung, den Erlaß von Zinsrückständen, die Herabsetzung des Zinssatzes auch für die Zeit nach Abschluß des Verfahrens festsetzen. Eine Herabsetzung des Forderungskapitals selbst hat jedoch nur zu erfolgen, wenn durch die sonstigen Möglichkeiten allein die Sanierung nicht durchgeführt werden kann. Eine Herabsetzung des Kapitals um mehr als die Hälfte und eine Verminderung des Zinssatzes auf weniger als 4½% ist ohne Zustimmung der Betroffenen ausgeschlossen.

6. § 26 der DurchfVO. sieht auch die Ausstellung von Besserungsscheinen zugunsten ausgefallener Gläubiger gegebenenfalls vor. Gemäß § 27 DurchfVO. sind bei Zinskürzungen in erster Linie mehr als 2 Jahre rückständige Zinsen zu streichen, und kommen für die Kürzung von Hauptforderungen in erster Linie Erbteilungsforderungen sowie sonstige betriebsfremde Forderungen in Betracht.

7. Da im Falle des Scheiterns des Entschuldungsverfahrens die Gläubiger zur Durchsetzung ihrer Ansprüche regelmäßig nur auf die Zwangsversteigerung angewiesen sind, werden insbesondere die nachstehenden Hypothekengläubiger nachzuprüfen haben, ob nicht die Zwangsversteigerung an den Klippen der 4. NotVO. (Einstellung oder Versagung des Zuschlages) resultatlos zu verlaufen droht, und ob sie es nicht daher vorziehen, im Wege der Verständigung durch entsprechende Reduktion ihrer Ansprüche, die Aufstellung eines zweckmäßigen Entschuldungsplanes zu ermöglichen.

8. In dem Entschuldungsplan ist auch festzusetzen, inwieweit die Gläubiger bar oder unbar zu befriedigen sind. Für Privatgläubiger kommen Verpflichtungsscheine der Bank für deutsche Industrieobligationen in Höhe des unbar zu berichtigenden Betrages in Betracht.

Die Genossenschaften, Sparkassen und sonstige öffentlich-rechtlichen Kreditinstitute aber erhalten 6% verzinsliche Inhaberschuldscheine, sogen. Ablösungsscheine der Industriebank (§ 17 Osthilfegesetz).

Die Verordnung des Reichspräsidenten zur beschleunigten Durchführung der landwirtschaftlichen Entschuldung im Osthilfegebiet vom 6. 2. 32 sieht aber weiter vor, daß Gläubiger, soweit ihre Forderungen im Entschuldungsverfahren abgelöst werden, mit 4½prozentigen Schuldverschreibungen der Deutschen Rentenbank (Osthilfeentschuldungsbriefen) abgefunden werden können (vgl. Anlage Nr. II 2 c).

9. Der Entschuldungsplan bedarf zu seiner Wirksamkeit der Bestätigung durch die Landstelle; die Gläubiger sind vorher zu hören (§ 18).

Der bestätigte Plan ist den darin aufgeführten Gläubigern gegenüber wie eine vertragsmäßige Vereinbarung verbindlich (§ 19 Abs. 1).

Die Durchführung des Planes erfolgt im Rahmen des Sicherungsverfahrens durch den Betriebsinhaber unter Aufsicht des Treuhänders (§ 20).

10. Die grundbuchmäßige Abwicklung wird dadurch erleichtert, daß die auszugsweise Ausfertigung des Planes als Bewilligung des Betroffenen gilt, soweit der bestätigte Entschuldungsplan den Fortfall oder die Änderung dinglicher Rechte anordnet.

11. § 23 der Sicherungsverordnung bestimmt, daß die zweijährige Frist der Bestimmungen des § 10 Ziffer 3 und 4, die für die Rangordnung der rückständigen Abgaben und Zinsen maßgebend sind, sich nach A u f h e b u n g des Sicherungsverfahrens um die Dauer des Sicherungsverfahrens verlängert, sofern der Gläubiger innerhalb von 6 Wochen nach Aufhebung die Beschlagnahme des Grundstücks herbeiführt.

12. Nach Art. III der VO. vom 19. 2. 32 haben Ansprüche aus Düngmittel-, Saatgut- oder Futtermittellieferungen, die mit Zustimmung des Treuhänders erfolgt sind, sowie aus Krediten, die zur Bezahlung der Lieferungen in der für derartige Geschäfte üblichen Weise aufgenommen sind, den Vorrang des § 10 Abs. 1 Nr. 1 des ZVGes., sofern die Zwangsverwaltung oder Zwangsversteigerung binnen 3 Monaten nach A u f h e b u n g des Sicherungsverfahrens beantragt wird.

Neuntes Kapitel.

Kosten und Abgaben des Hypothekengeschäfts.

§ 46.

Beurkundungsgebühren, Stempelkosten und Eintragungsgebühren in Preußen.

A. Die Kosten der Beurkundung.

I. 1. a) Der Vorvertrag auf Gewährung eines Darlehns unterliegt an sich nur dem Vertragsstempel von 3.— RM. Dies gilt auch für die Verpflichtung zur Hingabe eines hypothekarischen Darlehns, vorausgesetzt, daß nur die einseitige Richtung des Kreditgebers zum Gegenstand eines Vertrages gemacht wird (T. 18 Ziff. 2).

b) Die einseitige, vom Darlehnsgeber ausgestellte Urkunde, die also eine Annahme des Darlehnsnehmers nicht enthält, ist sogar völlig stempelfrei.

c) Ist aber der Vertrag ein zweiseitiger, enthält er also auch die Verpflichtung des Nehmers zur Entgegennahme des Darlehns unter ausreichender Bestimmtheit der Darlehnsbedingungen, so kommt der Schuldverschreibungsstempel gemäß T. 14 neben dem Vertragsstempel in Frage; sofern nämlich aus der Urkunde bereits eine mit dem Beleihungsvertrage verknüpfte Verpflichtung zur Rückzahlung entnommen werden kann (RG. 74, 11; JMBl. 1915, 91; KGJ. 30 B. 63). Regelmäßig wird danach der Schuldverschreibungsstempel bei dem Beleihungsvertrage über Hauszinssteuerdarlehen zur Hebung kommen (vgl. Messerschmidt, Preuß. Stempelges. S. 322/23). Es steht aber wohl nichts entgegen, durch die Annahme einer ausdrücklichen Erklärung, daß in dem Vorvertrag eine Verpflichtung zur Rückzahlung seitens des zukünftigen Darlehnsnehmers nicht abgegeben werde, die Anwendbarkeit der Tarifstelle 14 auszuschließen, zumal ja die fragliche Verpflichtungserklärung eigentlich erst in den Hauptdarlehnsvertrag gehört, und die Vorwegnahme des

Versprechens auf Rückzahlung vor Empfang des Darlehns durch die Sach- und Rechtslage keineswegs ohne weiteres geboten ist.

d) Bei kurzfristigen Beleihungsverträgen ist es mit Rücksicht auf die Stempelermäßigung von $^1/_{25}$ von Hundert gegenüber dem regelmäßigen Prozentsatz von $^1/_8$ von Hundert ratsam, einen festen Rückzahlungstermin anzugeben. Es reicht für die Stempelermäßigung nicht einmal aus, daß bestimmungsgemäß der Gläubiger die Rückzahlung jederzeit verlangen kann (RG. 44, 222; KGJ. 30 B. 67).

2. Enthält die Urkunde nur die einseitige Verpflichtung des Gebers zur Beleihung, so entsteht nur eine volle Gebühr des Pr. GKG. Wird aber auch die Bindung des Kreditnehmers festgelegt, der Vertrag also zu einem zweiseitigen, so entsteht die doppelte Gebühr.

II. Wird eine Hypothekenbestellung in der Schuldverschreibung beurkundet, so kommt lediglich der Schuldverschreibungsstempel, nicht aber der Stempel aus TSt. 15 zur Berechnung.

Höchstbetragshypotheken unterliegen dem Tarifstempel aus TSt. 15 Ziffer 2. Löst aber die Beurkundung des durch die Höchstbetragshypothek sicherzustellenden Rechtes nur den allgemeinen Vertragsstempel (z. B. bei einem Kreditvertrag) aus, so kommt nur der Vertragsstempel gemäß 15 (3) in Höhe von 3.— RM., oder sogar nur, falls der Wert der sichergestellten Rechte nicht schätzbar ist, der Stempel aus 15 (4)) in Höhe von 1,50 RM. in Ansatz.

2. Meist erfolgt die Aufnahme einer Hypothek in der Weise, daß bei der Bestellung der Hypothek mit dieser eine Schuldurkunde und die grundbuchmäßige Eintragungsbewilligung verbunden wird. Im Interesse der Gebührenersparung wird aber auch zuweilen lediglich die grundbuchmäßige formelle Eintragungsbewilligung ohne Aufnahme materieller Erklärungen des Schuldners beurkundet *). In diesem Falle entsteht nur die halbe Gebühr gemäß § 37 Ziffer. 4.

---

*) An sich steht es den Parteien frei, von Aufnahme einer Schuldurkunde abzusehen. Entstehen Zweifel, ob die persönliche Verpflichtungserklärung beurkundet ist, so ist aus dem Wortlaut und sonstigen Umständen der wirkliche Wille des Erklärenden zu ermitteln (D.NotV. 1928, 585, 586; 1931, 363).

Nicht unzweifelhaft ist die Höhe der Gebührenpflichtigkeit, wenn außer der Eintragungsbewilligung zwar nicht die obligatorische Schuldverpflichtung, wohl aber die dingliche Erklärung auf Bestellung der Hypothek beurkundet wird. Nach der Auffassung des KG. ist im Zweifel*) die Bestellung der Hypothek nur eine Erläuterung der Eintragungsbewilligung und „als nicht gewollt" für die Gebührenberechnung außer Ansatz zu lassen (KGJ. 43, 327; 53, B. 296; dagegen mit Recht Bartscher Pr. GKG. S. 223; die Festlegung der dinglichen Erklärung ist mit Rücksicht auf das Erfordernis der materiellen Einigung für die Wirksamkeit der Hypothek von erheblicher Bedeutung).

III. 1. Die Bestellung einer Grundschuld wird in der Rechtsprechung des KG. lediglich als eine Eintragungsbewilligung im Sinne von § 37 Ziff. 4 GKG. behandelt. Die Aufnahme der Unterwerfungsklausel löst aber bei der Grundschuldbestellung eine weitere Gebühr gemäß §§ 33, 22 für die Änderung, deren Wert regelmäßig auf den zehnten Teil des vollen Objekts angenommen wird, aus (JFGErg. 8, 206; anders aber K.G. bei der Hypothekenbestellung, D.NotV. 1931, 364 gegen Pr. LG. I, D.NotV. 1930, 740).

2. Ist bei einer Grundschuld das zugrunde liegende Recht in stempelpflichtiger Form beurkundet, so ist ebenso wie bei der Hypothek ein Stempel für den Eintragungsantrag nicht zu erheben (§ 13 der L.St.V. vom 19. 1. 26).

Sonst aber ist auch der Antrag auf Eintragung einer Grundschuld mit $^1/_6$ (T. 14 III) zu verstempeln. Übernimmt der Eigentümer die selbstschuldnerische Haftung, so kommt nur der Stempel aus T. 14 I in Ansatz. Wird aber die Haftung von einem Dritten übernommen, so kommt außer T. 14 III, T. 15 zur Berechnung.

IV. 1. a) Bei Beurkundung eines Gesamtschuldverhältnisses ist nur einmal der Stempel zu berechnen. Die kumulative Schuldübernahme ist im Zweifel Bürgschaft und nur dann Eingehung einer selbständigen Schuldverpflichtung, wenn

*) Das KG. läßt aber auch hier den Nachweis offen, daß die Partei an der Beurkundung der materiellen Erklärung ein besonderes Interesse hatte, es sich also bloß um einen erläuternden Zusatz handelte (D.NotV. 1931, 363; 1928, 217, 586).

der Fortbestand der Schuld von der Verbindlichkeit des ursprünglichen Schuldners unabhängig sein soll (RG. 64, 318).

b) Bürgschaften einschließlich der selbstschuldnerischen Bürgschaften unterliegen dem Sicherstellungsstempel von 15 (I) von $^1/_{10}$. Haben mehrere Bürgen in einer Urkunde gemeinschaftlich für dieselbe Schuld die Bürgschaft übernommen, so wird der Stempel nur einmal erhoben; liegt aber eine gemeinschaftliche Erklärung nicht vor, so ist jede Bürgschaft besonders zu verstempeln (RG. 77, 53).

2. Wird eine Bürgschaft in der Schuldurkunde selbst übernommen, so betreffen die Erklärungen für die Gebührenberechnung denselben Gegenstand im Sinne von § 39 Abs. 1 GKG. Der Wert der Sicherstellung einer Forderung richtet sich gemäß § 20 Abs. 3 nach dem Betrage der zu sichernden Forderung. Wird die Bürgschaft selbständig beurkundet, so kann sie, falls eine Gegenleistung versprochen wird, einen zweiseitigen Vertrag darstellen.

3. Bei der Übernahme der Ausbietungsgarantie ist für den Wert der Betrag der Forderung maßgebend, zu deren Ausbietung sich der Garant verpflichtet, nicht aber etwa das ganze Gebot (KGJ. 47, 283).

V. 1. a) Die Abtretung der Hypothek unterliegt einem Stempel von $^1/_{10}$ des Wertes der Gegenleistung, regelmäßig also des Kaufvertragspreises, oder wenn die Gegenleistung in der Urkunde nicht enthalten ist, des Nominalbetrages der Forderung (§ 6 Ziff. 3, Messerschmidt S. 214, dagegen Weinbach S. 157, der den gegenwärtigen wirklichen Wert zugrundelegt). Die Abtretung kann nie Bestandteil des ihr zugrundeliegenden Rechtsgeschäfts sein, sie unterliegt vielmehr stets dem Abtretungsstempel (JMBl. 1921, 294). Gleichgültig, ob die Abtretungserklärung angenommen wird, oder ob diese für ihre Wirksamkeit noch weitere Tatsachen, z. B. die Übergabe des Briefes vorausgesetzt, wird der Stempel bereits durch die einseitige Erklärung fällig (RG. 69, 327; 93, 247). Stellt sich aber später heraus, daß die Abtretung nicht zur Wirksamkeit gelangt, so kann der Stempel auf Grund von § 25 Abs. 2 zurückerstattet werden.

b) Auch bei der Sicherungsabtretung wird der Abtretungsstempel fällig, da es auf den Schuldgrund der Abtretung nicht ankommt (JW. 1929, 3306). Werden aber die Rechte aus dem Meistgebot vor dem Vollstreckungsgericht vor der Verkündung des Zuschlagsbeschlusses abgetreten, so wird ein Stempel nicht erhoben (§§ 28, 121 GKG.).

c) Wird eine Eigentümergrundschuld unter Umwandlung in eine Darlehnshypothek abgetreten, so gelten stempelrechtlich die Begründung der persönlichen Schuld, die Abtretung und Umwandlung als ein einheitliches Rechtsgeschäft; die Abtretung wird daher nicht besonders verstempelt, vielmehr kommt der Schuldverschreibungsstempel zur Hebung; ist die Schuldverschreibung gemäß T. 14, I Abs. 3 d, stempelfrei, so kommt auch ein Abtretungsstempel nicht zur Hebung (JW. 1929, 1982; RG. 124, 140).

2. Die Abtretung der Hypothek selbst löst regelmäßig nur als einseitiges Geschäft eine volle Gebühr gemäß § 33 GKG. aus. Wird aber die Abtretung der Rechte aus dem Meistgebot und die Übernahme der Verpflichtungen gemäß § 81 Abs. 2 ZVG. in einer Verhandlung beurkundet, so liegt ein zweiseitiger Vertrag vor (KGJ. 34, B 27); ebenso, gemäß § 34 GKG., ist auch gebührenpflichtig die Vereinbarung des Hypothekengläubigers mit dem Ersteher auf Stehenbleiben eines durch Zuschlag erloschenen Rechts (KG. 34, B 27).

Wird bei der Umwandlung einer Sicherungshypothek oder einer Grundschuld in eine Verkehrshypothek, wie üblich, das persönliche Schuldverhältnis beurkundet, so richtet sich die Gebührenberechnung nicht nach § 37, 4, sondern § 33 GKG. (KG. D. NotV. 1929, 432).

VI. 1. Die Änderung der Zins- und Zahlungsbedingungen unterliegt dem Sicherstellungsstempel von TSt. 15, falls sie sich zuungunsten des Schuldners auswirkt, insbesondere bei Erhöhung der Zinsen oder Erschwerung der Zahlungsbedingungen, z. B. bei Hinzufügung der Verfallklausel. Wird die Zinserhöhung mit einer sonstigen Erschwerung der Zahlungsbedingungen verknüpft, so kommt nur ein Stempel, und zwar der höhere, in Betracht.

Wird die Änderung in einem Vertrage beurkundet, so ist neben dem Stempel aus T. 15 der Vertragsstempel zu verwenden (RG. 42, 264).

Der Stempel beträgt $^1/_{10}$ des Wertes der sichergestellten Rechte. Bei Zinserhöhung ist, wenn der Lauf der Zinsen nicht auf einen bestimmten Zeitpunkt beschränkt ist, nach dem 12½fachen Jahresbetrag der Erhöhung zu berechnen. In keinem Falle darf der Stempel den für die Beurkundung des zu sichernden Rechtes selbst fälligen Stempel übersteigen. Ist der Wert nicht schätzbar, was insbesondere bei Erschwerung der Zahlungsbedingungen in Betracht kommt, so beträgt er nach T. 15 (4) 1.50 RM.

2. Als Gebühr für die Beurkundung von Erhöhungen und Änderungen einer beurkundeten Erklärung wird eine volle Gebühr erhoben, und zwar auch dann, wenn sie in einem zweiseitigen Vertrage erfolgt. Werden mehrere Änderungen beurkundet, so ist ihr Wert zusammenzurechnen, z. B. die Erhöhung des Zinssatzes einer Hypothek, die Änderung der Zahlungsbedingungen, die nachträgliche Unterwerfung unter die Zwangsvollstreckung. Für die Wertberechnung ist § 20 maßgebend. Gemäß § 20 Ziff. 5 richtet sich der Wert des Rechtes auf wiederkehrende Nutzungen nach §§ 6—12 des Stempelsteuergesetzes. Bei Zinserhöhungen oder Zinsermäßigungen für die bestimmte Dauer erfolgt die Berechnung unter Abzug des Zwischenzinses nach der § 6 des Pr. Stempelsteuergesetzes beigefügten Tabelle.

VII. 1. Vorrangseinräumungen unterliegen dem Stempelsteuersatz von 3.— RM. Der Stempel kommt jedoch nicht zur Erhebung, wenn bei gleichzeitiger Bestellung mehrerer Hypotheken eine Abweichung von den gesetzlichen Rangverhältnissen vereinbart wird, wenn bei Belastung eines Grundstücks ein Rangvorbehalt erklärt, oder das Rangverhältnis im Falle der Teilung der Hypotheken oder Grundschulden geregelt wird (Fälle der §§ 879 Abs. 3, 881, 1152, 1192 BGB.).

2. Wird die Zustimmungserklärung des Eigentümers gemäß § 888 BGB. zu einer Rangänderung beurkundet, so entsteht die volle Gebühr des § 33 GKG. (D.NotV. 1930, 741). Die Zustimmung des Hypothekengläubigers oder sonstigen Berechtigten

zur Rangänderung wird aber vom KG. als eine lediglich formelle Eintragungsbewilligung angesehen und läßt danach nur die Gebühr aus § 37 Ziff. 4 entstehen (D.NotV. 1930, 741).

VIII. Auch für die Pfandhaftentlassungserklärung einer Grundstücksparzelle ist die Gebühr regelmäßig nach § 37 Ziff. 4 zu berechnen. Die Berechnung mit der vollen Gebühr gemäß § 33 kommt nur dann in Frage, wenn aus der Urkunde oder den besonderen Umständen des Falles entnommen werden kann, daß der Parteiwille über die Abgabe der formellen grundbuchmäßigen Erklärung hinaus auf Festlegung der materiellen Entpfändungserklärung ging (KG. D.NotV. 1928, 586).

IX. Die löschungsfähige Quittung wie die Löschungsbewilligungen unterliegen keinem Stempel. Da die löschungsfähige Quittung aber eine materiell-rechtliche Erklärung enthält, ist sie gemäß § 33 mit $^{10}/_{10}$ gebührenpflichtig, während die Löschungsbewilligung nur die $^{5}/_{10}$-Gebühr des § 37 Ziff. 4 entstehen läßt. Die $^{5}/_{10}$-Gebühr des § 37 wird auch für Zustimmungen gemäß § 27 GBO. erhoben.

X. 1. Die Vormerkungen auf Einräumung oder Aufhebung eines Rechtes am Grundstück wie auf Änderung des Inhalts oder des Ranges sowie auch die Löschungsvormerkungen gemäß § 1179 BGB. unterliegen dem Stempel T. 15 in Höhe von $^{1}/_{10}$ des Wertes des sichergestellten Rechts. (Die Vormerkung des Rechts auf Auflassung ist aber stempelfrei.)

2. Für die Löschungsvormerkung besteht aber die Besonderheit, daß sie nicht nur die einstweilige Verpflichtungserklärung des Grundstückseigentümers enthält, sondern als die Beurkundung eines Vertrages anzusehen ist, durch den sich der Eigentümer dem Gläubiger gegenüber zur Löschung der Hypothek im Falle ihrer Vereinigung mit dem Eigentum verpflichtet. Der zu erhebende Stempel darf daher den Vertragsstempel, also 3.— RM., nicht übersteigen (JW. 1931, 302; D.NotV. 1930, 46).

XI. Die Grundbucheinsicht durch einen Notar ist ein gebührenfreies Nebengeschäft, wenn sie vor oder nach der Beurkundung durch den Notar erfolgt. Wird aber das Grundbuch durch einen Notar ohne Zusammenhang mit einer Beurkundung eingesehen, so entsteht eine Gebühr in Höhe von $^{5}/_{10}$ nach § 16 RGO. Als

Wert ist aber nicht der volle Grundstückswert, sondern ein geschätzter Wert im Sinne von § 22 GKG. zugrunde zu legen. Die Bescheinigung über den Grundbuchstand durch einen Notar ist gemäß § 47 mit $^{10}/_{10}$ gebührenpflichtig; für den Wertansatz gilt aber das gleiche wie bei der Grundbucheinsicht (KG. DNotV. 1929, 106; 1931, 109).

XII. Wird von dem Notar lediglich die Unterschrift einer Urkunde beglaubigt, so kommen nur $^{2}/_{10}$ der Gebühr in Frage. Nimmt dabei aber der Notar auf Wunsch der Partei Veränderungen in dem Entwurfe vor, so ist dieser berechtigt, freilich für den Regelfall nicht nach dem vollen Werte, sondern nach einem für die Abänderung zu schätzenden Werte gemäß § 38 Abs. 2 GKG., zu liquidieren (DNotV. 1931, 476).

B. Die Kosten der Eintragung.

Bei Eintragung in das Grundbuch werden an Gerichtskosten erhoben:

1. Die volle Gebühr für die Eintragung der Hypothek oder Grundschuld, sowie der Umschreibung auf Grund der Abtretung.

Bei einer Gesamthypothek wird für sämtliche Eintragungen die Gebühr nur einmal erhoben, wenn a) die Eintragung auf Grund eines gleichzeitig gestellten Antrags erfolgt, b) sämtliche Grundstücke demselben Eigentümer gehören, c) die Grundstücke in demselben Amtsgerichtsbezirk gelegen sind. Sind aber nicht sämtliche zu a—c angegebenen Voraussetzungen erfüllt, so erhöhen sich die Gebühren für jede weitere Eintragung, und zwar nach dem Werte des Rechtes oder des Grundstücks, je nachdem der eine oder der andere der geringere ist (§ 56 Abs. 2).

2. Fünf Zehnteile der vollen Gebühr für die Eintragung von Veränderungen sonstiger Art mit Einschluß der Verfügungsbeschränkungen (§ 57 Abs. 2). Bei Vorrangseinräumungen und Löschungsvormerkungen ist gemäß § 20 Abs. 3 GKG. für den Wertansatz die dem Betrage nach geringere Post maßgebend.

Fünf Zehnteile der vollen Gebühr werden ferner erhoben:

Für die Eintragung von Vormerkungen und Widersprüchen (§ 58).

Für die Löschungen einschließlich der dabei vorkommenden Nebengeschäfte (§ 61).

Für die Eintragung der Entlassung einzelner Grundstücke aus der Mithaft (§ 62).

3. Zwei Zehnteile der vollen Gebühr für die Erteilung eines Hypothekengrundschuld- oder Rentenschuldbriefes, eines Teilbriefes oder eines neuen Briefes, und für die Ergänzung eines Auszuges aus dem Grundbuch ein Zehnteil der vollen Gebühr (§ 64 Abs. 1).

Ferner zwei Zehnteile für die Eintragung der nachträglichen Ausschließung der Erteilung eines Briefes, wie ähnlicher Vermerke im Grundbuch (§ 60).

4. Ein Zehnteil der vollen Gebühr:

Für die Erteilung beglaubigter Abschriften des Grundbuchblatts, gleichviel ob sie das vollständige Grundbuchblatt oder nur einen Teil davon betrifft.

Ferner für Bescheinigungen des Grundbuchrichters, über den Inhalt des Grundbuchs oder für Vermerke auf dem Hypothekenbriefe, sofern sie ein nicht gebührenfreies Nebengeschäft bilden (§ 64, 2 und 3).

§ 47.

Die Hypothek im Steuerrecht.

I. Umsatzsteuer.

Auch eine Verkehrshypothek kann als vereinnahmtes Entgelt für eine umsatzsteuerpflichtige Leistung in Betracht kommen. Dann ist, falls nicht besondere Umstände einen höheren oder geringeren Wert begründen, die Höhe des Nennwertes für den Ansatz gemäß § 8 Abs. 1 UmsStG. 1926 maßgebend.

Ergibt aber die Prüfung, daß nicht mit Beitreibbarkeit der vollen Summe zu rechnen ist, so ist die Hypothek nach dem Grad ihrer Sicherheit zu bewerten (JW. 29, 2652).

Hat eine Sparkasse, eine Hypothekenbank, oder eine Versicherungsgesellschaft in der Zwangsversteigerung zur Rettung des Hypothekenkapitals das Grundstück erstanden und die Rechte aus dem Meistgebot abgetreten, so kommt die Umsatzsteuerpflicht für die Abtretung in Frage; denn die Weiterveräußerung der

Rechte auf das Grundstück muß als ein Hilfsgeschäft, das zur Förderung des Hauptbetriebes dient, auch dann angesehen werden, wenn mit ihm nicht die Absicht, einen Gewinn zu erzielen, verbunden ist (RFH. vom 14. November 1930, Grundstückswarte 1931, S. 158).

II. Grunderwerbssteuerpflicht.

1. In Fällen der Abtretung der Rechte aus dem Meistgebot wie der Erklärung des Meistbietenden, daß er für einen anderen geboten habe, ist der Wert der Gegenleistung grunderwerbspflichtig, wenn sie höher als das Meistgebot ist (§ 13 Satz 2 Grderw.-StG.).

Die Abtretung der Rechte aus dem Meistgebot wird grundsätzlich nicht anders behandelt wie die Weiterveräußerung eines Grundstücks (RFH. DNotV. Sonderheft 1932, 12). Steuerpflichtig ist auch das Meistgebot, das jemand im eigenen Namen, aber für Rechnung eines anderen abgibt, gleichviel, aus welchen Gründen das geschieht (RFH. DNotV. Sonderheft 1932, 13). Hat aber jemand als Vertreter eines anderen in der Zwangsversteigerung das Meistgebot abgegeben, ohne genügende Vollmacht zu besitzen, und wird dann dem Vertretenen, nachdem ausreichende Vollmacht nachgebracht, der Zuschlag erteilt, so kann der Vertreter nicht zur Steuer herangezogen werden, selbst wenn er im Zuschlagsbeschluß für mithaftend erklärt ist (RFH. DNotV. Sonderheft 1932, 12).

2. Bei der Bewertung dürfen Hypotheken und Grundschulden grundsätzlich nicht in Abzug gebracht werden, da ihre Übernahme einen Teil des Preises ausmacht (§ 12 GrderwStG.; RFH. 16, 264; bezüglich der Berücksichtigung außergewöhnlicher Bedingungen vgl. RFH. II A 429/26 StW. V Nr. 633). Bei dem Übergange im Wege der Zwangsversteigerung tritt an Stelle des Veräußerungspreises im Sinne von § 12 der Betrag des Meistgebotes unter Hinzurechnung der übernommenen Leistung (§ 13 GrderwStG. Satz 1).

3. Die im Zwangsversteigerungsverfahren als Teil des geringsten Gebotes berücksichtigten Hypotheken und Grundschulden werden auch dann in voller Höhe der Grunderwerbssteuer unter-

worfen, wenn der Ersteher vor der Versteigerung sie zu einem hinter dem Nennwert zurückbleibenden Betrag erworben hat (RFH. II A 267/29 StW. 1929 Nr. 657) und wenn die ihm zugrunde liegenden persönlichen Forderungen nicht entstanden sind (RFH. II A 653/30 StW. 1931 Nr. 209).

4. Zugunsten der zweiten und nachstehenden Hypotheken gibt § 14 GrderwStG. dem Hypothekengläubiger, der das Grundstück, um seine Hypothek zu retten, erstanden hat, eine Steuervergünstigung im folgenden Rahmen:

a) die Hypothek oder Grundschuld muß dem Ersteher bereits seit einem Jahr vor der ersten Beschlagnahme des Grundstücks zugestanden haben, wobei ihm die Zeit, die etwa die Hypothek oder Grundschuld seinem Erblasser oder Ehegatten zustand, anzurechnen ist.

b) Das Meistgebot oder der Gesamtbetrag muß mindestens 80% des Einheitswertes *) des Grundstücks betragen.

c) Die Umstände müssen ergeben, daß es dem Ersteher auf die Rettung seiner Hypothek ankam, und es darf kein Anhalt dafür bestehen, daß die Bestellung oder Abtretung der Hypothek zur Ersparung von Abgaben bei dem Grundstückserwerb erfolgt ist.

Unter diesen Voraussetzungen hat die Steuerbehörde auf Antrag des Schuldners zu bestimmen, daß die Steuer nur von dem Teil des Einheitswertes des Grundstücks oder des Meistgebotes erhoben wird, welcher den Gesamtbetrag der Hypotheken- bzw. Grundschuldforderungen des Erwerbers und der vorgehenden Posten übersteigt.

Über den Antrag entscheidet seit Erlaß vom 7. 4. 30 das Finanzamt (Grunderwerbssteuerstelle) und, nicht mehr das Landesfinanzamt, in erster Instanz.

III. Wertzuwachssteuer.

1. Nach der Auffassung des OVG. stellt die Übernahme von Hypotheken im Kaufvertrag durch den Käufer, soweit sie in An-

*) Durch die VO. vom 1. 12. 30 ist an Stelle des gemeinen Wertes der Einheitswert gesetzt. Für die Übergangsfälle vgl. VO. vom 13. 2. 31 (RGBl. 1931 S. 148) und den Runderlaß vom gleichen Tage (RGBl. 1931 S. 146).

rechnung auf den Kaufpreis erfolgt, nur eine Zahlungsmodalität dar, die an der Preishöhe nichts ändert (OVG. 80, 80). Die sich für den Erwerb eines Grundstücks in der Inflationszeit hieraus ergebenden Unbilligkeiten haben die neueren Wertzuwachssteuerordnungen meist durch entsprechende Bestimmungen auszugleichen gesucht.

Die Pr. MusterStO. bestimmt im § 7 folgendes:

a) Bestehen bei der neuen Veräußerung des Grundstücks die von dem Veräußerer übernommenen Schuldverpflichtungen noch und werden sie von dem neuen Erwerber übernommen, so ist ihr Wert für die Berechnung des Erwerbspreises mindestens mit dem gleichen Betrage einzustellen, wie er bei der Berechnung des neuen Veräußerungspreises in Ansatz gebracht ist,

b) sind die Schuldverpflichtungen zur neuen Veräußerung des Grundstücks getilgt, so ist ihr Goldmarkbetrag nach dem Wert der Leistung zu berechnen, die der Veräußerer für die Tilgung am Tilgungstage aufgewandt hat, soweit nicht ihr Goldmarkbetrag am Tage des Erwerbes höher ist.

2. Eine der § 7 der MusterStO. entsprechende Vorschrift ist in § 12 der BlnWertzStO. aufgenommen.

Die Praxis hat aber gezeigt, daß die gesetzlichen Bestimmungen in ihrem Wortlaut zu eng gefaßt waren. Die verbleibenden Härten suchen die BlnAusfBest. und Erläuterungen vom 14. 12. 31 tunlichst zu beseitigen.

a) Laut Ziff. 27 (4) der AusfBest. zu § 12 sollen in gleicher Weise, wie die bestehenden und übernommenen Hypotheken auch solche Schuldverpflichtungen behandelt werden, die inzwischen zurückgezahlt und gelöscht, dann aber durch das AufwGes. wieder aufgelebt sind und bei der Weiterveräußerung vom Erwerber übernommen werden.

b) (5) Erfolgt die Veräußerung des Grundstücks in der Zwangsversteigerung, so sind ehemals auf Papiermark lautende Schuldverpflichtungen, die ganz oder teilweise ausgeboten werden, mindestens mit dem gleichen Betrag in den Erwerbspreis aufzunehmen, mit dem sie im Meistgebot Berücksichtigung gefunden haben.

c) (6) Entsprechende Behandlung tritt auch dann ein, wenn als Veräußerungspreis der Einheitswert oder der gemeine Wert des Grundstücks eingesetzt ist, wie auch dann, wenn beim Erwerb im Wege der Zwangsversteigerung die Schuldverpflichtungen zwar nicht übernommen, wohl aber vom Ersteher getilgt worden sind.

3. In ständiger Rechtsprechung hat aber das OVG. daran festgehalten, daß die Aufwertung von Restkaufgeldhypotheken, sofern sie vom neuen Erwerber nicht übernommen worden sind, beim Ansatz des Erwerbspreises nicht zu berücksichtigen ist (OVG. VII C 188/30; VII C 243/30).

Auch die Ausführungsbestimmungen zur BlnStO. haben sich diese Rechtsauffassung des OVG. trotz ihrer offenbaren Unbilligkeit zu eigen gemacht und die Berücksichtigung der „späteren" Aufwertung abgelehnt (Ziff. 27 (7) der AusfBest.).

4. Auch im Wertzuwachssteuerrecht (Pr. MusterStO. § 8 Nr. 3; BlnStO. § 13) wirkt sich der Umstand, daß der Veräußerer das Grundstück in der Zwangsversteigerung zur Rettung seiner Hypothek erstanden hat, in der Steuervergünstigung aus. Der Betrag nämlich, mit dem der Veräußerer in der Zwangsversteigerung ausgefallen ist, ist danach dem Erwerbspreis in Höhe des Wertes, den die ausgefallene Forderung zur Zeit des Zuschlages hatte, bis zum Einheits- oder gemeinen Wert des Grundstücks hinzuzurechnen.

Beruht ihr Erwerb auf einer Schenkung oder ist ihr Erwerb innerhalb einer kürzeren Zeit als zwei Jahre vor der Einleitung der Zwangsversteigerung erfolgt, so werden die Forderungen nur berücksichtigt, wenn nach den Umständen Schenkung oder Erwerb keine Wertzuwachssteuerersparung bezweckten (vgl. Anlage VI 1).

IV. Einkommen- und Vermögensteuer.

1. Grundsätzlich ist davon auszugehen, daß das Hypothekenkapital nicht Einkommen im Sinne des § 6, nicht Ertrag, sondern Ertragsquelle ist (Strutz, Einkommensteuergeṣ. S. 824, § 14 Anm. 10).

Schwierigkeiten macht die Behandlung der Beschaffungskosten, die Behandlung der Damnumkosten.

Es ist zwar nunmehr anerkannt, daß auch im Rahmen des Körperschaftsteuergesetzes Beschaffungskosten für die Hypothek nicht bloß bei gewerbsmäßigen Kreditgeschäften, sondern stets, wo die Beschaffung der Hypothek im Interesse des Betriebs erforderlich ist, in Rechnung gesetzt werden können (RFH. I A 17/27; Strutz zu § 16 S. 1028). Der Hypothekenschuldner wird auch regelmäßig berechtigt sein, den Damnumbetrag auf einzelne Jahre der Dauer der Hypothek entsprechend zu verteilen (Fleck zu JW. 29, 2016 StW. 29 Nr. 159).

Eine andere Frage aber ist, ob der Hypothekenschuldner zu einer derartigen Verteilung verpflichtet ist. Im Regelfalle wird dem Hypothekenschuldner nicht zu widerlegen sein, daß das Damnum nicht als eine Vorauszahlung von Zinsen vereinbart ist, sondern als von ihm im Wege des Abzuges auf das Hypothekenkapital gezahlte notwendige Beschaffungskosten für die Erlangung der Hypothek aufzufassen sei. Nur dann also, wenn es sich bei dem Damnum um eine mißbräuchliche Vertragsformulierung im Sinne von RFH. 16, 296 handelt, wird eine Verpflichtung zur Verteilung des Damnum angenommen werden können (Strutz zu § 16, S. 1028).

2. Bei den erheblichen Schwankungen, die zur Zeit zwischen dem Steuerkurs und dem wirklichen Verkehrswert der Wertpapiere bestehen, ist es namentlich für die Vermögenssteuererklärung des Schuldners von beachtlicher Bedeutung, daß nach RFH. VI A 1342/28; JW. 29, 2016 ein Schuldner, der berechtigt ist, die Schuld durch Hingabe von Pfandbriefen zu tilgen, über den Betrag der Steuerkurse hinaus das Kapital in Ansatz bringen darf, mit dem im gewöhnlichen Geschäftsverkehr die in Frage kommenden Pfandbriefe erworben werden können (vgl. auch RFH. VI A 759/27; JW. 28, 984).

In RFH. 20, 244 ist es ferner auch für zulässig erklärt worden, daß ein Landwirt, der ein Pfandbriefdarlehn für Betriebszwecke aufgenommen hat, von seinem Einkommen den Verlust abziehen kann, der ihm durch den Unterschied zwischen dem aus den Pfandbriefen erzielten Erlös und dem Betrage seiner Rückzahlungspflicht entstanden ist.

Anlagen.

I. Gebührentabelle des Preußischen Gerichtskostengesetzes.

(§ 32.)

Die Gebühren werden, sofern nicht in dem Gesetze Ausnahmen vorgesehen sind, nach dem Werte des Gegenstandes erhoben. Die **volle** Gebühr im Sinne dieses Gesetzes beträgt bei Gegenständen im Werte:

1.	bis 50 Reichsmark einschließlich							2	Reichsmark
2.	von	mehr	als	50	bis	100	einschließlich	3	„
3.	„	„	„	100	„	200	„	4	„
4.	„	„	„	200	„	300	„	5	„
5.	„	„	„	300	„	500	„	6	„
6.	„	„	„	500	„	1000	„	8	„
7.	„	„	„	1000	„	1500	„	10	„
8.	„	„	„	1500	„	2000	„	12	„
9.	„	„	„	2000	„	2500	„	14	„
10.	„	„	„	2500	„	3000	„	16	„
11.	„	„	„	3000	„	3500	„	18	„
12.	„	„	„	3500	„	4000	„	20	„
13.	„	„	„	4000	„	5000	„	22	„
14.	„	„	„	5000	„	6000	„	24	„
15.	„	„	„	6000	„	7000	„	26	„
16.	„	„	„	7000	„	8000	„	28	„
17.	„	„	„	8000	„	9000	„	30	„
18.	„	„	„	9000	„	10 000	„	32	„
19.	„	„	„	10 000	„	12 000	„	36	„
20.	„	„	„	12 000	„	14 000	„	40	„
21.	„	„	„	14 000	„	16 000	„	44	„
22.	„	„	„	16 000	„	18 000	„	48	„
23.		„	„	18 000	„	20 000	„	52	„
24.	„	„	„	20 000	„	22 000	„	56	„
25.	„	„	„	22 000	„	24 000	„	60	„
26.	„	„	„	24 000	„	26 000	„	64	„
27.	„	„	„	26 000	„	28 000	„	68	„
28.	„	„	„	28 000	„	30 000	„	72	„
29.	„	„	„	30 000	„	35 000	„	80	„
30.	„	„	„	35 000	„	40 000	„	88	„
31.	„	„	„	40 000	„	50 000	„	100	„

32.	von	mehr	als	50 000	bis	60 000	einschließlich	112	Reichsmark
33.	„	„	„	60 000	„	70 000	„	124	„
34.	„	„	„	70 000	„	80 000	„	136	„
35.	„	„	„	80 000	„	90 000	„	148	„
36.	„	„	„	90 000	„	100 000	„	160	„

Die ferneren Wertklassen steigen um je 10 000 Reichsmark und die Gebühren um je 12 Reichsmark.

II. Notrecht.

1. Auszug aus der 4. Verordnung des Reichspräsidenten zur Sicherung von Wirtschaft und Finanzen und zum Schutze des inneren Friedens. Vom 8. Dezember 1931.

a) Erster Teil. Preis- und Zinssenkung.

Kapitel III.

Zinssenkung.

Erster Abschnitt.

Kapitalmarkt.

§ 1.

(1) Der Zinssatz von Anleihen, die in öffentlichen Schuldbüchern eingetragen oder über die Teilschuldverschreibungen ausgegeben sind (Schuldverschreibungen des Reichs, der Länder, Gemeinden und Gemeindeverbände, Pfandbriefe, Kommunal- und Kleinbahnobligationen, Schuldverschreibungen von Kreditanstalten oder Ablösungsanstalten des privaten oder öffentlichen Rechtes, Obligationen von Aktiengesellschaften, Kommanditgesellschaften auf Aktien, Gesellschaften mit beschränkter Haftung, Genossenschaften, Einzelpersonen usw.), wird, wenn er 8 vom Hundert oder weniger, aber mehr als 6 vom Hundert beträgt, auf 6 vom Hundert, wenn er mehr als 8 vom Hundert beträgt, im Verhältnis von 8 zu 6 herabgesetzt.

(2) Soweit der Zinssatz mehr als 12 vom Hundert beträgt, wird der 12 vom Hundert übersteigende Teil des Zinssatzes im Verhältnis von 8 zu 4 herabgesetzt; im übrigen gilt Abs. 1.

(3) Ergibt sich als herabgesetzter Zinssatz eine Zahl, die nicht in volle Viertel teilbar ist, so wird sie nach oben auf ein volles Viertel abgerundet.

(4) Die Herabsetzung gilt nur für Zinsen, die für einen nach dem Inkrafttreten dieses Abschnitts liegenden Zeitraum geschuldet werden.

§ 2.

(1) Die Vorschriften des § 1 gelten entsprechend für Zinsen von Forderungen, einschließlich der Hypotheken, sowie von Grundschulden, wenn die regelmäßige Fälligkeit nicht früher als ein Jahr nach ihrem Entstehen eintritt.

(2) Nicht gekürzt wird der Verwaltungskostenbeitrag, der bei Forderungen oder Grundschulden vereinbart ist, die zur Zeit des Inkrafttretens dieser Verordnung einer Hypothekenbank, einer Schiffspfandbriefbank oder einer öffentlich-rechtlichen Kreditanstalt im Sinne des Gesetzes vom 21. Dezember 1927 (RGBl. I S. 492) zustehen; ist ein Verwaltungskostenbeitrag nicht besonders vereinbart, so gilt nach näherer Bestimmung der Durchführungsvorschriften ein Teil des bisherigen Zinssatzes als Verwaltungskostenbeitrag.

§ 3.

Die nach § 1 Abs. 1 des Gesetzes über die Fälligkeit und Verzinsung der Aufwertungshypotheken vom 18. Juli 1930 (RGBl. I S. 300) über 5 vom Hundert hinaus zu leistenden Mehrzinsen (Aufwertungszinszuschlag) werden auf 1 vom Hundert herabgesetzt.

§ 4.

(1) Forderungen und Grundschulden der in §§ 1, 2 bezeichneten Art, deren Zinsen nach diesem Abschnitt herabgesetzt sind, kann der Gläubiger nicht vor dem 31. Dezember 1933 kündigen. Ist die Kündigung vertraglich für eine bestimmte Frist ausgeschlossen, so verlängert sich diese Frist um zwei Jahre. Durch die Verlängerung wird die Frist über den 31. Dezember 1935 hinaus nicht erstreckt. Ist die Kündigung vertraglich erst zu einem nach dem 31. Dezember 1935 liegenden Termin zulässig, so behält es dabei sein Bewenden.

(2) Bereits ausgesprochene Kündigungen bleiben wirksam.

(3) Für die Fälligkeit der in § 1 Abs. 1 genannten Anleihen bleibt es bei den bisherigen Bestimmungen.

(4) Die Kreditinstitute der in § 2 Abs. 2 bezeichneten Art können den Tilgungsplan ihrer Pfandbriefe und Schuldverschreibungen ändern, wenn durch die im Abs. 1 vorgesehene Änderung der Fälligkeit die Rückzahlung der zur Deckung dienenden Forderungen oder Grundschulden hinausgeschoben wird.

(5) Bestehende Vereinbarungen und Satzungsbestimmungen, nach denen die Forderung oder die Grundschuld vorzeitig fällig wird, sowie die Rechte des Gläubigers nach den §§ 1133 bis 1135 des Bürgerlichen Gesetzbuchs bleiben unberührt.

(6) Das Kündigungsrecht des Schuldners und des Eigentümers des belasteten Grundstücks wird durch die Vorschriften dieses Abschnitts nicht beschränkt.

(7) Die Fälligkeitsvorschriften des Gesetzes über die Fälligkeit und Verzinsung der Aufwertungshypotheken vom 18. Juli 1930 (RGBl. I S. 300) und der Verordnung vom 10. November 1931 (RGBl. I S. 667) bleiben unberührt.

§ 5.

Die Hypothek oder die Grundschuld für die nach § 2 Abs. 1 herabgesetzten Zinsen erlischt.

§ 6.

(1) Nach dem 31. Dezember 1931 dürfen Schuldverschreibungen auf den Inhaber auf Grund einer bis zu diesem Zeitpunkt erteilten staatlichen Genehmigung nicht mehr in den Verkehr gebracht werden.

(2) Im Inland ausgestellte Schuldverschreibungen auf den Inhaber im Sinne des § 795 des Bürgerlichen Gesetzbuchs oder des Gesetzes über die Ausgabe wertbeständiger Schuldverschreibungen auf den Inhaber vom 23. Juni 1923 (RGBl. I S. 407) dürfen nur mit Genehmigung der Reichsregierung in den Verkehr gebracht werden.

(3) Vor Erteilung der Genehmigung ist die Zustimmung der obersten Landesbehörde des Landes herbeizuführen, in dessen Gebiet der Aussteller seinen Wohnsitz oder seine gewerbliche Niederlassung hat.

(4) Die übrigen Vorschriften des § 795 des Bürgerlichen Gesetzbuchs finden entsprechende Anwendung.

(5) Das Nähere bestimmen die Durchführungsvorschriften.

§ 7.

(1) Die Vorschriften der §§ 1 bis 6 finden nach näherer Bestimmung der Durchführungsvorschriften auf im Ausland gegebene Schuldverschreibngen keine Anwendung.

(2) Dasselbe gilt nach näherer Bestimmung der Durchführungsvorschriften für inländische Forderungen, die der Deckung der im Abs. 1 bezeichneten Schuldverschreibungen dienen.

§ 8.

§ 247 des Bürgerlichen Gesetzbuchs tritt wieder in Kraft.

§ 9.

(1) Zur Erhaltung der Wirksamkeit gegenüber dem öffentlichen Glauben des Grundbuchs bedürfen die auf diesem Abschnitt beruhenden Veränderungen der Zinssätze und der Fälligkeitsbedingungen nicht der Eintragung.

(2) Die Vorschriften des § 796 des Bürgerlichen Gesetzbuchs finden keine Anwendung, soweit nach diesem Abschnitt Zinssätze und Fälligkeitsbedingungen verändert werden.

§ 10.

Haben Kreditinstitute der in § 2 Abs. 2 bezeichneten Art auf Grund der erworbenen Hypotheken oder Grundschulden Schuldverschreibungen ausgegeben, so können die Schuldner dieser Hypotheken und Grundschulden ihre Schuld nach näherer Bestimmung der Durchführungsvorschriften durch Hingabe gleichartiger Schuldverschreibungen des Gläubigerkreditinstituts tilgen.

§ 11.

Der Reichswirtschaftsminister und der Reichsminister der Justiz können die zur Durchführung dieses Abschnitts erforderlichen Rechtsverordnungen und allgemeinen Verwaltungsvorschriften erlassen. Sie können, soweit sie es zur Erreichung des Zweckes dieses Abschnitts für erforderlich halten, allgemeine Vorschriften ergänzenden Inhalts treffen.

§ 12.

Dieser Abschnitt tritt mit dem 1. Januar 1932, der § 4 mit dem Tage der Verkündung in Kraft.

b) Erste Durchführungs- und Ergänzungsverordnung über Zinssenkung auf dem Kapitalmarkt.

Vom 23. Dezember 1931.

(Veröffentl. im Deutschen Reichsanzeiger und Preußischen Staatsanzeiger Nr. 300 vom 24. Dezember 1931.)

Auf Grund des § 11 des Ersten Abschnitts des Kapitels III des Ersten Teiles der Vierten Verordnung des Reichspräsidenten zur Sicherung von Wirtschaft und Finanzen und zum Schutze des inneren Friedens vom 8. Dezember 1931 (RGBl. I S. 699) wird verordnet:

Artikel 1.

Unter Notverordnung ist in den folgenden Vorschriften der Erste Abschnitt des Kapitels III des Ersten Teiles der Vierten Verordnung des Reichspräsidenten zur Sicherung von Wirtschaft und Finanzen und zum Schutze des inneren Friedens vom 8. Dezember 1931 (RGBl. I S. 699) zu verstehen.

Artikel 2.

Herabzusetzen ist auch ein Zinssatz, der nicht durch eine Zahl bestimmt, sondern nach einem Maßstab (z. B. Reichsbankdiskont) zu errechnen ist, soweit sich dabei für einen nach dem 31. Dezember 1931 liegenden Zeitraum ein Zinssatz von mehr als 6 vom Hundert ergibt.

Artikel 3.

(1) Nicht als Zinsen gelten Zuschläge, die ein Schuldner wegen Verzugs oder wegen Nichtbewirkung von Nebenleistungen zu zahlen hat, auch wenn sie als Zinsen (z. B. Verzugs- oder Strafzinsen) bezeichnet sind.

(2) Nicht als Zinsen gelten ferner solche Zuschläge zu festen Zinsen, die für den Fall eines bestimmten Geschäftsergebnisses des Schuldners zu leisten sind.

Artikel 4.

(1) Nichtig ist eine vor dem 9. Dezember getroffene Vereinbarung oder Satzungsbestimmung,

a) wonach für den Fall einer gesetzlichen Zinsherabsetzung auf diese verzichtet wird,

b) wonach für den Fall einer gesetzlichen Zinsherabsetzung die Hauptforderung fällig oder vorzeitig kündbar wird oder mit einem Aufgeld zurückzuzahlen ist,

c) wonach die Hauptforderung fällig oder vorzeitig kündbar wird oder mit einem Aufgeld zurückzuzahlen ist, wenn eine Vereinbarung nach a gesetzlich für nichtig erklärt werden sollte.

(2) Eine Nichtigkeit nach Abs. 1 berührt nicht die Gültigkeit der übrigen Teile der Vereinbarung oder Satzung.

Artikel 5.

(1) Der Herabsetzung unterliegt auch der Zinssatz einer Forderung (Hypothek) oder Grundschuld, der in der Zeit vom 9. bis zum 31. Dezember 1931 vereinbart worden ist. Die Herabsetzung tritt nicht ein, wenn die Beteiligten die durch die Notverordnung vorgesehene Zinsherabsetzung ausschließen wollten.

(2) Eine Zinsherabsetzung nach Abs. 1 Satz 1 berührt nicht die übrigen Teile der Vereinbarung.

Artikel 6.

Der Zinsherabsetzung unterliegt auch eine Forderung (Hypothek) oder Grundschuld, die erst nach dem 31. Dezember 1931 entsteht, zu deren Begründung sich der Gläubiger aber vor dem 1. Januar 1932 verpflichtet hat. Durch die Zinsherabsetzung wird die Verpflichtung zur Begründung der Forderung (Hypothek) oder Grundschuld nicht berührt. Artikel 5 gilt entsprechend.

Artikel 7.

(1) Der Zinsherabsetzung nach § 2 Abs. 1 der Notverordnung unterliegen auch solche Forderungen (Hypotheken) und Grundschulden, die für unbestimmte Zeit begründet sind und deren Fälligkeit von einer Kündigung abhängt, wenn die Kündigung nicht für einen Zeit-

punkt ausgesprochen worden ist, der innerhalb eines Jahres seit dem Entstehen der Forderung (Hypothek) oder Grundschuld liegt.

(2) Der Zinsherabsetzung nach § 2 Abs. 1 der Notverordnung unterliegen nicht Forderungen (Hypotheken) und Grundschulden, deren Fälligkeit durch Stundung hinausgeschoben worden ist, wenn die am 1. Januar 1932 laufende Stundungsfrist weniger als ein Jahr beträgt.

Artikel 8.

Der Zinsherabsetzung unterliegen, ohne daß es auf die Fälligkeit ankommt, Forderungen nicht, die entstanden sind

a) im Rahmen eines bankmäßigen Personalkreditgeschäfts,
b) daraus, daß Kreditinstitute Vorschüsse auf Darlehn gegeben haben, die langfristig aufgenommen werden sollten (Zwischenkredite),
c) aus Darlehen und Vorauszahlungen, die auf Versicherungsscheine gewährt worden sind,
d) aus Darlehen, die aus Gefälligkeit oder sonst unter Umständen gegeben worden sind, aus denen zu entnehmen ist, daß eine langfristige Kreditgewährung nicht beabsichtigt war.

Artikel 9.

(1) § 2 Abs. 2 der Notverordnung ist auch auf andere als die dort bezeichneten Kreditinstitute anzuwenden, soweit sie Geld hereinnehmen und langfristig weiterverleihen.

(2) Der Reichswirtschaftsminister kann bestimmen, daß § 2 Abs. 2 der Notverordnung auch für andere Unternehmungen gilt.

Artikel 10.

(1) Ist ein Verwaltungskostenbeitrag (§ 2 Abs. 2 der Notverordnung) nicht besonders vereinbart, so gelten höchstens ein Halbes, bei Forderungen (Hypotheken) oder Grundschulden von nicht mehr als fünfzehntausend Reichsmark höchstens drei Viertel vom Hundert der Forderung (Hypotheken) oder Grundschuld als Verwaltungskostenbeitrag.

(2) Sind an einer Kreditgewährung hintereinander mehrere Kreditinstitute beteiligt, so darf als Verwaltungskostenbeitrag insgesamt kein höherer Beitrag bestimmt werden, als je einem Drittel vom Hundert der Forderung (Hypothek) oder Grundschuld für ein beteiligtes Institut entspricht; bei Forderungen (Hypotheken) oder Grundschulden von nicht mehr als fünfzehntausend Reichsmark tritt an die Stelle eines Drittels vom Hundert ein Halbes vom Hundert.

(3) Bei den unter Artikel 9 fallenden Unternehmungen beträgt der Verwaltungskostenbeitrag höchstens drei Achtel vom Hundert der Forderung (Hypothek) oder Grundschuld.

(4) Die Bestimmung der Höhe des Verwaltungskostenbeitrags (Abs. 1, 2, 3) bedarf der Genehmigung der Aufsichtsbehörde oder, wenn eine solche nicht bestimmt ist, der nach dem Hauptsitz des Instituts zuständigen obersten Landesbehörde. Die Behörde kann im Einvernehmen mit dem Reichswirtschaftsminister den Verwaltungskostenbeitrag in Abweichung von Abs. 1, 2, 3 festsetzen.

Artikel 11.

Soweit in einem Zinssatz ein Zuschlag enthalten ist zur Tilgung eines Zusatzdarlehns, das dem Schuldner von dem Kreditinstitut (§ 2 Abs. 2 der Notverordnung, Art. 9) zur Deckung der Geldbeschaffungskosten aus eigenen Mitteln gewährt worden ist (Disagiodarlehen), wird der Zuschlag nicht gekürzt. Artikel 10 Abs. 4 gilt entsprechend.

Artikel 12.

Durch § 4 Abs. 1 der Notverordnung wird die Fälligkeit einer Forderung (Hypothek) oder Grundschuld nicht berührt, wenn die Fälligkeit, ohne daß es einer Kündigung bedarf, nach Vereinbarung oder Satzungsbestimmung eintritt.

Artikel 13.

(1) Die Kreditinstitute (§ 2 Abs. 2 der Notverordnung, Artikel 9) können außer im Falle des § 4 Abs. 4 der Notverordnung den Tilgungsplan ihrer Pfandbriefe und Schuldverschreibungen ändern, wenn durch die Zinsherabsetzung die Tilgungsdauer der zur Deckung dienenden Forderungen (Hypotheken) oder Grundschulden verlängert wird. Die Institute können den Tilgungsplan ferner soweit ändern, wie es notwendig ist, um die Einlösungsfristen der Laufzeit der Deckungsforderungen (Hypotheken) oder Grundschulden anzupassen.

(2) Die Kreditinstitute können auch die von ihren Schuldnern einzuhaltenden Tilgungspläne ändern. Den bisherigen Tilgungssatz dürfen sie jedoch nur soweit erhöhen, wie es zu einer Abrundung erforderlich ist.

(3) Die Änderung eines Tilgungsplanes bedarf der Genehmigung der Aufsichtsbehörde oder, wenn eine solche nicht bestimmt ist, der nach dem Hauptsitz des Instituts zuständigen obersten Landesbehörde. Die Behörde kann Näheres über die Änderung des Tilgungsplanes bestimmen.

Artikel 14.

Der Gläubiger einer Forderung (Hypothek) oder Grundschuld, deren Fälligkeitsbedingungen nach § 4 Abs. 1 der Notverordnung verändert werden, kann, auch wenn dies nicht vereinbart ist, ohne Einhaltung einer Kündigungsfrist vorzeitig kündigen, wenn der Schuldner länger als einen Monat mit einer Zinszahlung im Verzug ist.

Artikel 15.

§ 5 der Notverordnung gilt auch für die gemäß § 1187 des Bürgerlichen Gesetzbuchs bestellten Sicherungshypotheken.

Artikel 16.

(1) § 6 Abs. 1 der Notverordnung gilt nicht für Schuldverschreibungen, die vor dem 9. Dezember 1931 zum amtlichen Handel an einer deutschen Börse zugelassen worden sind.

(2) § 6 Abs. 1 der Notverordnung gilt ferner nicht für die Lieferung von Schuldverschreibungen, die vor dem 9. Dezember 1931 verkauft worden sind. Der Aussteller der Schuldverschreibungen hat der Aufsichtsbehörde oder obersten Landesbehörde (§ 10 Abs. 4) solche Verkäufe bis zum 15. Januar 1932 anzuzeigen.

Artikel 17.

(1) Als im Ausland begeben (§ 7 Abs. 1 der Notverordnung) gelten Schuldverschreibungen, die von inländischen Schuldnern ausgestellt worden sind und entweder auf ausländische Zahlungsmittel lauten oder ausschließlich für den Absatz und Handel im Ausland bestimmt waren. Waren die Zinsen einer Schuldverschreibung vom Steuerabzug vom Kapitalertrage befreit worden, so wird im Zweifel vermutet, daß die Schuldverschreibung im Ausland begeben war. Schuldverschreibungen, die zum amtlichen Handel an einer deutschen Börse zugelassen sind, gelten jedoch in keinem Falle als im Ausland begeben.

(2) Den im Ausland begebenen Schuldverschreibungen stehen im Ausland aufgenommene Anleihen sowie solche anleiheähnlichen Finanzierungen gleich, die im Ausland durchgeführt worden sind. Dies gilt nicht für Finanzierungen, die auf Grund aufgekaufter Forderungen (Hypotheken) oder Grundschulden im Ausland durchgeführt worden sind.

Artikel 18.

(1) Ist bei mehreren inländischen Forderungen (Hypotheken) oder Grundschulden eines Kreditinstitutes nicht unterscheidbar, welche Forderungen (Hypotheken) oder Grundschulden der Deckung einer Schuldverschreibung oder Anleihe (Artikel 17) dienen, so unterbleibt die Herabsetzung des Zinssatzes aller inländischen Forderungen (Hypotheken) oder Grundschulden soweit, wie es notwendig ist, um eine Deckung für die Schuldverschreibung oder Anleihe aufrechtzuerhalten.

(2) Die Bestimmung, welcher Teil des Zinssatzes nach Abs. 1 nicht gekürzt werden soll, bedarf der Genehmigung der Aufsichtsbehörde oder, wenn eine solche nicht bestimmt ist, der nach dem Hauptsitz des Instituts zuständigen obersten Landesbehörde.

Artikel 19.

Ist zweifelhaft oder streitig, ob eine Schuldverschreibung als im Ausland begeben (Artikel 17 Abs. 1) anzusehen ist, ob eine im Ausland aufgenommene Anleihe oder im Ausland durchgeführte anleiheähnliche Finanzierung (Artikel 17 Abs. 2) vorliegt oder ob eine inländische Forderung (Hypothek) oder Grundschuld zur Deckung einer solchen Schuldverschreibung, Anleihe oder Finanzierung dient, so entscheidet auf Antrag eines Beteiligten das Reichswirtschaftsgericht in der Besetzung von einem Vorsitzenden, zwei rechtskundigen und zwei sachverständigen Beisitzern. Vor der Entscheidung ist ein Vertreter der Reichsregierung zu hören. Die Entscheidung ist endgültig; sie bindet Gerichte, Schiedsgerichte und Verwaltungsbehörden.

Artikel 20.

(1) Ein Verwaltungskostenbeitrag (§ 2 Abs. 2 der Notverordnung, Artikel 10), ein Zuschlag nach Artikel 11 sowie solche Teile des Zinssatzes, die nach Artikel 18 nicht gekürzt werden, gelten nicht als ein Teil des Zinssatzes im Sinne des § 247 des Bürgerlichen Gesetzbuchs.

(2) Die Frist von sechs Monaten, nach deren Ablauf ein Schuldner gemäß § 247 Abs. 1 des Bürgerlichen Gesetzbuchs ein Kapital kündigen darf, beginnt frühestens mit dem 1. Januar 1932.

Artikel 21.

(1) Eine Tilgung nach § 10 der Notverordnung ist unzulässig, wenn die Schuldverschreibungen im Ausland begeben sind (Artikel 17 Abs. 1).

(2) § 10 der Notverordnung gilt nur zugunsten der Schuldner solcher Hypotheken und Grundschulden, die vor dem 1. Januar 1932 bestellt worden sind.

(3) Vereinbarte regelmäßige Tilgungs- und Abzahlungsbeträge können auf Grund des § 10 der Notverordnung nicht durch Hingabe von Schuldverschreibungen entrichtet werden.

Artikel 22.

(1) Von der Befugnis nach § 10 der Notverordnung kann ein Schuldner nur bis zum 31. Dezember 1933 Gebrauch machen.

(2) Ein Schuldner, der von seiner Befugnis zur Hingabe von Schuldverschreibungen Gebrauch zu machen beabsichtigt, hat dies spätestens zwei Monate vor Fälligkeit dem Kreditinstitut mitzuteilen.

Artikel 23.

(1) Gleichartig (§ 10 der Notverordnung) sind Schuldverschreibungen, die nach Wertbenennung (Reichsmark, Feingold, Roggen

usw.), Zinssatz und Kündbarkeit der zu tilgenden Hypothek oder Grundschuld entsprechen. Der Treuhänder oder, wenn ein solcher nicht bestellt ist, die Aufsichtsbehörde kann Näheres bestimmen.

(2) Vereinbarungen zwischen dem Kreditinstitut und dem Schuldner darüber, welche Schuldverschreibungen zur Tilgung geeignet sind, bleiben unberührt.

Artikel 24.

Die Kreditinstitute können im Falle des § 10 der Notverordnung den Tilgungsplan ihrer Pfandbriefe und Schuldverschreibungen ändern, soweit es infolge Ersetzung von Barzahlungen durch Hingabe von Schuldverschreibungen erforderlich ist. Artikel 13 Abs. 3 gilt entsprechend.

Artikel 25.

Rechtsnachteile, die an eine unpünktliche Zahlung geknüpft sind, treten nicht ein, wenn bis zum 1. Juli 1932 fällige Zins- und Tilgungsbeträge infolge eines nicht auf grober Fahrlässigkeit beruhenden Irrtums über die Höhe der nach der Notverordnung und den zu ihrer Durchführung oder Ergänzung erlassenen Verordnungen geschuldeten Beträge unvollständig gezahlt werden.

Artikel 26.

Diese Verordnung tritt, soweit sie Vorschriften des § 4 der Notverordnung durchführt oder ergänzt, mit Wirkung vom 9. Dezember 1931, im übrigen mit Wirkung vom 1. Januar 1932 in Kraft.

Berlin, den 23. Dezember 1931.

Der Reichswirtschaftsminister.
Warmbold.

Der Reichsminister der Justiz.
Dr. Joël.

c) Zweiter Teil. Wohnungswirtschaft (der 4. NotVO.).

Kapitel I.

Geldentwertungsausgleich bei bebauten Grundstücken.

§ 1.

(1) Die Steuer, die nach dem Gesetz über den Geldentwertungsausgleich bei bebauten Grundstücken in der Fassung der Bekanntmachung vom 1. Juni 1926 (RGBl. I S. 251) in Verbindung mit Kapitel I Vierter Teil der Dritten Verordnung des Reichspräsidenten zur Sicherung von Wirtschaft und Finanzen und zur Sicherung von politischen Ausschreitungen vom 6. Oktober 1931 (RGBl. I S. 537)

in den Ländern und Gemeinden erhoben wird (Gebäudeentschuldungssteuer), wird in allen Steuerstufen um folgende Hundertsätze gesenkt:
vom 1. April 1935 ab um 25 vom Hundert,
vom 1. April 1937 ab um weitere 25 vom Hundert.
Vom 1. April 1940 ab wird die Steuer nicht mehr erhoben.

(2) Der Senkung zugrunde zu legen ist der volle Jahresbetrag der Steuer, der für das Rechnungsjahr 1932 Geltung hat, ohne Berücksichtigung der niedergeschlagenen oder erlassenen Beträge.

§ 2.

(1) Der Eigentümer ist berechtigt, die sich nach § 1 für die Zeit vom 1. April 1932 bis zum Ablauf des Rechnungsjahrs 1939 ergebende Gebäudeentschuldungssteuer in der Zeit bis zum 31. März 1934 durch Zahlung eines einmaligen Betrages abzulösen.

(2) Macht der Eigentümer von dem ihm nach Abs. 1 zustehenden Rechte Gebrauch, so hat er, soweit der Ablösungsbetrag bis zum 31. März 1932 entrichtet wird, das Dreifache, und soweit der Ablösungsbetrag in der Zeit bis zum 31. März 1934 entrichtet wird, das Dreieinhalbfache des vollen Jahres der Gebäudeentschuldungssteuer (§ 1 Abs. 2) zu zahlen. Neben dem Ablösungsbetrage sind die bis zur Entrichtung des Ablösungsbetrags fällig gewordenen Gebäudeentschuldungssteuerbeträge zu zahlen.

(3) Die Ablösung kann auch teilweise nach näherer Anordnung der Landesregierung erfolgen. Über die Höhe der gezahlten Ablösung und den etwa verbleibenden Restbetrag hat die Steuerbehörde auf Antrag eine Bescheinigung zu erteilen.

(4) Soweit die Gebäudeentschuldungssteuer nach den Landesbestimmungen mit Rücksicht auf die Hilfsbedürftigkeit der Mieter zu stunden und niederzuschlagen ist, bestimmen die Landesregierungen, in welcher Weise die Auswirkungen der Ablösung für hilfsbedürftige Mieter unter Mitwirkung der Fürsorgeverbände auszugleichen sind. Sie haben hierfür die erforderlichen Mittel zur Verfügung.

§ 3.

(1) Will der Eigentümer zum Zwecke der Ablösung der Gebäudeentschuldungssteuer bei einem öffentlichen oder unter Staatsaufsicht stehenden Unternehmen, das nach Gesetz oder Satzung Grundkredit gibt (Hypothekenbank, Sparkasse, Versicherungsunternehmen usw.), ein hypothekarisch gesichertes Darlehen aufnehmen, so kann die Hypothek auf Antrag des Eigentümers mit dem Range vor allen anderen Rechten an dem Grundstück im Grundbuch eingetragen werden.

(2) Der Antrag ist nur zulässig, wenn der Eigentümer dem Grundbuchamt nachweist, daß Rückstände (§ 2 Abs. 2 Satz 2) nicht vorhanden sind und daß der Darlehnsbetrag zur Ablösung der Gebäudeentschuldungssteuer verwendet werden soll, und wenn das Unterneh-

men sich verpflichtet, den Darlehnsbetrag unmittelbar an die zuständige Steuerbehörde zu entrichten. Der Nachweis der Bezahlung etwaiger Rückstände sowie der Höhe des Ablösungsbetrags wird durch eine Bescheinigung der Steuerbehörde erbracht.

(3) Hinsichtlich der Rechte am Grundstück, deren Rang durch die Eintragung der Ablösungshypothek betroffen wird, finden Bestimmungen, die eine vorzeitige Fälligkeit der Schuld für den Fall der Rangänderung oder der Nichteinhaltung bestimmter Beleihungsgrenzen vorsehen, im Falle der Eintragung der Ablösungshypothek keine Anwendung.

(4) Eine Hypothek oder Grundschuld verliert ihre Eignung, gemäß § 10 des Hypothekenbankgesetzes als Deckung für Hypothekenpfandbriefe benutzt zu werden, nicht dadurch, daß sie infolge der Eintragung der Ablösungshypothek den in § 11 Abs. 2 des Hypothekenbankgesetzes vorgeschriebenen Wertteil übersteigt.

(5) Wird das Darlehen ganz oder teilweise zurückgezahlt, so erlischt die Hypothek in Höhe des zurückgezahlten Betrags. Die Hypothek erlischt ferner mit Ablauf von zehn Jahren seit der Eintragung; die persönliche Forderung bleibt unberührt. Bei der Eintragung der Hypothek ist der Zeitpunkt des Erlöschens im Grundbuch zu vermerken. Im Zwangsversteigerungsverfahren gilt die Hypothek auch nach Ablauf der zehn Jahre als nicht erloschen, wenn der Antrag auf Einleitung des Zwangsversteigerungsverfahrens vor Ablauf der Frist gestellt ist.

(6) Die Vorschriften der Abs. 1 bis 4 finden insoweit keine Anwendung, als mit anderen Staaten getroffene Vereinbarungen entgegenstehen.

§ 4.

(1) Das laufende Aufkommen an Gebäudeentschuldungssteuer soll vorbehaltlich des Abs. 2 zur Deckung des allgemeinen Finanzbedarfs der Länder und Gemeinden (Gemeindeverbände) dienen.

(2) Die Landesregierungen können bestimmen, ob und inwieweit aus dem Aufkommen Mittel für den Wohnungsbau (Kleinstwohnungsbau, Erhaltung des Altwohnraums, Teilung von Großwohnungen), Mittel für die Abdeckung der von der Umschuldung gemäß dem Dritten Teil Kapitel II der Dritten Verordnung des Reichspräsidenten zur Sicherung von Wirtschaft und Finanzen und zur Bekämpfung politischer Ausschreitungen vom 6. Oktober 1931 nicht erfaßten kurzfristigen Verpflichtungen aus Vorausverfügungen über die Gebäudeentschuldungssteuer und aus Bürgschafts- oder ähnlichen Verpflichtungen, die zur Förderung des Wohnungsbaues eingegangen sind, ferner Mittel für Zins- oder Mietzuschüsse für Neubauwohnungen bereitzustellen sind. Diese Mittel dürfen ein Fünftel des tatsächlichen Aufkommens für ein Rechnungsjahr nicht übersteigen.

§ 5.

(1) Das Aufkommen aus der Ablösung (§ 2) ist von den laufenden Gebäudeentschuldungssteuerbeträgen getrennt zu vereinnahmen und zu verwalten.

(2) Unbeschadet der Vorschrift des Abs. 3 sind von dem Aufkommen aus der Ablösung zu den im § 4 bezeichneten Zwecken zu verwenden:

a) je ein Drittel der bis zum 31. März 1932 eingehenden Ablösungsbeträge für die Rechnungsjahre 1932 und 1933,
b) je 30 vom Hundert der im Rechnungsjahre 1932 eingehenden Ablösungsbeträge für die Rechnungsjahre 1932 und 1933,
c) 30 vom Hundert der im Rechnungsjahre 1933 eingehenden Ablösungsbeträge für das Rechnungsjahr 1933.

Die Länder können bestimmen, daß weitere 30 vom Hundert des Gesamtaufkommens aus der Ablösung in gleicher Weise für das Rechnungsjahr 1934 zu verwenden sind. Der verbleibende Teil des Aufkommens ist, soweit er nicht nach Abs. 3 in Anspruch zu nehmen ist, zur Abdeckung der Schulden der Länder und Gemeinden zu verwenden. Die näheren Bestimmungen treffen die Landesregierungen.

(3) Soweit sich das laufende Aufkommen an Gebäudeentschuldungssteuer infolge der Ablösung mindert, haben die Länder aus dem Aufkommen aus der Ablösung so viel zur Verfügung zu stellen, daß die Durchführung der Umschuldung der Gemeinden im Rahmen des Dritten Teils Kapitel II § 4 der Dritten Verordnung des Reichspräsidenten zur Sicherung von Wirtschaft und Finanzen und zur Bekämpfung politischer Ausschreitungen vom 6. Oktober 1931 in der Fassung des Vierten Teils Kapitel VII, § 1 Nr. 2a gesichert ist.

§ 6.

Der Reichsminister der Finanzen ist befugt, mit Zustimmung des Reichsrats zur Durchführung dieses Kapitels und für den Übergang, insbesondere zur Erleichterung der Ablösung, Rechtsverordnungen und allgemeine Verwaltungsvorschriften zu erlassen und, soweit erforderlich, allgemeine Vorschriften ergänzenden Inhalts zu treffen.

§ 7.

Das Gesetz über den Geldentwertungsausgleich bei bebauten Grundstücken in der Fassung der Bekanntmachung vom 1. Juni 1926 (RGBl. I S. 251), des Abänderungsgesetzes vom 22. März 1930 (RGBl. I S. 91), des Siebenten Teils Kapitel III § 27 der Verordnung des Reichspräsidenten zur Sicherung von Wirtschaft und Finanzen vom 1. Dezember 1930 (RGBl. I S. 517) und des Sechsten Teils Kapitel II der Zweiten Verordnung des Reichspräsidenten zur Sicherung von Wirtschaft und Finanzen vom 5. Juni 1931 (RGBl. I S. 279) sowie die zur Durchführung dieses Gesetzes in den Ländern erlassenen Vorschriften treten unbeschadet der Durchführung bereits entstandener Steueransprüche mit dem Ablauf des Rechnungsjahres 1939 außer Kraft; ausgenommen sind die Vorschriften des § 1 Abs. 7 bis 10.

§ 8.

Soweit den Ländern und Gemeinden (Gemeindeverbänden) durch die Senkung der Gebäudeentschuldungssteuer (§ 1) in den Rechnungsjahren 1935 bis 1940 Ausfälle entstehen, die nicht durch die wirtschaftliche Lage bedingt sind, wird das Reich für eine entsprechende Neuordnung des Finanzausgleichs Sorge tragen. Der Berechnung der Ausfälle ist der Sollbetrag der Gebäudeentschuldungssteuer im Rechnungsjahre 1934 zugrunde zu legen.

Kapitel II.

Mietsenkung.

§ 1.

(1) Bei Mietverhältnissen, auf die die Vorschriften des Reichsmietengesetzes Anwendung finden, ermäßigt sich für die mit dem 1. Januar 1932 beginnende Mietzeit die gesetzliche Miete um zehn vom Hundert der Friedensmiete.

(2) Von dem gleichen Zeitpunkt an ermäßigt sich der Mietzins bei sonstigen Mietverhältnissen über Gebäude oder Gebäudeteile, die bis zum 1. Juli 1918 bezugsfertig geworden sind, um zehn vom Hundert der Friedensmiete.

§ 2.

Bei Mietverhältnissen über Gebäude oder Gebäudeteile, die nach dem 1. Juli 1918 bezugsfertig geworden sind, ermäßigt sich vom 1. Januar 1932 ab der Mietzins anteilig um den Betrag, um den die laufende Belastung des Grundstücks nach den Vorschriften über die Zinssenkung (Erster Teil Kapitel III dieser Verordnung) gesenkt wird.

§ 3.

Die Vorschriften dieses Kapitels finden auf Untermietverhältnisse keine Anwendung.

§ 4.

Gilt bei Inkrafttreten dieses Kapitels ein Mietzins, der niedriger ist als der Mietzins für die mit dem 1. Januar 1931 beginnende Mietzeit, so darf der Unterschied auf die Ermäßigung nach §§ 1, 2 angerechnet werden.

§ 5.

(1) Der Reichsarbeitsminister und der Reichsminister der Justiz erlassen zur Durchführung und Ergänzung dieses Kapitels Rechtsverordnungen und allgemeine Verwaltungsvorschriften; dabei können sie für Fälle bestimmter Art Ausnahmen von den Vorschriften dieses Kapitels zulassen.

(2) Die ihnen hiernach zustehenden Befugnisse können sie ganz oder teilweise auf die obersten Landesbehörden übertragen.

Kapitel III.

Außerordentliche Kündigung von Mietverträgen.

§ 1.

(1) Ein vor dem 15. Juli 1931 über Gebäude oder Gebäudeteile geschlossener Mietvertrag kann von dem Mieter zum 31. März 1932 gekündigt werden, auch wenn eine solche Kündigung nach Gesetz oder Vertrag nicht zulässig wäre. Dies gilt nicht, wenn der Mieter seit dem 15. Juli 1931 von einem ihm gesetzlich oder vertraglich zustehenden Kündigungsrechte keinen Gebrauch gemacht hat.

(2) Die Kündigung muß schriftlich erfolgen und dem Vermieter spätestens am 5. Januar 1932 zugehen.

§ 2.

Die Kündigung ist ausgeschlossen,

1. wenn der Vermieter im Laufe des Jahres 1931 den Mietzins im Wege der Vereinbarung spätestens mit Wirkung vom 1. April 1932 dauernd um mindestens zwanzig vom Hundert des zur Zeit der Vereinbarung maßgebenden Betrags ermäßigt hat; Heizungskosten und sonstige Nebenleistungen bleiben außer Betracht, wenn die gesetzliche Miete gilt oder wenn solche Kosten neben der Vertragsmiete besonders berechnet werden,
2. wenn der Vermieter auf Wunsch des Mieters in den Mieträumen besondere, mit einem außergewöhnlichen Kostenaufwand verbundene bauliche Arbeiten vorgenommen hat.

§ 3.

Die Vorschriften dieses Kapitels finden auf einen vor dem 15. Juli 1931 geschlossenen Pachtvertrag über gewerbliche Räume entsprechende Anwendung.

§ 4.

Wird der Vermieter oder Verpächter infolge einer Kündigung nach § 1 ohne sein Verschulden gehindert, eine in der Zeit vom 1. April bis 15. Juli 1932 fällig werdende Verbindlichkeit aus einer auf dem Grundstück ruhenden Last zu erfüllen, so gelten die Rechtsfolgen, die wegen der Nichtzahlung oder der nicht rechtzeitigen Zahlung nach Gesetz oder Vertrag eintreten, als nicht eingetreten.

§ 5.

Der Reichsminister der Justiz kann zur Durchführung und Ergänzung dieses Kapitels Rechtsverordnungen und allgemeine Verwaltungsvorschriften erlassen.

Kapitel IV.

Abbau und Beendigung der Wohnungszwangswirtschaft.

Artikel I.

(1) Die Vorschriften des Reichsmietengesetzes und des Gesetzes über Mieterschutz und Mieteinigungsämter gelten nicht für Mietverhältnisse über Wohnungen, deren Jahresfriedensmiete

a) 1600 Mark und mehr in Berlin,
b) 1400 Mark und mehr in den Orten der Sonderklasse,
c) 1200 Mark und mehr in den Orten der Ortsklasse A,
d) 900 Mark und mehr in den Orten der Ortsklasse B,
e) 600 Mark und mehr in den Orten der Ortsklasse C,
f) 450 Mark und mehr in den Orten der Ortsklasse D

beträgt. Sie gelten auch nicht für Geschäftsräume; doch bleiben Geschäftsräume, die Teile einer Wohnung bilden oder wegen ihres wirtschaftlichen Zusammenhanges mit Wohnräumen zugleich mit solchen vermietet sind, den Vorschriften der genannten Gesetze unterworfen, wenn die Friedensmiete für die Wohn- und Geschäftsräume zusammen hinter den im Satz 1 bezeichneten Grenzen zurückbleibt. Der Reichsarbeitsminister kann mit Zustimmung des Reichsrats die Grenzen herabsetzen.

(2) Der § 49a des Gesetzes über Mieterschutz und Mieteinigungsämter bleibt unberührt. Die Vorschriften des § 52e dieses Gesetzes gelten auch für die im Absatz 1 bezeichneten Mietverhältnisse.

Artikel II.

Das Gesetz über Mieterschutz und Mieteinigungsämter ist mit folgenden Maßgaben anzuwenden:

1. Die Amtsgerichte und Mieteinigungsämter entscheiden ohne Beisitzer.
2. Die Vorschriften des ersten Abschnitts gelten für Neubauten oder durch Um- oder Einbauten neugeschaffene Räume (§ 33) auch dann nicht, wenn sie mit Zuschüssen aus öffentlichen Mitteln erstellt sind. Bei Teilung einer Wohnung oder bei Ausbau von Gewerberäumen (§§ 33a, 33b) sind sämtliche Räume von

den Vorschriften des ersten Abschnitts und von der Beschlagnahme durch die Gemeindebehörde befreit.

3. Die Vorschriften des ersten Abschnitts gelten nicht für Untermietsverhältnisse und ähnliche Rechtsverhältnisse (§ 24 Abs. 2). Die Erlaubnis des Vermieters zur Weiterüberlassung der Mieträume kann nicht durch das Mieteinigungsamt ersetzt werden.
4. Eine Prüfung der Aufrechnungsbefugnis des Mieters durch eine besondere Stelle (§ 28) findet nicht mehr statt. Der § 52e Abs. 1 Nr. 2 gilt auch für die noch unter Mietschutz stehenden Mietverhältnisse.
5. Schiedsverfahren vor dem Mieteinigungsamte nach § 52a finden nicht mehr statt.
6. Im Falle des § 13 Abs. 4 beträgt die Beschwerdegrenze fünfzig Reichsmark.

Artikel III.

Im Reichsmietengesetz ist der § 16 Abs. 1 Satz 1 in folgender Fassung anzuwenden:

„Die Vorschriften dieses Gesetzes finden auf Neubauten oder durch Um- oder Einbauten neugeschaffene Räume, wenn sie nach dem 1. Juli 1918 bezugsfertig geworden sind oder künftig bezugsfertig werden, keine Anwendung. Sie gelten auch nicht bei Teilung einer Wohnung und bei Ausbau von Gewerberäumen (§§ 33a, 33b des Gesetzes über Mieterschutz und Mieteinigungsämter)."

Artikel IV.

Das Wohnungsmangelgesetz ist in folgender Fassung anzuwenden:

1. Der § 1 erhält folgenden Absatz 2:

   „Die Befugnis der obersten Landesbehörde besteht nicht für Wohnungen, deren Jahresfriedensmiete

   a) 800 Mark und mehr in Berlin und in den übrigen Orten der Sonderklasse,
   b) 600 Mark und mehr in den Orten der Ortsklasse A,
   c) 500 Mark und mehr in den Orten der Ortsklasse B,
   d) 300 Mark und mehr in den Orten der Ortsklasse C und D

   beträgt. Der Reichsarbeitsminister kann mit Zustimmung des Reichsrats die Grenzen herabsetzen."
2. Der § 2 wird gestrichen.
3. Im § 12 Abs. 1 wird folgender zweiter Satz angefügt:

   „Sie gelten auch nicht bei Teilung einer Wohnung und bei Ausbau von Gewerberäumen (§§ 33a, 33b des Gesetzes über Mieterschutz und Mieteinigungsämter)."

4. Der § 13 erhält folgende Fassung:
„Räume in Gebäuden, die gemeinnützigen Wohnungsunternehmen gehören, sowie Räume, die zur Unterbringung von Angehörigen eines Betriebs von dem Inhaber des Betriebs errichtet oder vor dem 1. Juli 1918 zu Eigentum erworben oder gemietet sind, dürfen von der Gemeindebehörde zur Unterbringung von Wohnungssuchenden nicht in Anspruch genommen werden."
5. Der § 15 wird gestrichen.

Artikel V.

Die Zugehörigkeit einer Gemeinde zu den in den Artikeln I, IV bezeichneten Ortsklassen bestimmt sich nach dem auf Grund des § 12 des Reichsbesoldungsgesetzes aufgestellten Ortsklassenverzeichnis.

Artikel VI.

(1) Der Reichsarbeitsminister und der Reichsminister der Justiz können zur Durchführung der Vorschriften dieses Kapitels Rechtsverordnungen und allgemeine Verwaltungsvorschriften erlassen.

(2) Sie werden ermächtigt, den Wortlaut der in den Artikeln I bis IV bezeichneten Gesetze und der Anordnung für das Verfahren vor dem Mieteinigungsamt und der Beschwerdestelle (RGBl. 1923 I S. 889) mit dieser Verordnung in Einklang zu bringen und ihn ganz oder teilweise im Reichsgesetzblatt neu bekanntzumachen.

Artikel VII.

(1) Die Artikel I, II Nr. 2, 3, III treten am 1. April 1932, die übrigen Vorschriften des Artikels II und die Artikel IV, V treten am 1. Januar 1932 in Kraft. Für die Übergangszeit finden die §§ 52b, 52c des Gesetzes über Mieterschutz und Mieteinigungsämter und der § 22a des Reichsmietengesetzes entsprechende Anwendung.

(2) Der Artikel V des Notgesetzes vom 24. Februar 1923 (RGBl. I S. 147) tritt am 1. Januar 1932 außer Kraft.

Artikel VIII.

Die Vorschriften des Siebenten Teiles Kapitel IV der Verordnung des Reichspräsidenten zur Sicherung von Wirtschaft und Finanzen vom 1. Dezember 1930 (RGBl. I S. 517, 598) sind in folgender Fassung anzuwenden:

1. Der Artikel I erhält folgende Fassung:
„Das Wohnungsmangelgesetz tritt am 1. April 1933 außer Kraft."

2. Im Artikel II

a) wird im Abs. 3 die Jahreszahl „1934“ durch „1933“ ersetzt,

b) erhält Abs. 4 folgende Fassung:

„Das Reichsmietengesetz und das Gesetz über Mieterschutz und Mieteinigungsämter treten am 1. April 1933 außer Kraft, falls bis zu diesem Zeitpunkt ein Gesetz in Kraft tritt, wodurch die Vorschriften des Bürgerlichen Gesetzbuchs über die Miete unter sozialen Gesichtspunkten ausgestaltet werden.“

Kapitel V.

Beamtenheimstätten.

Das Gesetz über die Abtretung von Beamtenbezügen zum Heimstättenbau vom 30. Juni 1927 (RGBl. I S. 133) ist in folgender Fassung anzuwenden:

1. Der § 2 Abs. 2 erhält folgenden Wortlaut:

„Die Abtretung ist nur zulässig zur Beschaffung, Verzinsung oder Tilgung von Darlehen, die durch Hypotheken, Grund- oder Rentenschulden gesichert sind oder gesichert werden sollen.“

2. Der § 2 Abs. 3 wird gestrichen.

d) Dritter Teil.

Maßnahmen auf dem Gebiete der Zwangsvollstreckung.

I.

§ 1.

(1) Bleibt bei der Zwangsversteigerung eines Grundstücks das abgegebene Meistgebot einschließlich des Kapitalwertes der nach den Versteigerungsbedingungen bestehen bleibenden Rechte hinter sieben Zehnteilen des Grundstückswertes zurück, so kann ein Berechtigter, dessen Anspruch ganz oder teilweise durch das Meistgebot nicht gedeckt wird, aber bei einem Gebote in der vorbezeichneten Höhe voraussichtlich gedeckt sein würde, die Versagung des Zuschlags beantragen. Der Antrag ist abzulehnen, wenn der betreibende Gläubiger widerspricht und glaubhaft macht, daß ihm durch die Versagung des Zuschlags ein unverhältnismäßiger Nachteil erwachsen würde.

(2) Der Antrag auf Versagung des Zuschlags kann nur bis zum Schluß der Verhandlung über den Zuschlag (§ 74 des Zwangsversteigerungsgesetzes) gestellt werden; das gleiche gilt von der Erklärung des Widerspruchs.

(3) Wird der Zuschlag auf Grund des Abs. 1 versagt, so ist von Amts wegen ein neuer Versteigerungstermin zu bestimmen. Der Zeitraum zwischen den beiden Terminen soll, sofern nicht die besonderen

Verhältnisse ein anderes als zweckmäßig erscheinen lassen, mindestens drei Monate betragen, darf aber sechs Monate nicht übersteigen.

(4) In dem neuen Versteigerungstermin kann der Zuschlag auf Grund der Vorschrift des Abs. 1 nicht versagt werden.

§ 2.

Ist das Meistgebot von einem zur Befriedigung aus dem Grundstück Berechtigten abgegeben, so findet die Vorschrift des § 1 keine Anwendung, wenn das Gebot einschließlich des Kapitalswertes der nach den Versteigerungsbedingungen bestehen bleibenden Rechte zusammen mit dem Betrage, mit dem der Meistbietende bei der Verteilung des Erlöses ausfallen würde, sieben Zehnteile des Grundstückswertes erreicht und dieser Betrag im Range unmittelbar hinter dem letzten Betrage steht, der durch das Gebot noch gedeckt wird.

§ 3.

Ist der Zuschlag einem zur Befriedigung aus dem Grundstück Berechtigten zu einem Gebot erteilt, das einschließlich des Kapitalswertes der nach den Versteigerungsbedingungen bestehen bleibenden Rechte hinter sieben Zehnteilen des Grundstückswertes zurückbleibt, so gilt der Ersteher auch insoweit als aus dem Grundstück befriedigt, als sein Anspruch durch das abgegebene Meistgebot nicht gedeckt ist, aber bei einem Gebot in der vorbezeichneten Höhe gedeckt sein würde.

§ 4.

(1) Als Grundstückswert im Sinne der §§ 1 bis 3 ist der Wert anzusehen, den das Gericht nach Maßgabe der folgenden Vorschriften festsetzt.

(2) Bei der Festsetzung ist von dem für den 1. Januar 1931 festgesetzten Einheitswerte und, soweit dieser noch nicht festgesetzt ist, von dem sonstigen für die Steuern maßgebenden Werte auszugehen. Veränderungen des Wertes, die in der Beschaffenheit oder in sonstigen Verhältnissen des Grundstücks ihren Grund haben, sind zu berücksichtigen. Ebenso sind Wertverschiebungen, die durch die allgemeine wirtschaftliche Entwicklung veranlaßt sind, in angemessenem Umfang zu berücksichtigen, soweit es sich dabei nicht um Auswirkungen einer auf dem Grundstücksmarkte bestehenden vorübergehenden Krise handelt. Der Wert der beweglichen Gegenstände, auf die sich die Versteigerung erstreckt, ist, soweit er in dem Einheitswerte noch nicht berücksichtigt ist, unter Würdigung aller Verhältnisse frei zu schätzen.

(3) Darüber, inwieweit das Gericht vor der Festsetzung des Wertes Sachverständige zu hören hat, kann die Landesjustizverwaltung Anordnungen erlassen.

(4) Der festgesetzte Wert ist im Versteigerungstermin vor der Aufforderung zur Abgabe von Geboten bekanntzugeben. Der Zuschlag oder die Versagung des Zuschlags kann nicht mit der Begründung angefochten werden, daß der Wert unrichtig festgesetzt sei.

II. Einstweilige Einstellung von Zwangsversteigerungen.

§ 5.

(1) Auf Antrag des Schuldners kann die Zwangsversteigerung eines Grundstücks auf die Dauer von längstens sechs Monaten einstweilen eingestellt werden, wenn die Nichterfüllung der fälligen Verbindlichkeit auf Umständen beruht, die in der wirtschaftlichen Gesamtlage begründet sind und die abzuwenden der Schuldner nicht in der Lage war.

(2) Die im Abs. 1 bezeichnete Voraussetzung ist insbesondere dann als gegeben anzusehen, wenn der Schuldner für eine innerhalb der ersten sieben Zehnteile des Grundstückswertes stehende Hypothek oder Grundstück, die nach dem 31. März 1931 fällig geworden ist, keinen Ersatz gefunden hat oder wenn er infolge von Ausfällen an Mieten oder eines wesentlichen Rückgangs der sonstigen Erträgnisse des Grundstücks oder eines auf dem Grundstück befindlichen Betriebs nicht in der Lage war, die aus den Erträgnissen zu deckenden wiederkehrenden Leistungen zu erfüllen.

(3) Der Antrag ist, auch wenn die Voraussetzungen des Abs. 1 vorliegen, abzulehnen, wenn die einstweilige Einstellung der Zwangsversteigerung dem betreibenden Gläubiger einen unverhältnismäßigen Nachteil bringen würde. Dies ist, sofern die Zwangsversteigerung von einem Gläubiger betrieben wird, dessen Hypothek oder Grundschuld innerhalb der ersten sieben Zehnteile des Grundstückswerts steht, im Zweifel anzunehmen, wenn der Schuldner mit einer an den Gläubiger zu bewirkenden Leistung bei Eröffnung des Verfahrens über drei Monate im Rückstande war und die Gefahr besteht, daß die Lage des Gläubigers durch das Anwachsen von Rückständen öffentlicher Abgaben und wiederkehrender Leistungen wesentlich verschlechtert wird.

(4) Der Antrag kann ferner abgelehnt werden, wenn mit Rücksicht auf die Beschaffenheit oder die sonstigen Verhältnisse des Grundstücks anzunehmen ist, daß die Versteigerung zu einem späteren Zeitpunkt einen geringeren Erlös bringen würde.

§ 6.

(1) Der Antrag auf einstweilige Einstellung der Zwangsversteigerung ist nur innerhalb einer Vorfrist von zwei Wochen nach Zustellung des Beschlusses zulässig, durch den die Zwangsversteigerung angeordnet oder der Beitritt zu dem Verfahren zugelassen ist.

(2) Vor der Entscheidung über den Antrag ist der betreibende Gläubiger zu hören. Es genügt für die Einstellung, wenn die Voraussetzungen glaubhaft gemacht sind.

(3) War der Versteigerungstermin bereits bekanntgegeben, so ist der Einstellungsbeschluß außer dem Gläubiger und dem Schuldner auch den übrigen Beteiligten zuzustellen.

(4) Gegen die Entscheidung über den Antrag findet die sofortige Beschwerde statt; eine weitere Beschwerde ist unzulässig.

§ 7.

Eine mehrmalige Einstellung der Zwangsversteigerung gemäß § 5 oder eine Verlängerung der im § 5 Abs. 1 bezeichneten Frist ist unzulässig.

§ 8.

Ist die Zwangsversteigerung gemäß § 5 einstweilen eingestellt, so beginnt die im § 31 Abs. 2 des Zwangsversteigerungsgesetzes vorgesehene Frist mit dem Zeitpunkt, bis zu dem die Einstellung angeordnet ist.

§ 9.

Der § 30 des Zwangsversteigerungsgesetzes ist mit der Maßgabe anzuwenden, daß erst die dritte Bewilligung der Einstellung als Rücknahme des Versteigerungsantrags gilt.

III. Zwangsverwaltung.

§ 10.

(1) Gehört bei der Zwangsverwaltung eines Grundstücks zu den Beteiligten eine öffentliche Körperschaft, ein unter staatlicher Aufsicht stehendes Institut, eine Hypothekenbank oder ein Siedlungsunternehmen im Sinne des Reichssiedlungsgesetzes, so kann dieser Beteiligte innerhalb einer ihm von dem Gerichte zu bestimmenden Frist eine in seinen Diensten stehende Person als Verwalter vorschlagen.

(2) Das Gericht hat den Vorgeschlagenen zum Verwalter zu bestellen, wenn der Antragssteller die dem Verwalter nach § 154 Abs. 1 des Zwangsversteigerungsgesetzes obliegende Haftung mitübernimmt und gegen den Vorgeschlagenen mit Rücksicht auf seine Person oder die Art der Verwaltung Bedenken nicht bestehen. Der vorgeschlagene Verwalter erhält für seine Tätigkeit keine Vergütung.

IV. Zustellungen an Schuldner mit unbekantem Wohnsitz.

§ 11.

(1) Bedarf es zur Einleitung der Zwangsvollstreckung in ein Grundstück der Zustellung eines Schuldtitels im Wege der öffentlichen

Zustellung, so kann die Zustellung statt dessen an einen bei dem Grundbuchamte für das Grundstück bestellten Zustellungsbevollmächtigten erfolgen; ist ein solcher nicht bestellt oder ist ein inländischer Wohnsitz des Bestellten nicht bekannt, so hat das Vollstreckungsgericht auf Antrag des Gläubigers für das beabsichtigte Verfahren einen Zustellungsvertreter (§§ 6, 7 des Zwangsversteigerungsgesetzes) zu bestellen, an den der Schuldtitel zugestellt werden kann. Die Wirkung der Zustellung beschränkt sich auf die beabsichtigte Zwangsvollstreckung.

(2) Ist von dem Schuldner ein Zustellungsbevollmächtigter beim Grundbuchamte bestellt oder hat das Vollstreckungsgericht gemäß Abs. 1 einen Zustellungsvertreter bestellt, so kann ihnen auch der Beschluß, durch den die Zwangsversteigerung oder Zwangsverwaltung angeordnet oder der Beitritt eines Gläubigers zugelassen wird, mit Wirkung für den Schuldner zugestellt werden.

V. Einschränkung von Verfügungen über Miet- und Pachtzinsforderungen.

§ 12.

Die Vorschriften der §§ 573, 574, 1123, 1124 des Bürgerlichen Gesetzbuchs (RGBl. 1896 S. 195, 1915 S. 327) und des § 21 der Konkursverordnung (RGBl. 1898 S. 612, 1915 S. 327) sind, soweit sie die Wirksamkeit von Verfügungen und Rechtsgeschäften in Ansehung von Miet- und Pachtzinsforderungen gegenüber dem Erwerber des Grundstücks, den Hypothekengläubigern und der Konkursmasse betreffen, mit der Änderung anzuwenden, daß die in ihnen erwähnten Verfügungen und Rechtsgeschäfte nur für den laufenden Kalendermonat und, wenn die Verfügung oder das Rechtsgeschäft nach dem fünfzehnten Tage des Monats vorgenommen wird, für den folgenden Kalendermonat wirksam sind.

VI. Besondere Vorschriften über landwirtschaftliche, forstwirtschaftliche und gärtnerische Grundstücke.

1. Zwangsverwaltung.

§ 13.

(1) Bei der Zwangsverwaltung eines landwirtschaftlichen, forstwirtschaftlichen oder gärtnerischen Grundstücks ist der Schuldner zum Verwalter zu bestellen, wenn er dazu bereit ist und nach seiner Persönlichkeit eine Gewähr für die ordnungsmäßige Führung der Verwaltung bietet.

(2) Vor der Bestellung sollen der betreibende Gläubiger und etwaige Beteiligte der im § 10 bezeichneten Art gehört werden.

(3) Ein gemäß § 10 gemachter Vorschlag ist nur für den Fall zu berücksichtigen, daß der Schuldner nicht zum Verwalter bestellt wird.

§ 14.

(1) Wird der Schuldner nach § 13 zum Zwangsverwalter bestellt, so hat das Gericht eine Aufsichtsperson zu bestellen. Aufsichtsperson kann auch eine Behörde oder juristische Person sein.

(2) Für die Aufsichtsperson gelten die Vorschriften der §§ 153 Abs. 2, 154 Satz 1 des Zwangsversteigerungsgesetzes entsprechend. Gerichtliche Anordnungen, die dem Verwalter zugestellt werden, sind auch der Aufsichtsperson zuzustellen. Vor der Erteilung von Anweisungen (§ 153 des Zwangsversteigerungsgesetzes) ist auch die Aufsichtsperson zu hören.

(3) Die Aufsichtsperson hat dem Gericht unverzüglich Anzeige zu erstatten, wenn der Schuldner gegen seine Pflichten als Verwalter verstößt.

(4) Die der Aufsichtsperson etwa zustehende Vergütung gehört zu den Ausgaben der Verwaltung.

(5) Der Schuldner führt die Verwaltung unter Aufsicht der Aufsichtsperson. Er ist verpflichtet, der Aufsichtsperson jederzeit Auskunft über das Grundstück, den Betrieb und die mit der Bewirtschaftung im Zusammenhang stehenden Rechtsverhältnisses zu geben und Einsicht in vorhandene Aufzeichnungen zu gewähren. Er hat, soweit es sich um Geschäfte handelt, die über den Rahmen der laufenden Wirtschaftsführung hinausgehen, rechtzeitig die Entschließung der Aufsichtsperson einzuholen.

§ 15.

Der Schuldner darf als Verwalter über die Nutzungen des Grundstücks und deren Erlös, unbeschadet der Vorschriften der §§ 155 bis 158 des Zwangsversteigerungsgesetzes, nur mit Zustimmung der Aufsichtsperson verfügen. Zur Einziehung von Ansprüchen, auf die sich die Beschlagnahme erstreckt, ist er ohne diese Zustimmung befugt; er ist jedoch verpflichtet, die Beträge, die zu notwendigen Zahlungen zur Zeit nicht erforderlich sind, nach näherer Anordnung des Gerichts unverzüglich anzulegen.

§ 16.

Der Schuldner erhält als Verwalter keine Vergütung. Das Gericht trifft nach Anhörung der Aufsichtsperson erforderlichenfalls darüber Bestimmung, in welchem Umfang der Schuldner Erträgnisse des Grundstücks oder deren Erlös zur Befriedigung seiner und seiner Familie notwendigsten Bedürfnisse verwenden darf.

§ 17.

(1) Hat der Zwangsverwalter oder, wenn der Schuldner zum Verwalter bestellt ist, der Schuldner mit Zustimmung der Aufsichts-

person, Düngemittel, Saatgut oder Futtermittel angeschafft, die im Rahmen der bisherigen Wirtschaftsweise zur ordnungsmäßigen Aufrechterhaltung des Betriebs benötigt werden, so haben Ansprüche aus diesen Lieferungen den im § 10 Abs. 1 Nr. 1 des Zwangsversteigerungsgesetzes bezeichneten Rang. Das gleiche gilt von Krediten, die zur Bezahlung dieser Lieferungen in der für derartige Geschäfte üblichen Weise aufgenommen sind.

(2) Die Reichsregierung ist ermächtigt, die vorstehenden Vorschriften auch auf andere landwirtschaftliche Betriebsmittel auszudehnen.

2. Einstweilige Einstellung von Zwangsversteigerungen.

§ 18.

Die Vorschriften der §§ 5 bis 8 finden auf landwirtschaftliche, forstwirtschaftliche und gärtnerische Grundstücke mit folgender Maßgabe Anwendung:

1. Wird die einstweilige Einstellung der Zwangsversteigerung vor dem 1. April 1932 angeordnet, so kann die Dauer der Einstellung auch auf mehr als sechs Monate, jedoch nicht über den 30. September 1932 hinaus, erstreckt werden.
2. Auch wenn die im § 5 Abs. 3 bezeichneten Voraussetzungen vorliegen, ist dem Antrag stattzugeben, wenn die ordnungsmäßige Fortführung des Betriebs und die Einbringung der Ernte bei einer Betriebsführung durch den Schuldner gewährleistet erscheinen, aber bei Ablehnung der einstweiligen Einstellung gefährdet sein würden. Der unteren Verwaltungsbehörde ist vor der Entscheidung Gelegenheit zur Äußerung zu geben.

3. Zwangsvollstreckungen in bewegliche Gegenstände.

§ 19.

(1) Eine Zwangsvollstreckung wegen einer Geldforderung in Gegenstände des beweglichen Vermögens, die im Falle der Zwangsverwaltung von der Beschlagnahme ergriffen werden würden, ist aufzuheben, wenn die untere Verwaltungsbehörde bescheinigt, daß dem Schuldner durch die Zwangsvollstreckung Mittel entzogen würden, die zur ordnungsmäßigen Fortführung der Wirtschaft bis zur Ernte 1932 benötigt werden, und daß der Schuldner die Gewähr bietet, daß er den Erlös aus der Veräußerung der Gegenstände zur ordnungsmäßigen Fortführung der Wirtschaft verwenden wird.

(2) Das Gericht kann die Aufhebung davon abhängig machen, daß der Schuldner sich einer Aufsicht bis nach Beendigung der Ernte unterstellt. Auf die Aufsicht finden die Vorschriften des § 14 Abs. 1, Abs. 2 Satz 1 und 3, Abs. 3 und 5 entsprechende Anwendung.

(3) Wird bei einem landwirtschaftlichen Pächter die Zwangsvollstreckung in Gegenstände betrieben, die, wenn er Eigentümer wäre, im Falle der Zwangsverwaltung von der Beschlagnahme ergriffen werden würden, so finden die Vorschriften der Abs. 1 und 2 entsprechende Anwendung.

VII. Kosten und Übergangsvorschriften.

§ 20.

Wird der Zuschlag auf Grund des § 1 versagt, so sind Gebühren für den Versteigerungstermin nicht zu erheben. Die durch die Bestimmung des neuen Termins entstehenden Auslagen gehören zu den Kosten des Versteigerungsverfahrens.

§ 21.

(1) Die Entscheidung über den Antrag gemäß § 5 ergeht gebührenfrei. Die gerichtlichen Auslagen hat der Schuldner auch dann zu tragen, wenn seinem Antrag stattgegeben wird.

(2) Eine Erstattung der durch den Antrag entstandenen außergerichtlichen Kosten findet nicht statt; dies gilt auch für die Beschwerdeinstanz.

§ 22.

(1) Die Vorschriften der §§ 1 bis 10, 18 finden auch auf Zwangsversteigerungen, die zur Zeit des Inkrafttretens der Vorschriften dieses Teils anhängig sind, mit folgender Maßgabe Anwendung.

(2) Die Versagung des Zuschlags gemäß § 1 kann im Wege der Beschwerde gegen den Zuschlag beantragt werden, wenn dieser vor dem Inkrafttreten erteilt ist. Das gleiche gilt, wenn er innerhalb der ersten zwei Wochen nach diesem Zeitpunkt erteilt wird und der Antragsberechtigte die rechtzeitige Stellung des Antrags unterlassen hatte. Das Beschwerdegericht hat dem Gläubiger eine angemessene Frist zur Erklärung gemäß § 1 Abs. 1 Satz 2 zu gewähren.

(3) Die im § 6 Abs. 1 bestimmte Notfrist beginnt erst mit dem Zeitpunkt des Inkrafttretens der Vorschriften dieses Teiles, wenn der Beschluß über die Anordnung der Zwangsversteigerung oder die Zulassung des Beitritts dem Schuldner bereits vor dem Inkrafttreten zugestellt war. Die einstweilige Einstellung der Zwangsversteigerung kann im Wege der Beschwerde gegen den Zuschlag innerhalb der für sie vorgesehenen Frist beantragt werden, wenn der Zuschlag bereits vor dem Inkrafttreten der Vorschriften dieses Teiles erteilt war; das gleiche gilt, wenn der Zuschlag innerhalb der ersten zwei Wochen nach diesem Zeitpunkt erteilt wird und der Antragssteller die rechtzeitige Stellung des Antrags unterlassen hatte.

§ 23.

(1) Die Vorschrift des § 3 findet auch auf solche Zwangsversteigerungen Anwendung, die vor dem Inkrafttreten der Vorschriften

dieses Teiles durch rechtskräftigen Zuschlag abgeschlossen sind, sofern der Zuschlag nach dem 31. Dezember 1930 erteilt worden ist. Soweit danach der Gläubiger als aus dem Grundstück befriedigt anzusehen ist, gilt sein Anspruch als im Zeitpunkt des Inkrafttretens der Vorschriften dieses Teiles getilgt. Der Schuldner kann sich darauf einem Dritten gegenüber, dem die Forderung vor dem Inkrafttreten abgetreten war oder der vor diesem Zeitpunkt ein Recht an der Forderung erlangt hat, nicht berufen.

(2) Ist auf einen Anspruch, wegen dessen der Gläubiger nach Abs. 1 als aus dem Grundstück befriedigt anzusehen ist, vor dem Inkrafttreten der Vorschriften dieses Teiles eine Zahlung geleistet, so besteht kein Anspruch auf Rückgewähr.

(3) Als Grundstückswert im Sinne des § 3 ist der Wert anzusehen, den das Gericht bei der Versteigerung der Gebührenberechnung zugrundegelegt hatte.

§ 24.

Ist ein Miet- oder Pachtverhältnis vor dem Inkrafttreten der Vorschriften dieses Teiles begründet, so bleiben für die Wirksamkeit von Rechtsgeschäften, die zwischen dem Mieter oder Pächter und dem Vermieter oder Verpächter in Ansehung der Miet- oder Pachtzinsforderung vorgenommen werden, die im § 12 bezeichneten Vorschriften in der bisherigen Fassung maßgebend, soweit es sich um den Miet- oder Pachtzins für die Zeit bis zu dem ersten Termin handelt, für den die Kündigung des Miet- oder Pachtverhältnisses zulässig ist.

VIII. Schlußvorschriften.

§ 25.

Die Reichsregierung wird ermächtigt, zur Durchführung dieses Teiles Rechtsverordnungen zu erlassen; sie kann auch, wenn sie dies für notwendig hält, ergänzende Vorschriften erlassen. Sie kann ferner das Außerkrafttreten der Vorschriften dieses Teiles oder einzelner von ihnen anordnen und dabei die dazu notwendigen Übergangsbestimmungen erlassen.

e) Verordnung zur Durchführung des Dritten Teiles der Vierten Verordnung des Reichspräsidenten zur Sicherung von Wirtschaft und Finanzen und zum Schutze des inneren Friedens vom 8. Dezember 1931 (RGBl. I S. 699, 710).

Vom 30. Januar 1932.

Auf Grund des § 25 des Dritten Teiles der Vierten Verordnung des Reichspräsidenten zur Sicherung von Wirtschaft und Finanzen und zum Schutze des inneren Friedens vom 8. Dezember 1931 (RGBl. I S. 609, 710) verordnet die Reichsregierung:

§ 1.

(1) Hat der Schuldner unterlassen, die einstweilige Einstellung der Zwangsversteigerung gemäß § 5 des Dritten Teiles der Verordnung vom 8. Dezember 1931 innerhalb der in den §§ 6, 22 Abs. 3 Satz 1 daselbst bestimmten Fristen zu beantragen, so ist ihm auf Antrag, auch ohne daß die Voraussetzungen des § 233 der Zivilprozeßordnung vorliegen, die Wiedereinsetzung in den vorigen Stand zu gewähren.

(2) Der Antrag auf Wiedereinsetzung gemäß Abs. 1 ist nur bis zum 29. Februar 1932 zulässig.

(3) Der Gewährung der Wiedereinsetzung steht nicht entgegen, daß ein Antrag gemäß § 5 des Dritten Teils der Verordnung vom 8. Dezember 1931 bereits als verspätet zurückgewiesen oder die Wiedereinsetzung auf Grund der bisherigen Vorschriften bereits abgelehnt war.

§ 2.

(1) Ist in einem Falle der im § 1 bezeichneten Art später, jedoch vor dem 1. März 1932, der Zuschlag erteilt worden, so kann der Schuldner die einstweilige Einstellung der Zwangsversteigerung noch nachträglich im Wege der Beschwerde gegen den Zuschlag beantragen. War die Frist für diese Beschwerde bei Inkrafttreten dieser Verordnung noch nicht abgelaufen, so endet sie nicht vor dem 29. Februar 1932.

(2) War die Beschwerdefrist bei Inkrafttreten dieser Verordnung bereits abgelaufen, so kann der Schuldner bis zum 29. Februar 1932 in entsprechender Anwendung des § 1 die Wiedereinsetzung in den vorigen Stand beantragen.

§ 3.

Hat der Schuldner im Falle des § 22 Abs. 3 Satz 2 des Dritten Teiles der Verordnung vom 8. Dezember 1931 unterlassen, die einstweilige Einstellung der Zwangsversteigerung im Wege der Beschwerde rechtzeitig zu beantragen, so kann er bis zum 29. Februar 1932 in entsprechender Anwendung des § 1 die Wiedereinsetzung in den vorigen Stand beantragen.

§ 4.

In den Fällen der § 2 Abs. 2, § 3 ist die Wiedereinsetzung in den vorigen Stand zu versagen, wenn die Verteilung des Versteigerungserlöses bereits stattgefunden hat.

Berlin, den 30. Januar 1932.

2. a) Verordnung des Reichspräsidenten zur Sicherung der Ernte und der landwirtschaftlichen Entschuldung im Osthilfegebiet.

Vom 17. November 1931.

Auf Grund des Artikels 48 Abs. 2 der Reichsverfassung wird folgendes verordnet:

§ 1.

Um im Osthilfegebiet (§ 1 der Verordnung vom 8. August 1930 — RGBl. I S. 433 — und § 1 der Ersten Durchführungsverordnung zum Osthilfegesetze vom 21. Mai 1931 — RGBl. I S. 277 —) die Vorbereitung und Einbringung der nächsten Ernte und im Interesse der Inhaber landwirtschaftlicher Betriebe und ihrer Gläubiger die Durchführung der Entschuldungsverfahren zu sichern, wird ein besonderes Sicherungsverfahren nach Maßgabe der folgenden Vorschriften durchgeführt.

§ 2.

(1) Der Eigentümer, Pächter oder Nießbraucher eines landwirtschaftlichen, forstwirtschaftlichen oder gärtnerischen Betriebs (Betriebsinhaber), der außerstande ist, ohne wesentliche Beeinträchtigung der Vorbereitung und Einbringung der nächsten Ernte seinen Zahlungsverpflichtungen nachzukommen, kann bei der unteren Verwaltungsbehörde die Eröffnung des Sicherungsverfahrens beantragen. Den gleichen Antrag kann auch ein Gläubiger stellen, der ein berechtigtes Interesse an einer gesicherten Fortführung eines ihm verschuldeten Betriebs nachweist. Der Antrag ist unzulässig, wenn bereits eine Umschuldung im Rahmen der alten Ostpreußenhilfe 1927/28, auf Grund des Gesetzes über wirtschaftliche Hilfe für Ostpreußen vom 18. Mai 1929 (RGBl. I S. 97), der Verordnung des Reichspräsidenten vom 26. Juli 1930 (RGBl. I S. 311) oder des Osthilfegesetzes vom 31. März 1931 (RGBl. I S. 117) stattgefunden hat, ferner wenn ein Entschuldungsantrag gestellt, aber über ihn noch nicht entschieden ist, oder wenn über das Vermögen des Betriebsinhabers das Konkursverfahren eröffnet ist.

(2) Als untere Verwaltungsbehörde gelten in Preußen der Landrat, in Sachsen der Amtshauptmann, in Mecklenburg-Schwerin und Mecklenburg-Strelitz der Vorsteher des Finanzamtes, in Anhalt der Kreisdirektor, in kreisfreien Stadtgemeinden der Bürgermeister, in deren Bezirk der Betrieb gelegen ist.

(3) Liegt der Betrieb in verschiedenen Bezirken, so richtet sich die örtliche Zuständigkeit nach der Lage des Grundstücks, auf dem sich die Betriebsleitung befindet.

§ 3.

(1) Die untere Verwaltungsbehörde legt die Anträge mit ihrer Stellungnahme dem Kommissar für die Osthilfe (Landstelle) vor, der

über die Eröffnung des Sicherungsverfahrens entscheidet; er kann die Befugnis zur Entscheidung für Betriebe mit einem Einheitswerte bis zu 40 000 Reichsmark der unteren Verwaltungsbehörde übertragen.

(2) Die Eröffnung des Sicherungsverfahrens ist abzulehnen, wenn auch durch Anwendung der in dieser Verordnung vorgesehenen Maßnahmen die Sicherung der Vorbereitung und Einbringung der nächsten Ernte nicht erreicht werden kann oder wenn die Entschuldung mit Rücksicht auf die damit verbundenen Eingriffe in die Rechte der Gläubiger allgemeinen wirtschaftlichen Interessen zuwiderlaufen würde. Will die Landstelle von einer aus dem letztgenannten Grunde ablehnenden Stellungnahme der unteren Verwaltungsbehörde abweichen, so hat sie die Entscheidung des Reichskommissars für die Osthilfe einzuholen.

§ 4.

In den Fällen, in denen ein Entschuldungsantrag gestellt, aber über ihn noch nicht entschieden ist, hat die Landstelle oder bei Betrieben mit einem Einheitswerte bis zu 40 000 Reichsmark die untere Verwaltungsbehörde von Amts wegen die Eröffnung des Sicherungsverfahrens zu beschließen, wenn die Voraussetzungen des § 2 Abs. 1 vorliegen. Das gleiche gilt, wenn ein gerichtliches Vergleichsverfahren gegen den Betriebsinhaber anhängig ist.

§ 5.

Soweit die Eröffnung des Sicherungsverfahrens von einem Antrag abhängt, muß der Antrag bis zum 31. Dezember 1931 bei der zuständigen Stelle eingegangen sein.

§ 6.

(1) Die Eröffnung des Sicherungsverfahrens wird mit der Zustellung des Beschlusses an den Betriebsinhaber wirksam.

(2) Der Beschluß ist dem Amtsgericht, in dessen Bezirk der Betrieb gelegen ist, mitzuteilen und in dem für öffentliche Bekanntmachung der unteren Verwaltungsbehörde bestimmten Amtsblatt bekanntzumachen.

§ 7.

Nach Eröffnung des Sicherungsverfahrens hat die entscheidende Stelle (Sicherungsstelle) unverzüglich einen Treuhänder zu bestellen, der während der Dauer des Sicherungsverfahrens nach Maßgabe dieser Verordnung die Aufsicht über den Betrieb ausübt.

§ 8.

Die Eröffnung des Sicherungsverfahrens hat folgende Wirkungen:

a) Zwangsvollstreckungen gegen den Betriebsinhaber wegen Geldforderungen sowie Zwangsvollstreckungen zur Erwirkung der

Herausgabe von Zubehör, Bestandteilen oder Erzeugnissen der dem Betriebe dienenden Grundstücke sind unzulässig; die §§ 775 Nr. 1, 776 der Zivilprozeßordnung finden entsprechende Anwendung. Dies gilt auch für die Vollziehung von Arresten und einstweiligen Verfügungen.

b) Die Verwertung verpfändeter oder zur Sicherung übereigneter Gegenstände ist unzulässig. Das gleiche gilt von der Verfügung über verpfändete oder zur Sicherung abgetretene Forderungen.

c) Die Entscheidung über einen Antrag auf Eröffnung des Konkursverfahrens ist ausgesetzt. Ein schwebendes gerichtliches Vergleichsverfahren wird eingestellt; § 80 Abs. 1 der Vergleichsordnung findet keine Anwendung.

§ 9.

(1) Von dem Sicherungsverfahren werden alle persönlichen und dinglichen Gläubiger betroffen, denen zur Zeit der Eröffnung des Verfahrens ein vermögensrechtlicher Anspruch gegen den Betriebsinhaber zusteht.

(2) Als Ansprüche im Sinne des Abs. 1 gelten auch nach der Eröffnung des Verfahrens entstandene Ansprüche aus Wechseln, wenn die zugrunde liegende Forderung vor diesem Zeitpunkt entstanden ist.

§ 10.

(1) Wenn ein gegenseitiger Vertrag zur Zeit der Eröffnung des Sicherungsverfahrens von dem Betriebsinhaber und von dem anderen Teil nicht oder nicht vollständig erfüllt ist, so kann der Betriebsinhaber mit Zustimmung des Treuhänders die Erfüllung verweigern.

(2) Wird die Erfüllung verweigert, so kann der andere Vertragsteil im Rahmen des Sicherungsverfahrens Schadensersatz wegen Nichterfüllung verlangen. Der Betriebsinhaber muß auf Erfordern des anderen Teiles, auch wenn die Erfüllungszeit noch nicht eingetreten ist, diesem ohne Verzug erklären, ob er die Erfüllung verlangen will. Unterläßt er dies, so gilt die Erfüllung als verweigert.

(3) Die Vorschriften der Abs. 1 und 2 finden auf Pacht- und Dienstverträge keine Anwendung.

§ 11.

Die Verjährung des Anspruchs eines Gläubigers, der von dem Sicherungsverfahren betroffen wird, ist während der Dauer des Verfahrens gehemmt.

§ 12.

Ein Gläubiger, der von dem Sicherungsverfahren betroffen wird, kann während der Dauer des Verfahrens seine Forderungen gegen den Betriebsinhaber nur aufrechnen, wenn die Voraussetzungen für die Aufrechnung schon vor der Eröffnung des Verfahrens gegeben waren.

§ 13.

(1) Der Treuhänder (§ 7) hat den Betrieb zu überwachen und dabei besonders auf die Interessen der von dem Verfahren betroffenen Gläubiger Rücksicht zu nehmen. Er kann jederzeit die Geschäfts- und Betriebsführung des Betriebsinhabers nachprüfen.

(2) Der Betriebsinhaber ist verpflichtet, zu Verfügungen und zur Eingehung von Verpflichtungen die Zustimmung des Treuhänders einzuholen.

§ 14.

(1) Vernachlässigt der Betriebsinhaber bei der Führung des Betriebs die Pflichten eines ordentlichen Landwirts oder verstößt er gegen die Vorschrift des § 13 Abs. 2, so kann die Sicherungsstelle, sofern der Betriebsinhaber Eigentümer oder Eigenbesitzer des Grundstücks ist, bei dem Amtsgericht die Zwangsverwaltung zur Sicherung der Durchführung des Verfahrens beantragen. Die Zwangsverwaltung ist ohne Nachprüfung der Voraussetzungen des Antrags anzuordnen; der Beschluß ist unanfechtbar. Als Zwangsverwalter ist eine von der Sicherungsstelle benannte Person zu bestellen. Die Beschlagnahme gilt als für sämtliche von dem Verfahren betroffenen Gläubiger bewirkt. Die nach § 153 Abs. 1 des Zwangsversteigerungsgesetzes erforderlichen Anweisungen werden dem Zwangsverwalter von der Sicherungsstelle erteilt. Die im § 155 Abs. 2 des Zwangsversteigerungsgesetzes bezeichneten Überschüsse sind nach Maßgabe des § 15 dieser Verordnung zu verwenden. Die §§ 156 bis 161 des Zwangsversteigerungsgesetzes finden keine Anwendung. Die Aufhebung der Zwangsverwaltung erfolgt auf Antrag der Sicherungsstelle, spätestens mit der Beendigung des Sicherungsverfahrens.

(2) Ist der Betriebsinhaber weder Eigentümer noch Eigenbesitzer des Grundstücks, so kann die Sicherungsstelle unter den Voraussetzungen des Abs. 1 bei dem Amtsgericht die Bestellung eines Sequesters beantragen. Abs. 1 Satz 2 und 3 gelten entsprechend. Der Sequester hat in dem Sicherungsverfahren dieselbe Rechtstellung wie der Betriebsinhaber. Er ist insbesondere befugt, mit Wirkung für den Betriebsinhaber Verfügungen und sonstige Rechtsgeschäfte, soweit sie den Betrieb und die im § 15 bezeichneten Leistungen betreffen, vorzunehmen. Die Vorschriften der § 148 Abs. 2, §§ 149, 150 des Zwangsversteigerungsgesetzes gelten entsprechend. Die Sequestration ist auf Antrag der Sicherungsstelle, spätestens mit der Beendigung des Sicherungsverfahrens, aufzuheben.

§ 15.

Für die Verwendung der Mittel des Betriebs und die Befriedigung der Gläubiger gilt als Richtlinie folgendes:

a) Die Betriebseinnahmen sowie die sonstigen Einnahmen des Betriebsinhabers sind vorbehaltlich der im Rahmen der laufenden

Betriebsführung zu leistenden Ausgaben und der Vorschrift des § 24 zunächst zur Beziehung der Löhne, Gehälter und Sozialversicherungsbeiträge, zur Sicherung der notwendigsten Bedürfnisse des Betriebsinhabers und seiner Familie, zur Erfüllung der gesetzlichen Unterhaltsverpflichtungen im Rahmen bescheidenster Lebensführung, zur Bezahlung der Sachversicherungen, der laufenden öffentlichen Abgaben, der laufenden Zinsen für Auslandsanleihen und der Aufwendungen zu verwenden, die zur Vermeidung des Verfalls der Betriebseinrichtungen sowie zur Vorbereitung und Einbringung der Ernte unbedingt erforderlich sind.

b) Darüber hinaus verfügbare Mittel sind zur Bezahlung der laufenden Zinsen und Tilgungsbeträge der ersten Hypothek sowie zur Erfüllung sonstiger laufender Zinsverpflichtungen in der Reihenfolge zu verwenden, die im Falle der Zwangsverwaltung des Grundstücks maßgebend wäre. Im übrigen sind laufende Zinsforderungen zu berücksichtigen. Dabei sind Gläubiger, die infolge der Eröffnung des Sicherungsverfahrens ein Pfandrecht verloren haben, vornehmlich zu berücksichtigen.

§ 16.

Während der Dauer des Sicherungsverfahrens wird die Bank für deutsche Industrieobligationen, soweit nicht von anderer Seite Mittel beschafft werden können, nach Maßgabe ihrer für landwirtschaftliche Kredite verfügbaren Mittel, die zur Aufrechterhaltung des Betriebs, zur Vorbereitung und Einbringung der Ernte sowie zur Durchführung des Entschuldungsverfahrens erforderlichen Beträge zur Verfügung stellen. Die Beträge sind, soweit sie zur Vorbereitung und Sicherung der Ernte gegeben werden, aus den Einnahmen der nächsten Ernte vorzugsweise zurückzuzahlen.

§ 17.

Soweit ein Entschuldungsantrag noch nicht gestellt ist, hat alsbald der Betriebsinhaber oder für ihn die Sicherungsstelle von Amts wegen einen Antrag auf Einleitung des Entschuldungsverfahrens nach Maßgabe des Osthilfegesetzes vom 31. März 1931 zu stellen. Der Fortgang des Sicherungsverfahrens wird hierdurch nicht berührt.

§ 18.

(1) Der im Laufe des Entschuldungsverfahrens aufgestellte Entschuldungsplan bedarf zu seiner Wirksamkeit der Bestätigung durch die Landstelle. Vor der Entscheidung sind die Gläubiger zu hören. Die Bestätigung darf nur erteilt werden, wenn die Durchführung des Planes mit Rücksicht auf die darin vorgesehenen Eingriffe in die Rechte der Gläubiger allgemeinen wirtschaftlichen Interessen nicht zuwiderläuft.

(2) Der Entschuldungsplan kann für persönliche Forderungen Stundungen, den Erlaß von Zinsrückständen sowie die Verminderung des Zinssatzes für die Zeit während und nach Abschluß des Verfahrens bestimmen. Eine Herabsetzung des Forderungsbetrags selbst darf nur insoweit vorgenommen werden, als sie notwendig ist, um die mit dem Entschuldungsverfahren verfolgten Zwecke zu erreichen. Dabei sind wirtschaftlich gleichartige Forderungen in dem Entschuldungsplan nach näherer Maßgabe der Durchführungsbestimmungen gleichmäßig zu behandeln. Gläubiger, die infolge der Eröffnung des Sicherungsverfahrens ihr Pfandrecht verloren haben, sind vornehmlich zu berücksichtigen.

(3) Für Hypotheken, Grundschulden und sonstige dingliche Rechte gilt folgendes: Soweit diese Rechte an erster Rangstelle stehen oder von Landschaften, Hypothekenbanken oder sonstigen sich nach gesetzlicher Vorschrift mit der Gewährung langfristiger Kredite befassenden Instituten gegeben worden sind, sind Maßnahmen der im Abs. 2 bezeichneten Art nur mit Zustimmung der Berechtigten zulässig. Bei sonstigen Hypotheken, Grundschulden und dinglichen Rechten sind Stundung, Erlaß von Zinsrückständen und Verminderung des Zinssatzes in gleicher Weise zulässig wie bei persönlichen Forderungen; eine Herabsetzung der Kapitalforderung ist dagegen nur insoweit zulässig, als sie unbedingt notwendig ist, um den Betrieb lebensfähig zu erhalten, und nur dann, wenn voraussichtlich im Falle einer Zwangsversteigerung die Kapitalforderung ganz oder zum überwiegenden Teile nicht zur Hebung gelangen würde.

(4) Sieht der Entschuldungsplan nach Abs. 2 und Abs. 3 Satz 3 eine Herabsetzung des Kapitals um mehr als die Hälfte oder eine Verminderung des Zinssatzes auf weniger als 4½ vom Hundert vor, so ist die Zustimmung des Gläubigers erforderlich.

(5) Soweit Forderungen in einem Rechtsstreit bestritten sind, sind sie in dem Entschuldungsplan so zu behandeln, wie wenn sie unstreitig wären; es ist dabei zu bestimmen, in welcher Weise die Beträge für den Gläubiger sichergestellt werden.

(6) In dem Entschuldungsplan ist ferner festzusetzen, inwieweit die Gläubiger bar oder unbar zu befriedigen sind.

§ 19.

(1) Der bestätigte Entschuldungsplan ist im Verhältnis der darin aufgeführten Gläubiger zu dem Betriebsinhaber in gleicher Weise verbindlich wie eine vertragsmäßige Vereinbarung.

(2) Der bestätigte Entschuldungsplan ist dem Betriebsinhaber, dem Treuhänder und den darin aufgeführten Gläubigern mitzuteilen.

§ 20.

Der bestätigte Entschuldungsplan ist von dem Betriebsinhaber unter Aufsicht des Treuhänders durchzuführen. Kommt der Betriebsinhaber dieser Verpflichtung nicht nach, so gilt § 14 entsprechend mit der Maßgabe, daß die im § 155 Abs. 2 des Zwangsversteigerungsgesetzes bezeichneten Überschüsse nach dem Entschuldungsplane zu verteilen sind.

§ 21.

Soweit der bestätigte Entschuldungsplan den Fortfall oder die Änderung dinglicher Rechte bestimmt, gilt die auszugsweise Ausfertigung des Planes als Bewilligung des Betroffenen zur Eintragung in das Grundbuch. Die Sicherungsstelle hat vor Beendigung des Entschuldungsverfahrens die erforderlichen Anträge auf Eintragung in das Grundbuch für die Antragsberechtigten zu stellen.

§ 22.

(1) Nach Bestätigung des Entschuldungsplanes ist das Sicherungsverfahren nur so lange fortzusetzen, als es erforderlich ist, um die Durchführung des Entschuldungsplans, insbesondere die Befriedigung der Gläubiger sicherzustellen.

(2) Das Sicherungsverfahren ist ferner aufzuheben, wenn nach den wirtschaftlichen Verhältnissen des Betriebsinhabers die Durchführung des Sicherungsverfahrens nicht mehr erforderlich erscheint oder sich die Durchführung eines Entschuldungsverfahrens als aussichtslos erweist.

(3) Die Aufhebung des Sicherungsverfahrens wird mit der Zustellung des Beschlusses an den Betriebsinhaber wirksam. Der Beschluß ist dem Amtsgericht, in dessen Bezirk der Betrieb gelegen ist, mitzuteilen und in dem für öffentliche Bekanntmachungen der unteren Verwaltungsbehörde bestimmten Amtsblatt bekanntzumachen.

§ 23.

Wird das Sicherungsverfahren nach § 22 Abs. 2 aufgehoben, so verlängert sich die im § 10 Abs. 1 Ziffer 3 und 4 des Zwangsversteigerungsgesetzes bestimmte Frist um die Dauer des Sicherungsverfahrens, sofern der Gläubiger innerhalb von sechs Wochen nach Aufhebung des Sicherungsverfahrens die Beschlagnahme des Grundstücks herbeiführt.

§ 24.

(1) Der Treuhänder hat Anspruch auf Erstattung der notwendigen baren Auslagen und auf eine angemessene Vergütung, die von der Landstelle festgesetzt werden.

(2) Die Auslagen und die Vergütung sind aus den Betriebseinnahmen und den sonstigen Einnahmen des Betriebsinhabers vorweg zu berücksichtigen.

§ 25.

Auf Anforderung der Sicherungsstelle wird die Bank für deutsche Industrieobligationen im Rahmen des Sicherungsverfahrens in demselben Umfang wie bei der Durchführung des Entschuldungsverfahrens tätig.

§ 26.

Die Reichsregierung wird ermächtigt, die zur Durchführung dieser Verordnung, insbesondere auch zur Erleichterung des Grundbuchverkehrs erforderlichen Rechtsverordnungen und allgemeinen Verwaltungsbestimmungen zu erlassen; sie kann, soweit sie es zur Erreichung des Zweckes dieser Verordnung für erforderlich hält, Vorschriften ergänzenden Inhalts erlassen.

§ 27.

Diese Verordnung tritt mit dem Tage ihrer Verkündung in Kraft.

Berlin, den 17. November 1931.

b) Verordnung zur Durchführung der Verordnung des Reichspräsidenten zur Sicherung der Ernte und der landwirtschaftlichen Entschuldung im Osthilfegebiet vom 17. November 1931 (5. Dezember 1931).

Auf Grund des § 26 der Verordnung des Reichspräsidenten zur Sicherung der Ernte und der landwirtschaftlichen Entschuldung im Osthilfegebiet (Sicherungsverordnung) vom 17. November 1931 (RGBl. I S. 675) wird verordnet:

Zu § 1 der Sicherungsverordnung.

§ 1.

Die Vorschriften der Sicherungsverordnung sind nur in den Fällen anzuwenden, in denen die Durchführung des Sicherungsverfahrens erforderlich ist, um zur Sicherstellung der allgemeinen Volksernährung in landwirtschaftlichen Betrieben des Osthilfegebietes die Vorbereitung und Einbringung der nächsten Ernte zu ermöglichen. Dabei ist, um den landwirtschaftlichen Betrieben auf die Dauer die volkswirtschaftliche Leistungsfähigkeit zu erhalten, Vorsorge zu treffen, daß im Verhältnis des Betriebsinhabers zu den Gläubigern ein beiden Teilen gerecht werdender Ausgleich gefunden wird.

Zu § 2 der Sicherungsverordnung.

§ 2.

(1) Zur Stellung des Antrags auf Eröffnung des Sicherungsverfahrens ist außer dem Eigentümer, Pächter oder Nießbraucher auch der Verpächter berechtigt.

(2) Ein berechtigtes Interesse eines Gläubigers an einer gesicherten Fortführung eines ihm verschuldeten Betriebes ist anzunehmen, wenn dem Gläubiger eine im Verhältnis zu dem Werte des gesamten Betriebs und dessen Verschuldung wesentliche Forderung zusteht.

§ 3.

(1) Für den Antrag auf Eröffnung des Sicherungsverfahrens ist ein amtlicher Vordruck zu verwenden.

(2) Die untere Verwaltungsbehörde hat unverzüglich in dem für ihre öffentlichen Bekanntmachungen bestimmten Amtsblatt bekanntzumachen, bei welchen sonstigen Stellen (örtlichen Kreditinstituten, Haftungsverbänden, Wirtschaftsberatungsstellen, Buchstellen und dergl.) der Antrag eingereicht werden kann.

(3) Die untere Verwaltungsbehörde hat einem Gläubiger auf Verlangen mitzuteilen, ob der Inhaber eines ihm verschuldeten Betriebs einen Antrag auf Eröffnung des Sicherungsverfahrens gestellt hat.

§ 4.

(1) Stellt ein Gläubiger den Antrag auf Eröffnung des Sicherungsverfahrens bei einer örtlich nicht zuständigen Stelle, so hat diese den Antrag unverzüglich an die zuständige Stelle weiterzuleiten.

(2) Stellt ein Gläubiger den Antrag auf Eröffnung des Sicherungsverfahrens, so hat der Betriebsinhaber der unteren Verwaltungsbehörde über seine Vermögens- und wirtschaftlichen Verhältnisse die in dem amtlichen Vordruck geforderten Angaben zu machen. Die untere Verwaltungsbehörde kann den Betriebsinhaber nötigenfalls zu diesem Zwecke vorladen.

(3) Die untere Verwaltungsbehörde und die Landstelle dürfen, sofern das Sicherungsverfahren nicht eröffnet wird, dem Gläubiger, der den Antrag gestellt hat, oder dritten Personen die Angaben des Betriebsinhabers nicht zugänglich machen.

§ 5.

(1) Der Antrag auf Eröffnung des Sicherungsverfahrens ist auch zulässig, wenn ein Entschuldungsantrag genehmigt, der Darlehnsbetrag aber noch nicht ausgezahlt ist.

(2) Ist ein Entschuldungsantrag wegen Sanierungsunfähigkeit des Betriebs oder wegen Sanierungsunwürdigkeit des Betriebsinhabers abgelehnt worden, so ist die Eröffnung des Sicherungsverfahrens davon abhängig zu machen, daß der Betrieb einem Sequester unterstellt wird. § 14 Abs. 2 der Sicherungsverordnung gilt sinngemäß.

(3) Der Antrag auf Eröffnung des Sicherungsverfahrens ist auch dann abzulehnen, wenn über Betriebe der im Abs. 2 bezeichneten Art die Zwangsverwaltung oder die Zwangsversteigerung angeordnet ist.

(4) Das Konkursverfahren über das Vermögen des Betriebsinhabers gilt auch dann als eröffnet, wenn gegen den Eröffnungsbeschluß Beschwerde eingelegt, über diese aber noch nicht entschieden ist.

§ 6.

Als untere Verwaltungsbehörden können bei der Durchführung des Sicherungs- und Entschuldungsverfahrens auch die Finanzämter, in Siedlungssachen die Siedlungsbehörden herangezogen werden.

Zu § 3 der Sicherungsverordnung.

§ 7.

(1) Vor der Entscheidung über einen Antrag auf Eröffnung des Sicherungsverfahrens soll die Sicherungsstelle, soweit sie es für erforderlich hält, Sachverständige, insbesondere Landwirtschaftskammern, Industrie- und Handelskammern, Handwerkskammern, bei Siedlungsbetrieben die zuständige Siedlungsbehörde gutachtlich hören.

(2) Die Durchführung eines Entschuldungsverfahrens über einen notleidenden Betrieb läuft insbesondere dann allgemeinen wirtschaftlichen Interessen zuwider, wenn die damit verbundenen Eingriffe in die Rechte Gläubiger infolge bestehender genossenschaftlicher oder ähnlicher Haftungsverflechtungen oder infolge der Auswirkungen auf Kreditanstalten zum Zusammenbruch einer größeren Anzahl gesunder Betriebe oder Institute führen würden.

(3) Wird nach § 3 Abs. 2 der Sicherungsverordnung die Entscheidung des Reichskommissars für die Osthilfe eingeholt, so sind die Industrie- und Handelskammer sowie die Handwerkskammer zu hören, in deren Bezirk der Betrieb gelegen ist.

Zu § 4 der Sicherungsverordnung.

§ 8.

In den Fällen, in denen nach § 2 Abs. 1 und § 3 Abs. 2 der Sicherungsverordnung ein Antrag auf Eröffnung des Sicherungsverfahrens unzulässig ist, darf das Sicherungsverfahren auch von Amts wegen nicht eröffnet werden.

§ 9.

Die im Bezirke der Landstellen gelegenen Amtsgerichte haben der Landstelle unverzüglich mitzuteilen, ob über das Vermögen im Gerichtsbezirk ansässiger Betriebsinhaber das Vergleichsverfahren zur Abwendung des Konkurses eröffnet ist. In diesen Fällen entscheidet ohne Rücksicht auf die Höhe des Einheitswerts des Betriebs stets die Landstelle über die Eröffnung des Sicherungsverfahrens.

§ 10.

In Fällen, in denen ein Entschuldungsantrag gestellt und die Akten bei der Bank für deutsche Industrie-Obligationen (Industriebank) oder einer ihrer Vertretungen bearbeitet werden, eröffnet die Landstelle ohne Rücksicht auf die Höhe des Einheitswerts des Betriebs das Sicherungsverfahren auf Grund der Mitteilung der Industriebank, daß über den Antrag noch nicht entschieden ist.

Zu § 5 der Sicherungsverordnung.

§ 11.

In den Fällen des § 4 Abs. 1 dieser Verordnung genügt der Eingang des Antrags bei einer örtlich nicht zuständigen Stelle innerhalb der in § 5 der Sicherungsverordnung vorgeschriebenen Frist.

Zu § 6 der Sicherungsverordnung.

§ 12.

(1) Hat ein Gläubiger einen Antrag auf Eröffnung des Sicherungsverfahrens gestellt, so ist ihm die Entscheidung der Sicherungsstelle zuzustellen.

(2) Von der Eröffnung des Sicherungsverfahrens sind die in dem Antrag aufgeführten Gläubiger, die Industriebank, bei Brennereibetrieben das Reichsmonopolamt für Branntwein, in Siedlungssachen die zuständige Siedlungsbehörde zu benachrichtigen.

(3) Die Mitteilung an das Amtsgericht ist in doppelter Ausfertigung zu übersenden. Das Amtsgericht hat eine Liste über die in seinem Bezirke gelegenen Betriebe, über die das Sicherungsverfahren eröffnet ist, zu führen und dem zuständigen Gerichtsvollzieher zugänglich zu machen.

(4) Soweit Zustellungen vorgeschrieben sind, erfolgen sie durch eingeschriebenen Brief.

Zu § 7 der Sicherungsverordnung.

§ 13.

(1) Zu Treuhändern können juristische Personen und Einrichtungen, die sich regelmäßig mit der landwirtschaftlichen Betriebsberatung und Betriebsaufsicht befassen, sowie einzelne Personen bestellt werden, die nach ihrer bisherigen Betätigung und nach ihrer Persönlichkeit hierzu geeignet sind.

(2) In den Fällen, in denen der Betrieb unter Zwangsverwaltung stand, soll der bisherige Zwangsverwalter als Treuhänder bestellt werden, sofern bei ihm nicht die im Abs. 3 genannten Hinderungsgründe vorliegen.

(3) Als Treuhänder dürfen nicht die im § 383 Abs. 1 Nr. 1—3 der Zivilprozeßordnung genannten Personen sowie sonstige Personen, die an der Durchführung des Verfahrens ein unmittelbares Interesse haben, bestellt werden.

(4) Vor Bestellung des Treuhänders soll die Sicherungsstelle die Landwirtschaftskammer, Industrie- und Handelskammer sowie die Handwerkskammer, in Siedlungssachen die zuständige Siedlungsbehörde hören.

Zu § 8 der Sicherungsverordnung.

§ 14.

Müssen verpfändete oder zur Sicherung übereignete Sachen verwertet werden, so ist der Erlös für die beteiligten Gläubiger nach den Vorschriften des Bürgerlichen Gesetzbuches zu hinterlegen.

§ 15.

Zwangsvollstreckungen zur Erwirkung der Herausgabe von Sachen, deren Eigentum sich der Gläubiger bis zur völligen Zahlung des Gegenwerts vorbehalten hat, sind auch nach der Eröffnung des Sicherungsverfahrens zulässig.

Zu § 9 der Sicherungsverordnung.

§ 16.

(1) Vermögensrechtliche Ansprüche gegen den Betriebsinhaber, die aus im Rahmen der laufenden Betriebsführung abgeschlossenen Verträgen vor der Eröffnung des Sicherungsverfahrens, aber nach dem Inkrafttreten der Sicherungsverordnung entstanden sind, sind ebenso zu erfüllen wie Ansprüche aus Verträgen, die nach Eröffnung des Sicherungsverfahrens mit Zustimmung des Treuhänders abgeschlossen sind.

(2) Betrifft das Sicherungsverfahren einen Betrieb, von dem Teile im Wege der Anliegersiedlung verwertet werden, oder einen Betrieb, der von dem selbstsiedelnden Eigentümer ganz oder zum Teil der Besiedlung zugeführt wird, so werden die für diese Zwecke bestimmten Siedlungskredite von dem Sicherungsverfahren nicht betroffen.

Zu § 10 der Sicherungsverordnung.

§ 17.

Verträge über Lieferung landwirtschaftlicher Erzeugnisse, die der Betriebsinhaber vor oder nach dem Inkrafttreten der Sicherungsverordnung im Rahmen der laufenden Betriebsführung abgeschlossen hat, sind ebenso zu erfüllen wie Verträge, die nach Eröffnung des Sicherungsverfahrens mit Zustimmung des Treuhänders abgeschlossen sind. Das gleiche gilt für Verträge über die Abtretung von Branntweinübernahmegeldern, die auf Grund von Darlehn zur Finanzierung der Brennereiwirtschaft abgeschlossen sind.

§ 18.

(1) Während der Dauer des Sicherungsverfahrens darf der Verpächter das Pachtverhältnis nur mit Zustimmung der Sicherungsstelle kündigen. Die Zustimmung ist zu erteilen, wenn ein Pachtgut der öffentlichen Hand der Siedlung zugeführt werden soll.

(2) Hat der Verpächter vor der Eröffnung des Sicherungsverfahrens, aber nach dem Inkrafttreten der Sicherungsverordnung gekündigt, so bedarf die Kündigung zu ihrer Wirksamkeit der Genehmigung der Sicherungsstelle.

Zu § 13 der Sicherungsverordnung.

§ 19.

(1) Der Treuhänder steht unter der Aufsicht der Sicherungsstelle, die ihn jederzeit abberufen kann.

(2) Der Treuhänder hat insbesondere

a) die zur Vorbereitung und Einbringung der nächsten Ernte erforderlichen Maßnahmen zu überwachen, für die ordnungsmäßige Fortführung und Erhaltung des Betriebs sowie dafür zu sorgen, daß die Ausgaben des Betriebs auf das unbedingt notwendige Maß beschränkt werden;

b) die Erfüllung der dem Betriebsinhaber gegenüber seinen Gläubigern obliegenden Verbindlichkeiten zu überwachen;

c) gegebenenfalls für das laufende Wirtschaftsjahr einen finanziellen Wirtschaftsplan aufzustellen oder einen bereits aufgestellten zu prüfen und zu genehmigen sowie seine Durchführung zu überwachen.

(3) Die näheren Anweisungen über die Tätigkeit des Treuhänders erläßt der Reichskommissar für die Osthilfe.

§ 20.

Der Treuhänder ist für die Erfüllung der ihm obliegenden Pflichten verantwortlich. Er hat den am Verfahren Beteiligten auf Verlangen Auskunft zu erteilen.

Zu § 15 der Sicherungsverordnung.

§ 21.

Der nach §§ 4 und 5 der Ersten Durchführungsverordnung zum Osthilfegesetz vom 21. Mai 1931 (RGBl. I S. 277) bei jeder Landstelle gebildete Beirat ist in dem Verfahren heranzuziehen, soweit es zur Wahrnehmung der Gesamtinteressen der Gläubiger erforderlich ist.

§ 22.

(1) Für die im § 15 der Sicherungsverordnung bezeichneten Zwecke hat der Betriebsinhaber sein gesamtes Vermögen zur Verfügung zu stellen.

(2) Aus den Betriebseinnahmen sind neben den laufenden Prämien für Sachversicherungen auch rückständige Beträge zu entrichten, sofern deren Nichtzahlung nach den Versicherungsbedingungen die Einstellung der Versicherungsleistungen zur Folge haben würde.

(3) Den laufenden öffentlichen Abgaben stehen Zahlungen an Deichverbände und Meliorationsgenossenschaften, ferner Renten zugunsten der Preußischen Landesrentenbank sowie Zins-, Renten- und Tilgungsleistungen gegenüber Siedlungsunternehmungen, Siedlungsfinanzierungsinstituten und der öffentlichen Hand gleich.

(4) Den laufenden Zinsen im Sinne des § 15 der Sicherungsverordnung stehen laufende Tilgungsbeträge und Verwaltungskostenbeiträge gleich.

(5) Kosten der Gläubiger aus Zwangsvollstreckungsmaßnahmen, die durch die Eröffnung des Sicherungsverfahrens aufgehoben worden sind, sind im Rahmen des § 15 Buchst. b Satz 3 der Sicherungsverordnung vornehmlich zu berücksichtigen.

(6) Laufende Zinsen und Tilgungsbeträge eines durch Inventarpfandrecht gesicherten Kredits sind wie die laufenden Zinsen und Tilgungsbeträge der ersten Hypothek zu begleichen.

(7) Der Treuhänder hat darauf Bedacht zu nehmen, daß die laufenden Zinsen und Tilgungsbeträge der ersten Hypothek nach Möglichkeit im Rahmen des § 15 Buchst. a gezahlt werden. § 29 Abs. 1 dieser Verordnung gilt sinngemäß.

Zu § 16 der Sicherungsverordnung.

§ 23.

(1) Die Industriebank kann Darlehen für die Vorbereitung und Einbringung der Ernte auch in Ablösungs- und Verpflichtungsscheinen (§ 17 Abs. 2 des Osthilfegesetzes vom 31. März 1931) gewähren.

(2) § 16 Satz 2 der Sicherungsverordnung gilt auch für Beträge, die von anderer Seite als der Industriebank zur Vorbereitung und Sicherung der Ernte gegeben werden.

(3) Als Einnahmen der nächsten Ernte gelten die aus Acker-, Obst- und Gemüsebau, Forst- und Teichwirtschaft sowie Viehzucht im Wirtschaftsjahre 1932/33 erzielten Einnahmen.

Zu § 17 der Sicherungsverordnung.

§ 24.

(1) Erscheint die Durchführung des Entschuldungsverfahrens aussichtslos, so hat die Sicherungsstelle von dem Antrag auf Einleitung des Entschuldungsverfahrens abzusehen und das Sicherungsverfahren aufzuheben (§ 22 der Sicherungsverordnung).

(2) Stellt der Betriebsinhaber den Antrag auf Einleitung des Entschuldungsverfahrens, so ist der Antrag abzulehnen, wenn die Durchführung des Entschuldungsverfahrens aussichtslos erscheint.

Zu § 18 der Sicherungsverordnung.

§ 25.

(1) Im Entschuldungsverfahren ist zunächst eine gütliche Einigung zwischen dem Betriebsinhaber und seinen Gläubigern anzustreben. Die Einigung steht der Bestätigung des Entschuldungsplans durch die Landstelle gleich, sofern die Sicherungsstelle durch die getroffene Regelung die Sicherung der Ernte und des Betriebs für gewährleistet hält.

(2) Ist eine gütliche Einigung zwischen dem Betriebsinhaber und seinen Gläubigern nicht zu erreichen, so ist ein Entschuldungsplan nach § 18 der Sicherungsverordnung aufzustellen.

§ 26.

(1) In erster Linie ist die Entschuldung des Betriebs durch Stundung eines Teiles der Gläubigerforderungen anzustreben. Reicht diese Maßnahme nicht aus, so können, soweit erforderlich, Zinsrückstände erlassen und Zinssätze für die Zeit während und nach Abschluß des Verfahrens vermindert werden. Läßt sich auch hierdurch die Entschuldung des Betriebs nicht erreichen, so können in dem unbedingt erforderlichen Umfang Kapital- und sonstige Hauptforderungen von Gläubigern herabgesetzt werden.

(2) Bei Herabsetzung von Kapital- und sonstigen Hauptforderungen von Gläubigern soll geprüft werden, ob und inwieweit die voraussichtliche wirtschaftliche Entwicklung des Betriebs die Ausstellung von bedingten Verpflichtungserklärungen (Besserungsscheinen) zugunsten der mit einem Teil ihrer Kapital- und sonstigen Hauptforderungen ausgefallenen Gläubigern gestattet.

§ 27.

(1) Wirtschaftlich gleichartige Forderungen im Sinne des § 18 Abs. 2 Satz 3 der Sicherungsverordnung sind solche Forderungen, die nach Entstehungszeit und Entstehungsgrund im wesentlichen gleichartig sind. Dem steht nicht entgegen, daß Zins- und ähnliche Nebenforderungen aus gleichartigen Hauptforderungen gesondert geprüft werden.

(2) Sind Zinsforderungen zu kürzen, so kommen zunächst diejenigen, deren Fälligkeit mehr als zwei Jahre zurückliegt, in Betracht, wenn nicht im einzelnen Falle wichtige Gründe dagegen sprechen.

(3) Sind Zinsforderungen zu kürzen, so kommen zunächst Erbauseinandersetzungsforderungen sowie sonstige betriebsfremde Forderungen in Betracht, wenn nicht im einzelnen Falle wichtige Gründe dagegensprechen. Als betriebsfremde Forderungen sind insbesondere Forderungen anzusehen, die durch über das gewöhnliche Maß hinausgehende Aufwendungen des Betriebsinhabers und seiner Familie entstanden sind, sowie Kapitalforderungen, die durch Anhäufung von Zinsen und sonstigen Geldbeschaffungskosten aufgelaufen sind.

(4) Forderungen aus Rechtsgeschäften, die zur Fortführung des Betriebs im Kalenderjahre 1931 geschlossen sind, ferner Forderungen von Handwerkern. Kleingewerbetreibenden und dergleichen sollen nach Möglichkeit nicht gekürzt werden.

§ 28.

(1) Dingliche Rechte an erster Rangstelle im Sinne des § 18 Abs. 3 Satz 2 der Sicherungsverordnung sind auch solche Rechte oder deren Teile, die innerhalb des ersten Drittels des im Entschuldungsverfahren festgesetzten Beleihungswerts stehen, auch wenn ihnen andere Lasten im Range vorgehen. Vorgehende Lasten, auch soweit sie nicht Hypotheken oder Grundschulden sind, sind mit ihrem Kapitalwert einzusetzen.

(2) Den im § 18 Abs. 3 der Sicherungsverordnung genannten Rechte stehen die nach dem Gesetze, betreffend die Ermöglichung der Kapitalkreditbeschaffung für landwirtschaftliche Pächter, vom 9. Juli 1926 (RGBl. I S. 399) und die durch gesetzliches Pfandrecht gesicherten Forderungen des Verpächters gleich. Abs. 1 gilt sinngemäß.

(3) Als gesetzliche Vorschrift im Sinne des § 18 Abs. 3 Satz 2 der Sicherungsverordnung gelten auch die mit Genehmigung der Staatsaufsichtsbehörde erlassenen Satzungen von Kreditanstalten.

(4) Als sonstige sich nach gesetzlicher Vorschrift mit der Gewährung langfristiger Kredite befassende Institute (§ 18 Abs. 3 Satz 2 der Sicherungsverordnung) gelten nur Kreditanstalten, die sich nach gesetzlicher Vorschrift ausschließlich oder überwiegend mit der Gewährung von langfristigen Realkrediten befassen. Langfristig sind Kredite, bei denen die ordnungsmäßige Kündigung für den Gläubiger bei der Kreditgewährung auf mindestens drei Jahre ausgeschlossen worden ist.

(5) Als langfristige Kredite im Sinne des § 18 Abs. 3 Satz 2 der Sicherungsverordnung gelten stets die von Siedlungsfinanzierungsinstituten mittelbar oder unmittelbar gewährten Siedlungskredite.

§ 29.

(1) Vor der Bestätigung des Entschuldungsplans sind alle Gläubiger, in deren Rechte durch den Entschuldungsplan eingegriffen wird, zu hören. In Siedlungssachen sind die beteiligten Siedlungsunternehmer und die zuständigen Siedlungsbehörden zu hören.

(2) Die Landstelle darf den Entschuldungsplan nur bestätigen, wenn feststeht, daß seine Durchführung nicht die in § 7 Abs. 2 dieser Verordnung bezeichneten Folgen nach sich zieht.

§ 30.

(1) In dem Entschuldungsplan können Ansprüche, die einer Genossenschaft gegen den Betriebsinhaber aus seiner Haftungs- oder Nachschußverpflichtung als Genosse zustehen, nicht herabgesetzt werden.

(2) Das gleiche gilt für Ansprüche von landschaftlichen (ritterschaftlichen) Kreditinstituten gegen den Betriebsinhaber aus entsprechenden Verpflichtungen als Mitglied eines solchen Kreditinstituts.

§ 31.

Die der Industriebank nach dem Osthilfegesetz vom 31. März 1931 zustehenden Befugnisse werden durch die Vorschriften der Sicherungsverordnung und dieser Verordnung nicht berührt.

Zu § 22 der Sicherungsverordnung.

§ 32.

(1) Die Aufhebung des Sicherungsverfahrens soll insbesondere dann angeordnet werden, wenn der Sicherungsstelle der Nachweis erbracht wird, daß der Betriebsinhaber mit der Gesamtheit seiner Gläubiger Vereinbarungen getroffen hat, die die ordnungsmäßige Fortführung des Betriebs sicherstellen.

(2) Für die Bekanntmachung der Aufhebung des Sicherungsverfahrens gelten die Vorschriften des § 12 dieser Verordnung sinngemäß.

Zu § 23 der Sicherungsverordnung.

§ 33.

Im Falle des § 23 der Sicherungsverordnung ist die Aufhebung des Sicherungsverfahrens dem Gläubiger durch Zustellung nach den Vorschriften der §§ 208 ff. der Zivilprozeßordnung bekanntzugeben.

§ 34.

Diese Verordnung tritt mit dem Tage ihrer Verkündung in Kraft.

c) Verordnung des Reichspräsidenten zur beschleunigten Durchführung der landwirtschaftlichen Entschuldung im Osthilfegebiet (Entschuldungsverordnung).

Vom 6. Februar 1932.

Auf Grund des Artikel 48 Abs. 2 der Reichsverfassung:

§ 1.

Zum Zwecke der beschleunigten Durchführung der landwirtschaftlichen Entschuldung im Osthilfegebiet (§ 1 der Verordnung vom 8. August 1930 — RGBl. I S. 433 — und § 1 der Ersten Durchführungsverordnung zum Osthilfegesetz vom 21. Mai 1931 — RGBl. I S. 277) können Gläubiger eines landwirtschaftlichen, forstwirtschaftlichen oder gärtnerischen Betriebes, soweit ihre Forderungen im Entschuldungsverfahren abgelöst werden, mit 4½prozentigen Schuldverschreibungen, die der Deutsche Rentenbank, Abteilung Osthilfe, bis zum Betrage von 500 Millionen Reichsmark ausgibt, abgefunden werden (Osthilfe-Entschuldungsbriefe). Die Entschuldungsbriefe sind durch die in dieser Verordnung bezeichneten Sicherheiten sowie durch einen entsprechenden Betrag des freien Teils der Grundschuldbelastungen nach der Rentenbankgesetzgebung gesichert.

§ 2.

(1) In Höhe der durch Hingabe von Osthilfe-Entschuldungsbriefen abgelösten Forderungen der Gläubiger wird für die Bank für Deutsche Industrie-Obligationen (Industriebank) als Treuhänderin der Deutschen Rentenbank auf dem entschuldeten Grundstück eine Hypothek eingetragen. Solange die Entschuldungsbriefe noch nicht eingelöst sind, verwaltet die Industriebank im Einvernehmen mit der Deutschen Rentenbank die Hypotheken als besondere Deckungsmasse für die von der Deutschen Rentenbank ausgegebenen Entschuldungsbriefe. Wird das nach Satz 2 erforderliche Einvernehmen zwischen der Industriebank und der Deutschen Rentenbank nicht erzielt, so entscheidet der Reichskommissar für die Osthilfe.

(2) Die Industriebank erhält von den ihr zufließenden Jahresleistungen der Hypotheken laufend einen Verwaltungskostenbeitrag von 0,5 vom Hundert, die Deutsche Rentenbank einen solchen von 0,1 vom Hundert.

(3) Im Falle des Konkurses der Deutschen Rentenbank gehen bei der Befriedigung aus den nach Abs. 1 von der Industriebank treuhänderisch verwalteten Hypotheken die Forderungen der Inhaber der Entschuldungsbriefe einschließlich ihrer seit Eröffnung des Konkursverfahrens laufenden Zinsforderungen den Forderungen der anderen Konkursgläubiger vor. Die Inhaber der Entschuldungsbriefe haben untereinander den gleichen Rang. Auf den Anspruch der Inhaber der Entschuldungsbriefe auf Befriedigung aus dem sonstigen Vermögen der Deutschen Rentenbank finden die für den Absonderungsberechtigten geltenden Vorschriften der §§ 64, 153, 155, 156 und des § 168 Nr. 3 der Konkursordnung entsprechende Anwendung.

§ 3.

Für die Osthilfe-Entschuldungsbriefe sowie für die sich aus § 2 ergebenden Rechtsgeschäfte sind Kosten, Steuern oder Gebühren nicht zu erheben.

§ 4.

(1) Die Osthilfe-Entschuldungsbriefe werden nach Maßgabe der nach Abs. 2 aufkommenden Beträge verzinst und eingelöst. Die Einlösung soll in Höhe von rund 300 Millionen Reichsmark im Rechnungsjahr 1935, in Höhe des Restes im Rechnungsjahr 1928 durchgeführt sein.

(2) Zur Verzinsung und Einlösung der Entschuldungsbriefe sind folgende Beträge zu verwenden:

a) von dem der Industriebank nach § 16 des Osthilfegesetzes vom 31. März 1931 (RGBl. I S. 117) zufließenden Aufkommen aus der Aufbringungsumlage in den Rechnungsjahren 1933 bis 1936 je 80 Millionen Reichsmark;
b) von den nach § 22 des Osthilfegesetzes im Reichshaushaltsplan aufzubringenden Betriebssicherungsmitteln in den Rechnungsjahren 1933 bis 1938 je 20 Millionen Reichsmark;
c) die Zins- und Tilgungsbeträge der im § 2 genannten Hypotheken und Einlösung der Entschuldungsbriefe ersparten Zinsen;
d) aus dem verfügbaren Reingewinn der Deutschen Rentenbank-Kreditanstalt in den Jahren 1935 bis 1938 je 10 Millionen Reichsmark.

(3) Aus den im Abs. 2 genannten Beträgen werden zunächst zur Verfügung gestellt:

a) zur Bildung einer Ausfallrücklage für die Zins- und Tilgungsbeträge der im § 2 genannten Hypotheken im Rechnungsjahr 1932 1 Million Reichsmark, in den Rechnungsjahren 1933 bis 1937 je 5 Millionen Reichsmark;
b) zur Verzinsung weiterer für die bare Entschuldung bereitzustellender 30 Millionen Reichsmark in den Rechnungsjahren 1933 bis 1938 je 1,5 Millionen Reichsmark;
c) zur Verzinsung der der Industriebank nach Abs. 2 Buchstabe a zufließenden Aufbringungsumlage zu einem Zinssatz von 1 vom Hundert jährlich im Rechnungsjahr 1933 0,45 Millionen, im Rechnungsjahr 1934 1,25 Millionen, im Rechnungsjahr 1935 2,05 Millionen, im Rechnungsjahr 1936 2,85 Millionen, in den Rechnungsjahren 1937 und 1938 je 3,65 Millonen Reichsmark.

§ 5.

Die Verwendung der zur Deckung etwaiger Ausfälle bei den Hypotheken nicht in Anspruch genommenen Beträge der nach § 4 Abs. 3 Buchstabe a zu bildenden Ausfallrücklage bleibt gesetzlicher Regelung vorbehalten.

§ 6.

Sind die Osthilfe-Entschuldungsbriefe eingelöst und etwaige Verpflichtungen, die die Deutsche Rentenbank zur Sicherung des Zins- und Einlösungsdienstes der Entschuldungsbriefe eingegangen ist, abgedeckt, so erlischt die im § 2 Abs. 1 bezeichnete Treuhänderschaft; die Jahresleistungen der Hypotheken sind alsdann dazu zu verwenden, die weiteren für die bare Entschuldung bereitzustellenden 30 Millionen Reichsmark sowie das zur Einlösung der Entschuldungsbriefe verwandte Aufkommen aus der Aufbringungsumlage zu erstatten. Die Verwendung der Jahresleistungen der alsdann noch nicht getilgten Hypotheken bleibt gesetzlicher Regelung vorbehalten.

§ 7.

Um den nach § 1 durch Hingabe von Osthilfe-Entschuldungsbriefen abgefundenen Gläubigern die Beschaffung von Bargeld auf Grund der Entschuldungsbriefe in dem unbedingt notwendigen Umfang zu ermöglichen, wird die Deutsche Rentenbank ermächtigt, Wechselverbindlichkeiten einzugehen und sonstige damit im Zusammenhange stehende Hilfsgeschäfte zu betreiben.

§ 8.

Die Reichsregierung wird ermächtigt, die zur Durchführung dieser Verordnung erforderlichen Rechtsverordnungen und allgemeinen Verwaltungsbestimmungen zu erlassen; sie kann, soweit sie es zur Erreichung des Zweckes dieser Verordnung für erforderlich hält, auch Vorschriften ergänzenden Inhalts erlassen.

§ 9.

Diese Verordnung tritt mit dem Tage ihrer Verkündung in Kraft.

Berlin, den 6. Februar 1932.

3. Verordnung des Reichspräsidenten zur Sicherung der Frühjahrsdüngung und Saatgutversorgung.

Vom 23. Januar 1932 (RGBl. I S. 32).

Auf Grund des Artikels 48 Abs. 2 der Reichsverfassung wird folgendes verordnet:

§ 1.

Wegen der Ansprüche aus der Lieferung von Düngemitteln sowie von anerkanntem Originalsaatgut und anerkannten Absaaten — mit Ausnahme von Rübensamen —, welche von dem Eigentümer, Eigenbesitzer, Nutznießer oder Pächter eines landwirtschaftlichen Grundstücks im Rahmen der bisherigen Wirtschaftsweise in der für derartige Geschäfte üblichen Art seit dem 1. Januar 1932 für das Erntejahr 1932 zur Steigerung des Ernteertrags beschafft und verwendet werden, hat der Gläubiger ein gesetzliches Pfandrecht an den Früchten des Grundstücks, auch wenn die Früchte noch nicht von dem Grundstück getrennt worden sind; das Pfandrecht erstreckt sich nicht auf die der Pfändung nicht unterworfenen Früchte.

Die Vorschrift des Abs. 1 gilt auch für Ansprüche aus Darlehn, die von dem Eigentümer, Eigenbesitzer, Nutznießer oder Pächter zur Bezahlung dieser Lieferungen in der für derartige Geschäfte üblichen Art aufgenommen werden.

§ 2.

Auf das Pfandrecht finden die Vorschriften von §§ 560, 561 Abs. 2, 562 des Bürgerlichen Gesetzbuchs entsprechende Anwendung.

Das Pfandrecht geht allen an den Früchten bestehenden dinglichen Rechten im Range vor.

Sind mehrere Gläubiger der im § 1 bezeichneten Art vorhanden, so haben deren Ansprüche untereinander gleichen Rang.

§ 3.

Sowohl der Pfandgläubiger wie der Schuldner kann nach Beginn der Ernte jederzeit, auch vor Fälligkeit der Forderung, verlangen, daß aus den dem Pfandrecht unterliegenden Früchten eine Menge, die zur Sicherung der Forderung ausreicht, ausgeschieden, als dem Pfandrecht unterliegend, kenntlich gemacht und gesondert aufbewahrt wird. Geschieht dies, so beschränkt sich das Pfandrecht auf diese Menge; § 560 des Bürgerlichen Gesetzbuchs findet keine Anwendung.

§ 4.

Das Pfandrecht erlischt mit dem 1. April 1933, wenn es nicht vorher gerichtlich, insbesondere nach § 805 der Zivilprozeßordnung, geltend gemacht worden ist.

§ 5.

Die Vorschriften der §§ 1 bis 4 finden keine Anwendung auf landwirtschaftliche Betriebe, über die das Sicherungsverfahren gemäß der Verordnung des Reichspräsidenten zur Sicherung der Ernte und der landwirtschaftlichen Entschuldung im Osthilfegebiete vom 1. November 1931 (RGBl. I. S. 675) eröffnet ist.

§ 6.

Der Reichsminister der Finanzen wird ermächtigt, für Forderungen aus Düngemittellieferungen an landwirtschaftliche Betriebe für die diesjährige Frühjahrsdüngung Bürgschaft bis zur Höhe von insgesamt 57 Millionen Reichsmark zu übernehmen.

§ 7.

Die Verordnung tritt mit dem Tage ihrer Verkündung in Kraft.

III. Satzungen, Bedingungen und Beleihungsanträge von Kreditanstalten.

A. 1. Auszug aus der Satzung des Berliner Pfandbriefamtes (Berliner Stadtschaft).

II. Mitgliedschaft.

§ 5.

Der Beitritt zum Pfandbriefamt steht vorbehaltlich der nach § 9 der Direktion zustehenden Befugnis, einzelne Grundstücke von der Beleihung auszuschließen —, jedem eingetragenen Eigentümer und Erbbauberechtigten eines in Berlin belegenen zur staatlichen Gebäudesteuer veranlagten bebauten Grundstücks offen. Ausgenommen sind diejenigen Grundstücke, die bei dem Neuen Brandenburgischen Kreditinstitute und dem Kur- und Neumärkischen Ritterschaftlichen Kreditinstitute nach deren Satzung beleihbar sind.

Der Beitritt des Eigentümers oder Erbbauberechtigten eines in der Bebauung begriffenen oder zur Gebäudesteuer noch nicht veranlagten Grundstückes hängt von dem Ermessen der Direktion ab. Die Gesamtheit der jeweilig als Baugelder gewährten Pfandbriefdarlehn darf den zwanzigsten Teil des Gesamtbetrages der Deckungshypotheken nicht überschreiten.

Der Beitretende hat mit dem Antrage auf Bewilligung eines Pfandbriefdarlehns (§ 8) dem Pfandbriefamt schriftlich zu erklären, daß er die satzungsmäßigen Verpflichtungen übernimmt. Die Mitgliedschaft beginnt mit der Eintragung des Pfandbriefdarlehns in das Grundbuch (§ 10 I Ziff. 3 c).

Der Erwerber eines mit Berliner Pfandbriefen beliehenen Grundstücks oder Erbbaurechts erwirbt die Mitgliedschaft, wenn er spätestens 4 Wochen nach dem Erwerb dem Berliner Pfandbriefamt in öffentlich beglaubigter Form die Erklärung abgibt, daß er die satzungsmäßigen Pflichten eines Mitgliedes und insbesondere die persönliche Verbindlichkeit aus dem Pfandbriefdarlehn einschließlich etwaiger Rückstände übernimmt. Auf Verlangen der Direktion hat er sich ferner in einer gerichtlich oder notariell beglaubigten Urkunde wegen der Kapitalforderung und sämtlicher aus der Bewilligungsurkunde und der Satzung des Pfandbriefamtes ersichtlichen Nebenleistungen, insbesondere der Zinsen und Zinszuschläge der sofortigen Zwangsvollstreckung in das belastete Grundstück und in sein übriges Vermögen zu unterwerfen. Erfolgt der Erwerb im Wege der Zwangsversteigerung, so hat der Erwerber diese Erklärungen vor dem Kaufgelder-Belegungstermin abzugeben.

§ 6.

Jedes Mitglied haftet dem Berliner Pfandbriefamt für alle Verbindlichkeiten und Hypothekenausfälle bis zu 5 % des auf seinem

Grundstücke oder Erbbaurechte eingetragenen Pfandbriefdarlehns. Die Inanspruchnahme der Mitglieder erfolgt nach dem Verhältnis ihrer Pfandbriefdarlehn. Wenn der auf ein Mitglied entfallende Betrag nicht beigetrieben werden kann, ist er auf die übrigen Mitglieder anteilmäßig zu übertragen. Dabei sind frühere Ersatzleistungen anzurechnen.

III. Pfandbriefdarlehn.

§ 8.

Dem Antrage auf Bewilligung eines Pfandbriefdarlehns sind beizufügen:

a) eine vollständige Abschrift des Grundbuchblattes;
b) ein amtlich beglaubigter Lageplan oder eine amtlich beglaubigte Katasterhandzeichnung oder der Lageplan eines vereidigten Landmessers;
c) ein Nachweis über die Veranlagung des Grundstücks zur Gebäude- bzw. Grundsteuer bzw. über die erfolgte Gebrauchsabnahme der Baulichkeiten;
d) der Feuer-Versicherungsschein der Feuersozietät der Stadt Berlin, oder der Land- oder Städte-Feuer-Sozietät der Provinz Brandenburg oder einer privaten Feuerversicherungsgesellschaft. Im Falle der Versicherung bei einer privaten Gesellschaft bleibt jedoch dem Pfandbriefamt das Verlangen auf Kündigung dieses Betrages zum nächstfälligen Termin und der Anmeldung bei der Feuersozietät der Stadt Berlin jederzeit vorbehalten;
e) eine vom Antragsteller eigenhändig zu unterschreibende genaue Aufstellung der Mieterträge der einzeln aufzuführenden Wohnungen und gewerblich genutzten Räume, in der die vertragliche Dauer der Mietzeit und der Mietwert der unvermieteten Räume anzugeben sind. Bei mietfrei gewordenen Räumen ist der zuletzt erzielte Mietpreis anzugeben;
f) die Mietverträge;
g) auf Erfordern des Pfandbriefamtes eine schriftliche Auskunft der zuständigen städtischen Verwaltungsbehörden darüber, ob und in welcher Höhe noch Anliegerbeiträge für das Grundstück zu zahlen sind und ob noch Straßenland abzutreten ist.

Betrifft der Antrag ein Baugelddarlehn, dann bestimmt die Direktion die dem Antrage beizufügenden Nachweise und die zur Auszahlung der Baugeldraten erforderlichen Feststellungen, deren Kosten dem Darlehnsnehmer zur Last fallen.

Ferner ist anzugeben, zu welchem Zinsfuße Pfandbriefe gewünscht werden. Dabei kann der Antragsteller aber nur einen Zinsfuß wählen, zu dem Pfandbriefe ausgegeben werden (§ 18 Absatz 2).

Zur Bestreitung der Verwaltungskosten ist bei Stellung des Antrages eine Meldegebühr, deren Höhe die Direktion mit Zustimmung des Ausschusses festsetzt, jedoch nicht unter 100 M., einzuzahlen (§ 26). Eine Rückzahlung dieser Meldegebühr findet nicht statt. Auf Antrag kann jedoch das Pfandbriefamt zunächst eine Vorprüfung eintreten lassen, für welche in Anrechnung auf die Meldegebühr ein Teilbetrag erhoben wird, dessen Höhe das Pfandbriefamt festsetzt. Auf Grund der Angabe des Antragstellers wird dann eine unverbindliche Auskunft über die voraussichtliche Höhe des Darlehns gegeben.

§ 9.

Die Direktion ist befugt, Anträge auf Beleihung abzulehnen, wenn nach ihrem Ermessen die Zweckbestimmung des Grundstücks oder der Gebäude oder sonstige Umstände nicht die genügende dauernde Sicherheit für das Darlehn bieten.

Gegen die ablehnende Entscheidung der Direktion steht den Grundstückseigentümern die Beschwerde an den Ausschuß offen, bei dessen Entscheidung es bewendet.

§ 10.

I. Das Pfandbriefamt gewährt das bewilligte Darlehn in Neuen Berliner Pfanbriefen des vom Darlehnsnehmer gewählten Zinsfußes nach ihrem Nennwert in Stücken von 10 000, 5000, 2000, 1000, 500, 200 und 100 M. in Gemäßheit der Bestimmungen des § 18 unter folgenden Bedingungen:

1. Der Schuldner hat beim Empfang des Darlehns 1/8 v. H. desselben als Beitrag zur Sonderrücklage (§ 29) und ferner ½ v. H. der Darlehnssumme als Beitrag zur Sicherheitsmasse bar zu zahlen (§ 30).

2. Er hat das Darlehn in der ursprünglichen bzw. der durch Löschung geminderten Höhe vom Ausfertigungstage der Pfandbriefe an mit jährlich ½ v. H. mehr, als der Zinssatz der gewährten Pfandbriefe gewährt, zu verzinsen (§ 25).

   Bei der Beleihung von Erbbaurechten erhöht sich der Zinsfuß um den zur schnelleren Schuldabbürdung erforderlichen besonderen Tilgungsbeitrag, dessen Höhe das Pfandbriefamt bestimmt. Er muß so bemessen sein, daß bei ununterbrochener Tilgung zwischen ihrer Beendigung und dem Ablauf des Erbbaurechts eine angemessene Frist liegt.

   Die Zinsen und Tilgungsbeiträge sind vierteljährlich im voraus bis zum 10. des ersten Monats jedes Kalendervierteljahres an die Kasse des Berliner Pfandbriefamtes zu zahlen (§ 25).

   Auf Antrag des Darlehnsnehmers kann das Pfandbriefamt genehmigen, daß die für das erste Vierteljahr zu entrichtenden Zinsen auf die nächsten drei Vierteljahre verteilt werden, so daß zu den üblichen Zinsterminen jedesmal ⅓ der ersten Vierteljahreszinsen zu entrichten ist.

3\. a) Für das Darlehn und die nach Ziffer 2 zu leistenden Zahlungen muß Hypothek in der Art bestellt werden, daß die Eintragung innerhalb der im § 11 angegebenen Wertgrenze zur ersten Stelle erfolgt. Die sonstigen satzungsmäßigen Beiträge sind durch Eintragung eines entsprechend höheren Zinssatzes bis zu 5 v. H. sicherzustellen.

b) Voreingetragene Altenteile, Grundrenten, Abfindungsberechtigungen und andere dauernde Lasten sind auf ihren Kapitalwert nach dem Ermessen des Pfandbriefamtes einzuschätzen und mit diesem Wert von dem Darlehnsbetrage abzuziehen.

c) Der Darlehnsnehmer hat ferner auf Verlangen der Direktion in einer gerichtlichen oder notariellen Schuldurkunde zu erklären, daß er sich und den jeweiligen Eigentümer wegen des Darlehnskapitals nebst Zinsen, Beiträgen und Nebenleistungen der sofortigen Zwangsvollstreckung unterwirft, und dies im Grundbuche eintragen zu lassen.

d) Kann das Vorrecht vor bereits eingetragenen Forderungen nicht sogleich beschafft werden, so ist die Bewilligung des Darlehns dennoch zulässig, wenn der Darlehnsnehmer sich verpflichtet, die bereits eingetragenen Forderungen, sobald es angängig ist, zur Löschung zu bringen und wegen der Ansprüche aus ihnen eine ausreichende Sicherheit, deren Höhe die Direktion mit Zustimmung der Finanzkommission des Ausschusses (§ 51) festsetzt, bar oder in Berliner Pfandbriefen beim Berliner Pfandbriefamt hinterlegt. Bei Berechnung etwaiger Ansprüche aus den eingetragenen Forderungen wird der Zinssatz mit 5 v. H. und der Rückstand der Zinsen auf zwei Jahre angenommen, sofern anderes nicht nachgewiesen wird.

e) Für etwa aus der Sicherheitsmasse zur Deckung rückständiger Zinsen geleistete Vorschüsse werden dem Darlehnsschuldner 5 v. H. Verzugszinsen berechnet. Die Direktion kann jedoch mit Zustimmung der Finanzkommission des Ausschusses einen höheren Zinssatz festsetzen.

f) Sämtliche Kosten der Vorbereitung und Vollziehung des Darlehnsgeschäftes und der Eintragung des Darlehns trägt der Darlehnsnehmer; zur Deckung dieser Kosten kann ein angemessener Vorschuß verlangt werden. Die Herstellungskosten und Stempelkosten der auszufertigenden Pfandbriefe sowie die sämtlichen Kosten jedes notariellen und gerichtlichen Verfahrens trägt gleichfalls der Darlehnsnehmer.

4\. Der Schuldner ist auf Verlangen des Pfandbriefamtes verpfichtet — bei bestehender Privat-Versicherung vom nächstfälligen Kündigungstermin an —, solange das Pfandbriefdarlehn besteht, das Grundstück bei der Feuer-Sozietät der Stadt Berlin in Feuer-Versicherung zu halten.

II. Auf Antrag des Eigentümers mit Zustimmung des Pfandbriefamtes oder auf Verlangen des letzteren erfolgt die Verwertung der bewilligten Pfandbriefe durch Vermittlung des Pfandbriefamtes zu vorher mit dem Darlehnsnehmer zu vereinbarenden Bedingungen.

III. In diesem Falle kann ihm auf seinen Antrag, wenn der Kurs der Pfandbriefe unter dem Nennwert steht, zur völligen oder teilweisen Ausgleichung des Kursunterschiedes, sowie zur Deckung des erstmaligen Beitrages zur Sonderrücklage und Sicherheitsmasse, des Pfandbriefstempels und etwaiger Verwaltungskosten ein Zuschußdarlehn in bar gewährt werden. Das Zuschußdarlehn darf 10 v. H. des Nennwertes des Pfandbriefdarlehns nicht übersteigen. Es ist mit 5 v. H. zu verzinsen, sofern nicht die Direktion mit Zustimmung der Finanzkommission des Ausschusses einen anderen Zinssatz festsetzt. Die Tilgung des Zuschußdarlehns hat in der Regel innerhalb 5 Jahren, längstens jedoch in 10 Jahren, zu erfolgen.

Die Höhe der Abzahlungen und die Abzahlungsfristen bestimmt das Pfandbriefamt.

Dem Darlehnsschuldner steht die jederzeitige Rückzahlung des Zuschußdarlehns frei; beim Eigentumswechsel ist er jedoch zur sofortigen Rückzahlung des gesamten Zuschußdarlehns verpflichtet. Im Falle des Erbganges kann das Pfandbriefamt von einer sofortigen Rückzahlung absehen. Vor der Tilgung des Zuschußdarlehns darf das Pfandbriefdarlehn nicht zurückgezahlt werden. Auch kann der Schuldner vorher die Löschungsbewilligung des Pfandbriefdarlehns nicht fordern. Die Sicherstellung des Zuschußdarlehns erfolgt durch Eintragung einer entsprechenden Erhöhung des Zinsfußes des Pfandbriefdarlehns im Grundbuche, oder soweit hier eine ausreichende dingliche Sicherheit nicht gewährt wird, durch eine unmittelbar nach dem Pfandbriefdarlehn einzutragende Sicherungshypothek, über die im Interesse der etwa nacheingetragenen Gläubiger nur durch Löschung verfügt werden darf. Vermag der Schuldner die Vorrangseinräumung nicht zu erreichen, so ist dem Pfandbriefamt überlassen, sich mit der Eintragung der Sicherungshypothek an anderer Stelle zu begnügen. In diesem Fall ist es befugt, von dem Schuldner nach seinem Ermessen anderweite Sicherstellung des Zuschußdarlehns zu verlangen.

§ 13.

Der Darlehnsnehmer ist befugt, das in Berliner Pfandbriefen (alten) gewährte Darlehn jederzeit, das in Neuen Berliner Pfandbriefen gewährte Darlehn erst nach Ablauf von 3 Jahren seit Aushändigung der Pfandbriefe ganz oder teilweise in Gemäßheit der Bestimmungen des § 16 Ziffer 4 zurückzuzahlen. Er ist aber verpflichtet, 6 Monate vorher zum 1. Juli oder 2. Januar zu kündigen. Diese Bestimmung findet sinngemäße Anwendung, falls das Pfandbriefamt von seiner Befugnis aus § 20 letzten Absatz Gebrauch macht.

Vor Ablauf von 3 Jahren ist Rückzahlung der in Neuen Berliner Pfandbriefen gewährten Darlehn nur mit Genehmigung der Direktion zulässig. Diese darf nicht versagt werden, wenn die Rückzahlung aus Anlaß eines Brandes erfolgt und in Pfandbriefen derselben Art und desselben Zinssatzes, in welchem das Darlehn gegeben ist, angeboten wird.

Erfolgt die Rückzahlung eines in Berliner Pfandbriefen (alten) gewährten Darlehns, bevor die Guthaben des verhafteten Grundstücks an der Sicherheits- und Tilgungsmasse zusammen 10 v. H. des Darlehns erreicht haben, so verfallen die Guthaben an der Sicherheits- und Tilgungsmasse zugunsten der Sonderrücklage (§ 29) in Gemäßheit der Bestimmungen des § 35.

Erreichen oder übersteigen die Guthaben des verhafteten Grundstücks an der Sicherheits- und Tilgungsmasse zusammen 10 v. H., so wird der durch 300 M. teilbare Guthabenbetrag an jeder Masse angerechnet. Bei Teilrückzahlungen wird ein verhältnismäßiger Teil angerechnet.

Erfolgt die Rückzahlung des in Neuen Berliner Pfandbriefen gewährten Darlehns vor Ablauf von 5 Jahren, so verfällt das Guthaben des verhafteten Grundstücks oder Erbbaurechts an der Sicherheitsmasse zugunsten der Sonderrücklage (§ 29) in Gemäßheit der Bestimmungen des § 35.

Erfolgt die Rückzahlung nach Ablauf von 5 Jahren, so wird das Guthaben an der Sicherheits- und Tilgungsmasse ganz oder bei Teilrückzahlungen verhältnismäßig angerechnet, jedoch nur insoweit, als der in Betracht kommende Anteil an jeder der beiden Massen durch 100 M. teilbar ist.

Zahlt der Schuldner am Verfalltage das Darlehn nicht zurück, so hat das Pfandbriefamt das Recht, entweder die Kündigung für unwirksam zu erklären, oder für das rückständig gebliebene Kapital 6 v. H. Zinsen jährlich zu fordern.

§ 15.

Die Rückzahlung des auf Grund des § 10 III gewährten Zuschußdarlehns kann jederzeit ohne Kündigung bar erfolgen.

Beim Eigentumswechsel ist jedoch der Eigentümer zur sofortigen Rückzahlung des Zuschußdarlehns verpflichtet.

Im Falle des Erbganges kann das Pfandbriefamt von einer sofortigen Rückzahlung absehen.

§ 16.

1. Abgesehen von der Kündigung des Kapitals nach § 12 Abs. 2 und letzter Absatz ist die Direktion befugt, das Darlehn mit dreimonatiger Frist ganz oder teilweise zu kündigen:

a) wenn der Grundstückseigentümer die Zinsen nicht pünktlich zahlt (§ 10 I Ziffer 2) oder die Feuerversicherung des Grundstücks nicht satzungsmäßig fortsetzt oder die Versicherungsbeiträge nicht pünktlich abführt;
b) wenn der Grundstückseigentümer mit der Verzinsung und Tilgung des Zuschußdarlehns (§ 10 III) im Rückstande ist;
c) wenn der Grundstückseigentümer sich den satzungsmäßigen Anordnungen der Direktion nicht fügt;
d) wenn der Erwerber des verpfändeten Grundstücks oder Erbbaurechts den Beitritt nach § 5 letzter Absatz nicht erklärt;
e) wenn die Zwangsverwaltung oder Zwangsversteigerung des verpfändeten Grundstücks oder Erbbaurechts eingeleitet ist;
f) wenn der Eigentümer gemäß § 928 BGB. auf das verpfändete Grundstück verzichtet.

2. Die Kündigung wird hinfällig, wenn der säumige Schuldner (a und b) den von der Sicherheitsmasse geleisteten Vorschuß nebst Verzugszinsen (§ 10 I Ziffer 3 e) und die Zinsen und Tilgungsraten des Zuschußdarlehns, sowie die sonst etwa dem Amt erwachsenen Kosten in voller Höhe erstattet hat.

3. Die Direktion kann in den Fällen der Ziffer 1 die sofortige Rückzahlung des Darlehns und des Zuschußdarlehns verlangen, wenn nach ihrer Überzeugung Gefahr im Verzuge ist.

Dem Schuldner steht hiergegen innerhalb einer Woche die Beschwerde an den Ausschuß zu, welcher endgültig unter Ausschluß des Rechtsweges entscheidet.

4. Freiwillige wie notwendige Darlehnsrückzahlungen (§§ 12 Absatz 2 und letzter Absatz und 13 Absatz 1) sind nur zulässig:

a) bei in Berliner Pfandbriefen (alten) gewährten Darlehn, in nicht ausgelosten Pfandbriefen (alten) desjenigen Zinssatzes, in welchem das Darlehn gegeben ist;
b) bei in Neuen Berliner Pfandbriefen gewährten Darlehn, nach der Wahl des Schuldners in bar oder in nicht ausgelosten Neuen Pfandbriefen desjenigen Zinssatzes, in welchem das Darlehn gegeben ist. Wird Barzahlung gewählt, so muß dies bei der Kündigung erklärt sein (§ 13).

Umfaßt die Kündigung nur einen Teil der Schuld, so muß der Betrag bei in Berliner Pfandbriefen (alten) gewährten Darlehn durch 300 M., bei in Neuen Berliner Pfandbriefen gewährten Darlehn durch 100 M. teilbar sein.

5. Im übrigen ist, soweit die Satzung nichts anderes bestimmt, das Pfandbriefamt nur befugt, die Abtragung der Schuld durch die satzungsmäßige Tilgung zu fordern.

§ 17.

1. Nach der vollständigen oder teilweisen Rückzahlung oder Tilgung des Darlehns (§ 12 Abs. 2 und letzter Absatz, 13 Abs. 1, 16 Ziffer 1) erhält der Schuldner, soweit nicht die Bestimmungen im § 10 III entgegenstehen, löschungsfähige Quittung bei Teilrückzahlungen unter Vorbehalt des Vorrechts für den Rest des Pfandbriefdarlehns.

2. Dem Darlehnsschuldner kann auf seinen Antrag Löschungsquittung, vorbehaltlich des Vorrechts für den Überrest des Pfandbriefdarlehns, oder — unter Ausschüttung des Guthabens — Erneuerung des Pfandbriefdarlehns (Krediterneuerung) gewährt werden:

a) bei den in Berliner Pfandbriefen (alten) gewährten Darlehn, sobald das Guthaben an der Tilgungsmasse auf 10 v. H. angewachsen ist, in Höhe der durch 300 Mark teilbaren Summe des Guthabens an der Sicherheitsmasse und der durch 300 Mark teilbaren Summe des Guthabens an der Tilgungsmasse;

b) bei den in Neuen Berliner Pfandbriefen gewährten Darlehn, sobald 5 Jahre seit dem 1. Januar des Jahres verstrichen sind, in welchem die Beleihung des Grundstücks oder die letzte Erneuerung oder die letzte Umwandlung des Darlehns unter Anrechnung der Guthaben (§ 14) vorgenommen worden ist in Höhe der durch 100 Mark teilbaren Summe des Guthabens an der Sicherheitsmasse und der durch 100 Mark teilbaren Summe des Guthabens an der Tilgungsmasse.

Der durch 300 bzw. 100 Mark nicht teilbare Überrest des Guthabens an der Sicherheits- oder Tilgungsmasse verfällt zugunsten der Sonderrücklage (§ 29).

3. Die Guthaben werden hierbei nur in der Höhe berücksichtigt, wie sich ihr Bestand nach dem letzten Jahresabschluß ergibt.

Die Krediterneuerung ist jedoch nur nach erneuter Feststellung des Beleihungswertes zulässig (§ 11) und bei der Beleihung eines Erbbaurechts ausgeschlossen.

Wird Krediterneuerung bei in Berliner Pfandbriefen (alten) gewährten Darlehn beantragt, so kann die Aushändigung der angerechneten Guthaben nur in Neuen Berliner Pfandbriefen in Gemäßheit der Bestimmungen des § 18 erfolgen.

4. In den vorgenannten Fällen der Ziffer 2 beginnt für den Rest der Pfandbriefschuld vom 1. Januar des laufenden Jahres ab die Tilgung und die Beisteuer zur Sonderrücklage und zur Sicherheitsmasse (§ 10 I Ziffer 1 und 2) von neuem.

Bei einem in Berliner Pfandbriefen (alten) gewährten Darlehn ist der Eigentümer verpflichtet, nicht ½ v. H. (§ 10 I Ziffer 1), sondern 2 v. H. der Darlehnssumme als Beitrag zur Sicherheitsmasse bar zu zahlen, und hat ferner zur Tilgung seiner Darlehnsschuld in den ersten acht Jahren, vom 1. Januar des laufenden Jahres ab gerechnet, ½ v. H., sodann bis zur gänzlichen Tilgung der Schuld ¼ v. H. des Darlehns jährlich zurückzuzahlen. Neben der Beisteuer zur Sonderrücklage (§ 10 I Ziffer 1) hat er weiter noch gemäß § 10 I Ziffer 2 das Pfandbriefdarlehn jährlich mit ½ v. H. mehr, als der Zinssatz der gewährten Pfandbriefe beträgt, zu verzinsen.

Der Eigentümer hat demnach wegen des nichtgelöschten und im Falle der Krediterneuerung wegen des ganzen Darlehns

a) bei den in Berliner Pfandbriefen (alten) gewährten Darlehn urkundlich anzuerkennen und in das Grundbuch eintragen zu lassen, daß er vom 1. Januar des laufenden Jahres ab die Zinsen und den mit ½ v. H. bzw. ¼ v. H. des Darlehns zu leistenden Tilgungsbeitrag wie von einem neuen Darlehn nach § 10 I Ziffer 1 und 2 und § 17 Ziffer 4 zu entrichten habe;

b) bei den in Neuen Berliner Pfandbriefen gewährten Darlehn eine neue Verbindlichkeitserklärung in urkundlicher Form abzugeben und auf Verlangen deren Inhalt in das Grundbuch eintragen zu lassen.

5. Das eingetragene Pfandbriefdarlehn muß, soweit über dasselbe nicht löschungsfähige Quittungen (§ 17 Ziffer 1 und 2) erteilt sind, während der ganzen Dauer der Tilgung (und ohne Rücksicht auf die zum Zwecke der Tilgung geleisteten Beträge) verzinst werden.

Das Darlehn ist vollständig getilgt, sobald die Summe der Guthaben an der Sicherheits- und Tilgungsmasse den Betrag des Darlehns erreicht hat (§ 7).

2. Nachträge

vom 19. Dezember 1923, 22. April 1926, 29. Dezember 1926, 10. März 1927, 21. März 1928

zu der

Satzung des Berliner Pfandbrief-Amtes vom 30. Mai / 21. Oktober 1921.

Artikel 1.

Das Berliner Pfandbrief-Amt gibt dauernd Realkredit auch durch Gewährung von wertbeständigen Hypothekendarlehn mittels Ausgabe von wertbeständigen Pfandbriefen auf der Grundlage von Feingold (§ 1 des Gesetzes über wertbeständige Hypotheken und § 1 des Gesetzes über die Ausgabe wertbeständiger Schuldverschreibungen auf den Inhaber, beide vom 23. Juni 1923, RGBl. I, S. 407). Wertmesser ist das Gramm Feingold.

Auf die wertbeständigen Pfandbriefdarlehn (Goldhypotheken) und die wertbeständigen Pfandbriefe (Goldpfandbriefe) finden die Bestimmungen der Satzung sinngemäße Anwendung, soweit dieser Satzungsnachtrag nicht besondere Bestimmungen enthält. Soweit in der Satzung für die in Berliner Pfandbriefen (alten) gewährten Darlehn und für die in Neuen Berliner Pfandbriefen gewährten Darlehn verschiedene Vorschriften bestehen, greifen die Vorschriften über die letzteren Pfandbriefdarlehn auch für die wertbeständigen Pfandbriefdarlehn (Goldhypotheken) sinngemäß Platz.

In Abweichung von § 11 letzter Absatz Buchstabe a der Satzung bedürfen Beleihungen bereits dann der Beschlußfassung durch die Direktion und der Zustimmung der Finanzkommission des Ausschusses (§ 51 der Satzung), wenn sie den Betrag von 20 000 Goldmark übersteigen.

Artikel 2.

Der Gesamtbetrag der im Umlauf befindlichen Goldpfandbriefe muß in Höhe des Nennwertes jederzeit durch Goldhypotheken von mindestens gleicher Höhe und mindestens gleichem Zinsertrage gedeckt sein.

Ist infolge der Rückzahlung von Goldhypotheken oder aus einem anderen Grunde die vorgeschriebene volle Deckung in Goldhypotheken nicht vollständig vorhanden und ist die Einziehung eines entsprechenden Betrages von Goldpfandbriefen nicht sofort ausführbar, so hat das Pfandbrief-Amt die fehlende Hypothekendeckung vorübergehend durch solche wertbeständigen Schuldverschreibungen oder Schatzanweisungen zu ersetzen, welche vom Reich oder einem der Länder ausgestellt oder gewährleistet sind. Die Schuldverschreibungen dürfen höchstens mit einem Betrage in Ansatz gebracht werden, der um 10 v. H. des Nennwertes unter ihrem jeweiligen Börsenpreise bleibt.

Artikel 3.

Bei Veräußerung eines mit einer Goldhypothek beliehenen Grundstücks regelt sich die Befreiung des Veräußerers von der persönlichen Verbindlichkeit aus dem Darlehnsvertrage nach den allgemeinen bürgerlich-rechtlichen Vorschriften.

Bei Versäumung der Anzeigepflicht nach § 7 letzter Absatz der Satzung kann die Direktion das Goldhypothekendarlehn mit dreimonatiger Frist ganz oder teilweise kündigen, und wenn nach ihrer Überzeugung Gefahr im Verzuge ist, die sofortige Rückzahlung des Darlehns verlangen.

Ziffer 2 des § 16 der Satzung findet auf Goldhypotheken keine Anwendung.

Artikel 4.

Freiwillige, wie notwendige Darlehnsrückzahlungen (§ 16 Ziff. 4 der Satzung und Art. 3 u. 5 dieses Nachtrages) sind bei Goldhypotheken nur in nichtausgelosten Goldpfandbriefen desjenigen Zinssatzes zulässig, in welchem das Darlehen gegeben ist.

Artikel 5.

Bei den vom 1. Juli 1926 ab in Berliner Goldpfandbriefen gewährten Darlehn ist Rückzahlung vor Ablauf von 5 Jahren nur mit Genehmigung der Direktion zulässig. Bei den bis zum 30. Juni 1926 gegebenen Goldpfandbriefdarlehn dagegen ist Rückzahlung vor Ablauf von 10 Jahren nur mit der Genehmigung der Direktion zulässig. In diesem Falle hat der Darlehnsnehmer, sofern bereits 5 Jahre abgelaufen sind, gegen die Versagung der Genehmigung seitens der Direktion die Beschwerde an die Finanzkommission des Ausschusses binnen zwei Wochen nach Empfang des Bescheides. Die Finanzkommission entscheidet endgültig unter Ausschluß des Rechtsweges. Die Genehmigung vorzeitiger Rückzahlung eines Darlehns darf nicht versagt werden, wenn die Rückzahlung aus Anlaß eines Brandes erfolgt und in Pfandbriefen derselben Art und desselben Zinssatzes, in welchem das Darlehn gegeben ist, angeboten wird.

Eine Umwandlung (§ 14 der Satzung) und eine Krediterneuerung (§ 17 Ziff. 2 ff. der Satzung) ist bei Goldhypotheken nur im Wege der Vereinbarung mit der Direktion zulässig.

Artikel 6.

„Der einmalige Beitrag zur Sonderrücklage (§ 10 I 1 und § 39 Ziff. 2 der Satzung) beträgt bei Goldhypotheken ½ v. H. der Darlehnssumme, der laufende Beitrag zur Sicherheits- und Tilgungsmasse (§ 25 Abs. 2 und § 39 Ziff. 3 der Satzung) mindestens ½ v. H. der Darlehnssumme. Eine Erhöhung dieser Beiträge im Wege der Vereinbarung ist zulässig, desgleichen bei Hingabe des Darlehns nach der besonderen Lage des Einzelfalles durch Beschluß der Direktion mit Zustimmung der Finanzkommission. Der laufende Verwaltungskostenbeitrag (§ 10 I 2, § 25 Abs. 2 und § 39 Ziff. 3 der Satzung) beträgt bei Goldhypotheken ½ v. H. der Darlehnssumme. Eine Ermäßigung des Verwaltungskostenbeitrages kann durch Beschluß der Direktion und des Ausschusses unter Zustimmung des Magistratskommissars erfolgen.

Die Zinsen (einschließlich des Verwaltungskostenbeitrages) und die Tilgungsbeiträge sind halbjährlich am 15. Juni und 15. Dezember im voraus an die Kasse des Berliner Pfandbriefamtes zu zahlen.

Artikel 7.

Der Geldbetrag aus der aus einer Goldhypothek dem Schuldner obliegenden Leistung, insbesondere auch der Geldbetrag der zu zahlenden Zinsen und Beiträge wird nach dem amtlich festgestellten Preise für Feingold berechnet und in deutscher Reichswährung bezahlt. Als amtlich festgestellter Preis für Feingold gilt nur der vom Reichswirtschaftsminister oder der von diesem bestimmten Stelle im Reichsanzeiger bekanntgegebene Londoner Goldpreis. Die Umrechnung in Reichswährung erfolgt nach dem mittleren amtlich notierten Kurse der Berliner Börse für das englische Pfund (Auszahlung London) auf Grund der letzten amtlichen Notierung vor dem Tage der Fälligkeit der betreffenden Leistung.

Der Geldbetrag der vierteljährlichen Zins- und Tilgungsraten richtet sich jedoch für den am 15. März fälligen Teil nach dem letzten im Februar des Jahres veröffentlichten Feingoldpreise, seine Umrechnung nach dem letzten im Februar d. J. notierten amtlichen Mittelkurs. Für die am 15. Juni, 15. September und 15. Dezember fälligen Teile gilt das Entsprechende unter Zugrundelegung des Mai bzw. Augusts bzw. Novembers des Jahres.

Werden die Leistungen nicht pünklich bezahlt, so hat der Darlehnsnehmer den dem Pfandbrief-Amt entstandenen Verlust infolge etwaiger Veränderungen des Londoner Goldpreises bzw. der Berliner Börsennotierung zu erstatten.

Artikel 8.

Die wertbeständigen Goldpfandbriefe werden nach Maßgabe der Satzung und dieses Nachtrages mit den dazugehörigen Zins- und Erneuerungsscheinen nach den diesem Nachtrage beigefügten Mustern D, E und F ausgegeben. Über die Art der Stückelung beschließt die Direktion.

Es kommen zunächst nur fünfprozentig verzinsliche Goldpfandbriefe zur Ausgabe. Es können jedoch auch Goldpfandbriefe von einem niedrigeren oder — mit Zustimmung der Staatsaufsichtsbehörde — von einem höheren Zinsfuße ausgegeben werden. Ob und von welchem Zeitpunkt ab dies geschehen soll, sowie den Zinsfuß neu zu begebender Goldpfandbriefe bestimmt die Direktion mit Zustimmung der Finanzkommission des Ausschusses.

Artikel 9.

Auf die Berechnung des Geldwertes von Kapital und Zinsen der Goldpfandbriefe finden die Bestimmungen des Artikels 7 entsprechende Anwendung.

Für die Einlösung von Goldpfandbriefen und von Zinsscheinen der Goldpfandbriefe berechnen sich demgemäß die zu zahlenden Beträge nach dem letzten vom Reichswirtschaftsminister oder der von ihm bestimmten Stelle in dem, dem Monat des Fälligkeitstages vorhergehenden Kalendermonat veröffentlichten Londoner Goldankaufspreis, umgerechnet nach der letzten im gleichen Monat erfolgten amtlichen Notierung der Berliner Börse für das englische Pfund (Auszahlung

London). Für die Einlösung der Zinsscheine wird jedoch der vorletzte Kalendermonat vor dem Fälligkeitstage zugrunde gelegt.

Artikel 10.

Dieser Satzungsnachtrag tritt mit dem Tage seiner Genehmigung durch das Preußische Staatsministerium in Kraft.

3. a) Beleihungsantrag auf Gewährung eines Darlehns mit festem Rückzahlungstermin.

D.......... unterzeichnete..........
zu .... wohnhaft, stell.......... hiermit an
die ....
den Antrag, ih.......... gegen erststellige Hypothek auf dem in ....
.... belegenen, im
Grundbuche von ....
verzeichneten Grundbesitz ein Darlehen im Werte von
.... **Goldmark**
(1 Goldmark gleich dem jeweiligen Preise von 1/2790 kg Feingold) unter den nachstehenden Bedingungen zu bewilligen:

Darlehensbedingungen.

1. Das Darlehen ist mit .... vom Hundert jährlich zu verzinsen.

Die Zinsen werden in vierteljährlichen Raten am 1. März, 1. Juni, 1. September und 1. Dezember jeden Jahres für das Kalendervierteljahr fällig, das mit dem betreffenden Monat endet.

Wird eine Vierteljahrsrate nicht spätestens am 10. Tage des Monats gezahlt, an dessen erstem Tage sie fällig war, so erhöht sich der Zinssatz des Kapitals für das Kalendervierteljahr, für das die Leistung rückständig ist, um 1 % jährlich. Wird das Darlehen nicht pünktlich bei Fälligkeit zurückgezahlt, tritt die gleiche Zinserhöhung für die Zeit vom Fälligkeitstage ab ein.

2. Das Darlehen wird ohne Kündigung am .... zur Rückzahlung fällig.

3. Die Gläubigerin ist befugt,

1. das Darlehen, ganz oder teilweise, ohne Einhaltung einer Kündigungsfrist zurückzufordern, wenn
   a) die Zinsen nicht spätestens binnen 10 Tagen nach Fälligkeit gezahlt werden;
   b) der Schuldner — sei es auch nur zeitweise — seine Zahlungen einstellt oder unter Geschäftsaufsicht gestellt wird;

c) die Zwangsversteigerung oder Zwangsverwaltung des belasteten Grundstücks oder eines Teiles desselben angeordnet wird;

d) dem Darlehen nicht binnen längstens 3 Monaten der erste Rang im Grundbuche beschafft oder die Rechtsgültigkeit oder die erste Rangstellung der Hypothek nachträglich beeinträchtigt oder bestritten wird;

e) Gebäude und Zubehör der belasteten Grundstücke nicht in angemessener Höhe gegen Feuersgefahr — bei landwirtschaftlichen Grundstücken auch die Feldfrüchte nicht gegen Hagel — bei einer der Gläubigerin genehmen Versicherungsanstalt unter Versicherung gehalten werden, die Versicherung auf Verlangen nicht nachgewiesen oder der Hypothekensicherungsschein der Versicherungsgesellschaft nicht beschafft wird;

f) das Pfandgrundstück mit einem Nießbrauchsrecht belastet oder landwirtschaftliche Grundstücke verpachtet oder teilweise veräußert werden;

g) der Schuldner dem Verlangen der Bank, ein Mietverzeichnis oder, soweit auf den belasteten Grundstücken Forstwirtschaft betrieben wird, den Forstwirtschaftsplan einzureichen, nicht binnen der gesetzten Frist nachkommt oder er die Besichtigung der belasteten Grundstücke durch Beauftragte der Bank verweigert;

h) die öffentlichen Lasten des Grundstücks (§ 10 Abs. 1 Nr. 3 des Zwangsversteigerungsgesetzes) nicht pünktlich bei Fälligkeit entrichtet werden oder dem Verlangen der Bank, die Entrichtung dieser Lasten nachzuweisen, nicht binnen der gesetzten Frist entsprochen wird;

2. den Teilbetrag des Darlehens mit einer Frist von 3 Monaten zu kündigen,

a) für den im Falle einer nachhaltigen Wertminderung des Pfandgrundstückes oder einer nachhaltigen Senkung des gemeinen Wertes des Grundstücks, an dem Goldmarkwerte der Hypothek gemessen, die nach dem Gesetz erforderliche Deckung nicht mehr vorhanden ist oder den die staatliche Aufsichtsbehörde von der Pfandbriefdeckung absetzt;

b) um den die Rangstellung der Hypothek dadurch verschlechtert wird, daß das Grundstück mit einer öffentlichen Last, mag diese eintragungsbedürftig oder nicht eintragungsbedürftig sein, neu belastet wird. Bei wiederkehrenden Leistungen gilt als Last der Betrag, der dem Kapitalwerte entspricht.

An Stelle der sofortigen Rückforderung in den Fällen der Ziffer 1 oder der dreimonatigen Kündigungsfrist in den Fällen der Ziffer 2 kann die Gläubigerin auch einen anderen nicht über 6 Monate hinausliegenden Rückzahlungstag bestimmen.

Der Schuldner verzichtet auf das Recht, im Falle der Kündigung die Vorlegung des Hypothekenbriefs zu verlangen.

4. Erfolgt eine Kündigung gemäß § 3 Ziffer 1 der Schuldurkunde, so hat der Schuldner bei der Rückzahlung für jedes bis zum .... noch laufende Jahr, insgesamt für höchstens 5 Jahre, eine Entschädigung von ....% auf den am Fälligkeitstage sich ergebenden Wert des Darlehens in bar zu entrichten.

5. Als Wert einer Goldmark im Sinne des Darlehnsvertrages gilt der amtlich festgestellte Preis von 1/2790 kg Feingold. Als amtlich festgestellter Preis gilt der letzte vor dem Stichtag im Deutschen Reichsanzeiger bekanntgegebene Londoner Goldpreis. Die Umrechnung in deutsche Währung erfolgt nach dem Mittelkurs der Berliner Börse für Auszahlung London auf Grund der letzten amtlichen Notierung vor dem Tage, der für die Berechnung der Haupt- und Nebenforderungen maßgebend ist.

Eine Goldmark ist mindestens gleich einer Reichsmark.

6. Alle vertraglichen Leistungen sind in deutscher Reichswährung zu bewirken. Ihre Berechnung erfolgt nach dem Fälligkeitstag als Stichtag. Im Verzugsfalle ist Stichtag für die Berechnung des Reichsmarkbetrages der Tag innerhalb der Verzugszeit; welcher den höchsten Umrechnungskurs ergibt.

7. Erfüllungsort ist Berlin. Alle Zahlungen des Schuldners sind an der Kasse der Bank in Berlin zu leisten.

8. Der Schuldner unterwirft sich wegen aller Ansprüche, die der Gläubigerin aus der Schuldurkunde zustehen, der sofortigen Zwangsvollstreckung in das belastete Grundstück sowie in sein sonstiges Vermögen in der Weise, daß die Zwangsvollstreckung aus der Schuldurkunde auch gegen den jeweiligen Eigentümer des Grundstücks zulässig sein soll. Die Gläubigerin ist berechtigt, sich vollstreckbare Ausfertigung sowie weitere vollstreckbare Ausfertigungen der Schuldurkunde auch ohne Nachweis der Tatsachen, von deren Eintritt die Fälligkeit abhängt, erteilen zu lassen.

Mehrere Schuldner haften als Gesamtschuldner.

9. Der Schuldner trägt alle durch das Darlehensgeschäft und die Eintragung der Hypothek im Grundbuche entstehenden Gerichts-, Notariats- und Stempelkosten einschließlich des Pfandbriefstempels von gegenwärtig ½ %, sowie die Kosten für Besichtigungen des Pfandgrundstücks durch Beauftragte der Bank.

Das Darlehen wird ohne jeden weiteren Abzug als den der Auslagen der Bank für Pfandbriefstempel bar in Reichsmark mit ....% ausgezahlt, sobald der die Erststelligkeit der bestellten Hypothek nachweisende Hypothekenbrief im Besitz der Bank und in Ordnung befunden ist.

Die Verzinsung beginnt mit dem Tage der Auszahlung des Darlehens oder des ersten Darlehensteils, spätestens aber mit dem vierzehnten Tage nach dem Datum der Darlehenszusage. Kann die Auszahlung des Darlehens erst nach diesem Zeitpunkt erfolgen, so werden dem Schuldner bis zur Auszahlung Depositalzinsen zu dem während dieser Zeit sich ergebenden Durchschnittssatz für tägliches Geld an der Berliner Börse vergütet.

Die Gläubigerin ist berechtigt, bei Eintritt einer der zu 3 Abs. 1 bestimmten Tatbestände vor vollständiger Auszahlung des Darlehens von der Darlehenszusage unter Rückforderung etwa bereits gezahlter Darlehensteilbeträge zurückzutreten und Entschädigung nach 5 Abs. 1 zu verlangen. Das gleiche gilt, wenn wegen des Anspruchs aus der Darlehenszusage bzw. auf Auszahlung des Darlehens ein Arrest oder eine Pfändung erfolgt, oder dieser Anspruch ohne vorherige Genehmigung der Bank ganz oder teilweise abgetreten oder verpfändet wird.

D........ Unterzeichnete........ verpflichte........ sich, die von der Bank erforderten Informationspapiere und sämtliche Nachweise auf seine Kosten zu beschaffen und der Bank die Kosten der von ihr veranlaßten Taxaufnahmen, und zwar auch dann zu erstatten, wenn der Antrag nicht angenommen wird; diese Taxe bleibt Eigentum der Bank. Auch die sonstigen Papiere, die die Bank bei den Akten zu behalten wünscht, werden ihr Eigentum.

Für alle Streitigkeiten aus diesem Vertrage wird ein Gerichtsstand vor dem Amtsgericht Berlin-Mitte bzw. dem Landgericht I Berlin vereinbart, soweit nicht ein ausschließlicher dinglicher Gerichtsstand begründet ist.

Für das Darlehen gelten nur die vorstehenden Darlehensbedingungen. Etwaige Abänderungen bedürfen der schriftlichen Vereinbarung.

— (Bei Landgütern:) D........ Unterzeichnete........ versicher........, daß das lebende und tote Inventar des zur Beleihung angebotenen Landgutes .... freies Eigentum ist und daß das Landgut und seine Nebenbetriebe nicht verpachtet sind. —

D........ Unterzeichnete........ halt........ sich an diesen Antrag gebunden bis zum Ablauf von 2 Wochen nach dem Tage, an dem die sämtlichen von der Bank erforderten Informationspapiere in deren Besitz sind. Zur Wahrung der Frist genügt die Aufgabe der schriftlichen Darlehenszusage unter der unten angegebenen Anschrift zur Post.

(Ort und Datum) ....

(Unterschrift) ....

(Wohnung) ....
(genaue Anschrift)

Fernsprechamt .... Nr. ....

b) Beleihungsantrag auf Gewährung eines Tilgungsdarlehns.

D............ unterzeichnete...
zu .... wohnhaft, stell............ hiermit an
die ....
den Antrag, ih.......... gegen erststellige Hypothek auf dem in ....
.... belegenen, im
Grundbuche von ....
verzeichneten Grundbesitz ein Darlehen im Werte von

.... **Goldmark**

(1 Goldmark gleich dem jeweiligen Preise von $^{1}/_{2790}$ kg Feingold) unter den nachstehenden Bedingungen zu bewilligen:

Darlehensbedingungen.

1. Das Darlehen ist mit .... vom Hundert jährlich zu verzinsen.

Vom 1. Januar .... ab ist zusammen mit den Zinsen ein Tilgungszuschlag von .... vom Hundert zu entrichten, so daß von dem genannten Termin ab, erstmalig für die am 1. März 19.............. fällige Zahlung, die Jahresleistung sich auf stets gleichmäßig .... vom Hundert der ursprünglichen Darlehenssumme erhöht.

Der Tilgungszuschlag wird zuzüglich der durch die fortschreitende Tilgung des Darlehenskapitals ersparten Zinsen zur allmählichen Tilgung des Darlehns bei Abrechnung der im Laufe eines Kalenderjahres geleisteten Tilgungszahlungen an jedem Jahresschluß verwandt; das Darlehen wird dadurch vom 1. Januar .... ab innerhalb .... Jahren getilgt. Im Falle des Eigentumswechsels an den belasteten Grundstücken ist die Gläubigerin berechtigt, aber nicht verpflichtet, die von dem bisherigen Eigentümer und seinen Rechtsvorgängern geleisteten Tilgungszahlungen als von dem neuen Eigentümer geleistet anzusehen.

Zinsen und Tilgungszuschläge werden in vierteljährlichen Raten am 1. März, 1. Juni, 1. September und 1. Dezember jeden Jahres für das Kalendervierteljahr fällig, das mit dem betreffenden Monat endet.

Wird eine Vierteljahrsrate nicht spätestens am 10. Tage des Monats gezahlt, an dessen erstem Tage sie fällig war, so erhöht sich der Zinssatz des Kapitals für das Kalendervierteljahr, für das die Leistung rückständig ist, um 1 % jährlich. Wird das Darlehen nicht pünktlich bei Fälligkeit zurückgezahlt, tritt die gleiche Zinserhöhung für die Zeit vom Fälligkeitstage ab ein.

2. Der Schuldner kann das Darlehen bzw. den jeweiligen Darlehensrest ganz oder in Teilbeträgen mit einer Frist von sechs Mo-

naten zur Rückzahlung am Schluß eines Kalendervierteljahres, frühestens jedoch zur Zahlung am 31. Dezember 19.......... kündigen. Die Kündigung muß schriftlich geschehen.

Nach Beginn der Tilgung sind Teilrückzahlungen außerhalb des Tilgungsplanes nur nach den in § 21 Abs. 1 des Hypothekenbankgesetzes vorgesehenen Bestimmungen zulässig.

3. Die Gläubigerin ist befugt,

I. das Darlehen, ganz oder teilweise, und zwar ohne Einhaltung einer Kündigungsfrist zurückzufordern, wenn

a) eine fällige Leistung nicht spätestens binnen 10 Tagen nach Fälligkeit gezahlt wird;

b) der Schuldner — sei es auch nur zeitweise — seine Zahlungen einstellt oder die Eröffnung eines gerichtlichen Vergleichsverfahrens beantragt;

c) die Zwangsversteigerung oder Zwangsverwaltung des belasteten Grundstücks oder eines Teiles desselben angeordnet wird;

d) dem Darlehen nicht binnen längsten 3 Monaten der erste Rang im Grundbuche beschafft oder die Rechtsgültigkeit oder die erste Rangstellung der Hypothek nachträglich beeinträchtigt oder bestritten wird;

e) Gebäude und Zubehör der belasteten Grundstücke nicht in angemessener Höhe gegen Feuersgefahr — bei landwirtschaftlichen Grundstücken auch die Feldfrüchte nicht gegen Hagel — bei einer der Gläubigerin genehmen Versicherungsanstalt unter Versicherung gehalten werden, die Versicherung auf Verlangen nicht nachgewiesen oder der Hypothekensicherungsschein der Versicherungsgesellschaft nicht beschafft wird;

f) das Pfandgrundstück mit einem Nießbrauchrecht belastet oder landwirtschaftliche Grundstücke verpachtet oder teilweise veräußert werden;

g) der Schuldner dem Verlangen der Bank, ein Mietverzeichnis oder, soweit auf den belasteten Grundstücken Forstwirtschaft betrieben wird, den Forstwirtschaftsplan einzureichen, nicht binnen der gesetzten Frist nachkommt oder die Besichtigung der belasteten Grundstücke durch Beauftragte der Bank verweigert;

h) die öffentlichen Lasten des Grundstücks (§ 10 Abs. 1 Nr. 3 des Zwangsversteigerungsgesetzes) nicht pünktlich bei Fälligkeit entrichtet werden oder dem Verlangen der Bank, die Entrichtung dieser Lasten nachzuweisen, nicht binnen der gesetzten Frist entsprochen wird;

II. den Teilbetrag des Darlehens mit einer Frist von 3 Monaten zu kündigen,

a) für den im Falle einer nachhaltigen Wertminderung des Pfandgrundstückes oder einer nachhaltigen Senkung des gemeinen Wertes des Grundstücks, an dem Goldmarkwerte der Hypothek gemessen, die nach dem Gesetz erforderliche Deckung nicht mehr vorhanden ist oder den die staatliche Aufsichtsbehörde von der Pfandbriefdeckung absetzt;

b) um den die Rangstellung der Hypothek dadurch verschlechtert wird, daß das Grundstück mit einer öffentlichen Last, mag diese eintragungsbedürftig oder nicht eintragungsbedürftig sein, neu belastet wird. Bei wiederkehrenden Leistungen gilt als Last der Betrag, der dem Kapitalwerte entspricht.

An Stelle der sofortigen Rückforderung in den Fällen zu I oder der Kündigung in den Fällen zu II kann die Gläubigerin auch einen anderen nicht über sechs Monate hinausliegenden Rückzahlungstag bestimmen.

Der Schuldner verzichtet auf das Recht, im Falle der Kündigung die Vorlegung des Hypothekenbriefs zu verlangen.

4. Erfolgt eine Kündigung gemäß Ziffer 3 I dieser Bedingungen, so hat der Schuldner bei der Rückzahlung für jedes bis zum .... noch laufende Jahr, insgesamt für höchstens 5 Jahre, eine Entschädigung von ....% auf den am Fälligkeitstage sich ergebenden Wert des Darlehens in bar zu entrichten.

5. Als Wert einer Goldmark im Sinne des Darlehnsvertrages gilt der amtlich festgestellte Preis von $^1/_{2790}$ kg Feingold. Als amtlich festgestellter Preis gilt der letzte vor dem Stichtag im Deutschen Reichsanzeiger bekanntgegebene Londoner Goldpreis. Die Umrechnung in Reichsmark erfolgt nach dem Mittelkurs der Berliner Börse für Auszahlung London auf Grund der letzten amtlichen Notierung vor dem Tage, der für die Berechnung der Haupt- und Nebenforderungen maßgebend ist.

Eine Goldmark ist mindestens gleich einer Reichsmark.

6. Alle vertraglichen Leistungen sind in deutscher Währung zu bewirken. Ihre Berechnung erfolgt nach dem Fälligkeitstag als Stichtag. Im Verzugsfalle ist Stichtag für die Berechnung des Reichsmarkbetrages der Tag innerhalb der Verzugszeit, der den höchsten Umrechnungskurs ergibt.

7. Erfüllungsort ist Berlin. Alle Zahlungen des Schuldners sind an der Kasse der Bank in Berlin zu leisten.

8. Der Schuldner unterwirft sich wegen aller Ansprüche, die der Gläubigerin aus der Schuldurkunde zustehen, der sofortigen Zwangsvollstreckung in das belastete Grundstück sowie in sein sonstiges Vermögen in der Weise, daß die Zwangsvollstreckung aus der Schuld-

urkunde auch gegen den jeweiligen Eigentümer des Grundstücks zulässig sein soll. Die Gläubigerin ist berechtigt, sich vollstreckbare Ausfertigung sowie weitere vollstreckbare Ausfertigungen der Schuldurkunde auch ohne Nachweis der Tatsachen, von deren Eintritt die Fälligkeit abhängt, erteilen zu lassen.

Mehrere Schuldner haften als Gesamtschuldner.

9. Der Schuldner trägt alle durch das Darlehensgeschäft und die Eintragung der Hypothek im Grundbuche entstehenden Gerichts-, Notariats- und Stempelkosten einschließlich des Pfandbriefstempels von gegenwärtig ½ % sowie die Kosten für Besichtigungen des Pfandgrundstücks durch Beauftragte der Bank.

Das Darlehen wird ohne jeden weiteren Abzug als den der Auslagen der Bank für Pfandbriefstempel bar in Reichsmark mit ....% ausgezahlt, sobald der die Erststelligkeit der bestellten Hypothek nachweisende Hypothekenbrief im Besitz der Bank und in Ordnung befunden ist.

Die Verzinsung beginnt mit dem Tage der Auszahlung des Darlehens oder des ersten Darlehensteils, spätestens aber mit dem vierzehnten Tage nach dem Datum der Darlehenszusage. Kann die Auszahlung des Darlehens erst nach diesem Zeitpunkt erfolgen, so werden dem Schuldner bis zur Auszahlung Depositalzinsen zu dem während dieser Zeit sich ergebenden Durchschnittssatz für tägliches Geld an der Berliner Börse vergütet.

Die Gläubigerin ist berechtigt, bei Eintritt einer der zu 3 I bestimmten Tatbestände vor vollständiger Auszahlung des Darlehens von der Darlehenszusage unter Rückforderung etwa bereits gezahlter Darlehensteilbeträge zurückzutreten und Entschädigung nach Ziffer 4 zu verlangen. Das gleiche gilt, wenn wegen des Anspruchs aus der Darlehenszusage bzw. auf Auszahlung des Darlehens ein Arrest oder eine Pfändung erfolgt, oder dieser Anspruch ohne vorherige Genehmigung der Bank ganz oder teilweise abgetreten oder verpfändet wird.

D........ Unterzeichnete........ verpflichte........ sich, die von der Bank erforderten Informationspapiere und sämtliche Nachweise auf seine Kosten zu beschaffen und der Bank die Kosten der von ihr veranlaßten Taxaufnahme, und zwar auch dann zu erstatten, wenn der Antrag nicht angenommen wird; diese Taxe bleibt Eigentum der Bank. Auch die sonstigen Papiere, die die Bank bei den Akten zu behalten wünscht, werden ihr Eigentum.

Für alle Streitigkeiten aus diesem Vertrage wird ein Gerichtsstand vor dem Amtsgericht Berlin-Mitte bzw. dem Landgericht I Berlin vereinbart, soweit nicht ein ausschließlicher dinglicher Gerichtsstand begründet ist.

Für das Darlehen gelten nur die vorstehenden Darlehensbedingungen. Etwaige Abänderungen bedürfen der schriftlichen Vereinbarung.

— (Bei Landgütern:) D....... Unterzeichnete....... versicher......., daß das lebende und tote Inventar des zur Beleihung angebotenen Landgutes .... freies Eigentum ist und daß das Landgut und seine Nebenbetriebe nicht verpachtet sind. —

D....... Unterzeichnete....... halt....... sich an diesen Antrag gebunden bis zum Ablauf von 2 Wochen nach dem Tage, an dem die sämtlichen von der Bank geforderten Informationspapiere in deren Besitz sind. Zur Wahrung der Frist genügt die Aufgabe der schriftlichen Darlehenszusage unter der unten angegebenen Anschrift zur Post.

(Ort und Datum) ....

(Unterschrift) ....

(Wohnung) ....
(genaue Anschrift)

Fernsprechamt .... Nr. ....

B. 1. Auszug aus dem Statut für die Deutsche Hypothekenbank (Aktiengesellschaft), Berlin.

Beleihungsvorschriften.

§ 16.

Die Beleihung ist auf im Deutschen Reich gelegene Grundstücke beschränkt und der Regel nach nur zur ersten Stelle zulässig. Die Beleihung darf die ersten drei Fünfteile des Wertes des Grundstücks nicht übersteigen. Falls die Zentralbehörde eines Bundesstaats die Beleihung landwirtschaftlicher Grundstücke in dem Gebiet des Bundesstaats oder in Teilen dieses Gebiets bis zu zwei Dritteilen des Werts gestattet, darf die Beleihung bis zu dieser Wertgrenze erfolgen.

§ 17.

Der bei der Beleihung angenommene Wert des Grundstücks darf den durch sorgfältige Ermittlung festgestellten Kaufswert nicht übersteigen. Bei der Feststellung dieses Werts sind nur die dauernden Eigenschaften des Grundstücks und der Ertrag zu berücksichtigen, welchen das Grundstück bei ordnungsmäßiger Wirtschaft jedem Besitzer nachhaltig gewähren kann.

Soweit vor der Beleihung die Grundstücke durch eine öffentliche Behörde des Gebiets, in welchem sie liegen, abgeschätzt werden, kann der Bundesrat bestimmen, daß der bei der Beleihung angenommene Wert auch den durch eine solche Abschätzung festgestellten Wert nicht übersteigen darf.

Die zur Deckung von Hypothekenpfandbriefen verwendeten Hypotheken an Bauplätzen, sowie an solchen Neubauten, welche noch nicht fertiggestellt und ertragsfähig sind, dürfen zusammen den zehnten Teil des Gesamtbetrags der zur Deckung der Hypothekenpfandbriefe benutzten Hypotheken, sowie den halben Betrag des eingezahlten Grundkapitals nicht überschreiten. Im übrigen sind Hypotheken an Grundstücken, die einen dauernden Ertrag nicht gewähren, insbesondere an Gruben und Brüchen, von der Verwendung zur Deckung von Hypothekenpfandbriefen ausgeschlossen. Das gleiche gilt von Hypotheken an Bergwerken. Hypotheken an anderen Berechtigungen, für welche die sich auf Grundstücke beziehenden Vorschriften Anwendung finden, sind von der Verwendung zur Deckung von Hypothekenpfandbriefen ausgeschlossen, sofern die Berechtigungen einen dauernden Ertrag nicht gewähren.

§ 18.

Die Bank hat auf Grund der Vorschriften des § 17 eine Anweisung über die Wertsermittlung zu erlassen; die Anweisung bedarf der Genehmigung der Aufsichtsbehörden.

Nimmt die Bank hypothekarische Beleihungen in dem Gebiet eines Bundesstaats vor, in dem sie nicht ihren Sitz hat, so ist die Anweisung auf die Aufsichtsbehörde dieses Bundesstaats einzureichen.

Darlehnsbedingungen.

§ 19.

Die hypothekarischen Darlehn sind in Geld zu gewähren.

Die Gewährung von Darlehn in Hypothekenpfandbriefen der Bank zum Nennwerte ist zulässig, wenn der Schuldner ausdrücklich zustimmt. In diesem Falle ist dem Schuldner urkundlich das Recht einzuräumen, die Rückzahlung der Hypothek nach seiner Wahl in Geld oder Hypothekenpfandbriefen der Bank, die derselben Gattung angehören, wie die empfangenen nach dem Nennwerte zu bewirken. Hypothekenpfandbriefe, die bei der amtlichen Feststellung des Börsenpreises nicht unterschieden werden, gelten im Sinne dieser Vorschrift stets als zu derselben Gattung gehörig.

§ 20.

Die Grundzüge der Bedingungen für die hypothekarischen Darlehn sind von der Bank festzustellen; die Grundzüge bedürfen der Genehmigung der Aufsichtsbehörde. In den Bedingungen ist namentlich zu bestimmen, welche Nachteile den Schuldner bei nicht rechtzeitiger Zahlung treffen, sowie unter welchen Voraussetzungen die Bank befugt ist, die vorzeitige Rückzahlung der Hypothek zu verlangen.

Der Aufsichtsbehörde desjenigen Bundesstaats, in welchem die Bank Beleihungen vornimmt, ist auf Verlangen alljährlich ein Verzeichnis dieser Beleihungen einzureichen.

§ 21.

In den von der Bank verwendeten Darlehnsprospekten und Antragsformularen sind alle Bestimmungen über die Art der Auszahlung der Darlehn, über Abzüge zugunsten der Bank, über die Höhe und Fälligkeit der Zinsen und der sonst dem Schuldner obliegenden Leistungen, über den Beginn einer Amortisation und über die Kündigung und Rückzahlung aufzunehmen.

§ 22.

Im Falle einer Verschlechterung des beliehenen Grundstücks oder seiner Zubehörstücke, der ein unwirtschaftliches Verfahren des Besitzers nicht zugrunde liegt, finden zugunsten der Bank die Vorschriften der §§ 1133, 1135 des Bürgerlichen Gesetzbuchs über das Recht des Gläubigers auf sofortige Befriedigung aus dem Grundstück nur in Ansehung desjenigen Betrags Anwendung, für welchen in dem verminderten Werte des Grundstücks nicht mehr die nach dem Gesetz oder der Satzung erforderliche Deckung vorhanden ist. Über diesen Betrag hinaus darf sich die Bank für den Fall einer Verminderung des Werts des Grundstücks das Recht, die vorzeitige Rückzahlung der Hypothek zu verlangen, nicht ausbedingen.

Die Bank darf sich für den Fall, daß ein Teil des Grundstücks veräußert und die Unschädlichkeit der Veräußerung für die Berechtigten nach Maßgabe der Landesgesetze von der zuständigen Behörde festgestellt wird, keine weiteren als die ihr gesetzlich zustehenden Rechte auf Sicherstellung oder Befriedigung vorbehalten.

Es darf nicht bedungen werden, daß die Bank im Falle ihrer Auflösung die vorzeitige Rückzahlung der Hypothek verlangen kann.

§ 23.

Dem Schuldner ist urkundlich das Recht einzuräumen, die Hypothek ganz oder teilweise zu kündigen und zurückzuzahlen. Das Recht der Rückzahlung darf nur bis zu einem Zeitraum von zehn Jahren ausgeschlossen werden. Dieser Zeitraum beginnt mit der Auszahlung des Darlehns, im Falle der Auszahlung in Teilbeträgen mit der letzten Zahlung; wird nach Auszahlung des Darlehns eine Vereinbarung über die Zeit der Rückzahlung getroffen, so beginnt der zehnjährige Zeitraum mit der Vereinbarung.

Die Kündigungsfrist darf neun Monate und bei Hypotheken, welche die Bank kündigen kann, auch die der Bank eingeräumte Kündigungsfrist nicht überschreiten.

Soweit es nach diesen Vorschriften nicht gestattet ist, das Recht des Schuldners zur Rückzahlung der Hypothek auszuschließen, darf sich die Bank eine Rückzahlungsprovision oder die Bestellung einer Sicherheit bei der Kündigung nicht ausbedingen.

Amortisationshypotheken.

§ 24.

Bei Amortisationshypotheken darf zugunsten der Bank ein Kündigungsrecht nicht bedungen werden. Eine Vereinbarung, welche der

Bank das Recht einräumt, aus besonderen in dem Verhalten des Schuldners liegenden Gründen die Rückzahlung der Hypothek vor der bestimmten Zeit zu verlangen, wird hierdurch nicht berührt.

§ 25.

In folgenden Fällen können die unkündbaren Darlehn ausnahmsweise seitens der Bank gekündigt werden:

a) Wenn nicht innerhalb zweier Monate nach dem Fälligkeitstermin die vom Schuldner vertragsmäßig zu leistenden Zahlungen, nebst etwaigen Vertragsstrafen und sonstigen Kosten an die Bank abgeführt sind;
b) wenn das verpfändete Grundstück oder ein Teil desselben unter Zwangsverwaltung gestellt worden ist;
c) wenn die Rechtsgültigkeit oder der Rang der bestellten Hypothek vom Schuldner bestritten wird;
d) wenn Schuldner in Konkurs verfällt oder nur auch außergerichtlich seine Zahlungen einstellt, oder eine Zwangsvollstreckung fruchtlos gegen ihn ausgefallen ist;
e) wenn durch unwirtschaftliches Verhalten des Schuldners der Wert des hypothekarischen Unterpfandes im Vergleich zu dem bei Gewährung des Darlehns angenommenen Werts so gesunken ist, daß der nicht getilgte Teil des Darlehns nicht mehr als genügend gesichert erscheint;
f) wenn das Unterpfand teilweise veräußert oder unter mehrere Eigentümer geteilt wird, ohne daß wegen Teilung der Hypothek mit der Bank ein Abkommen getroffen wird;
g) wenn verpfändete Gebäude und Beilaß nicht nach den von dem Aufsichtsrat festgesetzten Vorschriften gegen Feuersgefahr versichert sind.

Wenn diese Ausnahmebestimmungen zur Anwendung gebracht werden, so muß in den Fällen zu a—f eine dreimonatige Kündigung vorhergehen; im Falle g genügt jedoch eine vierzehntägige Kündigung.

Falls das Grundstück zur Zwangsversteigerung gestellt wird, ist die Bank berechtigt, das Kapital ohne Kündigung zurückzufordern.

§ 26.

Der Beginn der Amortisation darf für einen zehn Jahre nicht übersteigenden Zeitraum hinausgeschoben werden. Ist in einem solchen Falle infolge der Hinausschiebung der Amortisation außer den bedungenen Zinsen ein Betrag an die Bank zu entrichten, so ist dieser in der Darlehnsurkunde ersichtlich zu machen.

Von dem Beginn der Amortisation an dürfen die Jahreszinsen von keinem höheren Betrag als von dem für den Schluß des Vorjahres sich ergebenden Restbetrag berechnet werden; der Mehrbetrag der Jahresleistung ist zur Tilgung zu verwenden.

§ 27.

Das Recht des Schuldners zur teilweisen Rückzahlung der Hypothek kann bei Amortisationshypotheken in der Weise beschränkt werden, daß eine Zahlung von der Bank nur angenommen zu werden braucht, wenn die Zahlung dazu bestimmt und geeignet ist, die Tilgungszeit unter Beibehaltung der bisherigen Höhe der Jahresleistungen um ein Jahr oder um mehrere Jahre abzukürzen. Die Vorschrift findet jedoch keine Anwendung, wenn der Betrag der Zahlung den zehnten Teil des Restkapitals erreicht und der Schuldner verlangt, daß die späteren Jahresleistungen unter Beibehaltung der ursprünglichen Tilgungszeit herabgesetzt werden; in diesem Falle darf bei den im § 11 Abs. 2 bezeichneten Hypotheken der jährliche Tilgungsbeitrag weniger als ein Vierteil vom Hundert des ursprünglichen Kapitals betragen; die Bank hat einen neuen Tilgungsplan aufzustellen.

Die Bank darf sich von der Verpflichtung, in Ansehung des amortisierten Betrags die ihr behufs der Berichtigung des Grundbuchs, der Löschung der Hypothek oder der Herstellung eines Teil-Hypothekenbriefs nach den Vorschriften des bürgerlichen Rechtes obliegenden Handlungen vorzunehmen, im voraus nicht befreien.

Die Bank hat nach Veröffentlichung der Jahresbilanz jedem Schuldner auf Verlangen mitzuteilen, welcher Betrag der Hypothek am Schluß des Vorjahrs amortisiert war.

§ 28.

Die zur Deckung der Hypothekenpfandbriefe bestimmten Hypotheken sind von der Bank getrennt nach Gattungen in Register einzutragen. Im Falle des § 11 Abs. 4 und 5 sind die ersatzweise zur Deckung bestimmten Wertpapiere gleichfalls in das Register einzutragen. Die Eintragung hat die einzelnen Stücke zu bezeichnen.

Innerhalb des ersten Monats eines jeden Kalenderhalbjahres ist eine von dem nach § 38 bestellten Treuhänder beglaubigte Abschrift der Eintragungen, welche während des letzten Halbjahrs in dem Hypothekenregister vorgenommen worden sind, der Aufsichtsbehörde einzureichen.

2. Bestätigung der Gewährung eines Tilgungsdarlehns und seiner Bedingungen.

Die **Deutsche Hypothekenbank (Actien-Gesellschaft) zu Berlin** NW 7, Dorotheenstr. 44, hat ....

....

heute ein hypothekarisches Amortisationsdarlehn in Höhe von ....

....

— eine Goldmark gleich $^{1}/_{2790}$ kg Feingold — gewährt, bezüglich dessen folgende Vereinbarungen getroffen sind:

I. Für das Darlehn ist ungeachtet der Tilgung und etwaiger Löschung getilgter Teile eine gleichbleibende Jahresleistung, und zwar:

a) für die Zeit vom .... bis ....
eine solche von .... %,

b) für die Zeit vom .... ab eine solche von .... % des Nennbetrages der Darlehnsschuld in vierteljährlichen, an den Kalendervierteljahresersten fälligen Raten zu entrichten.

II. Die Jahresleistungen werden bis zum .... mit .... vom Hundert als Zinsen, und vom .... ab mit .... vom Hundert als Zinsen, und .... vom Hundert als Tilgungsbeitrag verrechnet. Die Zinsen der Tilgungsbeiträge werden mit jährlich .... vom Hundert unter ganzjähriger Verrechnung ebenfalls zur Tilgung des Darlehns verwendet.

Wenn die Jahresleistungen nicht bis zum achten Tage des Kalendervierteljahres bezahlt werden, erhöhen sich die Zinsen vom Fälligkeitstage ab für dasjenige Vierteljahr, für welches der Verzug eintritt, um eins vom Hundert jährlich. Ebenso erhöhen sich die Zinsen um eins vom Hundert jährlich, wenn die Gläubigerin das Darlehn aus irgendeinem Grunde zurückzufordern berechtigt ist.

III. Dem Schuldner steht das Recht zu, das Darlehn mit sechsmonatiger Frist, frühestens mit Wirkung zum ...., ganz oder teilweise zu kündigen. Zur Annahme von Teilbeträgen ist die Gläubigerin jedoch nur dann verpflichtet, wenn die Zahlung dazu bestimmt und geeignet ist, die Tilgungszeit unter Beibehaltung der bisherigen Höhe der Jahresleistungen um ein Jahr oder mehrere Jahre abzukürzen.

Wenn das Kapital aus irgendeinem Grund vor dem .... fällig wird, so ist der Gläubigerin vom Tage der früheren Fälligkeit bis zum .... für jedes angefangene Jahr eine Entschädigung von eins vom Hundert, mindestens aber .... vom Hundert, höchstens jedoch drei vom Hundert von der ganzen Darlehnssumme zu zahlen.

IV. Die Gläubigerin kann das Darlehn nur in folgenden Ausnahmefällen zurückfordern:

A. mit dreimonatiger Kündigungsfrist

a) wenn die Jahresleistungen nicht innerhalb zweier Monate nach dem Fälligkeitstermin gezahlt werden,

b) wenn über das belastete Grundstück oder einen Teil desselben die Zwangsverwaltung angeordnet wird,

c) wenn über das Vermögen des Schuldners oder des Eigentümers Konkurs eröffnet wird oder wenn einer von ihnen außergerichtlich seine Zahlungen einstellt oder wenn eine Zwangsvollstreckung gegen einen von ihnen fruchtlos ausgefallen ist, bei einer Mehrheit von Schuldnern oder Eigentümern ist die Kündigung auch dann zulässig, wenn diese Tatsachen nur in der Person eines von ihnen eintreten,

d) wenn durch unwirtschaftliches Verhalten des Eigentümers der Wert des Unterpfandes im Vergleich zu dem bei Gewährung des Darlehns angenommenen Werte so gesunken ist, daß der nicht getilgte Teil des Darlehns nicht mehr als genügend gesichert erscheint,

e) wenn das belastete Grundstück teilweise veräußert oder unter mehrere Eigentümer geteilt wird, ohne daß wegen Teilung der Hypothek ein Abkommen mit der Gläubigerin getroffen wird, sei es denn, daß der Fall des § 17 Abs. 2 des Reichshypothekenbankgesetzes vorliegt,

f) wenn die Rechtsgültigkeit oder der Rang der Hypothek vom Schuldner oder Eigentümer bestritten wird;

B. mit vierzehntägiger Kündigungsfrist:

a) wenn die auf dem belasteten Grundstücke errichteten Baulichkeiten nicht mindestens in Höhe von .... GM. gegen Feuerschaden,

b) wenn das Inventar und die Ernte nicht mindestens in Höhe von .... GM. gegen Feuerschaden,

c) wenn die Feldfrüchte nicht mindestens in Höhe von .... GM. gegen Hagelschaden bei einer oder mehreren der Gläubigerin genehmen Versicherungsgesellschaften dauernd versichert gehalten und der Gläubigerin nicht die Versicherungsgarantiescheine auf Kosten des Eigentümers ausgehändigt werden;

C. ohne jede Kündigungsfrist, wenn über das belastete Grundstück oder einen Teil desselben die Zwangsversteigerung angeordnet wird oder wenn das Grundstück oder Teile desselben ohne Zustimmung der Gläubigerin verpachtet wird.

....

....

V. Alle Zahlungen sind bis mittags 12 Uhr in den Geschäftsräumen der Gläubigerin in dem Gegenwert von Feingold in deutscher Reichswährung zu leisten.

Der Geldwert von Kapital und Jahresleistungen, auch von den erhöhten Zinsen sowie sonstigen Nebenleistungen, wird nach dem im „Reichsanzeiger" von der zuständigen Stelle bekanntgegebenen Londoner Goldpreis berechnet. Maßgebend ist die letzte Bekanntmachung vor dem 15. Tage des der Fälligkeit vorangehenden Kalendermonats.

Statt dieses Tages ist im Falle verspäteter Zahlung auf Verlangen der Gläubigerin die letzte Bekanntmachung vor dem Tage des Zahlungseingangs maßgebend. Das Verlangen kann nur innerhalb zwei Wochen nach Zahlungseingang gestellt werden und gilt als gestellt wenn eine schriftliche oder drahtliche Aufforderung an den Schuldner oder Eigentümer von der Gläubigerin abgesandt ist. Die Nachzahlung des Unterschiedes des Reichsmarkbetrages hat binnen zwei Wochen nach Absendung der Aufforderung zu erfolgen.

Die Umrechnung des Goldpreises in die deutsche Währung erfolgt nach dem Mittelkurse der Berliner Börse für das englische Pfund auf Grund der letzten amtlichen Notierung für Auszahlung London vor dem für die Goldpreisberechnung maßgebenden Tage.

Ist der Wert der Goldmark niedriger als der der Reichsmark, so ist vom Schuldner Zahlung dergestalt zu bewirken, daß eine Goldmark gleich einer Reichsmark gesetzt wird.

VI. Erfüllungsort aus dieser Schuldurkunde ist, soweit nicht der dingliche Gerichtsstand ausschließlich zuständig ist, Berlin-Mitte.

VII. Die Gläubigerin ist bei einer dem Grundstückseigentümer gegenüber erfolgenden Kündigung oder Mahnung zur Vorlegung des Hypothekenbriefes nicht verpflichtet.

VIII. .... unterwerfe ....

....

und das belastete Grundstück wegen eines jeden nicht binnen sieben Tagen nach Fälligkeit berichtigten Betrages der sofortigen Zwangsvollstreckung in der Weise, daß die Zwangsvollstreckung auch gegen den jeweiligen Eigentümer des Grundstücks zulässig sein soll, und ermächtige.......... die Gläubigerin, sich jederzeit, ohne daß sie die Fälligkeit oder den Verzug nachzuweisen braucht, eine vollstreckbare Ausfertigung dieser Verhandlung sowie auch weitere vollstreckbare Ausfertigungen derselben auf Kosten des Grundstückseigentümers erteilen zu lassen.

Wegen des vorerwähnten Darlehns und aller Nebenleistungen bestelle .... der Deutschen Hypothekenbank (Actien-Gesellschaft) zu Berlin mit dem ....

....

gehörigen ....

....

Grundbuch des Amtsgerichts ....

....

....

....

Hypothek und bewillige.......... und beantrage.......... die Eintragung der .... Hypothek und der Unterwerfung unter die sofortige Zwangsvollstreckung in das Grundbuch. Ferner bewillige.......... und beantrage.............................. vereinbarungsgemäß und unter Verzicht auf den Widerruf die Aushändigung des zu bildenden Hypothekenbriefes an die Gläubigerin, übernehme.......... auch alle Kosten einschließlich derjenigen der Legitimation der Gläubigerin.

Im Falle verspäteter Zahlungsleistung bleiben der Gläubigerin Schadenersatzansprüche vorbehalten.

Endlich verzichte .... hinsichtlich aller an dem vorbezeichneten Grundbesitz etwa bestehenden Hypotheken, Grundschulden, Rentenschulden und Reallasten, welche einer Aufwertung auf Grund des Gesetzes vom 16. Juli 1925 unterliegen, auf die Befugnis, gemäß § 7 dieses Gesetzes an der.................. vorbehaltenen Rangstelle eine Hypothek oder Grundschuld eintragen zu lassen, und beantrage.......... die Eintragung des Verzichts im Grundbuch. **Die vorstehend beantragte Eintragung der Hypothek soll von der Eintragung des Verzichts unabhängig sein.**

3. Bestätigung der Gewährung eines Darlehns mit festem Rückzahlungstermin.

Die **Deutsche Hypothekenbank (Actien-Gesellschaft) zu Berlin,** Dorotheenstraße 44, hat ....

....

heute ein hypothekarisches Darlehn von ....

....

.... Goldmark

(eine Goldmark gleich dem Preise von $^{1}/_{2790}$ kg Feingold) gewährt, bezüglich dessen folgende Vereinbarungen getroffen worden sind:

I. Das Kapital ist vom .... ab mit .... vom Hundert jährlich in vierteljährlichen, an den Kalendervierteljahresersten .... zahlbaren Raten zu verzinsen.

II. Wenn die Zinsen nicht bis zum achten Tage des Kalendervierteljahres bezahlt werden, erhöht sich der Zinsfuß für dasjenige Vierteljahr, für welches der Verzug eintritt, um eins vom Hundert jährlich. Desgleichen erhöht sich der Zinsfuß vom Fälligkeitstage ab um eins vom Hundert jährlich, wenn das fällig gewordene Kapital oder eine Kapitalsrate nicht pünktlich gezahlt wird.

III. Auf das Darlehen sind vierteljährlich, zum ersten Male am .... Goldmark zurückzuzahlen.

Der nach Abzug der geleisteten Ratenzahlungen verbleibende Restbetrag des Darlehns ist am .... ohne vorherige Kündigung fällig und zahlbar.

Das Darlehn ist nach sechsmonatiger Kündigung, welche für Gläubigerin und Schuldner frühestens mit Wirkung zum .... zulässig ist, rückzahlbar.

IV. Wenn das Kapital aus irgendeinem Grunde vor dem .... fällig wird, so ist der Gläubigerin für die Zeit vom Tage der früheren Fälligkeit bis zum .... eine Entschädigung von eins vom Hundert für jedes angefangene Jahr, mindestens jedoch zwei vom Hundert, höchstens aber drei vom Hundert von der Darlehnsschuld zu zahlen.

V. Die Gläubigerin kann das Darlehn jederzeit zurückfordern:

A. mit zweimonatiger Kündigungsfrist, wenn der Fall des § 1133 des Bürgerlichen Gesetzbuches durch unwirtschaftliches Verhalten des Grundstückseigentümers herbeigeführt ist,

B. mit vierzehntägiger Kündigungsfrist,

a) wenn die auf dem belasteten Grundstücke errichteten Baulichkeiten nicht dauernd bei einer der Gläubigerin genehmen Feuerversicherungs-Gesellschaft mindestens in Höhe von .... Goldmark versichert gehalten werden und wenn der Gläubigerin nicht der Versicherungs-Garantieschein auf Kosten des Grundstückseigentümers ausgehändigt wird,

b) wenn die Rechtsgültigkeit oder der erste Rang der Hypothek .... bestritten wird.

C. ohne jede Kündigungsfrist,

a) wenn eine Zinsrate oder eine Kapitalsrate nicht spätestens am siebenten Tage nach Fälligkeit gezahlt wird,

b) wenn über das belastete Grundstück oder Teile desselben die Zwangsverwaltung oder die Zwangsversteigerung angeordnet wird,

c) wenn über das Vermögen des Schuldners oder des Grundstückseigentümers Konkurs eröffnet wird, oder gegen einen von beiden das Vergleichsverfahren zur Abwendung des Konkurses angeordnet wird, oder wenn einer derselben außergerichtlich seine Zahlungen einstellt. Bei einer Mehrheit von Schuldnern oder Eigentümern ist die Rückforderung auch dann zulässig, wenn diese Tatsachen nur in der Person eines von ihnen eintreten,

d) wenn der jeweilige Eigentümer des Pfandgrundstücks der Gläubigerin auf deren Verlangen nicht binnen zwei Wochen nach Ablauf der Zahlungsfristen die Bezahlung aller das Pfandgrundstück betreffenden Steuern und öffentlichen Abgaben und der Versicherungsprämien nachweist,

e) wenn der Schuldner oder der jeweilige Eigentümer des Pfandgrundstücks die etwa von der Gläubigerin verauslagten Versicherungsprämien nicht binnen zwei Wochen nach Aufforderung der Gläubigerin erstattet,

f) wenn die für die Deutsche Hypothekenbank (Actien-Gesellschaft) in Berlin eingetragene Hypothek .... von .... Goldmark aus irgendeinem Grunde fällig wird.

VI. Alle Zahlungen sind bis mittags 12 Uhr in den Geschäftsräumen der Gläubigerin in dem Gegenwert von Feingold in deutscher Reichswährung zu leisten.

Der Geldwert von Kapital und von allen Nebenleistungen wird nach dem im Reichsanzeiger von der zuständigen Stelle bekanntgegebenen Londoner Goldpreise berechnet. Maßgebend ist die letzte Bekanntmachung vor dem 15. Tage des der Fälligkeit vorangehenden Kalendermonats.

Statt dieses Tages ist im Falle verspäteter Zahlung auf Verlangen der Gläubigerin die letzte Bekanntmachung vor dem Tage des Zahlungseingangs maßgebend. Das Verlangen kann nur innerhalb zwei Wochen nach Zahlungseingang gestellt werden und gilt als gestellt, wenn eine schriftliche oder drahtliche Aufforderung an den Schuldner oder Eigentümer von der Gläubigerin abgesandt ist. Die Nachzahlung des Unterschiedes des Reichsmarkbetrages hat binnen zwei Wochen nach Absendung der Aufforderung zu erfolgen.

Die Umrechnung des Goldpreises in die deutsche Währung erfolgt nach dem Mittelkurse der Berliner Börse für das englische Pfund auf Grund der letzten amtlichen Notierung für Auszahlung London vor dem für die Preisberechnung maßgebenden Tage.

Falls sich aus der Umrechnung für das Kilogramm Feingold ein Preis von nicht mehr als 2820 RM. und nicht weniger als 2760 RM. ergibt, ist für jede geschuldete Goldmark eine Reichsmark in gesetzlichen Zahlungsmitteln zu zahlen.

VII. Erfüllungsort aus dieser Schuldurkunde ist, soweit nicht der dingliche Gerichtsstand ausschließlich zuständig ist, Berlin-Mitte.

VIII. Die Gläubigerin ist bei einer dem Grundstückseigentümer gegenüber erfolgenden Kündigung oder Mahnung zur Vorlegung des Hypothekenbriefes nicht verpflichtet.

IX. .... unterwerfe ....

und d....... belastete....... Grundstück....... wegen eines jeden nicht binnen sieben Tagen nach Fälligkeit berichtigten Betrages der sofortigen Zwangsvollstreckung in der Weise, daß die Zwangsvollstreckung auch gegen den jeweiligen Eigentümer de....... Grundstück....... zulässig sein soll und ermächtige....... die Gläubigerin, sich jederzeit, ohne daß sie die Fälligkeit oder den Verzug nachzuweisen braucht, eine vollstreckbare Ausfertigung dieser Verhandlung sowie auch weitere vollstreckbare Ausfertigungen derselben auf Kosten des Grundstückseigentümers erteilen zu lassen.

Wegen des vorerwähnten Darlehns und aller Nebenleistungen bestelle .... der Deutschen Hypothekenbank (Actien-Gesellschaft) zu Berlin mit dem ....
....
....
gehörigen, zu ....
....
belegenen, im Grundbuche des Amtsgerichts ....
....
....
verzeichneten Grundstücke .... Hypothek und bewillige....... und beantrage.. die Eintragung der .... Hypothek und der Unterwerfung unter die sofortige Zwangsvollstreckung in das Grundbuch. Ferner bewillige....... und beantrage.................... vereinbarungsgemäß und unter Verzicht auf den Widerruf die Aushändigung des zu bildenden .... Hypothekenbriefes an die Gläubigerin, übernehme....... auch....... alle Kosten einschließlich derjenigen des Beitritts und .... der Legitimation der Gläubigerin.

Im Falle verspäteter Zahlungsleistung bleiben der Gläubigerin Schadensersatzansprüche vorbehalten.

Endlich verzichte.. hinsichtlich aller an dem vorbezeichneten Grundbesitz etwa bestehenden Hypotheken, Grundschulden, Rentenschulden und Reallasten, welche einer Aufwertung auf Grund des Gesetzes vom 16. Juli 1925 unterliegen, auf die Befugnis gemäß § 7 dieses Gesetzes an der .... vorbehaltenen Rangstelle eine Hypothek oder Grundschuld eintragen zu lassen, und bewillige....... und beantrage....... die Eintragung des Verzichts im Grundbuch. Die vorstehend beantragte Eintragung der Hypothek soll von der Eintragung des Verzichts unabhängig sein.

Ferner verpflichte.. der Deutschen Hypothekenbank (Actien-Gesellschaft) zu Berlin gegenüber, über die in Ziffer IV vereinbarte Entschädigung für vorzeitige Fälligkeit des Darlehns, wenn und soweit sie sich mit dem Eigentum in einer Person vereinigt, nur durch Löschung zu verfügen und bewillige....... und beantrage......., zur Sicherung dieses Anspruchs auf Löschung eine Vormerkung gemäß § 1179 BGB. zugunsten der Gläubigerin in das Grundbuch einzutragen.

4. a) Beleihungsantrag an die Deutsche Hypothekenbank nebst Fragebogen für die Beleihung von Vorkriegsbauten.

.............................., den .... 193......

An die

Deutsche Hypothekenbank (Actien-Gesellschaft)

Berlin NW 7, Dorotheenstr. 44.

....

....

wohnhaft zu ....

....

stell....... unter Bezugnahme auf die allgemeinen Abschlußbedingungen nachstehenden Darlehnsantrag, an welchen .... bis zur Einreichung der fehlenden Prüfungsunterlagen und Bezahlung der Prüfungsgebühren und weitere .... Wochen gebunden halt.......

Die Prüfungsgebühren sind an Sie innerhalb drei Tagen, und zwar unabhängig von der Annahme des Antrags, zu zahlen.

Komm.. Verpflichtung zur Einreichung der Prüfungsunterlagen und zur Zahlung der Prüfungsgebühren nicht innerhalb zwei Wochen nach, so können Sie unbeschadet Ihres Anspruches auf Zahlung der Abschlußprovision und Auslagen von dem Geschäft zurücktreten.

Das Darlehn, welches gegen erststellige hypothekarische Belastung de....... Grundstücke ....

.... zu ....

— Grundbuch des Amtsgerichts ....

....

.... —

gewährt wird, soll betragen .... GM..............................

.... Goldmark.

Eine Goldmark wird gleich $^1/_{2790}$ kg Feingold gerechnet.

Die Regulierung erfolgt nach Ihrer Wahl entweder durch Neueintragung oder Zession.

Das Kapital soll mit .... vom Hundert verzinslich sein. Die Feuerversicherungssumme der Baulichkeiten soll betragen mindestens

....

.... ha......... Ihnen zu zahlen:

An Abschlußprovision RM..........................
„ Disagio—Pfandbriefunkosten „ ....
„ Pfandbriefstempelbeitrag „ ....
„ Prüfungsgebühren „ ....
„ Kostenvorschuß „ ....

zusammen RM..........................

Über den Kostenvorschuß werden Sie ....
nach Abwicklung des Darlehnsgeschäfts Abrechnung geben und den nicht verbrauchten Teil zurückzahlen.

Sie haben .... eine Bescheinigung zu erteilen, auf Grund deren .... von der Entrichtung des Schuldverschreibungs- bzw. Abtretungs-Stempels befreit .... ha.............. Ihnen für jede Besichtigung des Baues — Grundstücks — bzw. für die Schlußtaxe ....RM und für jede Grundbucheinsicht ....RM zu zahlen.

Die Abnahme des Darlehns erfolgt ....
....

Die Zinsen sind vom Tage der Auszahlung des Darlehns zu entrichten, spätestens aber vom ....
....
ab, wenn die Auszahlung infolge der Nichtbeschaffung des vertragsmäßigen Ranges der Hypothek bis dahin nicht erfolgt ist oder .... anderweit mit der Abnahme der Darlehnsvaluta in Verzug gerat..........

Das Darlehn ist nach sechsmonatiger Kündigung, welche für Gläubigerin und Schuldner........ frühestens mit Wirkung zum .... zulässig ist, rückzahlbar.

Auf das Darlehn sind jedoch vierteljährlich, zum erstenmal am .... Goldmark zurückzuzahlen.
....
....

Sollte am Tage vor der Auszahlung des Darlehns der Kurs Ihrer ......%igen Pfandbriefe Serie........ an der Berliner Börse unter ....% liegen, so ha.................... von dem Nennbetrage des Darlehns außerdem soviel Prozent an Sie zu zahlen, als der Kurs der ....%igen Pfandbriefe unter ....% liegt. Der etwaige Kursunterschied ist von der Darlehnsvaluta in Abzug zu bringen.

Fragebogen für Beleihung von Vorkriegsbauten.

I. Eigentümer: ....
II. Lage des Grundstücks: ....
III. Größe des Grundstücks: ....
IV. Bebaute Fläche: ....

V. a) Höhe der Feuerversicherung von 1914: ....
b) jetzige Höhe der Feuerversicherung: ....
VI. Alter der Gebäude: ....
VII. Aufstellung:
1. **der Friedensmieten**
a) Wohnräume: ....
b) Geschäftsräume: ....
2. **der jetzigen Mieten**
a) Wohnräume: ....
b) Geschäftsräume: ....
VIII. Abzüge für Steuer:
a) Grundvermögenssteuer plus Gemeindezuschlag: ....
b) Hauszinssteuer: ....
IX. Höhe der etwaigen Industriebelastung: ....
X. Höhe der gewünschten Beleihung: ....
XI. Höhe der abzulösenden Hypotheken: ....

Es werden beigefügt:

1. Auszug aus der Grundsteuermutterrolle
2. Auszug aus der Gebäudesteuerrolle
3. Kataster-Handzeichnung
4. Bauzeichnungen mit Lageplan und Flächenberechnung
5. Feuerversicherungs-Police
6. Mietsverträge
7. Veranlagung zur staatlichen Steuer vom Grundvermögen
8. Abschrift des Grundbuchblattes
9. Veranlagung zur etwaigen Industriebelastung
10. Werttaxe
11. Letzter Kaufvertrag über das Grundstück
12. Lichtbild der Baulichkeiten.

Fragebogen für Beleihung von Nachkriegsbauten.

I. Eigentümer: ....
II. Lage des Grundstücks: ....
III. Größe des Grundstücks: ....
IV. Bebaute Fläche: ....
V. cbm umbauten Raumes: ....
VI. Angabe über den Stand des Baues: ....
VII. Feuerversicherungssumme: ....
VIII. Mietsaufstellung
a) vom Wohnungsamt festgesetzte: ....
b) freie Mieten: ....

IX. Wie hoch ist die Hauszinssteuerhypothek? ....

X. Wie hoch ihr Zinssatz? ....

XI. Höhe der gewünschten Beleihung: ....

XII. Höhe der abzulösenden Hypotheken: ....

Es werden beigefügt:

1. Auszug aus der Grundsteuermutterrolle
2. Auszug aus der Gebäudesteuerrolle
3. Kataster-Handzeichnung
4. Bauzeichnungen mit Lageplan und Flächenberechnung
5. Feuerversicherungs-Police
6. Mietsverträge
7. Veranlagung zur staatlichen Steuer vom Grundvermögen
8. Abschrift des Grundbuchblattes
9. Werttaxe
10. Letzter Kaufvertrag über das Grundstück
11. Lichtbild der Baulichkeiten

b) Allgemeine Abschlußbedingungen für kündbare Hypothekendarlehen.

I. Die Zinsen des Darlehns sind im voraus in vierteljährlichen, an den Kalendervierteljahresersten zahlbaren Raten zu entrichten.

II. Für den Fall, daß die Zinsen nicht spätestens am achten Tage des Kalendervierteljahres gezahlt werden, erhöht sich der Zinsfuß für dasjenige Kalendervierteljahr, für welches der Verzug eintritt, um eins vom Hundert.

III. Desgleichen erhöht sich der Zinsfuß vom Fälligkeitstage ab um eins vom Hundert, wenn das fällig gewordene Kapital oder eine Kapitalrate nicht pünktlich gezahlt wird.

IV. Wenn das Kapital aus irgendeinem Grunde vor dem .... 193...... fällig wird, so ist der Bank für die Zeit vom Tage der früheren Fälligkeit bis zum .... 193...... eine Entschädigung von eins vom Hundert für jedes angefangene Jahr, mindestens jedoch zwei vom Hundert, höchstens aber drei vom Hundert von der Darlehnsschuld zu zahlen.

V. Die Bank kann das Darlehn jederzeit zurückfordern:

A. mit zweimonatiger Kündigungsfrist, wenn der Fall des § 1133 des Bürgerlichen Gesetzbuches durch unwirtschaftliches Verhalten des Grundstückseigentümers herbeigeführt ist;

B. mit vierzehntägiger Kündigungsfrist,

a) wenn die auf dem belasteten Grundstücke errichteten Baulichkeiten nicht dauernd bei einer der Gläubigerin genehmen Feuerversicherungs-Gesellschaft mindestens in der auf der ersten Seite angegebenen Höhe versichert gehalten werden und wenn der Gläubigerin nicht der Versicherungs-Garantieschein auf Kosten des Grundstückseigentümers ausgehändigt wird,

b) wenn die Rechtsgültigkeit oder der erste Rang der Hypothek bestritten wird.

C. ohne jede Kündigungsfrist,

a) wenn eine Zinsrate oder eine Kapitalsrate nicht spätestens am siebenten Tage nach Fälligkeit gezahlt wird,

b) wenn über das belastete Grundstück oder Teile desselben die Zwangsverwaltung oder die Zwangsversteigerung angeordnet wird,

c) wenn über das Vermögen des Schuldners oder des Grundstückseigentümers Konkurs eröffnet wird oder wenn gegen einen von beiden das Vergleichsverfahren zur Abwendung des Konkurses angeordnet wird, oder wenn einer derselben außergerichtlich seine Zahlungen einstellt. Bei einer Mehrheit von Schuldnern oder Eigentümern ist die Rückforderung auch dann zulässig, wenn diese Tatsachen nur in der Person eines von ihnen eintreten,

d) wenn der jeweilige Eigentümer des Pfandgrundstücks der Bank auf deren Verlangen nicht binnen zwei Wochen nach Ablauf der Zahlungsfristen die Bezahlung aller das Pfandgrundstück betreffenden Steuern und öffentlichen Abgaben und der Versicherungsprämien nachweist,

e) wenn der Schuldner oder der jeweilige Eigentümer des Pfandgrundstücks die etwa von der Bank verauslagten Versicherungsprämien nicht binnen zwei Wochen nach Aufforderung der Bank erstattet,

f) wenn eine andere für die Deutsche Hypothekenbank (Actien-Gesellschaft) in Berlin auf dem gleichen Grundbuchblatt eingetragene Hypothek aus irgendeinem Grunde fällig wird.

VI. Alle Zahlungen sind bis mittags 12 Uhr in den Geschäftsräumen der Gläubigerin in dem Gegenwert von Feingold in deutscher Reichswährung zu leisten.

Der Geldwert von Kapital und von allen Nebenleistungen wird nach dem im Reichsanzeiger von der zuständigen Stelle bekanntgegebenen Londoner Goldpreis berechnet. Maßgebend ist die letzte Bekanntmachung vor dem 15. Tage des der Fälligkeit vorangehenden Kalendermonats. Statt dieses Tages ist im Falle verspäteter Zahlung auf Verlangen der Gläubigerin die letzte Bekanntmachung vor dem Tage des Zahlungseingangs maßgebend. Das Verlangen kann nur innerhalb zwei Wochen nach Zahlungseingang gestellt werden und gilt als gestellt, wenn eine schriftliche oder drahtliche Aufforderung an den Schuldner oder Eigentümer von der Gläubigerin abgesandt ist. Die Nachzahlung des Unterschiedes des Reichsmarkbetrages hat binnen zwei Wochen nach Absendung der Aufforderung zu erfolgen.

Die Umrechnung des Goldpreises in die deutsche Währung erfolgt nach dem Mittelkurse der Berliner Börse für das englische Pfund auf Grund der letzten amtlichen Notierung für Auszahlung London vor dem für die Goldpreisberechnung maßgebenden Tage.

Falls sich aus der Umrechnung für das Kilogramm Feingold ein Preis von nicht mehr als 2820 RM. und nicht weniger als 2760 RM. ergibt, ist für jede geschuldete Goldmark eine Reichsmark in gesetzlichen Zahlungsmitteln zu zahlen.

VII. Erfüllungsort aus diesem Antrage und aus der Schuldurkunde ist, soweit nicht der dingliche Gerichtsstand ausschließlich zuständig ist, Berlin-Mitte.

Im Falle verspäteter Zahlungsleistung bleiben der Gläubigerin Schadensersatzansprüche vorbehalten.

Der Schuldner ist verpflichtet, hinsichtlich aller an dem Grundbesitz etwa bestehenden Hypotheken, Grundschulden, Rentenschulden und Reallasten, welche einer Aufwertung auf Grund des Gesetzes vom 16. Juli 1925 unterliegen, auf die Befugnis gemäß § 7 dieses Gesetzes an der ihm vorbehaltenen Rangstelle eine Hypothek oder Grundschuld eintragen zu lassen, zu verzichten.

Der Schuldner ist der Gläubigerin gegenüber weiter verpflichtet, über die in Ziffer IV vereinbarte Entschädigung für vorzeitige Fälligkeit, wenn und soweit sie sich mit dem Eigentum in einer Person vereinigt, nur durch Löschung zu verfügen.

VIII. Die Bank ist bei einer dem Grundstückseigentümer gegenüber erfolgenden Kündigung oder Mahnung zur Vorlegung des Hypothekenbriefes nicht verpflichtet.

IX. Der Schuldner hat sich und das belastete Grundstück wegen eines jeden nicht binnen sieben Tagen nach Fälligkeit berichtigten Betrages der sofortigen Zwangsvollstreckung in der Weise zu unterwerfen, daß die Zwangsvollstreckung auch gegen den jeweiligen Eigentümer des Grundstücks zulässig sein soll. Die Bank wird ermächtigt, sich jederzeit, ohne daß sie die Fälligkeit oder den Verzug nachzuweisen braucht, eine vollstreckbare Ausfertigung der notariellen Verhandlung sowie auch weitere vollstreckbare Ausfertigungen derselben auf Kosten des Grundstückseigentümers erteilen zu lassen.

X. Die Bank ist berechtigt, sich den zu bildenden Hypothekenbrief von dem Grundbuchamt aushändigen zu lassen.

XI. Die Auszahlung des Darlehns erfolgt erst, nachdem der Bankhypothek die erste Stelle im Grundbuche beschafft und der Hypothekenbrief der Bank zugestellt ist.

XII. Vor der Zahlung sind der Bank

a) eine Hypotheken-Bescheinigung von der Feuerversicherungs-Gesellschaft,
b) der amtliche Gebrauchsabnahmeschein,
c) die Bescheinigung eines vereideten Landmessers darüber, daß die auf dem Grundstück errichteten Baulichkeiten die grundbuch- und katastermäßigen Grundstücksgrenzen nicht überschreiten,
d) eine Auskunft des Gemeindevorstandes darüber, daß für das Grundstück Anliegerkosten nicht mehr zu zahlen sind,

einzureichen.

Auch ist durch Schlußtaxe des Sachverständigen der Bank nachzuweisen, daß der Bau in allen seinen Teilen fertiggestellt ist und daß die in der Vortaxe angenommenen Werte überall erreicht sind.

XIII. Der Grundstückseigentümer ist verpflichtet, der Bank auf deren Verlangen jederzeit eine Mietsaufstellung und die Mietsverträge zur Einsicht vorzulegen.

Kommt er dieser seiner Verpflichtung innerhalb zwei Wochen nach erhaltener Aufforderung nicht nach, so ist die Bank berechtigt, das Darlehn ohne Kündigungsfrist sofort zurückzufordern.

XIV. Provision, Disagio, Pfandbriefunkosten, Prüfungsgebühren, Kostenvorschuß und Pfandbriefstempelbeitrag sind bei Abschluß des Geschäfts zu zahlen. Die Bank kann diese Beträge, ebenso die Notariats- und Gerichtskosten, bei der ersten auf das Darlehn zu leistenden Zahlung in Abzug bringen, falls sie bis dahin nicht bezahlt sind.

XV. Sollte die Auszahlung des Darlehns oder eines Teiles desselben ohne Verschulden der Bank zu dem von ihr festgesetzten Termin nicht stattfinden können, so kann die Bank die Zahlung der vereinbarten Zinsen von diesem Termin ab und die sofortige Berichtigung der Provision und der sonstigen Spesen und Auslagen, falls dieselben nicht bereits bezahlt sind, beanspruchen und sich aus der ihr bestellten Hypothek deswegen befriedigen. Ihre Darlehnsforderung kommt insoweit durch Verrechnung zur Entstehung.

XVI. Falls die Verzögerung länger als vierzehn Tage dauert, kann die Bank von dem Darlehnsgeschäft ohne weiteres zurücktreten und die sofortige Rückerstattung der etwa schon ausgezahlten Darlehnsbeträge sowie die Berichtigung der Abschluß-Provision und der übrigen Spesen und Auslagen verlangen.

XVII. Die Kosten für den Abschluß und die Ausführung des Beleihungsgeschäfts trägt der Darlehnsnehmer.

Mit den vorstehenden allgemeinen Abschlußbedingungen ....

einverstanden.

...., den ....ten .... 193.......

c) Antrag auf Tilgungsdarlehn an die Deutsche Hypothekenbank nebst Fragebogen.

Berlin, den .... 193.......

An die

Deutsche Hypothekenbank (Actien-Gesellschaft)

Berlin NW 7, Dorotheenstr. 44.

....

....

....

....

stelle.............. nachstehenden Darlehnsantrag an den ....

.... zehn Tage gebunden halte...............

Die Prüfungsgebühren sind an Sie innerhalb drei Tagen, und zwar unabhängig von der Annahme des Antrags, zu zahlen.

Das Darlehn wird gegen erststellige hypothekarische Belastung de....... Grundstücke..

Grundbuch des Amtsgerichts ....

....

....

als Amortisationsdarlehn gewährt und soll GM. .... betragen. Eine Goldmark gleich dem Preise von 1/2790 kg Feingold.

Für das Darlehn ist ungeachtet der Tilgung und etwaiger Löschung getilgter Teile eine gleichbleibende Jahresleistung, und zwar:

a) für die Zeit vom .... bis .... eine solche von ....%,

b) für die Zeit vom .... ab eine solche von ....% des Nennbetrages der Darlehnsschuld in vierteljährlichen, an den Kalendervierteljahresersten fälligen Raten zu entrichten.

Die Jahresleistungsraten werden bis zum .... mit .... vom Hundert als Zinsen und vom .... ab mit .... vom Hundert als Zinsen und .... vom Hundert als Tilgungsbeitrag verrechnet. Die Zinsen der Tilgungsbeiträge werden mit jährlich .... vom Hundert unter ganzjähriger Verrechnung ebenfalls zur Tilgung des Darlehns verwendet.

Die Kündigung des Darlehns ist für .... bis zum 1. .... 19.......... unbedingt ausgeschlossen. Die Auszahlung des Darlehns erfolgt gemäß Ziffer XI und XII der allgemeinen Abschlußbedingungen bis zum .... Die Zinsen sind vom Zahlungstage ab zu entrichten, spätestens aber vom .... ab, wenn die Auszahlung infolge der Nichtbeschaffung des vertragsmäßigen Rangs der Hypothek bis dahin nicht erfolgt ist oder wenn .... anderweit mit der Abnahme der Darlehnsvaluta in Verzug gerate.......

Die Feuerversicherungssumme soll betragen:

a) der Baulichkeiten .... GM.
b) des Inventars .... „
die Hagelversicherungssumme .... „

An Abschlußprovision sind GM. ....
„ Disagio „ „ ....
„ Stempelkosten „ „ ....
„ Prüfungsgebühren „ „ ....
„ Kostenvorschuß „ „ ....
zusammen GM. ....

an Sie zu zahlen. Über den Kostenvorschuß werden Sie .... nach Abwickelung des Darlehnsgeschäfts Abrechnung geben und den nicht verbrauchten Teil zurückzahlen.

Sie haben .... eine Bescheinigung zu erteilen, auf Grund deren .... von der Entrichtung des Schuldverschreibungs- bzw. Abtretungs-Stempels befreit ....

Die Regelung erfolgt durch ....

Im übrigen gelten die nebenstehenden allgemeinen Abschlußbedingungen.

Deutsche Hypothekenbank (Actien-Gesellschaft) Berlin NW 7, Dorotheenstr. 44

Telegramm-Adresse: Hypothek Berlin / Postscheck-Konto: Berlin 226 62
(Fernsprecher: Zentrum 7031—7033)

Fragebogen für ländliche Beleihungen.

Eigentümer: ....
Grundbuch des Amtsgerichts: .... von ....

Band: .... Blatt: ....
Gemeinde: .... Kreis: ....
Post: .... Entfernung vom Hof .... km
Eisenbahnstation (Strecke): .... Entfernung .... km
Hauptabsatzort: .... Entfernung .... km
Die nächste Chaussee führt von .... bis ....
Größe: ....

Wieviel Morgen Acker: ....
„ „ Wiesen: ....
„ „ Weiden: ....
„ „ Holzungen: ....
„ „ Wasser: ....

Wieviel Vorwerke oder Wirtschaftshöfe: ....
Grundsteuerreinertrag: ....
Berichtigter Wehrbeitrag: ....
Einheitswert: ....
Beschreibung der Gebäude und etwaiger industrieller Anlagen:

Lebendes Inventar:

Wieviel Pferde: .... Wieviel Schafe: ....
„ Kühe: .... „ Schweine: ....

Totes Inventar: ....
Sind sämtliche Inventarstücke freies Eigentum des Gutsbesitzers?
Welche sind es nicht?
Sind sämtliche Steuern, Abgaben und Versicherungsbeiträge bezahlt?
Gebäude-Versicherung:
Inventar- „
Hagel- „
Höhe der Belastung:
„ „ gewünschten Beleihung:
Letzter Kaufvertrag und Kaufpreis:
Letzter Bestellungsplan:
Ort und Datum:

....

Unterschrift des Eigentümers

Es werden überreicht:

1. Grundbuchauszug
2. Auszug aus der Grundsteuermutterrolle
3. Auszug aus der Gebäudesteuerrolle
4. Feuerversicherungspolice

a) für Gebäude
b) für Inventar

5. Hagelversicherungspolice
6. Bescheinigung über den berichtigten Wehrbeitrag
7. Bescheinigung über den Einheitswert
8. Etwaige Taxen.

d) Allgemeine Abschlußbedingungen für unkündbare Hypothekendarlehen.

I. Die Jahresleistungen für das Darlehn sind vierteljährlich nachträglich an den Kalendervierteljahresersten zu entrichten.

II. Für den Fall, daß die Jahresleistungsraten nicht spätestens am achten Tage des Kalendervierteljahres gezahlt werden, erhöhen sich die Zinsen für dasjenige Vierteljahr, für welches der Verzug eintritt, um eins vom Hundert jährlich. Ebenso erhöhen sich die Zinsen vom Fälligkeitstage ab um eins vom Hundert jährlich, wenn die Gläubigerin das Darlehn aus irgendeinem Grunde zurückzufordern berechtigt ist.

III. Wenn das Kapital aus irgendeinem Grunde vor dem .... fällig wird, so ist der Gläubigerin vom Tage der früheren Fälligkeit bis zum .... für jedes angefangene Jahr eine Entschädigung von eins vom Hundert, mindestens aber .... vom Hundert und höchstens drei vom Hundert der ganzen Darlehnssumme zu zahlen.

IV. Die Gläubigerin kann das Darlehn nur in folgenden Ausnahmefällen zurückfordern:

A. mit dreimonatiger Kündigungsfrist,

a) wenn die Jahresleistungsraten nicht innerhalb zweier Monate nach dem Fälligkeitstermin gezahlt werden,

b) wenn über das belastete Grundstück oder einen Teil desselben die Zwangsverwaltung angeordnet wird,

c) wenn über das Vermögen des Schuldners oder des Eigentümers Konkurs eröffnet wird oder wenn einer von ihnen außergerichtlich seine Zahlungen einstellt, oder wenn eine Zwangsvollstreckung gegen einen von ihnen fruchtlos ausgefallen ist; bei einer Mehrheit von Schuldnern oder Eigentümern ist die Kündigung auch dann zulässig, wenn diese Tatsachen nur in der Person eines von ihnen eintreten,

d) wenn durch unwirtschaftliches Verhalten des Eigentümers der Wert des Unterpfands im Vergleich zu dem bei Gewährung des Darlehns angenommenen Werte so gesunken ist, daß der nicht getilgte Teil des Darlehns nicht mehr als genügend gesichert erscheint,

e) wenn das belastete Grundstück teilweise veräußert oder unter mehrere Eigentümer geteilt wird, ohne daß wegen Teilung der Hypothek ein Abkommen mit der Gläubigerin getroffen wird, es sei denn, daß der Fall des § 17 Abs. 2 des Reichshypothekenbankgesetzes vorliegt,

f) wenn die Rechtsgültigkeit oder der Rang der Hypothek vom Schuldner oder Eigentümer bestritten wird;

B. mit vierzehntägiger Kündigungsfrist,

a) wenn die auf dem belasteten Grundstücke errichteten Baulichkeiten nicht mindestens in Höhe von .... GM. gegen Feuerschaden,

b) wenn das Inventar und die Ernte nicht mindestens in Höhe von .... GM. gegen Feuerschaden,

c) wenn die Feldfrüchte nicht mindestens in Höhe von .... GM. gegen Hagelschaden bei einer oder mehreren der Gläubigerin genehmen Versicherungsgesellschaften dauernd versichert gehalten und der Gläubigerin nicht die Versicherungsgarantiescheine auf Kosten des Eigentümers ausgehändigt werden;

C. ohne jede Kündigungsfrist, wenn über das belastete Grundstück oder einen Teil desselben die Zwangsversteigerung angeordnet wird, oder wenn das Grundstück ohne Zustimmung der Gläubigerin verpachtet wird.

V. Alle Zahlungen sind bis mittags 12 Uhr in den Geschäftsräumen der Gläubigerin in dem Gegenwert von Feingold in deutscher Reichswährung zu leisten.

Der Geldwert von Kapital und Jahresleistungen, auch von den erhöhten Zinsen sowie sonstigen Nebenleistungen, wird nach dem im „Reichsanzeiger" von der zuständigen Stelle bekanntgegebenen Londoner Goldpreis berechnet. Maßgebend ist die letzte Bekanntmachung vor dem 15. Tage des der Fälligkeit vorangehenden Kalendermonats. Statt dieses Tages ist im Falle verspäteter Zahlung auf Verlangen der Gläubigerin die letzte Bekanntmachung vor dem Tage des Zahlungseingangs maßgebend. Das Verlangen kann nur innerhalb zwei Wochen nach Zahlungseingang gestellt werden und gilt als gestellt, wenn eine schriftliche oder drahtliche Aufforderung an den Schuldner oder Eigentümer von der Gläubigerin abgesandt ist. Die Nachzahlung des Unterschiedes des Reichsmarkbetrages hat binnen zwei Wochen nach Absendung der Aufforderung zu erfolgen.

Die Umrechnung des Goldpreises in die deutsche Währung erfolgt nach dem Mittelkurse der Berliner Börse für das englische Pfund auf Grund der letzten amtlichen Notierung für Auszahlung London vor dem gleichen Tage.

Falls sich aus der Umrechnung für das Kilogramm Feingold ein Preis von nicht mehr als RM. 2820 und nicht weniger als RM. 2760 ergibt, ist für jede geschuldete Goldmark eine Reichsmark in gesetzlichen Zahlungsmitteln zu zahlen.

VI. Erfüllungsort aus diesem Antrage ist, soweit nicht der dingliche Gerichtsstand ausschließlich zuständig ist, Berlin-Mitte. Im Falle verspäteter Zahlungsleistung bleiben der Gläubigerin Schadenersatzansprüche vorbehalten.

VII. Der Schuldner ist verpflichtet, hinsichtlich aller an dem vorbezeichneten Grundbesitz etwa bestehenden Hypotheken, Grundschulden, Rentenschulden und Reallasten, welche einer Aufwertung auf Grund des Gesetzes vom 16. Juli 1925 unterliegen, auf die Befugnis gemäß § 7 dieses Gesetzes, an der ihm vorbehaltenen Rangstelle eine Hypothek oder Grundschuld eintragen zu lassen, zu verzichten.

VIII. Die Gläubigerin ist bei einer dem Grundstückseigentümer gegenüber erfolgenden Kündigung oder Mahnung zur Vorlegung des Hypothekenbriefes nicht verpflichtet.

IX. Der Schuldner hat sich und das belastete Grundstück wegen eines jeden nicht binnen sieben Tagen nach Fälligkeit berichtigten Betrages der sofortigen Zwangsvollstreckung in der Weise zu unterwerfen, daß die Zwangsvollstreckung auch gegen den jeweiligen Eigentümer des Grundstücks zulässig sein soll. Die Gläubigerin wird ermächtigt, sich jederzeit, ohne daß sie die Fälligkeit oder den Verzug nachzuweisen braucht, eine vollstreckbare Ausfertigung dieser Verhandlung sowie auch weitere vollstreckbare Ausfertigungen derselben auf Kosten des Grundstückseigentümers erteilen zu lassen.

X. Die Gläubigerin ist berechtigt, sich den zu bildenden Hypothekenbrief von dem Grundbuchamt aushändigen zu lassen.

XI. Die Auszahlung des Darlehns erfolgt erst, nachdem der Bankhypothek die erste Stelle im Grundbuch beschafft ist.

XII. Vor der Zahlung sind der Gläubigerin die Hypotheken-Bescheinigungen der Feuer-Versicherungs-Gesellschaften einzureichen.

XIII. Abschlußprovision, Disagio, Prüfungsgebühr, Kostenvorschuß und Pfandbriefstempelbeitrag sind bei Abschluß des Geschäfts zu zahlen, jedenfalls kann die Gläubigerin diese Beträge bei der ersten auf das Darlehn zu leistenden Zahlung in Abzug bringen.

XIV. Sollte die Auszahlung des Darlehns ganz oder teilweise ohne Verschulden der Bank zu dem von ihr festgesetzten Termin nicht stattfinden können, so kann die Bank die Zahlung der vereinbarten Zinsen von diesem Termin ab und die sofortige Berichtigung der Abschlußprovision, Disagio und der sonstigen Spesen und Auslagen beanspruchen und sich aus der ihr bestellten Hypothek deswegen befriedigen. Ihre Darlehnsforderung kommt insoweit durch Verrechnung zur Entstehung.

XV. Falls die Verzögerung länger als vierzehn Tage dauert, kann die Bank von dem Darlehnsgeschäft ohne weiteres zurücktreten und die sofortige Rückerstattung der etwa schon ausgezahlten Darlehnsbeträge sowie die Berichtigung der Abschlußprovision, Disagio und der übrigen Spesen und Kosten verlangen.

XVI. Die Kosten für den Abschluß und die Ausführung des Beleihungsgeschäfts trägt der Darlehnsnehmer.

Mit den vorstehenden allgemeinen Abschlußbedingungen .... einverstanden.

...., den ....ten .... 193........

IV. Wertbeständige Hypotheken.

a) Auszug aus dem Gesetz über wertbeständige Hypotheken vom 23. Juni 1923 (RGBl. I 407).

§ 1.

Eine Hypothek kann in der Weise bestellt werden, daß die Höhe der aus dem Grundstück zu zahlenden Geldsumme durch den amtlich festgestellten oder festgesetzten Preis einer bestimmten Menge von Roggen, Weizen oder Feingold bestimmt wird. Die Reichsregierung kann mit Zustimmung des Reichsrats auch den in gleicher Weise festgestellten oder festgesetzten Preis einer bestimmten Menge von Kohle, Kali oder anderen Waren oder von Leistungen als Maßstab zulassen (wertbeständige Hypothek).

§ 2.

Die Höhe der Geldsumme kann in der Weise bestimmt werden, daß, falls der als Maßstab gewählte Preis einer Ware oder Leistung den Preis einer anderen Ware oder Leistung nicht erreicht oder überschreitet, dieser letzte Preis maßgebend sein soll.

§ 3.

Bei der Eintragung der wertbeständigen Hypothek im Grundbuch ist der Geldbetrag durch Art und Menge der Ware oder Leistung zu bezeichnen, deren Preis als Maßstab gewählt ist.

§ 4.

Im Falle der Zwangsversteigerung wird in dem Versteigerungstermin vor der Aufforderung zur Abgabe von Geboten festgestellt und bekanntgemacht, welchen Wert die wertbeständige Hypothek hätte, wenn sie im Versteigerungstermine zahlbar wäre.

§ 5.

Soweit eine bei der Feststellung des geringsten Gebots berücksichtigte wertbeständige Hypothek bestehen bleibt, bleiben Änderungen des im Versteigerungstermin festgestellten Wertes für das weitere Verfahren außer Betracht.

§ 6.

Im Teilungsplan sind die dem Gläubiger der wertbeständigen Hypothek zu zahlenden Beträge auf Grund des letzten Preises zu bestimmen, der nach Maßgabe des Inhalts des Rechts amtlich festgestellt werden kann.

Soweit der Teilungsplan dadurch ausgeführt wird, daß auf den Gläubiger der wertbeständigen Hypothek eine Forderung gegen den Ersteher übertragen wird, ist die Forderung in derselben Weise wertbeständig zu bestimmen, wie die Hypothek bestimmt war.

Wird der Gläubiger der wertbeständigen Hypothek nicht vollständig befriedigt, so ist der verbleibende Teil seiner Forderung in derselben Weise wertbeständig festzustellen, wie die Hypothek bestimmt war. Die Feststellung ist für die Haftung mitbelasteter Grundstücke, für die Verbindlichkeit des persönlichen Schuldners und für die Geltendmachung des Ausfalls im Konkurse maßgebend.

§ 7.

Für die Berechnung von Eintragungsgebühren ist der Wert maßgebend, den die Forderung zur Zeit des Eingangs des Eintragungsantrages bei dem Grundbuchamte hat.

§ 8.

Für die Grundschulden und Rentenschulden gelten die Vorschriften der §§ 1 bis 7 entsprechend.

§ 11.

Die Reichsregierung kann mit Zustimmung des Reichsrats die zur Durchführung dieses Gesetzes erforderlichen Rechtsverordnungen und allgemeinen Verwaltungsvorschriften erlassen.

b) Erste Verordnung
zur Durchführung des Gesetzes über wertbeständige Hypotheken vom 29. Juni 1923 (RGBl. I S. 482).

§ 1.

Für Roggen und Weizen gelten nur amtlich festgestellte oder bekanntgemachte Preise einer inländischen Börse als amtlich festgestellte Preise im Sinne des Gesetzes.

Soweit solche nicht oder nicht für die der Berechnung zugrunde zu legende Zeit amtlich festgestellt oder bekanntgemacht sind, sind die vom Deutschen Landwirtschaftsrat an deren Stelle festzustellenden Preise maßgebend.

§ 2.

Als amtlich festgestellter Preis für Feingold gilt nur der von dem Reichswirtschaftsminister oder der von ihm bestimmten Stelle im Reichsanzeiger bekanntgegebene Londoner Goldpreis. Die Umrechnung in die deutsche Währung erfolgt nach dem Mittelkurse der Berliner Börse auf Grund der letzten amtlichen Notierung vor dem Tage, der für die Berechnung der Kapital-, Tilgungs- und Zinsbeträge sowie der sonstigen Nebenleistungen maßgebend ist; ist ein Durchschnittspreis maßgebend, so erfolgt die Umrechnung nach dem Durchschnittskurs desselben Zeitraums.

§ 3.

Außer den im § 1 Satz 1 des Gesetzes zugelassenen Maßstäben werden zugelassen die amtlich festgesetzten oder festgestellten Preise für

1. Fettförderkohle des Rheinisch-westfälischen Kohlensyndikats,
2. gewaschene Fettnuß IV des Rheinisch-westfälischen Kohlensyndikats,
3. oberschlesische Flammstückkohle,
4. Kalidüngesalz 40 vom Hundert.

Bei den zu 1 und 2 bezeichneten Waren kann außer den amtlich festgesetzten Preisen frei Grube dieser Preis zuzüglich der amtlich festgesetzten Frachtkosten Mannheim verwendet werden.

§ 4.

Für Kohle und Kali (§ 3) gelten nur die vom Reichskohlenverbande oder Reichskalirat, falls aber der Reichswirtschaftsminister eine Festsetzung vorgenommen hat, nur die von diesem festgesetzten Preise im Sinne des Gesetzes.

Soweit solche Preisfestsetzungen nicht oder nicht für die der Berechnung zugrunde zu legende Zeit erfolgen, gelten als amtlich festgestellte Preise im Sinne des Gesetzes, und zwar, sofern nicht anderes vereinbart ist, in nachstehender Reihenfolge:

1. die Preise eines inländischen Syndikats,
2. die amtlich festgestellten oder bekanntgemachten Preise einer inländischen Börse,
3. die Preise, die im Auftrag des Vorstandes einer solchen Behörde durch Sachverständige ermittelt sind,
4. die von einer staatlichen Bergbehörde erzielten Verkaufspreise.

c) Dritte Verordnung zur Durchführung des Gesetzes über wertbeständige Hypotheken vom 2. November 1923 (RGBl. I S. 1075).

Als Maßstab einer wertbeständigen Hypothek wird der an einer deutschen Börse amtlich festgestellte Kurswert des nordamerikanischen Dollars für den Fall zugelassen, daß die Hypothek zur Sicherung einer Anleihe dient, für deren Verzinsung und Rückzahlung das Reich oder ein Land die Bürgschaft übernommen hat.

d) Vierte Verordnung zur Durchführung des Gesetzes über wertbeständige Hypotheken vom 6. November 1923 (RGBl. I S. 1082).

Die im § 15 Abs. 2 des Reichssiedlungsgesetzes vom 11. August 1919 (RGBl. S. 1429) in der Fassung des Gesetzes vom 7. Juni 1923 (RGBl. I S. 364) vorgesehene Sicherung von Schuldverschreibungen durch Reallasten kann auch durch wertbeständige Hypotheken erfolgen.

e) Fünfte Verordnung zur Durchführung des Gesetzes über wertbeständige Hypotheken vom 17. April 1924 (RGBl. I S. 415).

Feingoldhypotheken (§ 1 des Gesetzes über wertbeständige Hypotheken vom 23. Juni 1923 — RGBl. I S. 407 —, § 2 der Verordnung zur Durchführung des Gesetzes über wertbeständige Hypotheken vom 29. Juni 1923 — RGBl. I S. 482 —) können als Goldmarkhypotheken eingetragen werden. Dabei entspricht eine Goldmark dem Preise von $^1/_{2790}$ Kilogramm Feingold.

f) Verordnung des Reichspräsidenten zur Änderung der Wertberechnung von Hypotheken und sonstigen Ansprüchen, die auf Feingold (Goldmark) lauten, vom 10. Oktober 1931.

Auf Grund des Art. 48 Abs. 2 der Reichsverfassung wird folgendes verordnet:

§ 1.

Soll die Höhe einer zu zahlenden Geldsumme durch den amtlich festgestellten Preis einer bestimmten Menge von Feingold bestimmt werden und als solcher der von dem Reichswirtschaftsminister oder der von ihm bestimmten Stelle im Reichsanzeiger bekanntgemachte Londoner Goldpreis gelten, soll ferner die Umrechnung in die deutsche Währung nach dem Mittelkurse der Berliner Börse erfolgen, so ist bei Berechnung der zu zahlenden Geldsumme ein und derselbe Tag für den Londoner Goldpreis und für den Kurs der englischen Währung zugrunde zu legen. Kommen hierfür zwei verschiedene Tage in

Betracht, so ist der jeweils dem Fälligkeitstermin näherliegende Tag maßgebend.

Ist als Londoner Goldpreis ein Durchschnittspreis vorgesehen, so erfolgt die Umrechnung in die deutsche Währung nach dem Durchschnittskurse desselben Zeitraums.

§ 2.

Findet eine amtliche Notierung der Berliner Börse für die englische Währung nicht statt, so gelten die im Reichsanzeiger veröffentlichten Kurse, die von dem Ausschuß der Berliner Bedingungsgemeinschaft für den Wertpapierverkehr festgesetzt sind, als amtliche Notierung.

§ 3.

Im Falle der Zwangsversteigerung ist bei der Feststellung und Bekanntmachung, welchen Wert die wertbeständige Hypothek hätte, wenn sie im Versteigerungstermin zahlbar wäre (§ 4 des Gesetzes über wertbeständige Hypotheken), der letzte vor dem zweiten dem Versteigerungstermin vorangehenden Werktag amtlich festgestellte Preis zugrunde zu legen.

Im Teilungsplan sind die dem Gläubiger der wertbeständigen Hypothek zu zahlenden Beträge auf Grund des letzten vor dem zweiten der Aufstellung des Teilungsplanes vorangehenden Werktag amtlich festgestellten Preises zu bestimmen.

§ 4.

Die Vorschriften der §§ 1 bis 3 dieser Verordnung finden keine Anwendung auf Anleihen der Deutschen Reichsbahn-Gesellschaft sowie auf Verbindlichkeiten des Reichs, bei denen die Wertberechnung durch besondere Vorschriften geregelt ist.

§ 5.

Im Artikel 2 der Verordnung zur Durchführung der Entschädigung auf Grund des deutsch-polnischen Liquidationsabkommens vom 14. Juli 1930 (RGBl. II S. 957) erhält Abs. 2 Satz 2 folgende Fassung:

„Die Umrechnung in die deutsche Währung erfolgt nach dem Mittelkurse der zuletzt vor diesem Tage an der Berliner Börse erfolgten amtlichen Notierung für Auszahlung London; findet eine amtliche Notierung der Berliner Börse für die englische Währung nicht statt, so gelten die im Reichsanzeiger veröffentlichten Kurse, die von dem Ausschuß der Berliner Bedingungsgemeinschaft für den Wertpapierverkehr festgesetzt sind, als amtliche Notierung.

§ 6.

Die Reichsregierung wird ermächtigt, die zur Durchführung dieser Verordnung erforderlichen Rechtsverordnungen und allgemeinen Verwaltungsvorschriften zu erlassen; sie kann Ausnahmen von den Bestimmungen dieser Verordnung zulassen und, soweit sie es zur Erreichung des Zweckes dieser Verordnung für erforderlich hält, Vorschriften ergänzenden Inhalts treffen, und zwar auch für die in den §§ 4, 5 bezeichneten Verbindlichkeiten.

§ 7.

Die Verordnung tritt mit Wirkung vom 21. September 1931 in Kraft.

Rechtskräftige gerichtliche Entscheidungen aus der Zeit vor Verkündung dieser Verordnung bleiben unberührt.

Berlin, den 10. Oktober 1931.

V. Zwangsversteigerung.

1. a) Gesetz über die Zwangsversteigerung und die Zwangsverwaltung.

Erster Abschnitt.

Zwangsversteigerung und Zwangsverwaltung von Grundstücken im Wege der Zwangsvollstreckung.

Erster Titel.

Allgemeine Vorschriften.

§ 1.

Für die Zwangsversteigerung und die Zwangsverwaltung eines Grundstücks ist als Vollstreckungsgericht das Amtsgericht zuständig, in dessen Bezirke das Grundstück belegen ist.

§ 2.

Ist das Grundstück in den Bezirken verschiedener Amtsgerichte belegen oder ist es mit Rücksicht auf die Grenzen der Bezirke ungewiß, welches Gericht zuständig ist, so hat das zunächst höhere Gericht eines der Amtsgerichte zum Vollstreckungsgerichte zu bestellen; die Vorschriften des § 37 der Zivilprozeßordnung finden entsprechende Anwendung.

Die gleiche Anordnung kann getroffen werden, wenn die Zwangsversteigerung oder die Zwangsverwaltung mehrerer Grundstücke in demselben Verfahren zulässig ist und die Grundstücke in den Bezirken verschiedener Amtsgerichte belegen sind. Von der Anordnung soll das zum Vollstreckungsgerichte bestellte Gericht die übrigen Gerichte in Kenntnis setzen.

§ 3.

Die Zustellungen erfolgen von Amts wegen.

§ 4.

Wohnt derjenige, welchem zugestellt werden soll, weder am Orte noch im Bezirke des Vollstreckungsgerichts, so kann die Zustellung durch Aufgabe zur Post erfolgen, solange nicht die Bestellung eines daselbst wohnhaften Prozeßbevollmächtigten oder Zustellungsbevollmächtigten dem Gericht angezeigt ist. Die Postsendung muß mit der Bezeichnung „Einschreiben" versehen werden.

§ 5.

Die Bestellung eines Zustellungsbevollmächtigten bei dem Grundbuchamte gilt auch für das Verfahren des Vollstreckungsgerichts, sofern sie diesem bekannt geworden ist.

§ 6.

Ist der Wohnort desjenigen, welchem zugestellt werden soll, dem Vollstreckungsgericht nicht bekannt, so hat das Gericht einen Zustellungsvertreter zu bestellen.

Das gleiche gilt, wenn im Falle der Zustellung durch Aufgabe zur Post die Postsendung als unbestellbar zurückkommt. Die zurückgekommene Sendung soll dem Zustellungsvertreter ausgehändigt werden.

Statt der Bestellung eines Vertreters genügt es, wenn die Zustellung für nicht prozeßfähige Personen an die Vormundschaftsbehörde, für juristische Personen oder für Vereine, die als solche klagen und verklagt werden können, an die Aufsichtsbehörde angeordnet wird.

§ 7.

An den Zustellungsvertreter erfolgen die Zustellungen, solange derjenige, welchem zugestellt werden soll, nicht ermittelt ist.

Der Zustellungsvertreter ist zur Ermittelung und Benachrichtigung des Vertretenen verpflichtet. Er kann von diesem eine Vergütung für seine Tätigkeit und Ersatz seiner Auslagen fordern. Über die Vergütung und die Erstattung der Auslagen entscheidet das Vollstreckungsgericht.

Für die Erstattung der Auslagen haftet der Gläubiger, soweit der Zustellungsvertreter von dem Vertretenen Ersatz nicht zu erlangen vermag; die dem Gläubiger zur Last fallenden Auslagen gehören zu den Kosten der die Befriedigung aus dem Grundstücke bezweckenden Rechtsverfolgung.

§ 8.

Die Vorschriften der §§ 4 bis 7 finden auf die an den Schuldner zu bewirkende Zustellung des Beschlusses, durch welchen die Zwangsvollstreckung angeordnet oder der Beitritt eines Gläubigers zugelassen wird, keine Anwendung.

§ 9.

In dem Verfahren gelten als Beteiligte, außer dem Gläubiger und dem Schuldner:

1. diejenigen, für welche zur Zeit der Eintragung des Vollstreckungsvermerkes ein Recht im Grundbuch eingetragen oder durch Eintragung gesichert ist;
2. diejenigen, welche ein der Zwangsvollstreckung entgegenstehendes Recht, ein Recht an dem Grundstück oder an einem das Grundstück belastenden Rechte, einen Anspruch mit dem Rechte auf Befriedigung aus dem Grundstück oder ein Miet- oder Pachtrecht, auf Grund dessen ihnen das Grundstück überlassen ist, bei dem Vollstreckungsgericht anmelden und auf Verlangen des Gerichts oder eines Beteiligten glaubhaft machen.

§ 10.

Ein Recht auf Befriedigung aus dem Grundstücke gewähren nach folgender Rangordnung, bei gleichem Range nach dem Verhältnis ihrer Beträge:

1. der Anspruch eines die Zwangsverwaltung betreibenden Gläubigers auf Ersatz seiner Ausgaben zur Erhaltung oder nötigen Verbesserung des Grundstücks, im Falle der Zwangsversteigerung jedoch nur, wenn die Verwaltung bis zum Zuschlage fortdauert und die Ausgaben nicht aus den Nutzungen des Grundstücks erstattet werden können;
2. bei einem land- oder forstwirtschaftlichen Grundstücke die Ansprüche der zur Bewirtschaftung des Grundstücks oder zum Betrieb eines mit dem Grundstücke verbundenen land- oder forstwirtschaftlichen Nebengewerbes angenommenen, in einem Dienst- oder Arbeitsverhältnisse stehenden Personen, insbesondere des Gesindes, der Wirtschafts- und Forstbeamten, auf Lohn, Kostgeld und andere Bezüge wegen der laufenden und der aus dem letzten Jahre rückständigen Beträge;
3. die Ansprüche auf Entrichtung der öffentlichen Lasten des Grundstücks wegen der laufenden und der aus den letzten zwei Jahren rückständigen Beträge;
4. die Ansprüche aus Rechten an dem Grundstücke, soweit sie nicht infolge der Beschlagnahme dem Gläubiger gegenüber unwirksam sind, die Ansprüche auf wiederkehrende Leistungen jedoch, mit Einschluß derjenigen, welche als Zuschlag zu den Zinsen behufs allmählicher Kapitalstilgung zu entrichten sind, nur wegen der laufenden und der aus den letzten zwei Jahren rückständigen Beträge;
5. der Anspruch des Gläubigers, soweit er nicht in einer der vorhergehenden Klassen zu befriedigen ist;
6. die Ansprüche der vierten Klasse, soweit sie infolge der Beschlagnahme dem Gläubiger gegenüber unwirksam sind;
7. die Ansprüche der dritten Klasse wegen der älteren Rückstände;
8. die Ansprüche der vierten Klasse wegen der älteren Rückstände.

Das Recht auf Befriedigung aus dem Grundstücke besteht auch für die Kosten der Kündigung und der die Befriedigung aus dem Grundstücke bezweckenden Rechtsverfolgung.

§ 11.

Sind Ansprüche aus verschiedenen Rechten nach § 10 Nr. 4, 6 oder 8 in derselben Klasse zu befriedigen, so ist für sie das Rangverhältnis maßgebend, welches unter den Rechten besteht.

In der fünften Klasse geht unter mehreren Ansprüchen derjenige vor, für welchen die Beschlagnahme früher erfolgt ist.

§ 12.

Die Ansprüche aus einem und demselben Rechte haben untereinander folgende Rangordnung:

1. die Ansprüche auf Ersatz der im § 10 Abs. 2 bezeichneten Kosten;
2. die Ansprüche auf wiederkehrende Leistungen und andere Nebenleistungen;
3. der Hauptanspruch.

§ 13.

Die laufenden Beträge wiederkehrender Leistungen nehmen ihren Anfang von dem letzten Fälligkeitstermine vor der Beschlagnahme des Grundstücks; die Rückstände werden von demselben Zeitpunkte zurückgerechnet.

Fehlt es innerhalb der letzten zwei Jahre an einem Fälligkeitstermine, so entscheidet die Zeit der Beschlagnahme.

Liegen mehrere Beschlagnahmen vor, so ist die erste maßgebend. Bei der Zwangsversteigerung gilt, wenn bis zur Beschlagnahme eine Zwangsverwaltung fortgedauert hat, die für diese bewirkte Beschlagnahme als die erste.

§ 14.

Ansprüche von unbestimmtem Betrage gelten als aufschiebend bedingt durch die Feststellung des Betrages.

Zweiter Titel.

Zwangsversteigerung.

I. Anordnung der Versteigerung.

§ 15.

Die Zwangsversteigerung eines Grundstücks wird von dem Vollstreckungsgericht auf Antrag angeordnet.

§ 16.

Der Antrag soll das Grundstück, den Eigentümer, den Anspruch und den vollstreckbaren Titel bezeichnen.

Die für den Beginn der Zwangsvollstreckung erforderlichen Urkunden sind dem Antrage beizufügen.

§ 17.

Die Zwangsversteigerung darf nur angeordnet werden, wenn der Schuldner als Eigentümer des Grundstücks eingetragen oder wenn er Erbe des eingetragenen Eigentümers ist.

Die Eintragung ist durch ein Zeugnis des Grundbuchamts nachzuweisen. Ist das Vollstreckungsgericht zugleich das Grundbuchamt, so genügt statt des Zeugnisses die Bezugnahme auf das Grundbuch.

Die Erbfolge ist durch Urkunden glaubhaft zu machen, sofern sie nicht bei dem Gericht offenkundig ist.

§ 18.

Die Zwangsversteigerung mehrerer Grundstücke kann in demselben Verfahren erfolgen, wenn sie entweder wegen einer Forderung gegen denselben Schuldner oder wegen eines an jedem der Grundstücke bestehenden Rechtes betrieben wird.

§ 19.

Ordnet das Gericht die Zwangsversteigerung an, so hat es zugleich das Grundbuchamt um Eintragung dieser Anordnung in das Grundbuch zu ersuchen.

Das Grundbuchamt hat nach der Eintragung des Versteigerungsvermerkes dem Gericht eine beglaubigte Abschrift des Grundbuchblatts und der Urkunden, auf welche im Grundbuche Bezug genommen wird, zu erteilen, die bei ihm bestellten Zustellungsbevollmächtigten zu bezeichnen und Nachricht zu geben, was ihm über Wohnort und Wohnung der eingetragenen Beteiligten und deren Vertreter bekannt ist. Statt der Erteilung einer beglaubigten Abschrift der Urkunden genügt die Beifügung der Grundakten oder der Urkunden.

§ 20.

Der Beschluß, durch welchen die Zwangsversteigerung angeordnet wird, gilt zugunsten des Gläubigers als Beschlagnahme des Grundstücks.

Die Beschlagnahme umfaßt auch diejenigen Gegenstände, auf welche sich bei einem Grundstücke die Hypothek erstreckt.

§ 21.

Die Beschlagnahme umfaßt land- und forstwirtschaftliche Erzeugnisse des Grundstücks sowie die Forderung aus einer Versicherung solcher Erzeugnisse nur, soweit die Erzeugnisse noch mit dem Boden verbunden oder soweit sie Zubehör des Grundstücks sind.

Die Beschlagnahme umfaßt nicht die Miet- und Pachtzinsforderungen sowie die Ansprüche aus einem mit dem Eigentum an dem Grundstücke verbundenen Rechte auf wiederkehrende Leistungen.

Das Recht eines Pächters auf den Fruchtgenuß wird von der Beschlagnahme nicht berührt.

§ 22.

Die Beschlagnahme des Grundstücks wird mit dem Zeitpunkte wirksam, in welchem der Beschluß, durch den die Zwangsversteigerung angeordnet ist, dem Schuldner zugestellt wird. Sie wird auch wirksam mit dem Zeitpunkt, in welchem das Ersuchen um Eintragung des Versteigerungsvermerkes dem Grundbuchamte zugeht, sofern auf das Ersuchen die Eintragung demnächst erfolgt.

Erstreckt sich die Beschlagnahme auf eine Forderung, so hat das Gericht auf Antrag des Gläubigers dem Drittschuldner zu verbieten, an den Schuldner zu zahlen. Die Beschlagnahme wird dem Drittschuldner gegenüber erst mit dem Zeitpunkte wirksam, in welchem sie ihm bekannt oder das Zahlungsverbot ihm zugestellt wird. Die Vorschriften des § 845 der Zivilprozeßordnung finden entsprechende Anwendung.

§ 23.

Die Beschlagnahme hat die Wirkung eines Veräußerungsverbots. Der Schuldner kann jedoch, wenn sich die Beschlagnahme auf bewegliche Sachen erstreckt, über einzelne Stücke innerhalb der Grenzen einer ordnungsmäßigen Wirtschaft auch dem Gläubiger gegenüber wirksam verfügen.

Kommt es bei einer gegen die Beschlagnahme verstoßenden Verfügung nach § 135 Abs. 2 des Bürgerlichen Gesetzbuchs darauf an, ob derjenige, zu dessen Gunsten verfügt wurde, die Beschlagnahme kannte, so steht die Kenntnis des Versteigerungsantrags einer Kenntnis der Beschlagnahme gleich. Die Beschlagnahme gilt auch in Ansehung der mithaftenden beweglichen Sachen als bekannt, sobald der Versteigerungsvermerk eingetragen ist.

§ 24.

Die Verwaltung und Benutzung des Grundstücks verbleibt dem Schuldner nur innerhalb der Grenzen einer ordnungsmäßigen Wirtschaft.

§ 25.

Ist zu besorgen, daß durch das Verhalten des Schuldners die ordnungsmäßige Wirtschaft gefährdet wird, so hat das Vollstreckungsgericht auf Antrag des Gläubigers die zur Abwendung der Gefährdung erforderlichen Maßregeln anzuordnen. Das Gericht kann die Maßregeln aufheben, wenn der zu deren Fortsetzung erforderliche Geldbetrag nicht vorgeschossen wird.

§ 26.

Ist die Zwangsversteigerung wegen des Anspruchs aus einem eingetragenen Rechte angeordnet, so hat eine nach der Beschlagnahme bewirkte Veräußerung des Grundstücks auf den Fortgang des Verfahrens gegen den Schuldner keinen Einfluß.

§ 27.

Wird nach der Anordnung der Zwangsversteigerung ein weiterer Antrag auf Zwangsversteigerung des Grundstücks gestellt, so erfolgt statt des Versteigerungsbeschlusses die Anordnung, daß der Beitritt des Antragstellers zu dem Verfahren zugelassen wird. Eine Eintragung dieser Anordnung in das Grundbuch findet nicht statt.

Der Gläubiger, dessen Beitritt zugelassen ist, hat dieselben Rechte, wie wenn auf seinen Antrag die Versteigerung angeordnet wäre.

II. Aufhebung und einstweilige Einstellung des Verfahrens.

§ 28.

Wird dem Vollstreckungsgericht ein aus dem Grundbuch ersichtliches Recht bekannt, welches der Zwangsversteigerung oder der Fortsetzung des Verfahrens entgegensteht, so hat das Gericht das Verfahren entweder sofort aufzuheben oder unter Bestimmung einer Frist, binnen welcher der Gläubiger die Hebung des Hindernisses nachzuweisen hat, einstweilen einzustellen. Im letzteren Falle ist das Verfahren nach dem Ablaufe der Frist aufzuheben, wenn nicht inzwischen der Nachweis erbracht ist.

§ 29.

Das Verfahren ist aufzuheben, wenn der Versteigerungsantrag von dem Gläubiger zurückgenommen wird.

§ 30.

Das Verfahren ist einstweilen einzustellen, wenn der Gläubiger die Einstellung bewilligt; ist die Einstellung erfolgt, so gilt eine neue Bewilligung als Rücknahme des Versteigerungsantrags.

Der Bewilligung der Einstellung steht es gleich, wenn von dem Gläubiger die Aufhebung des Versteigerungstermins bewilligt wird.

§ 31.

Im Falle einer einstweiligen Einstellung darf das Verfahren, soweit sich nicht aus dem Gesetz ein anderes ergibt, nur auf Antrag des Gläubigers fortgesetzt werden.

Wird der Antrag nicht binnen sechs Monaten gestellt, so ist das Verfahren aufzuheben. Die Frist beginnt, wenn die Einstellung von dem Prozeßgericht angeordnet war, mit der Wiederaufhebung der Anordnung, in den übrigen Fällen mit der Einstellung des Verfahrens.

§ 32.

Der Beschluß, durch welchen das Verfahren aufgehoben oder einstweilen eingestellt wird, ist dem Schuldner, dem Gläubiger und, wenn die Anordnung von einem Dritten beantragt war, auch diesem zuzustellen.

§ 33.

Nach dem Schlusse der Versteigerung darf, wenn ein Grund zur Aufhebung oder zur einstweiligen Einstellung des Verfahrens oder zur Aufhebung des Termins vorliegt, die Entscheidung nur durch Versagung des Zuschlags gegeben werden.

§ 34.

Im Falle der Aufhebung des Verfahrens ist das Grundbuchamt um Löschung des Versteigerungsvermerkes zu ersuchen.

III. Bestimmung des Versteigerungstermins.

§ 35.

Die Versteigerung wird durch das Vollstreckungsgericht ausgeführt.

§ 36.

Der Versteigerungstermin soll erst nach der Beschlagnahme des Grundstücks und nach dem Eingange der Mitteilungen des Grundbuchamts bestimmt werden.

Der Zeitraum zwischen der Anberaumung des Termins und dem Termine soll, wenn nicht besondere Gründe vorliegen, nicht mehr als sechs Monate betragen.

Der Termin kann nach dem Ermessen des Gerichts an der Gerichtsstelle oder an einem anderen Orte im Gerichtsbezirk abgehalten werden.

§ 37.

Die Terminsbestimmung muß enthalten:

1. die Bezeichnung des Grundstücks;
2. Zeit und Ort des Versteigerungstermins;
3. die Angabe, daß die Versteigerung im Wege der Zwangsvollstreckung erfolgt;
4. die Aufforderung, Rechte, soweit sie zur Zeit der Eintragung des Versteigerungsvermerkes aus dem Grundbuche nicht ersichtlich waren, spätestens im Versteigerungstermine vor der Aufforderung zur Abgabe von Geboten anzumelden und, wenn der Gläubiger widerspricht, glaubhaft zu machen, widrigenfalls die Rechte bei der Feststellung des geringsten Gebots nicht berücksichtigt und bei der Verteilung des Versteigerungserlöses dem Anspruche des Gläubigers und den übrigen Rechten nachgesetzt werden würden;

5. die Aufforderung an diejenigen, welche ein der Versteigerung entgegenstehendes Recht haben, vor der Erteilung des Zuschlags die Aufhebung oder einstweilige Einstellung des Verfahrens herbeizuführen, widrigenfalls für das Recht der Versteigerungserlös an die Stelle des versteigerten Gegenstandes treten würde.

§ 38.

Die Terminsbestimmung soll die Bezeichnung des zur Zeit der Eintragung des Versteigerungsvermerkes eingetragenen Eigentümers sowie die Angabe des Grundbuchblatts und der Größe des Grundstücks enthalten.

§ 39.

Die Terminsbestimmung muß durch einmalige Einrückung in das für Bekanntmachungen des Gerichts bestimmte Blatt öffentlich bekanntgemacht werden.

Hat das Grundstück nur einen geringen Wert, so kann das Gericht anordnen, daß die Einrückung unterbleibt; in diesem Falle muß die Bekanntmachung dadurch erfolgen, daß die Terminsbestimmung in der Gemeinde, in derem Bezirke das Grundstück belegen ist, an die für amtliche Bekanntmachungen bestimmte Stelle angeheftet wird.

§ 40.

Die Terminsbestimmung soll an die Gerichtstafel angeheftet werden. Ist das Gericht nach § 2 Abs. 2 zum Vollstreckungsgerichte bestellt, so soll die Anheftung auch bei den übrigen Gerichten bewirkt werden.

Das Gericht ist befugt, noch andere und wiederholte Veröffentlichungen zu veranlassen; bei der Ausübung dieser Befugnis ist insbesondere auf den Ortsgebrauch Rücksicht zu nehmen.

§ 41.

Die Terminsbestimmung ist den Beteiligten zuzustellen.

Im Laufe der zweiten Woche vor dem Termine soll den Beteiligten mitgeteilt werden, auf wessen Antrag und wegen welcher Ansprüche die Versteigerung erfolgt.

Als Beteiligte gelten auch diejenigen, welche das angemeldete Recht noch glaubhaft zu machen haben.

§ 42.

Die Einsicht der Mitteilungen des Grundbuchamts sowie der erfolgten Anmeldungen ist jedem gestattet.

Das gleiche gilt von anderen das Grundstück betreffenden Nachweisungen, welche ein Beteiligter einreicht, insbesondere von Abschätzungen.

§ 43.

Der Versteigerungstermin ist aufzuheben und von neuem zu bestimmen, wenn die Bekanntmachung der Terminsbestimmung nicht sechs Wochen vor dem Termine bewirkt ist.

Das gleiche gilt, wenn nicht zwei Wochen vor dem Termine dem Schuldner ein Beschluß, auf Grund dessen die Versteigerung erfolgen kann, und allen Beteiligten, die schon zur Zeit der Anberaumung des Termins dem Gerichte bekannt waren, die Terminsbestimmung zugestellt ist, es sei denn, daß derjenige, in Ansehung dessen die Frist nicht eingehalten ist, das Verfahren genehmigt.

IV. Geringstes Gebot. Versteigerungsbedingungen.

§ 44.

Bei der Versteigerung wird nur ein solches Gebot zugelassen, durch welches die dem Anspruche des Gläubigers vorgehenden Rechte sowie die aus dem Versteigerungserlöse zu entnehmenden Kosten des Verfahrens gedeckt werden (geringstes Gebot).

Wird das Verfahren wegen mehrerer Ansprüche von verschiedenem Range betrieben, so darf der vorgehende Anspruch der Feststellung des geringsten Gebots nur dann zugrunde gelegt werden, wenn der wegen dieses Anspruchs ergangene Beschluß dem Schuldner zwei Wochen vor dem Versteigerungstermine zugestellt ist.

§ 45.

Ein Recht ist bei der Feststellung des geringsten Gebots insoweit, als es zur Zeit der Eintragung des Versteigerungsvermerkes aus dem Grundbuch ersichtlich war, nach dem Inhalte des Grundbuchs, im übrigen nur dann zu berücksichtigen, wenn es rechtzeitig angemeldet und, falls der Gläubiger widerspricht, glaubhaft gemacht wird.

Von wiederkehrenden Leistungen, die nach dem Inhalte des Grundbuchs zu entrichten sind, brauchen die laufenden Beträge nicht angemeldet, die rückständigen nicht glaubhaft gemacht zu werden.

§ 46.

Für wiederkehrende Leistungen, die nicht in Geld bestehen, hat das Gericht einen Geldbetrag festzusetzen, auch wenn ein solcher nicht angemeldet ist.

§ 47.

Laufende Beträge regelmäßig wiederkehrender Leistungen sind für die Zeit bis zum Ablaufe von zwei Wochen nach dem Versteigerungstermine zu decken. Nicht regelmäßig wiederkehrende Leistungen werden mit den Beträgen berücksichtigt, welche vor dem Ablaufe dieser Frist zu entrichten sind.

§ 48.

Bedingte Rechte sind wie unbedingte, Rechte, die durch Eintragung eines Widerspruchs oder einer Vormerkung gesichert sind, wie eingetragene Rechte zu berücksichtigen.

§ 49.

Der Teil des geringsten Gebots, welcher zur Deckung der Kosten sowie der im § 10 Nr. 1 bis 3 und im § 12 Nr. 1, 2 bezeichneten Ansprüche bestimmt ist, desgleichen der das geringste Gebot übersteigende Betrag des Meistgebots ist von dem Ersteher im Verteilungstermine bar zu berichtigen (Bargebot).

Das Bargebot ist von dem Zuschlag an zu verzinsen.

Der Ersteher wird durch Hinterlegung von seiner Verbindlichkeit befreit, wenn die Hinterlegung und die Ausschließung der Rücknahme im Verteilungstermine nachgewiesen werden.

§ 50.

Soweit eine bei der Feststellung des geringsten Gebots berücksichtigte Hypothek, Grundschuld oder Rentenschuld nicht besteht, hat der Ersteher außer dem Bargebot auch den Betrag des berücksichtigten Kapitals zu zahlen. In Ansehung der Verzinslichkeit, des Zinssatzes, der Zahlungszeit, der Kündigung und des Zahlungsorts bleiben die für das berücksichtigte Recht getroffenen Bestimmungen maßgebend.

Das gleiche gilt:

1. wenn das Recht bedingt ist und die aufschiebende Bedingung ausfällt oder die auflösende Bedingung eintritt;
2. wenn das Recht noch an einem anderen Grundstücke besteht und an dem versteigerten Grundstücke nach den besonderen Vorschriften über die Gesammthypothek erlischt.

Haftet der Ersteher im Falle des Abs. 2 Nr. 2 zugleich persönlich, so ist die Erhöhung des zu zahlenden Betrags ausgeschlossen, soweit der Ersteher nicht bereichert ist.

§ 51.

Ist das berücksichtigte Recht nicht eine Hypothek, Grundschuld oder Rentenschuld, so finden die Vorschriften des § 50 entsprechende Anwendung. Der Ersteher hat statt des Kapitals den Betrag, um welchen sich der Wert des Grundstücks erhöht, drei Monate nach erfolgter Kündigung zu zahlen und von dem Zuschlag an zu verzinsen.

Der Betrag soll von dem Gerichte bei der Feststellung des geringsten Gebots bestimmt werden.

§ 52.

Ein Recht bleibt insoweit bestehen, als es bei der Feststellung des geringsten Gebots berücksichtigt und nicht durch Zahlung zu decken ist. Im übrigen erlöschen die Rechte.

Das Recht auf eine der in den §§ 912 bis 917 des Bürgerlichen Gesetzbuchs bezeichneten Renten bleibt auch dann bestehen, wenn es bei der Feststellung des geringsten Gebots nicht berücksichtigt ist.

§ 53.

Haftet bei einer Hypothek, die bestehen bleibt, der Schuldner zugleich persönlich, so übernimmt der Ersteher die Schuld in Höhe der Hypothek; die Vorschriften des § 416 des Bürgerlichen Gesetzbuchs finden mit der Maßgabe entsprechende Anwendung, daß als Veräußerer im Sinne dieser Vorschriften der Schuldner anzusehen ist.

Das gleiche gilt, wenn bei einer Grundschuld oder Rentenschuld, die bestehen bleibt, der Schuldner zugleich persönlich haftet, sofern er spätestens im Versteigerungstermine vor der Aufforderung zur Abgabe von Geboten die gegen ihn bestehende Forderung unter Angabe ihres Betrags und Grundes angemeldet und auf Verlangen des Gerichts oder eines Beteiligten glaubhaft gemacht hat.

§ 54.

Die von dem Gläubiger dem Eigentümer oder von diesem dem Gläubiger erklärte Kündigung einer Hypothek, einer Grundschuld oder einer Rentenschuld ist dem Ersteher gegenüber nur wirksam, wenn sie spätestens in dem Versteigerungstermine vor der Aufforderung zur Abgabe von Geboten erfolgt und bei dem Gericht angemeldet worden ist.

Das gleiche gilt von einer aus dem Grundbuche nicht ersichtlichen Tatsache, infolge deren der Anspruch vor der Zeit geltend gemacht werden kann.

§ 55.

Die Versteigerung des Grundstücks erstreckt sich auf alle Gegenstände, deren Beschlagnahme noch wirksam ist.

Auf Zubehörstücke, die sich im Besitze des Schuldners oder eines neu eingetretenen Eigentümers befinden, erstreckt sich die Versteigerung auch dann, wenn sie einem Dritten gehören, es sei denn, daß dieser sein Recht nach Maßgabe des § 37 Nr. 5 geltend gemacht hat.

§ 56.

Die Gefahr des zufälligen Unterganges geht in Ansehung des Grundstücks mit dem Zuschlag, in Ansehung der übrigen Gegenstände mit dem Schlusse der Versteigerung auf den Ersteher über. Von dem Zuschlag an gebühren dem Ersteher die Nutzungen und trägt er die Lasten. Ein Anspruch auf Gewährleistung findet nicht statt.

§ 57.

Ist das Grundstück einem Mieter oder Pächter überlassen, so finden die Vorschriften der §§ 571, 572, des § 573 Satz 1 und der §§ 574, 575 des Bürgerlichen Gesetzbuchs nach Maßgabe der §§ 57a und 57b entsprechende Anwendung.

§ 57a.

Der Ersteher ist berechtigt, das Miet- oder Pachtverhältnis unter Einhaltung der gesetzlichen Frist zu kündigen. Die Kündigung ist ausgeschlossen, wenn sie nicht für den ersten Termin erfolgt, für den sie zulässig ist.

§ 57b.

Soweit nach den Vorschriften des § 573 Satz 1 und der §§ 574, 575 des Bürgerlichen Gesetzbuchs für die Wirkung von Verfügungen und Rechtsgeschäften über den Miet- oder Pachtzins der Übergang des Eigentums in Betracht kommt, ist an dessen Stelle die Beschlagnahme des Grundstücks maßgebend. Ist dem Mieter oder Pächter der Beschluß, durch den die Zwangsversteigerung angeordnet wird, zugestellt, so gilt mit der Zustellung die Beschlagnahme als dem Mieter oder Pächter bekannt; die Zustellung erfolgt auf Antrag des Gläubigers an die von ihm bezeichneten Personen. Dem Beschlusse soll eine Belehrung über die Bedeutung der Beschlagnahme für den Mieter oder Pächter beigefügt werden. Das Gericht hat auf Antrag des Gläubigers zur Feststellung der Mieter und Pächter eines Grundstücks Ermittelungen zu veranlassen; es kann damit einen Gerichtsvollzieher oder einen sonstigen Beamten beauftragen, auch die zuständige örtliche Behörde um Mitteilung der ihr bekannten Mieter und Pächter ersuchen.

Der Beschlagnahme zum Zwecke der Zwangsversteigerung steht die Beschlagnahme zum Zwecke der Zwangsverwaltung gleich, wenn sie bis zum Zuschlag fortgedauert hat. Ist dem Mieter oder Pächter der Beschluß, durch den ihm verboten wird, an den Schuldner zu zahlen, zugestellt, so gilt mit der Zustellung die Beschlagnahme als dem Mieter oder Pächter bekannt.

Auf Verfügungen und Rechtsgeschäfte des Zwangsverwalters finden diese Vorschriften keine Anwendung.

§ 58.

Die Kosten des Beschlusses, durch welchen der Zuschlag erteilt wird, fallen dem Ersteher zur Last.

§ 59.

Jeder Beteiligte kann eine von den gesetzlichen Vorschriften abweichende Feststellung des geringsten Gebots und der Versteigerungsbedingungen verlangen. Wird durch die Abweichung das Recht eines anderen Beteiligten beeinträchtigt, so ist dessen Zustimmung erforderlich.

Sofern nicht feststeht, ob das Recht durch die Abweichung beeinträchtigt wird, ist das Grundstück mit der verlangten Abweichung und ohne sie auszubieten.

Soll das Fortbestehen eines Rechtes bestimmt werden, das nach § 52 erlöschen würde, so bedarf es nicht der Zustimmung eines nachstehenden Beteiligten.

§ 60.

Jeder Beteiligte kann verlangen, daß für den das geringste Gebot übersteigenden Betrag des Meistgebots Zahlungsfristen als Versteigerungsbedingung festgestellt werden; die Zustimmung eines anderen Beteiligten ist nicht erforderlich. Soweit Zahlungsfristen bewilligt werden, ist das Gebot von dem Zuschlug an zu verzinsen.

§ 61.

Im Falle des § 60 ist auf Antrag eines Beteiligten, dessen Recht durch die Bewilligung von Zahlungsfristen beeinträchtigt werden würde, das Grundstück mit Zahlungsfristen und ohne sie auszubieten. Der Zuschlag wird auf Grund des mit Zahlungsfristen erfolgten Ausgebots nur erteilt, wenn ein Dritter unter Sicherheitsleistung sich verpflichtet, die dem Ersteher obliegende Zahlung vollständig oder mit einem Abzug im Verteilungstermine zu bewirken, und wenn im Falle eines Abzugs nach dessen Abrechnung das Meistgebot mit Zahlungsfristen höher ist als das andere Meistgebot.

In Ansehung der Verpflichtung des Dritten finden die Vorschriften des § 53, in Ansehung der Sicherheitsleistung die Vorschriften des § 69 entsprechende Anwendung. Die Sicherheitsleistung ist nicht erforderlich, wenn für ein eigenes Gebot des Dritten Sicherheitsleistung nicht verlangt werden könnte.

Wird der Dritte bei der Erteilung des Zuschlags für zahlungspflichtig erklärt, so tritt die Forderung gegen den Dritten als Versteigerungserlös an die Stelle der Forderung gegen den Ersteher; die Forderung gegen den Ersteher steht dem Dritten zu.

§ 62.

Das Gericht kann schon vor dem Versteigerungstermin Erörterungen der Beteiligten über das geringste Gebot und die Versteigerungsbedingungen veranlassen, zu diesem Zwecke auch einen besonderen Termin bestimmen.

§ 63.

Mehrere in demselben Verfahren zu versteigernde Grundstücke sind einzeln auszubieten.

Jeder Beteiligte kann verlangen, daß neben dem Einzelausgebot alle Grundstücke und, sofern einige von ihnen mit einem und demselben Rechte belastet sind, auch diese Grundstücke zusammen ausgeboten werden. Auf Antrag kann das Gericht auch in anderen Fällen das Gesammtausgebot einiger der Grundstücke anordnen.

Das Gesammtausgebot kann vor oder nach dem Einzelausgebot erfolgen.

Wird bei dem Einzelausgebot auf eines der Grundstücke ein Meistgebot abgegeben, das mehr beträgt als das geringste Gebot für dieses Grundstück, so erhöht sich bei dem Gesammtausgebote das geringste Gebot um den Mehrbetrag. Der Zuschlag wird auf Grund des Gesammtausgebots nur erteilt, wenn das Meistgebot höher ist als das Gesammtergebnis der Einzelausgebote.

Das Einzelausgebot unterbleibt, wenn die anwesenden Beteiligten zustimmen, deren Rechte bei der Feststellung des geringsten Gebots nicht zu berücksichtigen sind.

§ 64.

Werden mehrere Grundstücke, die mit einer dem Anspruche des Gläubigers vorgehenden Gesammthypothek belastet sind, in demselben Verfahren versteigert, so ist auf Antrag die Gesammthypothek bei der Feststellung des geringsten Gebots für das einzelne Grundstück nur zu dem Teilbetrage zu berücksichtigen, der dem Verhältnisse des Wertes des Grundstücks zu dem Werte der sämtlichen Grundstücke entspricht; der Wert wird unter Abzug der Belastungen berechnet, die der Gesamthypothek im Range vorgehen und bestehen bleiben. Antragsberechtigt sind der Gläubiger, der Eigentümer und jeder dem Hypothekengläubiger gleich- oder nachstehende Beteiligte.

Wird der im Abs. 1 bezeichnete Antrag gestellt, so kann der Hypothekengläubiger bis zum Schlusse der Verhandlung im Versteigerungstermine verlangen, daß bei der Feststellung des geringsten Gebots für die Grundstücke nur die seinem Anspruche vorgehenden Rechte berücksichtigt werden; in diesem Falle sind die Grundstücke auch mit der verlangten Abweichung auszubieten. Erklärt sich nach erfolgtem Ausgebote der Hypothekengläubiger der Aufforderung des Gerichts ungeachtet nicht darüber, welches Ausgebot für die Erteilung des Zuschlags maßgebend sein soll, so verbleibt es bei der auf Grund des Abs. 1 erfolgten Feststellung des geringsten Gebots.

Diese Vorschriften finden entsprechende Anwendung, wenn die Grundstücke mit ein und derselben Grundschuld oder Rentenschuld belastet sind.

§ 65.

Das Gericht kann auf Antrag anordnen, daß eine Forderung oder eine bewegliche Sache von der Versteigerung des Grundstücks ausgeschlossen und besonders versteigert werden soll. Auf Antrag kann auch eine andere Art der Verwertung angeordnet, insbesondere zur Einziehung einer Forderung ein Vertreter bestellt oder die Forderung einem Beteiligten mit dessen Zustimmung an Zahlungsstatt überwiesen werden. Die Vorschriften der §§ 817, 820, 835 der Zivilprozeßordnung finden entsprechende Anwendung. Der Erlös ist zu hinterlegen.

Die besondere Versteigerung oder die anderweitige Verwertung ist nur zulässig, wenn das geringste Gebot erreicht ist.

V. Versteigerung.

§ 66.

In dem Versteigerungstermine werden nach dem Aufrufe der Sache die das Grundstück betreffenden Nachweisungen, die das Verfahren betreibenden Gläubiger, deren Ansprüche, die Zeit der Beschlagnahme und die erfolgten Anmeldungen bekanntgemacht, hierauf das geringste Gebot und die Versteigerungsbedingungen nach Anhörung der anwesenden Beteiligten, nötigenfalls mit Hilfe eines Rechnungsverständigen, unter Bezeichnung der einzelnen Rechte festgestellt und die erfolgten Feststellungen verlesen.

Nachdem dies geschehen, hat das Gericht auf die bevorstehende Ausschließung weiterer Anmeldungen hinzuweisen und sodann zur Abgabe von Geboten aufzufordern.

§ 67.

Ein Beteiligter, dessen Recht durch Nichterfüllung des Gebots beeinträchtigt werden würde, kann Sicherheitsleistung verlangen, jedoch nur sofort nach Abgabe des Gebots. Das Verlangen gilt auch für weitere Gebote desselben Bieters.

Steht dem Bieter eine durch das Gebot ganz oder teilweise gedeckte Hypothek, Grundschuld oder Rentenschuld zu, so braucht er Sicherheit nur auf Verlangen des Gläubigers zu leisten. Auf Gebote des Schuldners oder eines neu eingetretenen Eigentümers findet diese Vorschrift keine Anwendung.

Für ein Gebot des Reichs, der Reichsbank oder eines Bundesstaats kann Sicherheitsleistung nicht verlangt werden. Das gleiche gilt in Ansehung eines Gebots, zu dessen Erfüllung sich nach § 61 ein Dritter verpflichtet hat.

§ 68.

Die Sicherheit ist für ein Zehntel des Bargebots, wenn aber der Betrag der aus dem Versteigerungserlöse zu entnehmenden Kosten höher ist, für diesen Betrag zu leisten.

Ein Beteiligter, dessen Recht nach § 52 bestehen bleibt, kann Sicherheitsleistung bis zur Höhe des Betrags verlangen, welcher zur Deckung der seinem Rechte vorgehenden Ansprüche durch Zahlung zu berichtigen ist.

Bietet der Schuldner oder ein neu eingetretener Eigentümer des Grundstücks, so kann der Gläubiger Sicherheitsleistung bis zur Höhe des Betrages verlangen, welcher zur Deckung seines Anspruchs durch Zahlung zu berichtigen ist.

§ 69.

Die Sicherheitsleistung ist durch Hinterlegung von Geld oder inländischen Wertpapieren zu bewirken. Wertpapiere sind zur Sicherheitsleistung nur geeignet, wenn sie auf den Inhaber lauten und einen

Kurswert haben; den Inhaberpapieren stehen Orderpapiere gleich, die mit Blankoindossament versehen sind. Mit Wertpapieren kann die Sicherheit in Höhe des ganzen Kurswerts geleistet werden.

Die Übergabe an das Gericht hat die Wirkung der Hinterlegung.

§ 70.

Das Gericht hat über die Sicherheitsleistung sofort zu entscheiden.

Erklärt das Gericht die Sicherheit für erforderlich, so ist sie sofort zu leisten. Unterbleibt die Leistung, so ist das Gebot zurückzuweisen.

Wird das Gebot ohne Sicherheitsleistung zugelassen und von dem Beteiligten, welcher die Sicherheit verlangt hat, nicht sofort Widerspruch erhoben, so gilt das Verlangen als zurückgenommen.

§ 71.

Ein unwirksames Gebot ist zurückzuweisen.

Ist die Wirksamkeit eines Gebots von der Vertretungsmacht desjenigen, welcher das Gebot für den Bieter abgegeben hat, oder von der Zustimmung eines anderen oder einer Behörde abhängig, so erfolgt die Zurückweisung, sofern nicht die Vertretungsmacht oder die Zustimmung bei dem Gericht offenkundig ist oder durch eine öffentlich beglaubigte Urkunde sofort nachgewiesen wird.

§ 72.

Ein Gebot erlischt, wenn ein Übergebot zugelassen wird und ein Beteiligter der Zulassung nicht sofort widerspricht. Das Übergebot gilt als zugelassen, wenn es nicht sofort zurückgewiesen wird.

Ein Gebot erlischt auch dann, wenn es zurückgewiesen wird und der Bieter oder ein Beteiligter der Zurückweisung nicht sofort widerspricht.

Das gleiche gilt, wenn das Verfahren einstweilen eingestellt oder der Termin aufgehoben wird.

§ 73.

Zwischen der Aufforderung zur Abgabe von Geboten und dem Zeitpunkt, in welchem bezüglich sämtlicher zu versteigernder Grundstücke die Versteigerung geschlossen wird, muß mindestens eine Stunde liegen. Die Versteigerung muß solange fortgesetzt werden, bis der Aufforderung des Gerichts ungeachtet ein Gebot nicht mehr abgegeben wird.

Das Gericht hat das letzte Gebot und den Schluß der Versteigerung zu verkünden. Die Verkündung des letzten Gebots soll mittels dreimaligen Aufrufs erfolgen.

§ 74.

Nach dem Schlusse der Versteigerung sind die anwesenden Beteiligten über den Zuschlag zu hören.

§ 75.

Zahlt nach dem Beginne der Versteigerung der Schuldner oder ein Dritter, der berechtigt ist, den Gläubiger zu befriedigen, den zur Befriedigung und zur Deckung der Kosten erforderlichen Betrag an das Gericht, so wird das Verfahren einstweilen eingestellt.

§ 76.

Wird bei der Versteigerung mehrerer Grundstücke auf eines oder einige so viel geboten, daß der Anspruch des Gläubigers gedeckt ist, so wird das Verfahren in Ansehung der übrigen Grundstücke einstweilen eingestellt; die Einstellung unterbleibt, wenn sie dem berechtigten Interesse des Gläubigers widerspricht.

Ist die einstweilige Einstellung erfolgt, so kann der Gläubiger die Fortsetzung des Verfahrens verlangen, wenn er ein berechtigtes Interesse daran hat, insbesondere wenn er im Verteilungstermine nicht befriedigt worden ist. Beantragt der Gläubiger die Fortsetzung nicht vor dem Ablaufe von drei Monaten nach dem Verteilungstermine, so gilt der Versteigerungsantrag als zurückgenommen.

§ 77.

Ist ein Gebot nicht abgegeben oder sind sämtliche Gebote erloschen, so wird das Verfahren einstweilen eingestellt.

Bleibt die Versteigerung in einem zweiten Termine gleichfalls ergebnislos, so wird das Verfahren aufgehoben. Liegen die Voraussetzungen für die Anordnung der Zwangsverwaltung vor, so kann auf Antrag des Gläubigers das Gericht anordnen, daß das Verfahren als Zwangsverwaltung fortgesetzt wird. In einem solchen Falle bleiben die Wirkungen der für die Zwangsversteigerung erfolgten Beschlagnahme bestehen; die Vorschrift des § 155 Abs. 1 findet jedoch auf die Kosten der Zwangsversteigerung keine Anwendung.

§ 78.

Vorgänge in dem Termine, die für die Entscheidung über den Zuschlag oder für das Recht eines Beteiligten in Betracht kommen, sind durch das Protokoll festzustellen; bleibt streitig, ob oder für welches Gebot der Zuschlag zu erteilen ist, so ist das Sachverhältnis mit den gestellten Anträgen in das Protokoll aufzunehmen.

VI. Entscheidung über den Zuschlag.

§ 79.

Bei der Beschlußfassung über den Zuschlag ist das Gericht an eine Entscheidung, die es vorher getroffen hat, nicht gebunden.

§ 80.

Vorgänge in dem Versteigerungstermine, die nicht aus dem Protokoll ersichtlich sind, werden bei der Entscheidung über den Zuschlag nicht berücksichtigt.

§ 81.

Der Zuschlag ist dem Meistbietenden zu erteilen.

Hat der Meistbietende das Recht aus dem Meistgebot an einen anderen abgetreten und dieser die Verpflichtung aus dem Meistgebot übernommen, so ist, wenn die Erklärungen im Versteigerungstermin abgegeben oder nachträglich durch öffentlich beglaubigte Urkunden nachgewiesen werden, der Zuschlag nicht dem Meistbietenden, sondern dem anderen zu erteilen.

Erklärt der Meistbietende im Termin oder nachträglich in einer öffentlich beglaubigten Urkunde, daß er für einen anderen geboten habe, so ist diesem der Zuschlag zu erteilen, wenn die Vertretungsmacht des Meistbietenden oder die Zustimmung des anderen entweder bei dem Gericht offenkundig ist oder durch eine öffentlich beglaubigte Urkunde nachgewiesen wird.

Wird der Zuschlag erteilt, so haften der Meistbietende und der Ersteher als Gesamtschuldner.

§ 82.

In dem Beschlusse, durch welchen der Zuschlag erteilt wird, sind das Grundstück, der Ersteher, das Gebot und die Versteigerungsbedingungen zu bezeichnen; auch ist im Falle des § 61 der Dritte, welcher die Verpflichtung des Erstehers übernommen hat, unter Angabe seiner Schuld für zahlungspflichtig und im Falle des § 81 Abs. 4 der Meistbietende für mithaftend zu erklären.

§ 83.

Der Zuschlag ist zu versagen:

1. wenn die Vorschrift des § 43 Abs. 2 oder eine der Vorschriften über die Feststellung des geringsten Gebots oder der Versteigerungsbedingungen verletzt ist;
2. wenn bei der Versteigerung mehrerer Grundstücke das Einzelausgebot oder das Gesamtausgebot den Vorschriften des § 63 Abs. 1, Abs. 2, Satz 1, Abs. 5 zuwider unterblieben ist;
3. wenn in den Fällen des § 64 Abs. 2 Satz 1, Abs. 3 die Hypothek, Grundschuld oder Rentenschuld oder das Recht eines gleich- oder nachstehenden Beteiligten, der dem Gläubiger vorgeht, durch das Gesamtergebnis der Einzelausgebote nicht gedeckt werden;
4. wenn die nach der Aufforderung zur Abgabe von Geboten erfolgte Anmeldung oder Glaubhaftmachung eines Rechtes ohne Beachtung der Vorschrift des § 66 Abs. 2 zurückgewiesen ist;

5. wenn der Zwangsversteigerung oder der Fortsetzung des Verfahrens das Recht eines Beteiligten entgegensteht;
6. wenn die Zwangsversteigerung oder die Fortsetzung des Verfahrens aus einem sonstigen Grunde unzulässig ist;
7. wenn eine der Vorschriften des § 43 Abs. 1 oder des § 73 Abs. 1 verletzt ist.

§ 84.

Die im § 83 Nr. 1 bis 5 bezeichneten Versagungsgründe stehen der Erteilung des Zuschlags nicht entgegen, wenn das Recht des Beteiligten durch den Zuschlag nicht beeinträchtigt wird oder wenn der Beteiligte das Verfahren genehmigt.

Die Genehmigung ist durch eine öffentlich beglaubigte Urkunde nachzuweisen.

§ 85.

Der Zuschlag ist zu versagen, wenn vor dem Schlusse der Verhandlung ein Beteiligter, dessen Recht durch den Zuschlag beeinträchtigt werden würde, die Bestimmung eines neuen Versteigerungstermins beantragt und sich zugleich zum Ersatze des durch die Versagung des Zuschlags entstehenden Schadens verpflichtet, auch auf Verlangen eines anderen Beteiligten Sicherheit leistet. Die Vorschriften des § 67 Abs. 3 Satz 1 und des § 69 finden entsprechende Anwendung. Die Sicherheit ist in Höhe des im Verteilungstermine durch Zahlung zu berichtigenden Teiles des bisherigen Meistangebots zu leisten.

Die neue Terminbestimmung ist auch dem Meistbietenden zuzustellen.

Für die weitere Versteigerung gilt das bisherige Meistgebot mit Zinsen von dem durch Zahlung zu berichtigenden Teile des Meistgebots unter Hinzurechnung derjenigen Mehrkosten, welche aus dem Versteigerungserlöse zu entnehmen sind, als ein von dem Beteiligten abgegebenes Gebot.

In dem fortgesetzten Verfahren findet die Vorschrift des Abs. 1 keine Anwendung.

§ 86.

Die rechtskräftige Versagung des Zuschlags wirkt, wenn die Fortsetzung des Verfahrens zulässig ist, wie eine einstweilige Einstellung, andernfalls wie die Aufhebung des Verfahrens.

§ 87.

Der Beschluß, durch welchen der Zuschlag erteilt oder versagt wird, ist in dem Versteigerungstermin oder in einem sofort zu bestimmenden Termine zu verkünden.

Der Verkündungstermin soll nicht über eine Woche hinaus bestimmt werden. Die Bestimmung des Termins ist zu verkünden und durch Anheftung an die Gerichtstafel bekanntzumachen.

Sind nachträglich Tatsachen oder Beweismittel vorgebracht, so sollen in dem Verkündungstermine die anwesenden Beteiligten hierüber gehört werden.

§ 88.

Der Beschluß, durch welchen der Zuschlag erteilt wird, ist den Beteiligten, soweit sie weder im Versteigerungstermine noch im Verkündungstermin erschienen sind, und dem Ersteher sowie im Falle des § 61 dem für zahlungspflichtig erklärten Dritten und im Falle des § 81 Abs. 4 dem Meistbietenden zuzustellen. Als Beteiligte gelten auch diejenigen, welche das angemeldete Recht noch glaubhaft zu machen haben.

§ 89.

Der Zuschlag wird mit der Verkündung wirksam.

§ 90.

Durch den Zuschlag wird der Ersteher Eigentümer des Grundstücks, sofern nicht im Beschwerdewege der Beschluß rechtskräftig aufgehoben wird.

Mit dem Grundstück erwirbt er zugleich die Gegenstände, auf welche sich die Versteigerung erstreckt hat.

§ 91.

Durch den Zuschlag erlöschen unter der im § 90 Abs. 1 bestimmten Voraussetzung die Rechte, welche nicht nach den Versteigerungsbedingungen bestehen bleiben sollen.

Ein Recht an dem Grundstücke bleibt jedoch bestehen, wenn dies zwischen dem Berechtigten und dem Ersteher vereinbart ist und die Erklärungen entweder im Verteilungstermin abgegeben oder, bevor das Grundbuchamt um Berichtigung des Grundbuchs ersucht ist, durch eine öffentlich beglaubigte Urkunde nachgewiesen werden.

Im Falle des Abs. 2 vermindert sich der durch Zahlung zu berichtigende Teil des Meistgebots um den Betrag, welcher sonst dem Berechtigten gebühren würde. Im übrigen wirkt die Vereinbarung wie die Befriedigung des Berechtigten aus dem Grundstücke.

§ 92.

Erlischt durch den Zuschlag ein Recht, das nicht auf Zahlung eines Kapitals gerichtet ist, so tritt an die Stelle des Rechtes der Anspruch auf Ersatz des Wertes aus dem Versteigerungserlöse.

Der Ersatz für einen Nießbrauch, für eine beschränkte persönliche Dienstbarkeit sowie für eine Reallast von unbestimmter Dauer ist durch Zahlung einer Geldrente zu leisten, die dem Jahreswerte des Rechtes gleichkommt. Der Betrag ist für drei Monate vorauszuzahlen. Der Anspruch auf eine fällig gewordene Zahlung verbleibt dem Berechtigten auch dann, wenn das Recht auf die Rente vor dem Ablaufe der drei Monate erlischt.

Bei ablösbaren Rechten bestimmt sich der Betrag der Ersatzleistung durch die Ablösungssumme.

§ 93.

Aus dem Beschlusse, durch welchen der Zuschlag erteilt wird, findet gegen den Besitzer des Grundstücks oder einer mitversteigerten Sache die Zwangsvollstreckung auf Räumung und Herausgabe statt. Die Zwangsvollstreckung soll nicht erfolgen, wenn der Besitzer auf Grund eines Rechtes besitzt, das durch den Zuschlag nicht erloschen ist. Erfolgt gleichwohl die Zwangsvollstreckung, so kann der Besitzer nach Maßgabe des § 771 der Zivilprozeßordnung Widerspruch erheben.

Zum Ersatze von Verwendungen, die vor dem Zuschlage gemacht sind, ist der Ersteher nicht verpflichtet.

§ 94.

Auf Antrag eines Beteiligten, der Befriedigung aus dem Bargebote zu erwarten hat, ist das Grundstück für Rechnung des Erstehers in gerichtliche Verwaltung zu nehmen, solange nicht die Zahlung oder Hinterlegung erfolgt ist. Der Antrag kann schon im Versteigerungstermine gestellt werden.

Auf die Bestellung des Verwalters sowie auf dessen Rechte und Pflichten finden die Vorschriften über die Zwangsverwaltung entsprechende Anwendung.

VII. Beschwerde.

§ 95.

Gegen eine Entscheidung, die vor der Beschlußfassung über den Zuschlag erfolgt, kann die Beschwerde nur eingelegt werden, soweit die Entscheidung die Anordnung, Aufhebung, einstweilige Einstellung oder Fortsetzung des Verfahrens betrifft.

§ 96.

Auf die Beschwerde gegen die Entscheidung über den Zuschlag finden die Vorschriften der Zivilprozeßordnung über die sofortige Beschwerde nur insoweit Anwendung, als nicht in den §§ 97 bis 104 ein anderes vorgeschrieben ist.

§ 97.

Die Beschwerde steht im Falle der Erteilung des Zuschlags jedem Beteiligten sowie dem Ersteher und dem für zahlungspflichtig erklärten Dritten, im Falle der Versagung dem Gläubiger zu, in beiden

Fällen auch dem Bieter, dessen Gebot nicht erloschen ist, sowie demjenigen, welcher nach § 81 an die Stelle des Bieters treten soll.

Im Falle des § 9 Nr. 2 genügt es, wenn die Anmeldung und Glaubhaftmachung des Rechtes bei dem Beschwerdegericht erfolgt.

§ 98.

Die Frist für die Beschwerde gegen einen Beschluß des Vollstreckungsgerichts, durch welchen der Zuschlag versagt wird, beginnt mit der Verkündung des Beschlusses. Das gleiche gilt im Falle der Erteilung des Zuschlags für die Beteiligten, welche im Versteigerungstermin oder im Verkündungstermin erschienen waren.

§ 99.

Erachtet das Beschwerdegericht eine Gegenerklärung für erforderlich, so hat es zu bestimmen, wer als Gegner des Beschwerdeführers zuzuziehen ist.

Mehrere Beschwerden sind miteinander zu verbinden.

§ 100.

Die Beschwerde kann nur darauf gestützt werden, daß eine der Vorschriften der §§ 81, 83 bis 85 verletzt oder daß der Zuschlag unter anderen als den der Versteigerung zugrunde gelegten Bedingungen erteilt ist.

Auf einen Grund, der nur das Recht eines anderen betrifft, kann weder die Beschwerde noch ein Antrag auf deren Zurückweisung gestützt werden.

Die im § 83 Nr. 6, 7 bezeichneten Versagungsgründe hat das Beschwerdegericht von Amts wegen zu berücksichtigen.

§ 101.

Wird die Beschwerde für begründet erachtet, so hat das Beschwerdegericht unter Aufhebung des angefochtenen Beschlusses in der Sache selbst zu entscheiden.

Wird ein Beschluß, durch welchen der Zuschlag erteilt ist, aufgehoben, auf weitere Beschwerde aber für begründet erachtet, so ist unter Aufhebung des Beschlusses des Beschwerdegerichts die gegen die Erteilung des Zuschlags erhobene Beschwerde zurückzuweisen.

§ 102.

Hat das Beschwerdegericht den Beschluß, durch welchen der Zuschlag erteilt war, nach der Verteilung des Versteigerungserlöses aufgehoben, so steht die weitere Beschwerde auch denjenigen zu, welchen der Erlös zugeteilt ist.

§ 103

Der Beschluß des Beschwerdegerichts ist, wenn der angefochtene Beschluß aufgehoben oder abgeändert wird, allen Beteiligten und demjenigen Bieter, welchem der Zuschlag verweigert oder erteilt wird, sowie im Falle des § 61 dem für zahlungspflichtig erklärten Dritten und in den Fällen des § 81 Abs. 2, 3 dem Meistbietenden zuzustellen. Wird die Beschwerde zurückgewiesen, so erfolgt die Zustellung des Beschlusses nur an den Beschwerdeführer und den zugezogenen Gegner.

§ 104.

Der Beschluß, durch welchen das Beschwerdegericht den Zuschlag erteilt, wird erst mit der Zustellung an den Ersteher wirksam.

VIII. Verteilung des Erlöses.

§ 105.

Nach der Erteilung des Zuschlags hat das Gericht einen Termin zur Verteilung des Versteigerungserlöses zu bestimmen.

Die Terminbestimmung ist den Beteiligten und dem Ersteher sowie im Falle des § 61 dem für zahlungspflichtig erklärten Dritten und in den Fällen des § 81 Abs. 2, 3 dem Meistbietenden zuzustellen. Als Beteiligte gelten auch diejenigen, welche das angemeldete Recht noch glaubhaft zu machen haben.

Die Terminbestimmung soll an die Gerichtstafel angeheftet werden.

Ist die Terminbestimmung dem Ersteher und im Falle des § 61 auch dem für zahlungspflichtig erklärten Dritten sowie in den Fällen des § 81 Abs. 2, 3 auch dem Meistbietenden nicht zwei Wochen vor dem Termine zugestellt, so ist der Termin aufzuheben und von neuem zu bestimmen, sofern nicht das Verfahren genehmigt wird.

§ 106.

Zur Vorbereitung des Verteilungsverfahrens kann das Gericht in der Terminbestimmung die Beteiligten auffordern, binnen zwei Wochen eine Berechnung ihrer Ansprüche einzureichen. In diesem Falle hat das Gericht nach dem Ablaufe der Frist den Teilungsplan anzufertigen und ihn spätestens drei Tage vor dem Termin auf der Gerichtsschreiberei zur Einsicht der Beteiligten niederzulegen.

§ 107.

In dem Verteilungstermin ist festzustellen, wieviel die zu verteilende Masse beträgt. Zu der Masse gehört auch der Erlös aus denjenigen Gegenständen, welche im Falle des § 65 besonders versteigert oder anderweit verwertet sind.

Die von dem Ersteher im Termine zu leistende Zahlung erfolgt an das Gericht.

Ein Geldbetrag, der zur Sicherheit für das Gebot des Erstehers hinterlegt ist, gilt als gezahlt.

§ 108.

Soweit das Bargebot nicht berichtigt wird, hat das Gericht, wenn Wertpapiere zur Sicherheit für das Gebot des Erstehers hinterlegt sind, die Veräußerung der Papiere nach Maßgabe der Vorschriften über die Zwangsvollstreckung anzuordnen. Der Erlös ist nach Anordnung des Gerichts auszuzahlen oder zu hinterlegen.

Ist der Beschluß, durch welchen der Zuschlag erteilt wird, noch nicht rechtskräftig, so soll auf Antrag desjenigen, welcher die Sicherheit geleistet hat, die Veräußerung bis zur Rechtskraft ausgesetzt werden.

§ 109.

Aus dem Versteigerungserlöse sind die Kosten des Verfahrens vorweg zu entnehmen, mit Ausnahme der durch die Anordnung des Verfahrens oder den Beitritt eines Gläubigers, durch den Zuschlag oder durch nachträgliche Verteilungsverhandlungen entstehenden Kosten.

Der Überschuß wird auf die Rechte, welche durch Zahlung zu decken sind, verteilt.

§ 110.

Rechte, die ungeachtet der im § 37 Nr. 4 bestimmten Aufforderung nicht rechtzeitig angemeldet oder glaubhaft gemacht worden sind, stehen bei der Verteilung den übrigen Rechten nach.

§ 111.

Ein betagter Anspruch gilt als fällig. Ist der Anspruch unverzinslich, so gebührt dem Berechtigten nur die Summe, welche mit Hinzurechnung der gesetzlichen Zinsen für die Zeit von der Zahlung bis zur Fälligkeit dem Betrage des Anspruchs gleichkommt; solange die Zeit der Fälligkeit ungewiß ist, gilt der Anspruch als aufschiebend bedingt.

§ 112.

Ist bei der Versteigerung mehrerer Grundstücke der Zuschlag auf Grund eines Gesamtausgebots erteilt und wird eine Verteilung des Erlöses auf die einzelnen Grundstücke notwendig, so wird aus dem Erlöse zunächst der Betrag entnommen, welcher zur Deckung der Kosten sowie zur Befriedigung derjenigen bei der Feststellung des geringsten Gebots berücksichtigten und durch Zahlung zu deckenden Rechte erforderlich ist, für welche die Grundstücke ungeteilt haften.

Der Überschuß wird auf die einzelnen Grundstücke nach dem Verhältnisse des Wertes der Grundstücke verteilt. Dem Überschusse wird der Betrag der Rechte, welche nach § 91 nicht erlöschen, hinzugerechnet.

Auf den einem Grundstücke zufallenden Anteil am Erlöse wird der Betrag der Rechte, welche an diesem Grundstücke bestehen bleiben, angerechnet. Besteht ein solches Recht an mehreren der versteigerten Grundstücke, so ist bei jedem von ihnen nur ein dem Verhältnisse des Wertes der Grundstücke entsprechender Teilbetrag in Anrechnung zu bringen.

Reicht der nach Abs. 2 auf das einzelne Grundstück entfallende Anteil am Erlöse nicht zur Befriedigung derjenigen Ansprüche aus, welche nach Maßgabe des geringsten Gebots durch Zahlung zu berichtigen sind oder welche durch das bei dem Einzelausgebote für das Grundstück erzielte Meistgebot gedeckt werden, so erhöht sich der Anteil um den Fehlbetrag.

§ 113.

In dem Verteilungstermine wird nach Anhörung der anwesenden Beteiligten von dem Gerichte, nötigenfalls mit Hilfe eines Rechnungsverständigen, der Teilungsplan aufgestellt.

In dem Plane sind auch die nach § 91 nicht erlöschenden Rechte anzugeben.

§ 114.

In den Teilungsplan sind Ansprüche, soweit ihr Betrag oder ihr Höchstbetrag zur Zeit der Eintragung des Versteigerungsvermerkes aus dem Grundbuch ersichtlich war, nach dem Inhalte des Buches, im übrigen nur dann aufzunehmen, wenn sie spätestens in dem Termin angemeldet sind. Die Ansprüche des Gläubigers gelten als angemeldet, soweit sie sich aus dem Versteigerungsantrag ergeben.

Laufende Beträge wiederkehrender Leistungen, die nach dem Inhalte des Grundbuchs zu entrichten sind, brauchen nicht angemeldet zu werden.

§ 115.

Über den Teilungsplan wird sofort verhandelt. Auf die Verhandlung sowie auf die Erledigung erhobener Widersprüche und die Ausführung des Planes finden die §§ 876 bis 882 der Zivilprozeßordnung entsprechende Anwendung.

Ist ein vor dem Termin angemeldeter Anspruch nicht nach dem Antrag in den Plan aufgenommen, so gilt die Anmeldung als Widerspruch gegen den Plan.

Der Widerspruch des Schuldners gegen einen vollstreckbaren Anspruch wird nach den §§ 767, 769, 770 der Zivilprozeßordnung erledigt.

Soweit der Schuldner durch Sicherheitsleistung oder Hinterlegung die Befriedigung eines solchen Anspruchs abwenden darf, unterbleibt die Ausführung des Planes, wenn die Sicherheit geleistet oder die Hinterlegung erfolgt ist.

§ 116.

Die Ausführung des Teilungsplans soll bis zur Rechtskraft des Zuschlags ausgesetzt werden, wenn der Ersteher oder im Falle des

§ 61 der für zahlungspflichtig erklärte Dritte sowie in den Fällen des § 81 Abs. 2, 3 der Meistbietende die Aussetzung beantragt.

§ 117.

Soweit der Versteigerungserlös in Geld vorhanden ist, wird der Teilungsplan durch Zahlung an die Berechtigten ausgeführt.

Die Auszahlung an einen im Termine nicht erschienenen Berechtigten ist von Amts wegen anzuordnen. Die Art der Auszahlung bestimmt sich nach den Landesgesetzen. Kann die Auszahlung nicht erfolgen, so ist der Betrag für den Berechtigten zu hinterlegen.

Im Falle der Hinterlegung des Erlöses kann statt der Zahlung eine Anweisung auf den hinterlegten Betrag erteilt werden.

§ 118.

Soweit das Bargebot nicht berichtigt wird, ist der Teilungsplan dadurch auszuführen, daß die Forderung gegen den Ersteher auf die Berechtigten übertragen wird; die Übertragung erfolgt durch Anordnung des Gerichts. Das gleiche gilt, soweit Zahlungsfristen festgesetzt worden sind.

Die Übertragung wirkt wie die Befriedigung aus dem Grundstücke. Diese Wirkung tritt jedoch im Falle des Abs. 1 Satz 1 nicht ein, wenn vor dem Ablaufe von drei Monaten der Berechtigte dem Gerichte gegenüber den Verzicht auf die Rechte aus der Übertragung erklärt oder die Zwangsversteigerung beantragt. Wird der Antrag auf Zwangsversteigerung zurückgenommen oder das Verfahren nach § 31 Abs. 2 aufgehoben, so gilt er als nicht gestellt. Im Falle des Verzichts soll das Gericht die Erklärung dem Ersteher sowie demjenigen mitteilen, auf welchen die Forderung in Folge des Verzichts übergeht.

§ 119.

Wird auf einen bedingten Anspruch ein Betrag zugeteilt, so ist durch den Teilungsplan festzustellen, wie der Betrag anderweit verteilt werden soll, wenn der Anspruch wegfällt.

§ 120.

Ist der Anspruch aufschiebend bedingt, so ist der Betrag für die Berechtigten zu hinterlegen. Soweit der Betrag nicht gezahlt ist, wird die Forderung gegen den Ersteher auf die Berechtigten übertragen. Die Hinterlegung sowie die Übertragung erfolgt für jeden unter der entsprechenden Bedingung.

Während der Schwebezeit gelten für die Anlegung des hinterlegten Geldes, für die Kündigung und Einziehung der übertragenen Forderung sowie für die Anlegung des eingezogenen Geldes die Vorschriften der §§ 1077 bis 1079 des Bürgerlichen Gesetzbuchs; die Art der Anlegung bestimmt derjenige, welchem der Betrag gebührt, wenn die Bedingung ausfällt.

§ 121.

In den Fällen des § 92 Abs. 2 ist für den Ersatzanspruch in den Teilungsplan ein Betrag aufzunehmen, welcher der Summe aller künftigen Leistungen gleichkommt, den fünfundzwanzigfachen Betrag einer Jahresleistung jedoch nicht übersteigt; zugleich ist zu bestimmen, daß aus den Zinsen und dem Betrage selbst die einzelnen Leistungen zur Zeit der Fälligkeit zu entnehmen sind.

Die Vorschriften der §§ 119, 120 finden entsprechende Anwendung; die Art der Anlegung des Geldes bestimmt der zunächst Berechtigte.

§ 122.

Sind mehrere für den Anspruch eines Beteiligten haftende Grundstücke in demselben Verfahren versteigert worden, so ist, unbeschadet der Vorschrift des § 1132 Abs. 1 Satz 2 des Bürgerlichen Gesetzbuchs, bei jedem einzelnen Grundstücke nur ein nach dem Verhältnisse der Erlöse zu bestimmender Betrag in den Teilungsplan aufzunehmen. Der Erlös wird unter Abzug des Betrags der Ansprüche berechnet, welche dem Anspruche des Beteiligten vorgehen.

Unterbleibt die Zahlung eines auf den Anspruch des Beteiligten zugeteilten Betrags, so ist der Anspruch bei jedem Grundstück in Höhe dieses Betrags in den Plan aufzunehmen.

§ 123.

Soweit auf einen Anspruch, für den auch ein anderes Grundstück haftet, der zugeteilte Betrag nicht gezahlt wird, ist durch den Teilungsplan festzustellen, wie der Betrag anderweit verteilt werden soll, wenn das Recht auf Befriedigung aus dem zugeteilten Betrage nach Maßgabe der besonderen Vorschriften über die Gesamthypothek erlischt.

Die Zuteilung ist dadurch auszuführen, daß die Forderung gegen den Ersteher unter der entsprechenden Bedingung übertragen wird.

§ 124.

Im Falle eines Widerspruchs gegen den Teilungsplan ist durch den Plan festzustellen, wie der streitige Betrag verteilt werden soll, wenn der Widerspruch für begründet erklärt wird.

Die Vorschriften des § 120 finden entsprechende Anwendung; die Art der Anlegung bestimmt derjenige, welcher den Anspruch geltend macht.

Das gleiche gilt, soweit nach § 115 Abs. 4 die Ausführung des Planes unterbleibt.

§ 125.

Hat der Ersteher außer dem durch Zahlung zu berichtigenden Teile des Meistgebots einen weiteren Betrag nach den §§ 50, 51 zu zahlen, so ist durch den Teilungsplan festzustellen, wem dieser Betrag zugeteilt werden soll. Die Zuteilung ist dadurch auszuführen, daß die Forderung gegen den Ersteher übertragen wird.

Ist ungewiß oder streitig, ob der weitere Betrag zu zahlen ist, so erfolgt die Zuteilung und Übertragung unter der entsprechenden Bedingung. Die §§ 878 bis 882 der Zivilprozeßordnung finden keine Anwendung.

Die Übertragung hat nicht die Wirkung der Befriedigung aus dem Grundstücke.

§ 126.

Ist für einen zugeteilten Betrag die Person des Berechtigten unbekannt, insbesondere bei einer Hypothek, Grundschuld oder Rentenschuld der Brief nicht vorgelegt, so ist durch den Teilungsplan festzustellen, wie der Betrag verteilt werden soll, wenn der Berechtigte nicht ermittelt wird.

Der Betrag ist für den unbekannten Berechtigten zu hinterlegen. Soweit der Betrag nicht gezahlt wird, ist die Forderung gegen den Ersteher auf den Berechtigten zu übertragen.

§ 127.

Wird der Brief über eine infolge der Versteigerung erloschene Hypothek, Grundschuld oder Rentenschuld vorgelegt, so hat das Gericht ihn unbrauchbar zu machen. Ist das Recht nur zum Teil erloschen, so ist dies auf dem Briefe zu vermerken. Wird der Brief nicht vorgelegt, so kann das Gericht ihn von dem Berechtigten einfordern.

Im Falle der Vorlegung eines vollstreckbaren Titels über einen Anspruch, auf welchen ein Betrag zugeteilt wird, hat das Gericht auf dem Titel zu vermerken, in welchem Umfange der Betrag durch Zahlung, Hinterlegung oder Übertragung gedeckt worden ist.

Der Wortlaut der Vermerke ist durch das Protokoll festzustellen.

§ 128.

Soweit für einen Anspruch die Forderung gegen den Ersteher übertragen wird, ist für die Forderung eine Sicherungshypothek an dem Grundstücke mit dem Range des Anspruchs einzutragen. War das Recht, aus welchem der Anspruch herrührt, nach dem Inhalte des Grundbuchs mit dem Rechte eines Dritten belastet, so wird dieses Recht als Recht an der Forderung miteingetragen.

Soweit die Forderung gegen den Ersteher unverteilt bleibt, wird eine Sicherungshypothek für denjenigen eingetragen, welcher zur Zeit des Zuschlags Eigentümer des Grundstücks war.

Mit der Eintragung entsteht die Hypothek. Vereinigt sich die Hypothek mit dem Eigentum in einer Person, so kann sie nicht zum Nachteil eines Rechtes, das bestehen geblieben ist, oder einer nach Abs. 1, 2 eingetragenen Sicherungshypothek geltend gemacht werden.

Wird das Grundstück von neuem versteigert, so ist der zur Deckung der Hypothek erforderliche Betrag bar zu berichtigen.

§ 129.

Die Sicherungshypothek für die im § 10 Nr. 1 bis 3 bezeichneten Ansprüche, für die im § 10 Nr. 4 bezeichneten Ansprüche auf wiederkehrende Leistungen und für die im § 10 Nr. 2 bezeichneten Kosten kann nicht zum Nachteile der Rechte, welche bestehen geblieben sind, und der übrigen nach § 128 Abs. 1, 2 eingetragenen Sicherungshypotheken geltend gemacht werden, es sei denn, daß vor dem Ablaufe von sechs Monaten nach der Eintragung derjenige, welchem die Hypothek zusteht, die Zwangsversteigerung des Grundstücks beantragt. Wird der Antrag auf Zwangsversteigerung zurückgenommen oder das Verfahren nach § 31 Abs. 2 aufgehoben, so gilt er als nicht gestellt.

§ 130.

Ist der Teilungsplan ausgeführt und der Zuschlag rechtskräftig, so ist das Grundbuchamt zu ersuchen, den Ersteher als Eigentümer einzutragen, den Versteigerungsvermerk sowie die durch den Zuschlag erloschenen Rechte zu löschen und die Eintragung der Sicherungshypotheken für die Forderung gegen den Ersteher zu bewirken. Bei der Eintragung der Hypotheken soll im Grundbuch ersichtlich gemacht werden, daß sie auf Grund eines Zwangsversteigerungsverfahrens erfolgt ist.

Ergibt sich, daß ein bei der Feststellung des geringsten Gebots berücksichtigtes Recht nicht zur Entstehung gelangt oder daß es erloschen ist, so ist das Ersuchen auch auf die Löschung dieses Rechtes zu richten.

Hat der Ersteher, bevor er als Eigentümer eingetragen worden ist, die Eintragung eines Rechtes an dem versteigerten Grundstücke bewilligt, so darf die Eintragung nicht vor der Erledigung des im Abs. 1 bezeichneten Ersuchens erfolgen.

§ 131.

In den Fällen des § 130 Abs. 1 ist zur Löschung einer Hypothek, einer Grundschuld oder einer Rentenschuld, im Falle des § 128 zur Eintragung des Vorranges einer Sicherungshypothek die Vorlegung des über das Recht erteilten Briefes nicht erforderlich.

§ 132.

Nach der Ausführung des Teilungsplans ist die Forderung gegen den Ersteher und im Falle des § 81 Abs. 4 auch gegen den für mithaftend erklärten Meistbietenden, der Anspruch aus der Sicherungshypothek gegen den Ersteher und jeden späteren Eigentümer vollstreckbar. Diese Vorschrift findet keine Anwendung, soweit der Ersteher einen weiteren Betrag nach den §§ 50, 51 zu zahlen hat.

Die Zwangsvollstreckung erfolgt auf Grund einer vollstreckbaren Ausfertigung des Beschlusses, durch welchen der Zuschlag erteilt ist. In der Vollstreckungsklausel ist der Berechtigte sowie der Betrag der Forderung anzugeben; der Zustellung einer Urkunde über die Übertragung der Forderung bedarf es nicht.

§ 133.

Die Zwangsvollstreckung in das Grundstück ist gegen den Ersteher ohne Zustellung des vollstreckbaren Titels oder der nach § 132 erteilten Vollstreckungsklausel zulässig; sie kann erfolgen, auch wenn der Ersteher noch nicht als Eigentümer eingetragen ist. Der Vorlegung des im § 17 Abs. 2 bezeichneten Zeugnisses bedarf es nicht, solange das Grundbuchamt noch nicht um die Eintragung ersucht ist.

§ 134.

Im Falle des § 61 tritt für das Verteilungsverfahren an die Stelle der Forderung gegen den Ersteher die Forderung gegen den für zahlungspflichtig erklärten Dritten. Wird von dem Dritten die ihm obliegende Zahlung im Verteilungstermine bewirkt, so ist für seine Forderung gegen den Ersteher eine Sicherungshypothek an dem versteigerten Grundstück einzutragen. Auf die Hypothek finden die Vorschriften des § 128 Abs. 3 Satz 1, des § 130 Abs. 1 und des § 132 entsprechende Anwendung.

§ 135.

Ist für einen zugeteilten Betrag die Person des Berechtigten unbekannt, so hat das Vollstreckungsgericht zur Ermittelung des Berechtigten einen Vertreter zu bestellen. Die Vorschriften des § 7 Abs. 2 finden entsprechende Anwendung. Die Auslagen und Gebühren des Vertreters sind aus dem zugeteilten Betrage vorweg zu entnehmen.

§ 136.

Ist der Nachweis des Berechtigten von der Beibringung des Briefes über eine Hypothek, Grundschuld oder Rentenschuld abhängig, so kann der Brief im Wege des Aufgebotsverfahrens auch dann für kraftlos erklärt werden, wenn das Recht bereits gelöscht ist.

§ 137.

Wird der Berechtigte nachträglich ermittelt, so ist der Teilungsplan weiter auszuführen.

Liegt ein Widerspruch gegen den Anspruch vor, so ist derjenige, welcher den Widerspruch erhoben hat, von der Ermittelung des Berechtigten zu benachrichtigen. Die im § 878 der Zivilprozeßordnung bestimmte Frist zur Erhebung der Klage beginnt mit der Zustellung der Benachrichtigung.

§ 138.

Wird der Berechtigte nicht vor dem Ablaufe von drei Monaten seit dem Verteilungstermin ermittelt, so hat auf Antrag das Gericht den Beteiligten, welchem der Betrag anderweit zugeteilt ist, zu ermächtigen, das Aufgebotsverfahren zum Zwecke der Ausschließung des unbekannten Berechtigten von der Befriedigung aus dem zugeteilten Betrage zu beantragen.

Wird nach der Erteilung der Ermächtigung der Berechtigte ermittelt, so hat das Gericht den Ermächtigten hiervon zu benachrichtigen. Mit der Benachrichtigung erlischt die Ermächtigung.

§ 139.

Das Gericht kann im Falle der nachträglichen Ermittelung des Berechtigten zur weiteren Ausführung des Teilungsplans einen Termin bestimmen. Die Terminbestimmung ist dem Berechtigten und dessen Vertreter, dem Beteiligten, welchem der Betrag anderweit zugeteilt ist, und demjenigen zuzustellen, welcher zur Zeit des Zuschlags Eigentümer des Grundstücks war.

Liegt ein Widerspruch gegen den Anspruch vor, so erfolgt die Zustellung der Terminbestimmung auch an denjenigen, welcher den Widerspruch erhoben hat. Die im § 878 der Zivilprozeßordnung bestimmte Frist zur Erhebung der Klage beginnt mit dem Termine.

§ 140.

Für das Aufgebotsverfahren ist das Vollstreckungsgericht zuständig.

Der Antragsteller hat zur Begründung des Antrags die ihm bekannten Rechtsnachfolger desjenigen anzugeben, welcher als letzter Berechtigter ermittelt ist.

In dem Aufgebot ist der unbekannte Berechtigte aufzufordern, sein Recht spätestens im Aufgebotstermin anzumelden, widrigenfalls seine Ausschließung von der Befriedigung aus dem zugeteilten Betrag erfolgen werde.

Das Aufgebot ist demjenigen, welcher als letzter Berechtigter ermittelt ist, den angezeigten Rechtsnachfolgern sowie dem Vertreter des unbekannten Berechtigten zuzustellen.

Eine im Vollstreckungsverfahren erfolgte Anmeldung gilt auch für das Aufgebotsverfahren.

Der Antragsteller kann die Erstattung der Kosten des Verfahrens aus dem zugeteilten Betrage verlangen.

§ 141.

Nach der Erlassung des Ausschlußurteils hat das Gericht einen Termin zur weiteren Ausführung des Teilungsplans zu bestimmen. Die Terminbestimmung ist dem Antragsteller und den Personen, welchen Rechte in dem Urteile vorbehalten sind, dem Vertreter des unbekannten Berechtigten sowie demjenigen zuzustellen, welcher zur Zeit des Zuschlags Eigentümer des Grundstücks war.

§ 142.

In den Fällen des § 117 Abs. 2 und der §§ 120, 121, 124, 126 erlöschen die Rechte auf den hinterlegten Betrag mit dem Ablaufe von dreißig Jahren, wenn nicht der Empfangsberechtigte sich vorher bei der Hinterlegungsstelle meldet; derjenige, welcher zur Zeit des Zuschlags Eigentümer des Grundstücks war, ist zur Erhebung berechtigt. Die dreißigjährige Frist beginnt mit der Hinterlegung, in den Fällen der §§ 120, 121 mit dem Eintritte der Bedingung, unter welcher die Hinterlegung erfolgt ist.

§ 143.

Die Verteilung des Versteigerungserlöses durch das Gericht findet nicht statt, wenn dem Gerichte durch öffentliche oder öffentlich beglaubigte Urkunden nachgewiesen wird, daß sich die Beteiligten über die Verteilung des Erlöses geeinigt haben.

§ 144.

Weist der Ersteher oder im Falle des § 61 der für zahlungspflichtig erklärte Dritte dem Gerichte durch öffentliche oder öffentlich beglaubigte Urkunden nach, daß er diejenigen Berechtigten, deren Ansprüche durch das Gebot gedeckt sind, befriedigt hat oder daß er von ihnen als alleiniger Schuldner angenommen ist, so sind auf Anordnung des Gerichts die Urkunden nebst der Erklärung des Erstehers oder des Dritten zur Einsicht der Beteiligten auf der Gerichtsschreiberei niederzulegen. Die Beteiligten sind von der Niederlegung zu benachrichtigen und aufzufordern, Erinnerungen binnen zwei Wochen geltend zu machen.

Werden Erinnerungen nicht innerhalb der zweiwöchigen Frist erhoben, so beschränkt sich das Verteilungsverfahren auf die Verteilung des Erlöses aus denjenigen Gegenständen, welche im Falle des § 65 besonders versteigert oder anderweit verwertet worden sind.

§ 145.

Die Vorschriften des § 105 Abs. 2 Satz 2 und der §§ 127, 130 bis 134 finden in den Fällen der §§ 143, 144 entsprechende Anwendung.

Dritter Titel.

Zwangsverwaltung.

§ 146.

Auf die Anordnung der Zwangsverwaltung finden die Vorschriften über die Anordnung der Zwangsversteigerung entsprechende Anwendung, soweit sich nicht aus den §§ 147 bis 151 ein anderes ergibt.

Von der Anordnung sind nach dem Eingange der im § 19 Abs. 2 bezeichneten Mitteilungen des Grundbuchamts die Beteiligten zu benachrichtigen.

§ 147.

Wegen des Anspruchs aus einem eingetragenen Rechte findet die Zwangsverwaltung auch dann statt, wenn die Voraussetzungen des § 17 Abs. 1 nicht vorliegen, der Schuldner aber das Grundstück im Eigenbesitze hat.

Der Besitz ist durch Urkunden glaubhaft zu machen, sofern er nicht bei dem Gericht offenkundig ist.

§ 148.

Die Beschlagnahme des Grundstücks umfaßt auch die im § 21 Abs. 1, 2 bezeichneten Gegenstände. Die Vorschrift des § 23 Abs. 1 Satz 2 findet keine Anwendung.

Durch die Beschlagnahme wird dem Schuldner die Verwaltung und Benutzung des Grundstücks entzogen.

§ 149.

Wohnt der Schuldner zur Zeit der Beschlagnahme auf dem Grundstücke, so sind ihm die für seinen Hausstand unentbehrlichen Räume zu belassen.

Gefährdet der Schuldner oder ein Mitglied seines Hausstandes das Grundstück oder die Verwaltung, so hat auf Antrag das Gericht dem Schuldner die Räumung des Grundstücks aufzugeben.

§ 150.

Der Verwalter wird von dem Gerichte bestellt.

Das Gericht hat dem Verwalter durch einen Gerichtsvollzieher oder durch einen sonstigen Beamten das Grundstück zu übergeben oder ihm die Ermächtigung zu erteilen, sich selbst den Besitz zu verschaffen.

§ 151.

Die Beschlagnahme wird auch dadurch wirksam, daß der Verwalter nach § 150 den Besitz des Grundstücks erlangt.

Der Beschluß, durch welchen der Beitritt eines Gläubigers zugelassen wird, soll dem Verwalter zugestellt werden; die Beschlagnahme wird zugunsten des Gläubigers auch mit dieser Zustellung wirksam, wenn der Verwalter sich bereits im Besitze des Grundstücks befindet.

Das Zahlungsverbot an den Drittschuldner ist auch auf Antrag des Verwalters zu erlassen.

§ 152.

Der Verwalter hat das Recht und die Pflicht, alle Handlungen vorzunehmen, die erforderlich sind, um das Grundstück in seinem wirtschaftlichen Bestande zu erhalten und ordnungsmäßig zu benutzen; er hat die Ansprüche, auf welche sich die Beschlagnahme erstreckt, geltend zu machen und die für die Verwaltung entbehrlichen Nutzungen in Geld umzusetzen.

Ist das Grundstück vor der Beschlagnahme einem Mieter oder Pächter überlassen, so ist der Miet- oder Pachtvertrag auch dem Verwalter gegenüber wirksam.

§ 153.

Das Gericht hat den Verwalter nach Anhörung des Gläubigers und des Schuldners mit der erforderlichen Anweisung für die Verwaltung zu versehen, die dem Verwalter zu gewährende Vergütung festzusetzen und die Geschäftsführung zu beaufsichtigen; in geeigneten Fällen ist ein Sachverständiger zuzuziehen.

Das Gericht kann dem Verwalter die Leistung einer Sicherheit auferlegen, gegen ihn Ordnungsstrafen bis zu zweihundert Mark verhängen und ihn entlassen.

§ 154.

Der Verwalter ist für die Erfüllung der ihm obliegenden Verpflichtungen allen Beteiligten gegenüber verantwortlich. Er hat dem Gläubiger und dem Schuldner jährlich und nach der Beendigung der Verwaltung Rechnung zu legen. Die Rechnung ist dem Gericht einzureichen und von diesem dem Gläubiger und dem Schuldner vorzulegen.

§ 155.

Aus den Nutzungen des Grundstücks sind die Ausgaben der Verwaltung sowie die Kosten des Verfahrens mit Ausnahme derjenigen, welche durch die Anordnung des Verfahrens oder den Beitritt eines Gläubigers entstehen, vorweg zu bestreiten.

Die Überschüsse werden auf die im § 10 Nr. 1 bis 5 bezeichneten Ansprüche verteilt, auf die Ansprüche der zweiten, dritten und vierten Klasse jedoch nur insoweit, als laufende Beträge wiederkehrender Leistungen zu berichtigen sind.

§ 156.

Die laufenden Beträge der öffentlichen Lasten sind von dem Verwalter ohne weiteres Verfahren zu berichtigen.

Ist zu erwarten, daß auch auf andere Ansprüche Zahlungen geleistet werden können, so wird nach dem Eingange der im § 19 Abs. 2 bezeichneten Mitteilungen des Grundbuchamts der Verteilungstermin bestimmt. In dem Termine wird der Teilungsplan für die ganze Dauer des Verfahrens aufgestellt. Die Terminsbestimmung ist den Beteiligten sowie dem Verwalter zuzustellen. Die Vorschriften des § 105 Abs. 2 Satz 2, des § 113 Abs. 1 und der §§ 114, 115, 124, 126 finden entsprechende Anwendung.

§ 157.

Nach der Feststellung des Teilungsplans hat das Gericht die planmäßige Zahlung der Beträge an die Berechtigten anzuordnen; die Anordnung ist zu ergänzen, wenn nachträglich der Beitritt eines Gläubigers zugelassen wird. Die Auszahlungen erfolgen zur Zeit ihrer Fälligkeit durch den Verwalter, soweit die Bestände hinreichen.

Im Falle der Hinterlegung eines zugeteilten Betrags für den unbekannten Berechtigten ist nach den Vorschriften der §§ 135 bis 141 zu verfahren. Die Vorschriften des § 142 finden Anwendung.

§ 158.

Zur Leistung von Zahlungen auf das Kapital einer Hypothek oder Grundschuld oder auf die Ablösungssumme einer Rentenschuld hat das Gericht einen Termin zu bestimmen. Die Terminsbestimmung ist von dem Verwalter zu beantragen.

Soweit der Berechtigte Befriedigung erlangt hat, ist das Grundbuchamt von dem Gericht um die Löschung des Rechtes zu ersuchen. Eine Ausfertigung des Protokolls ist beizufügen; die Vorlegung des über das Recht erteilten Briefes ist zur Löschung nicht erforderlich.

Im übrigen finden die Vorschriften der §§ 117, 127 entsprechende Anwendung.

§ 159.

Jeder Beteiligte kann eine Änderung des Teilungsplans im Wege der Klage erwirken, auch wenn er Widerspruch gegen den Plan nicht erhoben hat.

Eine planmäßig geleistete Zahlung kann auf Grund einer späteren Änderung des Planes nicht zurückgefordert werden.

§ 160.

Die Vorschriften der §§ 143 bis 145 über die außergerichtliche Verteilung finden entsprechende Anwendung.

§ 161.

Die Aufhebung des Verfahrens erfolgt durch Beschluß des Gerichts.

Das Verfahren ist aufzuheben, wenn der Gläubiger befriedigt ist.

Das Gericht kann die Aufhebung anordnen, wenn die Fortsetzung des Verfahrens besondere Aufwendungen erfordert und der Gläubiger den nötigen Geldbetrag nicht vorschießt.

Im übrigen finden auf die Aufhebung des Verfahrens die Vorschriften der §§ 28, 29, 32, 34 entsprechende Anwendung.

Zweiter Abschnitt.

Zwangsversteigerung von Schiffen im Wege der Zwangsvollstreckung.

§ 162.

Auf die Zwangsversteigerung eines im Schiffsregister eingetragenen Schiffes finden die Vorschriften des ersten Abschnitts entsprechende Anwendung, soweit sich nicht aus den §§ 163 bis 170 ein anderes ergibt.

§ 163.

Als Vollstreckungsgericht ist das Amtsgericht zuständig, in dessen Bezirke sich das Schiff befindet.

Für das Verfahren tritt an die Stelle des Grundbuchs das Schiffsregister.

Die Berufsgenossenschaft für die Unfallversicherung und die Versicherungsanstalt für die Invaliditäts- und Altersversicherung gelten als Beteiligte, auch wenn sie eine Forderung nicht angemeldet haben.

§ 164.

Die Zwangsversteigerung darf, soweit sich nicht aus den Vorschriften des Handelsgesetzbuchs oder des Gesetzes, betreffend die privatrechtlichen Verhältnisse der Binnenschiffahrt, ein anderes ergibt, nur angeordnet werden, wenn der Schuldner das Schiff im Eigenbesitze hat. Die hiernach zur Begründung des Antrags auf Zwangsversteigerung erforderlichen Tatsachen sind durch Urkunden glaubhaft zu machen, soweit sie nicht bei dem Gericht offenkundig sind. Dem Antrag auf Zwangsversteigerung ist ein Zeugnis der Registerbehörde über die Eintragung des Schiffes in das Schiffsregister beizufügen.

§ 165.

Bei der Anordnung der Zwangsversteigerung hat das Gericht zugleich die Bewachung und Verwahrung des Schiffes anzuordnen. Die Beschlagnahme wird auch mit der Vollziehung dieser Anordnung wirksam.

§ 166.

Ist gegen den Schiffer auf Grund eines vollstreckbaren Titels, der auch gegenüber dem Reeder oder Schiffseigner wirksam ist, das Verfahren angeordnet, so wirkt die Beschlagnahme zugleich gegen den Reeder oder Schiffseigner.

Der Schiffer gilt in diesem Falle als Beteiligter nur so lange, als er das Schiff führt; ein neuer Schiffer gilt als Beteiligter, wenn er sich bei dem Gerichte meldet und seine Angabe auf Verlangen des Gerichts oder eines Beteiligten glaubhaft macht.

§ 167.

Die Bezeichnung des Schiffes in der Bestimmung des Versteigerungstermins soll nach dem Schiffsregister erfolgen.

Die Terminbestimmung muß die Aufforderung an die Schiffsgläubiger und die sonstigen Berechtigten enthalten, ihre Rechte, soweit sie zur Zeit der Eintragung des Versteigerungsvermerkes aus dem Schiffsregister nicht ersichtlich waren, spätestens im Verteilungstermin anzumelden, widrigenfalls die Rechte bei der Verteilung des Versteigerungserlöses nicht berücksichtigt werden würden.

§ 168.

Befindet sich der Heimathafen oder Heimatort des Schiffes in dem Bezirk eines anderen Gerichts, so soll die Terminbestimmung auch durch das für Bekanntmachungen dieses Gerichts bestimmte Blatt bekanntgemacht werden.

Die im § 39 Abs. 2 vorgesehene Anordnung ist unzulässig.

§ 169.

Die Vorschriften über das geringste Gebot finden keine Anwendung. Das Meistgebot ist in seinem ganzen Betrage durch Zahlung zu berichtigen.

Soweit die Berichtigung nicht im Verteilungstermin erfolgt, ist für die Forderung gegen den Ersteher ein Pfandrecht an dem Schiffe in das Schiffsregister einzutragen. Das Pfandrecht entsteht mit der Eintragung, auch wenn der Ersteher das Schiff inzwischen veräußert hat. Im übrigen finden die Vorschriften des Bürgerlichen Gesetzbuchs über das durch Rechtsgeschäft bestellte Pfandrecht an einem Schiffe Anwendung.

§ 170.

An die Stelle der nach § 94 Abs. 1 zulässigen Verwaltung tritt die gerichtliche Bewachung und Verwahrung des versteigerten Schiffes.

Das Gericht hat die getroffenen Maßregeln aufzuheben, wenn der zu ihrer Fortsetzung erforderliche Geldbetrag nicht vorgeschossen wird.

§ 171.

Auf die Zwangsversteigerung eines ausländischen Schiffes, das, wenn es ein deutsches Schiff wäre, in das Schiffsregister eingetragen werden müßte, finden die Vorschriften der §§ 162 bis 167, 169, 170 insoweit Anwendung, als sie nicht die Eintragung in das Schiffsregister voraussetzen.

Die Terminbestimmung soll, soweit es ohne erhebliche Verzögerung des Verfahrens tunlich ist, auch den aus den Schiffspapieren ersichtlichen Schiffsgläubigern und sonstigen Beteiligten zugestellt und, wenn das Schiff im Schiffsregister eines fremden Staates eingetragen ist, der Registerbehörde mitgeteilt werden.

Die Aufhebung der vom Gericht angeordneten Überwachung und Verwahrung des Schiffes sowie die Übergabe an den Ersteher darf erst erfolgen, wenn die Berichtigung des Meistgebots oder die Einwilligung der Beteiligten nachgewiesen wird.

Dritter Abschnitt.

Zwangsversteigerung und Zwangsverwaltung in besonderen Fällen.

§ 172.

Wird die Zwangsversteigerung oder die Zwangsverwaltung von dem Konkursverwalter beantragt, so finden die Vorschriften des ersten und zweiten Abschnitts entsprechende Anwendung, soweit sich nicht aus den §§ 173, 174 ein anderes ergibt.

§ 173.

Der Beschluß, durch welchen das Verfahren angeordnet wird, gilt nicht als Beschlagnahme. Im Sinne der §§ 13, 55 ist jedoch die Zustellung des Beschlusses an den Konkursverwalter als Beschlagnahme anzusehen.

§ 174.

Hat ein Gläubiger für seine Forderung gegen den Gemeinschuldner ein von dem Konkursverwalter anerkanntes Recht auf Befriedigung aus dem Grundstücke, so kann er bis zum Schlusse der Verhandlung im Versteigerungstermine verlangen, daß bei der Feststellung des geringsten Gebots nur die seinem Anspruche vorgehenden Rechte berücksichtigt werden; in diesem Falle ist das Grundstück auch mit der verlangten Abweichung auszubieten.

§ 175.

Hat ein Nachlaßgläubiger für seine Forderung ein Recht auf Befriedigung aus einem zum Nachlasse gehörenden Grundstücke, so kann der Erbe nach der Annahme der Erbschaft die Zwangsversteigerung des Grundstücks beantragen. Zu dem Antrag ist auch jeder andere berechtigt, welcher das Aufgebot der Nachlaßgläubiger beantragen kann.

Diese Vorschriften finden keine Anwendung, wenn der Erbe für die Nachlaßverbindlichkeiten unbeschränkt haftet oder wenn der Nachlaßgläubiger im Aufgebotsverfahren ausgeschlossen ist oder nach den §§ 1974, 1989 des Bürgerlichen Gesetzbuchs einem ausgeschlossenen Gläubiger gleichsteht.

§ 176.

Wird die Zwangsversteigerung nach § 175 beantragt, so finden die Vorschriften des ersten und zweiten Abschnitts sowie der §§ 173, 174 entsprechende Anwendung, soweit sich nicht aus den §§ 177, 178 ein anderes ergibt.

§ 177.

Der Antragsteller hat die Tatsachen, welche sein Recht zur Stellung des Antrags begründen, durch Urkunden glaubhaft zu machen, soweit sie nicht bei dem Gericht offenkundig sind.

§ 178.

Die Zwangsversteigerung soll nicht angeordnet werden, wenn die Eröffnung des Nachlaßkonkurses beantragt ist.

Durch die Eröffnung des Nachlaßkonkurses wird die Zwangsversteigerung nicht beendigt; für das weitere Verfahren gilt der Konkursverwalter als Antragsteller.

§ 179.

Ist ein Nachlaßgläubiger, der verlangen konnte, daß das geringste Gebot nach Maßgabe des § 174 ohne Berücksichtigung seines Anspruchs festgestellt werde, bei der Feststellung des geringsten Gebots berücksichtigt, so kann ihm die Befriedigung aus dem übrigen Nachlasse verweigert werden.

§ 180.

Soll die Zwangsversteigerung zum Zwecke der Aufhebung einer Gemeinschaft erfolgen, so finden die Vorschriften des ersten und zweiten Abschnitts entsprechende Anwendung, soweit sich nicht aus den §§ 181 bis 184 ein anderes ergibt.

§ 181.

Ein vollstreckbarer Titel ist nicht erforderlich.

Die Zwangsversteigerung eines Grundstücks darf nur angeordnet werden, wenn der Antragsteller als Eigentümer im Grundbuch eingetragen oder Erbe eines eingetragenen Eigentümers ist oder wenn er das Recht des Eigentümers oder des Erben auf Aufhebung der Gemeinschaft ausübt. Von dem Vormund eines Miteigentümers kann der Antrag nur mit Genehmigung des Vormundschaftsgerichts gestellt werden.

Betrifft der Antrag ein Schiff, so ist durch Urkunden glaubhaft zu machen, daß das Eigentum dem Antragsteller und denjenigen, gegen welche sich der Antrag richtet, gemeinschaftlich zusteht und daß einer von ihnen im Besitze des Schiffes ist.

Die Vorschrift des § 17 Abs. 3 findet auch auf die Erbfolge des Antragstellers Anwendung.

§ 182.

Bei der Feststellung des geringsten Gebots sind die den Anteil des Antragstellers belastenden oder mitbelastenden Rechte an dem Grundstücke sowie alle Rechte zu berücksichtigen, die einem dieser Rechte vorgehen oder gleichstehen.

Ist hiernach bei einem Anteil ein größerer Betrag zu berücksichtigen als bei einem anderen Anteile, so erhöht sich das geringste Gebot um den zur Ausgleichung unter den Miteigentümern erforderlichen Betrag.

Auf die Versteigerung eines Schiffes finden die Vorschriften über das geringste Gebot entsprechende Anwendung.

§ 183.

Im Falle der Vermietung oder Verpachtung des Grundstücks finden die in den §§ 57a und 57b vorgesehenen Maßgaben keine Anwendung.

§ 184.

Ein Miteigentümer braucht für sein Gebot keine Sicherheit zu leisten, wenn ihm eine durch das Gebot ganz oder teilweise gedeckte Hypothek, Grundschuld oder Rentenschuld zusteht.

b) Einführungsgesetz
zu
dem Gesetz über die Zwangsversteigerung und die Zwangsverwaltung.

§ 1.

Das Gesetz über die Zwangsversteigerung und die Zwangsverwaltung tritt, soweit es die Schiffe betrifft, gleichzeitig mit dem Bürgerlichen Gesetzbuch, im übrigen für jeden Grundbuchbezirk mit dem Zeitpunkt in Kraft, in welchem das Grundbuch als angelegt anzusehen ist.

Die Artikel 2 bis 5, 32, 55 des Einführungsgesetzes zum Bürgerlichen Gesetzbuche finden entsprechende Anwendung.

§ 2.

Soweit in dem Einführungsgesetze zum Bürgerlichen Gesetzbuche zugunsten der Landesgesetze Vorbehalte gemacht sind, gelten sie auch für die Vorschriften der Landesgesetze über die Zwangsversteigerung und die Zwangsverwaltung. Den Landesgesetzen stehen nach Maßgabe der Artikel 57, 58 des Einführungsgesetzes zum Bürgerlichen Gesetzbuche die Hausverfassungen gleich.

Es treten jedoch die landesgesetzlichen Vorschriften außer Kraft, nach welchen den landschaftlichen und ritterschaftlichen Kreditanstalten für den Anspruch auf ältere als zweijährige Rückstände wiederkehrende Leistungen ein Vorrecht vor den im § 10 Nr. 1 bis 6 des Gesetzes über die Zwangsversteigerung und die Zwangsverwaltung bezeichneten Ansprüche beigelegt ist.

§ 3.

Die im Artikel 113 des Einführungsgesetzes zum Bürgerlichen Gesetzbuche bezeichneten Vorschriften bleiben auch insoweit unberührt, als sie für den Anspruch des Entschädigungsberechtigten oder des Dritten, welcher die Entschädigung geleistet hat, ein Recht auf Befriedigung aus dem Grundstücke gewähren und den Rang dieses Rechtes bestimmen. Jedoch kann dem Anspruch auf Rückstände wiederkehrender Leistungen ein Vorrecht nur mit der im § 2 Abs. 2 bezeichneten Einschränkung beigelegt werden.

§ 4.

Durch Landesgesetz kann bestimmt werden, daß gewisse öffentliche Lasten anderen im Range vorgehen.

In denjenigen Bundesstaaten, in welchen die Besteuerung des inländischen Bieres der Landesgesetzgebung vorbehalten ist, bleiben auch die Vorschriften unberührt, nach welchen bei der Zwangsvollstreckung in ein der Brauerei dienendes Grundstück oder in ein mit diesem räumlich verbundenes Grundstück die zum Zwecke der Besteuerung des Bieres zu entrichtenden Abgaben den öffentlichen Lasten des Grundstücks gleichstehen.

§ 5.

Durch Landesgesetz kann bestimmt werden, daß dem Antrag auf Zwangsversteigerung ein Auszug aus einem Steuerbuche beigefügt werden soll.

§ 6.

Durch die Landesjustizverwaltung kann angeordnet werden, daß die Bestimmung des Versteigerungstermins noch andere als die im § 38 des Gesetzes über die Zwangsversteigerung und die Zwangsverwaltung vorgeschriebenen Angaben über das Grundstück enthalten soll.

§ 7.

Unberührt bleiben die bestehenden landesgesetzlichen Vorschriften, nach welchen noch andere als die in den §§ 39, 40 des Gesetzes über die Zwangsversteigerung und die Zwangsverwaltung bezeichneten Veröffentlichungen der Terminbestimmung zu erfolgen haben.

§ 8.

Durch Landesgesetz kann für die Zwangsversteigerung bestimmt werden, daß die vor dem Inkrafttreten des Bürgerlichen Gesetzbuchs eingetragenen Hypotheken bei der Feststellung des geringsten Gebots und bei der Aufstellung des Teilungsplans nur auf Grund einer Anmeldung zu berücksichtigen sind.

In einem solchen Falle muß die im § 37 Nr. 4 des Gesetzes über die Zwangsversteigerung und die Zwangsverwaltung vorgeschriebene Aufforderung auf die Anmeldung der Ansprüche aus den bezeichneten Hypotheken ausgedehnt werden.

§ 9.

Soweit ein nach Landesgesetz begründetes Recht an einem Grundstücke, das nicht in einer Hypothek besteht, zur Wirksamkeit gegen Dritte der Eintragung nicht bedarf oder soweit eine Dienstbarkeit oder eine Reallast als Leibgedinge, Leibzucht, Altenteil oder Auszug eingetragen ist, bleibt das Recht nach Maßgabe des Landesgesetzes von der Zwangsversteigerung unberührt, auch wenn es bei der Feststellung des geringsten Gebots nicht berücksichtigt ist.

Das Erlöschen eines solchen Rechtes ist auf Verlangen eines Beteiligten als Versteigerungsbedingung zu bestimmen, wenn durch das Fortbestehen ein dem Rechte vorgehendes oder gleichstehendes Recht des Beteiligten beeinträchtigt werden würde; die Zustimmung eines anderen Beteiligten ist nicht erforderlich.

§ 10.

Unberührt bleiben die landesgesetzlichen Vorschriften, nach welchen bei der Zwangsversteigerung

1. für Gebote kommunaler Körperschaften sowie gewisser Kreditanstalten und Sparkassen Sicherheitsleistung nicht verlangt werden kann;
2. die Sicherheit auch durch Stellung eines Bürgen nach § 239 des Bürgerlichen Gesetzbuchs geleistet werden darf.

§ 11.

Durch Landesgesetz kann für die Zwangsversteigerung, unbeschadet des § 112 Abs. 2 Satz 4 des Gesetzes über die Zwangsversteigerung und die Zwangsverwaltung, bestimmt werden, daß und nach welchen Grundsätzen der Wert des Grundstücks festgestellt werden soll.

§ 12.

Die Landesgesetze können für die Fälle, in welchen bei der Zwangsversteigerung oder der Zwangsverwaltung ein Aufgebotsverfahren erforderlich wird, die Art der Bekanntmachung des Aufgebots und die Aufgebotsfristen abweichend von den Vorschriften der §§ 948, 950 der Zivilprozeßordnung bestimmen.

§ 13.

Durch Landesgesetz kann bestimmt werden, daß die in dem Gesetz über die Zwangsversteigerung und die Zwangsverwaltung dem Vollstreckungsgerichte zugewiesenen Amtshandlungen, soweit nicht über die Anordnung, Aufhebung oder Verbindung des Verfahrens oder über die Zulassung des Beitritts eines Gläubigers zu entscheiden ist, von einer anderen Behörde oder einem Beamten oder einem Notar ganz oder teilweise wahrzunehmen sind.

Wird die Änderung einer Entscheidung der Behörde, des Beamten oder des Notars verlangt, so ist die Entscheidung des Vollstreckungsgerichts nachzusuchen; auf das Verfahren finden die Vorschriften der §§ 96 bis 104 des bezeichneten Gesetzes entsprechende Anwendung. Die Beschwerde findet gegen die Entscheidung des Vollstreckungsgerichts statt.

§ 14.

Die Landesjustizverwaltung kann für die Geschäftsführung der Verwalter, welche bei der Zwangsverwaltung bestellt werden, und für die den Verwaltern zu gewährende Vergütung allgemeine Anordnungen treffen.

§ 15.

Ein vor dem Inkrafttreten des Gesetzes über die Zwangsversteigerung und die Zwangsverwaltung beantragtes Verfahren ist nach den Landesgesetzen zu erledigen.

c) Gesetz zur Einschränkung der Verfügungen über Miet- und Pachtzinsforderungen. Vom 8. Juni 1915.

Artikel 1.

Das Gesetz über die Zwangsversteigerung und die Zwangsverwaltung (RGBl. 1898 S. 713) wird dahin geändert:

I. An die Stelle des § 57 treten folgende Vorschriften:

§ 57.

Ist das Grundstück einem Mieter oder Pächter überlassen, so finden die Vorschriften der §§ 571, 572, des § 573 Satz 1 und der §§ 574, 575 des Bürgerlichen Gesetzbuchs nach Maßgabe der §§ 57a und 57b entsprechende Anwendung.

§ 57a.

Der Ersteher ist berechtigt, das Miet- oder Pachtverhältnis unter Einhaltung der gesetzlichen Frist zu kündigen. Die Kündigung ist ausgeschlossen, wenn sie nicht für den ersten Termin erfolgt, für den sie zulässig ist.

§ 57b.

Soweit nach den Vorschriften des § 573 Satz 1 und der §§ 574, 575 des Bürgerlichen Gesetzbuchs für die Wirkung von Verfügungen und Rechtsgeschäften über den Miet- oder Pachtzins der Übergang des Eigentums in Betracht kommt, ist an dessen Stelle die Beschlagnahme des Grundstücks maßgebend. Ist dem Mieter oder Pächter der Beschluß, durch den die Zwangsversteigerung angeordnet wird, zugestellt, so gilt mit der Zustellung die Beschlagnahme als dem Mieter oder Pächter bekannt; die Zustellung erfolgt auf Antrag des Gläubigers an die von ihm bezeichneten Personen. Dem Beschlusse soll eine Belehrung über die Bedeutung der Beschlagnahme für den Mieter oder Pächter beigefügt werden. Das Gericht hat auf Antrag des Gläubigers zur Feststellung der Mieter und Pächter eines Grundstücks Ermittelungen zu veranlassen; es kann damit einen Gerichtsvollzieher oder einen sonstigen Beamten beauftragen, auch die zuständige örtliche Behörde um Mitteilung der ihr bekannten Mieter und Pächter ersuchen.

Der Beschlagnahme zum Zwecke der Zwangsversteigerung steht die Beschlagnahme zum Zwecke der Zwangsverwaltung gleich, wenn sie bis zum Zuschlag fortgedauert hat. Ist dem Mieter oder Pächter der Beschluß, durch den ihm verboten wird, an den Schuldner zu zahlen, zugestellt, so gilt mit der Zustellung die Beschlagnahme als dem Mieter oder Pächter bekannt.

Auf Verfügungen und Rechtsgeschäfte des Zwangsverwalters finden diese Vorschriften keine Anwendung.

II. Der § 183 erhält folgende Fassung:

Im Falle der Vermietung oder Verpachtung des Grundstücks finden die in den §§ 57a und 57b vorgesehenen Maßgaben keine Anwendung.

Artikel 2.

Das Bürgerliche Gesetzbuch (RGBl. 1896 S. 195) wird dahin abgeändert:

I. Im § 573 Satz 1 werden die Worte „und das folgende" gestrichen; ferner wird folgender neue Halbsatz hinzugefügt:

erfolgt der Übergang des Eigentums innerhalb des letzten halben Monats eines Kalendervierteljahrs, so ist die Verfügung auch insoweit wirksam, als sie sich auf den Mietzins für das folgende Kalendervierteljahr bezieht.

II. Im § 574 Satz 1 werden die Worte „soweit es sich nicht auf den Mietzins für eine spätere Zeit als das Kalendervierteljahr, in welchem der Mieter von dem Übergange des Eigentums Kenntnis erlangt, und das folgende Vierteljahr bezieht" ersetzt durch die Worte „soweit es sich nicht auf den Mietzins für eine spätere Zeit als das Kalendervierteljahr bezieht, in welchem der Mieter von dem Übergange des Eigentums Kenntnis erlangt"; ferner wird folgender neue Halbsatz hinzugefügt:

erlangt der Mieter die Kenntnis innerhalb des letzten halben Monats eines Kalendervierteljahrs, so ist das Rechtsgeschäft auch insoweit wirksam, als es sich auf den Mietzins für das folgende Kalendervierteljahr bezieht.

III. Im § 1123 Abs. 2 Satz 2 werden die Worte „und das folgende" gestrichen; ferner wird folgender neue Halbsatz hinzugefügt:

erfolgt die Beschlagnahme innerhalb des letzten halben Monats eines Kalendervierteljahrs, so erstreckt sich die Befreiung auch auf den Miet- oder Pachtzins für das folgende Kalendervierteljahr.

IV. Im § 1124 Abs. 2 werden die Worte „und das folgende" gestrichen; ferner wird folgender neue Halbsatz hinzugefügt:

erfolgt die Beschlagnahme innerhalb des letzten halben Monats eines Kalendervierteljahrs, so ist die Verfügung jedoch insoweit wirksam, als sie sich auf den Miet- oder Pachtzins für das folgende Kalendervierteljahr bezieht.

Artikel 3.

Die Konkursordnung (RGBl. 1898 S. 612) wird dahin geändert:

I. Im § 21 Abs. 2 Satz 1 werden die Worte „und das folgende" gestrichen; ferner wird folgender neue Halbsatz hinzugefügt:

erfolgt die Konkurseröffnung innerhalb des letzten halben Monats eines Kalendervierteljahrs, so ist die Verfügung auch insoweit wirksam, als sie sich auf den Miet- oder Pachtzins für das folgende Kalendervierteljahr bezieht.

II. Der § 21 Abs. 3 erhält folgenden Satz 2:

Die Vorschriften des § 57b des Gesetzes über die Zwangsversteigerung und die Zwangsverwaltung bleiben jedoch außer Betracht.

Artikel 4.

Für die Wirkung von Verfügungen und Rechtsgeschäften, die vor dem Inkrafttreten dieses Gesetzes in Ansehung der Miet- oder Pachtzinsforderung vorgenommen sind, bleiben die im Artikel 2 und im Artikel 3 unter I bezeichneten Vorschriften bis zum Ablauf des dem Inkrafttreten dieses Gesetzes folgenden Kalendervierteljahrs in der bisherigen Fassung maßgebend.

Artikel 5.

Ist das Miet- oder Pachtverhältnis vor dem Inkrafttreten dieses Gesetzes begründet worden, so bleiben für die Wirksamkeit von Rechtsgeschäften, die zwischen dem Mieter oder Pächter und dem Vermieter oder Verpächter in Ansehung der Miet- oder Pachtzinsforderung vorgenommen werden, die im Artikel 2 und im Artikel 3 unter I bezeichneten Vorschriften in der bisherigen Fassung maßgebend, soweit es sich um den Miet- oder Pachtzins für die Zeit bis zu dem ersten Termine handelt, für den die Kündigung des Miet- oder Pachtverhältnisses zulässig ist.

Artikel 6.

Dieses Gesetz tritt am 20. Juni 1915 in Kraft.

2. Landesgesetzliche Bestimmungen zum Zwangsversteigerungsgesetz.

a) Preußisches Ausführungsgesetz zum Reichsgesetz über die Zwangsversteigerung und die Zwangsverwaltung.

Vom 23. September 1899.

Art. 1.

Öffentliche Lasten eines Grundstücks im Sinne des § 10 Abs. 1 Nr. 3 und des § 156 Abs. 1 des Reichsgesetzes über die Zwangsversteigerung und die Zwangsverwaltung vom 24. März 1897 sind:

1. Die zur Erfüllung der Deichpflicht erforderlichen Beiträge und Leistungen, ohne Unterschied, ob sie von der zuständigen Staatsbehörde ausgeschrieben sind oder aus der aus einem Deichverbande beruhenden Deichpflicht entspringen.

2. Die auf einem nicht privatrechtlichen Titel beruhenden Abgaben und Leistungen, die auf dem Grundstücke nach Gesetz oder Verfassung haften (gemeine Lasten).

Die im Abs. 1 unter Nr. 1 bezeichneten Lasten gehen den unter Nr. 2 bezeichneten im Range vor.

Art. 2.

Zu den gemeinen Lasten gehören namentlich:

1. Abgaben und Leistungen, die aus dem Kommunal-, Kirchen-, Pfarr- oder Schulverband entspringen oder an Kirchen, Pfarren, Schulen, Kirchen- oder Schulbediente zu entrichten sind.
2. Beiträge, die aus der Verpflichtung zu öffentlichem Wege-, Wasser- oder Uferbauten entstehen.
3. Beiträge, die an öffentliche Meliorationsgenossenschaften, oder andere einen gemeinnützigen Zweck verfolgende Körperschaften des öffentlichen Rechts, insbesondere an Verbände, welche die Versicherung ihrer Mitglieder gegen den durch Brand, Hagelschlag oder Viehsterben entstehenden Schaden bezwecken, zu entrichten sind.
4. Diejenigen Beiträge zur Entschädigung oder zu dem Posten der Schutzanlagen, welche nach Maßgabe des Gesetzes, betreffend Schutzwaldungen und Waldgenossenschaften, vom 6. Juli 1875 (GS. S. 416) den Eigentümern gefährdeter oder gefahrbringender Grundstücke auferlegt sind.

Art. 3.

In Ansehung des Rechts auf Befriedigung aus dem Grundstücke stehen den öffentlichen Lasten gleich:

1. Die an den Rentenbanken oder die Tilgungskassen abgetretenen Renten sowie die an die Staatskasse zu entrichtenden Ablösungsrenten.
2. Wenn das Grundstück bei einer Auseinandersetzung beteiligt, ist, die im § 7 Nr. 6 des Gesetzes über das Kostenwesen in Auseinandersetzungssachen vom 24. Juni 1875 (GS. S. 397) bezeichneten Kosten und Terminalvorschüsse auf außerhalb des ursprünglichen Geltungsbereichs des genannten Gesetzes.

   Die Renten, Kosten und Vorschüsse haben den Rang zwischen den im Art. 1 Abs. 1 unter Nr. 1 und den daselbst unter Nr. 2 bezeichneten Lasten.

Art. 4.

Dem Antrag auf Zwangsversteigerung soll ein das Grundstück betreffender neuester Auszug aus der Grundsteuermutterrolle und der Gebäudesteuerrolle beigefügt werden, soweit er nach Lage der Rollen erteilt werden kann.

In den Hohenzollernschen Landen tritt an die Stelle des Auszugs aus den Steuerrollen ein Auszug aus dem Besitz- und Steuerhefte des Schuldners.

Art. 6.

Die Rechte an dem Grundstücke, die nach Art. 22 des AusfGes. zum BGB. oder nach sonstigen landesgesetzlichen Vorschriften zur Wirksamkeit gegenüber dem öffentlichen Glauben des Grundbuchs der Eintragung nicht bedürfen, bleiben auch dann bestehen, wenn sie bei der Feststellung des geringsten Gebots nicht berücksichtigt sind.

Das gleiche gilt, unbeschadet der Vorschrift des § 9 Abs. 2 des Einführungsgesetzes zum Reichsgesetze, von den im Grundbuch als Leibgedinge, Leibzucht, Altenteil oder Auszug eingetragenen Dienstbarkeiten und Reallasten sowie von Grunddienstbarkeiten, die zur Wirksamkeit gegenüber dem öffentlichen Glauben des Grundbuchs der Eintragung nicht bedürfen.

Art. 8.

In den Fällen der §§ 64, 112 des Reichsgesetzes ist der Wert der Grundstücke auf den 40fachen Betrag des staatlich ermittelten Grundsteuerreinertrags und den 25fachen Betrag des staatlich ermittelten Gebäudesteuernutzungswertes zu bestimmen. Ergeben sich begründete Bedenken gegen die Richtigkeit dieser Bestimmung oder sind die Grundstücke nicht zur Grundsteuer oder zur Gebäudesteuer staatlich veranlagt, so hat das Gericht den Wert nach freiem Ermessen, nötigenfalls unter Zuziehung eines Sachverständigen, zu bestimmen.

In den Hohenzollernschen Landen ist an Stelle des nach der Grund- und Gebäudesteuer zu berechnenden Wertes der Steueranschlag maßgebend.

Art. 9.

Für ein Gebot einer Gemeinde oder eines anderen Kommunalverbandes, einer landwirtschaftlichen, ritterschaftlichen, städtischen oder provinzialen Kreditanstalt oder einer öffentlichen Sparkasse kann Sicherheitsleistung nicht verlangt werden.

Art. 10.

Im bisherigen Geltungsbereich des Rheinischen Rechtes darf die Sicherheit für ein Gebot auch durch Stellung eines Bürgen nach § 239 des BGB. geleistet werden.

Wird dem Bieter der Zuschlag erteilt, so ist in dem Beschlusse der Bürge unter Angabe der Höhe seiner Schuld für mithaftend zu erklären. Soweit zur Ausführung des Teilungsplanes die Forderung gegen den Ersteher auf die Berechtigten übertragen wird, ist den Berechtigten nach der Rangordnung ihrer Ansprüche die Forderung gegen den Bürgen mitzuübertragen. Die Forderung ist nach Maßgabe des § 132 des Reichsgesetzes gegen den Bürgen vollstreckbar.

Auf Gebote des Schuldners oder eines neueingetragenen Eigentümers finden diese Vorschriften keine Anwendung.

b) Gebühren der Zwangsverwalter.

§ 16. AV. d. JM. vom 10. Juli 1929.

1. Bei der Verwaltung von Grundstücken, welche durch Vermieten oder Verpachten genutzt werden, erhält der Verwalter als Vergütung Teilbeträge vom Hundert der von ihm wirklich eingenommenen Rohbeträge an Miet- oder Pachtzinsen, und zwar

wenn der Jahresbetrag der vollen Friedensmiete (§ 2 des Reichsmietengesetzes) oder die abweichend davon vereinbarte volle Jahresmiete oder der jährliche Pachtzins beträgt:

a) bis 500 RM. . . . . . 7 v. H.
b) über 500 bis 1000 RM. . 6 v. H.
c) über 1000 bis 1500 RM. . 5 v. H.
d) über 1500 RM. . . . . 4 v. H.

in den Fällen zu b bis d jedoch mindestens den Höchstbetrag der vorhergehenden Stufe.

2. Ist das Grundstück in einzelnen Teilen vermietet oder verpachtet, so sind die Teilbeträge vom Hundert bei jedem Teil besonders zu berechnen.

3. Ist das Grundstück dem Verwalter übergeben oder von ihm auf Anweisung des Gerichts in Besitz genommen, so beträgt die Vergütung des Verwalters, sofern die vorstehenden Bestimmungen nicht einen höheren Betrag ergeben, 20 RM.

4. Ist das Verfahren der Zwangsverwaltung vor der Übergabe oder der Besitzergreifung aufgehoben worden, der Verwalter aber zum Zwecke der Übernahme an Ort und Stelle gekommen, so erhält er eine Vergütung von 10 RM.

5. Die Vereinbarung oder Festsetzung einer geringeren Vergütung durch das Gericht bleibt vorbehalten. Andererseits kann, abweichend von den Vorschriften in Abs. 1 bis 4 eine höhere Vergütung durch das Gericht festgesetzt werden, wenn die nach den tatsächlichen Miet- oder Pachteinnahmen berechnete Vergütung in keinem angemessenen Verhältnis zu der Dauer der Verwaltung oder der Mühewaltung des Verwalters steht.

6. Die Festsetzung der Vergütung für die Verwaltung von Grundstücken, die nicht durch Vermietung oder Verpachtung genutzt werden, bleibt dem Gericht im Einzelfall überlassen.

7. Neben der Vergütung hat der Verwalter Anspruch auf Erstattung der von ihm zu zahlenden Umsatzsteuer, notwendiger Reisekosten und anderer Auslagen; Auslagen für Schreibwerk sind nur insoweit zu erstatten, als die Anfertigung außerhalb des Rahmens einer regelmäßigen Erledigung der Geschäfte liegt. Die Festsetzung solcher Auslagen bleibt dem Gericht überlassen.

II.

Die Verfügung tritt am 1. 7. 1925 in Kraft. Sie ist auf schwebende Zwangsverwaltung anwendbar, soweit z. Zt. des Inkrafttretens der Verfügung die Vergütung des Verwalters noch nicht festgesetzt ist.

Die AV. vom 25. 5. 1921 und 11. 2. 1922 sind gegenstandslos geworden.

c) Preußische Landesgebührenordnung für Rechtsanwälte und Gerichtsvollzieher.

Vom 28. Oktober 1922

unter Berücksichtigung der Abänderungen durch Art. V des Gesetzes vom 12. 4. 1923, GS. 107, Art. VIII der 7. Verordnung vom 18. 12. 1923 GS. 556.

Art. 1.

Die Vergütung für die Berufstätigkeit der Rechtsanwälte bestimmt sich, soweit sie nicht reichsgesetzlich geregelt ist, ausschließlich nach den nachstehenden Vorschriften.

Art. 3.

Volle Gebühr im Sinne dieses Gesetzes ist die im § 32 des Preußischen Gerichtskostengesetzes bestimmte Gebühr. Die Vorschriften des § 31 Abs. 1 und 2 daselbst finden entsprechende Anwendung.

Art. 4.

(1) Für die Vertretung eines Beteiligten im Verfahren der Zwangsversteigerung erhält der Rechtsanwalt die volle Gebühr

1. für die Vertretung bis zur Einleitung des Verteilungsverfahrens,
2. für die Vertretung im Verteilungsverfahren.

(2) Die gleiche Gebühr erhält er außerdem für die Wahrnehmung der Versteigerungstermine.

(3) Die Gebühr für die Vertretung im Verteilungsverfahren steht dem Rechtsanwalt auch dann zu, wenn unter seiner Mitwirkung eine außergerichtliche Verteilung stattfindet.

(4) Die Gebühren für die Vertretung des Gläubigers oder eines anderen Berechtigten (§ 9 Abs. 1, 2 des Gesetzes über die Zwangsversteigerung und die Zwangsverwaltung) bestimmen sich nach dem Werte des Rechtes, wenn jedoch der Wert des Gegenstandes der Zwangsversteigerung oder des Verteilungsverfahrens geringer ist, nach diesem. Im Falle der Vertretung eines anderen Beteiligten bestimmen sich die Gebühren nach dem Werte des Gegenstandes der Zwangsversteigerung oder des Verteilungsverfahrens oder des Anteils des Vertretenen an diesem Gegenstande. Auf die Berechnung des Wertes des Gegenstandes der Zwangsversteigerung oder des Verteilungsverfahrens finden die in Ansehung der Gerichtskosten geltenden Vorschriften Anwendung.

(5) Beschränkt sich die Tätigkeit des Rechtsanwalts auf die Vertretung des Gläubigers in dem Verfahren bis zum Versteigerungstermine, so ist für die Gebührenberechnung an Stelle des Wertes des Rechtes der Wert des Anspruchs, wegen dessen die Zwangsversteigerung beantragt ist, maßgebend, sofern nicht die Wahrnehmung eines anderen Termins stattgefunden hat.

Art. 5.

(1) Für die Vertretung des Gläubigers, des Schuldners oder des Konkursverwalters im Verfahren der Zwangsverwaltung, einschließlich des Verteilungsverfahrens, erhält der Rechtsanwalt jährlich acht Zehnteile der vollen Gebühr nach dem Werte der jährlichen Einkünfte. Auf die Berechnung dieser Gebühr finden die in Ansehung der Gerichtskosten geltenden Vorschriften entsprechende Anwendung.

(2) Der Vertreter des Antragstellers erhält außerdem die volle Gebühr nach dem Werte der jährlichen Einkünfte; ist ein Gläubiger der Antragsteller und ist der Betrag der beizutreibenden Forderung und der miteinzuziehenden Zinsen geringer als der Wert der jährlichen Einkünfte, so ist dieser Betrag für die Gebührenberechnung maßgebend.

(3) Beschränkt sich die Tätigkeit des Rechtsanwalts auf die Vertretungen in dem Verfahren wegen Anordnung der Zwangsverwaltung, so erhält er nur die im Abs. 2 bestimmte Gebühr.

Art. 6.

Auf die Vergütung der Berufstätigkeit eines Rechtsanwalts in einem Verteilungsverfahren außerhalb der Fälle der Zwangsversteigerung oder der Zwangsverwaltung finden die Vorschriften des Artikels 4 entsprechende Anwendung. Das gleiche gilt für ein Verteilungsverfahren im Falle der Zwangsverwaltung, wenn der Rechtsanwalt einen anderen Beteiligten als den Gläubiger, den Schuldner oder den Konkursverwalter vertritt; für die Berechnung des Wertes wiederkehrender Leistungen ist der Wert der Leistungen eines Jahres, für die Berechnung des Wertes des Gegenstandes des Verteilungsverfahrens ist der Wert der Einkünfte eines Jahres maßgebend.

Art. 7.

(1) Für die Vertretung eines Beteiligten im Verfahren der Zwangsliquidation einer Bahneinheit erhält der Rechtsanwalt die volle Gebühr. Der Vertreter des Antragstellers erhält außerdem die volle Gebühr für die Vertretung in der Versammlung der Bahnpfandgläubiger.

(2) Auf die Wertberechnung finden die Vorschriften des Artikels 4 Abs. 4 entsprechende Anwendung.

Art. 8.

(1) Für Anträge, Erklärungen und Beschwerden bei Behörden erhält der Rechtsanwalt acht Zehnteile der vollen Gebühr. Für bloße Benachrichtigungen, Beschleunigungsgesuche, kurze Anzeigen und Schreiben ähnlicher Art kann diese Gebühr nur gefordert werden, falls nicht dem Rechtsanwalt in der gleichen Angelegenheit eine andere Gebühr zusteht.

(2) Hat der Rechtsanwalt die einem Antrag oder einer Erklärung zugrunde liegende Urkunde entworfen, so steht ihm für den Antrag oder die Erklärung die Gebühr des Abs. 1 nicht zu; er erhält die im § 10 Abs. 2 der Gebührenordnung für Notare bestimmte Gebühr, wenn ein das Sach- und Rechtsverhältnis entwickelnder Vortrag erforderlich ist und dessen Einreichung von der Partei verlangt wird.

Art. 9.

(1) Für Schreiben an Privatpersonen erhält der Rechtsanwalt fünf Zehnteile der vollen Gebühr. Für Schreiben, die rechtliche Ausführungen oder sachliche Auseinandersetzungen nicht enthalten, kann diese Gebühr nur gefordert werden, falls nicht dem Rechtsanwalt in der gleichen Angelegenheit eine andere Gebühr zusteht. Für die der Einleitung eines Prozesses vorausgehenden Mahnungen, Kündigungen oder Schreiben ähnlicher Art kann eine Gebühr nicht gefordert werden, wenn dem Rechtsanwalte die Prozeßgebühr zusteht. Stellt sich indessen die Prozeßgebühr niedriger als die vorstehend bestimmte Gebühr, so erhält der Rechtsanwalt außerdem den Betrag, um welchen diese Gebühr die Prozeßgebühr übersteigt.

(2) Auf Schreiben an den Auftraggeber, die eine Raterteilung oder ein Gutachten enthalten, finden die für diese Geschäfte in den Artikeln 11, 16 gegebenen Gebührenvorschriften Anwendung. Für andere Schreiben an den Auftraggeber kann eine Gebühr auch dann nicht gefordert werden, wenn sie rechtliche Ausführungen oder sachliche

Auseinandersetzung enthalten; steht jedoch dem Rechtsanwalt in der gleichen Angelegenheit eine andere Gebühr nicht zu, so ist die im Abs. 1 Satz 1 bestimmte Gebühr zu erheben.

Art. 10.

Für die Wahrnehmung eines Termins erhält der Rechtsanwalt die volle Gebühr. Werden in derselben Angelegenheit mehrere Termine wahrgenommen, so beträgt die Gebühr für den zweiten und für jeden weiteren Termin acht Zehnteile der vollen Gebühr. Der Gesamtbetrag der Gebühren in derselben Angelegenheit darf in einer Instanz das Dreifache der vollen Gebühr nicht übersteigen.

Art. 11.

Fünf Zehnteile der vollen Gebühr erhält der Rechtsanwalt, falls nicht eine der in den Artikeln 8 bis 10 bestimmten Gebühren anzusetzen ist, für die Erteilung eines Rates sowie für eine Besprechung.

Art. 12.

Der Gesamtbetrag der in einer Angelegenheit nach den Artikeln 8, 9, 11 anzusetzenden Gebühren darf in einer Instanz das Dreifache der vollen Gebühr nicht übersteigen.

Art. 15.

(1) Dem Rechtsanwalt stehen Schreibgebühren zu:

1. Für die auf besonderes Verlangen gefertigten Abschriften.
2. Für Schreibwerk, das außerhalb des Rahmens einer gebührenpflichtigen Tätigkeit entsteht.

(2) Für die Höhe der Schreibgebühren sowie für die Erstattung der Postgebühren ist § 20 der Gebührenordnung für Notare maßgebend. Soweit die Vorschriften der Deutschen Gebührenordnung maßgebend sind, erhält der Rechtsanwalt neben den Gebühren die dort vorgesehenen Pauschsätze.

Art. 16.

(1) Die Vorschriften der §§ 2 bis 6, 10 bis 12, 77 bis 86, 88, 93 94 der Deutschen Gebührenordnung finden, soweit nicht ein anderes bestimmt ist, in den Fällen der Artikel 4 bis 14 entsprechende Anwendung.

(2) In den Fällen der Artikel 4 bis 7 finden auch die Vorschriften der §§ 7, 25, 26, 29 bis 32, 35, 36, 48 bis 51 der Deutschen Gebührenordnung entsprechende Anwendung. Steht dem Rechtsanwalt in derselben Instanz eine Gebühr für den Antrag auf Eintragung einer Sicherungshypothek zu, so wird diese auf die im Artikel 4 Abs. 1 Nr. 1, im Artikel 5 Abs. 2 und im Artikel 7 Abs. 1 Satz 1 bestimmten Gebühren angerechnet.

d 1) Bayrisches Ausführungsgesetz zur Grundbuchordnung und zu dem Gesetz über die Zwangsversteigerung und die Zwangsverwaltung.

Vom 9. Juni 1899.

Art. 23.

Zu den öffentlichen Lasten des Grundstücks gehören bei einem landwirtschaftlichen Grundstücke die Beiträge, welche für die öffentliche Versicherung des zum Zubehör gehörenden Viehes zu entrichten sind, bei einem mit Gebäude versehenen Grundstücke die Kaminkehrerlöhne.

Art. 24.

Bei der Zwangsvollstreckung in die dem Betriebe der Bierbrauerei dienenden Brauhäuser, Malthäuser, Gär- und Lagerkeller steht der Ärarial- und Lokalmalzaufschlag für das im letzten Jahre vor der Beschlagnahme steuerbar gewordene Malz (Art. 3 des Gesetzes über den Malzaufschlag) den öffentlichen Lasten dieser Grundstücke gleich.

Das Vorrecht erstreckt sich auf die Wohn-, Wirtschafts- und sonstigen Gebäude, die mit dem Brauereibetriebe dienenden Grundstücken räumlich verbunden sind, und auf die dazu gehörenden Rechte.

Art. 25.

Ordnet das Vollstreckungsgericht die Zwangsversteigerung an, so hat es zugleich die Ausführung der Versteigerung einem Notar als Versteigerungsbeamten zu übertragen.

Dem Versteigerungsbeamten obliegen die auf die Versteigerung bezüglichen Amtshandlungen von der Terminbestimmung an mit Einschluß der Entscheidung über den Zuschlag; er entscheidet während der Dauer des auf die Versteigerung bezüglichen Verfahrens auch über die einstweilige Einstellung des Verfahrens und über die Fortsetzung des einstweilen eingestellten Verfahrens, soweit die Entscheidung in dem Gesetz über die Zwangsversteigerung und die Zwangsverwaltung dem Vollstreckungsgerichte zugewiesen ist. Bei den von Amts wegen erfolgenden Zustellungen obliegen dem Versteigerungsbeamten auch die Verrichtungen des Urkundsbeamten.

Ändert das Vollstreckungsgericht die Entscheidung des Versteigerungsbeamten über den Zuschlag, so kann es die Ausführung der Versteigerung einem anderen Notar übertragen.

Auf die Ausschließung und die Ablehnung des Versteigerungsbeamten finden die für die Ausschließung und Ablehnung von Richtern geltenden Vorschriften entsprechende Anwendung. Die Entscheidung erfolgt durch das Vollstreckungsgericht.

Art. 27.

Ist eine Dienstbarkeit oder eine Reallast als Leibgedinge (Leibzucht, Altenteil, Auszug) eingetragen, so bleibt das Recht, unbeschadet der Vorschrift des § 9 Abs. 2 des Einführungsgesetzes zu dem Gesetz über die Zwangsversteigerung und die Zwangsverwaltung, von der Zwangsversteigerung unberührt, auch wenn es bei der Feststellung des geringsten Gebots nicht berücksichtigt ist.

Das gleiche gilt für die Grundgefälle des Staates und der Ablösungskasse und die an deren Stelle getretenen Lasten sowie für diejenigen Grunddienstbarkeiten, welche zur Erhaltung der Wirksamkeit gegenüber dem öffentlichen Glauben des Grundbuchs der Eintragung nicht bedürfen.

Art. 30.

Für Gebote der Gemeinden, der Kreditanstalten, welche unter der Verwaltung einer Gemeinde stehen, und der öffentlichen Sparkassen kann Sicherheitsleistung nicht verlangt werden.

Art. 31.

In den Fällen der §§ 67, 85 des Gesetzes über die Zwangsversteigerung und die Zwangsverwaltung darf die Sicherheit auch durch Stellung eines Bürgen nach § 239 des BGB. geleistet werden.

Auf dem Gebote des Schuldners oder eines neu eingetretenen Eigentümers des Grundstücks findet diese Vorschrift keine Anwendung.

d 2) Bekanntmachung, die Zwangsvollstreckung in das unbewegliche Vermögen betr. (31. 3. 1905, JMBl. S. 587).

Zur Ausführung der gesetzlichen Vorschriften über die Zwangsvollstreckung in das unbewegliche Vermögen wird für die Bezirke, in denen das Grundbuch als angelegt anzusehen ist, hiermit folgendes bestimmt:

§ 1.

Die Zustellungen im Zwangsversteigerungsverfahren und im Zwangsverwaltungsverfahren werden nach den Vorschriften der §§ 4 bis 41, 69 bis 72 der Bekanntmachung vom 16. Dezember 1899 (JMBl. S. 475) und nach den Vorschriften der Bekanntmachungen vom 26. Dezember 1899 (JMBl. 1900 S. 110), 1. März 1900 (JMBl. S. 582), 16. März 1900 (JMBl. S. 591), 8. Januar 1902 (JMBl. S. 305), 26. März 1902 (JMBl. 519), 16. März 1903 (JMBl. S. 102), 7. Juni 1903 (JMBl. S. 308) ausgeführt. Für die Ausführung von Zustellungen durch den Notar als Versteigerungsbeamten gelten außerdem die Vorschriften des § 203 der Geschäftsordnung für die Notariate vom 24. Dezember 1899 (JMBl. S. 591).

Die Zustellung durch Aufgabe zur Post ist in den im § 4 des Gesetzes über die Zwangsversteigerung und die Zwangsverwaltung bezeichneten Fällen zulässig; die Postsendung muß mit der Bezeichnung „Einschreiben" versehen werden. Die an den Schuldner zu bewirkende Zustellung des Beschlusses, durch den die Zwangsvollstreckung angeordnet oder der Beitritt eines Gläubigers zugelassen wird, darf nicht durch Aufgabe zur Post ausgeführt werden. (§ 8 des ZVG.)

§ 2.

Als Zustellungsvertreter (§§ 6, 7 des ZVG.) oder als Vertreter eines unbekannten Berechtigten (§ 135 des ZVG.) kann, wenn eine andere, zur Übernahme der Vertretung bereite und geeignete Person nicht vorhanden ist, mit Genehmigung des Vorstandes des Amtsgerichts ein Urkundsbeamter oder ein stellvertretender Urkundsbeamter bestellt werden.

§ 2a.

Das Gericht hat den Beschluß, durch den die Zwangsversteigerung des Grundstücks angeordnet worden ist, auf Antrag des Gläubigers den von diesem bezeichneten Mietern oder Pächtern des Grundstücks zuzustellen. Die Zustellungsnachweise sind zu den Akten zu nehmen.

Dem Beschluß ist eine Belehrung über die Bedeutung der Beschlagnahme für den Mieter oder Pächter beizufügen. Für die Belehrung ist das nachstehende Muster zu verwenden. Die Formblätter nach dem Muster werden den Amtsgerichten durch das Geheime Expeditionsamt des Staatsministeriums der Justiz geliefert; die Amtsgerichte geben diesem ihren Bedarf unmittelbar an.

§ 2b.

Um festzustellen, ob und an wen das Grundstück vermietet oder verpachtet ist, kann der Gläubiger bei dem Gerichte die Veranstaltung von Ermittelungen beantragen. Das Gericht beauftragt damit den Gerichtsvollzieher oder Gerichtsdiener; es kann auch die Gemeindebehörde, in München die Polizeidirektion, um Mitteilung der ihr bekannten Mieter oder Pächter ersuchen.

§ 2c.

Sobald der Zuschlag erteilt ist, hat der Urkundsbeamte dies unverzüglich, nachdem die Akten von dem Versteigerungsbeamten an das Gericht zurückgelangt sind, den Mietern oder Pächtern mitzuteilen, denen der Beschluß über die Anordnung der Zwangsversteigerung zugestellt worden ist.

Das gleiche gilt von der Aufhebung des Zuschlags.

e) Bayrische Gebührenordnung für Rechtsanwälte.

Vom 26. März 1902 (GVBl. S. 133)
in der Fassung der Verordnung v. 29. Dezember 1923 (GVBl. S. 415).

Art. 5.

Volle Gebühr im Sinne der folgenden Vorschriften ist die im § 9 der Reichsgebührenordnung für Rechtsanwälte bestimmte Gebühr.

Art. 1. Die dem Rechtsanwalt zustehenden Gebühren, Auslagen und Vorschüsse werden in Gold berechnet.

Für die Umrechnung ..... ist der ..... Goldmarkumrechnungssatz maßgebend.

Soweit auf die Reichsgebührenordnung für Rechtsanwälte verwiesen ist, versteht sich dieselbe in ihrer jeweiligen Fassung und mit ihren Ergänzungen.

Art. 2. Die festen Gebühren der Verordnung vom 26. März 1902 (GVBl. 133, 144) gelten als Goldmarksätze; soweit für die Berechnung der Gebühren der Gegenstandswert maßgebend ist, ist derselbe in Gold zu bestimmen. Die in Art. 15 Abs. 3 der VO. v. 26. März 1902 aufgeführten Wertziffern (200 M. bis 50 000 M. bzw. 100 000 M.) sind Goldmarkbeträge.

Art. 4. Der Rechtsanwalt kann, wenn seine Tätigkeit von besonderer Wichtigkeit oder Schwierigkeit war ..... eine den Höchstsatz der gesetzlichen Vergütung überschreitende Gebühr verlangen. Dies gilt nicht im Verhältnis zu einem erstattungspflichtigen Gegner .....

Art. 10.

Für die Wahrnehmung eines Termins vor einer Behörde erhält der Rechtsanwalt drei Zehnteile der vollen Gebühr, jedoch mindestens drei Mark; werden in derselben Instanz mehrere Termine wahrgenommen, so beträgt die Gebühr für den zweiten und für jeden weiteren Termin zwei Zehnteile der vollen Gebühr, jedoch mindestens zwei Mark (Termingebühr).

Für die Wahrnehmung eines Termins, der nur zur Übernahme oder zur Ablieferung von Geldern oder Wertpapieren bestimmt ist, erhält der Rechtsanwalt eine Terminsgebühr nur dann, wenn die Übernahme oder die Ablieferung in dem Termine nicht stattfindet. Die Gebühr beträgt in diesem Falle ein Zehnteil der vollen Gebühr, jedoch nicht mehr als die Gebühr für die Übernahme oder die Ablieferung betragen hätte.

Art. 15.

Die Gebühren werden nach dem Werte des Gegenstandes erhoben. Auf die Wertberechnung finden die Vorschriften der §§ 9, 9a, 11 bis 13 des Gerichtskostengesetzes Anwendung.

Ist der Gegenstand einer Schätzung nach Geld nicht fähig, so ist ein Wert von 200 bis 50 000 Mark, wenn aber das Geschäft für den

Auftraggeber ausnahmsweise von besonders hoher Bedeutung ist, ein Wert bis zu 100 000 Mark anzunehmen. Ist mit einem nicht vermögensrechtlichen Anspruch ein aus ihm hergeleiteter vermögensrechtlicher verbunden, so ist nur ein einziger Anspruch, und zwar der höhere, maßgebend.

Art. 16.

Eine Gebühr kann nicht beansprucht werden für die mit der Erledigung eines Geschäfts verbundenen Nebengeschäfte und für die zur Vorbereitung eines Geschäfts erforderliche Tätigkeit, soweit nicht eine Gebühr hierfür besonders bestimmt ist. Insbesondere kann hiernach eine Gebühr nicht beansprucht werden für das Entwerfen einer dem Rechtsanwalt oder von dem Rechtsanwalt zu erteilenden Vollmacht, für das Entgegennehmen von Zustellungen sowie für Vermerke zu den Handakten des Rechtsanwalts, wenn sie nur den Zweck haben, Aufschluß über seine Tätigkeit und über den Stand der Sache zu geben.

Art. 17.

Für die Vertretung eines Beteiligten im Verfahren der Zwangsversteigerung erhält der Rechtsanwalt drei Zehnteile der vollen Gebühr:

1. für die Vertretung bis zur Einleitung des Verteilungsverfahrens,
2. für die Vertretung im Vergleichsverfahren.

Für die Vertretung des Antragstellers bis zur Einleitung des Verteilungsverfahrens erhält der Rechtsanwalt statt der im Abs. 1 Nr. 1 bestimmten Gebühr vier Zehnteile der vollen Gebühr, wenn er einen Antrag auf Zwangsversteigerung gestellt oder einen Versteigerungstermin wahrgenommen hat; hat er einen solchen Antrag gestellt und einen Versteigerungstermin wahrgenommen, so erhält er sechs Zehnteile der vollen Gebühr.

Drei Zehnteile der vollen Gebühr erhält der Rechtsanwalt auch dann, wenn unter seiner Mitwirkung eine außergerichtliche Verteilung stattfindet; auf diese Gebühr wird die Gebühr für die Vertretung im Verteilungsverfahren angerechnet.

Art. 18.

Für die Berechnung der im Art. 17 bestimmten Gebühren ist im Falle der Vertretung des Gläubigers oder eines anderen Berechtigten (§ 9 N. 1, 2 des Gesetzes über die Zwangsversteigerung und die Zwangsverwaltung vom 24. März 1897) der Wert des Rechtes maßgebend, wobei die neben einem Hauptanspruche bestehenden Ansprüche wegen der Kosten und Nebenleistungen unberücksichtigt bleiben. Im Falle der Vertretung des Gläubigers ist der nach § 13 des Gerichtskostengesetzes sich berechnende Wert des Anspruchs, wegen dessen die Zwangsversteigerung beantragt ist, maßgebend, wenn er größer ist als der Wert des Rechtes ohne Kosten und Nebenleistungen. Ist im Falle der Erteilung des Zuschlags das Meistgebot, in den Fällen, in denen das Verfahren von der Erteilung des Zuschlags erledigt wird, der Wert des Gegenstands der Zwangsversteigerung geringer als der nach Satz 1 oder Satz 2 maßgebende Betrag, so ist das Meistgebot oder der Wert des Gegenstandes der Zwangsversteigerung maßgebend.

Bei der Vertretung eines anderen Beteiligten bestimmen sich die Gebühren im Falle der Erteilung des Zuschlags nach dem Meistgebot oder nach dem Anteile des Vertretenen an dem Meistgebot, in den Fällen, in denen das Verfahren vor der Erteilung des Zuschlags erledigt wird, nach dem Werte des Gegenstandes der Zwangsversteigerung oder nach dem Anteile der Vertretenen an diesem Werte.

Die Werte mehrerer Rechte oder Ansprüche, ebenso mehrerer Meistgebote oder Wert von Gegenständen der Zwangsversteigerung, auf die sich das Recht des Auftraggebers erstreckt, sind zusammenzurechnen.

Beschränkt sich die Tätigkeit des Rechtsanwalts auf die Vertretung in dem Verfahren bis zum Versteigerungstermin und hat die Wahrnehmung eines anderen Termins nicht stattgefunden, so ist für die Berechnung der Gebühr des Vertreters des Gläubigers der Wert des Anspruchs des Gläubigers, wegen dessen die Zwangsversteigerung beantragt ist, maßgebend. Für die Berechnung der Gebühr des Vertreters eines anderen Beteiligten als des Antragstellers ist der Betrag maßgebend, der in demselben Falle der Berechnung der Gebühr des Vertreters des Antragstellers zugrunde zu legen wäre. Sind in dem Falle des Satzes 2 mehrere Antragsteller vorhanden, so ist unter den der Berechnung der Gebühren ihrer Vertreter in demselben Falle zugrunde zu legenden Beträgen der größte maßgebend. Der nach Abs. 1 bis 3 zugrunde zu legende Betrag ist maßgebend, wenn er geringer ist.

Art. 19.

Für die Vertretung des Gläubigers, des Schuldners oder des Konkursverwalters im Verfahren der Zwangsverwaltung einschließlich des Verteilungsverfahrens erhält der Rechtsanwalt jährlich zwei Zehnteile der vollen Gebühr aus dem Betrage, der in jedem Verwaltungsjahre zur Verteilung an die Gläubiger gelangt (Wert der Einkünfte des Jahres), jedoch mindestens jährlich zehn Mark. Die Vorschrift des Art. 17 Abs. 4 ist entsprechend anzuwenden.

Der Rechtsanwalt erhält außerdem für den Antrag auf Anordnung der Zwangsverwaltung oder auf Zulassung des Beitritts, wenn er einen Gläubiger vertritt, einmal drei Zehnteile der vollen Gebühr aus dem sich nach § 13 des Gerichtskostengesetzes berechnenden Werte des Anspruchs oder der Ansprüche, wegen deren die Zwangsverwaltung von ihm beantragt ist, wenn er den Konkursverwalter vertritt, einmal drei Zehnteile der vollen Gebühr aus dem Werte der Einkünfte des Verwaltungsjahres, in dem der Antrag gestellt ist, in jedem der beiden Fälle jedoch mindestens zehn Mark.

Beschränkt sich die Tätigkeit des Rechtsanwalts auf die Vertretung in dem Verfahren wegen Anordnung der Zwangsverwaltung oder wegen Zulassung des Beitritts, so erhält er, wenn er einen Antrag auf Zwangsverwaltung gestellt hat, nur die ihm nach Abs. 2 zukommende Gebühr. Hat er einen solchen Antrag nicht gestellt, so erhält er als Vertreter eines Gläubigers einmal zwei Zehnteile der vollen Gebühr aus dem Werte des Anspruchs oder der Ansprüche des Gläubigers, wegen deren die Zwangsverwaltung beantragt ist, als Vertreter des Konkursverwalters einmal zwei Zehnteile der vollen Gebühr aus dem Werte der Einkünfte des Verwaltungsjahres, in dem der Antrag gestellt ist, auf den sich die Tätigkeit des Rechtsanwalts bezieht, und wenn sie sich auf mehrere in verschiedenen Jahren gestellte Anträge bezieht, aus dem größten Jahresbetrage der Einkünfte; die Gebühr beträgt mindestens fünf Mark. Für den Vertreter des Schuldners gilt das im Satz 2 für den Vertreter des Konkursverwalters Bestimmte.

Art. 20.

Vertritt der Rechtsanwalt im Verfahren der Zwangsverwaltung einen anderen Berechtigten als den Gläubiger, so erhält er für die Vertretung in dem Verfahren wegen Anordnung der Zwangsverwaltung oder wegen Zulassung des Beitritts einmal zwei Zehnteile, für die Vertretung in dem weiteren Verfahren einmal drei Zehnteile der vollen Gebühr aus dem Werte der wiederkehrenden Leistungen; für die Berechnung dieses Wertes ist der Wert der Leistungen eines Jahres maßgebend. Der Wert der Einkünfte des Verwaltungsjahres, in dem der Rechtsanwalt zuerst eine Tätigkeit für den Berechtigten entwickelt hat, ist statt des Wertes der Leistungen eines Jahres maßgebend, wenn er geringer ist als dieser Wert. Die Gebühr für die Vertretung in dem Verfahren wegen Anordnung der Zwangsverwaltung oder wegen Zulassung des Beitritts beträgt mindestens fünf Mark, die Gebühr für die Vertretung in dem weiteren Verfahren mindestens zehn Mark. Die Vorschrift des Art. 17 Abs. 4 ist entsprechend anzuwenden.

Art. 21.

Ist in den Fällen der Artikel 19, 20 die Gebühr aus dem Wert der Einkünfte zu berechnen, so ist der volle Wert der Einkünfte des Verwaltungsjahres auch dann maßgebend, wenn der dem Rechtsanwalt erteilte Auftrag vor der Beendigung des Verwaltungsjahres aufgehoben wird.

An die Stelle der in den Art. 19, 20 bestimmten geringsten Beträge der Gebühren tritt die Hälfte dieser Beträge, wenn der Rechtsanwalt denselben Beteiligten gleichzeitig im Verfahren der Zwangsversteigerung bezüglich derselben Gegenstände vertritt.

Art. 25.

Die Vorschriften der Art. 4 bis 16 finden auf die in den Art. 17 bis 24 aufgeführten Angelegenheiten nur dann Anwendung, wenn sich der Auftrag auf eine einzelne Tätigkeit oder auf mehrere einzelne Tätigkeiten im Verfahren beschränkt.

Art. 27.

Die Vorschriften der §§ 2 bis 8, 11, 12, 26, § 29 Abs. 2, § 30, § 31 Abs. 1, §§ 32 bis 36, 76 bis 87, 93, 94 der Reichsgebührenordnung für Rechtsanwälte finden, soweit nicht ein anderes bestimmt ist, in den Fällen der Art. 4 bis 26 entsprechende Anwendung.

In den Fällen der Art. 17 bis 23 finden auch die Vorschriften der §§ 10, 25, § 29 Abs. 1, §§ 41, 48 bis 51, 90 der Reichsgebührenordnung für Rechtsanwälte, in den Fällen des Art. 24 dieselben Bestimmungen, mit Ausnahme des § 41, entsprechende Anwendung.

Ist der Auftrag zu einem Antrag auf Eintragung einer Sicherungshypothek und der Auftrag zur Einleitung des Verfahrens der Zwangsversteigerung oder des Verfahrens der Zwangsverwaltung bezüglich desselben Anspruchs auf Grund desselben Schuldtitels gleichzeitig erteilt worden, so wird, wenn beide Aufträge ausgeführt werden, die Gebühr für den Antrag auf Eintragung der Sicherungshypothek auf die im Art. 17 Abs. 2 oder im Art. 19 Abs. 2 bestimmte Gebühr angerechnet.

f) Sächsische Ausführungsbestimmungen.

1. Gesetz, die Zwangsvollstreckung in das unbewegliche Vermögen betreffend, vom 18. Juli 1900.

§ 1.

In einem nach dem 31. Dezember 1899 beantragten Zwangsversteigerungsverfahren findet die Vorschrift im § 10 Abs. 1 Nr. 1 des Reichsgesetzes auch dann Anwendung, wenn die Zwangsverwaltung vor dem 1. Januar 1900 beantragt worden ist.

§ 2.

In Ansehung des Rechts auf Befriedigung aus dem Grundstücke stehen den öffentlichen Lasten des Grundstücks gleich:

1. die zur Landes-Brandversicherungsanstalt zu entrichtenden Beiträge;

2. die Landrenten;
3. die im § 28 des Gesetzes zur Ausführung einiger mit dem BGB. zusammenhängender Reichsgesetze vom 15. Juni 1900 (GuVBl. S. 274 ff.) genannten Ablösungsrenten;
4. die Landeskulturrenten, die im § 30 AGBGB. vom 18. August 1896 und des EGBGB. von demselben Tage betreffend, vom 18. Juni 1898 (GuVBl. S. 195 ff.), bezeichnet sind.

§ 3.

Rechte, deren Inhalt sich nach den Landesgesetzen bestimmt, erstrecken sich, soweit sie aus dem Grundstücke zu befriedigen sind, auf alle Gegenstände, die von der Beschlagnahme umfaßt werden.

Die Vorschrift im § 10 Abs. 2 ZVG. findet Anwendung.

§ 4.

Die Vorschrift im § 12 ZVG. gilt auch für solche Rechte, deren Rang sich nach den Landesgesetzen bestimmt.

§ 5.

Bei der Feststellung des g. G. und der Verteilung des Versteigerungserlöses sind auch solche nach den Landesgesetzen begründete Rechte den Vorschriften des ZVG. entsprechend zu berücksichtigen, die bisher hierbei nicht zu berücksichtigen waren. Der Rang der Dienstbarkeiten bestimmt sich nach ihrem Alter; die Vorschrift des § 569 des bisherigen BGB. bleibt unberührt; eine nicht im Grundbuch eingetragene persönliche Dienstbarkeit wird nur berücksichtigt, sofern die Berechtigten zustimmen, die ihr im Range nachstehen und durch die Berücksichtigung betroffen werden.

§ 7.

Eine nach den Landesgesetzen begründete Grunddienstbarkeit, sei sie im Grundbuche eingetragen oder nicht, bleibt von der Zwangsversteigerung unberührt, auch wenn sie bei der Feststellung des g. G. nicht berücksichtigt worden ist, unbeschadet der Vorschriften im § 528 des bisherigen BGB. und im § 9 Abs. 2 des Einführungsgesetzes zum Reichsgesetze.

§ 8.

Die Vorschrift im § 57 des Reichsgesetzes ist auch dann anzuwenden, wenn das Grundstück dem Mieter oder Pächter vor dem 1. Januar 1900 überlassen worden ist.

§ 9.

Ein nach den Landesgesetzen begründetes Recht, dessen Begründung nach den Vorschriften des bürgerlichen Rechts über Grundstücksabtrennung zu beurteilen ist, wird von dem Zwangsversteigerungsverfahren nicht berührt. Dies gilt insbesondere von den bestehenden Bau- und Kallerrechten und Abbaurechten.

§ 10.

Besteht an einem Grundstück ein Vorkaufsrecht, das vor dem 1. Januar 1900 unter Angabe eines bestimmten Vorkaufspreises eingetragen worden ist, so sind die §§ 11 bis 21 anzuwenden.

§ 11.

Hat das Vorkaufsrecht den Vorrang vor dem Rechte, wegen dessen die Zwangsversteigerung beantragt worden ist, und ist der eingetragene Vorkaufspreis geringer, als der Gesamtwert der dem Anspruche des Gläubigers vorgehenden Rechte, die ohne Anmeldung zu berücksichtigen sind, so ist der Antrag auf Zwangsversteigerung abzulehnen. Ergibt sich das Bestehen des Vorkaufsrechts erst nach Anordnung der Versteigerung, so ist die Vorschrift im § 28 ZVG. anzuwenden.

Die Ablehnung des Antrags unterbleibt, wenn der Gläubiger die öffentlich beglaubigte Erklärung des Vorkaufsberechtigten beibringt, das Recht nicht ausüben zu wollen.

§ 12.

Hat das Vorkaufsrecht den Vorrang vor dem Rechte, das der Feststellung des g. G. zugrunde gelegt worden ist, und ist der eingetragene Vorkaufspreis geringer, als der Geldwert des festgestellten g. G., so wird das Verfahren im Versteigerungstermin aufgehoben.

Die Vorschrift des § 11 Abs. 2 ist entsprechend anzuwenden.

§ 13.

Im Versteigerungstermine hat das Gericht den Vorkaufsberechtigten zu befragen, ob er sein Recht ausüben wolle, wenn er die Ausübung nicht schon nach § 11 Abs. 2 oder § 12 Abs. 1 abgelehnt hat.

Die Befragung erfolgt:

1. Sofort nach Angabe des ersten wirksamen Gebots, wenn das Recht, das der Feststellung des g. G. zugrunde gelegt worden ist, den Vorrang vor dem Vorkaufsrechte hat und der eingetragene Vorkaufspreis geringer ist, als der Geldwert des festgestellten g. G.
2. In anderen Fällen nach Abgabe des ersten wirksamen Gebots, das den eingetragenen Vorkaufspreis erreicht oder übersteigt, oder, falls die abgegebenen Gebote geringer sind, vor dem Schlusse der Versteigerung.

§ 14.

Wenn der Vorkaufsberechtigte in einem der Fälle des § 13 die Ausübung seines Rechtes abgelehnt oder sich nicht erklärt hat oder wenn er nicht erschienen ist, so ist mit der Versteigerung ohne Rücksicht auf das Vorkaufsrecht zu verfahren.

Der Vorkaufsberechtigte ist an seine Erklärung über die Ausübung des Vorkaufsrechts gebunden.

§ 15.

Übt der Vorkaufsberechtigte sein Recht aus, so hat ihm das Gericht durch Beschluß das Eigentum am Grundstück zuzusprechen (Übereignungsbeschluß).

In dem Beschlusse sind das Grundstück, der Vorkaufsberechtigte und der Vorkaufspreis zu bezeichnen.

Der Beschluß wird mit der Verkündung wirksam.

§ 16.

Durch den Übereignungsbeschluß wird der Vorkaufsberechtigte Eigentümer des Grundstücks, sofern nicht im Beschwerdewege der Beschluß rechtskräftig aufgehoben wird.

Mit dem Grundstück erwirbt er zugleich die Gegenstände, auf die sich das Vorkaufsrecht erstreckt, soweit ihre Beschlagnahme noch wirksam ist. Weitergehende Ansprüche des Vorkaufsberechtigten bleiben unberührt; er kann aber ihretwegen weder die Bezahlung des Vorkaufspreises verweigern, noch von der Ausübung des Vorkaufsrechts zurücktreten.

§ 17.

Mit dem Übereignungsbeschluß erlöschen die Rechte am Grundstück, die dem Vorkaufsberechtigten gegenüber unwirksam sind.

Die Rechte am Grundstück, die dem Vorkaufsberechtigten gegenüber wirksam sind, bleiben bestehen, auch wenn sie bei der Feststellung des g. G. nicht berücksichtigt worden sind. Den Anspruch des Gläubigers hat der Vorkaufsberechtigte, soweit er ihm gegenüber wirksam ist, bar zu bezahlen.

Dadurch, daß der Vorkaufsberechtigte nicht Zahlung leistet, geht er des durch den Übereignungsbeschluß erworbenen Rechtes nicht verlustig.

§ 18.

Dem Vorkaufsberechtigten gegenüber sind die Rechte am Grundstücke wirksam, die den Vorrang vor dem Vorkaufsrecht haben.

Die nachstehenden Rechte am Grundstück sind dem Vorkaufsberechtigten gegenüber insoweit wirksam, als sie durch den eingetragenen Vorkaufspreis gedeckt werden.

§ 19.

Den Rechten am Grundstücke, die den Vorrang vor dem Vorkaufsrechte haben, stehen diejenigen Rechte am Grundstücke gleich, die vor dem 1. Januar 1900 mit Zustimmung des Vorkaufsberechtigten entstanden sind.

§ 20.

Die Vorschriften der §§ 49 bis 53, 55, des § 56 Satz 1 und 2, der §§ 58, 74, 76, 78 bis 80, 83, 84, 86 bis 88, 95 bis 104 ZVG. finden entsprechende Anwendung. An die Stelle der im § 51 ZVG. bestimmten Frist von drei Monaten tritt eine Frist von sechs Monaten.

§ 21.

Auf die Wirkung des Übereignungsbeschlusses und auf das Verfahren nach dem Übereignungsbeschlusse finden, soweit sich nicht aus den §§ 16, 17 etwas anderes ergibt, die Vorschriften des ZVG. über die Wirkung des Zuschlags und über das Verfahren nach dem Zuschlag entsprechende Anwendung.

§ 22.

Die Vorschriften der §§ 10 bis 21 finden auf Wiederkaufsrechte, die vor dem 1. Januar 1900 unter Angabe eines bestimmten Wiederkaufspreises eingetragen worden sind, entsprechende Anwendung.

§ 23.

Kommt ein Grundstück, dessen Bestandteil ein durch Brand beschädigtes oder zerstörtes Gebäude ist, oder das Recht, in dessen Ausübung das Gebäude auf einem fremden Grundstück errichtet worden ist, zur Zwangsversteigerung, so kann das Gericht die Bestimmung des Versteigerungstermins vorläufig beanstanden, wenn die Brandschädenvergütung noch nicht festgestellt ist.

Ist der Termin schon bestimmt, so kann er bis zum Schlusse der Versteigerung aufgehoben werden.

Der Beschluß, durch welchen die Bestimmung des Termins vorläufig beanstandet oder der Termin aufgehoben wird, ist dem Gläubiger und dem Schuldner zuzustellen. Der Beschluß gilt im Sinne vom § 95 ZVG. als Beschluß auf einstweilige Einstellung des Verfahrens.

Nach Hebung des Hindernisses ist der Termin von Amts wegen zu bestimmen.

§ 24.

Vor Anberaumung des Versteigerungstermins soll das Grundstück mit den beweglichen Sachen, welche die Beschlagnahme umfaßt, geschätzt werden. Mehrere Grundstücke sind gesondert zu schätzen. Stehen sie wirtschaftlich im Zusammenhange, so sind sie zugleich als Einheit zu schätzen. Ein wirtschaftlicher Zusammenhang kann schon vermöge ihrer Lage und Beschaffenheit, ihrer Belastung mit Grunddienstbarkeiten oder ihrer Bebauung angenommen werden.

Der Schuldner ist verpflichtet, über die für die Schätzung erheblichen Verhältnisse dem Gericht auf Befragen Auskunft zu erteilen. Das Gericht kann ihn hierzu zwangsweise vorführen lassen.

Die Schätzung kann unterbleiben, wenn eine solche innerhalb des letzten Jahres erfolgt und nach dem Ermessen des Gerichts eine Änderung des Wertes nicht anzunehmen ist.

§ 25.

Die Bestimmung des Versteigerungstermins soll, unbeschadet des § 39 Abs. 2 des Reichsgesetzes, auch durch einmalige Einrückung in die Sächsische Staatszeitung bekanntgemacht werden.

Die Einrückung unterbleibt, wenn im Hinblick auf den Wert des Grundstücks die Veröffentlichung in einem zweiten Blatte unverhältnismäßig hohe Kosten verursachen würde.

§ 26.

Wird ein Aufgebotsverfahren zum Zwecke der Ausschließung eines unbekannten Berechtigten von der Befriedigung aus dem zugeteilten Betrage erforderlich, so ist das Aufgebot in derselben Weise bekanntzumachen wie die Bestimmung des Versteigerungstermins.

Die Einrückung in die Sächsische Staatszeitung unterbleibt, wenn im Hinblick auf die Höhe des zugeteilten Betrages die Veröffentlichung in einem zweiten Blatte unverhältnismäßig hohe Kosten verursachen würde.

Die Aufgebotsfrist muß mindestens drei Monate betragen; sie beginnt mit der Einrückung in das Amtsblatt oder, wenn eine solche nicht erfolgt, mit der Anheftung an die im § 39 Abs. 2 des Reichsgesetzes bestimmte Stelle.

§ 27.

Die Vorschriften der §§ 2 bis 4, 9, 26 gelten auch für die Zwangsverwaltung.

Solange ein Gläubiger Befriedigung aus dem Grundstücke lediglich im Wege der Zwangsverwaltung suchen kann, ist die § 155 Abs. 2 ZVG. bestimmte Beschränkung auf die Ansprüche der Gläubiger nicht anzuwenden. Sind in einem solchen Falle zur Zeit der Aufhebung des Verfahrens Ansprüche auf laufende Beträge wiederkehrender Leistungen noch unbefriedigt, so sind sie aus der noch vorhandenen Masse zu befriedigen.

§ 29.

Ist ein Bergbaurecht oder eine sonstige Berechtigung, für welche die sich auf Grundstücke beziehenden Vorschriften gelten, Gegenstand der Zwangsversteigerung oder der Zwangsverwaltung, so sind die vorstehenden Vorschriften entsprechend anzuwenden.

Die Schätzung eines Bergbaurechts im Zwangsversteigerungsverfahren kann außer in dem Falle § 24 Abs. 3 auch dann unterbleiben, wenn sie vom Bergamte, das um eine Erklärung zu ersuchen ist, als untunlich oder als unverhältnismäßig kostspielig bezeichnet wird.

§ 30.

Wenn die im öffentlichen Interesse notwendige Instandsetzung eines baufälligen oder feuergefährlichen oder gesundheitswidrigen Gebäudes von dem Eigentümer trotz Erinnerung der Baupolizeibehörde nicht vorgenommen wird und der Eigentümer auf deren Erfordern auch die Kosten, welche durch eine von ihr selbst zu bewirkende Instandsetzung voraussichtlich entstehen, nicht hinterlegt, so kann die Baupolizeibehörde die Zwangsversteigerung des Grundstücks beantragen.

Auf eine solche Zwangsversteigerung sind die Vorschriften, die für die Zwangsversteigerung im Wege der Zwangsvollstreckung gelten, entsprechend anzuwenden, soweit sich nicht aus den §§ 31 bis 35 etwas anderes ergibt.

§ 31.

Die Zwangsversteigerung erfolgt auf Grund einer darauf gerichteten Verfügung der Baupolizeibehörde. Diese Behörde entscheidet auch über Einwendungen des Eigentümers gegen die Zulässigkeit der Verfügung.

Der Antrag soll das Grundstück und den Eigentümer bezeichnen. Eine Ausfertigung der Verfügung oder ein Nachweis über deren Zustellung an den Eigentümer braucht nicht beigefügt zu werden.

§ 32.

Der Anspruch auf Erstattung des Aufwands, den die Baupolizeibehörde zur Abwendung einer dringenden Gefahr hat machen müssen, steht den öffentlichen Lasten des Grundstücks gleich.

§ 33.

Bei der Versteigerung wird nur ein solches Gebot zugelassen, durch welches die Instandsetzung des Gebäudes unternommen wird (geringstes Gebot).

Erfolgt kein Übergebot, so ist, wenn mehrere das g. G. abgegeben haben und einer der Bieter ein Beteiligter ist, der Zuschlag auf das Gebot desjenigen Beteiligten zu erteilen, der den übrigen im Rang vorgeht.

§ 34.

Wird kein Gebot abgegeben, so ist das Grundstück demjenigen zuzuschlagen, der die Kosten der Baupolizeiverwaltung zu tragen hat.

§ 35.

Die Beschwerde gegen die Entscheidung über den Zuschlag kann auch darauf gestützt werden, daß eine der Vorschriften der §§ 33, 34 verletzt ist.

g) Kosten für Rechtsanwälte und Notare in Sachsen.

Vom 1. Februar 1926.

I. Kosten der Rechtsanwälte.

a) Zwangsversteigerung, Zwangsverwaltung, Verteilungsverfahren.

§ 1.

Für die Gebühren und Auslagen der Rechtsanwälte bei der Zwangsversteigerung und der Zwangsverwaltung von Grundstücken gelten die Vorschriften der §§ 2 bis 7, 9 bis 12, des § 31 Abs. 1, des § 39, des § 41 Abs. 1 Nr. 1, des § 76 Abs. 1, 2 Abs. 6 Ziff. 1, 3 Abs. 8, der §§ 77 bis 87, 93, 94 der Gebührenordnung für Rechtsanwälte sowie der §§ 2 bis 5, 7 dieses Gesetzes.

Soweit eine Schreibgebühr zu erheben ist, beträgt sie für die Seite, welche mindestens 32 Zeilen von durchschnittlich 15 Silben enthält, dreißig Reichspfennig. Jede angefangene Seite wird voll gerechnet.

§ 2.

Der Rechtsanwalt erhält:

1. drei Zehnteile der Gebühr für den Antrag auf Anordnung der ZV. oder ZwVerw. oder auf Zulassung eines Beitritts;
2. ein Zehnteil der Gebühr für einen Antrag auf Bestimmung eines neuen Versteigerungstermins in den Fällen der §§ 43, 85 ZVG. oder für einen Antrag auf Fortsetzung des eingestellten Verfahrens;
3. zwei Zehnteile der Gebühr für die Anmeldung eines Rechtes, das der Anmeldung bedarf;
4. ein Zehnteil der Gebühr für die Glaubhaftmachung eines Rechts, wenn es deren bedarf;
5. ein Zehnteil der Gebühr für die Vertretung eines Gläubigers oder sonstigen Berechtigten in einem zu Erörterungen über das g. G. und die Versteigerungsbedingungen bestimmten besonderen Termine;
6. drei Zehnteile der Gebühr für die Vertretung eines Gläubigers oder sonstigen Berechtigten im Versteigerungstermine;
7. fünf Zehnteile der Gebühr für die Vertretung des Schuldners im Zwangsversteigerungsverfahren vor dem Vollstreckungsgerichte.

§ 3.

Der Mindestbetrag jeder der im § 2 unter Nr. 1 bis 6 bestimmten Gebühren ist zwei Reichsmark, der Mindestbetrag der daselbst unter Nr. 7 geordneten Gebühren sechs Reichsmark.

§ 4.

Gebühren, deren Erhebung nicht nach den §§ 1, 2 zulässig ist, stehen dem Rechtsanwalte weder im Zwangsversteigerungsverfahren noch im Zwangsverwaltungsverfahren zu.

Bleibt ein begonnenes Geschäft aus einem Grunde unvollendet, der nicht in der Person des Rechtsanwalts eintritt, so kann dieser einen Teil der Gebühr erheben. Der Teil ist nach dem Verhältnis zu bestimmen, in welchem die schon erfolgte Tätigkeit zu der unterbliebenen steht.

§ 5.

Die Vorschriften der §§ 1 bis 4 sind auch anzuwenden, wenn der Gegenstand des Verfahrens ein Bergbaurecht ist oder eine sonstige Berechtigung, für welche die sich auf Grundstücke beziehenden Vorschriften gelten, oder ein im Schiffsregister eingetragenes Schiff oder ein ausländisches Schiff, das, wenn es ein deutsches Schiff wäre, in das Schiffsregister eingetragen werden müßte.

Ist die Schätzung eines Bergbaurechtes auf Grund der Vorschrift im § 29 Abs. 2 des Gesetzes, die Zwangsvollstreckung in das unbewegliche Vermögen betreffend, vom 18. Juni 1900 (GVBl. S. 317 ff.) unterblieben, so findet § 9 Abs. 2 Satz 1 der Kostenordnung entsprechende Anwendung.

VI. Steuerrecht.

Abschrift.

1. Ausführungsbestimmungen und Erläuterungen zur Berliner Wertzuwachssteuerordnung vom 28. März 1928 in der Fassung des Nachtrages vom 10. Juni 1931.

31. Ausgefallene Hypotheken (§ 13 Abs. 1 Ziff. 2).

(1) Die Bestimmung über die Anrechnung der beim Erwerb in der Zwangsversteigerung ausgefallenen Schuldverpflichtungen entspricht im wesentlichen der Vergünstigung des Reichszuwachssteuergesetzes, jedoch ist die Frist zwischen Erwerb und Einleitung der Zwangsversteigerung abweichend von der Regelung im Reichsgesetz

auf zwei Jahre erhöht worden. Auch ist der Kreis der Anrechnungen gegenüber dem Reichsgesetz erweitert worden, indem auch Abfindungen, die der — Ersteher und jetzige — Veräußerer seinerzeit an dinglich Berechtigte zur Erzielung eines geringen Meistgebots gezahlt hat, ohne deren Forderung zu erwerben, in entsprechender Weise dem Erwerbspreis hinzuzurechnen sind.

(2) Die Vergünstigung soll sich nicht auf den Fall beschränken, daß der Veräußerer selbst früher Gläubiger der ausgefallenen Schuldverpflichtungen war, sondern sie ist auf Antrag auf die Fälle auszudehnen, in denen der Veräußerer in naher verwandtschaftlicher Beziehung zum Gläubiger der Schuldverpflichtung steht (Ehegatte, Eltern, Abkömmling, auch Erbe) und aus Rücksichten persönlicher Art die Schuldverpflichtung offensichtlich im Interesse ihres Gläubigers und ohne Hinterziehungsabsicht nicht ausgeboten hat.

(3) Die Befristung des Satzes 3 hat nicht die Bedeutung, daß im Falle des Erwerbs der Schuldverpflichtung innerhalb einer kürzeren Zeit als zwei Jahre vor der Einleitung der Zwangsversteigerung die beantragte Hinzurechnung stets abzulehnen ist. Die Hinzurechnung kann in diesem Fall nur dann nicht erfolgen, wenn nach den Umständen anzunehmen ist, daß durch den Erwerb Steuerersparung bezweckt wurde.

2. Einheitsbewertung

a) Die für die Berechnung des Einheitswertes maßgeblichen Bestimmungen des Reichsbewertungsgesetzes.

§ 11.

(1) Sofern für die Bewertung von landwirtschaftlichen, forstwirtschaftlichem oder gärtnerischem Grundbesitz der Ertragswert maßgebend ist, gilt als Ertragswert das Fünfundzwanzigfache des Reinertrages, den er jährlich nach seiner wirtschaftlichen Bestimmung bei ordnungsmäßiger und gemeinüblicher Bewirtschaftung unter gewöhnlichen Verhältnissen mit entlohnten fremden Arbeitskräften im Durchschnitt nachhältig gewähren kann. Bei der Beurteilung der nachhaltigen Ertragsfähigkeit sind alle Umstände, die auf den Wirtschaftserfolg von Einfluß sind oder von denen die Verwertung der gewonnenen Erzeugnisse abhängig ist, insbesondere Bodengüte, Bodenlage, klimatische Verhältnisse, Hoflage, Geschlossenheit oder Zersplitterung des Betriebes, Verkehrs- und Absatzverhältnisse sowie Verhältnisse des Arbeitsmarktes zu berücksichtigen. Die zu dem Grundbesitz gehörigen Gebäude, Betriebsmittel, Nebenbetriebe und Sonderkulturen werden nicht besonders bewertet, sondern bei der Ermittlung des Ertragswertes einbegriffen.

§ 28.

(1) Zum landwirtschaftlichen Vermögen gehören alle Teile (insbesondere Grund und Boden, Gebäude, stehende und umlaufende Betriebsmittel, Nebenbetrieb und Sonderkulturen) einer wirtschaftlichen Einheit, die dauernd einem landwirtschaftlichen Hauptzweck dient (landwirtschaftlicher Betrieb). Als Landwirtschaft gilt auch die Fischzucht.

(2) Als Teile des landwirtschaftlichen Betriebs gelten nicht: deutsche und ausländische Zahlungsmittel, Geldforderungen, Wertpapiere und Geldschulden, sowie ein über den normalen Bestand hinausgehender Bestand (Überbestand) an nicht stehenden (umlaufenden) Betriebsmitteln. Als normaler Bestand an umlaufenden Betriebsmitteln gilt ein solcher, der zur Fortführung des Betriebs bis zum Beginn der nächsten Ernte erforderlich ist; bei der Ermittlung des zur Fortführung des Betriebs bis zum Beginn der nächsten Ernte erforderlichen Bestands sind die in dieser Zeit eingehenden Einnahmen nicht zu berücksichtigen.

(3) Als landwirtschaftliche Betriebe gelten auch die Berechtigungen, die den Vorschriften des bürgerlichen Rechts über Grundstücke unterliegen, sofern sie eine landwirtschaftliche, forstwirtschaftliche oder gärtnerische Nutzung zum Gegenstande haben (z. B. das Erbpachtrecht). Als Einheitswert der dem Eigentümer des Grund und Bodens gehörigen wirtschaftlichen Einheit gilt der Wert dieser Einheit abzüglich des Einheitswertes der Berechtigung.

§ 29.

(1) In den landwirtschaftlichen Betrieb sind auch solche Grundstücksflächen einzubeziehen, die anderen als landwirtschaftlichen Zwekken dienen, sofern durch die Zugehörigkeit dieser Flächen zu dem landwirtschaftlichen Betrieb der landwirtschaftliche Hauptzweck des Betriebes nicht wesentlich beeinflußt wird; dies gilt nicht für solche Flächen, die als selbständige Betriebe oder Teile von ihnen anzusehen sind.

(2) In den landwirtschaftlichen Betrieb sind Betriebsmittel, die der Bewirtschaftung des Betriebs dienen auch dann einzubeziehen, wenn sie nicht dem Eigentümer des Grund und Bodens gehören; dies gilt entsprechend für Gebäude, die auf dem einem landwirtschaftlichen Betrieb dienenden Grund und Boden errichtet sind, aber dem Eigentümer des Grund und Bodens nicht gehören. In den Fällen des Satzes 1 ist, sofern einer der beteiligten Eigentümer zur Vermögensteuer heranzuziehen ist, der auf diesen Eigentümer entfallende Anteil nach dem Verhältnis seiner Beteiligung am Gesamtwert festzustellen; der hiernach festgestellte Wert gilt als Einheitswert.

(3) In den landwirtschaftlichen Betrieb kann ein Anteil des Eigentümers an anderen Flächen einbezogen werden, soweit er mit dem Betriebe zusammen bewirtschaftet wird.

§ 30.

Für landwirtschaftliche Betriebe gelten die Grundsätze des Ersten Teiles dieses Gesetzes über die Bewertung nach Ertragswerten (§ 11 Abs. 1).

§ 40.

(1) Zum forstwirtschaftlichen Vermögen gehören alle Teile einer wirtschaftlichen Einheit, die dauernd einem forstwirtschaftlichen Hauptzweck dient (forstwirtschaftlicher Betrieb).

(2) Zum normalen Bestand an umlaufenden Betriebsmittel (§ 28 entsprechende Anwendung, soweit sich nicht aus Abs. 3 bis 5 etwas anderes ergibt.

(3) Bei der Feststellung der Verhältniszahlen (§ 33) sowie bei der Einreihung in die Ertragswertklassen und Rahmensätze (§ 34 Nr. 1) sind die tatsächlichen Verhältnisse des Betriebes außer für die im § 33 Nr. 5 Satz 1 bezeichneten Ertragsbedingungen auch hinsichtlich des Holzbestandes zugrunde zu legen. Der Wert von Nachhaltsbetrieben mit einem von dem normalen erheblich abweichenden Altersklassenverhältnis sowie der Wert von aussetzenden Betrieben ist bei der Feststellung der Verhältniszahlen (§ 33) sowie bei der Einreihung in die Ertragswertklassen und Rahmensätze (§ 34 Nr. 1) aus dem Werte der diesen Betrieben entsprechenden normalen Nachhaltsbetriebe abzuleiten. Der Reichsminister der Finanzen (§ 70) kann im Benehmen mit dem Bewertungsbeirat bestimmen, daß die Verhältniszahlen (§ 33) nicht für aussetzende Betriebe, sondern lediglich für Nachhaltsbetriebe festgestellt werden; in dem Falle bildet der höchste Rahmensatz der höchsten Ertragswertklasse (§ 34, 1a) für die aussetzenden Betriebe keine Begrenzung bei ihrer Einreihung in die Ertragswertklassen und Rahmensätze.

§ 41.

Zum gärtnerischen Vermögen gehören alle Teile einer wirtschaftlichen Einheit, die dauernd einem gärtnerischen Hauptzweck dient (gärtnerischer Betrieb).

§ 42.

(1) Auf die gärtnerischen Betriebe, die dauernd dem Weinbau dienen, finden die §§ 28 bis 39 entsprechende Anwendung, soweit sich nicht aus Abs. 2 bis 4 etwas anderes ergibt.

(2) Zum normalen Bestand an umlaufenden Betriebsmitteln (§ 28 Abs. 2) gehören auch die Weinvorräte, die aus der letzten Ernte stammen.

(3) Für die Ermittlung der im § 33 vorgesehenen Verhältniszahlen treten an die Stelle von Vergleichsbetrieben Vergleichszahlen.

Als Wert der Betriebseinheit wird bei den vorgenannten Grundstücken der Ertragswert festgestellt; vgl. § 30.

§ 45.

(1) Betriebsgrundstücke im Sinne dieses Gesetzes sind die zu einem gewerblichen Betriebe gehörigen Grundstückflächen, und zwar:

1. sofern sie, losgelöst von ihrer Zugehörigkeit zu dem gewerblichen Betriebe, zum Grundvermögen gehören würden, einschl. der Bestandteile (insbesondere Gebäude) und des Zubehörs, jedoch ohne Einbeziehung der zu einer Betriebsanlage verwendeten Maschinen und sonstigen Vorrichtungen aller Art, auch wenn diese wesentliche Bestandteile sind.

   Als Betriebsgrundstücke dieser Art gelten auch die zu einem gewerblichen Betriebe gehörigen Berechtigungen, die den Vorschriften des bürgerlichen Rechts über Grundstücke, forstwirtschaftliche oder gärtnerische Nutzung zum Gegenstande haben (z. B. das Erbbaurecht), sowie die zu einem gewerblichen Betriebe gehörigen Gebäude, die auf einem fremden Grund und Boden errichtet sind.

   Als Betriebsgrundstücke gelten jedoch nicht die grundstücksgleiche Brechtigung zur Gewinnung von Mineralien (Mineralgewinnungsrecht), die Abdeckereigerechtigkeit und sonstigen Berechtigungen, deren Ausübung allein schon ein Gewerbe begründen würde. Zum Mineralgewinnungsrechte sind dessen Bestandteile, die in Grundstücken oder Gebäuden bestehen, sowie mit Ausnahme der zu einer Betriebsanlage verwendeten Maschinen und sonstigen Vorrichtungen aller Art;
2. sofern sie, losgelöst von ihrer Zugehörigkeit zu dem gewerblichen Betriebe, einen landwirtschaftlichen, forstwirtschaftlichen oder gärtnerischen Betrieb bilden würden, einschließlich aller Bestandteile (insbesondere Gebäude) und allen Zubehörs. Als Betriebsgrundstücke dieser Art gelten auch die zu einem gewerblichen Betriebe gehörigen Berechtigungen, die den Vorschriften des bürgerlichen Rechtes über Grundstücke unterliegen, sofern sie eine landwirtschaftliche, forstwirtschaftliche oder gärtnerische Nutzung zum Gegenstande haben (z. B. das Erbpachtrecht).

(2) Treffen die Voraussetzungen des Abs. 1 nur auf einen Teil zu, so gilt nur dieser Teil als Betriebsgrundstück.

§ 50 Abs. 3.

(3) Die in § 45 Abs. 1 Nr. 1 bezeichneten Betriebsgrundstücke sind nach den Vorschriften der §§ 54 bis 57 zu bewerten; auf die Bewer-

tung der nicht zu den Betriebsgrundstücken und der nicht zum Mineralgewinnungsrecht rechnenden Maschinen und sonstigen Vorrichtungen sowie der nicht als Betriebsgrundstücke anzusehenden Berechtigungen (§ 45 Abs. 1 Nr. 1 Abs. 3) finden Abs. 1, 2 Anwendung. Die in § 45 Abs. 1 Nr. 2 bezeichneten Betriebsgrundstücke sind nach den Vorschriften der §§ 28 bis 43 zu bewerten. Bei der Feststellung des Einheitswerts für den gewerblichen Betrieb sind die Betriebsgrundstücke und das Mineralgewinnungsrecht mit dem für sie festgestellten Einheitswerten anzusetzen.

§ 54.

(1) Zum Grundvermögen gehört der Grund und Boden einschl. der Bestandteile (insbesondere Gebäude) und des Zubehörs, jedoch ohne Einbeziehung der zu einer Betriebsanlage verwendeten Maschinen und sonstigen Vorrichtungen aller Art, auch wenn diese wesentliche Bestandteile sind. Satz 1 gilt nicht für den Grund und Boden, der zu einem landwirtschaftlichen, forstwirtschaftlichen, gärtnerischen Betrieb oder zu einem gewerblichen Betrieb gehört. Als Grundstück im Sinne dieses Gesetzes gilt die wirtschaftliche Einheit des Grundvermögens.

(2) Den Grundstücken stehen gleich die Berechtigungen, die den Vorschriften des bürgerlichen Rechtes über Grundstücke unterliegen, soweit sie nicht zum landwirtschaftlichen, forstwirtschaftlichen oder gärtnerischen Vermögen oder zum Betriebsvermögen gehören; nicht als Grundstück gelten jedoch das Mineralgewinnungsrecht im Sinne des § 45 Abs. 1 Nr. 1 Abs. 3, die Abdeckereigerechtigkeit und sonstige Berechtigungen, deren Ausübung allein schon ein Gewerbe begründen würde. Als Einheitswert der dem Eigentümer des Grund und Bodens gehörigen wirtschaftlichen Einheit gilt der Wert dieser Einheit abzüglich des Einheitswertes der Berechtigung.

(3) Den Grundstücken stehen ferner gleich Gebäude, die auf einem fremden Grund und Boden errichtet sind, auch wenn sie wesentliche Bestandteile geworden sind.

§ 55.

(1) Bebaute Grundstücke, die in ortsüblicher Weise bebaut sind oder gewerblichen Zwecken dienen, sind mit dem Ertragswert (§ 11 Abs. 2) zu bewerten.

(2) Bebaute Grundstücke, die nicht in ortsüblicher Weise bebaut sind und nicht gewerblichen Zwecken dienen, sowie Grundstücke, die sich im Zustand der Bebauung befinden, sind mit dem gemeinen Wert zu bewerten. Befinden sich auf einem im Zustand der Bebauung befindlichen Grundstück bereits baulich vollendete Gebäude, die in ortsüblicher Weise gebaut sind oder gewerblichen Zwecken dienen, so findet auf die Bewertung des Grundstücks einschließlich der baulich vollendeten Gebäude Abs. 1 Anwendung; zu diesem Wert tritt für die im

Bau befindlichen Gebäude oder Gebäudeteile ein Zuschlag in Höhe des Betrags, der bis zum Feststellungszeitpunkt für die Baulichkeiten aufgewandt worden ist.

§ 56.

(1) Grundstücke, die nach ihrer Lage und den sonstigen obwaltenden Verhältnissen, insbesondere mit Rücksicht auf die bestehenden Verwertungsmöglichkeiten, als Bauland oder als Land für Verkehrszwecke anzusehen sind, oder bei denen anzunehmen ist, daß sie in absehbarer Zeit anderen als land- oder forstwirtschaftlichen oder gärtnerischen Zwecken dienen werden, sind auch dann mit dem gemeinen Wert zu bewerten, wenn sie am Feststellungszeitpunkt landwirtschaftlich, forstwirtschaftlich oder gärtnerisch genutzt werden.

(2) Der für bebaute Grundstücke (§ 55) anzusetzende Wert darf nicht geringer sein, als der Wert, mit dem der Grund und Boden allein nach Abs. 1 zu bewerten wäre.

§ 57.

Der Reichsminister der Finanzen (§ 70) kann zur Durchführung der §§ 54 bis 56 Richtlinien über die Bewertung bestimmter Gruppen von Grundstücken aufstellen.

b) Rechtsverordnung des Landesfinanzamts Bezirk Berlin.

Auf Grund des § 16 Abs. 3, der §§ 19, 20, 21 Abs. 2, §§ 24, 29 und 30 Abs. 3 der Durchführungsbestimmungen zum Reichsbewertungsgesetz und zum Vermögensteuergesetze für die Einheitsbewertung und Vermögensteuerveranlagung nach dem Stande vom 1. Januar 1931 (RBew. V.St.DB. 1931) vom 22. Mai 1931 (RGBl. I S. 252) bestimme ich im Benehmen mit dem Präsidenten der Preußischen Bau- und Finanzdirektion folgendes:

A. Bezirks- und Gruppenbildung, Normalsätze.

I. Bebaute Grundstücke, die vor dem 1. Juli 1918 bezugsfertig geworden sind.

§ 1.

Villen.

(1) Gemäß § 16 Abs. 3 RBew. V.St.DB. 1931 sind zu bewerten Villen bei einem Wehrbeitragswert

a) bis zu 40 000 M. einschließlich mit 80 v. H. des Wehrbeitragswerts, jedoch nicht mehr als 30 000 M.,

b) von mehr als 40 000 M. bis einschließlich 60 000 M. mit 75 v. H. des Wehrbeitragswerts, jedoch mit nicht mehr als 42 000 M.,

c) von mehr als 60 000 M. bis einschließlich 100 000 M. mit 70 v. H. des Wehrbeitragswerts, jedoch nicht mit mehr als 65 000 M.,
d) von mehr als 100 000 M. bis einschließlich 150 000 M. mit 65 v. H. des Wehrbeitragswerts, jedoch mit nicht mehr als 90 000 M.,
e) von mehr als 150 000 M. bis einschließlich 200 000 M. mit 60 v. H. des Wehrbeitragswerts, jedoch mit nicht mehr als 110 000 M.,
f) von mehr als 200 000 M. bis einschließlich 400 000 M. mit 55 v. H. des Wehrbeitragswerts, jedoch mit nicht mehr als 200 000 M.,
g) von mehr als 400 000 M. mit 50 v. H. des Wehrbeitragswerts,
h) Villen am Großen Wannsee (einschließlich Schwanenwerder) sowie an der Unterhavel ohne Rücksicht auf die Höhe des Wehrbeitragswerts.

Die Anwendung des § 21 RBew. V.St.DB. 1931 wird durch die Höchstbeträge nicht berührt.

(2) Villen, für die ein Wehrbeitragswert nicht feststeht oder in deren tatsächlichem Zustand eine erhebliche Veränderung seit Festsetzung der Berichtigung des Wehrbeitragswerts eingetreten ist, sind mit dem 10fachen der Jahresrohmiete zu bewerten.

§ 2.

Mietwohngrundstücke.

(1) Mietwohngrundstücke sind, soweit im Abs. 2 und 3 nicht ein anderes bestimmt ist, mit dem 5fachen der Jahresrohmiete und, wenn sie im wesentlichen aus Ein- bis Zweizimmerwohnungen bestehen und an Mieter aus Kreisen der minderbemittelten Bevölkerung vermietet zu werden pflegen, mit dem 4,5fachen der Jahresrohmiete zu bewerten. Abweichend hiervon wird für sämtliche Mietwohngrundstücke der Normalsatz für den Finanzamtsbezirk Zehlendorf auf das 6fache und in den in der Anlage A und B genannten Teilen des Landesfinanzamtsbezirks auf das 6,5fache der Jahresrohmiete festgesetzt.

(2) Grundstücke, die ihrem Charakter nach dazu bestimmt sind, von einer Familie allein bewohnt zu werden, aber nicht Villencharakter aufweisen, sind mit 70 v. H. des Wehrbeitragswerts zu bewerten. Steht ein Wehrbeitragswert nicht fest oder ist in dem tatsächlichen Zustand eine erhebliche Veränderung seit Festsetzung oder Berichtigung des Wehrbeitragswerts eingetreten, so beträgt der Bewertungssatz das 8,5fache der Jahresrohmiete.

(3) Nicht unter Abs. 2 fallende Grundstücke mit höchstens zwei Geschossen (Hauptgeschossen im Sinne des § 7 Nr. 2 der Bauordnung für die Stadt Berlin vom 9. November 1929) in den Finanzamtsbezirken Nord, Greifswalder Straße, Ost, Oberspree, Neukölln, Tempelhof, Steglitz, Zehlendorf und Spandau sind mit dem 8fachen der Jahresrohmiete zu bewerten.

§ 3.

Gemischte Grundstücke.

Gemischte Grundstücke sind mit dem 5fachen der Jahresrohmiete, jedoch im Finanzamtsbezirk Zehlendorf mit dem 6fachen und in den in der Anlage unter A genannten sonstigen Teilen des Landesfinanzamtsbezirks mit dem 7fachen der Jahresrohmiete zu bewerten.

§ 4.

Geschäftsgrundstücke.

(1) Geschäftsgrundstücke sind, sofern sie der Raumfläche ihrer Gebäude nach überwiegend Fabrikgrundstücke, Werkstätten oder Lagerhäuser darstellen, mit dem 6fachen der Jahresrohmiete zu bewerten.

(2) Die übrigen Geschäftsgrundstücke sind mit dem 6,5fachen der Jahresrohmiete und in den in der Anlage unter A genannten Teilen des Landesfinanzamtsbezirks mit dem 7,5fachen der Jahresrohmiete zu bewerten.

II. Bebaute Grundstücke, die nach dem 30. Juni 1918 bezugsfertig geworden sind.

§ 5.

(1) Die Vorschriften der §§ 1, 2 Abs. 2 gelten für Grundstücke der dort genannten Art auch dann, wenn sie nach dem 30. Juni 1918 bezugsfertig geworden sind. Die übrigen Grundstücke sind, wenn sie mit Zuschüssen aus öffentlichen Mitteln oder Arbeitgeberdarlehen errichtet sind, mit dem 8,5fachen, sonst mit dem 7fachen der Jahresrohmiete zu bewerten.

(2) Als öffentliche Mittel gelten die in der Verordnung vom 16. März 1928 — Preußische Gesetzessammlung S. 30 — bezeichneten Zuschüsse.

III. Bebaute Grundstücke, die teils vor, teils nach dem 1. Juli 1918 bezugsfertig geworden sind.

§ 6.

Grundstücke der vorgenannten Art sind, wenn sie überwiegend vor dem 1. Juli 1918 bezugsfertig geworden sind, nach den §§ 1 bis 4 und, wenn sie überwiegend später bezugsfertig geworden sind, nach § 5 zu bewerten. Welcher Teil überwiegt, richtet sich nach dem Verhältnis der Jahresrohmieten.

B. Weiterer besonderer Umstand im Sinne des § 21 RBew. V.St.DB. 1931.

§ 7.

Eine Ermäßigung des Normalsatzes ist bei den vom 1. Januar 1927 bis zum 1. Halbjahr 1930 einschließlich bezugsfertig gewordenen

Grundstücken auch zulässig, soweit die Baukosten die am 1. Januar 1931 gemeinüblichen wesentlich überstiegen haben und dadurch die Rohmiete überhöht ist.

C. Ertragswert.

§ 8.

Durch die in den §§ 1 bis 7 getroffenen Anordnungen bleibt das Recht der Steuerpflichtigen unberührt, bei Grundstücken, die für die Bewertung als nicht zwangsbewirtschaftet gelten, die Bewertung mit dem tatsächlichen Ertragswert zu verlangen, sowie die Befugnis der Feststellungsbehörden, den tatsächlichen Ertragswert zugrunde zu legen.

§ 9.

Pauschsatz für Lastenabzug.

Bei Berechnung des Ertragswerts nicht zwangsbewirtschafteter Grundstücke können zur Ermittlung des Reinertrags für die nicht aus Steuerlasten bestehenden Grundstückslasten (Nebenleistungen, Instandhaltungskosten und sonstige Grundstückslasten) ohne Nachweis 25 v. H. des jährlich im Durchschnitt nachhaltig erzielbaren Rohertrags abgezogen werden.

D. Anwendungszeitraum.

§ 10.

Die vorstehenden Bestimmungen finden Anwendung auf die Hauptfeststellung der Einheitswerte nach dem Stande vom 1. Januar 1931 sowie auf Neu- und Nachfeststellungen, die von einem in den Hauptfeststellungszeitraum fallenden Zeitpunkt an Wirkung erlangen.

A

Potsdamer Platz
Potsdamer Straße 1—23a, 124 bis 141
Friedrich-Ebert-Straße
Bellevuestraße
Lennéstraße
Tiergartenstraße 1—12
Stresemannstraße 78—130
Leipziger Platz
Leipziger Straße
Voßstraße
Wilhelmstraße 59—80a
Wilhelmplatz in Berlin
Zietenplatz
Pariser Platz
Unter den Linden
Friedrichstraße 47—205
Georgenstraße 20—27
Neustädtische Kirchstraße 6—7
Behrenstraße
Französische Straße
Jägerstraße
Taubenstraße
Mohrenstraße
Kronenstraße
Krausenstraße
Jerusalemer Straße 13—41
Hausvogteiplatz
Belle-Alliance-Straße 1—12, 91 bis 107
Oranienstraße 42—54a, 159—165

Spittelmarkt mit Seydelstraße 32—33
Niederwallstraße 24—25
Kl. Kurstraße 15—18
Oberwasserstraße 15—16
Gertraudenstraße
Köllnischer Fischmarkt 4—6
Molkenmarkt
Spandauer Straße 16—25
Burgstraße 26—30
Königstraße
Dircksenstraße 20—25
Alexanderstraße 1—2, 39—55, 57—71
Münzstraße
Rosentaler Straße
Brunnenstraße 1—27, 165—198
Invalidenstraße 1—37, 111—164
Chausseestraße 1—22, 113—131
Platz der Republik
Hindersinstraße
Roonstraße
Fürst-Bismark-Straße
Alsenstraße
Moltkestraße
Herwarthstraße
In den Zelten
Große Querallee
Turmstraße 25—55, 65—85
Kurfürstendamm 10—33, 211—237
Tauentzienstraße
Joachimstaler Straße 1—9, 37 bis 44
Hardenbergstraße 29a—e
Budapester Straße 9a
Wilmersdorfer Straße 32—66a, 108—147
Reichskanzlerplatz
Bayrischer Platz 1—13
Rheinstraße einschl. Lauterplatz
Steglitz: Schloßstraße
Albrechtstraße 1—6, 128—132
Zehlendorf: Hauptstraße 1—33 (ungerade Nummern), 2—34 (gerade Nummern)
Neukölln: Herrmannplatz
Berliner Straße 41—82
Bergstraße 1—13, 151—163

B

Die Grundstücke innerhalb des von

der Potsdamer Straße,
dem Landwehrkanal,
der Lichtensteinallee,
der Stülerstraße,
der Tiergartenstraße,
der Lennéstraße und der
Friedrich-Ebert-Straße

umschlossenen Ortsteiles mit Ausnahme der Grundstücke Königin-Augusta-Straße 17—42,

der Bendlerstraße,
der Von-der-Heydt-Straße,
der Friedrich-Wilhelm-Straße
und der Hitzigstraße

Die sog. Potsdamer Privatstraße

Lützowplatz 1—27 (ungerade Nummern)
Maaßenstraße 1—4, 31—37
Buchenstraße
Ulmenstraße
Landgrafenstraße
Händelstraße
Schöneberg: Am Park 11—20
Freiherr-vom-Stein-Straße 2—10
Steglitz: Am Stadtpark
Fichtestraße 11, 12, 12a
Brückenstraße
Sedanstraße 7—14

Eckgrundstücke oder wirtschatlich zusammengehörige Grundstücke fallen auch dann unter diese Lagen, wenn die amtliche Grundstücksbezeichnung anders lautet.

3. a) Verordnung des Reichspräsidenten zur Änderung der Vorschriften über die Ablösung der Gebäudeentschuldungsteuer.

Vom 6. Februar 1932.

Auf Grund des Artikel 48 Abs. 2 der Reichsverfassung wird folgendes verordnet:

Artikel 1.

Im Zweiten Teil der Vierten Verordnung des Reichspräsidenten zur Sicherung von Wirtschaft und Finanzen und zum Schutze des inneren Friedens vom 8. Dezember 1931 (RGBl. I S. 699 [s. Seite 317 ff.]) wird Kapitel I wie folgt geändert:

1. Im § 2 Abs. 2 Satz 1 werden die Worte „31. März 1932" ersetzt durch die Worte „30. September 1932".

2. Im § 2 Abs. 2 erhält Satz 2 folgenden Zusatz:

„jedoch sind auf Ablösungsbeträge, die in der Zeit vom 1. April bis zum 30. September 1932 entrichtet werden, die für die Zeit vom 1. April bis zum 30. September 1932 erhobenen Gebäudeentschuldungsteuerbeträge zur Hälfte anzurechnen."

3. Der § 3 wird durch folgende Vorschriften ersetzt:

„§ 3.

(1) Will der Eigentümer zum Zwecke der Ablösung der Gebäudeentschuldungsteuer ein hypothekarisch gesichertes Darlehen aufnehmen, so kann die Hypothek auf Antrag des Eigentümers mit dem Range vor allen anderen Rechten an dem Grundstück im Grundbuch eingetragen werden. Auf diese Befugnis kann der Eigentümer nicht verzichten.

(2) Der Eigentümer kann auf Grund des Abs. 1 die Hypothek für das Darlehen mit dem Range vor den eingetragenen Rechten nur bis zur Höhe des dreieinhalbfachen Jahresbetrags der Gebäudeentschuldungsteuer und für Zinsen bis zu 6¾ vom Hundert einschließlich des Verwaltungskostenbeitrags eintragen lassen, keinesfalls aber zu einem höheren Betrag, als die zu zahlende Ablösungssumme zuzüglich eines Zuschlags von 5 vom Hundert ausmacht.

(3) Die Eintragung soll mit dem Range vor den eingetragenen Rechten nur erfolgen, wenn durch eine Bescheinigung der zuständigen Steuerbehörde nachgewiesen wird, daß

1. der Betrag der Hypothek die Höhe des Ablösungsbetrags einschließlich des Zuschlags von 5 vom Hundert nicht übersteigt,
2. Rückstände an Gebäudeentschuldungsteuer, die neben dem Ablösungsbetrage noch zu zahlen wären (§ 2 Abs. 2 Satz 2), nicht vorhanden sind,
3. die unmittelbare Entrichtung des Ablösungsbetrags an die zuständige Steuerbehörde erfolgt oder gesichert ist.

(4) Ist das Grundstück mit einer Hypothek oder Grundschuld belastet, so soll die Eintragung der Ablösungshypothek zugunsten eines anderen als des an erster Stelle eingetragenen Gläubigers nur erfolgen, wenn die zuständige Steuerbehörde bescheinigt, daß der an erster Stelle eingetragene Gläubiger zur Darlehnsgewährung nicht bereit ist.

(5) Die Hypothek soll im Grundbuch als Ablösungshypothek gemäß Teil II Kapitel I § 3 der Verordnung des Reichspräsidenten vom 8. Dezember 1931 bezeichnet werden.

§ 3 a.

(1) Hinsichtlich der Rechte am Grundstück, deren Rang durch die Eintragung der Ablösungshypothek betroffen wird, finden Bestimmungen, die eine vorzeitige Fälligkeit der Schuld für den Fall der Rangänderung oder der Nichteinhaltung bestimmter Beleihungsgrenzen vorsehen, im Falle der Eintragung der Ablösungshypothek keine Anwendung.

(2) Soweit nach reich- oder landesrechtlichen Vorschriften oder den Satzungen von öffentlichen oder unter Staatsaufsicht stehenden Anstalten oder Unternehmen, Hypotheken, Grundschulden, Rentenschulden oder Reallasten eine bestimmte Rangstelle einnehmen oder sich innerhalb einer bestimmten Sicherheitsgrenze halten müssen, bleibt die Ablösungshypothek außer Betracht.

(3) Gelangt die Forderung, für welche die Hypothek bestellt ist, nicht zur Entstehung, so findet § 1163 Abs. 1 Satz 1 des Bürgerlichen Gesetzbuchs keine Anwendung.

(4) Wird das Darlehen ganz oder teilweise zurückgezahlt, so erlischt die Hypothek in Höhe des zurückgezahlten Betrags. Die Hypothek erlischt ferner mit Ablauf von 10 Jahren seit der Eintragung; die persönliche Forderung bleibt unberührt. Bei der Eintragung der Hypothek ist der Zeitpunkt des Erlöschens im Grundbuch zu vermerken. Im Zwangsversteigerungsverfahren gilt die Hypothek auch nach Ablauf der 10 Jahre als nicht erloschen, wenn der Antrag auf Einleitung des Zwangsversteigerungsverfahrens vor Ablauf der Frist gestellt ist.

§ 3 b.

Die Vorschriften der §§ 3 und 3 a finden insoweit keine Anwendung, als mit anderen Staaten getroffene Vereinbarungen entgegenstehen."

Artikel 2.

Diese Verordnung tritt mit Wirkung vom 10. Dezember 1931 ab in Kraft.

Berlin, den 6. Februar 1932.

b) Verordnung zur Durchführung der Ablösung der Gebäudeentschuldungsteuer.

Vom 11. Februar 1932.

Auf Grund des § 6 des Zweiten Teils Kapitel I der Vierten Verordnung des Reichspräsidenten zur Sicherung von Wirtschaft und Finanzen und zum Schutze des inneren Friedens vom 8. Dezember 1931 (RGBl. I S. 699, insbesondere S. 706 [s. S. 317, 320]) wird hiermit nach Zustimmung des Reichsrats verordnet:

Artikel 1.

(1) Der Ablösung unterliegt die Gebäudeentschuldungsteuer, die für die Zeit vom 1. April 1932 bis zum 31. März 1940 zu erheben ist. Die für die Zeit vor dem 1. April 1932 zu erhebenden Steuerbeträge können nicht abgelöst werden.

(2) Zuschläge zur Gebäudeentschuldungsteuer, die nach Landesrecht erhoben werden, unterliegen den Vorschriften über die Ablösung. Die näheren Bestimmungen trifft erforderlichenfalls die Landesregierung; sie darf hierbei nicht zuungunsten des Eigentümers von den allgemeinen Ablösungsvorschriften abweichen.

Artikel 2.

Die Ablösung ist nur bis zum 31. März 1934 zulässig.

Artikel 3.

Die Ablösungssumme beträgt, soweit sie bis zum 30. September 1932 entrichtet wird, das Dreifache, soweit sie in der Zeit vom 1. Oktober 1932 bis zum 31. März 1934 entrichtet wird, das Dreieinhalbfache des Jahresbetrags der Gebäudeentschuldungsteuer (Artikel 4).

Artikel 4.

(1) Als Jahresbetrag der Gebäudeentschuldungsteuer gilt der volle Jahresbetrag, der für das Rechnungsjahr 1932 Geltung hat, ohne Abzug der niederzuschlagenden oder zu erlassenden Beträge. Ist auf Grund des Vierten Teiles Kapitel I der Dritten Verordnung des Reichspräsidenten zur Sicherung von Wirtschaft und Finanzen und zur Bekämpfung politischer Ausschreitungen vom 6. Oktober 1931 (RGBl. I S. 537, insbesondere S. 551) die Gebäudeentschuldungsteuer für das Rechnungsjahr 1932 gesenkt worden, so ist bei der Berechnung der Ablösung von dem geminderten Betrag auszugehen.

(2) Die Landesregierungen können für Fälle bestimmter Art von den Vorschriften im Abs. 1 Satz 1 abweichende Bestimmungen treffen.

Artikel 5.

(1) Die für die Zeit bis zur Einrichtung des Ablösungsbetrages zu erhebenden Gebäudeentschuldungsteuerbeträge sind, soweit sie nicht

niedergeschlagen oder erlassen werden, neben dem Ablösungsbetrage zu zahlen.

(2) Auf Ablösungseträge, die in der Zeit vom 1. April bis zum 30. September 1932 entrichtet werden, sind die für die Zeit von 1. April bis zum 30. September 1932 erhobenen Gebäudeentschuldungsteuerbeträge zur Hälfte anzurechnen.

Artikel 6.

(1) Die Ablösung kann für die gesamte noch zu erhebende Gebäudeentschuldungsteuer (Artikel 1) oder für einen Teilbetrag erfolgen. Die näheren Bestimmungen über die Teilablösung, insbesondere auch über die Anrechnung gemäß Artikel 5 Abs. 2 bei Teilablösungen, treffen die Landesregierungen.

(2) Die Ablösung eines Teiles der Gebäudeentschuldungsteuer schließt spätere Teilablösungen in der Zeit bis zum 31. März 1934 nicht aus.

Artikel 7.

Über die Höhe der gezahlten Ablösung und den etwa verbleibenden Restbetrag hat die Steuerbehörde auf Antrag eine Bescheinigung zu erteilen.

Artikel 8.

(1) Der Ablösungsbetrag (Artikel 6) zuzüglich der Eintragungskosten einer zum Zwecke der Ablösung aufgenommenen Hypothek kann bei Ermittlung des steuerpflichtigen Einkommens abgezogen werden, und zwar nach Wahl des Eigentümers entweder in voller Höhe für den Steuerabschnitt, in dem der Ablösungsbetrag entrichtet ist, oder mit je einem Drittel für diesen und die zwei nächstfolgenden Steuerabschnitte. Hierbei ist es gleichgültig, ob die Ablösung aus eigenen oder fremden Mitteln vorgenommen wird.

(2) Abs. 1 gilt entsprechend für die Gewerbesteuer, soweit die abgelösten Gebäudeentschuldungsteuerbeträge nach den maßgebenden Gewerbesteuergesetzen bei der Ermittlung des steuerpflichtigen Gewerbeertrags hätten abgesetzt werden können.

(3) Das Wahlrecht gemäß Abs. 1, 2 muß einheitlich, und zwar spätestens bei Abgabe der Einkommen- oder Körperschaftsteuererklärung für den Steuerabschnitt, in dem der Ablösungsbetrag entrichtet ist, ausgeübt werden.

(4) Wird ein Grundstück in der Zeit bis zum 31. März 1935 veräußert und anläßlich dieses Rechtsvorgangs eine Wertzuwachssteuer erhoben, so ist bei der Berechnung des steuerpflichtigen Wertzuwachses der von dem Veräußerer in seiner Besitzzeit aufgewendete Ablösungsbetrag dem Erwerbspreis hinzuzurechnen. Die Landesregierungen können nähere Bestimmungen treffen.

Artikel 9.

Die Länder und Gemeinden dürfen Grundstücke, für die die Gebäudeentschuldungsteuer durch Zahlung eines einmaligen Betrags ganz oder teilweise abgelöst ist, zur Grundsteuer mit keinem höheren Satze heranziehen als die entsprechenden anderen Grundstücke, für die eine Ablösung nicht stattgefunden hat; der Reichsminister der Finanzen trifft mit Zustimmung des Reichsrats vor der nächsten Einheitsbewertung Bestimmungen darüber, daß dem Grundstückseigentümer aus der Ablösung gegenüber Grundstückseigentümern, die nicht abgelöst haben, keine steuerlichen Nachteile entstehen.

Artikel 10.

(1) Eine rechtskräftige Veranlagung zur Gebäudeentschuldungsteuer kann nicht mehr abgeändert werden, wenn und soweit die Steuer abgelöst ist. Das gleiche gilt, wenn bis zum Zeitpunkt der Ablösung der Steuer die Veranlagung auch sonst nicht beanstandet worden ist.

(2) Die Landesregierungen können Erleichterungen für die Ablösung in den Fällen treffen, in denen die Gebäudeentschuldungsteuer noch nicht rechtskräftig festgesetzt ist, insbesondere noch Rechtsmittelverfahren schweben.

Artikel 11.

Für die Bescheinigung, die nach § 3 Abs. 3 des Zweiten Teiles Kapitel I der Verordnung des Reichspräsidenten vom 8. Dezember 1931 in der Fassung der Abänderungsverordnung vom 6. Februar 1932 (RGBl. I S. 60) auszustellen ist, sind nur solche Steuerrückstände zu berücksichtigen, die das Vorrecht nach § 10 Abs. 1 Nr. 3 des Zwangsversteigerungsgesetzes genießen.

Artikel 12.

(1) Die zuständige Steuerbehörde hat dem Eigentümer die in § 3 Abs. 4 des Zweiten Teiles Kapitel I der Verordnung des Reichspräsidenten vom 8. Dezember 1931 in der Fassung der Abänderungsverordnung vom 6. Februar 1932 erwähnte Bescheinigung zu erteilen, wenn er ihr gegenüber nachweist, daß der an erster Stelle eingetragene Gläubiger nicht bereit ist, das Ablösungsdarlehen unter denselben Bedingungen wie der andere Gläubiger zu gewähren.

(2) Erbringt der Eigentümer diesen Nachweis nicht, so hat auf seinen Antrag die zuständige Steuerbehörde den an erster Stelle eingetragenen Gläubiger aufzufordern, sich ihr gegenüber binnen zwei Wochen zu erklären, ob er bereit ist, dem Eigentümer das Ablösungsdarlehen unter denselben Bedingungen wie der andere Gläubiger zu gewähren.

(3) Lehnt der an erster Stelle eingetragene Gläubiger die Gewährung des Darlehens zu diesen Bedingungen ab oder erklärt er sich innerhalb der Frist nicht, so hat die Steuerbehörde dem Eigentümer die Bescheinigung (Abs. 1) zu erteilen.

Artikel 13.

Die Landesregierungen können weitere Bestimmungen zur Durchführung der Ablösung im Sinne dieser Verordnung treffen.

Berlin, den 11. Februar 1932.

VII. Aufwertungsrecht.

1. Gesetz über die Fälligkeit und Verzinsung der Aufwertungshypotheken. Vom 18. Juli 1930.

Der Reichstag hat das folgende Gesetz beschlossen, das mit Zustimmung des Reichsrats hiermit verkündet wird.

1. Abschnitt.

Hypotheken und durch Hypothek gesicherte persönliche Forderungen.

I. Verzinsung des Aufwertungsbetrags.

§ 1.

(1) Der Aufwertungsbetrag der Hypothek und der persönlichen Forderung (§§ 4, 9 des Aufwertungsgesetzes) ist vom 1. Januar 1932 ab über 5 vom Hundert hinaus zu einem Hundertsatze zu verzinsen, den die Reichsregierung bei Inkrafttreten dieses Gesetzes mit Zustimmung des Reichsrats festsetzt. Diese Festsetzung gilt auch als Festsetzung im Sinne des § 28 Abs. 1 Satz 4 des Aufwertungsgesetzes. Entgegenstehende Vereinbarungen sind nur gültig, wenn sie nach Inkrafttreten des Aufwertungsgesetzes getroffen sind und als regelmäßige Verzinsung einen höheren oder geringeren Satz als 5 vom Hundert festsetzen.

(2) Die Mehrzinsen der Hypothek haben den Rang des aufgewerteten Rechtes, vereinbarte Mehrzinsen jedoch nur, soweit sie den nach Abs. 1 Satz 1 festgesetzten Hundertsatz nicht übersteigen.

(3) Die aufgewertete Hypothek kann ohne Zustimmung der im Range gleich- oder nachstehenden Berechtigten schon vor dem 1. Januar 1932 dahin erweitert werden, daß das Grundstück für Zinsen über 5 vom Hundert hinaus bis zu dem nach Abs. 1 festgesetzten Hundertsatze haftet.

(4) Die Reichsregierung wird ermächtigt, für Tilgungshypotheken den über 5 vom Hundert hinaus gemäß Abs. 1 Satz 1 festgesetzten Zinsfuß mit Wirkung vom 1. Januar 1938 ab zu ändern.

II. Kündigung.

§ 2.

(1) Der Gläubiger der aufgewerteten Hypothek und der persönlichen Forderung (§§ 4, 9 des Aufwertungsgesetzes) kann die Zahlung des Aufwertungsbetrags von dem Eigentümer oder dem persönlichen Schuldner vor dem 1. Januar 1935 nur verlangen, wenn er nach Inkrafttreten dieses Gesetzes schriftlich gekündigt hat. Die Kündigungsfrist beträgt ein Jahr. Die Kündigung ist nur für den Schluß eines Kalendervierteljahrs zulässig, erstmalig zum 31. Dezember 1931; sie hat spätestens am dritten Werktag der Frist zu erfolgen.

(2) Entgegenstehende Vereinbarungen zuungunsten des Schuldners sind unwirksam.

§ 3.

Der Eigentümer und der persönliche Schuldner sind berechtigt, den Aufwertungsbetrag nebst den fälligen Zinsen drei Monate nach Kündigung auch vor Eintritt der vereinbarten Fälligkeit zu zahlen. Die Kündigung ist nur für den Schluß eines Kalendervierteljahrs zulässig; sie hat spätestens am dritten Werktag der Frist zu erfolgen. Dieses Kündigungsrecht kann nicht durch Vertrag ausgeschlossen oder beschränkt werden, es sei denn, daß der Ausschluß oder die Beschränkung die Dauer von fünf Jahren nicht übersteigt oder in einer Vereinbarung festgesetzt ist, die nach § 1 Abs. 1 Satz 3 gültig bleibt.

§ 4.

Vorschriften in Gesetzen, Satzungen oder Verträgen, die für besondere Fälle eine vorzeitige Fälligkeit der Schuld anordnen, bleiben unberührt. Bestimmungen, die eine vorzeitige Fälligkeit der Schuld für den Fall der Rangänderung der Hypothek vorsehen, finden auf Rangänderungen, die auf der Zinserhöhung (§ 1) beruhen, keine Anwendung.

§ 5.

Hypothekenbanken, sonstige Grundkreditanstalten und öffentliche oder unter Staatsaufsicht stehende Sparkassen sowie Versicherungsgesellschaften aller Art sind trotz einer etwa bestehenden besonderen Verpflichtung nicht gehalten, zur Teilungsmasse gehörende oder als Deckung für Pfandbriefe dienende aufgewertete Hypotheken zu einem vor dem 1. Januar 1935 liegenden Zeitpunkt zu kündigen.

III. Zahlungsfrist.

§ 6.

(1) Hat der Gläubiger gemäß § 2 gekündigt, so kann der Eigentümer des belasteten Grundstücks oder der persönliche Schuldner binnen 3 Monaten von dem Tage, an dem ihm die Kündigung zugegangen ist,

bei der Aufwertungsstelle (§ 72 des Aufwertungsgesetzes, Artikel 117 der Durchführungsverordnung zum Aufwertungsgesetze vom 29. November 1925) schriftlich oder zu Protokoll der Geschäftsstelle beantragen, ihm eine Zahlungsfrist für das Kapital zu bewilligen. Der Antragsteller soll dem Gläubiger mitteilen, daß er die Zahlungsfrist beantragt hat. Der Antrag auf Bewilligung einer Zahlungsfrist ist unzulässig, wenn der Aufwertungsbetrag der Hypothek oder der Forderung 100 Goldmark nicht übersteigt.

(2) Der Antragsteller soll seinen Antrag begründen und soll angeben, welche Schritte er zur Herbeiführung einer gütlichen Einigung mit dem Gläubiger unternommen hat. Er soll ferner angeben, daß er dem Gläubiger von der Stellung des Antrags Mitteilung gemacht hat.

§ 7.

(1) Die Aufwertungsstelle darf eine Zahlungsfrist nur bewilligen, wenn der Antragsteller über die zur Rückzahlung des Aufwertungsbetrags erforderlichen Mittel nicht verfügt und auch nicht in der Lage ist, sie sich zu Bedingungen zu verschaffen, die ihm billigerweise zugemutet werden können. Die Zahlungsfrist darf nicht bewilligt werden, wenn sich der Antragsteller die nötigen Mittel zu Bedingungen beschaffen kann, die für ihn keine wesentlich größere Belastung bedeuten als die durch § 1 festgesetzte Erhöhung des Zinssatzes; diese Bestimmung schließt die Zumutbarkeit eines höheren Zinssatzes gemäß Satz 1 nicht aus, wenn nach Lage des Falles schwere Bedingungen für die Beschaffung der Ersatzhypothek angemessen erscheinen.

(2) Die Zahlungsfrist soll nicht bewilligt werden, wenn die Bewilligung für den Gläubiger eine unbillige Härte bedeuten würde.

§ 8.

Die Aufwertungsstelle soll die Bewilligung der Zahlungsfrist nicht von dem Nachweise des Antragstellers abhängig machen, daß er nach Ablauf der Frist zur Befriedigung des Gläubigers imstande sein werde.

§ 9.

Die Zahlungsfrist kann nur einmal und nur längstens bis zum 31. Dezember 1934 bewilligt werden.

§ 10.

(1) Mit Zustimmung des Gläubigers kann die Aufwertungsstelle die Bewilligung der Zahlungsfrist von der Leistung einer Abschlagszahlung abhängig machen.

(2) Die Aufwertungsstelle kann für die Bewilligung der Zahlungsfrist auch andere Bedingungen stellen, insbesondere dem Antragsteller eine Sicherstellung des gekündigten Betrags auferlegen.

(3) Soweit die aufgewertete persönliche Forderung durch eine Hypothek nicht oder nicht ausreichend gesichert ist, soll die Zahlungsfrist in der Regel nur gegen eine Sicherstellung bewilligt werden.

(4) Eine Abweichung von dem auf Grund des § 1 festgesetzten Zinssatz kann die Aufwertungsstelle nicht anordnen.

§ 11.

(1) Die Aufwertungsstelle kann bis zur endgültigen Entscheidung eine einstweilige Anordnung treffen. Hat der Gläubiger für seinen Anspruch bereits einen vollstreckbaren Schuldtitel, so kann die einstweilige Anordnung auch dahin gehen, daß die Zwangsvollstreckung einzustellen ist.

(2) Gegen die einstweilige Anordnung ist die sofortige Beschwerde zulässig; die weitere Beschwerde ist ausgeschlossen.

§ 12.

(1) Die Zahlungsfrist wirkt so, als ob der Gläubiger in dem Zeitpunkt, in dem die Zahlungsfrist beantragt wird, Stundung bewilligt hätte. Der Zinsenlauf und der Tilgungsdienst werden durch die Zahlungsfrist nicht berührt.

(2) Nach Ablauf der Zahlungsfrist ist die Hypothek oder die persönliche Forderung fällig, ohne daß es einer Kündigung bedarf.

§ 13.

Hat der Gläubiger für seinen Anspruch bereits einen vollstreckbaren Schuldtitel, so ist die Zwangsvollstreckung für die Dauer der bewilligten Zahlungsfrist unzulässig.

§ 14.

(1) Durch die Bewilligung der Zahlungsfrist werden Vorschriften in Gesetzen, Satzungen oder Verträgen, die für besondere Fälle eine vorzeitige Fälligkeit der Schuld anordnen, nicht berührt. Die Vorschrift des § 4 Satz 2 findet Anwendung.

(2) Unbeschadet der Vorschrift des Abs. 1 kann der Gläubiger während des Laufes der Zahlungsfrist die Forderung ohne Einhaltung einer Kündigungsfrist kündigen, wenn der Eigentümer und der persönliche Schuldner mit der Zahlung von Abschlags-, Tilgungs- oder Zinsbeträgen länger als einen Monat im Verzug sind. Auf die Verzugsfolge soll in der Entscheidung, durch die eine Zahlungsfrist bewilligt wird, hingewiesen werden.

(3) Die Kündigung ist ausgeschlossen, wenn der Eigentümer oder der persönliche Schuldner den Gläubiger befriedigt, bevor sie erfolgt. Die Kündigung ist unwirksam, wenn sich der Eigentümer oder der persönliche Schuldner durch Aufrechnung befreien konnte und unverzüglich nach der Kündigung die Aufrechnung erklärt.

(4) Liegen die Voraussetzungen für den Eintritt der vorzeitigen Fälligkeit (Abs. 1, 2) vor und hat der Gläubiger für seinen Anspruch bereits einen vollstreckbaren Schuldtitel, so ergeht im Streitfall die Entscheidung des Gerichts dahin, daß die Zahlungsfrist außer Kraft tritt.

§ 15.

(1) Reicht der Ertrag eines ganz oder teilweise der Zwangswirtschaft unterliegenden Grundstücks zur Befriedigung des Anspruchs des Gläubigers auf Leistung der Zins- und Tilgungsbeträge nicht aus, weil Miet- oder Pachtzinszahlungen ausgeblieben sind, und kann in Anbetracht der Vorschriften über die Zwangswirtschaft durch eine anderweitige Vermietung oder Verpachtung der Ausfall nicht rechtzeitig gedeckt werden, so kann auf Antrag des Eigentümers die Zwangsversteigerung durch das Gericht für die Dauer von längstens sechs Monaten eingestellt werden, sofern dies zur Abwendung einer unbilligen Härte erforderlich erscheint. Die Parteien haben die tatsächlichen Behauptungen glaubhaft zu machen.

(2) Die Einstellung ist auch vor der Anordnung der Versteigerung zulässig. Sie kann mehrfach erfolgen, jedoch nicht über den 31. Dezember 1934 hinaus. Der Antrag auf Einstellung ist abzulehnen, wenn fällige Ansprüche des betreibenden Gläubigers auf wiederkehrende Leistungen für zwei Jahre nicht gezahlt sind.

(3) Erfolgt die Einstellung des Verfahrens nach der Anordnung der Versteigerung, so ist der Beschluß allen Beteiligten (§ 9 des Gesetzes über die Zwangsversteigerung und die Zwangsverwaltung) zuzustellen.

(4) Wird die Zwangsversteigerung eingestellt, so beginnt die im § 31 Abs. 2 des Gesetzes über die Zwangsversteigerung und die Zwangsverwaltung vorgesehene Frist erst mit dem Ablauf der Frist, für deren Dauer die Einstellung angeordnet ist.

IV. Verfahren vor der Aufwertungsstelle.

1. Allgemeine Vorschriften.

§ 16.

Die Aufwertungsstelle ist ausschließlich zuständig:

1. für die Entscheidung über den Antrag auf Bewilligung der Zahlungsfrist (§§ 6 bis 11);
2. im Verfahren über die Bewilligung der Zahlungsfrist für die Entscheidung der Frage, ob eine ordnungsmäßige Kündigung des Gläubigers nach § 2 vorliegt.

§ 17.

(1) Zuständig ist die Aufwertungsstelle, in deren Bezirk das Grundbuch geführt wird; im Falle einer Gesamtbelastung bleibt die Aufwertungsstelle, welche zuerst angegangen ist, auch für die Entscheidung hinsichtlich der mitbelasteten Grundstücke zuständig. Dies gilt für die persönliche Forderung auch dann, wenn eine Wiedereintragung des dinglichen Rechtes nicht stattfindet.

(2) Wird das Grundbuch nicht im Inland geführt, so ist für die Entscheidung über den Antrag auf Bewilligung der Zahlungsfrist für die durch die Hypothek gesicherte persönliche Forderung die Aufwertungsstelle zuständig, in deren Bezirk der Schuldner seinen allgemeinen Gerichtsstand hat. Hat der Schuldner im Inland keinen allgemeinen Gerichtsstand, so ist die Aufwertungsstelle zuständig, in deren Bezirk sich sein Vermögen ganz oder zum Teil befindet oder in deren Bezirk der Gläubiger seinen Wohnsitz (Sitz) hat; unter mehreren zuständigen Aufwertungsstellen gebührt der Vorzug der Aufwertungsstelle, die zuerst in der Sache tätig geworden ist. Ist nach diesen Vorschriften für mehrere Schuldner ein gemeinschaftlicher Gerichtsstand nicht begründet, so wird die zuständige Aufwertungsstelle durch das gemeinschaftliche obere Gericht und, falls dieses das Reichsgericht ist, durch dasjenige Oberlandesgericht bestimmt, zu dessen Bezirk das zuerst angegangene Gericht hört.

§ 18.

(1) Soweit nicht in diesem Gesetz etwas anderes vorgeschrieben ist, finden auf das Verfahren vor der Aufwertungsstelle die Vorschriften des Reichsgesetzes über die Angelegenheiten der freiwilligen Gerichtsbarkeit sinngemäß Anwendung. Die Reichsregierung kann mit Zustimmung des Reichsrats die Bestimmungen treffen, die sie zum Zwecke der Anpassung an die besonderen Bedürfnisse des Zahlungsfristverfahrens für nötig erachtet.

(2) Die Aufwertungsstelle hat den Versuch einer gütlichen Einigung zu machen, sofern nicht die Erfolglosigkeit des Sühneverfahrens mit Bestimmtheit vorherzusehen ist.

2. Verfahren.

§ 19.

(1) Wohnt ein Beteiligter nicht im Deutschen Reiche, so hat er einen im Deutschen Reiche wohnenden Zustellungsbevollmächtigten oder sonstigen Bevollmächtigten zu bestellen und die Bestellung der Aufwertungsstelle anzuzeigen.

(2) Solange dies nicht geschieht, können alle Zustellungen in der Art bewirkt werden, daß das zuzustellende Schriftstück unter der Adresse des Beteiligten nach seinem Wohnort zur Post gegeben wird. Die Zu-

stellung wird mit der Aufgabe zur Post als bewirkt angesehen, selbst wenn die Sendung als unbestellbar zurückkommt. Die Postsendungen sind mit der Bezeichnung „Einschreiben" zu versehen, wenn einer der Beteiligten es verlangt und zur Zahlung der Mehrkosten sich bereit erklärt.

§ 20.

(1) Die Aufwertungsstelle kann zum Zwecke der gleichzeitigen Verhandlung und Entscheidung miteinander verbinden

1. mehrere denselben Antragsteller betreffende Verfahren,
2. das den Eigentümer des belasteten Grundstücks und das den persönlichen Schuldner betreffende Verfahren.

(2) Die Aufwertungsstelle kann die Verbindung wieder aufheben.

§ 21.

Die Aufwertungsstelle kann von dem Beteiligten die Glaubhaftmachung einer tatsächlichen Behauptung verlangen.

§ 22.

Die Entscheidung der Aufwertungsstelle ist mit Gründen zu versehen. Die einstweilige Anordnung auf Grund des § 11 bedarf keiner Begründung.

3. Rechtsmittel.

§ 23.

(1) Gegen die Entscheidung der Aufwertungsstelle findet die sofortige Beschwerde statt. Über die sofortige Beschwerde entscheidet das Landgericht. Gegen die Entscheidung des Beschwerdegerichts ist die sofortige weitere Beschwerde an das Oberlandesgericht zulässig, wenn die Entscheidung auf einer Verletzung des Gesetzes beruht. Die Vorschriften des § 28 Abs. 2, 3 und des § 199 des Reichsgesetzes über die Angelegenheiten der freiwilligen Gerichtsbarkeit finden entsprechende Anwendung. Soweit für die Entscheidung über die sofortige weitere Beschwerde nach § 74 des Aufwertungsgesetzes eines von mehreren Oberlandesgerichten oder an Stelle eines solchen Oberlandesgerichts das oberste Landesgericht für zuständig erklärt ist, gilt dieses Oberlandesgericht oder das oberste Landesgericht auch als zuständig zur Entscheidung über die sofortige weitere Beschwerde auf Grund dieses Gesetzes.

(2) Gegen die Entscheidung der Aufwertungsstelle kann unter Übergehung der Beschwerdeinstanz unmittelbar die sofortige weitere Beschwerde eingelegt werden, wenn der Gegner einwilligt. Die schriftliche Erklärung der Einwilligung ist bei der Einlegung der sofortigen weiteren Beschwerde einzureichen.

§ 24.

(1) Die sofortige Beschwerde kann bei der Aufwertungsstelle oder beim Landgericht eingelegt werden. Die Einlegung erfolgt durch Einreichung einer Beschwerdeschrift oder durch Erklärung zum Protokoll der Geschäftsstelle des zuständigen Gerichts oder eines Amtsgerichts.

(2) Die sofortige weitere Beschwerde kann bei der Aufwertungsstelle, dem Landgericht oder dem Oberlandesgericht eingelegt werden. Die Einlegung erfolgt durch Einreichung einer Beschwerdeschrift oder durch Erklärung zum Protokoll der Geschäftsstelle des zuständigen Gerichts oder eines Amtsgerichts. Die Beschwerdeschrift muß von einem Rechtsanwalt unterzeichnet sein. Der Zuziehung eines Rechtsanwalts bedarf es nicht, wenn die Beschwerde von einer Behörde oder von einem Notar eingelegt wird, der in der Angelegenheit für den Beschwerdeführer einen Antrag bei der Aufwertungsstelle gestellt hat.

(3) Wird die Beschwerde durch Erklärung zum Protokoll der Geschäftsstelle eingelegt, so genügt es zur Wahrung der Beschwerdefrist, daß die Erklärung innerhalb der Frist erfolgt.

(4) Erfolgt die Einlegung der sofortigen Beschwerde oder der sofortigen weiteren Beschwerde durch Erklärung zum Protokoll der Geschäftsstelle eines Amtsgerichts, so hat die Geschäftsstelle dieses Gerichts innerhalb 24 Stunden der Geschäftsstelle der Aufwertungsstelle von der Einlegung Nachricht zu geben. Die Vorschrift findet entsprechende Anwendung, sofern die sofortige weitere Beschwerde beim Oberlandesgericht unter Übergehung des Landgerichts eingelegt wird.

(5) Die Geschäftsstelle der Aufwertungsstelle darf Zeugnisse über die Rechtskraft erst eine Woche nach Ablauf der Beschwerdefrist erteilen.

4. Rechtskraft und Vollstreckbarkeit.

§ 25.

(1) Die rechtskräftige Entscheidung der Aufwertungsstelle ist für die Gerichte und Verwaltungsbehörden bindend.

(2) Aus der rechtskräftigen Entscheidung der Aufwertungsstelle über die Kosten sowie aus einem vor der Aufwertungsstelle abgeschlossenen Vergleiche findet die Zwangsvollstreckung nach den Vorschriften der Zivilprozeßordnung statt.

(3) In der Entscheidung über den Antrag auf Bewilligung der Zahlungsfrist hat die Aufwertungsstelle, wenn der Anspruch nach Grund und Betrag unstreitig und der Gläubiger noch nicht im Besitz eines vollstreckbaren Schuldtitels ist, auf Antrag des Gläubigers die Zahlungspflicht auszusprechen. Die rechtskräftige Entscheidung steht dem in einem bürgerlichen Rechtsstreit ergangenen rechtskräftigen Urteil gleich.

5. Kosten.

§ 26.

Die Aufwertungsstelle erhebt für das Verfahren, das nach den Vorschriften dieses Gesetzes stattfindet, Gebühren nach Maßgabe der von der Landesjustizverwaltung erlassenen Bestimmungen. Die Kosten des Verfahrens trägt der Antragsteller; die Aufwertungsstelle kann sie ganz oder teilweise dem Gläubiger auferlegen, wenn dies aus besonderen Gründen der Billigkeit entspricht.

V. Eintragungen in das Grundbuch.

§ 27.

(1) Zur Erhaltung der Wirksamkeit gegenüber dem öffentlichen Glauben des Grundbuchs bedürfen nicht der Eintragung:

1. die Erhöhung des Zinssatzes nach § 1 Abs. 1 Satz 1,
2. die gesetzlichen Fälligkeitsbedingungen (§§ 2, 3),
3. die Zahlungsfrist und die Bedingungen, unter denen sie gewährt ist (§§ 6 bis 14).

(2) Ist im Grundbuch hinsichtlich der Fälligkeit oder der Verzinsung der aufgewerteten Hypothek auf das Aufwertungsgesetz Bezug genommen, so gilt dieser Hinweis auch für die jetzt eingeführten neuen gesetzlichen Bedingungen.

VI. Zwischenzins bei vorzeitiger Zahlung.

§ 28.

(1) Die Vorschriften der Artikel 21, 22 der Durchführungsverordnung zum Aufwertungsgesetze vom 29. November 1925 (RGBl. I S. 392) über den Zwischenzins bei vorzeitiger Zahlung treten am 1. Januar 1932 außer Kraft.

(2) Soweit die Zahlung des Aufwertungsbetrags nach dem Inkrafttreten dieses Gesetzes und vor dem 1. Januar 1932 erfolgt, ist für die Berechnung des Zwischenzinses der Umstand, daß die aufgewertete Hypothek erst nach dem 1. Januar 1932 fällig ist, nicht zu berücksichtigen.

2. Abschnitt.

Grundschulden, Rentenschulden, Reallasten, Schiffs- und Bahnpfandrechte.

§ 29.

Die Vorschriften dieses Gesetzes finden entsprechende Anwendung:

1. auf Grundschulden,
2. auf Pfandrechte an im Schiffsregister eingetragenen Schiffen und an Bahneinheiten sowie auf die durch Schiffspfandrecht oder Bahnpfandrecht gesicherten Forderungen.

§ 30.

Soweit zur Teilungsmasse einer öffentlich-rechtlichen Grundkredit- oder Ablösungsanstalt oder zur Deckung der von ihr ausgegebenen

Aufwertungsschuldverschreibungen andere dingliche Rechte als Hypotheken und Grundschulden oder persönliche Forderungen, die auf Grund des Aufwertungsgesetzes aufgewertet sind, gehören, werden die obersten Landesbehörden ermächtigt, Vorschriften zu dem Zwecke zu erlassen, daß die Erträge der zur Teilungsmasse gehörenden und der zur Deckung der ausgegebenen Aufwertungsschuldverschreibungen dienenden Werte der auf Grund des § 1 eintretenden Zinserhöhung angepaßt werden. Soweit es zur Durchführung dieser Maßnahmen erforderlich ist, können die Bestimmungen dieses Gesetzes ganz oder teilweise auf die bezeichneten dinglichen Rechte und persönlichen Forderungen ausgedehnt und auch der Inhalt der dinglichen Rechte geändert werden.

3. Abschnitt.

Schlußvorschriften.

§ 31.

Soweit nicht die Landesjustizverwaltung etwas anderes anordnet, finden die Vorschriften dieses Gesetzes entsprechende Anwendung auch dann, wenn das Grundbuch noch nicht als angelegt gilt.

§ 32.

(1) Gerichtliche Entscheidungen stehen der Anwendung dieses Gesetzes nicht entgegen.

(2) Unberührt durch die Vorschriften dieses Gesetzes bleiben die Anordnungen, die die Aufwertungsstelle auf Grund der §§ 26, 27 des Aufwertungsgesetzes getroffen hat.

§ 33.

Die Reichsregierung wird ermächtigt, mit Zustimmung des Reichsrats, zur Durchführung dieses Gesetzes, zur Anpassung seiner Vorschriften an die Vorschriften des Bürgerlichen Gesetzbuchs, der Grundbuchordnung und des Aufwertungsgesetzes sowie zur Verhütung unvorhergesehener Härten die erforderlichen Rechtsverordnungen und allgemeinen Verwaltungsvorschriften zu erlassen. Die Reichsregierung wird ferner ermächtigt, mit Zustimmung des Reichsrats die Vorschriften über das Verfahren der Aufwertungsstelle zu ändern oder zu ergänzen.

§ 34.

Dieses Gesetz tritt am 1. Oktober 1930 in Kraft.

Berlin, den 18. Juli 1930.

Der Reichspräsident.
von Hindenburg.
Der Reichsminister der Justiz.
Bredt.

2. Gesetz über die Vereinigung der Grundbücher. Vom 18. Juli 1930.

Der Reichstag hat das folgende Gesetz beschlossen, das mit Zustimmung des Reichsrats hiermit verkündet wird:

1. Abschnitt.

Ausschlußfristen für die Eintragung der Aufwertung in das Grundbuch.

§ 1.

Der Antrag, die Aufwertung der Hypothek (§§ 4 bis 6, 14 bis 21, 78 des Aufwertungsgesetzes) in das Grundbuch an der sich aus dem Aufwertungsgesetz und dem Gesetz vom 9. Juli 1927 (RGBl. I S. 171) ergebenden Rangstelle einzutragen, kann nur bis zum Ablauf des 31. März 1931 gestellt werden.

§ 2.

Ist der Antrag auf Eintragung der Aufwertung (§ 1) bis zum Ablauf des 31. März 1931 nicht gestellt, so erlischt die aufgewertete Hypothek, deren Geldbetrag im Grundbuch noch in Mark oder einer anderen nicht mehr geltenden inländischen Währung bezeichnet ist. Soweit sie noch im Grundbuch eingetragen ist, ist sie von Amts wegen zu löschen.

§ 3.

(1) Die Frist (§ 1) wird nur durch einen Antrag gewahrt, der bei dem Grundbuchamte gestellt ist, von dem das Grundbuch für das belastete Grundstück geführt wird.

(2) Die Wirksamkeit des Antrags wird nicht dadurch beeinträchtigt, daß in ihm der Aufwertungsbetrag nicht oder nicht richtig angegeben ist.

(3) Weist das Grundbuchamt den Antrag zurück, so ist die Beschwerde nur binnen einer Frist von einem Monat zulässig; die Frist beginnt mit dem Zeitpunkt, in welchem die Verfügung dem Beschwerdeführer bekanntgemacht worden ist. Das gleiche gilt für die weitere Beschwerde, soweit das Beschwerdegericht der Beschwerde nicht stattgibt.

(4) Sind nach Landesrecht die Amtsgerichte nicht ausschließlich zugleich die Grundbuchämter, so kann durch allgemeine Anordnung der Landesjustizverwaltung bestimmt werden, daß, falls zwei oder mehrere Grundbuchämter ihren Sitz an ein und demselben Orte haben, die Frist (§ 1) gewahrt ist, wenn der Antrag bei einem von diesen Grundbuchämtern rechtzeitig gestellt ist.

§ 4.

(1) Kann infolge Versäumung der im § 1 vorgeschriebenen Frist die Aufwertung einer Hypothek an der sich aus dem Aufwertungsgesetz

und dem Gesetz vom 9. Juli 1927 (RGBl. I S. 171) ergebenden Rangstelle nicht mehr eingetragen werden, so ist auf Antrag des Gläubigers an nächstbereiter Rangstelle in gleicher Höhe eine neue Hypothek einzutragen.

(2) Der Bewilligung desjenigen, dessen Recht durch die Eintragung betroffen wird, bedarf es nicht. Die Eintragung erfolgt nach den im Aufwertungsgesetz und dem Gesetz vom 9. Juli 1927 (RGBl. I S. 171) und in den dazu erlassenen Durchführungsverordnungen für die Eintragung des Aufwertungsbetrages vorgesehenen Vorschriften.

(3) Die Eintragung der neuen Hypothek findet nicht statt, wenn das Eigentum an dem Grundstück durch Zuschlag in der Zwangsversteigerung oder durch rechtsgeschäftlichen Erwerb infolge eines nach dem 31. Dezember 1931 gestellten Eintragungsantrags gewechselt hat.

§ 5.

(1) Bei der Eintragung der Aufwertung in das Grundbuch ist der Aufwertungsbetrag statt in Goldmark in Reichsmark einzutragen, wenn eine dahin gehende Erklärung des Gläubigers beigebracht ist. Eine Reichsmark ist einer Goldmark gleichzusetzen. Der Zustimmung des Eigentümers und desjenigen, der ein Recht an dem aufgewerteten Rechte hat, sowie einer Zustimmung der im Range gleich- oder nachstehenden Berechtigten bedarf es nicht.

(2) Die Erklärung des Gläubigers (Abs. 1 Satz 1) bedarf nicht der Form des § 29 der Grundbuchordnung.

§ 6.

Die Vorschriften der §§ 1 bis 5 finden entsprechende Anwendung auf Grundschulden, Rentenschulden und Reallasten.

§ 7.

Die durch die Hypothek gesicherte persönliche Forderung wird durch die Vorschriften der §§ 1 bis 5 nicht berührt.

2. Abschnitt.

Hypotheken-, Grundschuld-, Rentenschuldbrief.

§ 8.

(1) Mit Ablauf des 31. Dezember 1931 wird ein Hypothekenbrief kraftlos, der den Geldbetrag der Hypothek dann noch in Mark oder einer anderen nicht mehr geltenden inländischen Währung bezeichnet.

(2) Ist eine Hypothek, deren Geldbetrag im Grundbuch noch in Mark oder einer anderen nicht mehr geltenden inländischen Währung bezeichnet ist, im Grundbuch zu löschen, weil der Antrag, die Aufwertung einzutragen, nicht rechtzeitig gestellt ist (§ 2), so wird der über die Hypothek erteilte Brief, der auf Mark oder eine andere nicht mehr geltende inländische Währung lautet, schon mit Ablauf des 31. März 1931 kraftlos.

§ 9.

Das Grundbuchamt hat den Besitzer eines kraftlos gewordenen Hypothekenbriefs zur Vorlegung des Briefes anzuhalten. Der Brief ist unbrauchbar zu machen. Eine mit dem Briefe verbundene Schuldurkunde ist abzutrennen und zurückzugeben.

§ 10.

(1) Dem Berechtigten ist auf Antrag ein neuer Brief an Stelle des kraftlos gewordenen zu erteilen, es sei denn, daß die Erteilung eines neuen Briefes ausgeschlossen ist.

(2) Die Erteilung eines neuen Briefes gilt als nachträglich ausgeschlossen, wenn der Aufwertungsbetrag der Hypothek 500 Goldmark nicht übersteigt (Artikel 6 der Durchführungsverordnung vom 29. November 1925). Die Ausschließung ist im Grundbuch zu vermerken. Die Befugnis, die Ausschließung der Erteilung des Hypothekenbriefs aufzuheben (§ 1116 Abs. 3 BGB.), bleibt unberührt.

§ 11.

Wird ein neuer Brief erteilt (§ 10), so hat er die Angabe zu enthalten, daß er an die Stelle des bisherigen Briefes tritt. Wird der bisherige Brief vorgelegt, so sind Vermerke, die nach den §§ 1140, 1145, 1157 des BGB. für das Rechtsverhältnis zwischen dem Eigentümer und dem Gläubiger in Betracht kommen, auf den neuen Brief zu übertragen. Die Erteilung des Briefes ist im Grundbuch zu vermerken. Eine mit dem bisherigen Briefe verbundene Schuldurkunde ist mit dem neuen Briefe zu verbinden.

§ 12.

Die Vorschriften der §§ 8 bis 11 finden auf Grundschuldbriefe und Rentenschuldbriefe entsprechende Anwendung.

3. Abschnitt.

Rangvorbehalt des Eigentümers.

1. Erlöschen des Rangvorbehalts.

§ 13.

(1) Die Befugnis des Eigentümers, an der ihm vorbehaltenen Rangstelle eine Hypothek oder Grundschuld eintragen zu lassen (§ 7 des Aufwertungsgesetzes), wird nicht mehr von Amts wegen in das Grundbuch eingetragen. Dies gilt auch, wenn die Befugnis vor dem Inkrafttreten dieses Gesetzes nach den Vorschriften des Aufwertungsgesetzes einzutragen gewesen wäre.

(2) Die Vorschrift des Abs. 1 findet keine Anwendung, soweit auf Grund des § 7 Abs. 4 des Aufwertungsgesetzes ein wertbeständiges Recht die vorbehaltene Rangstelle einnimmt.

§ 14.

Soweit die Befugnis des Eigentümers, an der ihm vorbehaltenen Rangstelle eine Hypothek oder Grundschuld eintragen zu lassen, noch nicht ausgeübt ist, erlischt sie mit dem Inkrafttreten dieses Gesetzes, wenn der Goldmarkbetrag der Hypothek oder Grundschuld niedriger wäre als 100 Goldmark.

§ 15.

(1) Soll von der unter Berücksichtigung des § 14 noch bestehenden Befugnis noch Gebrauch gemacht werden, so ist der Antrag, die Hypothek oder Grundschuld einzutragen, spätestens bis zum Ablauf des 31. März 1931 zu stellen. Ist der Antrag nicht rechtzeitig gestellt, so erlischt die Befugnis. Die Hypothek oder Grundschuld kann ohne Zustimmung der im Range gleich- oder nachstehenden Berechtigung in Reichsmark eingetragen werden. Eine Reichsmark ist einer Goldmark gleichzusetzen.

(2) Die Vorschrift des § 13 Abs. 2 bleibt unberührt. Die Vorschriften des § 3 finden entsprechende Anwendung.

§ 16.

Ist die Befugnis des Eigentümers, an der ihm vorbehaltenen Rangstelle eine Hypothek oder Grundschuld eintragen zu lassen, auf Grund dieses Gesetzes erloschen, so sind die Eintragungen, die sich auf die Befugnis beziehen, im Grundbuch von Amts wegen zu löschen.

2. Klarstellung der Rangverhältnisse.

§ 17.

Die Befugnis des Eigentümers, an der ihm vorbehaltenen Rangstelle eine Hypothek oder Grundschuld eintragen zu lassen, steht dem Eigentümer nur gegenüber denjenigen nachgehenden Rechten zu, die zur Zeit des Inkrafttretens des Aufwertungsgesetzes eingetragen oder nach dessen Vorschriften wieder einzutragen waren (relative Wirkung der Rangbefugnis).

§ 18.

Ergibt sich aus dem Grundbuch, daß die Befugnis des Eigentümers auch gegenüber den nach Inkrafttreten des Aufwertungsgesetzes eingetragenen oder noch einzutragenden Rechten Wirkung erhalten sollte (absolute Wirkung der Rangbefugnis) oder ist ein Recht mit diesem Range auf Grund der Befugnis im Grundbuch eingetragen, so hat es hierbei sein Bewenden, es sei denn, daß zur Zeit des Inkrafttretens dieses Gesetzes ein Widerspruch zugunsten der relativen Wirkung der Rangbefugnis (§ 17) eingetragen ist.

4. Abschnitt.

Öffentlicher Glaube des Grundbuchs.

§ 19.

Die Vorschrift des § 22 Abs. 2 des Aufwertungsgesetzes tritt mit dem Ablauf des 31. Dezember 1931 außer Kraft.

5. Abschnitt.

Weitere Entlastung der Grundbücher.

§ 20.

Die Landesjustizverwaltung kann anordnen, daß der im Grundbuch eingetragene Aufwertungsbetrag einer Hypothek, Grundschuld oder Rentenschuld auf volle Goldmark oder, falls Reichsmark eingetragen ist, auf volle Reichsmark abzurunden ist. Das gleiche gilt für den noch einzutragenden Aufwertungsbetrag.

§ 21.

Die infolge der Vorschriften der §§ 1 und 2 gegenstandslos gewordenen Widersprüche sind von Amts wegen zu löschen.

§ 22.

Die Landesgesetzgebung kann anordnen, daß Eintragungen über Rechte, auch sofern sie nicht von der Aufwertung betroffen sind, von Amts wegen gelöscht werden können, wenn festgestellt ist, daß sie gegenstandslos geworden sind.

6. Abschnitt.

Umschreibung unübersichtlicher Grundbücher.

§ 23.

Unübersichtliche Grundbücher werden nach den Vorschriften des Landesrechts umgeschrieben.

§ 24.

(1) Die Landesjustizverwaltung kann im Rahmen der folgenden Richtlinien anordnen, daß bei der Umschreibung unübersichtlicher Grundbücher von Amts wegen oder auf Antrag eines Beteiligten Unklarheiten und Unübersichtlichkeiten in den Rangverhältnissen beseitigt werden.

(2) Das Grundbuchamt hat zu versuchen, eine Einigung der Beteiligten auf eine klare Rangordnung herbeizuführen. Gelingt das nicht, so macht das Grundbuchamt den Beteiligten einen Vorschlag für eine neue Rangordnung. Dabei kann eine Änderung bestehender Rangverhältnisse insoweit vorgeschlagen werden, als es zur Klarstellung erforderlich ist. Den Beteiligten ist eine Widerspruchsfrist von mindestens einem Monat zu eröffnen.

(3) Wird rechtzeitig ein Widerspruch erhoben, so entscheidet das Grundbuchamt. Die Entscheidung ist mit Gründen zu versehen. Gegen die Entscheidung findet die sofortige Beschwerde nach den Vorschriften des Reichsgesetzes über die Angelegenheiten der freiwilligen Gerichtsbarkeit statt. Über die sofortige Beschwerde entscheidet das Landgericht. Gegen die Entscheidung des Landgerichts ist ein Rechtsmittel nicht zulässig.

(4) Ist innerhalb der Widerspruchsfrist kein Widerspruch erhoben worden oder sind die erhobenen Widersprüche erledigt, so ist das Grundbuchblatt nach Maßgabe der neuen Rangordnung umzuschreiben; die neue Rangordnung tritt damit an die Stelle der bisherigen.

(5) Das Verfahren ist auf Antrag eines Beteiligten bis zur Erledigung eines anhängigen Rechtsstreits, der die Rangverhältnisse an dem Grundstück zum Gegenstand hat, auszusetzen.

(6) Findet durch dieses Verfahren ein anhängiger Rechtsstreit seine Erledigung, so trägt jede Partei die ihr entstandenen außergerichtlichen Kosten. Die Gerichtskosten werden niedergeschlagen.

(7) Die Justizverwaltung eines Landes, in welchem die Amtsgerichte nicht zugleich die Grundbuchämter sind, kann anordnen, daß über den Widerspruch (Abs. 3) an Stelle des Grundbuchamts das Amtsgericht entscheidet, in dessen Bezirk das Grundbuchamt seinen Sitz hat. Die sofortige Beschwerde findet gegen die Entscheidung des Amtsgerichts statt.

7. Abschnitt.

Erleichterungen des Grundbuchverkehrs.

§ 25.

Den Antrag auf Eintragung nach den Vorschriften dieses Gesetzes zu stellen, ist jeder berechtigt, der ein rechtliches Interesse an der Eintragung hat.

§ 26.

Für die Eintragung des Erlöschens einer aufgewerteten Hypothek oder Grundschuld, deren Geldbetrag 300 Goldmark oder Reichsmark nicht übersteigt, sowie für die Eintragung des Erlöschens einer aufgewerteten Rentenschuld oder Reallast, deren Jahresleistung 15 Goldmark oder Reichsmark nicht übersteigt, bedarf

1. der Nachweis der Voraussetzungen der Löschung nicht der im § 29 der Grundbuchordnung vorgeschriebenen Form,
2. der Nachweis der Erbfolge nicht der im § 36 der Grundbuchordnung vorgeschriebenen Form.

§ 27.

(1) Bei einer Hypothek, Grundschuld oder Rentenschuld, über die ein Brief erteilt ist, darf eine Eintragung aus Anlaß der Aufwertung auch dann vorgenommen werden, wenn der Brief nicht vorgelegt wird.

(2) Das Grundbuchamt hat den Besitzer des Hypotheken-, Grundschuld- oder Rentenschuldbriefs zur Vorlegung des Briefes anzuhalten.

§ 28.

Ist oder wird bei der Wiedereintragung einer aufgewerteten Hypothek oder des früheren Gläubigers einer solchen (§§ 20, 21 des Aufwertungsgesetzes) in irgendeiner Weise auf die frühere Eintragung verwiesen, so gilt die frühere Eintragung als Teil der neuen Eintragung soweit sich nicht aus dem Aufwertungsgesetz, dem Gesetze vom 9. Juli 1927 (RGBl. I S. 171) und den dazu erlassenen Durchführungsverordnungen oder aus der neuen Eintragung ein anderes ergibt. Bei der Eintragung bedarf es weder der Eintragung der gesetzlichen Verzinsungs- und Rückzahlungsbedingungen noch der Bezugnahme auf die entsprechenden gesetzlichen Vorschriften.

§ 29

Ist bei der Wiedereintragung einer aufgewerteten Hypothek als Rang der Hypothek der Rang des gelöschten Rechtes ausdrücklich bezeichnet oder ergibt sich aus der Eintragung in sonstiger Weise, daß die Hypothek diesen Rang haben soll, so gilt die Hypothek als mit dem Range eingetragen, den das gelöschte Recht nach dem Grundbuch einnehmen würde, wenn die Löschung nicht erfolgt wäre. Dies gilt nicht, soweit sich aus der Neueintragung ein anderes ergibt.

§ 30.

(1) Ist der Rang einer aufgewerteten Hypothek lediglich durch Bezugnahme auf das Aufwertungsgesetz bezeichnet und stimmt der Rang, den die Hypothek nach dem Aufwertungsgesetze hat, nicht mit dem Range überein, der sich aus dem Grundbuch ohne Berücksichtigung der Bezugnahme ergeben würde, so hat die Bezugnahme auf das Gesetz die Wirkung eines Widerspruchs gegen die Richtigkeit der sich aus dem Grundbuch ergebenden Rangfolge zugunsten desjenigen, der durch die Unrichtigkeit dieser Rangfolge betroffen würde.

(2) Die Vorschrift des Abs. 1 gilt entsprechend, wenn hinsichtlich des Umfanges eines Rechtes, auf den sich eine Rangeintragung bezieht, lediglich auf das Aufwertungsgesetz Bezug genommen ist.

§ 31.

(1) Die Vorschriften über die Eintragung der gesetzlichen Aufwertung (§§ 6, 14 bis 21, 78 des Aufwertungsgesetzes) finden auf die Eintragung einer den gesetzlichen Aufwertungsbetrag übersteigenden Hypothek (§ 67 des Aufwertungsgesetzes) Anwendung.

(2) Die Eintragung ist nicht deshalb unzulässig, weil der gesetzliche Aufwertungsbetrag mit der vereinbarten Mehraufwertung zu einer Eintragung zusammengesetzt ist. Die Vorschriften des § 67 Abs. 1 Satz 2, 3 des Aufwertungsgesetzes bleiben unberührt.

§ 32.

Die Vorschriften der §§ 28, 29, 30, 31 finden entsprechende Anwendung auf Grundschulden, Rentenschulden und Reallasten.

8. Abschnitt.

Kosten.

§ 33.

Für die auf Grund der §§ 2, 6, 16, 21 erfolgende Löschung von Amts wegen werden Gebühren nicht erhoben.

9. Abschnitt.

Änderung des Gesetzes vom 9. Juli 1927.

§ 34.

Im § 6 Abs. 1 Ziffer 2 Satz 1 des Gesetzes über die Verzinsung aufgewerteter Hypotheken usw. vom 9. Juli 1927 (RGBl. I S. 171) werden die Worte „nach einem Zeitpunkt, den die Reichsregierung bestimmen wird", ersetzt durch die Worte „nach dem 31. Dezember 1931".

10. Abschnitt.

Eintragungen im Erbbaugrundbuche.

§ 35.

Im § 14 Abs. 1 der Verordnung über das Erbbaurecht vom 15. Januar 1919 (RGBl. S. 72) wird hinter Satz 2 folgender neuer Satz eingefügt:

„Zur näheren Bezeichnung des Inhalts des Erbbaurechts kann auf die Eintragungsbewilligung Bezug genommen werden."

Satz 3 folgt als Abs. 2.

Die dem § 14 neu eingefügte Vorschrift gilt auch für Eintragungen, die vor dem Inkrafttreten dieses Gesetzes bewirkt sind.

11. Abschnitt.

Geltung und Durchführung des Gesetzes.

§ 36.

(1) Die Vorschriften dieses Gesetzes finden, soweit nicht die Landesjustizverwaltung etwas anderes anordnet, auch dann entsprechende Anwendung, wenn das Grundbuch noch nicht angelegt ist.

(2) Die Vorschriften der §§ 1 bis 6 finden keine Anwendung,

1. soweit die Aufwertung durch ein Sondergesetz (§ 1 Abs. 2 des Aufwertungsgesetzes) geregelt oder nach § 63 Abs. 5 des Aufwertungsgesetzes der landesgesetzlichen Regelung überlassen ist,
2. soweit es sich um Rechte handelt, die zu ihrer Begründung und zur Wirksamkeit gegenüber dem öffentlichen Glauben des Grundbuchs nicht der Eintragung bedürfen.

§ 37.

(1) Die §§ 17, 18, 28 bis 32 treten mit dem auf die Verkündung folgenden Tage in Kraft; im übrigen tritt das Gesetz am 1. Oktober 1930 in Kraft.

(2) Die Vorschriften des § 3 finden auch Anwendung, wenn der Antrag (§ 1) vor Inkrafttreten des Gesetzes gestellt ist. Die im § 3 Abs. 3 für die Einlegung der Beschwerde und der weiteren Beschwerde vorgeschriebene Frist endet nicht vor Ablauf von einem Monat nach Inkrafttreten des Gesetzes.

(3) Die Reichsregierung wird ermächtigt, die zur Durchführung dieses Gesetzes, insbesondere auch zur weiteren Erleichterung des Grundbuchverkehrs erforderlichen Rechtsverordnungen und allgemeinen Verwaltungsvorschriften zu erlassen.

(4) Die Reichsregierung wird ferner ermächtigt, anzuordnen, daß und in welcher Weise nicht der Aufwertung unterliegende Rechte, deren Geldbetrag noch in Mark oder einer anderen nicht mehr geltenden inländischen Währung bezeichnet ist, in Reichsmark umzuschreiben sind.

Berlin, den 18. Juli 1930.

Der Reichspräsident.
von Hindenburg.

Der Reichsminister der Justiz.
Bredt.

VIII. Verordnung über das Erbbaurecht. Vom 15. Januar 1919.

I. Begriff und Inhalt des Erbbaurechts.

1. Gesetzlicher Inhalt:

§ 1.

Ein Grundstück kann in der Weise belastet werden, daß demjenigen, zu dessen Gunsten die Belastung erfolgt, das veräußerliche und vererbliche Recht zusteht, auf oder unter der Oberfläche des Grundstücks ein Bauwerk zu haben (Erbbaurecht).

Das Erbbaurecht kann auf einen für das Bauwerk nicht erforderlichen Teil des Grundstücks erstreckt werden, sofern das Bauwerk wirtschaftlich die Hauptsache bleibt.

Die Beschränkung des Erbbaurechts auf einen Teil des Gebäudes, insbesondere ein Stockwerk, ist unzulässig.

Das Erbbaurecht kann nicht durch auflösende Bedingungen beschränkt werden. Auf eine Vereinbarung, durch die sich der Erbbauberechtigte verpflichtet, beim Eintreten bestimmter Voraussetzungen das Erbbaurecht aufzugeben und seine Löschung im Grundbuche zu bewilligen, kann sich der Grundstückseigentümer nicht berufen.

2. Vertragsmäßiger Inhalt.

§ 2.

Zum Inhalt des Erbbaurechts gehören auch Vereinbarungen des Grundstückseigentümers und des Erbbauberechtigten über:

1. die Errichtung, die Instandhaltung und die Verwendung des Bauwerkes;
2. die Versicherung des Bauwerkes und seinen Wiederaufbau im Falle der Zerstörung;
3. die Tragung der öffentlichen und privatrechtlichen Lasten und Abgaben;
4. eine Verpflichtung des Erbbauberechtigten, das Erbbaurecht beim Eintreten bestimmter Voraussetzungen auf den Grundstückseigentümer zu übertragen (Heimfall);
5. eine Verpflichtung des Erbbauberechtigten zur Zahlung von Vertragsstrafen;
6. die Einräumung eines Vorrechts für den Erbbauberechtigten auf Erneuerung des Erbbaurechts nach dessen Ablauf;
7. eine Verpflichtung des Grundstückseigentümers, das Grundstück an den jeweiligen Erbbauberechtigten zu verkaufen.

§ 3.

Der Heimfallanspruch des Grundstückseigentümers kann nicht von dem Eigentum an dem Grundstück getrennt werden; der Eigentümer kann verlangen, daß das Erbbaurecht einem von ihm zu bezeichnenden Dritten übertragen wird.

§ 4.

Der Heimfallanspruch sowie der Anspruch auf eine Vertragsstrafe (§ 2 Nr. 4 und 5) verjährt in sechs Monaten von dem Zeitpunkt an, in dem der Grundstückseigentümer von dem Vorhandensein der Voraussetzungen Kenntnis erlangt, ohne Rücksicht auf diese Kenntnis in zwei Jahren vom Eintreten der Voraussetzungen an.

§ 5.

Als Inhalt des Erbbaurechts kann auch vereinbart werden, daß der Erbbauberechtigte zur Veräußerung des Erbbaurechts der Zustimmung des Grundstückseigentümers bedarf.

Als Inhalt des Erbbaurechts kann ferner vereinbart werden, daß der Erbbauberechtigte zur Belastung des Erbbaurechts mit einer Hypothek, Grund- oder Rentenschuld oder einer Reallast der Zustimmung des Grundstückseigentümers bedarf. Ist eine solche Vereinbarung getroffen, so kann auch eine Änderung des Inhalts der Hypothek, Grund- oder Rentenschuld oder der Reallast, die eine weitere Belastung des Erbbaurechts enthält, nicht ohne die Zustimmung des Grundstückseigentümers erfolgen.

§ 6.

Ist eine Vereinbarung gemäß § 5 getroffen, so ist eine Verfügung des Erbbauberechtigten über das Erbbaurecht und ein Vertrag, durch den er sich zu einer solchen Verfügung verpflichtet, unwirksam, solange nicht der Grundstückseigentümer die erforderliche Zustimmung erteilt hat.

Auf eine Vereinbarung, daß ein Zuwiderhandeln des Erbbauberechtigten gegen eine nach § 5 übernommene Beschränkung einen Heimfallanspruch begründen soll, kann sich der Grundstückseigentümer nicht berufen.

§ 7.

Ist anzunehmen, daß durch die Veräußerung (§ 5 Abs. 1) der mit der Bestellung des Erbbaurechts verfolgte Zweck nicht wesentlich beeinträchtigt oder gefährdet wird, und daß die Persönlichkeit des Erwerbers Gewähr für eine ordnungsmäßige Erfüllung der sich aus dem Erbbaurechtsinhalt ergebenden Verpflichtungen bietet, so kann der Erbbauberechtigte verlangen, daß der Grundstückseigentümer die Zustimmung zur Veräußerung erteilt. Dem Erbbauberechtigten kann auch für weitere Fälle ein Anspruch auf Erteilung der Zustimmung eingeräumt werden.

Ist eine Belastung (§ 5 Abs. 2) mit den Regeln einer ordnungsmäßigen Wirtschaft vereinbar, und wird der mit der Bestellung des Erbbaurechts verfolgte Zweck nicht wesentlich beeinträchtigt oder gefährdet, so kann der Erbbauberechtigte verlangen, daß der Grundstückseigentümer die Zustimmung zu der Belastung erteilt.

Wird die Zustimmung des Grundstückseigentümers ohne ausreichenden Grund verweigert, so kann sie auf Antrag des Erbbauberechtigten durch das Amtsgericht ersetzt werden, in dessen Bezirk das Grundstück belegen ist. Die Vorschriften des § 53 Abs. 1 Satz 1 Abs. 2 und des § 60 Abs. 1 Nr. 6 des Reichsgesetzes über die Angelegenheiten der freiwilligen Gerichtsbarkeit gelten entsprechend.

§ 8.

Verfügungen, die im Wege der Zwangsvollstreckung oder der Arrestvollziehung oder durch den Konkursverwalter erfolgen, sind insoweit unwirksam, als sie die Rechte des Grundstückseigentümers aus einer Vereinbarung gemäß § 5 vereiteln oder beeinträchtigen würden.

3. Erbbauzins.

§ 9.

Wird für die Bestellung des Erbbaurechts ein Entgelt in wiederkehrenden Leistungen (Erbbauzins) ausbedungen, so finden die Vorschriften des Bürgerlichen Gesetzbuchs über die Reallasten entsprechende Anwendung. Die zugunsten der Landesgesetze bestehenden Vorbehalte über Reallasten finden keine Anwendung.

Der Erbbauzins muß nach Zeit und Höhe für die ganze Erbbauzeit im voraus bestimmt sein. Der Anspruch des Grundstückseigentümers auf Entrichtung des Erbbauzinses kann in Ansehung noch nicht fälliger Leistungen nicht von dem Eigentum an dem Grundstück getrennt werden.

Zahlungsverzug des Erbbauberechtigten kann den Heimfallanspruch nur dann begründen, wenn der Erbbauberechtigte mit dem Erbbauzinse mindestens in Höhe zweier Jahresbeträge im Rückstand ist.

4. Rangstelle.

§ 10.

Das Erbbaurecht kann nur zur ausschließlich ersten Rangstelle bestellt werden; der Rang kann nicht geändert werden. Rechte, die zur Erhaltung der Wirksamkeit gegenüber dem öffentlichen Glauben des Grundbuchs der Eintragung nicht bedürfen, bleiben außer Betracht.

Durch landesrechtliche Verordnung können Bestimmungen getroffen werden, wonach bei der Bestellung des Erbbaurechts von dem Erfordernisse der ersten Rangstelle abgewichen werden kann, wenn dies für die vorhergehenden Berechtigten und den Bestand des Erbbaurechts unschädlich ist.

5. Anwendung des Grundstücksrechts.

§ 11.

Auf das Erbbaurecht finden die sich auf Grundstücke beziehenden Vorschriften mit Ausnahme der §§ 925, 927, 928 des Bürgerlichen Gesetzbuchs sowie die Vorschriften über Ansprüche aus dem Eigentum entsprechende Anwendung, soweit sich nicht aus dieser Verordnung ein anderes ergibt. Eine Übertragung des Erbbaurechts, die unter einer Bedingung oder einer Zeitbestimmung erfolgt, ist unwirksam.

Auf einen Vertrag, durch den sich der Grundstückseigentümer verpflichtet, ein Erbbaurecht zu bestellen, findet der § 313 des Bürgerlichen Gesetzbuchs entsprechende Anwendung.

6. Bauwerk, Bestandteile.

§ 12.

Das auf Grund des Erbbaurechts errichtete Bauwerk gilt als wesentlicher Bestandteil des Erbbaurechts. Das gleiche gilt für ein Bauwerk, das bei der Bestellung des Erbbaurechts schon vorhanden ist. Die Haftung des Bauwerks für die Belastungen des Grundstücks erlischt mit der Eintragung des Erbbaurechts im Grundbuch.

Die §§ 94 und 95 des Bürgerlichen Gesetzbuchs finden auf das Erbbaurecht entsprechende Anwendung; die Bestandteile des Erbbaurechts sind nicht zugleich Bestandteile des Grundstücks.

Erlischt das Erbbaurecht, so werden die Bestandteile des Erbbaurechts Bestandteile des Grundstücks.

§ 13.

Das Erbbaurecht erlischt nicht dadurch, daß das Bauwerk untergeht.

II. Grundbuchvorschriften.

§ 14.

Für das Erbbaurecht wird bei der Eintragung in das Grundbuch von Amts wegen ein besonderes Grundbuchblatt (Erbbaugrundbuch) angelegt. Im Erbbaugrundbuch soll auch der Eigentümer und jeder spätere Erwerber des Grundstücks vermerkt werden. Bei der Eintragung im Grundbuch des Grundstücks ist zur näheren Bezeichnung des Inhalts des Erbbaurechts auf das Erbbaugrundbuch Bezug zu nehmen.

Das Erbbaugrundbuch ist für das Erbbaurecht das Grundbuch im Sinne des Bürgerlichen Gesetzbuchs. Die Eintragung eines neuen Erbbauberechtigten ist unverzüglich auf dem Blatte des Grundstücks zu vermerken.

§ 15.

In den Fällen des § 5 darf der Rechtsübergang und die Belastung erst eingetragen werden, wenn dem Grundbuchamte die Zustimmung des Grundstückseigentümers nachgewiesen ist.

§ 16.

Bei der Löschung des Erbbaurechts wird das Erbbaugrundbuch von Amts wegen geschlossen.

§ 17.

Jede Eintragung in das Erbbaugrundbuch soll nach dem Grundstückseigentümer, die Eintragung von Verfügungsbeschränkungen den Erbbauberechtigten den im Erbbaugrundbuch eingetragenen dinglich Berechtigten bekanntgemacht werden.

Dem Erbbauberechtigten soll die Eintragung eines Grundstückseigentümers, die Eintragung von Verfügungsbeschränkungen des

Grundstückseigentümers sowie die Eintragung eines Widerspruchs gegen die Eintragung des Eigentümers in das Grundbuch des Grundstücks bekanntgemacht werden.

Auf die Bekanntmachung kann verzichtet werden.

III. Beleihung.

1. Mündelhypothek.

§ 18.

Eine Hypothek an einem Erbbaurecht auf einem inländischen Grundstück ist für die Anlegung von Mündelgeld als sicher anzusehen, wenn sie eine Tilgungshypothek ist und den Erfordernissen der §§ 19, 20 entspricht.

§ 19.

Die Hypothek darf die Hälfte des Wertes des Erbbaurechts nicht übersteigen. Dieser ist anzunehmen gleich der halben Summe des Bauwerts und des kapitalisierten, durch sorgfältige Ermittlung festgestellten jährlichen Mietreinertrages, den das Bauwerk nebst den Bestandteilen des Erbbaurechts unter Berücksichtigung seiner Beschaffenheit bei ordnungsmäßiger Wirtschaft jedem Besitzer nachhaltig gewähren kann. Der angenommene Wert darf jedoch den kapitalisierten Mietreinertrag nicht übersteigen.

Ein der Hypothek im Range vorgehender Erbbauzins ist zu kapitalisieren und von ihr in Abzug zu bringen.

§ 20.

Die planmäßige Tilgung der Hypothek muß

1. unter Zuwachs der ersparten Zinsen erfolgen,
2. spätestens mit dem Anfang des vierten auf die Gewährung des Hypothekenkapitals folgenden Kalenderjahrs beginnen,
3. spätestens zehn Jahre vor Ablauf des Erbbaurechts endigen und darf nicht länger dauern, als zur buchmäßigen Abschreibung des Bauwerks nach wirtschaftlichen Grundsätzen erforderlich ist.

Das Erbbaurecht muß mindestens noch so lange laufen, daß eine den Vorschriften des Abs. 1 entsprechende Tilgung der Hypothek für jeden Erbbauberechtigten oder seine Rechtsnachfolger aus den Erträgen des Erbbaurechts möglich ist.

2. Sicherheitsgrenze für sonstige Beleihungen.

§ 21.

Erbbaurechte können nach Maßgabe der §§ 11, 12 des Hypothekenbankgesetzes vom 13. Juli 1899 (RGBl. S. 375) von Hypothekenbanken und nach Maßgabe des § 60 des Gesetzes über die privaten Versicherungsunternehmungen vom 12. Mai 1901 (RGBl. S. 139) von privaten Versicherungsunternehmungen beliehen werden, wenn

1. der Wert des Erbbaurechts auch nach § 19 Abs. 1 ermittelt ist,
2. eine dem § 20 Abs. 1 entsprechende Tilgung vereinbart wird und
3. die Dauer des Erbbaurechts den Voraussetzungen des § 20 Abs. 2 entspricht.

Auf einen der Hypothek im Range vorhergehenden Erbbauzins ist die Vorschrift des § 19 Abs. 2 entsprechend anzuwenden.

3. Landesrechtliche Vorschriften.

§ 22.

Die Landesgesetzgebung kann für die innerhalb ihres Geltungsbereichs belegenen Grundstücke

1. die Mündelsicherheit der Erbbaurechtshypotheken abweichend von den Vorschriften der §§ 18 bis 20 regeln,
2. bestimmen, in welcher Weise festzustellen ist, ob die Voraussetzungen für die Mündelsicherheit (§§ 19, 20) vorliegen.

Nachtrag zu §§ 43, 44.

Die 2. DurchfVO. vom 26. März 1932.

I. 1. Auf S. 275 ist darauf hingewiesen, daß infolge Nichtberücksichtigung der Grundschuld in Art. 8 der 1. DurchfVO. vom 23. Dez. 1931, Zinssenkung und Kündigungsausschluß, insbesondere bei dem hypothekarisch gesicherten Bankkredit einer innerlich nicht gerechtfertigten verschiedenen Regelung unterlägen, je nachdem das dingliche Recht die Form der Grundschuld oder einer Hypothek habe. Die während des Druckes veröffentlichte 2. Durchf.-VO. vom 26. März 1932 sieht in Art. 2 nunmehr vor, daß eine Sicherungsgrundschuld und eine zur Sicherung abgetretene Eigentümergrundschuld im Fall des bankmäßigen Personalkredits, in gleicher Weise wie die persönliche Forderung, in ihrer Fälligkeit durch § 4 der NotVO. nicht berührt werden. Die Zinssenkung greift aber bei der Grundschuld nach Art. 2 der 2. DurchfVO. unter den allgemeinen Voraussetzungen der NotVO. durch.

2. Die Behandlung der Grundschuld durch die 2. DurchfVO. bestätigt aber auch mittelbar die vom Verf. auf S. 273 ff. vertretene Auffassung, daß unter Art. 8 DurchfVO. auch die hypothekarisch gesicherten Forderungen fallen, und die Ausnahmevorschrift des Art. 8 sich sowohl auf die persönliche Forderung, wie das dingliche Recht erstreckt. Wenn Harmening JW. 1932, 997 die unterschiedliche Behandlung zwischen Hypothek und Grundschuld anscheinend damit erklären will, daß die Beschwerden aus Bankkreisen wohl nur die häufiger vorkommende Grundschuld betroffen hätten, so kann dies als rechtliches Argument angesichts der innigeren Verknüpfung von Hypothek und persönlicher Forderung schwerlich hinreichen. Durch Art. 2, 2. NotVO. ist vielmehr die Grundschuld hinsichtlich der Kündigungsmöglichkeit in den Fällen des Art. 8 der persönlichen Forderung, wie der Hypothek gleichgestellt worden, während sie hinsichtlich der Zinssenkung nicht nachträglich in die Ausnahmevorschrift des Art. 8 einbezogen worden ist.

II. Art. 3 der DurchfVO. regelt eine Zweifelsfrage, die Art. 7 Abs. 2 der 1. DurchfVO. für prolongierte Forderungen (vgl. S. 281, 4 b) offen ließ. Sind nämlich Forderungen oder Hypotheken vor dem Inkraftreten der NotVO. nicht auf bestimmte Zeit kurzfristig im Sinne von Art. 7, sondern auf unbestimmte Zeit gestundet worden, so unterliegen sie laut Art. 3 der 2. DurchfVO. der Zinssenkung. Wie Harmening JW. 1932, 997 zutreffend hervorhebt, enthält die bei Sparkassen übliche Klausel „die Hypothek bleibt im gekündigten Zustand" eine Stundung auf unbestimmte Zeit. Mit der Zinssenkung kommt gemäß § 4 NotVO. auch der Kündigungsausschluß zur Anwendung. Angesichts der rückwirkenden Kraft des Art. 3 gilt als Stichtag für die Zinssenkung wie Kündigungsausschluß gegebenenfalls bereits der 1. Januar 1932.

III. 1. Art. 4 sieht ausdrücklich vor, daß die Vorschrift des § 9 Abs. 1 NotVO. über den Ausschluß des öffentlichen Glaubens des Grundbuchs auch für Hypotheken und Grundschulden gilt, die erst nach dem Inkraftreten der NotVO. entstanden sind, soweit die eingetragenen Zins- und Zahlungsbedingungen durch eine NotVO. verändert werden. Die Bestimmung des Art. 4 ist deshalb von besonderer Bedeutung, weil die Unrichtigkeit des Grundbuchs in der fraglichen Richtung besonders häufig in den Fällen des Art. 5 und 6 der 1. DurchfVO. vorliegen kann, da hier der Grundbuchrichter bei der Eintragung zur Nachprüfung des wirklichen Rechtsstandes nicht in der Lage war (vgl. S. 281, 282 und Harmening JW. 1932, S. 998).

2. Die Durchführung der Grundbuchberichtigung erleichtert Art. 5 2. DurchfVO. dadurch, daß er die Eintragung für gebührenfrei und die Bewilligung für gleich- und nachstehend Berechtigte für entbehrlich erklärt.

IV. 1. Art. 6 betrifft das in § 10 NotVO. dem Schuldner von Kreditanstalten eingeräumte Recht, die Hypothek oder die Grundschuld durch Schuldverschreibungen des Instituts zu tilgen (s. S. 285, 286 VI, 2). Daß dieses Recht dem Schuldner nur im Fall der Fälligkeit zusteht, legt Art. 6 Abs. 2 fest. Freilich hat nunmehr gemäß § 247 BGB., § 8 der 4. NotVO. (S. 287) der

Schuldner dann, wenn der Zinssatz trotz Senkung höher als 6 % ist, die Möglichkeit, die Schuld vorzeitig fällig zu machen.

2. Art. 6 Abs. 1 verbietet dem Kreditinstitut eine Gebühr oder sonstige Sonderleistung bei Rückzahlung der Hypothek in Pfandbriefen zu erheben; und zwar auch für den Fall, daß eine solche Sonderleistung vertraglich vereinbart war.

3. Art. 6 Abs. 3 durchbricht den in Art. 23 1. DurchfVO. streng durchgeführten Grundsatz der Gleichartigkeit der zur Rückzahlung zu verwendenden Pfandbriefe und sonstigen Schuldverschreibungen zugunsten des Schuldners in Fällen, in denen die Beschaffung der in Frage kommenden Schuldverschreibungen nicht oder nur zu außergewöhnlich hohen Preisen möglich ist. Stellt nämlich die Aufsichtsbehörde fest, daß letztere Voraussetzung vorliegt, so kann sie dem Schuldner gestatten, die Tilgung auch in anderen Schuldverschreibungen vorzunehmen.

V. Art. 7 und 8 bringen Ergänzungsvorschriften für die Anpassung des Tilgungsplanes von Schuldverschreibungen an die gesetzliche Änderung des Zinssatzes.

1. In den Kreis der für die Änderung des Planes in Betracht kommenden Kreditanstalten wird durch Art. 7 die Preußische Landesrentenbank einbezogen, obwohl an sich bei ihr die Voraussetzungen des Art. 13 Abs. 1 der 1. DurchfVO. nicht gegeben sind (S. 285 VI 1).

2. Art. 8 schließt auch Tilgungspläne ein, auf Grund deren nach dem 31. Dez. 1930 Auslosungen vorgenommen sind, sofern die Auslosungstermine nach dem 31. Dez. 1931 fallen; und zwar ohne Rücksicht darauf, ob durch die Änderung des Planes auf der Auslosung beruhende Rechtsansprüche zum Erlöschen kommen.

VI. Art. 9 beseitigt Unstimmigkeiten, die sich durch die Verlängerung der Tilgungsdauer für die Erbbaurechte von Hypothekenbanken und privaten Versicherungsunternehmungen gegenüber den Vorschriften der §§ 20, 21 ErbbVO. (s. S. 514) ergeben. Gemäß Art. 9 braucht die planmäßige Tilgung der Hypothek entgegen den genannten Vorschriften nicht vor 5 Jahren vor Ablauf des Erbbaurechts zu endigen; und werden die übrigen Vorschriften, soweit ihre Befolgung mit der Änderung unvereinbar wäre (Erfordernis der buchmäßigen Abschreibung des Bauwerkes, Tilgung aus den Erträgen des Erbbaurechtes) außer Anwendung gesetzt.

VII. Art. 10 sieht die rückwirkende Kraft der 2. DurchfVO. auf den 1. 1. 32 bzw. 9. 12. 31 (für Art. 2) vor.

Zweite Durchführungs- und Ergänzungsverordnung über Zinssenkung auf dem Kapitalmarkt.

Vom 26. März 1932.

Auf Grund des § 11 des Ersten Abschnitts des Kapitels III des Ersten Teils der Vierten Verordnung des Reichspräsidenten zur Sicherung von Wirtschaft und Finanzen und zum Schutze des inneren Friedens vom 8. Dezember 1931 (RGBl. I S. 699, 703) wird verordnet:

Artikel 1

Unter Notverordnung ist in den folgenden Vorschriften der Erste Abschnitt des Kapitels III des Ersten Teils der Vierten Verordnung des Reichspräsidenten zur Sicherung von Wirtschaft und Finanzen und zum Schutze des inneren Friedens vom 8. Dezember 1931 (RGBl. I S. 699, 703) zu verstehen.

Artikel 2

Ist ein bankmäßiger Personalkredit (Artikel 8 Buchstabe a der Ersten Durchführungs- und Ergänzungsverordnung über Zinssenkung auf dem Kapitalmarkt vom 23. Dezember 1931 — RGBl. I S. 793 —) dadurch gesichert worden, daß der Kreditnehmer auf einem ihm gehörenden Grundstück zugunsten des Kreditgebers eine Grundschuld bestellt hat, so wird durch § 4 der Notverordnung die Fälligkeit der Grundschuld nicht berührt. Dasselbe gilt, wenn der Kreditnehmer eine ihm zustehende Eigentümergrundschuld dem Kreditgeber zur Sicherung des bankmäßigen Personalkredits abgetreten hat.

Artikel 3

Im Artikel 7 Abs. 2 der Ersten Durchführungs- und Ergänzungsverordnung wird folgender Satz angefügt:

„Ist eine Forderung (Hypothek) oder Grundschuld, die vor oder nach dem Inkrafttreten der Notverordnung fällig war, vor dem Inkrafttreten der Notverordnung auf unbestimmte Zeit gestundet worden, so unterliegt sie der Zinsherabsetzung."

Artikel 4

§ 9 Abs. 1 der Notverordnung gilt auch für erst nach dem 31. Dezember 1931 entstehende Hypotheken und Grundschulden, soweit ihre im Grundbuch eingetragenen Zinssätze und Fälligkeitsbedingungen durch die Notverordnung oder eine Durchführungs- und Ergänzungsverordnung geändert werden.

Artikel 5

Für die Berichtigung des Grundbuchs, die infolge der Vorschriften über die Zinssenkung auf dem Kapitalmarkt vorgenommen wird, bedarf es nicht der Bewilligung der im Rang gleich- oder nachstehenden Berechtigten. Die zur Berichtigung erforderlichen Eintragungen sind gebührenfrei.

Artikel 6

(1) Soweit ein Schuldner in Ausübung des ihm durch § 10 der Notverordnung gegebenen Rechts eine Schuld durch Hingabe von Schuldverschreibungen tilgt, ist das Gläubigerkreditinstitut nicht berechtigt, von dem Schuldner die Entrichtung einer Gebühr oder einer ähnlichen Sonderleistung zu verlangen, auch wenn vertraglich für den Fall einer Schuldtilgung durch Hingabe von Schuldverschreibungen eine solche Sonderleistung vereinbart war.

(2) § 10 der Notverordnung gewährt kein Recht, eine Schuld vor ihrer Fälligkeit zu tilgen.

(3) Stellt die Aufsichtsbehörde fest, daß ein Schuldner, der in Ausübung der ihm durch § 10 der Notverordnung gegebenen Befugnis eine Schuld durch Hingabe von Schuldverschreibungen tilgen will, sich die dazu erforderlichen Schuldverschreibungen (Artikel 23 der Ersten Durchführungs- und Ergänzungsverordnung) nicht oder nur unter nicht zumutbaren Bedingungen beschaffen kann, so kann sie anordnen, daß das Gläubigerkreditinstitut Schuldverschreibungen anzunehmen verpflichtet ist, die bestimmten, in der Anordnung zu bezeichnenden anderen Bedingungen genügen. Diese Schuldverschreibungen gelten als gleichartig im Sinne des § 10 der Notverordnung.

Artikel 7

Die Preußische Landesrentenbank ist berechtigt, die Tilgungspläne der von ihr ausgegebenen Landesrentenbriefe so weit zu ändern, wie es notwendig ist, um der durch die Zinssenkung eintretenden Verlängerung der Tilgungszeit Rechnung zu tragen. Artikel 13 Abs. 3 der Ersten Durchführungs- und Ergänzungsverordnung gilt entsprechend.

Artikel 8

§ 4 Abs. 4 der Notverordnung, Artikel 24 der Ersten Durchführungs- und Ergänzungsverordnung gelten entsprechend auch für Tilgungspläne, auf Grund deren nach dem 31. Dezember 1930 Auslosungen vorgenommen worden sind, deren Einlösungstermine in die Zeit nach dem 31. Dezember 1931 fallen. Die Änderung des Tilgungsplans kann auch einen auf der Auslosung beruhenden Rechtsanspruch zum Erlöschen bringen.

Artikel 9

Wird nach der Notverordnung oder einer Durchführungs- und Ergänzungsverordnung ein Tilgungsplan geändert, so bleiben die Vorschriften der §§ 20, 21 der Verordnung über das Erbbaurecht vom 15. Januar 1919 (RGBl. S. 72) so weit außer Anwendung, wie ihre Befolgung mit der Änderung unvereinbar wäre. Jedoch muß die planmäßige Tilgung der Hypothek spätestens fünf Jahre vor Ablauf des Erbbaurechts endigen.

Artikel 10

Artikel 2 tritt mit Wirkung vom 9. Dezember 1931, die Verordnung im übrigen mit Wirkung vom 1. Januar 1932 in Kraft.

Berlin, den 26. März 1932.

Sachregister.

A.

B.

Kolibri 360 GmbH
Ferdinand-Jühlke-Straße 7
99095 Erfurt, Deutschland
produktsicherheit@kolibri360.de